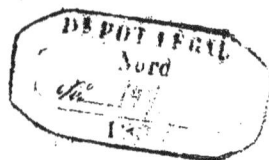

CATALOGUE

DE LA

BIBLIOTHÈQUE D'ART

DE

Georges DUPLESSIS,

Membre de l'Institut,
de la Société nationale des Antiquaires de France,
Ancien Conservateur du Département des Estampes
à la Bibliothèque nationale.

, LILLE,
IMPRIMERIE L. DANEL
93, rue Nationale, 93.

PARIS,
LIBRAIRIE G. RAPILLY
9, quai Malaquais, 9.

M.D.CCCC

CATALOGUE

DE LA

BIBLIOTHÈQUE D'ART

DE

Georges DUPLESSIS.

CATALOGUE

DE LA

BIBLIOTHÈQUE D'ART

DE

GEORGES DUPLESSIS,

Membre de l'Institut,
de la Société nationale des Antiquaires de France,
Ancien Conservateur du Département des Estampes
à la Bibliothèque nationale.

LILLE,
IMPRIMERIE L. DANEL
93, rue Nationale, 93.

PARIS,
LIBRAIRIE G. RAPILLY
9, quai Malaquais, 9.

M.D.CCCC

MÉDAILLON DE GEORGES DUPLESSIS
Par O. ROTY

CHARTRES	PARIS
19 Mars 1834	26 Mars 1899

OUVRAGES DE G. DUPLESSIS.

Livre des peintres et graveurs par Michel de Marolles, abbé de Villeloin. *Paris, Jannet*, 1855. In-12.

Le département des estampes à la Bibliothèque impériale, article du *Magasin pittoresque*, septembre 1855.

La gravure française au Salon de 1855. *Paris, Dentu*. In-18.

Portrait de Gérard Dow. *Magasin Pittoresque*, février 1856.

La femme de don Diego Velasquez. *Magasin Pittoresque*, mai 1856.

Sur les dessins de Jean Goujon. *Magasin Pittoresque*, mai 1856.

Estampes rares. Une coupe du XVIᵉ siècle. *Magasin Pittoresque*, juin 1856.

Michel Lasne de Caen, graveur en taille douce, en collaboration avec Thomas Arnauldet. *Caen, Mancel*, 1856. In-8°.

Dessin attribué à Jean Goujon. *Magasin Pittoresque*, juillet 1856.

Estampes rares. — Les grandes chapelles de Dieterlin. *Magasin Pittoresque*, septembre 1856.

Maréchal. *Magasin Pittoresque*, janvier 1857.

Les graveurs sur bois contemporains. *Paris, imp. Bonaventure et Ducessois*, 1857. In-8°.

Un chansonnier manuscrit du XVIIᵉ siècle. *Magasin pittoresque*, mai 1857.

Journal de J.-G. Wille, graveur. *Paris, Vᵉ J. Renouard*, 1857. 2 vol. in-8°.

L'homme fourré de malice par Abraham Bosse. *Magasin Pittoresque*, octobre 1857.

Etienne Jeaurat. *Magasin Pittoresque*, octobre 1857.

Académie de sculpture et peinture (Liste de ses membres par Reynis). *Bruxelles, imp. Labroue*, 1857. In-8°.

Bibiena. *Magasin Pittoresque*, novembre 1857.

Van Huysum. *Magasin Pittoresque*, janvier 1858.

Duplessi-Bertaux. *Magasin Pittoresque*, mars 1858.

Notice sur la vie et les travaux de Gérard Audran. *Lyon, L. Perrin*, 1858. In-8°.

Sébastien Leclerc. *Magasin Pittoresque*, juillet 1858.

Catalogue de l'œuvre d'Abraham Bosse. *Paris*, 1859. In-8°. Extrait de la *Revue universelle des Arts*.

Articles sur le Salon de gravure, 1859.

Le département des estampes à la Bibliothèque impériale. *Paris, imp. Claye*, 1860. In-4°. Extrait de la *Gazette des Beaux-Arts*.

Notice bibliographique sur la vie et les ouvrages de Jules Renouvier, précédant l'opuscule de cet auteur sur Jehan de Paris. *Paris, Aug. Aubry*, 1861. In-8°, fig.

Histoire de la gravure en France. *Paris, Rapilly*, 1861. In-8°, fig.

Essai de bibliographie contenant l'indication des ouvrages relatifs à l'histoire de la gravure et des graveurs. *Paris, Rapilly*, 1862. In-8°.

Avant-propos sur le livre de M. J. Renouvier. Des gravures sur bois dans les livres de Simon Vostre. *Paris, A. Aubry*, 1862. In-8°, fig.

Les portraits d'auteurs dans les livres du XVᵉ siècle, de Jules Renouvier. *Avant-propos. Paris, A. Aubry*, 1863. In-8°.

Les douze apôtres, émaux de Léonard Limosin, conservés à Chartres dans l'église Saint-Pierre. *Paris*, *A. Lévy*, 1865. In-f°, fig.

Le peintre-graveur français, t. IX, X, XI, publié sur les notes de l'auteur Robert-Dumesnil, 1865-1871. In-8°.

Costumes des XVI°, XVII° et XVIII° siècles, par Duplessis et Lechevallier-Chevignard. *Paris*, *Lévy*, 1865-1871. 2 vol. in-4°, fig.

Essai d'une bibliographie générale des Beaux-Arts. *Paris*, *Rapilly*, 1866, in-8°.

Michel de Marolles, abbé de Villeloin, amateur d'estampes. *Paris*, *imp. Claye*, 1869. In-8°. Extrait de la *Gazette des Beaux-Arts*.

Le cabinet du roi, collection d'estampes commandées par Louis XIV. *Paris*, *Bachelin-Deflorenne*,1869. In-4°. Extrait du *Bibliophile français*.

Les merveilles de la gravure. *Paris*, *Hachette*, 1869. Pet. in-8°, fig. Réimprimé en 1871, 1877 et 1882. Traduit en anglais, en italien et en espagnol.

Roger de Gaignières et ses collections iconographiques. *Paris*, *imp. Claye*, 1870. In-4°. Extrait de la *Gazette des Beaux-Arts*.

Nicolas Clément, garde de la Bibliothèque du roi. *Paris*, 1870. In-4°. Extrait du *Bibliophile français*.

Catalogue des estampes gravées par Claude Gellée dit le Lorrain. En collaboration avec Edouard Meaume. *Paris*, *imp. V° Bouchard-Huzard*, 1870. In-8°.

Le cabinet de M. Gatteaux. *Paris*, *imp. Claye*, 1871. In-4°, fig. Extrait de la *Gazette des Beaux-Arts*.

Le cabinet des estampes de la Bibliothèque nationale pendant la période révolutionnaire, 1789-1804. *Paris*, 1872. Extrait du *Bibliophile français*.

Ornements des anciens maîtres du XV° au XVIII° siècle. *Paris*, 1873.

Eaux-fortes de Antoine Van Dyck. *Paris*, (1874). In-f°.

Inventaire des collections de Roger de Gaignières, 1874. In-8°.

Un curieux du XVII° siècle, Michel Bégon, intendant de La Rochelle. *Paris*, *A. Aubry*, 1874. In-8°, portr.

Les œuvres de Prud'hon à l'Ecole des Beaux-Arts. *Paris*, *imp. Claye*, 1874. In-4°, fig. Extrait de la *Gazette des Beaux-Arts*.

Les ventes de tableaux, dessins, estampes et objets d'art aux XVII° et XVIII° siècles. Essai de bibliographie. *Paris*, *Rapilly*, 1874. In-8°.

M. Edouard Detaille. *Paris*, *imp. Claye*, 1874. In-4°, fig. Extrait de la *Gazette des Beaux-Arts*.

De la gravure de portrait en France. *Paris*, *Rapilly*, 1875. In-8°.

Eaux-fortes de Paul Potter, reproduites et publiées par Amand-Durand. *Paris*, (1875). In-f°.

Eaux-fortes de Claude Le Lorrain. *Paris*, (1875). In-f°.

Mémoire sur vingt-quatre estampes italiennes du XV° siècle. *Paris*, 1876. In-12, fig. Extrait des *Mémoires de la Société nationale des Antiquaires de France*.

Gavarni. *Paris*, *Rapilly*, 1876. In-8°, fig.

La collection de M. Camille Marcille. *Paris*, *imp. Claye*, 1876. In-4°, fig. Extrait de la *Gazette des Beaux-Arts*.

Le livre de Bijouterie de René Boyvin d'Angers. *Paris*, *Rapilly*, 1876. In-8° oblong, fig.

Vingt-quatre estampes de la collection Otto (1876). In-8°. Extrait des *Publications des Antiquaires de France*.

Inventaire de la collection d'estampes relatives à l'Histoire de France léguée en 1863 à la Bibliothèque nationale par Michel Hennin. *Paris*, *H. Menu*, 1877-1884. 5 vol. in-8°, portr.

Eaux-fortes de J. Ruysdael. *Paris*, 1878. In-f°.

Œuvre de A. Mantegna. *Paris*, 1878. In-f°.

Œuvre de Albert Durer. *Paris* (1878). In-f°.

Le maître des sujets tirés de Boccace, *Paris*, 1879. In-12. Extrait des *Mémoires de la Société nationale des Antiquaires de France*.

Jules-Ferdinand Jacquemart. *Paris*, *Téchener*, 1880. In-8°. Extrait du *Bulletin du bibliophile*.

Histoire de la gravure en Italie, en Espagne, en Allemagne, dans les Pays-Bas, en Angleterre et en France, suivie d'indications pour former une collection d'estampes. *Paris*, *Hachette*, 1880. In-4°, fig.

Catalogue de la collection de pièces sur les Beaux-Arts, imprimées et manuscrites, recueillies par Pierre-Jean Mariette (collection de Loynes). *Paris*, *A. Picard*, 1881. In-8°.

Coup d'œil sur l'histoire de la gravure. *Paris*, *imp. Plon*, 1881. In-4°, suivi du catalogue de l'exposition rétrospective. *Imp. G. Chamerot*. Encadrements.

Œuvre de Martin Schongauer. *Paris*, 1881. In-f°.

Notice sur Adolphe-Gustave Huot. *Paris, typ. Plon*, 1883. In-12.

Œuvre de Lucas de Leyde. *Paris* (1883). In-f°.

Les emblèmes d'Alciat. *Paris, libr. de l'Art*. 1884. In-8°, fig.

Essai bibliographique sur les différentes éditions des *Icones veteris testamenti* d'Holbein. *Paris*, 1884. In-12. Extrait des *Mémoires de la Société nationale des Antiquaires de France*.

De quelques estampes en bois de l'école de Martin Schongauer. *Paris*, 1885. In-12. Extrait des *Mémoires de la Société nationale des Antiquaires de France*.

Rapport à l'Administrateur général de la Bibliothèque nationale. In-8° (1885).

Héliogravure. Eaux-fortes et gravures des maîtres anciens, tirées des collections les plus célèbres, reproduites et publiées par Amand-Durand. *Paris*, 1885. In-f°.

Notice sur Gustave Doré. *Paris*. 1885. In-8°, portr.

Houdon. En collaboration avec A. de Montaiglon (1885). In-8°. *Revue universelle des Arts*.

Essai bibliographique sur différentes éditions des œuvres d'Ovide, 1886. In-8°.

Guides du collectionneur. Dictionnaire des marques et monogrammes des graveurs. En collaboration avec M. H. Bouchot. *Paris, libr. de l'Art*, 1886-1887. 3 fasc. pet. in-8°.

Reliure italienne du XV° siècle en argent

niellé. *Paris, A. Lévy*. 1888. In-4°, phot. Extrait de la *Gazette archéologique*.

Notice sur Alfred Armand, architecte. *Paris, typ. Plon*, 1888. In-4°, port.

Essai bibliographique sur les différentes éditions des œuvres d'Ovide, ornées de planches, publiées aux XV° et XVI° siècles. *Paris, V° Léon Téchener*, 1889. In-8°.

Notice sur Alphonse François. *Paris, Boussod et Valadon*, 1889. In-8°.

Institut de France. Notice sur M. Albert Lenoir, membre de l'Académie des Beaux-Arts. *Paris, typ. Firmin-Didot*. 1891. In-4°.

Notice sur Henriquel Dupont. *Paris, imp. Plon*, 1892. In-4°, portr., fig.

Les Audran. *Paris, libr. de l'Art*, 1892. Gr. in-8°, portr. fig.

Institut de France. Notice sur la vie et les œuvres de Robert Nanteuil. *Paris, typ. Firmin-Didot*, 1894. In-4°.

Notice sur Hippolyte Destailleur, architecte. *Paris, Damascène-Morgand*, 1895. In-4°, portr.

Notice sur le château de Villebon. *Paris, Libr. illustrée*, 1895. Fig.

Les portraits dessinés par J.-A.-D. Ingres. *Paris, Rothschild* (1896). In-f°, phot.

Catalogue de la collection des portraits français et étrangers conservée au Département des estampes de la Bibliothèque nationale. *Paris, G. Rapilly*, 1896-1898. 3 vol. in-8°.

AVANT-PROPOS

Le fait de publier le catalogue de l'importante bibliothèque de Georges Duplessis répond à un vœu formellement exprimé dans son testament écrit plusieurs années avant sa mort, et ce serait se méprendre étrangement sur le caractère de l'ancien conservateur du Département des estampes à la Bibliothèque nationale que d'y voir la manifestation posthume d'une vanité de bibliophile. Sa longue carrière administrative prouve que ses préoccupations étaient plus hautes. Satisfaire aux besoins de ces nombreux travailleurs qui dirigent maintenant leurs études vers l'histoire de l'art et la biographie des artistes ; aider leurs recherches en indiquant des sources d'informations, peu connues ou fort dispersées, qu'avec une continuité de vues très remarquable il avait su découvrir et rassembler ; tel est le sens du désir affirmé par lui ; telle est, on peut le dire, la physionomie morale de ces diverses collections composant, pour un particulier, un ensemble presque sans rival.

Quoique frappé prématurément d'un mal qui ne pardonne jamais, Duplessis avait déjà beaucoup avancé la préparation du présent catalogue ; il en avait surtout tracé les grandes lignes et leurs subdivisions. Sa méthode et les tendances de son esprit net et pondéré s'y montrent clairement. Il était logique, en effet, que le savant dont l'existence entière avait été consacrée, dès la sortie du collège, à l'analyse historique de l'art du graveur ainsi qu'à la conservation des monuments qu'il a produits lui donnât la première place. Ici — notons-le en passant — apparaît la scrupuleuse délicatesse de l'honnête homme chargé d'un dépôt public. Loin de profiter de sa situation et de ses connaissances techniques pour former une collection d'estampes rares, alors que tant d'occasions s'en offraient journellement à lui, c'est à peine s'il possédait à titre de décor de sa demeure une trentaine de gravures de maîtres. Pour offrir cependant quelque aliment à un goût naturel, il se restreignit aux livres dits à figures, depuis ceux ornés de gravures sur bois des XVe et XVIe siècles, jusqu'aux charmants ouvrages enrichis de tailles-douces et d'eaux-fortes du siècle dernier et de notre typographie contemporaine, toutefois avec une prédilection marquée pour leurs aînés. Au reste, il continuait ainsi une sorte de tradition de famille. L'érudit et fin lettré qu'était M. Duplessis père, successivement recteur des académies de Lyon et de Douai, n'avait pas été sans s'éprendre de la naïveté de nos vieux imagiers et tailleurs de bois, au cours de ses fouilles dans les poésies, fabliaux et proverbes du moyen-âge. Quelques précieux volumes de cette époque proviennent de lui et ont servi sans doute de point de départ à l'inappréciable série des livres illustrés, mais avec cette nuance que la série, sauf un petit nombre d'exceptions, est d'intérêt plus pittoresque que littéraire. G. Duplessis était avant tout iconographe et historien spécialiste. Les raffinements de la bibliophilie le laissaient assez indifférent et, s'il ne les dédaignait en eux-mêmes ou ne les blâmait point chez autrui, le livre valait surtout à ses yeux, soit par l'image, composition ou portrait ; soit par le document, archéologique ou biographique. Sur les rayons de sa bibliothèque peu de reliures somptueuses, bien qu'il ne négligeât pas de se procurer les recueils traitant de cet art délicat. Quand un volume s'y présente revêtu de maroquin plein à petits fers et dentelles intérieures, tel autre sur papier de Chine ou du Japon, c'est le hasard d'une acquisition qui ne se pouvait différer ou quelque envoi d'éditeur reconnaissant. *Être plutôt que paraître* aurait pu former la devise d'un *ex libris* dont il n'eut d'ailleurs jamais l'idée ; en cela, dans sa vie comme dans ses relations, la simplicité même (1). Et pourtant, chez un homme fort réservé d'ordinaire sur les richesses qu'il avait accumulées, quelle facilité de communication, quelle complaisance inépuisable lorsqu'on recourait à ses lumières ! A tout instant la gratitude d'un auteur les a rappelées en termes chaleureux sur le feuillet de garde du livre dont il lui faisait hommage.

Après la catégorie des livres à figures se placent nécessairement les traités des différents modes de reproduction sur bois ou sur métal, puis les monographies d'œuvres gravés, ces dernières suivant l'ordre alphabétique, tantôt par nom d'artiste, tantôt par nom d'écrivain. Ce classement n'est pas sans entraîner un peu d'incertitude et quelques difficultés plus aisées à signaler qu'à résoudre, si l'on se met au point de vue du savant conservateur des estampes, c'est-à-dire avec le dessein très arrêté de rassembler autant que possible tout ce qui a trait à son art favori. Or ces études sur chaque maître contiennent parfois un récit de sa vie plus étendu et plus intéressant que la liste descriptive de ses travaux ; fallait-il reporter volume ou plaquette au chapitre des biographies et risquer d'introduire ainsi de fréquentes lacunes dans ce qu'il plaçait en tête de sa bibliothèque ? Duplessis ne s'y est pas toujours franchement résigné. Le lecteur en quête de renseignements sur les graveurs devra donc tout d'abord consulter ce groupe spécial.

Le catalogue rentre dès lors dans la voie accoutumée. Aux ouvrages concernant les trois arts principaux, architecture, peinture, sculpture, et ce qui en dérive ou s'y rattache, succède la série de beaucoup la plus considérable comme nombre, la biographie. Elle se scinde en deux parties : biographies générales, embrassant

---

(1) Dans son excellente notice sur Georges Duplessis, M. Henri Bouchot, son successeur au Cabinet des estampes, a fait de l'homme et de l'administrateur un portrait des plus ressemblants. Pourquoi — par un excès de modestie sans doute — ne l'a-t-il pas signé ?

l'universalité des artistes ou les maîtres d'une seule école; biographies individuelles, ne concernant qu'une personnalité et, suivant sa valeur, composées d'une grande quantité de volumes, ou réduites à quelques documents fragmentaires. En matière d'histoire Duplessis ne repoussait rien et abandonnait à la critique le soin d'une sélection dans cette masse de pièces, parmi lesquelles, fatalement, plusieurs sans portée sérieuse ou assez discutables. Ce n'était certes pas faute de discernement mais circonspection ; il lui semblait nécessaire de compter avec les variations du goût et les retours d'opinion. Aussi dépouillait-il les moindres revues, les journaux, les opuscules des sociétés provinciales, des archivistes et des chercheurs isolés, les simples feuilles volantes destinées à périr, toutes productions qu'on ne saurait où trouver dans l'énorme et confus amas de la presse moderne, et qui, couvertes d'un solide cartonnage avec titre imprimé sur le dos, ont pris un air de respectabilité et contiennent souvent faits ou idées d'un véritable intérêt.

Étendre plus longuement ces remarques serait inutile : le catalogue de cette bibliothèque en justifiera le titre comme il en montre les ressources. Administration, corps académiques, écoles, musées et cabinets d'amateurs, salons, expositions, histoire locale par provinces et par villes y sont représentés. Il convient cependant de mentionner encore une série à laquelle, après ses beaux livres à figures, Duplessis attachait un prix tout particulier : les catalogues de ventes d'objets d'art, au nombre de près de sept cents. A lire les titres de ces livrets, leur formule presque toujours la même, rien pourtant de plus fastidieux. Était-ce donc l'amour de la collection qui les lui a fait rassembler ? Non, pas d'une manière absolue. En 1874 il publiait sur ces documents, quelquefois d'une insigne rareté, un essai de bibliographie, et lui-même nous donne dans l'avant-propos de cet ouvrage, tiré à un très petit nombre d'exemplaires, les raisons de sa mise au jour. — « Les catalogues de ventes, rédigés en France par Gersaint, par Remy, par Mariette et par Regnault-Delalande, en Hollande par Pierre Yver et par Ploos van Amstel, sont de véritables livres d'art. Les notices qui accompagnent la mention de chaque objet sont puisées aux meilleures sources ; les descriptions de ces objets, souvent assez développées, permettent de reconnaître avec certitude les peintures, dessins, estampes ou curiosités qui étaient exposés aux enchères. Souvent une biographie du possesseur précède l'énumération des œuvres d'art recueillies par lui... S'il s'agit d'un artiste, l'intérêt est plus grand encore ; on pénètre pour ainsi dire dans son intimité ; au milieu d'objets de toute sorte donnés le plus souvent par des confrères, apparaît la meilleure partie de l'œuvre de l'artiste lui-même... » Lorsqu'il rédigeait cet opuscule de bibliographie sur *Les ventes de tableaux, dessins, estampes et objets d'art aux XVIIe et XVIIIe siècles,* Duplessis prétendait bien satisfaire au goût si répandu de nos jours pour les choses du passé, goût très légitime quand il ne va pas jusqu'à la méconnaissance de ce qui peut se produire de bon et de beau dans les œuvres modernes. Cependant son sentiment intime restait celui de l'érudit que nous avons connu et aimé, pour lequel ces recueils, guettés et réunis avec tant de persévérance, représentaient avant tout des matériaux d'histoire faisant partie intégrante des archives de l'art proprement dit, et, par surcroît, d'utiles renseignements offerts à la curiosité quand ce n'est pas à l'esprit de spéculation.

Qu'il nous soit donc permis de le dire une fois de plus : en Georges Duplessis l'homme d'étude, l'historien primait de beaucoup le collectionneur. Sa bienveillance allait surtout aux chercheurs consciencieux, quel que fût le terrain choisi dans le vaste domaine des arts. Ce qu'il a pratiqué toute sa vie, il a voulu, même disparu, l'encourager chez les autres, le leur faciliter, et ce volume, instrument de travail, réclamé par lui, non aux derniers instants d'une vie défaillante, mais dans la plénitude de sa force et de son intelligence, est la réalisation ardemment souhaitée d'une pensée généreuse.

L.-C.

CATALOGUE

DE LA

BIBLIOTHÈQUE DE G. DUPLESSIS

LIVRES A FIGURES.

Philippi Siculi (de Barberiis) opuscula. *Impressum Ro(mœ) An. Dni. MCCCCLXXI. Sedente Sixto IIII pont. max. an. eius undecimo. Die prima mensis Decembris fœliciter.* Pet. in-4°, fig. sur bois.

Questo e ellibro che tracta di Mercatātie e usanze di paesi. *Impresso in Firenze appetitione di ser Piero da Pescia* (1481). Pet. in-8°, fig. sur bois.

Dialogo dela Seraphica virgine Sancta Catherina da Siena de la divina providentia. *Impressa in Venetia per Mathio di Codeca da Parma ad instantia de Maestro Lucantonio de Zonta fiorentino de l'anno del MCCCCLXXXIII a di XVII de Mazo.* In-4°, fig.

Breviarium Clementinarum Pauli Florentini divi ordinis sancti spiritus de Roma. *Impressum Mēming per Albertum Kūne de Duderstat. Anno Salutis,* 1486. In-4°. Port. sur bois.

La Mer des Hystoires. Ce présent volume fust acheué ou mois de fevrier pour Vincent Cômin, marchant, demourant à l'enseigne de la Rose, en la rue Noeufue de Notre-Dame, de Paris et iprimé par Maistre Pierre Le Rouge, libraire et imprimeur du Roy nostre Sire, l'an mil CCCCiiijˣˣ et VIII. 2 vol. in-folio, fig. sur bois.

(Sonnets de Pétrarque). Finisse gli sonetti di Misser Francescho Petrarcha coreti e castigati per me Hieronymo Centone Paduano. *Impressi in Venetia per Piero Veroneso nel MCCCCLXXXX adi XXII de Aprilo.* In-fol., fig. sur bois.

Tractatus de expositione misse editus a fratre Guilhelmo de Gouda ordinis minorum de observantia feliciter incipit. *Impressum Dauentrie. Anno dni MCCCCXC. Vicesima Februari.* Pet. in-4°, fig. sur bois.

Chorea ab eximio macabro versibus alemanicis edita, et a Petro defrey trecacio quod a oratora nuper emendata. *Parisiisque per magistrum Guidonem mercatorem pro Godeffrido de Marnef ab intersignum Pellicani in vico divi Jacobi commemoranti. Anno Domini Quadringentesimo nonagesimo supra millesimum idibus octobris impressa.* In-4°, fig. Reproduction par A. Pilinski.

Laude del B. Frate Jacopone da Todi. *S. l. n. d. (Florence,* 1490). Pet. in-4°, fig. sur bois.

(Les Triomphes de Pétrarque): Finisse gli sonctti di misser Francescho Petrarcha coreti e castigati per me Hieronymo Centone Paduano. *Impressi in Venetia per Piero Veronese nel MCCCCLXXXX adi XXII de Aprilo. Regnante lo inclito e glorioso principe Augustino Barbadico.* In-fol., fig. sur bois.

Prediche di Fra Ruberto vulghare... *Impresso ne la excelsa civita di Firenze per ser Laurentio de Morgiani e Giovanni da Maganza ne lanno MCCCCLXXXXI a di primo d'octobre.* In-fol., gr. sur bois.

(La Comédie de Dante). *Impresso in Vinegia per Petro Cremonese dito Veronese a di XVIII di Novēbro MCCCCLXXXXI emendato per me maestro Piero da Fighino dell ordine de frati minori.* In-fol. fig. sur bois.

(Les Triomphes de Pétrarque) : Finit Petrarcha nuper summa diligentia a reuerendo P.-ordinis minorum magistro Gabriele Bruno veneto, terrae sanctae ministro emendatus anno Domini M C C C C L X X X XII die XII Januarii. In-fol. fig. sur bois. Incomplet du titre et d'une planche.

Danthe Aleghieri fiorentino. *Impressa in Venetia per Matheo di Chodecha da Parma del M C C C C L X X X X I I I adi XXIX de nouembre.* In-fol., fig. sur bois.

Deche di Tito Liuio vulgare historiate. *Stampate nella inclitta cittade di Venezia per Zouane Vercellese ad instantia del nobile ser Luca Antonio Zonta fiorentino. Nel anno MCCCCXCIII, adi XI del mese di Febraio.* In-f°, fig. sur bois.

Danthe Alighieri fiorentino. Finita 'e lopa dell inclyto e diuo Poeta Dāthe Alleghieri poete fiorētino reuista e emēdata diligēiemēte p. el reuerēdo maestro Piero da Figino, maestro ī theologia e excellēte pdicatore del ordīe de minori e ha posto molte cose ī diuersi luoghi che ha trouato mācare si ī lo texto cōe nella giosa. *Impressa in Venetia per Matheo di Chodheda da Parma del MCCCCLXXXXIII adi XXIX de Nouembre.* In-fol., fig. sur bois.

Herodoti historici incipit Laurentii Vallen, conuersio de graeco in Latinum. *Venetiis impressa (Traductio) per Johannem et Gregorium de Gregoriis fratres anno Domini MCCCCXCIIII die VIII martii.* In-fol., front., fig. sur bois.

Beato Laurenzo patriarcha. Della vita monastica *Venise,* 1494. In-4°, fig.

Œuvres d'Herodote. Datum Venetis tertio Cal. Aprilis MCCCCXCIIII. In-fol., fig. sur bois.

Doctrina e non puocho utile a quelloro che nouamēte intrati sono nella religione del uiuere religiosamente. Composita per lo Clementissimo Monsignior Patriarcha Beato Laurenzo Justiniano... *Venise,* 1494. In-4°, fig. sur bois.

Incominciano le devote meditatione sopra la passione del nostro signore Jesu Christo e fundate originalmente sopra sancto Bonauentura.... *Impresse in Venetia per Matheo di Codecha da Parma,* 1494. In-4°, fig. sur bois.

Jardino de Oratione fructuoso. Impressa questa benedeta opera cōtemplativa e utilissima a zia schadun fidel christiano : che secōdo Dio vuol reger la vita sua in allegrezza de spiritu. Compiacer a

Christo Salvatore et acquistar da lui salute, 1494. In-4°, fig.

....

Incomincia il libro de le agricultura di Piero Crescentio, cittadino di Bolognia ad honore Didio et del serenissimo re Carlo. *Impressum Venetiis die ultimo mensis Mai anno MCCCCLXXXXV.* In-4°, fig. s. bois.

Jésus. In hoc volumine continentur infrascripti tractatus : Primo deuotissimus trialogus beati Antonini archiēpi florentini... super euāgelio de duobus discipulis euntibus in Emaus. ...*Impressi Venetiis per Joānem Emericum de Spira,* 1495, *sexto klas maii.* In-12, fig. s. bois.

Nicolaus Ferettus. De elegantia linguae latinae servanda in epistolis et orationibus componendis.... *Impressum Foriliuii per me Hieronymum Medesanum Parmensem: noviterq. p. ipsum auctorem correptum, aditum et emendatum anno Domini MCCCCLXXXXV...* Pet. in-4°, fig. en bois.

De elegantia linguæ latinæ servanda in epistolis et orationibus componendis (par Nicolas Feretti, de Ravenne). *Impressum Foriliuii per me Hieronymum Medesanum Parmensem : noviterque per ipsum auctorem correptum aditum et emendatum anno Domini MCCCCLXXXXV, die uero XXV Mai...* In-4°, fig. s. bois.

Libro di frate Hieronymo da Ferrara della semplicita della vita christiana, Tradocto in Volgare. *Impresso in Firenze per ser Lorenzo Morgiani ad instantia di ser Piero Pacini. Adi ultimo d'octobre MCCCCLXXXXVI.* Pet. in-4°, fig. sur bois.

Predica dell arte del bene morire facta dal Reuerendo Padre Frate Hieronymo da Ferrara il di Nouembre MCCCCLXXXXVI, e racolta da la uiua uoce del pdecto Padre mētre che predicaua. Pet. in-4°, fig. sur bois.

Predica dell arte del bene morire facta del reuerendo padre frate Hieronymo da Ferrara adi II di Nouembre. MCCCCLXXXXVI, e raccolta da ser Lorenzo Violi... Petit in-4°, fig. sur bois.

Libro di Frate Hieronymo da Ferrara Della semplicita della Vita Christiana Tradocto in volgare. (*Florence*), *Lorenzo Morgiani,* 1496. In-4°, fig. sur bois.

Tractato diuoto e tutto spirituale di frate Hieronymo da Ferrara dell ordine de fratri Predicatori in defensione e cōmendatione dell oratione mentale composto ad instructionē confirmationē a consolationē delle anime deuote. *S. l. n. d.* Pet. in-4°, fig. sur bois.

Tractato o uero sermone della oratione composto da frate Hyeronymo da Ferrara. *S. l. ni d.* Pet. in-4°, fig. sur bois.

La expositione del pater noster composta per Frate Girolamo da Ferrara. *S. l. ni d. (Florence).* Pet. in-4°, fig. sur bois.

Operette composte dal reuerendo padre frate Hieronymo da Ferrara dell ordine de frati predicatori..... *S. l. ni d.* Pet. in-4°, fig. sur bois.

Tractato del sacramento e de mysterii delle messa e regola utile composta de frate Girolamo da Ferrara. *S. l. ni d. (Florence).* In-4°, fig. sur bois.

Epistola di frate Hieronymo da Ferrara dell ordine de frati predicatori a uno amico. *S. l. ni d.* In-4°, fig. sur bois.

Prohemio di frate Hieronymo da Ferrara dell ordine de frati de predicatori nel libro contra la astrologia diuinatoria. *S. l. ni d. (Florence).* Pet. in-4°, fig. sur bois.

Operetta nuoua composta da fratre Girolamo da Ferrara. *S. l. ni d.* Pet. in-4°, fig. sur bois.

Dyalogo della uerita prophetica. *S. l. ni d.* Pet. in-4° fig. sur bois.

Istoria e Oratione di santa Lucia vergine e martire. *S. l. ni d.* In-4°, fig. sur bois.

La representazione di Moise quando i Dio gli dette le leggi in sui monte Synai... Composta per suor Raffaella de Sergini Badessa del Munister del Portico fuor di Firenze. *S. d. (Florence).* In-4°, fig. sur bois.

Io. Archiepiscopi Cantuarensis Perspectura communis. *S. l. ni d.* In-4°, de XVIII feuillets.

La vendetta di Christo che fece Vespesiano e Tito contro a Hierusalem. *S. l. ni d.* In-4°, fig. sur bois.

Opera Nova Contemplativa... *Venise, s. d.* In-12, fig. sur bois. Opera di Giovanni Andrea Vavassore. Manque un feuillet.

La Rappresentatione del figliuol prodigo nuovamente stampata composta per mona Antonia di Bernardo Pulci. *S. l. ni d.* In-4°, fig. sur bois.

Cometaria divi Thome Aquinatis. Impresse sunt hec opera per Utinum Papiensem anno Domini MCCCCXCVI die XXVIII Septembris. In-fol., fig. sur bois.

Vita di Sancti padri vulgare historiata... *Stampata in lalma citta de Venetia per Zan Alouisio de varesi milanesi MCCCCLXXXXVII adi XVIII de marzo.* In-fol., gr. sur bois.

Danthe Alighieri fiorentino... *Impressa in*

Venetia per Piero de Zuanne di Quarengii da Palazago Bergamasco, del MCCCCLXXXXVII a di XI octubrio. In-fol., fig. sur bois.

Epistole di san Hieronymo vulgare. *Impressa e la presente opera cosi con diligentia emendata como di iouende caractere e figure ornata ne la inclita e florentissima cita de Ferrara, per Maestro Lorenzo di Rossi da Valenza ne gli anni de la salute del mundo MCCCCXCVII a di XII de Octobre.* In-fol., fig. sur bois.

Vita de Sancto Hyeronymo. *Impressa e la presente opera cosi con diligentia emendata como de iocunde caractere e figure ornata ne la inclita e florentissima cita de Ferrara, par Maestro Lorenzo di Rossi da Valenza: ne gli anni de la salute del mundo MCCCCXCVII a di 12 de octobre.* In-f°, fig. sur bois. Incomplet du feuillet X.

Esopo historiado. *Stampado in Venetia per Maestro Manfredo de Bonello de Streuo da Mofera, nel anno del Signor MCCCCLXXXXVII, adi XXVII, zugno.* Petit in-4°, fig. sur bois. Incomplet de 6 feuillets.

Prologus. Fratris Jacobi Philippi Bergomensis ordinis heremitarum divi Augustini ad sacratissimam Beatricem Aragoniam Ungarorum et Beomorum Reginam in librum de claris scelectisque mulieribus novissime gestum... *Opere et impensa Magistri Laurentii de Rubeis de Valentia tertio kal. maias anno salutis nre Mcccclxxxxvij.* In-fol., fig.

Terantii opera. *Hoc opus impressum est Venetiis per Simonem de Lucre impensis Lazari Soardi... MCCCCXCVII.* In-f°, fig. sur bois. Incomplet du premier feuillet et de la moitié du second.

Seraphica Sylva. *Impressum Florentiae Anno d. MCCCCLXXXXVIII decimo septimo Kalendas Julias.* Pet. in-4°, fig. sur bois.

Biblia cum tabula nuper impressa etcumsummariis noviter editis. *Impressum Venetiis per Symonem dictum Bevilaqua, 1498, die octavo maii.* In-4°, fig. sur bois.

Hypnerotomachia Poliphili, ubi humana omnia non nisi somnium esse docet, atque obiter plurima sectu sane quam digna commemorat. *Venetiis mense decembri MID in aedibus Aldi Manutii, accuratissime.* In-fol., fig.

Petrus de Montagnana. Fasciculus medicine. *Impressum Venetiis per Joannem Gregorium de Gregoriis fratres. Anno Domini MCCCCC die xxviij martii.* In-fol., fig.

Habes isto volumine lector cadidissime

quatuor: primū approbatas religiosis qbusq. vivendi regulas..... *Venise impensis nobilis viri Luc. Antonii de Giunta*... 1500. In-4º, fig. sur bois.

Il libro delle pistole che fecie Ouidio Nasone traslate di grammatica in volgare fiorentino. *S. l. (Naples) n. d.* S.R.D.A. (Sixt. Riessinger de Argentina). Pet. in-4º, fig. sur bois.

Suetonius Tranquillus cum Philippi Beroaldi et Marie Antonii Sabellia commentariis cum figuris nuper additis (*Venise*, commencement du XVIᵉ siècle). In-fol., fig. sur bois. Incomplet de la fin.

Marci Tullii Ciceronis familiares Epistolæ (*Venise*, commencement du XVIᵉ siècle). In-fol., fig. sur bois. Incomplet de la fin.

Jacobi Gualle Jureconsulti Papie sanctuarium... *Impressus Papie p. magistrū Jacobi de Burgofrācho anno Domini MCCCCCV die X mensis Nouembris.* In-4º, fig. sur bois. Port.

Commedia di Dante insieme con uno dialogo circa el sito, forma, e misure dello inferno. *Impresso in Firenze per opera e Spesa di Philippo di Giunta fiorentino. Florence,* 1506. In-12, fig. sur bois.

Fasciculo de medicina Vulgarizato, per Sebastiano Manillo Romano, *estampito in Milano per Joanne Angelo Scinzenzeler, 1506*. In-fol., fig. sur bois.

Ces présentes heures à l'usaige de Chartres... ont été faictes pour Simon Vostre, libraire, 1507. In-8º (velin).

Summa totius logice Magistri Guielmi Occham Anglici logicorum argutissimi nuper correcta. *Impressum Venetiis, per Lazarum de Soardis die 15 mai 1508*. In-4º, fig. sur bois.

Alphonii Thostati Episcopi Abulen in librum Paradoxarum. *Impressum Venetiis, per Gregorium de Gregoriis, sumptibus dñi Joa. Jacobi de Angelis, anno Dñi Mccccviij die XXV Augusti.* In-fol., fig. sur bois.

Opera del preclarissimo Poeta Messer Francesco Petrarcha... *Stampadi in Venetia per Bartholomeo de Zani, 1508.* In-fol., fig. sur bois.

Simon Vostre. Hore Christefere Virginis Marie secundum usum Romanum, 1508. In-8º, fig. sur bois. Reliure du XVIᵉ s.

P. Ovidii Nasonis Fastorum libri diligenti emendatione typis impresse aptissimisque figuris ornate... *Impressum Venetiis opere et impensa solertissimi viri Joannis Tacuini de Tridino...* Anno

MCCCCCVIII, *die IIII Junii.* In-fol., fig. sur bois.

Incominciano le deuote meditazioni sopra la passione del nostro Signore Iesu Xristo... Nicolao de Lira. *Venise,* 1508. In-8º, fig., sur bois.

La Rappresentatione di Santa Eufrasia composta per M. Castellano Castellani. *In Siena, s. d.* In-4º, fig. sur bois.

Divina proportione, opera a tutti glingegni perspicaci e curiosi necessaria (par Luca Pacioli). *Venetiis. Impressum per probum virum Paganinum de Paganinis de Brixia... Anno Redemptionis nostre MDVIIII. Klen Junii.* In-fol., fig. sur bois.

Io. Archiêpiscopi Cantuarensis perspectiva communis (per L. Gavricum neapolitanvm emendata. *S. l. n. d.* Pet. in-fol., fig. s. bois. Relié à la suite de Pacioli Perspettiva, 1509.

Catalogus sanctorum et gestorum eorum ex diversis voluminibus collectus : editus a reverendissimo in christo patre domino Petro de Natalibus.... *Venetiis, per Bartholomeum de Zanis de Portesio... MCCCCCVIV idus Julii.* In-fº, fig. sur bois.

(Métamorphoses d'Ovide). *Venetiis,* 1509. In-fol., fig. sur bois.

Rationarium evangelistarum omnia in se evangelia prosa, uersu, imaginibusque quam mirifice complectens MDX. Pet. in-4º, fig. sur bois. Dédicace de Georges Relmisius.

Rationarium evangelistarum omnia in se euangelia prosa, uersu, imaginibusque quam mirifice complectes MDX. Pet. in-4º, fig. sur bois. Dedicace de Georges Simler.

Deche di Tito Livio vulgare hystoriate. Stāpate i Venetia p. Bartholomeo de Zani de Portesio MCCCCCXI a di XVI del mese de Aprile. In-fol., fig. sur bois.

M. Plauti, linguæ latinæ principis comœdiæ. *Impressum Venetiis per Lazarum Soardum, Die xiiii Augusti MDXI.* In-fol., fig. sur bois.

Epitome in divæ parthenices Mariæ historiam ab Alberto Dürero Norico, per figuras digestam cum versibus annexis chelidonii... suivi de la Passion du Christ. *Impressum Numberge per Albertum Durer pictorem. Anno christiano millesimo quingentesimo undecimo,* de plus Apocalipsis cum figuris, également imprimée à Nuremberg en 1511. In-8º, fig. sur bois.

Terentius cum quinqz, cōmentis : uz Donati Guidonis Calphur. Ascēsu e Servii... *Impressum Venetiis per Lazarum de Soardis die 16 maii 1511.* In-fol., gr. sur bois.

Passio Domini nostri Jesu, ex hieronymo Paduano Dominico Mancino Sedulio et Baptista Mantuano, per fratrem chelidonium collecta cum figuris Alberti Dureri, norici pictoris. *Impressum Nurnberge per Albertum Durer pictorem. Anno Christiano millesimo quingentesimo undecimo* (1511). In-fol., gr. sur bois.

Apocalipsis cum figuris. *Impressa denuo Nurnberge, per Albertum Durer, pictorem anno Christiano millesimo quingentesimo undecimo* (1511). In-fol., fig. sur bois.

Incomincia le devote meditatione sopra la passione del nostro Signore Jesu Christo cavate e fundate originalmente sopra sancto Bonaventura, cardinale del ordine minore sopra Nicolao de Lira... *Stampata in Venetia per Piero de Quarēgi Bergomasco del mille cinq cento dodoxe a di dodexe aprile.* In-4°, fig. sur bois.

Petrus de Montagnana. Fasciculus medicine. *Impressum Venetiis per Gregorium de Gregoriis,* 1513. In-fol., fig. sur bois.

En tibi lector Candidissime. Macrobius qui antea mancus mutilus ac lacer circūfer ebatur... Joannes Riuius recēsuit... *Impressum Venetiis per Augustinum de Zannis de Portesio ad instantiā. Do. Lucam Antonium de Giunta. Anno Dni MDXIII. Die XV Junii.* In-fol., fig. sur bois.

Ad Illustrissimum Principem Alfonsum estensem Ferrariæ Ducem Mathematice disciplinæ cultorem ferventissimum Sigismundi de Sanctis Ferrariensis Professoris... *Impressum Venetiis per Joannem Rubeum Vercellēsem anno Domini MCCCCXIIII. Kalen. Decembris.* Incomplet.

Les présentes heures à l'usaige de Toul..., ont esté faictes à Paris, pour Symon Vostre, libraire (1515). Gr. in-8°, fig. (vélin).

Fratris Baptistæ Mantuani carmelitæ theologi... contra detractatores dialogus. *Lyon, Bernard Lescuyer, 1516.* Pet. in-4°, portrait et marques gravés sur bois.

Spechio de la fede. *Venetia, stampato per Maistro Piero de Quarengis Bergomascho de MDXVII.* In-fol., fig. sur bois.

Spechio de la fede vulgare nouamente impresso diligentemente correcto e historiato. *Stampato per maistro Piero de Quarengis Bergomascho del MDXVII adi ultimo settembrio.* In-f°, fig. sur bois.

Inexplicabilis mysterii Gesta Beatæ Veronicæ virginis monasterii Sanctæ Mar-

thæ urbis Mediolani. *Mediolani apud Gotardum Ponticum impressorem anno MCCCCCXVIII.* In-4°, fig. L'auteur, le frère Isodorus de Isolanis, a dédié ce livre à François Ier.

T. Livius Patavinus historicus... *Venetiis, summa diligētia per Melchiorem Sessam et Petrum de Rauanis socios. Anno domini MDXX. Die III Maii.* In-f°, fig. sur bois.

Pontificale secundum Actus sacrosancte Romane ecclesie... *In florentissima Venetiarum urbe per spectabilem virum Dominum Lucantonium de Giunta florentinum anno Dni MVXX.* In-fol., fig. sur bois.

Alexander Achillinus de humani corporis anatomia. *Venetiis, per Io. Antonium et fratres de Sabio MDXXI. Mense Januario.* In-12. port. gr. sur bois.

Ad Christum Sponsum Ecclesie sponse Epistola... *per Leop. Dickium (Augsbourg,* 1523). In-4°, port.

Das Bapstum mit seynem gliedem gemalet und beschrieben. *Wittemberg* (1526?) In-12, fig. sur bois.

Opera Sallustiana. Caii Crispi Salustii inter historicos nominatissimi: ac veri cum Jodoci Badii ascensii expositione... 1526. In-4°, fig. sur bois. Lugduni diligenti recognitione. [*Impressus per Jacobum Myt anno Domini M. quingentesimo XXVI quinto Calend. Aprilis*].

La table de l'ancien philosophe Cebès, natif de Thèbes... translatée de latin en français par maistre Geofroy Tory. *Paris, Jehan Petit,* 1529. In-12, fig. sur bois.

Champfleury, auquel est contenu l'art et science de la deue et vraye proportion des lettres attiques... par maitre Geofroy Tory, de Bourges. *Paris,* 1529. In-4°, fig. sur bois.

Alberti Dureri clarissimi pictoris et geometræ de Symetria partium in rectis formis hūanorum corporum, libri in latinum conuersi. *Norimbergæ excudebatur opus æstate anni a Christo seruatore genito MDxxxij in Ædib. viduæ Dureriance.* Pet. in-fol., fig. sur bois.

Dione Historico delle guerre e Fatti de Romani Tradotto di Greco in lingua vulgare per M. Nicolo Leoniceno, 1533. *Impresso in Vinezia per Nicolo d'Aristotile di Ferrara detto Zoppino, nell' anno di nostra salute. M. D. XXXIII. del mese di Marzo.* In-4°, fig. sur bois.

Legendario de Sancti vulgare hystoriato nouamente reuisto e con summa diligētia castigado 1533. *Stampate in Venetia per Frācesco di Alessandro*

Bindoni e Mapheo Pasini Compagni negli anni del Signore, 1533, del mese di Settembre In-fol., fig. sur bois. (Les planches ont été gravées bien avant 1533).

Der Teusch Cicero. Gedruckt un volendet in der Kayserlichen Stat Augspurg dusch Heinrich Steiner..... In-fol. (1534), fig. sur bois.

Clariss. Pictoris et Geometræ Alberti Dureri de varietate figurarum et flexuris partium ac gestib. imaginum libri duo qui priorib. de Symmetria quondam editis, nunc primum in latinum conuersi accesserunt. Anno M. D. XXXiiij. Finitum opus anno a salutifero partu 1534. 9 Cal. Decemb. *Impensis viduæ Durerianæ, per Hieronymum Formschneyder Norimbergæ.* Pet. in-fol., fig. sur bois.

Andreæ Alciati emblematvm libellos. *Parisiis. Excudebat Christianus Wechelus. M. D. XXXIIII.* In-12, fig. sur bois.

Les troys premiers livres de l'histoire de Diodore Sicilien, historiographe grec translatez de latin en francoys par maistre Anthoine Macault...... *Paris*, 1535. In-4°, fig. sur bois.

Le promptuaire de tout ce qui est advenu plus digne de mémoire depuis la création du monde jusqu'à présent..... par Jean d'Ongoys morinien. *A Paris, chez Jean de Bordeaux, au mont St-Hilaire....... M. D. XXXVI.* In-18, fig. sur bois. Incomplet.

Les simulachres et historiées faces de la mort autant elegamment pourtraictes que artificiellement imaginées. *A Lyon. Sous l'escu de Cologne*, 1538. Pet. in-4°, fig. sur bois. Manquent 16 feuillets de texte à la suite des planches.

Les Angoysses douloureuses qui procedent d'amours. *Paris, Denys Janot*, 1538. In-16, fig. sur bois.

Joannis Mariæ Velmatii Sacræ theologiæ professoris et poetæ scientissimi, veteris et novi testamenti opus singulare ac planè Divinum.... *Venetiis*, 1538. In-4°, fig. sur bois.

Hieronimi Castillonei Cardani medici mediolanensis libellus qui dicitur suplementum Almanach. *Impressum Mediolani per Jo-Antonium Castillioneum Anno*, 1538. *Die Il mensis Octobris.* Pet. in-4°, port. grav. sur bois.

Les XV livres de la Metamorphose D'ouide (Poëte treselegãt) contenans L'olympe des Histoires poëtiques traduictz de Latin en Francoys. *Paris, Denys Janot*, 1539. In-12, fig. sur bois. Manque le feuillet 115 à la fin du volume.

Le osservationi di M. Francesco Alunno da Ferrara sopra il Petrarca (*Venezia*, 1er décembre 1539). In-12, port.

Historiarum Veteris testamenti Icones ad vivum expressæ... *Lugduni, Melchior et Gaspard Trechsel*, 1539. Pet. in-4°, fig. Incomplet du titre.

Historiarum veteris testamenti Icones ad vivum expressæ.... *Lugduni, sub scuto Coloniensi*, 1539. Pet. in-4°, fig. sur bois d'Holbein.

Le lettere di M. Pietro Aretino, di nuovo con la Gionta ristampate..... *Venetia*, 1539. In-12, port. et marques gravés sur bois.

Le Théâtre des bons engins... composé par Guillaume de la Perrière, Tolosain. (*Paris*). *De l'Imprimerie de Denys Janot* (1539). In-12, fig. sur bois.

Novum testamentum, illustratum insignium rerũ simulacris, cum ad veritatẽ historiæ, tum ad venustatem, singulari artificio expressis. *Excudebat Fran. Gryphius* (*Paris*). An M.D.XXXIX. cum privilegio Regis. In-18, fig. sur bois.

Ph. Melanchthonis de Arte dicendi Declamatio *Vitemberg. Joh. Secerius, s. d.* In-12, fig. sur bois.

Historiarum veteris Instrumenti Icones ad vivum expressæ una cum brevi, sed quoad fieri potuit, dilucida earundem expositione.... *Antverpiæ, apud Joan Stœsium* M.D.XL. In-12, fig. sur bois. Copies des estampes de H. Holbein.

Les XXI Epistres Douide translatées de Latin en Francoys par reverend père en dieu Monseigneur leuesque Dangoulesme..... *Paris, Denys Janot*, 1541. Fig. sur bois. In-32. Incomplet des feuillets 74, 89, 96.

Les Epithomes de Valere-le-Grand. *Paris, Denys Janot*, 1541. In-32, fig. sur bois.

Dion, historien grec, des faictz et gestes insignes des Romains... traduit d'Italien en vulgaire francais par Claude Deroziers, de Bourges en Berry.... *Nouvellement imprimé à Paris par Arnoul et Charles les Angeliers...* M.D.XLII. In-fol., fig. sur bois. Incomplet.

Dion, historien grec, des faictz et gestes insignes des Romains, réduictz par Annalles et consulatz... par messire Nicolas Leonicène, Ferrarois et depuis de l'Italien en vulgaire français par Claude Deroziers de Bourges en Berry ... *Paris, Arnoul et Charles les Angeliers*, 1542. In-fol., fig. sur bois.

Les fables du très ancien Esope phrigien .... mises en rithme françoise, 1542. *A Paris, de l'Imprimerie de Denys*

Janot. In-12, fig. sur bois. Manque le titre.

Les emblêmes de Maistre Andre Alciat, puis naguères augmëtez par le dict Alciat et mis en rime françoise, avec curieuse correction. *Paris, Chrétien Wechel,* M. D. XLII. In-12, fig. sur bois.

Dion, historien grec, des faictz et gestes insignes des Romains.... par Claude Deroziers, de Bourges en Berry. *Paris, Arnould et Charles les Angeliers,* M. D. XLII. Pet. in-fol., fig. sur bois. Incomplet des feuillets 239 à 242 inclus.

Testamenti novi editio Vulgata. *Lugduni apud Dionysium de Harsy,* 1543. In-18, fig. sur bois.

Hecatongraphie, c'est-à-dire Descriptions de cent figures et hystoires, contenant plusieurs appophthègmes... le tout revu par son autheur. *Paris, Denis Janot,* 1543. In-12, fig. sur bois. Relié par Trautz-Bauzonnet.

Harmonie Euãgelicæ libri quatuor, in quibus evangelica historia, ex quatuor Evangelistis... *Parisiis, apud Galeotum à Prato...* 1544. Pet. in-8°, fig. sur bois.

Le Théâtre des bons engins, auquel sont contenus cent emblêmes moraulx composé par Guillaume de la Perrière, Tolosain. *A Lyon, par Jean de Tournes,* 1545. In-12, fig. sur bois.

Andreæ Alciati Emblematvm libellvs. *Lvgdvni Jacobus Modernus excudebat,* M. D. XLV. In-12, fig. sur bois.

Hypnerotomachie ou Discours du Songe de Poliphile, déduisant comme Amour le Combat à l'occasion de Polia... nouvellement traduit de langage italien en françois. *Paris, J. Keruer,* 1546. In-fol., fig. sur bois. Première édition française.

L'amour de Cupido et de Psiche, mere de volupté... *Paris, Jeanne de Marnef, veuve de Denis Janot,* 1546. In-18, fig. sur bois. A la suite: Le plaint du vaincu d'amour... Fig. par Jean Maugin dit le petit Angevin.

Andreæ Vesalii Bruxellensis, medici Cæsarei Epistola... *Basileæ ex officina Joannis Oporini,* anno salutis humanæ M. D. XLVI mense octobri. Pet. in-fol., fig. sur bois.

L'amour de Cupido et de Psiche, mere de volupté.... *Paris, Jeanne de Marnef, veuve de Denis Janot,* 1546. In-18, fig. sur bois.

Cy fine ce présent liure intitule le mirouer de prudence, contenant plusieurs sentences, apophtegmes et dicts moraulx, des sages anciens. *Nouvellement imprimé à Rouen par Nicolas Leroux,*

pour *Robert et Jehan Dugort frères, libraires,* 1546. In-18, fig. sur bois. Incomplet.

L'histoire de Psychée, mère de volupté, 1546. In-18.

Architecture ou Art de bien bastir de Marc Vitruve Pollion, autheur romain antique mis de latin en francoys par Jan Martin, secrétaire de Monseigneur le Cardinal de Lenoncourt pour le Roy tres chrestien Henri II. *A Paris, avec privilège du Roy, on les vend chez Jacques Gazeau, en la rue Sainct Jacques à l'escu de Colongne,* M.D.XLVII. In-fol., fig. sur bois, port.

Icones Historiarum veteris testamenti. *Lugduni, apud J. Frelonium,* 1547. Petit in-4°, fig. sur bois d'Holbein.

Vite di Santi Padri, col prato spirituale riscontrate col latino et in lingua Toscana ridotte... *In Vinegia, appresso Girolamo Scotto,* M. D. XLVII. In-4°, fig. sur bois.

Icones Mortis, Duodecim imaginibus, præter priores, totidemque inscriptionibus, præter epigrammata è Gallicis à Georgio Æmylio in Latinum versa, cumulatæ... *Lugduni sub scuto Coloniensi,* 1547. In-12, fig. sur bois d'après Holbein.

Architecture ou Art de bien bastir de Marc Vitruve Pollion, autheur romain antique mis de latin en francoys par Jan Martin, secrétaire de Monseigneur le Cardinal de Lenoncourt. *Paris, Jacques Gazeau,* 1547. In-fol., fig. sur bois.

Les figures de l'Apocalypse de Saint Jan, apôtre... *Paris, Estienne Groulleau,* 1547. In-18, fig. sur bois.

Les Images de la mort auxquelles sont adjoustées douze figures... *Lyon, Jehan Frellon,* 1547. In-12, fig. d'après Holbein.

La progne, Tragedia nova di M. Girolamo Parabosco. *In Vinegia a San Luca al segno della Cognitione,* M. D. XLVIII. In-12, port. sur bois.

Recopilacion subtilissima: intitulada orthographia pratica... Hecho y expérimentado por Iuã de Ycear Vizcayno, escriptor de libros. Y cortado por Ivan de Vingles Frances. *Impresso en Caragoça, por Bartholome de Nagera,* 1548. Pet. in-4°, fig. sur bois, port.

Theodori Bezæ Vezeli Poemata. *Lutetiæ, ex officina Conradi Badii sub prelo Ascensiano,* 1548. In-12, fig. sur bois.

Emblemata Andreæ Alciati jurisconsulti clarissimi. *Lugduni, apud Gulielmum Rouillium, sub scuto Veneto,* 1548. In-12, fig. sur bois.

Le Conseil des sept sages... *Paris, Jean Ruelle*, 1548. In-16, fig. sur bois.

Les Philippiques de M. T. Ciceron, translatées de latin en Francoys par l'esleu Macault, notaire, secretaire et vallet de chambre du Roy. *Poictiers*, 1549. In-fol., fig. sur bois.

La magnifica et triumphale entrata del christianissimo Re di Francia Henrico secondc di questo nome fatta nella nobile et antiqua Citta di Lyone a luy et a la sua serenissima consorte Catharina alli 21 di septemb. 1548... *In Lyonc appresso Guillelmo Rouillo*, 1549. In-4°, fig. sur bois.

C'est l'ordre qui a esté tenu à la nouvelle et joyeuse entrée que très hault, très excellent et très puissant Prince le Roy très chrestien Henry deuxième de ce nom, a faicte en sa bonne ville et cité de Paris, capitale de son Royaume, le sezième jour de Juin. M.D.XLIX. *Paris, J. Roffet*. In-4°, fig. sur bois.

Retratos o tablas de las historias del Testamento viejo, hechas y dibuxadas por vn muy primo y sotil artifice... *En Lion de Francia, so el escudo de Colonia* M.D.XLIX. Pet. in-4°, fig. sur bois d'Holbein.

Brevis institutio ad Christianam Pietatem per R. D. Michaelem, episcopum sidoniensem... *Moguntiæ*, 1549. In-12, fig. sur bois.

Clarissimi viri D. Andreæ Alciati emblematum libri duo. *Lugduni, apud Joan. Tornœsium et Gulielmum Gazeium*, 1549. In-16, gr. sur bois.

Nouveau Testament grec. Epîtres de St-Paul. *Paris, Robert Estienne*, 1550. In-fol., fig. sur bois. Dans son ancienne reliure. Note manuscrite de Théodore de Bèze offrant ce livre en don à Melchior Wolmar, son maître à l'université de Bourges, Mars 1551.

L'art et science de la vraye proportion des lettres attiques ou antiques, autrement dites romaines.... par maître Geoffroy Tory, de Bourges. *Paris, Vivant Gaultherot*, 1549. In-12, fig. sur bois.

Emblèmes d'Alciat de nouveau trãslatez en frãcois vers pour vers iouxte les latins.. *A Lyon, chez Macé Bonhomme*, 1549. In-8°, fig. sur bois.

Pauli Jovii Novocomensis Vitæ duodecim Vicecomitum Mediolani principum ex Bibliotheca Regia. *Lutetiæ, Rob. Stephanus*, 1549. In-4°, fig. sur bois.

Il Petrarcha. *In Lione, par Gioanni di Tovrnes*. M.D.XXXXX. In-18, fig. sur bois.

Le triumphe d'Anvers, faict en la susception du prince Philips, prince d'Espaigne (Anno 1549). *Anvers*, 1550. In-fol., fig.

La Zucca del Doni. *Vinezia, Francesco Marcolini*, 1551. In-12, fig. sur bois, portr.

Lactance Firmian des divines Institutions, contre les Gentils et Idolatres, nouvellement recogneu aux premiers exemplaires et imprimé aux histoires. Traduit de latin en frãcoys, dédié au très chrestien Roy de France par René Fame... *Paris, Estienne Groulleau*, 1551. In-18, fig. sur bois.

De Sacris ecclesiæ ministeriis ac beneficiis libri VIII.... *Lutetiæ, ex typographia Matthœi Dauidis, via Amygdalina, ad Veritatis insigne*, 1551. In-4°, port. gravé sur bois de l'auteur François Duaren.

Æsopi phrigis fabulæ elegantissimis eiconibus ueras animalium species ad uiuum adumbrantes... *Lugduni, apud Joan Tornœsium*, 1551, In-18, fig. sur bois.

La seconda, la tertia, la quarta parte de Marmi del Doni. *Vinegia, Fr. Marcolini*, 1552. 3 vol. in -4°, portr. grav. sur bois.

La moral filosophia del Doni tratta da gli Antichi Scrittori... *In Vinegia per Francesco Marcolini*, 1552. Pet. in-4°, fig. sur bois.

I Mondi del Doni. *Vinezia, Fr. Marcolini*, 1552. Pet. in-4°, fig. sur bois.

Les Considérations des quatre mondes à savoir est : divin, angélique, celeste et sensible.... par Guillaume de La Perrière, Tolosain. *A Lyon, par Macé Bonhomme*, 1552. In-12, fig. sur bois.

M. Vitruvii Pollionis de Architectura libri decem ad Cæsarem Augvstvm... *Lugduni, apud Joan. Tornœsivm*, 1552. In-4°, fig. sur bois, port.

Picta poesis ut pictura poesis erit. *Lyon, Mathias Bonhomme*, 1552. In-12, fig. sur bois.

Les Combatz dv fidelle papiste pelerin Rommain cotre l'Apostat Antipapiste vivant à la Sinagogue de Geneve, maison babilonique des Lutheriens, ensemble la Description de la cité de Dieu assiégée des hérétiques. Le tout cõposé par Artus Désiré. Avec privilège. *On les vend à Rouen, au portail des libraires par Robert et Jehan Dugort frères*, 1552. In-18, fig. sur bois. Plusieurs déchirures.

Les sept livres de Flavius Josephus de la Guerre et Captivité des Juifs traduits de grec et mis en français par N. de Herberay, Seigneur des Essars.... *Paris*, *pour Vincent Sertenas*..., 1553. In-fol., fig. sur bois.

La Morosophie de Guillaume de la Perrière, tolosain.... *Lyon, Macé Bonhomme*, 1553. In-12, fig. sur bois.

Epitome de l'origine et succession de la Duché de Ferrare, composé en langue Toscane par le Seigneur Gabriel Syméon et traduit en françois par luy-mesme... *Paris, chez Guillaume Cauellat, à l'enseigne de la poulle grasse, deuant le collège de Cambray*, 1553. In-12, port. sur bois.

Les sept livres de Flavius Josephus de la Guerre et Captivité des Juifs traduits de grec et mis en francois par N. de Herberay, Seigneur des Essars... *Paris, Vincent Sertenas*, 1553. In-fol., fig. sur bois.

La première (et la seconde) partie du Promptuaire des medalles des plus renommées personnes.... *Lyon, Guill. Roville*, 1553. In-4°, fig. sur bois.

Quadrins historiques de la Bible (par Cl. Paradin). *Lyon, Jean de Tournes*, 1553. In-12, fig. sur bois. 1re édition.

Le Nouveau testament de Notre Seigneur Jesvs-Christ. *A Lyon, par Jean de Tournes*, M.D.LIII. 2 vol. in-18, fig. sur bois.

Figure del Vecchio Testamento con versi Toscani per Damian Maraffi, nuovamente composte, illustrate. *In Lione, G. di Tournes*, 1554. In-fol., fig. sur bois, portr.

Discours d'aucuns propoz rustiques facecieux et de singulière récréation de Maistre Leon Ladulfi Champenois. *Paris, Estienne Groulleau*, 1554. In-18, fig. sur bois.

Les Triumphes Petrarque..... *Paris, Estienne Groulleau*, 1554. In-18, fig. sur bois.

Jules Obsequent des Prodiges, plvs trois livres de Polydore Vergile sur la mesme matière, traduis de latin en françois par George de la Bouthière, Autunois. *A Lyon, par Jan de Tournes*, 1555. In-12, fig. sur bois.

Vsaige et Description de l'Holomètre pour savoir mesurer toutes choses qui sont sous l'étendue de l'œil : tant en longueur et largeur, qu'en hauteur et profondité. Inuenté par Abel Foullon, vallet de chambre du Roy. *Paris*, 1555, *Pierre Béguin*. In-4°, fig. sur bois attrib. à Jean Cousin.

Les emblêmes de M. André Alciat traduits en ryme françoise par Jan Lefevre. *Lyon, Jean de Tournes*, 1555. In-18, fig. sur bois.

Petri Costalii Pegma, cum narrationibus philosophicis. *Lugduni, M. Bonhomme*, 1555. In-12, fig. sur bois.

Le Pegme de Pierre Coustau, mis en françoys par Lanteaume de Romieu, gentilhomme d'Arles. *Lyon, Macé Bonhomme*, 1555. In-12, fig. sur bois.

Imagination poétique traduicte en vers français des latins et grecs par l'auteur mesme d'Iceux (B. Aneau).... *A Lyon, par Macé Bonhomme*, 1556. In-18, fig. sur bois. Incomplet d'un feuillet.

[Povrtraicts divers]. *A Lion, par Jean de Tournes*, M.D.LVI. In-12, fig. sur bois.

La Métamorphose d'Ovide figurée. *A Lyon, par Jan de Tovrnes*, M.D.LVII. Auec privilège du Roy. In-12, fig. sur bois. 1re édition.

Excellente figueren ghesneden vuyten uppersten Poete Ovidius... *Lyon, J. de Tournes*, 1557. In-12, fig. sur bois.

Contemplatio totius vitae et passionis Domini nostri Jesu Christi... *Venetiis, J. Ostain*, M.D.LVII. In-12, fig. sur bois.

Devises heroïques par M. Claude Paradin, chanoine de Beaujeu. *Lyon, Jean de Tournes et G. Gazeau*, 1557. In-12, fig. 1re édition.

La Historia del beato San Martino. *In Firenze*, 1558. In-4°, fig. sur bois.

Les illustres observations antiques du Seigneur Gabriel Syméon, florentin en son dernier voyage d'Italie l'an 1557. *Lyon, Jean de Tournes*, 1558. In-4°, fig.

Due breui e facili trattati, il primo d'Arithmetica : l'altro di Geometria.... Del Sig. Gio. Francesco Severone di Cvneo. *In Lione, par Gio. di Tovrnes*, M.D.LVIII. In-4°, port. sur bois. Incomplet de 2 feuillets.

Orlando Furioso di M. Lodovico Ariosto. *Venise*, 1558. In-4°, fig. sur bois.

La Vita e Metamorfoseo d'Ovidio, figurato et abbreviato in forma d'Epigrammi de M. Gabriello Symeoni. *Lione, G. de Tornes*, 1559. In-8°, fig. sur bois.

Icones Catecheseos et virtvtvm ac uitiorum illustratæ numeris. Johannis Hofferi cobvrgensi. Item historia passionis Domini nostri Jesu Christi effigiata. *Vitebergæ*, Anno M.D.LX. In-12, fig. sur bois. Il existe une édition de 1558 chez le Duc de Rivoli.

Ph. Melanchtonis de arte dicendi Declamatio. Ex. Felicissima Haganoa, *per Johan. Seccrium. S. d.* In-16.

Il Petrarca con l'espositione d'Alessandro

Vellvtello di nvovo ristampato con le figvre ai Trionfi, con le apostille, e con piv cose vtili aggivnte. *In Venetia, appresso Vincenzo Valgrisi*, M. D.L.X. In-4°, fig. sur bois.

Il Petrarca con l'esposilione d'Alessandro Vellutello, di nuovo ristampato con le figure ai trionfi, con le apostille e con piu cose utili aggiunte. *In Venetia, apresso Vincenzo Valgrisi*. M.D.L.X. In-4°, fig. sur bois.

Livre de perspective de Ichan Cousin, senonois, maistre painctre à Paris... *Paris, I. Le Royer*, 1560. In-fol., fig. sur bois.

Henrici II Galliarum regis elogium, cum ejus verissime expressa effigie, Petro Paschalio autore. Ejusdem Henrici Tumulus, autore eodem. *Lutetiae Parisiorum, apud Michaelem Vascosanum*, 1560. In-fol., fig., portr.

Biblische Figuren des Alten und Neuwen Testaments.. Durch den Weitberhümpten Vergilium Solis zu Nürnberg. Getruckt zu Franckfurt am Main mit Rômischer R. M. Freihent. *Anno M. D. L. X.* Pet. in-4°, fig. sur bois.

Nouvelles inventions pour bien bastir et à petits frais. Trouvées naguères par Philibert de l'Orme, Lyonnais, Architecte... *Paris, Fréd. Morel*, 1561. In-fol., fig. sur bois.

Dialogue des devises d'armes et d'amours du S. Paulo Jovio auec un discours de M. Loys Dominique sur le mesme subiet, traduit de l'Italien par le S. Vasquin Philieul, auquel avons adiousté les devises héroiques et morales du Seigneur Gabriel Syméon, à *Lyon, par Guillaume Roville*, 1561, *avec privilège du Roy.* In-4°, fig. sur bois.

Les devises ou Emblèmes héroiques et morales inventées par le S. Gabriel Syméon. *Lyon, Guill. Rouille.* 1561, Petit in-4°, fig. sur bois. Incomplet du 2e titre.

Clavicule et interpretation sur le contenu ès cinq livres de Polygraphie et universelle escriture cabalistique, traduite et augmentée par Gabriel de Collange, natif de Tours en Auvergne. *Paris, pour Jacques Kerver*, 1561. In-4°, fig. sur bois. Portr.

Hypnerotomachie ou discours du songe de Poliphile.... *Paris, J. Kerver.* 1561. In-fol., fig. sur bois. Seconde édition française.

ccueil de la diversité des habits.... *Paris, Richard Breton*, 1562. In-12. fig. sur bois. Exemplaire incomplet.

Il Petrarca con nuove spositioni. *In Lyone,* appresso *Guliclmo Rouillio*.M.D.L.XIIII In-18, fig. sur bois.

Æsopi Phrygis et aliorum Fabulæ. *Lugduni, apud Ioan. Tornœsium*, 1564. In-18, fig. sur bois.

Recueil de la diversité des habits qui sont de présent en usage tant ès pays d'Europe, Asie, Affrique et îles sauvages, le tout fait après le naturel. *Paris, imp. de Richard Breton*, 1564. In-12, fig. sur bois.

Tutte le rime de i sonetti e canzoni del Petrarca. Ridotte co i versi interi sotto le lettere vocali. *In Lyone, appresso Gulielmo Rovillio*, M. D. L. X. IIII. In-18, fig. sur bois.

Hadriani Junii Medici emblemata ad. D. Arnoldum Cobelium. *Antverpiœ, Ch. Plantin*, 1565. In-12, fig. sur bois.

La métamorphose d'Ovide figurée. *A Paris, chez Hiérosme de Marnef et Guillaume Cauellat au mont S. Hilaire, à l'enseigne du Pélican*, 1566. In-18, fig. sur bois.

Hadriani Junii Medici emblemata ad. D. Arnoldum Cobelium, ejusdem Ænigmatum libellus. ad. D. Arnoldum Rosenbergum. *Anvers, Christ. Plantin*, 1566. In-8, fig. sur bois.

Emblemata et Aliquot nummi antiqui operis Joann. Sambuci Tirnaviensis Pannonii. Altera Editio. *Anvers, Ch. Plantin*, 1566, In-8, fig. sur bois.

Aristotelis ad Nicomachvm filivm, de moribvs, quæ Ethica nominantur, libri decem. Nicolao Gruchio interprete.... *Parisiis, ex officina Jacobi du Puys*... 1566. In-4°, portr. grav. sur bois.

Imagines Mortis, his accesserunt epigrammata è Gallico idiomate a Georgio Æmylio in Latinum translata... *Coloniæ, apud haeredes Arnoldi Birckmanni*, 1567. In-12, fig. sur bois. Contrefaçon et imitation des Icones d'Holbein.

Emblemata Andreæ Alciati, I. V. doctoris clarissimi.... Francofurti ad Moenum, M. D. L X VII. In-8, fig. sur bois. Exemplaire interfolié de quelques autographes du XVIe se. Sorte de *Liber amicorum* d'un médecin, Bernhard Steinwick.

Les Devises heroiques de M. Claude Paradin, chanoine de Beauieu, du Seigneur Gabriel Symeon, et autres aucteurs. *Anvers, Christophe Plantin* 1567. In-18, fig. sur bois.

Ragionamenti Accademici di C. Bartoli... sopra alcuni luoghi difficili di Dante. *Venetia*, 1567. Portr.

Canzone a ballo composte dal **magnifico**

Lorenzo de Medici et da M. Agnolo Politiano e altri autori.... *Firenze*, 1568. Pet. in-4°, fig. sur bois.

La Rappresentazione di santo Giovanni Dicollato.... *Stampata in Firenze per Bartolomeo Anichini*, 1568. In-4°, fig. sur bois.

Le premier tome de l'architecture de Philibert De l'Orme, conseiller et aumonier ordinaire du Roy et abbé de S. Serge-lez-Angiers. *Paris. Federic Morel*, 1568. In-fol., fig. sur bois. Aux Armes de la famille d'O.

Emblemata et Aliquot nummi Antiqui operis, Joan. Sambuci Tirnaviensis Pannonii. Tertia editio. *Anvers, Ch. Plantin*, 1569. In-18, fig. sur bois.

181 portraits sur bois par des artistes allemands tirés sans texte quoique destinés pour la plupart à être introduits dans des livres. 1 vol. in-4°.

Æsopi Phrygis Fabulæ elegantissimis ciconibus animalium species ad viuum adumbrantes.... *Lugduni, apud J. Tornaesium*, 1570. In-12, fig. sur bois.

Jofranei Offusii germani Philomatis, de divina astrorum facultate, in larvatam astrologiam.... *Parisiis, Jean Le Royer*, 1570. Pet. in-fol., fig. sur bois.

La istoria di santa Verdiana da Castel Fiorentino. *In Fiorenza*, 1572. In-4°, fig. sur bois.

Bref et sommaire recueil de ce qui a esté faict et de l'ordre tenu à la joyeuse et triumphante entrée de tres puissant, tres magnanime et très chrestien prince Charles IX de ce nom Roy de France, en sa bonne ville et cité de Paris, capitale de son Royaume le mardy, sixième jour de mars.... *Paris, Denis du Pré*, 1572. In-4°.

Sacrificii Abrahami Hypotyposis, sive imaginaria representatio ex Gene. XXI et XXII cap.... Carolo Godranio canonico Divion authore. Divione excud. Jo des Planches, 1572. In-4°, fig. sur bois.

Omnium fere gentium nostræq. Aetatis nationum habitus et effigies.... *Antverpiæ, apud Joannem Bellerum, sub. Aquila aurea.* M. D. LXXII. cum privilegio. In-12, fig. sur bois. Incomplet de la fin et mal imposé au commencement.

Œuvre de la diversité des Termes, dont on use en architecture, réduict en ordre par maistre Hugues Sambin, demeurant à Dijon. *Lyon, par J. Durant*, 1572. In-fol., fig. sur bois.

Sacrifii Abraham hypotysis.... Carolo Godranio canonico Divione authore. Divione excud. Jo. Des Planches, 1572. In-4° non rogné, port. sur bois.

Centum fabulæ ex antiquis auctoribus delectæ et a Gabriele Faerno cremonensi carminibus explicatæ. *Antverpiæ Ex. officina Christoph. Plantini* M.D.LXXIII In-16 de 173 pag. fig., sur bois, port. Les planches portent presque toutes l'initiale A. Didot 233. Edition de 1567.

L'Ulisse di M. Lodovico Dolce da lui tratto dall' Odissea d'Homero.... *In Vinegia appresso Gabriel Giolito de' Ferrari*, 1573. In-4°, fig. sur bois.

Les quinze livres de la métamorphose d'ovide interpretez en rime françoise, selon la phrase latine par François Habert d'Yssouldun en Berry et par luy présentez au Roy Henri II.... *Paris, de l'imprimerie de Hierosme de Marnef et Guillaume Cauellat*, 1574. In-18, fig. sur bois.

Ori Apollinis Niliaci, de Sacris Ægyptiorum notis, Ægyptiace expressis Libri Duo, iconibus illustrati et aucti.... *Parisiis, apud Galeotum a Prato*, 1574. In-12, fig.

Dialogo dell' Imprese militari et Amorose di monsignor Giovio Vescovo di Nocera et del S. Gabriel Symeoni Fiorentino.... *In Lyone, appresso Guglielmo Rouillio*, 1574. In-8°, fig. sur bois.

Nouvelles inventions pour bien bastir et a petits fraiz, trouvées n'aguères par Philibert de L'orme Lyonnois, architecte, Conseiller et aumonier ordinaire du feu Roi Henry, et abbé de S. Eloy lez Noyon. *Paris, de l'imprimerie de Hiérosme de Marnef et Guillaume Cauellat*, 1576. In-fol., fig. sur bois, port.

La istoria di san Zanobi, vescovo Fiorentino .... composta da Bernardo Gianbullari .... *in Fiorenza*, 1576. In-4°, fig. sur bois.

Musæi Joviani Imagines artifice manu ad viuum expressæ, nec minore industria Theobaldi Mulleri Marpurgensis Musis illustratæ. *Basileæ, ex officina Petri Pernæ*, 1577. In-4°, fig. sur bois.

Pauli Jovii Novocomensis episcopi nucesini Elogia Virorum litteris illustrium.... *Petri Pernæ typographi Basil. Opere ac studio*, 1577. In-fol., fig. sur bois.

Le promptuaire de tout ce qui est advenu plus digne de mémoire, depuis la création du monde jusques à présent.... par Jean d'Ongoys, morinien, *Paris, Jean de Bordeaux*, 1579. In-18, fig. sur bois.

Discours sur les médailles et graveures antiques .... par M. Antoine Le Pois ... *Paris, Mamert Patisson*, 1579. In-4°, fig. de Woériot, port.

Picta Poesis Ovidiana. Thesaurus propemodum omnium fabularum poeticarum, Fausti Sabæi Brixiani, aliorumque clarorum virorum.... ex recensione Nicolai Reusneri, jurisconsulti et poetæ

Laureati.... *Impressum Francoforti ad Mœnum*, 1580. In-12, fig. sur bois.

Metamorpho | ses Ovidii, Argvmen | tis quidem soluta oratione. Enarrationibus | autem et allegoriis Elegiaco versu accuratissime expositæ, summaq. | diligentia ac studio | illustratæ, per | M. Joan - Sprengium Augustan.... *Parisiis. Apud Hier. de Marnef et viduam Gulielmi Cavellat, sub Pelicano, monte D. Hilarii*, 1583. In-16, fig. sur bois.

Quadrins historiques de la Bible. revous et augmentés d'un grand nombre de figures. *A Lyon, par Jean de Tournes*, 1583. In-12, fig. sur bois.

Horæ in laudem beatissimæ Virgini Mariæ secundum consuetudinem Romanæ Curiæ... *Parisiis Apud Hieronymum de Marnef et viduam Gulielmi Cauellat sub Pelicano, monte d. Hilarii*, 1585. In-18, fig. sur bois.

Pvb. Ovidii Nasonis Heroidum Epistolæ. Auli Sabini ad earum aliquot responsiones *Parisiis. Apud Hieronymum de Marnef et Viduam Gulielmi Cauellat sub Pelicano, monte D. Hilarii* 1585. In-18, fig. sur bois.

Tableaux accomplis de tous les arts libéraux.... par Monsieur Christofle de Savigny.... *à Paris, par Jean et François de Gourmont frères*, 1587. In-fol. front., portr. gr. sur bois. 1re édition.

Recueil des Rois de France, leurs couronne et maison, ensemble le rang des grands de France par Jean du Tillet, sieur de la Bussière.... *Paris, Jacques du Puys*, 1587. In-fol., fig. sur bois.

Pvb. Ovidii Nasonis Metamorphoseon libri XV. Post omnes omnium editiones emendati, et recens cum scholiis in margine, ac brevissimis in singulas quasque fabulas argumentis illustrati... *Parisiis. Apud Hieronymum de Marnef, et viduam Gulielmi Cauellat, sub Pelicano, Monte divi Hilarii*, 1587. In-18, fig. sur bois.

P. Ovidii Nasonis Fastorum lib. VI. Tristium Lib. V. de Ponto. Lib. IV... *Parisiis, apud H. de Marnef*, 1587, In-18, fig. sur bois.

Les Quinze livres de la Métamorphose d'Ovide interpretez en rime françoise selon la phrase latine par Francois Habert. *Paris, Hierosme de Marnef et la ueufue Cauellat*, 1587. In-16, fig. sur bois.

Dialoghi di M. Magino Gabrielli hebreo Veneto sopra l'utili sue inventioni circa la seta... *Roma per gl'heredi di Giovanni Gigliotti*, 1588. In-fol., fig sur bois. Incomplet du titre.

Dialoghi di M. Magino Gabrielli hebreo Venetiano sopra l'utili sue inventioni circa la seta : e si dimostrano in vaghe figure istoriate tutti gl'exercizi, ed istromenti che nell'arte della seta si ricercano. *Roma, per gl'heredi di Giovanni Gigliotti*, 1588. In-fol., fig. sur bois. Incomplet du titre et d'une troisième partie.

Pratico comedia di Alfonso di Battista Guarini. Suivi de Sponsalitio comedia... *S. l. ni d.*, pet. in-4°, portr., fig. sur bois.

Degli habiti Antichi e moderni di diverse parti del mondo, Libri due fatti da Cesare Vecellio... *In Venetia, M. C. XC. presso Damian Zenato*. In-8°, fig. sur bois.

Novelle distinte Particolarmente in Dodici Mesi dell' Anno.... di Saluccio Sallucci. *In Fiorenza*, 1591. Pet. in-4°, fig. sur bois.

Nouveaux portraits et figures de termes... par Joseph Boillot, Langrois... *Imp. à Langres par Jehan-des-Prey*, 1592. In-fol., fig.

Plusieurs et diverses histoires tant du Viel que Nouveau Testament...*A Paris* M.D.LXXXXVI. In-4° oblong, fig. sur bois.

Compendio delle vite de Filosofi antichi greci, e latini... *In Venetia, Presso Giochino Brugnuolo*, 1598. Pet. in-4°., fig. sur bois de Gioseso Salviati.

Abrégé de l'histoire Françoise avec les effigies des Roys depuis Pharamond jusqu'au Roy Henri iiij à présent régnant par H. C. (Chesnau). *Paris, Jean Leclerc*, 1599. In-fol., fig. sur bois.

Frottola di diversi autori Fiorentini... *Firenze, Zanobi Bisticci*, 1600. Pet. in-4°, fig. sur bois.

Livre de pourtraiture de maistre Jean Cousin, peintre et geometrien trèsexcellent... *Paris, Jean le Clerc*, 1608. In-4° oblong, fig. sur bois.

Officium græco - latinum beatæ Mariæ Virginis... *Parisiis, H. de Marnef*, 1609. In-18, fig. sur bois du XVIe siècle et gravures en taille-douce intercalées. Jollain ex.

La Rappresentazione di Santa Cicilia Vergine e martire et autres pièces, avec anciens bois, *Florence, chez Agostino Simbeni*, 1612, etc. Petit in-4°.

Figures de la Saincte bible accompagnées de briefs discours... *Paris, Jean Le Clerc*, 1614. In-f°, fig. sur bois.

Officium beatæ Mariæ Virginis nuper reformatum : et Pii V Pont. Max. Jussu editum... *Parisiis, in officina H. de Marnef, apud Dionysiam Cavellat, sub*

pelicano, monte D. Hilarii. M. DC. XVI
eum privilegio Regis. In-18., fig. sur bois.

Tableaux accomplis de tous les Arts
libéraux contenant brièvement et
clerement par singulière méthode de
doctrine une générale et sommaire
partition des dicts arts, amassez et
reduits en ordre pour le soulagement et
profit de la jeunesse, par M. Christofle
de Savigny, 1619. Grand in-fol., fig. sur
bois.

La Rappresentazione del re Superbo,
In Firenze, Alle Scale di Badia, 1619.
Pet. in-4°, fig. sur bois.

Zeeusche Nachtegael ende des felfs
dryderley gesang... *Tot Middelburgh.*
Ghedruckt by Ian Pieters vande Venne
... 1623. In-4°, fig., de l'auteur Van de
Venne.

Elemens de pourtraiture... par le sieur
de S. Igny. *A Paris chez Francois*
l'Anglois dit Chartres rue S. Jacques,
aux colonnes d'Hercule. Suivis de :
Elemens de pourtraiture inuantée par
le sieur de S. Igny et de : Libro novo
da dissegnare, studio del Sigᵣ Valleze
pict. fatto in Roma... Eaux-fortes, sans
d. In-12.

Elemens de pourtraiture ou la métode
de représenter et pourtraire toutes les
parties du corps humain, par le sieur de
S. Igny, *Paris, chez l'auteur,* S. d., in-
12, fig. — *Paris, chez François l'Anglois*
dit Chartres. S. d. (1630). In-12, fig.
Première partie terminée au privilège
« Donné à Lyon le dix huictiesme iour
d'Octobre mil six cens trente. »

Figures de la Sainte Bible accompagnées de
briefs discours... *Paris, Guill. Le Bé,*
1635. In-fol., fig. sur bois.

La perspective positive de Viator latine
et française... par Mathurin Jousse de
la Flèche. *A la Flèche, par George*
Griveau, 1635. Grav. à l'eau forte. In-12.

Différentes manières de dessiner et de
peindre (par Abraham Bosse). In-12.
mq. les pl. 4, 6, 37.

Piedra gloriosa o de la estatua de Nebu-
chadnesar con muchas y diversas autho-
ridades de la S. S. y antiguos fabios,
compuesto por el Hacham Menasseh
ben Ysrael. *Amsterdam, an 5415* (1655).
In-12. Portrait, eaux-fortes de Rembrandt.

Représentation de diverses figures
humaines avec leurs mesures prises sur
des antiques qui sont de présent à Rome,
Recuellies et mises en lumière par A.
Bosse. *Paris,* 1656. In-18, fig.

Figures historiques représentant en abrégé
la vie de N.S. Jésus Christ, les actes
des apôtres. et l'apocalypse tirés du
nouveau testament par I. C. *A Lyon chés*

Jean Carteron, M.DC.LXXII. In-18, fig.
sur bois.

Tapisseries du roy, où sont representez
les quatre elemens et les quatre saisons.
Avec les devises qui les accompagnent
et leur explication. *Paris, Sebastien*
Mabre-Cramoisy, 1679. In-f°, fig.

Medea. Treurspel. Twede Druk. *Amster-*
dam, 1679. In-4°

Icones historicæ veteris et novi. Testamenti
carminibur latinis et Gallicis illustrata,
in quibus exponitur historia in singulis
exhibita figuris... *Genevæ, apud*
Samuelem de Tournes, 1681. In-12, fig.
sur bois.

Compendio delle vite de filosofi antichi
greci e Latini, et delle sentenze e Detti
loro notabili. Tratte da Laerto et da Altri
gravi Autori, Novamente ridotte a più
purgata lettione, e di bellissime figure
di Giosefo Salviati adornate... *Venetia,*
G. Brugnuolo, 1698. In-4°, fig.

Recueil d'estampes d'après les plus beaux
tableaux et d'après les plus beaux desseins
qui sont en France dans le cabinet du
Roy, dans celui de Monseigneur le Duc
d'Orléans, et dans d'autres cabinets...
avec un abbrégé de la vie des peintres
... *A Paris, de l'imprimerie royale,*
1729, 3 vol. in-f°.

Contes et nouvelles en vers par M. De Là
Fontaine. *A Amsterdam,* M.DCCLXII.
2 vol. in-8°, fig. Edition des fermiers
généraux.

Choix de chansons mises en musique par
M. De la Borde... *Paris, de Lormel,*
1773. In-8°, fig. Tome 1ᵉʳ seulement.

Dissertation sur les Attributs de Venus...
pa M. l'abbé De la Chau... *Paris, imp.*
Prault, 1776. In-4°, fig.

Les Caprices, suite de 80 planches par
Goya. S. l. ni d. In-4°.

The tour of Doctor Syntax... *London, at*
R. Ackerman's repository of Arts,
1813. Grav. en couleurs de Rowlandson.
In-8°.

The Tour of Doctor syntax. A Poem.
(*London*), s. d. 3ᵉ édition. In-8°, fig.
d'après Rowlandson.

Icones veteris testamenti ; illustrations of
the old Testament, engravad on Wood,
from designs by Hans Holbein. *London,*
W. Pickering, 1830. In-8°, fig.

Hamlet. Treize sujets dessinés par Eugène
Delacroix. *Paris, Gihaut,* s. d. In-fol.,
fig.

Histoire de Gil Blas de Santillane par
Lesage. Vignette par Jean Gigoux. *Paris,*
Paulin, 1835. In-8°.

Paul et Virginie par J. H. Bernardin de Saint Pierre. *Paris, L. Curmer*, 1838. In-8°, fig.

Monuments français inédits pour servir à l'histoire des arts depuis le VIᵉ siècle jusqu'au commencement du XVIIᵉ... Dessinés, gravés et coloriés d'après les originaux par N.-X. Willemin, classés chronologiquement et accompagnés d'un texte historique et descriptif par André Pottier. *Paris*, 1839. 2 vol. in-fol., fig.

Hamlet. Treize sujets dessinés par Eug. Delacroix. *A Paris, chez Gihaut frères, sans date.* In-f°.

Journal de l'expédition des portes de fer rédigé par Charles Nodier. *Paris, imp. royale*, 1844. In-4°, fig.

Histoire de Lazarille de Tormès. Traduction de L. Viardot. *S. d.* Gr. in-8°, fig. sur bois de Meissonier.

Richter-Album. Eine Auswahl von holzschnitten nach zeichnungen von Ludwig Richter in Dresden. *Leipzig*, 1851. 2 vol. in-8°.

L'alphabet de la mort de Hans Holbein, entouré de bordures du XVIᵉ siècle et suivi d'anciens poèmes français sur le sujet des trois morts et des trois vifs publiés d'après les manuscrits par A. de Montaiglon. *Paris, E. Tross*, 1856. In-8°, fig.

El Mendigo hipocrita, novela escrita en francés por M. Alexandro Dumas (hijo), traducida al Castellano por D. Marcial Busquets. *Barcelona*, 1857. Gr. in-8°, fig. par Mariano Fortuny.

Gavarni. Masques et visages. *Paris, Paulin et Lechevalier*, 1857. In-12.

Holbein's Dance of Death... with a dissertation on the several representations of that subject by Francis Douce, esq. F. A. S. also, Holbein's Bible cuts, consisting of ninety illustrations on wood, with introduction by Thos. Frognall Dibdin. *London, Henry G. Bohn*, 1858. In-8°, fig.

Les contes rémois, par M. le comte de C. (Chévigné). Dessins de E. Meissonier. *Paris, M. Lévy*, 1858. 3ᵉ édition. Gr. in-8°, fig.

Les contes drolatiques colligez ez abbayes de Touraine et mis en lumière par le sieur de Balzac... Sixième édition illustrée de 425 dessins, par Gustave Doré. *Paris, Garnier, s. d.* In-8°.

La vie de la sainte vierge Marie, en vingt gravures sur bois par Albert Durer... Reproduction, procédé de P. W. Van de Weijer, avec une introduction de Ch. Ruelens. *Utrecht, s. d.* In-4°, fig.

Sing a song for six pence. One of R. Caldecott's picture Books. *London, G. Routledge and sons, s. d.* In-4°, fig.

The House that Jack built. One of. R. Caldscott's picture Books. *(London), G. Routledge and sons, s. d.* In-4°, fig.

The Babes in the Wood. One of R. Caldecott's Picture Books. *(London), G. Routledge and sons, s. d.* In-4°, fig.

The diverting history of John Gilpin. One of R. Caldecott's Picture Books *(London) G. Routledge and sons, s. d.* In-4°, fig.

The Mad Dog. One of R. Caldecott's picture Books. *(London), G. Routledge and sons, s. d.* In-4°, fig.

The three Jovial Huntsmen. One of. R. Caldecott's picture Books. *(London), G. Raoutledge and sons, s. d.* In-4°, fig.

La danse des morts dessinée par Hans Holbein, gravée sur pierre par Joseph Schlottbauer... expliquée par Hippolyte Fortoul. *Paris, J. Labitte, s. d.* In-12, fig.

Livres liturgiques du diocèse de Troyes, imprimés au XVᵉ et au XVIᵉ siècle.... par Alexis Socard et Alexandre Assier... *Paris, A. Aubry*, 1863. In-8°, fig.

Le paysagiste aux champs, croquis d'après nature par Frédéric Henriet. *Paris, A. Faure*, 1866. Gr. in-8°, fig.

Paul et Virginie, dessins par de La Charlerie. *Paris, A. Lemerre*, 1868. Gr. in-4°, fig.

Eaux-fortes de J. Jacquemart. Armures, pièces de harnais, armes blanches et armes à feu formant une partie de la collection d'armes de M. le comte de Nieuwerkerke, 1868. Gr. in-4°.

Gavarni. Masques et visages. *Paris, libr. du Figaro*, 1868. Gr. in-8°, fig.

Supplément aux œuvres de maistre François Rabelais. — Les songes drolatiques de Pantagruel. Suite de 120 gravures sur bois. Troisième édition. *Paris, E. Tross*, 1870. In-12, fig. sur bois.

Les Arts au moyen-âge et à l'époque de la Renaissance par Paul Lacroix. *Paris, Didot*, 1871. In-4°, fig.

Album du *Journal des Beaux-Arts*. Dix eaux fortes inédites. *Bruxelles, Paris et Leipzig*, 1871. In-f°.

Mœurs, usages et costumes au moyen-âge et à l'époque de la Renaissance par Paul Lacroix. *Paris, Didot*, 1872. In-4°, fig.

Vie militaire et religieuse au moyen-âge et à l'époque de la Renaissance par Paul Lacroix. *Paris, Didot*, 1873. In-4°, fig.

Les saints évangiles, traduction de Bossuet. Dessins de Bida. *Paris, Hachette*, 1873, 2 vol. gr. in-f°.

Animaux et paysages. — Suite d'eaux-fortes par H. Vander Poorten précédée d'une notice biographique par Henry Havard. *Paris, A. Lévy*, 1874. In-4°, fig.

Héliogravure Amand-Durand. Œuvre de Rembrandt, reproduit et publié par Amand-Durand. *Paris, Goupil, s. d.* Gr. in-f°.

Lituania par Arthur Grottger. *Vienne, Miethke, s d.* In-f°., fig.

Paul Lacroix. — XVIII° siècle, institutions, usages et costumes. France 1700-1789. *Paris, Didot*, 1875. In-4°, fig.

Les contes drolatiques colligez ez abbayes de Touraine... par le sieur de Balzac. Dessins par Gustave Doré. *Paris, Garnier frères, s. d.* In-8°, fig.

Eaux-fortes de Jules de Goncourt. Notice et catalogue par Philippe Burty, *Paris, Libr. de l'Art*, 1876. In-f°, fig.

L'Art en Alsace-Lorraine par René Menard. *Paris, Ch. Delagrave*, 1876. In-4°, fig.

Arioste. — Roland furieux, poème héroïque, traduit par A.-J. Du Pays, et illustré par Gustave Doré. *Paris, libr. Hachette*, 1879. In-f°, fig.

Quelques mots sur le songe de Poliphile par Benjamin Fillon. *Paris, imp. A. Quantin*, 1879. Gr. in-8°, fig. Extrait de la *Gazette des Beaux-Arts*.

J.-B.-P. de Molière. — Psyché, tragédie-ballet, ornée de six planches hors texte et six culs-de-lampe gravés à l'eau-forte par Champollion et publiée sous la direction de M. Em. Bocher. *Paris, Librairie des Bibliophiles*, 1880. Gr. in-4°, fig.

La lanterne magique par J. Levoisin avec les dessins de Kate Greenaway. *Paris, Hachette* (1880). In-4°, fig.

Kate Greenaway's Birthday-Book for Children with 382 illustrations drawn by Kate Greenaway... *London, George Routledge, s. d.* In-24.

A day in a Child's Life illustrated by Kate Greenaway. *London, G. Routledge* (1881). In-4°, fig.

Les chroniques de J. Froissard, édition abrégée avec texte rapproché du français moderne par Mme de Witt, née Guizot... *Paris, Hachette*, 1881. Gr. in-8°, fig.

Mother Goose or the old nursery Rhymes, illustrated by Kate Greenaway. *London, G. Routledge* (1881). In-12, fig.

Le petit livre des souvénirs. Texte par Mme Colomb. Illustrations de Kate Greenaway. *Paris, Hachette* (1881). In-18, fig.

Nous deux, par J. Girardin. Illustrations de J. G. Sowerby et H.-H. Emmerson. *Paris, Hachette* (1881). In-4°, fig.

Histoire du gentil seigneur de Bayard composée par le loyal serviteur. Edition rapprochée du français moderne... par Lorédan Larchey... *Paris, Hachette*, 1882. In-4°, fig.

Poèmes enfantins par Jane et Anne Taylor. Illustrations de Kate Greenaway. Traduction libre de J. Girardin. *Paris, Hachette*, 1883. In-8°, fig.

Le songe de Poliphile ou hypnérotomachie de frère Francesco Colonna, littéralement traduit pour la première fois avec une introduction et des notes par Claudius Popelin. *Paris, J. Liseux*, 1883. 2 vol. in-8°, fig. sur bois.

Le livre de fortune. Recueil de 200 dessins inédits de Jean Cousin, publié... par L. Lalanne. *Paris et Londres, Librairie de l'Art*, 1883. Gr. in-4°, fig.

Almanach de Kate Greenaway pour 1883. *Paris, Hachette*. In-18, fig.

Illustrations pour les œuvres de Alfred de Musset. Aquarelle par Eugène Lami, eaux-fortes par Adolphe Lalauze. *Paris, D. Morgand*, 1883. In-4°, fig.

Calendrier historial réformé par Ch. L. Frossard, pasteur. *Paris, imp. Ch. Maréchal et J. Monterier*, 1884. In-8°, fig. s. bois.

Quatrelles. — La Dame de Gai-Fredon. Illustrations d'après les aquarelles et les dessins d'Eugène Courboin. *Paris, Hachette*, 1884. In-4°, fig.

Le langage des fleurs. Illustrations de Kate Greenaway. *Paris, Hachette* (1884). In-18, fig.

Le luxe français. — L'empire, par Henri Bouchot. Illustration documentaire, d'après les originaux de l'époque. *Paris, à la Librairie illustrée, s. d.* In-4°.

Saint François d'Assise. — I. Vie de saint François. II. Saint François après sa mort. *Paris, Plon.* In-f°, fig.

Almanach de Kate Greenaway pour 1885. *Paris, Hachette*. In-18, fig.

Souvenirs de notre tour du monde, par Hugues Krafft. *Paris, lib. Hachette*, 1886. In-8°, photogr.

Mœurs et coutumes de la France. — La famille d'autrefois... par Henri Bouchot. *Paris, Lecène et Houdin*, 1887. Gr. in-8°, fig.

Albrecht Altdorfer. — L'histoire de la chute de l'homme et de sa rédemption. *Munchen et Leipzig, G. Hirth*, 1888. Pet. in-4°, fig.

Illustrations pour le théâtre de Molière, dessinées et gravées à l'eau-forte par Edmond Hédouin. *Paris, Damascène Morgand*, 1888. In-4°, trois suites sur Japon.

Les cahiers du capitaine Coignet (1776-1850), publiés d'après le manuscrit original par Lorédan Larchey, illustrés par J. Le Blant. *Paris, Hachette*, 1888. In-4°.

André Theuriet. — La vie rustique, compositions et dessins de Léon Lhermitte. *Paris, H. Launette*, 1888. In-4°, fig.

Mémoires du comte de Grammont, par Antoine Hamilton. *Paris, L. Conquet*, 1888. Pet. in-4°, fig.

Edmond et Jules de Goncourt. — Madame de Pompadour. *Paris, Firmin-Didot*, 1888, in-4°, fig.

Gustave Guillaumet. — Tableaux Algériens. *Paris, libr. Plon*, 1888. In-4°, portr., fig.

Edmond About. — Tolla. Illustrations de Félicien de Myrbach. *Paris, Hachette*, 1889. In-4°, portr., fig. Exemplaire sur papier du Japon.

Bibliographie des livres à figures Vénitiens de la fin du XVe siècle et du commencement du XVIe. 1469-1525, par le duc de Rivoli. *Paris, Techener*, 1892. In-8°, fig.

Hollande et Hollandais d'après nature, par Hippolyte Durand. *Paris, libr. Furne*, 1893. In-4°, fig.

Armand Dayot. — Napoléon raconté par l'image, d'après les sculpteurs, les graveurs et les peintres. *Paris, Hachette*, 1895. In-4°, sur Chine.

Napoléon. — La république, le consulat, l'empire, Sainte-Hélène. *Paris, Hachette, s. d.* In-4° oblong, fig.

Armand Dayot. — La révolution française d'après des peintures, sculptures, gravures, médailles, objets... du temps. *Paris, E. Flammarion, s. d.* In-4° oblong, fig.

Armand Dayot. — Napoléon raconté par l'image d'après les graveurs, les sculpteurs et les peintres. *Paris, Hachette*, 1895. In-4°, fig.

Emile Bourgeois. — Le grand siècle. Louis XIV, les arts, les idées. *Paris, Hachette*, 1896. In-4°, fig. Exemplaire sur papier du Japon.

Gaston Vuillier. — La Sicile, impressions du présent et du passé, illustrées par l'auteur. *Paris, Hachette*, 1896. In-4°, fig.

Gaston Vuillier. — La danse. *Paris, Hachette*, 1898. In-4°, fig. Exemplaire sur papier du Japon.

Mgr Le Nordez. — Jeanne d'Arc racontée par l'image d'après les sculpteurs, les graveurs et les peintres. *(Paris), Hachette*, 1898. In-4°, fig. Exemplaire sur papier du Japon.

Le dix-huitième siècle. — Les mœurs. Les Arts. Les idées. Récits et témoignages contemporains. *Paris, Hachette*, 1899. In-4°, fig. Exemplaire sur papier du Japon.

GRAVURE.

I.

PROCÉDÉS. — RÉGLEMENTATION. — CATALOGUES DE COLLECTIONS
D'ÉDITEURS ET DE MARCHANDS.

Traicté des manières de graver en taille douce sur l'airin.... par A. Bosse, graveur en taille douce. *A Paris, chez ledit Bosse, en l'Isle du Palais, à la roze rouge deuant la Mégisserie*, 1645. In-12, fig.

Arrest du Conseil d'estat portant que tous les auteurs, libraires, imprimeurs et graveurs qui ont obtenu des privilèges du Roy depuis l'année 1652 pour faire imprimer des livres ou graver des estampes et qui n'ont pas fourni des exemplaires des dits livres et estampes pour la bibliothèque de Sa Majesté, seront tenus de fournir au garde de la dite Bibliothèque les dits exemplaires quinze jours après la signification du présent arrest... du 31 janvier 1685. *Paris, S. Mabre-Cramoisy*, 1685. In-4°.

Catalogue des livres d'estampes de Mʳ de la Reynie, prisés à prix d'inventaire par Maître Antoine de Fer, marchand de tailles douces à Paris. Copie manuscrite in-4°. Bibliothèque Mazarine, fonds Tralage (1668).

Cathalogue des livres des figures qui sont au cabinet de M. de la Meschinière. Copie manuscrite in-4°. Bibliothèque Mazarine, fonds Tralage.

Indice delle stampe intagliate in rame, al bulino, ed all'acqua forte, con li loro prezzi secondo che corrono al presente, esistenti nella stamperia di Gio. Giacomo de Rossi, e Domenico de Rossi suo erede, appresso S. Maria della Pace. *In Roma*, 1700. In-18.

Catalogue des livres, estampes et desseins, du Cabinet des Beaux-Arts et des Sciences, appartenant au Baron Tessin, Maréchal de la Cour du Roy et sur-intendant des battiments et jardins royaux de Suède. *Imprimé à Stockholm, chez Jule-George Matthieu*, l'année 1712. In-4°. — Autre exemplaire avec notes et table manuscrites.

Arrest du Conseil d'Estat du Roy, du 28 Juin 1714, portant privilège à l'Académie royale de peinture et de sculpture et aux Académiciens, de faire imprimer et graver leurs ouvrages.... *Paris*. In-4°.

Indice delle stampe intagliate in rame a bulino e in acqua forte esistenti nella stamperia di Domenico de' Rossi, erede di Gio. Giacomo.... *Roma*, 1724. In-12.

Repertorium Sculptile-Typicum. — Or a complete collection and Explanation of the several Marks and Cyphers by which the Prints of the best Engravers are distinguished..... *London*, 1730. In-12.

Catalogue d'estampes. — Le présent catalogue se distribue chez le sieur Demortein, marchand d'estampes, sur le Pont Notre-Dame. *Paris*, 1730, *imp. Montalant*. In-4°.

Indice delle stampe intagliate in rame a bulino e in acqua forte esistenti nella stamperia di Lorenzo Filippo de'Rossi, figlio del fu Domenico Erede di Gio. Giacomo, appresso Santa Maria della Pace....*Roma*, 1735. In-12.

Indice delle stampe intagliate in rame a bulino e in acqua forte esistenti nella gia stamperia de i de Rossi ora nella Calcografia della Rev. Cam. apost. a piè di marmo. *Roma*, 1741. In-12.

Odieuvre. Catalogue des portraits des princes, des personnes illustres et des scavans, gravés par les soins du sieur Odieuvre, maître peintre, à Paris rue d'Anjou, proche la rue Dauphine. *S. l. n. d.* In-4°.

Cabinet d'estampes de feu Monsieur le Premier. *S. l. n. d.* In-4°.

Odieuvre. Catalogue de portraits des princes, des personnes illustres et des scavans gravés par les soins de Michel

Odieuvre... *Paris, impr. Thiboust*, 1742. In-8°.

Catalogue des volumes d'estampes dont les planches sont à la bibliothèque du Roy. *Paris, impr. Royale.* 1743. In-fol.

Sculptura. Historico- Technica. — Or the History and art of Engraving.... *London, Harding*, 1747. In-12.

Indice delle stampe intagliate in rame a bulino e in acqua forte esistenti nella già stamperia de i de Rossi ora nella Calcografia. della Rev. Cam. apost. a piè diMarmo... *Roma*, 1748. In-12.

Galerie de tableaux de S. M. le Roi de Pologne, électeur de Saxe, exécutée en taille douce (1752). In-12.

Indice delle stampe intagliate in rame a bulino e in acqua forte esistenti nella già stamperia de i de Rossi ora nella Calcografia della Rev. Cam. apost. a piè di Marmo.... *Roma*, 1754. In-12.

Statuts et reglements de la communauté des maistres imprimeurs en taille douce de la ville et université de Paris des mois de fevrier, octobre 1692 et mai 1694..... (*Paris*), 1754. In-8°.

Indice delle stampe intagliate in rame a bulino, e in acqua forte esistenti nella calcografia della R. C. Apostolica alla curia innocenziana.... *Roma*, 1763. In-12.

An essay upon prints : containing remarks upon the principles of picturesque beauty ; the different kinds of prints ; and the characters of the most noted masters.... Second edition. *London, Scott*, 1768. In-18.

Scultura Historico-Technica : or , the History and Art of Engraving.... The fourth Edition. *London, Printed for J. Marks*, 1770. In-12, fig.

A chronogical series of engravers from the Invention of the Art to the Beginning of the present Century. *Cambridge*, 1770. In-8°.

A Chronological series of engravers from the Invention of the art to the Beginning of the present century. *Cambridge. Printed by J. Archdeacon*, 1770. In-12,

Idée générale d'une collection complette d'estampes, avec une dissertation sur l'origine de la gravure et sur les premiers livres d'image. *A Leipsic et Vienne, chez Jean-Paul Kraus*, 1771. In-8°, fig.

Manière d'enluminer l'estampe posée sur toile, par ce moyen l'on apprend soi seul à peindre l'estampe et la poser sur toile, à faire méconnaître la gravure... par M. L. B. D. S. J. *A Londres*, 1773. In-8°.

Ordonnances sur la profession des graveurs, revues et approuvées en conseil le 2 mars 1723. *Genève. Pellet*, 1774. In-8°.

Observations présentées par les Maîtres composant la communauté des graveurs, ciseleurs de la ville et fauxbourgs de Paris, sur l'édit de suppression du corps des marchands et des communautés des Arts et Métiers. *Paris*, 1776. In-4°.

Indice delle stampe tratte dai più eccellenti pittori antichi e moderni da loro medesimi intagliate ovvero da allii valenti incisori le quali si stampano e vendonsi in Bassano presso la dita di Giuseppe Remondini e figli, di *Venezia*, 1778. In-18.

Catalogue alphabétique et par école des estampes provenantes des fonds de planches gravées par les sieurs Gérard Audran, François Chereau, Laurent Cars... *Paris, chez Jacques-François Chereau*, 1778. In-4°.

Basan. Catalogue des planches gravées qui composent le fond des sieurs Bazan et Poignant, marchands d'Estampes, à *Paris*, rue et hôtel Serpente. 1770. In-4°.

Descrizione della raccolta di stampe di S. E. il Sig. Conte Jacopo Durazzo, patricio genovese. *Parma, dalla reale stamperia*, 1784. Grand in-4°, port.

Catalogue des estampes d'après les maîtres d'Italie, de Flandres et de France, dont les planches appartiennent à l'Académie royale de peinture et de sculpture, *Paris, Veuve Hérissant*, 1788, in-8°.

A catalogue of the entire Collections of pictures of Richard Coway, esq. R. A. *London*, 1791. In-4°, fig.

Historie der Zwartekunstprinten van de Uitvinding dezer Kunst af, tot den Tegenwoordigen tyd toe.... *Haarlem, B. C. Van Brussel*, 1791. In-18.

Adresse à l'Assemblée nationale par les graveurs et propriétaires de planches gravées.... *S. l. n. d.* In-4°.

Volledige beschrijving van alle Konsten, ambachten, handwerken, fabrieken.... — Destiende Stuk. De graveur. *Dordrecht, Blussé en Zoon*, 1796. In-8°, fig.

Joubert. Catalogue alphabétique des estampes gravées d'après les meilleurs maîtres anciens et modernes.... qui se trouvent chez Joubert, graveur....... *Paris, an VI*, (1797). In-4°.

Catalogue des estampes des trois écoles, portraits, catafalques, pompes funèbres, cartes géographiques, etc., qui se trouvent à Paris au Musée central des Arts.... *Paris*, Ventôse, an VII. In-4°.

Kurze Erklarung der Zeichen alter beruhmter Kunstler welche sie sieh bey Berfertigung der Bildnisse berurhmter Manner bey ihren Arbeiten bedient haben... *Vienne*, 1798. In-8°.

Catalogue des estampes de général Demont (Sénateur, né en Suisse). Manuscrit ft. In-8°. Vers 1810?

Plan sommaire d'un conservatoire ou muséum de gravures.... *S. l. ni d.* In-8°.

Gravure en taille douce, en manière noire, manière de crayon, etc. In-fol. Articles extraits de l'*Encyclopedie des Arts et Métiers.*

Mémoire pour le citoyen Jean, marchand d'estampes, défendeur ; contre le citoyen Auber, se disant propriétaire des tableaux historiques des campagnes d'Italie, demandeur...... *Paris, Baudouin, imp.*, Vendémiaire, an X. In-4°.

Basan. Catalogue par ordre alphabétique des planches gravées par les meilleurs maitres, anciens et modernes.... qui composent le fonds de H. L. Basan.... *Paris*, an XI, 1802. In-4°.

The Rules, Orders and Regulation of the society of engravers instituted at London 1802... *London*, 1804. In-8°.

Catalogue raisonné du cabinet d'estampes de feu Monsieur Winckler, banquier et membre du Sénat à Leipzig.... par Michel Huber et J. G. Stimmel. Tome 3ᵐᵉ renfermant l'école des Pays-Bas. *Leipzig*, 1805. In-12.

Catalogue des estampes d'après les meilleurs maîtres, qui composent le fonds de Joubert fils et Charles Bance, marchands d'estampes. *Paris*, 1806. Gᵈ in-8° carré.

Catalogue d'estampes des écoles d'Italie, de Flandre et de France, portraits, catafalques, pompes funèbres, plans, cartes géographiques ; collection d'estampes connue sous le nom de Cabinet du Roi, et différents autres recueils... *Paris*, mars 1808. In-4°.

Jean. Catalogue par ordre alphabétique des planches gravées par les meilleurs artistes anciens et modernes..... qui se trouvent chez Jean, marchand d'estampes.... *Paris*, 1810. In-4°

Chalcographimania, or the portrait-collector and printsellers chronicle with infatuation of every description. — A Humorous poem in four Books with copious notes explanatory. — By satiricus sculptor. *London Printed by Kirby*, 1814. In-8°, fig.

Il fiore dell'arte dell'intaglio nelle stampe con singolare studio raccolte dal signor Luigi Gaudio. *In Padova, dalla tipografia della Minerva*, 1823. In-f°, port.

Catalogo delle stampe intagliate in rame a bulino ed in acqua forte esistenti nella Calcografia della Rev. Camera apostolica via del Corso n° 139... *Roma*, 1823. In-18.

Rapport fait à la société d'encouragement pour l'industrie nationale.... sur les nielles de MM. Mention et Wagner. Sig. Mérimée, 2 novembre 1831. In-8°.

Société libre des Beaux-Arts. — Petition et mémoire adressés au Roi par la section de gravure. *S. l. ni. d. (Paris*, 25 avril 1833). In-8°.

Catalogo delle migliori stampe vendibili nella calcografia camerale... *Roma*, 1834. In-8°.

Dembour. Description d'un nouveau procédé de gravure en relief sur cuivre, dite Ectypographie métallique inventé par A. Dembour.. *Metz, imp. S. Lamort*, 1835. In-8°.

Avvertimento di un amico della verità agli amatori delle arti belle sull'opera : Collezione Manfredini. *Venizia, L. Plet*, 1836. In-8°.

Scelta collezione di stampe dalla metà del secolo XV sino a tutto il XVIII proposta agli amatori della incisione dalla erede Mayer di Padova. *Padova*, tip. *Cartallier*, 1837. In-8°.

On the earliest specimens of mezzotinto engraving in a letter to sir Henry Ellis.... by Hugh W. Diamond, F. S. A. — *London*, 1838. In-4°.

Courte notice sur l'origine et les progrès de la gravure en relief sur pierre par C. G. (Ch. Girardet) (*Paris*, 8 juillet 1840). In-4°.

Librairie de Firmin Didot frères. Catalogue des estampes et ouvrages à gravures de la chalcographie romaine. *Paris, typ. Firmin Didot*, 1841. In-8°.

Catalogo delle stampe della calcografia camerale, incise a bulino ed all'acqua forte. *Roma*, 1842. In-12.

Mémoire présenté à M. le Ministre de l'Intérieur par la société des Artistes graveurs d'estampes sur l'art de la gravure en France et sur la nécessité d'un encouragement. *Paris*, 1848. In-8°.

Catalogo de las mejores estampas que se hallan de venta en la calcografia de la imprenta Real de Madrid. *S. d.* In-fol.

Photographie et gravure héliographique. Histoire et exposé des divers procédés employés dans cet art depuis Joseph Niepce et Daguerre jusqu'à nos jours, par le Dʳ A. Boulongne. *Paris, Lerebours et Secretan*, 1854. In-8°.

Electrographie ou nouvel art de graver

découvert par J. Devincenzi. *Paris, Didot,* 1856. In-4°.

Exposition universelle de 1855. Extrait des rapports du jury de la XXVI° classe : calligraphie, gravure, cartes à jouer.... *Paris, imp. impériale,* 1856. In-18.

Catalogo de las mejores estampas que se hallan de venta en la calcografia de la imprenta nacional. *Madrid,* 1857. In-12.

Posonyi. Catalogue des gravures et eaux-fortes anciennes et modernes qui se trouvent chez Alexandre Ponsonyi, marchand d'estampes, *à Vienne* (1859). In-8°.

Palmer (Ed.). Glyphography; or Engraved Drawing, for printing at the type press after the manner of woodents.... Third edition. *London, Edward Palmer's patent. S. d.* In-4°, fig.

Notiz ueber einige sehr alte Kupferstiche. Notice de quelques estampes très anciennes. *Berlin, A. Asher,* 1862. In-8°.

Manuels Roret. Nouveau manuel complet du graveur ou traité de l'art de la gravure en tout genre... par A.-M. Perrot. *Paris,* 1865. In-18, fig.

Calepin d'un amateur d'estampes. *Alais, typogr. A. Veirun,* 1865. In-12.

Catalogue raisonné des livres de la bibliothèque de M. Ambroise Firmin Didot. Tome 1er, livres avec figures sur bois. 1re livraison. *Paris, typ. A. Firmin Didot,* 1867. In-8°.

Société française de gravure, fondée en 1868. Statuts et règlement. Comptes-rendus de 1868 à 1897. *Paris, imp. Gauthier-Villars.* In-8°.

Catalogue of the collection of engravings bequeathed to Harvard college by Francis Calley Gray. By Louis Thies. *Cambridge, Welch, Bigelow,* 1869. In-4°, portr.

Catalog der hinterlassenen reichen und Werthvollen Kunst-Sammlung des Herrn Rudolph Weigel. Rudolph Weigel's Kunsthandlung. Dr A. Andresen. *Leipzig.* 1870. In-8°.

Manuel de l'amateur d'illustrations. Gravures et portraits pour l'ornement des livres français et étrangers. Par M. J. Sieurin. *Paris, Labitte,* 1875. In-8°.

Catalogue général des gravures reproduisant les œuvres de peinture et de sculpture qui décorent les édifices de la ville de Paris (*Paris*), *Haro,* 1875. In-8°.

The print Room of the British museum. An Enquiry by the ghost of a departed Collector. *London, Waterlow,* 1876. In-8°.

Description d'une machine à graver. *S. l. ni d.* In-8°.

Documents iconographiques et typographiques de la Bibliothèque royale de Belgique. Fac-simile photo-lithographiques avec texte historique et explicatif par MM. les conservateurs et employés de la Bibliothèque Royale... *Bruxelles, C. Mugnardt,* 1877. In-fol., fig.

Les gravures de 1468. — Les armoiries de Charles le Téméraire, gravées pour son mariage avec Marguerite d'York. *Liège, P. Hahn,* 1877. In-12.

Associacion artistico-arqueologica Barcelonesa. Memorias leidas en la sesion inaugural año 1880. *Barcelona,* 1880. In-8°, fig. (Reproduction d'anciennes gravures espagnoles).

Burlington fine Arts club. Catalogue of engravings in mezzotinto, illustrating the history of that art down to the time of David Lucas, inclusive. *London,* 1881. In-4°.

La photoglyptie par M. Eugène Vaudin. *Auxerre, imp. Rouillé,* 1881. In-8°, fig. Extr. du *Bulletin de la Société des Sciences historiques et naturelles de l'Yonne.*

Catalogue de l'exposition de gravures anciennes et modernes. 4 juillet 1881. *Paris, Cercle de la librairie,* 1881. In-4°, fig.

Société des artistes graveurs au burin. Statuts. *Paris, imp. Lahure,* 1882. In-12.

Davanne. Société d'encouragement pour l'Industrie nationale. Rapport fait M. Davanne au nom du comité des Beaux-Arts, sur les procédés de gravure typographique de M. Gillot. *Paris, imp. Ve Bouchard-Huzard,* 25 mai 1881. In-4°, fig.

Repertorium der bei Konigl. Kunst-Akademie zu Düsseldorf aufbewahrten Sammlungen. Verfasst von Theodor Levin. *Düsseldorf, A. Bagel,* 1883. In-8°.

Traité pratique de gravure héliographique, en taille douce, sur cuivre... par V. Roux. *Paris, Gauthier-Villars,* 1886. In-18.

Eau-forte, pointe sèche et vernis mou, par Auguste Delatre. *Paris, Lanier,* 1887. In-8°, fig.

Paul Leprieur. L'exposition des gravures du siècle dans la galerie Georges Petit. Extr. de l'*Artiste,* décembre 1887. Grand in-8°.

Galerie Georges Petit. Exposition de gravures du siècle. *Paris, imp. de l'Art.,* 1887. In-8°.

Exposition historique de l'art de la gravure au Japon. Catalogue. *Paris, imp. Motteroz*, 1888. In-8°.

Galerie Durand-Ruel. Exposition de peintres-graveurs, préface de Ph. Burty. *Paris, imp. de l'Art*, 1889. In-12.

Le portrait gravé de Richelieu, avec une introduction par le marquis de Granges de Surgère.... *Nantes*, 1891. Gᵈ in-8°.

Verzeichniss der Kupferstich-Sammlung in der Kunsthalle zu Hamburg. *Ham-burg, Grefe et Tiedemann, s. d.* In-4°, fig.

Die Kupferstich-Sammlung. *Lanna zu Prag*. 1895, 2 vol. pet. in-4°, fig., port.

Statuts de la société des artistes graveurs au burin. Siège social : 117, boulevard Saint-Germain. *Paris, cercle de la librairie* (1895), *imp. Capiomont*. In-8°.

Catalogue officiel de l'exposition nationale de l'eau-forte moderne à l'Ecole des Beaux-Arts. 1896. Sig. Henri Beraldi. *Paris, imp. Lahure*. Grand in-8°, port.

II.

ICONOGRAPHES ET ARTISTES.

Alkan Les graveurs de portraits en France. Catalogue raisonné de la collection de portraits de l'école française appartenant à Ambroise Firmin Didot, ouvrage posthume. Essai de classifications spéciales avec des notes bibliographiques et historiques, par M. Alkan-aîné... *Paris, imp. E. Martinet*, 1879. In-8°, port. Extr. du *Bulletin de l'Imprimerie*.

Alkan. Mémoire à son Excellence le Ministre de l'instruction publique... sur le projet d'élever une statue sur la place de la Sorbonne à Ulrich Gering, l'introducteur de l'imprimerie à Paris, par M. Alkan, ainé... *Paris, imp. E. Martinet*, 1879. In-8°, fig.

Alvin. Excursion dans l'histoire de la gravure. Conférences - exhibitions données au cercle artistique et littéraire de Bruxelles, pendant l'hiver de 1855-1856, par L. Alvin. *Bruxelles, Labroue*, 1856. In-8°. Extr. de la *Revue universelle des Arts*.

—— Les commencements de la gravure aux Pays-Bas. Rapport fait à la classe des Beaux-Arts de l'académie royale de Belgique, sur le concours de 1857, par M. Alvin. *Bruxelles, Hayez*, 1857. In-8°. Extr. des *Bulletins de l'académie royale de Belgique*.

—— Les nielles de la bibliothèque royale de Belgique. Notice lue à la classe des Beaux-Arts de l'académie royale de Belgique... par M. L. Alvin... *Bruxelles, Hayez*, 1857. In-8°, fig. Extr. des *Bulletins de l'académie royale de Belgique*.

—— Les grandes armoiries du duc Charles de Bourgogne, gravées vers 1467, par M. Louis Alvin. *Bruxelles, Hayez*, 1859. In-8°, fig. Extr. des *Bulletins de l'académie royale de Belgique*.

Alvin. Sur le manuscrit intitulé : Spirituale Pomerium, par M. L. Alvin. *Bruxelles, Hayez*, 1864. In-8°, fig.

—— Documents iconographiques et typographiques de la bibliothèque royale de Belgique. Fac-simile photo-lithographiques avec texte historique et explicatif par MM. les conservateurs et employés de la bibliothèque royale, publié sous la direction et avec le concours de M. le conservateur en chef. (L. Alvin). *Bruxelles, C. Muquardt...* 1877. In-fol.

—— La plus ancienne gravure en taille douce exécutée aux Hays-Bas. Lecture faite en séance de la classe des Beaux-Arts, par M. Alvin, membre de l'académie. (*Bruxelles*, 1877.) In-8°, fig. Extr. du *Bulletin des Commissions royales d'art et d'archéologie*.

Andresen. Der Deutsche, peintre-graveur, oder die deutschen. Maler als Kupferstecher.. Von Andreas Andresen, *Leipzig, R. Weigel*, 1864-1866. 3 vol. in-8°.

—— Die deutschen, Maler - Radirer, (peintres-graveurs) des Neunzehnten, Jahrhunderts. bearbeitet von Andreas Andresen. *Leipzig, Weigel*, 1866-1870. 8 vol. in-8°.

—— Handbuch für Kupfertichsammler oder lexicon der Kupferstecher, Maler-radirer und formschneider ... Von Andreas Andresen, *Leipzig, Weigel*, 1873, 2 vol. Gᵈ in-8°.

Apell. Handbuch für Kupferstich-sammler oder Lexicon de vorzüglichsten Kupferstecher des XIX Jahrhunderts... Von Aloys Apell. *Leipzig, A. Danz*, 1880. In-8°.

Apin. Anleitung wie man die Bildnisse berühmter und gelehrter Manner... Kurzlich entworffen von M. Sigmund

Jacob Apin... *Nuremberg, A. I. Feltzecker*, 1728. In-12.

Arco. Di Cinque valenti incisori Mantovani del secolo XVI e delle stampe da loro operate. Memoria di Carlo d'Arco. *Mantova, tip. F. Elmucci*, 1840. In-8º.

Arnauldet. Notes sur les estampes satiriques, bouffonnes ou singulières, relatives à l'art ou aux artistes français pendant le XVIIᵉ et XVIIIᵉ siècles par Thomas Arnauldet. *Paris, imp. J. Claye*, 1859. In-4º, fig. Extr. de la *Gazette des Beaux-Arts*.

Arrigoni. Xilografia italiana inedita, posseduta e descritta da *Luigi Arrigoni, Milano*, 1884. Gᵈ in-4º, fig.

Asher. Notice de quelques estampes très anciennes. *Berlin, A. Asher*, 1862. In-8º. Les planètes attribuées à Boticelli. 46 pl. du Maître. S.

Ashley. The Art of Etching on Copper by Alfred Ashley. (*London,*) *J. and D. A. Darling, s. d.* In-4º obl., fig.

Audran (G.) Catalogue des estampes qui se vendent chez G. Audran, graveur ordinaire du Roy, à Paris. Rue Saint-Jacques, aux deux pilliers d'or. In-12.

—— Catalogue alphabétique et par école des estampes provenantes des fonds de planches gravées par les sieurs Gérard Audran...... et qui se trouvent à *Paris, chez Jacques François Chereau*, 1778. In-4º.

Auer. L'appareil polygraphique ou les différentes branches artistiques de l'imprimerie Impériale, Royale de Vienne, par Aloyse Auer... *Vienne, imp. Impériale*, 1855. In-8º.

Bagelaar. Verhandeling over eene nieuwe manier om Prentteekeningen te verraadigen, de omtrekken te drukken met Roest, Schrijflink, Potlood enz. en de gewassche Tinten met Roet of in Water opgelosten oostindischen. Ink. En om vit Indandsche Voortbrengselen Drukzwart te Bereiden door E. W. I. Bagelaar, 1817. *Harlem, A. Loosjes.* In-8º. (Traité d'une nouvelle manière de faire des gravures imitant des dessins, d'imprimer les contours avec la rouille, avec l'encre à écrire, avec le crayon et les teintes lavées avec de la suie ou de l'encre de Chine délaillée dans de l'eau et de fabriquer de l'encre d'imprimerie avec des produits indigènes, par E. W. I. Bagelaar.)

Bagelaar. Verhandeling over eene nieuwe manier om Prentteekeningen te vervaardigen... Door E. W. I. Bagelaar, 1817. *Harlem, A. Loorjes.* In-8º.

Baldinucci. Cominciamento e progresso dell'arte dell'intagliare in rame colle vite di molti de' più eccellenti maestri della stessa professione. Opera di Filippo Baldinucci... Edizione seconda accresciuta di annotazioni del sig. Domenico Maria Manni. *Firenze, G. Stecchi*, 1767. In-8º

Baléchou. Mémoire sur délibéré servant de réponse pour le sieur Théodore Leleu, agent du roi de Pologne, électeur de Saxe, appellant, contre le sieur Jean Joseph Baléchou, graveur à Paris, intimé. (*Paris*, 1752.) In-fol.

Bance. Catalogue d'estampes, livres, recueils dans tous les genres composant le fond de Bance aîné, graveur à Paris, rue Saint-Denis, nº 214, *Paris, imp. Didot*, 1817. In-8º.

Baroux. Application de la photographie à la gravure sur bois, par Eugène Baroux... *Paris, chez l'auteur*, 1863. In-12.

Bartsch (Ad.). Le peintre-graveur, par Adam Bartsch. *Vienne, imp. I. V. Degen*, 1803-1821. 21 vol. in-8º, fig.

—— Anleitung zur Kupferstich kunde von Adam von Bartsch. *Wien, I. B. Wallishausser*, 1821. 2 tomes en 1 vol. in-8º.

Bartsch (Fréd. de). Die Kupferstichsammlung der K. K. Hofbibliothek in Wien... Dargestellt von Friedrich Ritter von Bartsch. *Wien, W. Braumüller*, 1854. In-8º.

Basan. Dictionnaire des graveurs anciens et modernes depuis l'origine de la gravure... par F. Basan. *Paris*, 1767. 3 vol. in-12. Le 3ᵉ volume porte pour titre : « Catalogue des estampes gravées d'après P. P. Rubens... »

—— Dictionnaire des graveurs anciens et modernes depuis l'origine de la gravure, par F. Basan, graveur. Seconde édition. *Paris, chez l'auteur*, 1789. 2 vol. in-8º, fig.

Baseggio. Intorno tre celebri intagliatori in legno Vicentini. Memoria di Giambatista Baseggio. *Bassano*, 1830. In-8º.

—— Intorno tre celebri intagliatori in legno Vicentini. Memoria di Giambatista Baseggio. Edizione seconda con emendazioni e giunte. *Bassano*, 1844. In-8º.

Baudicour. Le peintre-graveur français continué ou catalogue raisonné des estampes gravées par les peintres et les dessinateurs de l'école française, nés dans le XVIIIᵉ siècle, ouvrage faisant suite au peintre-graveur français de M. Robert-Dumesnil, par Prosper de Baudicour. *Paris, Huzart*, 1859-1861. 2 t. en 1 vol. in-8º.

Baverel. Notices sur les graveurs qui nous ont laissé des estampes marquées de monogrammes, chiffres, rébus, lettres initiales... (par J. P. Baverel). *Besançon, imp. Taulin-Dessirier*, 1807. 2 vol. in-8°.

Beaupré. Notice sur quelques graveurs Nancéiens du XVIII° siècle et sur leurs ouvrages, par M. Beaupré. Dominique Collin. — Y. D. — Collin. — Hœrpin. *Nancy, L. Weiner*, 1862. In-8°, fig.

Beraldi. 1872-1884. Mes estampes. (Collection de M. Henri Beraldi). *Lille, imp. L. Danel*, 1884. In-12.

—— Les graveurs du XIX° siècle. Guide de l'amateur d'estampes modernes, par Henri Beraldi. *Paris. Conquet*, 1885-1892. 12 vol. in-8°.

Beringhen. Cabinet d'estampes de feu Monsieur le premier (Marquis de Beringhen). *S. l. ni d.* In-4°.

Blanchard. Portrait de l'Impératrice Joséphine, d'après Prudhon, planche in-folio, gravée au burin par M. Blanchard. *S. l. ni d.* In-8°. (Annonce de vente).

Blot. Catalogue d'estampes et planches gravées, dessins et tableau provenant du cabinet et du fonds de feu Maurice Blot, graveur, après le décès de Mᵐᵉ Vᵉ Blot... *Paris*, 24 mai 1824. In-8°.

Bockler (G. A.) Kunstbuchlein handelt von der Radier und Etzkunst... Erstmahls durch A. Bosse... Teutsche befordert durch George Andream Bockler... *Nuremberg*, 1652. In-12.

Bocklern. Radier-Buchlein handelt von der Etzkunst... Erstmals durch Abraham Bosse... durch Georg. Andream Bocklern... *Nurnberg*, 1669. In-12.

—— Radier-Buchlein handelt von der Etzkunst... Erstmals durch Abraham Bosse... Durch Georg. Andream Bocklern... *Nuremberg*, 1869. In-12, fig.

Bodel Nyenhuis. Over de Nederlandsche Landmeters en Kaartgraveurs, Floris Balthazar en zijne drie Zonen... door M. J. T. Bodel Nyenhuis. (Sur les graveurs hollandais de cartes géographiques du nom de Balthasar.) 30 janvier, 1845. In-8°.

Bodel Nyenhuis. Liste alphabétique d'une collection de portraits d'imprimeurs, de libraires, etc., possédée et décrite par M. J. T. Bodel Nyenhuis. *Leyde*, 1836-1868. 7 fascicules in-4°.

Bondoux. Serrons nos rangs! Epitre aux graveurs par A. Bondoux. (*Paris,*) A. *Mouzard*, 1869. In-18.

Bonnardot. Essai sur la restauration des anciennes estampes et des livres rares... par A. Bonnardot. (*Paris*), *Deflorenne*, 1846. In-8°.

Bonnardot. Histoire artistique et archéologique de la gravure en France... par Alf. Bonnardot, *Paris, Deflorenne*, 1849. in-8°.

—— Le pourtraict de l'iconophile parisien painct au vif par A. Bonnardot. *Paris, Dumoulin*, 1852. In-12.

—— Essai sur l'art de restaurer les estampes et les livres ou traité des meilleurs procédés pour blanchir, détacher, décolorier, réparer et conserver les estampes, livres et dessins par A. Bonnardot. Seconde édition... *Paris, Castel*, 1858. In-18.

Bonnassieux. Une souscription au XVIII° siècle par M. P. Bonnassieux. *Epernay, imp. Bonnedame, s. d.* In-8°. Extr. du *Cabinet historique*. Relative à une estampe de Delefosse d'après Carmontelle représentant la *malheureuse famille Calas*.

Bosse. Tractaet in Wat Manieren men op Root Koper Snijden ofte Etzen zal... In't Fransch beschreven door A. Bosse, Kopere Plaet-Snijder. In't Nederduyts overgezet door P. H. *Amsterdam, I. van Meurs*, 1662. In-12, fig.

—— De la manière de graver à l'eauforte et au burin et de la gravure ou manière noire... par Abraham Bosse... Nouvelle édition... *Paris, Ch. A. Jombert*, 1745. In-8°, fig.

Bourcard. Gustave Bourcard. Les estampes du XVIII° siècle. Ecole française. Guide-manuel de l'amateur avec une préface de Paul Eudel. *Paris, E. Dentu*, 1885. In-8°.

—— Dessins, gouaches, estampes et tableaux du XVIII° siècle. Guide de l'amateur par Gustave Bourcard. *Paris, Damascène Morgand*, 1893. In-8°.

Bouton. Traité élémentaire de gravure à l'eau-forte, sur bois de buis, et sur bois de fil, d'après Albert Durer, etc., par V. M. Bouton, graveur. *Paris, Bouton, s. d.* In-12.

Boutry. Académie d'Arras. Les origines de la gravure. Discours de réception prononcé par M. Julien Boutry. *Arras, imp. Rohard-Courtin*, 1885. In-8°.

Boydell. Catalogue raisonné d'un recueil d'estampes, d'après les plus beaux tableaux qui soient en Angleterre. Les planches sont dans la possession de Jean Boydell... *Londres*, 1779. In-4°.

Brevière. De la xilographie ou gravure sur bois. Notice lue à l'académie royale des sciences, belles-lettres et arts de

Rouen, par H. Brevière. *Rouen, imp. N. Périaux*, 1833. In-8°. . . . . . .

Brevière. De la contrefaçon des billets de banque et des moyens de la prévenir, par H. Brevière. *Paris, typ. Dubois*, 1860. In-8°.

Brivois. Guide de l'amateur. Bibliographie des ouvrages illustrés du XIXe siècle principalement des livres à gravures sur bois, par Jules Brivois. *Paris, Rouquette*, 1883. Gᵈ in-8°.

Bromley. A catalogue of engraved British portraits from Egbert the great to the present time... by Henry Bromley. *London, T. Payne*, 1793. In-4°.

Brou (de). Quelques mots sur la gravure au millésime de 1418, par C. D. B. (de Brou). *Bruxelles, A. Van Dale*, 1846. In-4°, fig.

—— Un dernier mot sur l'estampe au millésime de 1418 (par C. de Brou). *S. l. n. d.* Gᵈ in-4°.

—— Une lettre de M. T. O. Weigel, de Leipzig. (Signé : Ch. de Brou). In-8°. Relative à sa collection. Extr. de la *Revue universelle des Arts*. Une seconde lettre de M. T. O. Weigel, de Leipzig, [signé : Ch. de Brou). In-8°. Extr. de la *Revue universelle des Arts*.

—— Deux nielles flamands, (signé C. de Brou). In-8°. Extr. de la *Revue universelle des Arts*.

—— Additions au peintre-graveur d'Adam Bartsch et aux suppléments de Rudolph Weigel. (Collection d'Arenberg), signé : Ch. de Brou). In-8°. Extr. de la *Revue universelle des Arts*.

—— Découverte de deux gravures antérieures à la paix de Finiguerra (signé : C. de Brou). In-8°. Défait de la *Revue universelle des Arts*.

—— Les grandes armoiries du duc Charles de Bourgogne. Réplique à la réponse de M. le conservateur en chef de la bibliothèque royale de Bruxelles. Signé : Ch. de Brou.) 20 mars 1877. In-8°. Extr. du *Bulletin des Commissions royales d'art et d'archéologie*.

Brulliot. Dictionnaire des monogrammes, marques figurées... par François Brulliot... *Munich*, 1832-1834. 3 part. en un vol. Gᵈ in-4°.

—— Copies photographiques des plus rares gravures criblées, estampes, gravures en bois, etc., du XVᵉ et XVIᵉ siècle qui se trouvent dans la collection royale d'estampes à Munic... publiées par Robert Brulliot. *Munic*, 1856. In-fol.

G. Brunet. Quelques notes pour servir à l'histoire de la gravure sur bois,

(signé : G. Brunet). In-8°. Défait de la *Revue universelle des Arts*.

Bylaert. Nouvelle manière de graver en cuivre des estampes coloriées de façon que, quoi qu'imprimées dans une presse ordinaire, elles conservent l'air et le caractère du dessin, démontrée et exécutée par Jean Jacques Bylaert... *Leide, S. et J. Luchtmans*, 1772. In-8°.

Caulfield. Calcographiana. The printsellers Chronicle and Collectors Guide to the Knowledge and value of engraved British portraits, by James Caulfield. *London*, 1814. In-8°, port.

Cerroti. Memorie per servire alla storia della incisione compilate nella descrizione e dichiarazione delle stampe che trovansi nella biblioteca Corsiniana da Francesco Cerroti, bibliotecario. Tomo I. Incisori antichi. italiani. *Roma*, 1858. In-4°.

Chatto. The history and art of wood-engraving by William A. Chatto... *London*, 1848. In-fol., fig.

—— Facts and speculations on the origin and history of playing cards by William Andrew Chatto... *London, J. Russell Smith*, 1848. In-8°, fig.

Champfleury. Histoire de l'imagerie populaire par Champfleury. *Paris, E. Dentu*, 1869. In-12, fig.

Chaubry de Troncenord. Société d'agriculture, commerce, sciences et arts du département de la Marne. Notice sur les artistes graveurs de la Champagne lue dans la séance du 1ᵉʳ juillet 1857, par M. le baron Chaubry de Troncenord... *Chalons, Laurent*, 1858. In-8°.

Chauffard. Notice historique sur l'art de la gravure en France, par P.-P... Ch. (Chauffard). *Paris, an XII-1804*. In-8°.

Chauvet. Gustave Chauvet. Etude préhistorique. Les débuts de la gravure et de la sculpture. *Melle. Ed. Lacuve*, 1887. In-8°. Extr. de la *Revue Poitevine et Saintongeaise*.

Chelsum. A history of the Art of engraving in Mezzotinto from It's origin to the present times, including an account of the works of the earliest artists (by James Chelsum) *Winchester, Egarton*, 1786. In-8°.

Chereau. Catalogue alphabétique et par école des estampes provenantes des fonds de planches gravées... et qui se trouvent à Paris, chez Jacques François Chereau... 1778. In-4°.

Choffard. Notice historique sur l'art de la gravure en France, par P. P. Ch... (Choffard)... *Paris, Pichard*, 1804. In-8°.

Christ. Joh. Frieder-Christen... Anzeïge und Auslegung der Monogrammatum... *Leipzig*, 1747. In-8°.

—— Dictionnaire des monogrammes, chiffres, lettres initiales, logogryphes, rébus, etc... Traduit de l'allemand de M. Christ... par M*** *Paris, Seb. Jorry*, 1750. In-8°.

Ciampi. Osservazioni intorno alla esercitazione del Ch. sig. Com. L. Cicognara sulla origine, composizione e decomposizione de' Nielli con un appendice sopra lo stato delle arti e della civiltà in Russia primô di Pietro il grande del prof. Sebastiano Ciampi. *S. l. ni d.* (1828). In-8°.

Cicognara. Dell' origine, composizione e decomposizione dei Nielli esercitazione del Commendatore Leopoldo Conte Cicognara. *Venezia, G. Picotti*, 1827. G^d in-4°. Extr. du tome 1er delle *esercitazioni letterarie dell'Atenco di Venezia*.

—— Memorie spettanti alla storia della calcografia del commend. Conte Léopoldo Cicognara. *Prato, Giachetti*, 1831. In-8°.

—— Memorie spettanti alla storia della Calcografia del commend. Conte Léopoldo Cicognara. *Prato*, 1831. In-fol., planches.

Cohen. Guide de l'amateur de livres à vignettes du XVIII° siècle... par Henry Cohen. *Paris, P. Rouquette*, 1870. In-8°.

—— Guide de l'amateur de livres à vignettes du XVIII° siècles ; seconde édition... par Henry Cohen... *Paris, P. Rouquette*, 1873. In-8°, frontisp.

—— Henry Cohen. Guide de l'amateur de livres à figures et à vignettes du XVIII° siècle ; troisième édition entièrement refondue et considérablement augmentée par Charles Mehl. *Paris, P. Rouquette*, 1876. In-8°.

—— Guide de l'amateur de livres à vignettes et à figures du XVIII° siècle ; quatrième édition... par Henry Cohen. *Paris, Rouquette*, 1880. In-8°.

Corr (E.) De l'état actuel de la gravure et des encouragements à lui accorder. Notice par M. Évin Corr. *Bruxelles, s. d.* In-8°. Extr. des *Bulletins de l'Académie royale de Belgique*.

—— Notice sur la gravure en taille douce par M. Erin Corr. *S. l. ni d.* In-8°. Extr. des *Bulletins de l'Académie royale de Belgique*.

Corrard de Bréban. Les graveurs Troyens. Recherches sur leur vie et leurs œuvres avec fac-simile par M. Corrard de Bréban... *Troyes, A. Socard*, 1868. In-8°.

Craig. A Course of lectures on Drawing, painting and engraving considered as Branches of elegant education... by W. M. Craig... *London. Longman*, 1821. In-8°, fig.

Cumberland. An essay on the utility of collecting the best works of the ancient engravers of the italian school... by George Cumberland. *London, Payne*, 1827. In-4°, port.

Danguin. Essai sur la gravure. Discours de réception lu à l'Académie des sciences, belles-lettres et arts de Lyon, dans la séance publique du 22 décembre 1868, par M. Danguin... *Lyon*, 1869. In-8°.

De Fer. Catalogue des livres d'estampes de M. de la Reynie portés à prix d'inventaire par M. Antoine de Fer, marchand de tailles douces à Paris. *S. l. ni d.* In-4°. Copie manuscrite.

Delaborde (H.). Beaux-Arts. L'hémicycle du palais des Beaux-Arts, gravé d'après M. Delaroche par M. Henriquel-Dupont. [Signé : Henri Delaborde]. In-8°. Défait de la *Revue des Deux-Mondes*.

—— La gravure depuis son origine jusqu'à nos jours. [Signé : Henri Delaborde.] In-8°. — Défait de la *Revue des Deux-Mondes*.

—— Des origines de la gravure. [Signé : Henri Delaborde]. In-8°. Défait de la *Revue des Deux-Mondes*.

—— Institut impérial de France. Les commencements de la gravure à Florence par le vicomte H. Delaborde... *Paris, Didot.* 1868. In-4°.

—— Notice sur deux estampes de 1406 et sur les commencements de la gravure en criblé par M. Henri Delaborde. *Paris, imp. J. Claye*, 1869. In-4°. Extrait de la *Gazette des Beaux-Arts*.

—— Gazette archéologique.... Note sur les origines d'une estampe de Mantegna, le combat de dieux marins. [Signé : Henri Delaborde.] *Paris, typ. Chamerot, s. d.* In-4°, fig.

—— Bibliothèque de l'enseignement des beaux-arts. La gravure, précis élémentaire de ses origines, de ses procédés et de son histoire par le vicomte H. Delaborde. *Paris, Quantin, s. d.* In-8°.

—— Ministère de l'agriculture et du commerce. Exposition industrielle internationale de 1878 à Paris. Rapports du jury international. Groupe 1. Classe 5. La gravure et la lithographie par M. le vicomte Delaborde. *Paris, imp. nationale.* 1880. In-8°.

—— La gravure en Italie avant Marc-Antoine (1452-1505) par le vicomte

H. Delaborde. *Paris, J. Rouam*, 1883.
In-4°. fig.

Delalain. Les marques des libraires et
imprimeurs du XVme au XVIIIme siècle.
[Signé : Paul Delalain]. (*Paris*, 1885).
In-12. Extrait de la *Bibliographie de la
France.*

Delaroa. Galerie de portraits Forésiens.
Biographie, armes, devises par Joseph
Delaroa. *Saint-Etienne, Chevalier*, 1869.
In-8°.

Delignières. Recherches sur les graveurs d'Abbeville par Emile Delignières.
Paris, typ. Plon, 1886. In-8°.

Dembour. Description d'un nouveau
procédé de gravure en relief sur cuivre
dite Ectypographie métallique, inventé
par A. Dembour... *Metz, imp. S.
Lamort*, 1835. In-4°.

Deneken. Commentare über einige interessante Kupferstiche von A. G. Deneken.
Bremen, Fr. Wilmans, 1796. In-8°.

Despréaux. Note détaillée sur l'invention en gravure et relief de Despréaux.
artiste. *S. l. ni d.* In-4°.

Destailleur. H. Destailleur. [De l'or-
nementation]. *S. l. ni d.* In-8°.

Didot. Essai typographique et bibliographique sur l'histoire de la gravure
sur bois par Ambroise Firmin Didot....
Paris, 1863. In-8°.

—— Les apocalypses figurées manuscrites et xylographiques. Deuxième
appendice au catalogue raisonné des
livres de la bibliothèque de M. Ambroise
Firmin Didot. *Paris, typ. Didot*, 1870.
In-8°.

—— Les graveurs de portraits en France.
Catalogue raisonné de la collection des
portraits de l'école française appartenant à Ambroise Firmin Didot. *Paris,
Didot*, 1875-1877. 2 vol. grand in-8°.

Dinaux. Iconographie lilloise. Graveurs
et amateurs d'estampes de Lille, par M.
Arthur Dinaux..... *Valenciennes, typ.
Prignet, s. d.* In-8°, fig. Extrait des
*Archives du Nord de la France et du
midi de la Belgique.*

Douce. The Dance of Death exhibited
in elegant engravings on wood with a
dissertation on the several representation
of that subject but more particulary on
those ascribed to macaber and Hans
Holbein by Francis Douce, esq. *London,
W. Pickering*, 1833. In-8°, fig.

Drugulin. Allgemeiner portrait-katalog
von W. E. Drugulin. *Leipzig*, 1860.
In-8°.

—— Verzeichniss von Sechstausend
Portraits von Aerzten, naturforschern,

mathematikern, reisenden und Entdec-
kern, welche zu den beigesetzten Preisen
von dem Leipziger kunst-comptoir. (W.
Drugulin). *Leipzig*, 1863. In-8°.

Drugulin. Verzeichniss von Portraits zur
Geschichte des Theaters und der muzik
welche zu den beigesetzten Preisen von
dem Leipziger kunst-comptoir. (W.
Drugulin). *Leipzig*, 1864. In-8°.

Dubouchet. Précis élémentaire de gravure sur cuivre par H. et G. Dubouchet.
Paris, E. Leroux, 1891. In-12, fig.

Duchange. Catalogue des estampes qui
se trouvent à Paris chez G. Duchange,
graveur ordinaire du Roy..... *S. l. ni d.*
In-8°.

Duchesne aîné. Compte-rendu à son
Excellence le Ministre de l'Intérieur du
voyage fait en Angleterre par M. Duchesne, aîné pour y examiner diverses
collections d'estampes publiques ou particulières. (*Paris*, 5 juin 1824). In-8°.
Extrait du *Moniteur.*

—— Essai sur les nielles, gravures des
orfèvres florentins du XV° siècle, par
Duchesne, aîné. *Paris, Marlin*, 1826.
In-8°.

—— De la gravure sur métal et sur bois
et de ses divers procédés par Duchesne,
aîné. *S. l. ni d.* In-8°.

—— Voyage d'un iconophile. Revue des
principaux cabinets d'estampes, bibliothèques et musées d'Allemagne, de
Hollande et d'Angleterre par Duchesne,
aîné. *Paris, Heideloff et Campf*, 1834.
In-8°.

Dupin. Chambre des députés. Session
de 1840-1841. Discours prononcé par M.
Dupin, député de la Nièvre, sur le droit
de gravure des tableaux et la nécessité
pour les peintres d'expliquer, au moment
de la vente, s'ils entendent faire la
réserve ou l'abandon de ce droit. *Paris*,
30 mars 1841. In-8°.

Duprat. Aperçu sur les progrès de la
typographie depuis le XVI° siècle et
sur l'état actuel de l'imprimerie de Paris
par F. A. Duprat... *Paris, A. Aubry*,
1863. In-8°. Extrait du *Bulletin du Bouquiniste.*

Durazzo. Descrizione della Raccolta di
Stampe di S. E. il sig. conte Jacopo
Durazzo... esposta in una dissertazione
sull' arte dell' intaglio a stampa. *Parma,
Stamperia reale*, 1784. In-4°, port.

Dutuit. Union centrale des Beaux-Arts
appliqués à l'industrie. Exposition du
palais de l'industrie. Souvenir de l'exposition de M. Dutuit (extrait de la
collection). *Paris*, 1869. In-4°, fig.

Dutuit. Manuel de l'amateur d'estampes par M. Eugène Dutuit. Ecoles flamande et hollandaise. *Paris, A. Lévy*, 1881, 1882, 1885. 3 vol. grand in-8°, fig.

—— Manuel de l'amateur d'estampes par M. Eugène Dutuit. Planches xylographiques reproduites par le procédé A. Pilinski et fils. *Paris, A. Lévy*, 1884. In-4°.

—— Manuel de l'amateur d'estampes par M. Eugène Dutuit.... publication continuée sous les auspices de M. Aug. Dutuit. Introduction générale. *Paris, A. Lévy*, 1884-1888, 2 vol. grand in-8°, fig., port.

Duyse (P. van). Screnissimi principis Ferdinandi, Hispaniarum infantis, S. R. E. Cardinalis, Triumphalis Introitus in Flandriæ metropolim Gandavum auctore Becano. Anno. MDCXXXVI. [Signé : Prudens Van Duyse). *S. l. ni d.* In-8°.

Eekhoff. De stedelijke kunstverzameing van Leeuwarden..... verzameld, lbeschreven en toegelicht door W. Eekhoff..... (*Leeuwarden*), *H. Bokma*, 1875. In-8°.

Ellis. On the earliest specimens of Mezzotinto engraving in a letter to sir Henry Ellis... by Hugh. W. Diamond. *London*, 1838. In-4°. Extrait de l'*Archæologia*, vol. XXVII, p. p. 405-409.

Emeric-David. Discours historique sur la gravure en taille douce et sur la gravure en bois, (par Emeric-David). *Paris, imp. H. Agasse*, 1808. In-8°. Extrait du *Moniteur*.

Evans. The fine art circular and Print collector's manual. Catalogue of nearly six thousand etchings and engravings by artist of every school and period.... now on sale by A. E. Evans and sons, 403, strand. *London, s. d.* In-8°.

—— Catalogue of a collection of engraved portraits... (*London*), *A. E. Evans and sons, s. d.* 2 vol. in-8°.

Evelyn. Sculptura or the history, and art of Chalcography and Engraving in Copper..... to which is annexed a new manner of Engraving, or mezzo tinto communicated by his Higness prince Rupert to the authors of the treatise (by John Evelyn). *London*, 1662. In-12.

—— Sculptura or the history and art of chalcography and Engraving in Copper ...communicated by his Highness prince Rupert to the author of this treatise, John Evelyn, esq. The second edition... *London, J. Payne*, 1755. In-12.

Evelyn. Sculptura or the history and art of Calcography and Engraving in Copper ...communicated by his Highness prince Rupert to the author of this treatise. John Evelyn, esq. The second édition... *London, J. Murray*. 1769. In-12, fig.

Fagan. Handbook to the Department of prints and Drawings in the Bristish museum, with introduction and notices of the various schools... by Louis Fagan. *London, G. Bell*, 1876. In-8°, fig.

—— Correspondence betiveen Mr George William Reid (Keeper of the department of prints and Drawings. Bristish museum) Mr Louis Fagan (acting-assistant Keeper of the Department of Prints and Drawings. Bristish museum) and Mr J. Winter Jones. (Principal librarian. Bristish museum.) (*Naples*), 1876. In-8°. *Strictly private and confidential.*

Faithorne. The Art of graveing and etching where in is exprest the true way of graveing in Copper allso. The manner and method of that famous Callot, and Mr Bosse, in their severall ways of Etching. *Published by William Faithorne*, 1662. In-18.

Falkenstein. Geschichte der Buchdruckerkunst en ihrer entstehung und ausbildung, von Dr Karl Falkenstein.... *Leipzig. B. G. Teubner*, 1840. In-4°, fig.

Faucheux. Catalogue des estampes vendues plus de mille francs. [Signé : Faucheux]. *S. l. ni d.* In-8°. Extrait de la *Revue universelle des Arts*.

—— Catalogue des œuvres de maître, peintres et graveurs, vendus depuis plus de 100 ans par Faucheux. *Bruxelles, imp. A Mahaux et Cie*, 1860. In-8°. Extrait de la *Revue universelle des Arts*.

Ferrario. Le classiche stampe del cominciamento della Calcografia fino al presente compresi gli artisti viventi. descritte et corredate.... dal dottore Giulio Ferrario. *Milano, S. Bravetta*, 1835. In-8°.

Fétis. Sur une estampe satirique du XVe siècle, par M. Ed. Fétis, (*Bruxelles*), *s. d.* In-8°. Extrait des *Bullctins de l'Académie royale de Belgique*.

Fick. Anciens bois de l'imprimerie Fick, à *Genève, par J. G. Fick, imprimeur*, 1863. In-folio. Album.

Fielding. The Art of Engraving with the various modes of operation... by T. H. Fielding.... *London, M. A. Nattali*, 1894. In-8°, fig.

Fisher. Catalogue of a collection of engravings, etchings and woodcuts (de Richard Fisher) (*Londres*), 1879. In-4°. fig.

Fleury. Introduction à un catalogue de dessins et gravures sur le département de l'Aisne, par Edouard Fleury. *Laon,* 1850. In-8°.

Fokke. De graveur behelzende eene beknopte Handleiding tot de Daktylioglyphia, of graveerkunst in edele gesteenten.... door Arend Fokke. (*Dordrecht*), *A. Blussé,* 1796. In-8°, fig.

Fournier. Dissertation sur l'origine et les progrès de l'art de graver en bois pour éclaircir quelques traits de l'histoire de l'imprimerie et prouver que Guttenberg n'en est pas l'inventeur par M. Fournier le jeune. *Paris, imp. J. Barbou,* 1758. In-12.

—— De l'origine et des productions de l'imprimerie primitive en taille de bois avec une réfutation des préjugés plus ou moins accrédités sur cet art... par M. Fournier le jeune... *Paris, imp. J. Barbou,* 1759. In-12.

—— Observations sur un ouvrage intitulé Vindicæ Typographicæ, pour servir de suite au Traité de l'origine et des productions de l'imprimerie primitive en taille de bois, par M. Fournier le jeune. *Paris, imp. J. Barbou,* 1760. In-12.

—— Remarques sur un ouvrage intitulé Lettre sur l'origine de l'imprimerie etc., pour servir de suite au Traité de l'origine et des productions de l'Imprimerie primitive en taille de bois par M. Fournier le jeune. *Paris, imp. J. Barbou,* 1761. In-12.

Frantz. Geschichte des kupferstichs. Ein Versuch von D. A. Frantz. *Magdeburg,* 1883. In-12.

Frenzel. Die Kupferstich - Sammlung Friedrich August II könig von Sachsen, beschrieben umd mit einem historische überblick der kupferstecherkunst, begleiter von J. G. A. Frenzel... *Leipzig, R. Weigel,* 1854. In-8°, fig.

Fronkofer. Ludwig Fronkofer uber das studium der kupferstecheren. (1781). In-12.

Fuessli. Verzeichniss aller in kupferstiche gebrachter kunstler Portraiten welche bisdahin habe in Erfahrung bringen konnen, (par F. R. Fuessli). *S. l. ni d.* In-12.

Füsslin. Catalogue critique des meilleures gravures d'après les maîtres les plus célèbres de toutes les écoles... par Jean Rudolphe Füsslin. Traduit de l'allemand (par Joseph Antoine Sigismond de Beroldingen. (*Hildesheim*), 1805. 2 vol. in-8°.

Gaillard. Ferdinand Gaillard, maître graveur (1834-1887) par C. de Beaulieu. *Paris, Bloud,* 1888. In-8°.

—— Ferdinand Gaillard, graveur et peintre, originaire de la Franche-Comté. (1834-1887.) Notice sur sa vie et son œuvre par Victor Guillemin. *Besançon, imp. Dodivers,* 1890. In-8°, port.

Garnier. Histoire de l'imagerie populaire et des cartes à jouer à Chartres, suivie de recherches sur le commerce du colportage des complaintes, canards et chansons des rues, par J. M. Garnier, *Chartres,* 1869. Petit in-8°, fig.

Gatteaux. Considérations sur la gravure en taille douce et sur le graveur Gérard Audran, par M. Gatteaux... lu dans la séance publique annuelle des cinq Académies le vendredi 25 octobre 1850. (*Paris*), in-4°. Défait.

Gaucher. Essai sur l'origine et les avantages de la gravure lu à la séance publique de la société libre des sciences, arts et belles-lettres de Paris le 9 vendémiaire de l'an VI, par Ch. Et. Gaucher. (*Paris.*) In-12.

—— Lettre à M. Quatremère de Quincy sur la gravure par M. Gaucher. *S. l. ni d.* In-8°.

Gautier. Lettre concernant le nouvel art de graver et d'imprimer les tableaux, par Gautier. *Paris, imp. J. Bullot,* 1749. In-12, fig.

—— Lettre à l'auteur du Mercure sur l'invention et l'utilité de l'art d'imprimer les tableaux par M. Gautier, pensionnaire du Roi. (*Paris,* 13 mars 1756). In-12.

Gilpin. An essay upon Prints containing remarks upon the Principles of picturesque Beauty ; the different Kinds of Prints..... (by Gilpin). Second edition. *London, J. Robson,* 1768. In-8°.

—— Verhandeling over Prenten door W. Gilpin.... *Rotterdam, P. J. Holsteijn,* 1787. In-12.

—— An Essay on Prints, by William Gilpin... Fourth edition. *London. R. Blamire,* 1792. In-8°.

—— Essai sur les gravures par M. William Gilpin. Traduit de l'anglais sur la quatrième édition par le baron de B*** (de Blumenstein). *Breslau, imp. G. T. Korn,* 1800. In-8°.

Girardet. Notice sur l'origine et les progrès de la gravure en relief sur pierre par Ch. Girardet... *Paris,* 1840. In-4°.

Godard-Faultrier. Une gravure du XVIᵉ siècle. [Signé : Godard-Faultrier]. *S. l. (Angers) ni d.* In-8°. Extrait de la *Revue d'Anjou.*

—— Gravures. [Signé : Godard-Faultrier]. *(Angers,* 1869). In-8°, fig. Extrait du *Répertoire historique et archéologique de l'Anjou.*

Gori-Gandellini. Notizie istoriche degl' intagliatori. Opera di Gio. Gori-Gandellini, sanese. *Siena,* 1771. 3 tomes en 1 vol. in-8°, front.

—— Notizie istorische degl'intagliatori di Giovanni Gori Gandellini, sanese, seconda edizione.... *Siena, O. Porri,* 1808-1816. 15 vol. in-8°.

Green. Andrea Alciati and his books of emblems a biographical and bibliographical study, by Henry Green. M. A. *London, Trübner,* 1872. In-8°, front. portr.

Gruyer (G.) Les livres publiés à Ferrare avec des gravures sur bois, par Gustave Gruyer. Extrait de la *Gazette des Beaux-Arts. Paris,* 1889. n-8°, fig.

Gualandi. Lettera di Michelangelo Gualandi e risposta di Andrea Tessier intorno agli artisti Giovanni Gherardini. Ugo da Carpi e Francesco Marcolini. *Venezia, G. Antonelli,* 1855. In-8°.

Guichard. Notice sur le Speculum humanae Salvationis, par J. Marie Guichard. *Paris, Techener,* 1840. In-8°.

Gutle. Johann Conrad Gutle... Kunst en Kupfer zu stechen zu Radiren und zu Aezen in schwarzer kunst und punktirtser manier zu arbeeten. *Nurnberg, Und Altdorf.* 1795-1796. 3 tomes en 2 vol. in-8°.

Guyot. Plan d'un conservatoire d'estampes et Ecole nationale de gravure par le citoyen Guyot, graveur. *(Paris,* 7 nivôse an V). In-8°.

Haacke. Practisches handbuch zur Kupferstichkunde oder lexicon derjenigen vorzüglichsten Kupferstecher... Verfasst und zusammengetragen von einem Kunstsfreunde (Haacke). *Magdeburg, E. Bühler,* 1840. In-8°.

Hamerton. Etching and Etchers by Philip Gilbert Hamerton. *London, Mac Millan,* 1868. In-4°, fig.

—— The etchers handbook by Philip Gilbert Hamerton... *London, Ch. Roberson,* 1871. In-12, fig.

Hammann. Des arts graphiques destinés à multiplier par l'impression, considérés sous le double point de vue historique et pratique par J. M. Herman Hammann. *Genève, J. Cherbuliez,* 1857. In-12.

Hammann. Souvenirs d'un voyage en Suisse par un iconophile (Hermann Hammann) publié par la classe des Beaux-Arts. (Société des arts de Genève). *Imp. Ramboz,* 1860. In-4°, fig.

Hamy. Essai sur l'iconographie de la compagnie de Jésus par le R. P. Alfred Hamy. *Paris, Rapilly,* 1875. In-8°.

Hanckwitz. An Essay on engraving and Copper-Plate Printing to which is added Albumazar or the professors of the Black Art. A. Vision... by J. Hanckwitz, Copper-Plate printer. *London,* 1732. In-4°.

Hédou (Jules.) De la nécessité de relever le goût en province et spécialement de créer à Rouen un cabinet d'estampes et de dessins et une bibliothèque consacrée exclusivement aux beaux-arts. Académie des sciences, belles-lettres et arts de Rouen. Discours de réception de M. Jules Hédou.... *Rouen, imp. E. Cagniard,* 1875. In-4°.

Heineken. Idée générale d'une collection complète d'estampes, avec une dissertation sur l'origine de la gravure et sur les premiers livres d'images, (par le baron de Heineken). *Leipsic et Vienne, J. D. Krauss,* 1771. In-8°.

—— Dictionnaire des Artistes dont nous avons des estampes, avec une notice détaillée de leurs ouvrages gravés, (par le Baron de Heineken). *Leipsig,* 1778-1790. 4 vol. in-8°.

Heitzmann. Portraits - Catalog.— Verzeichniss aller portraits, welche in Deutschland bis Ende des Jahres 1857 erschienen und noch vom Verlezer zu beziehen sind... Bearbeitet von Johann Heitzmann, *München,* 1858. In-8°.

Heller (J.). Geschichte der Holzschneidekunst von den ältesten bis auf die neuesten Zeiten... von Joseph Heller. *Bamberg, C. F. Kunz,* 1823. In-8°, fig.

—— Praktisches Handbuch für Kupferstichsammler oder Lexicon der vorzüglichsten und beliebtesten Kupferstecher, Formschneider und Lythographen.... von Joseph Heller. *Bamberg,* 1823-1825. 2 vol. in-12.

—— Lexicon für Kupferstichsammler über die Monogrammisten. Xylographieen, Niello, Galleriewerke nebst Berichtigungen und Zusatze zum 1ten und 2ten Theil des Praktischen Handbuches für Kupferstichsammler, von J. Heller. *Bamberg, J.-G. Sickmuller,* 1838. In-12.

—— Zusätze zu Adam Bartsch's Le peintre - graveur von Joseph Heller. *Bamberg, J. G. Sickmuller,* 1844. In-8°.

—— Praktisches handbuch für Kupferstichsammler oder Lexicon der Vorzüglichsten und beliebtesten Kupfers-techer, Formschneider, Lithographien, etc., etc... vonJoseph Heller. *Leipzig, T.-O. Weigel*, 1850. In-8°, port.

Heller (J.). Zusätze zu Adam Bartsch's Le Peintre-graveur. Von Joseph Heller *Nurmberg*, 1854. In-12.

Henrici. die Kupferstechkunst und der Stahlstich fur Manner vom Fach und Kunstfreunde von Moritz Henrici... *Leipsig*, 1834. In-12.

Hippert et Linnig. Le peintre-gra-veur hollandais et belge du XIXᵉ siècle par T. Hippert et J. Linnig. *Bruxelles, Olivier*, 1874-1879. 2 vol. in-8°.

Holtrop. Monuments typographiques des Pays-Bas au XVᵉ siècle... par J.-W. Holtrop, *La Haye, M. Nijhoff*, 1868. Grand in-4° fig.

Hommel. Effigies Jurisconsultorum in indicem redactor a Carolo Ferd. Homme-lio. professor a Lipsiens... *Lipsiæ*, 1760. In-12.

Houbraken. A. Ver Huell. Jacobus Houbraken et son œuvre. *Arnhem, Gouda Quint*, 1877. In-4°, portr.

Huber. Dictionnaire des artistes dont nous avons des estampes avec une notice détaillée de leurs ouvrages gravés (Huber). *Leipsig, Breitkopf*, 1778. 4 vol. in-8°, front.

―― Notices générales des graveurs divisés par nations et des peintres rangés par écoles... par M. Huber. *Dresde et Leipzig, J. G. I. Breithopp*, 1787. In-8°, front.

Huber et Rost. Manuel des Curieux et des Amateurs de l'art... par Huber et C. C. H. Rost. *Zurich, Orell.*, 1797-1808. 9 t. en 5 vol. in-8°.

Hulthem (Von). Conseil des Cinq-Cents. Corps législatif. ― Discours prononcés par C. Van Hulthem (de l'Escaut), en présentant au conseil la notice d'un livre imprimé à Bamberg en 1462 et par le cit. Camus. Séance du 24 fructidor an 7. *Paris*. In-8°.

Humbert. Abrégé historique de l'ori-gine et des progrès de la gravure et des estampes en bois et en taille-douce par M. le major H. (Humbert). *Berlin, Haude et Spener*, 1752. In-12.

Hymans (H.). Les Images populaires flamandes au XVIᵉ siècle par Henri Hymans. *Liège*, 24 décembre 1869. In-8°.

―― De quelques livres rares reproduits par Sir William Stirling Maxwell, par H. Hymans. *Bruxelles, Olivier*, 1874. In-8°).

Hymans (H.). Histoire de la gravure dans l'école de Rubens, par Henri Hymans. *Bruxelles, Olivier*, 1879. In-8°, fig.

―― Les commencements de la gravure aux Pays-Bas. Roger Vander Weyden. Sig. Henri Hymans. 31 octodre 1881. In-8°. Extr. du *Bulletin des commissions royales d'art et d'archéologie*.

Ilg. Ueber den Kunsthistorischen Werth der Hypnerotomachia Poliphili. ― Ein Beitrag... von Albert Ilg. *Vienne, W. Braumuller*, 1872. In-8°, fig.

Jackson. An essay on the Invention of Engraving and Printing in Chiaro oscuro... by M. Jackson, of Battersea... *London, printed for A. Mellas*, 1754. In-4°, fig.

―― A treatise on wood engraving histo-rical and practical, with upwards of three hundred illustrations engraved on wood by John Jackson. *London, Ch. Knight*, 1839. In-4°, fig.

―― A treatise on wood engraving histo-rical and practical with upwards of three hundred illustrations engraved on wood by John Jackson. The historical portion by W.-A. Chatto. Second edition with a new chapter on the artists of the present day, by Henry-G. Bohn. *London, H.-G. Bohn*, 1861. In-4°, fig.

Jansen. Essai sur l'origine de la gravure en bois et en taille-douce et sur la connoissance des estampes des XVᵉ et XVIᵉ siècles (par Jansen). *Paris, F. Schœll*, 1808. 2 vol. in-8°, fig.

Jean. Mémoire pour le citoyen Jean, marchand d'estampes, défendeur, contre le citoyen Auber se disant propriétaire des Tableaux historiques des Campagnes d'Italie, demandeur, et contre le citoyen Desrais, dessinateur appelé en garantie. *Paris, Baudouin*, Vendémiaire an X. In-4°.

―― Catalogue d'une collection très importante de planches gravées... for-mant la 1ʳᵉ partie du fonds de commerce d'éditeur d'estampes de Mᵐᵉ Veuve Au-guste Jean. *Paris*, 2 février 1846. In-8°.

―― 2ᵉ partie. *Paris*, 16 juin 1846. In-8°.

―― 3ᵉ partie. *Paris*, 24 novembre 1846. In-8°.

De Jode (G.). Admission du graveur Gérard de Jode en qualité d'imprimeur d'images. [signé : L. Galesloot.] *S. l. ni d.* In-8°. Extr. du *Bibliophile Belge*, Tomes IV et V.

Jomard. Rapport fait à la Société d'en-couragement pour l'industrie nationale au nom d'une commission spéciale sur la machine à graver en taille-douce, par

E. Jomard. (*Paris*), *s. d.* In-4°, fig. Extr. du *Bulletin de la Société d'encourage- ment*.

Joubert. Définition des mots Copie et Contrefaçon en gravure[signé : Joubert]. (*Paris*), 20 fructidor an IX. In-4°.

—— Manuel de l'amateur d'estampes faisant suite au Manuel du Libraire... par F.-E. Joubert, père. *Paris*. 1821. 3 vol. in-8°.

—— Catalogue des estampes d'après les meilleurs maîtres qui composent le fonds de Joubert fils et Charles Bance... *Pa- ris*, 1806. In-4°.

Joullain. Réflexions sur la peinture et la gravure accompagnées d'une courte dissertation sur le commerce de la curio- sité et les ventes en général,... par C.-F. Joullain, fils aîné. *Metz et Paris, Demon- ville*, 1786. In-12.

Julliot (G.) Quelques gravures sur bois des premiers imprimeurs sénonais, par Gustave Julliot. *Sens*, 1880. In-8°, fig. Extr. du *Bulletin de la Société Archéolo- gique de Sens*.

Kaiser. Curiosités du Musée d'Amster- dam. Fac-simile d'estampes de maîtres inconnus du XVe siècle, édités par J.-W. Kaiser, *Utrecht, Leipsic et Paris, s. d.* fig., In-fol.

Kamyn. Maryan Sokolowski.— Erazm Kamyn, zlotnik poznanski... *Krakowie*, 1892. In-8°, fig.

Kellen (Ph. Vander). Le peintre- graveur hollandais et flamand ou Cata- logue raisonné des estampes gravées par les peintres de l'école hollandaise et flamande... par J.-Philippe vander Kellen... *Utrecht, Kemink*, (1866). Grand in-4, fig. Tome 1er.

Keppel (F.). The golden age of engra- ving. An introductory essay on the old engravers, by F. Keppel. *New-York, Fr. Keppel*, 1878. In-4°, fig. Reprinted by permission from Harper's Magazine.

Kikkert. Proeve van Ets-Kundige Uit- spanningen of Verzameling van Plaatzens door de ets-naald in 't koper gebracht, met Bijgevoegde Verhandelingen, de Tekenen ets-kunde betreffende, door P. Kikkert... *Te Amsterdam, W. van de Vliet*, 1798. In-8°. (Essai de récréation à l'eau-forte ou Collection de petites planches faites à l'eau-forte avec des remarques ayant rapport à l'art du dessin et de l'eau-forte, par P. Kikkert, professeur de dessin).

Kindlinger. Nachricht von einigen noch unbekannten Holzschnitten, Kupfersti- chen und Steinabdrucken aus dem funfzehnten Jahrhundert, von Niklas Kindlinger. *Francfurt-am-Main*, 1819. In-8°.

Klinkhamer. Les estampes indécrites du Musée d'Amsterdam. Supplément au Xe volume de Bartsch. (Les vieux maî- tres allemands: Anonymes du XVe siècle). par H.-A. Klinkhamer. *Bruxelles, A. Labroue*, 1857. In-8°. Extr. de la *Revue universelle des Arts*.

Kristeller (P.). Die italienischen niello- drucke und der Kupferstich des XV Jahr- hunderts, von Paul Kristeller (*Berlin*), 1894. In-4°, fig.

—— Sulle origini dell Incisione in rame in Italia. *Roma*, 1894. In-4°, fig. Extr. de l' *Archivio storico dell'arte*.

—— Société internationale chalcographi- que, 1896. — L'œuvre de Jacopo de' Barbari par Paul Kristeller. Agence à Paris: Schleicher frères. *Wien, London, Berlin, New-York*. In-folio, fig.

—— R. Galleria di Bologna. Raccolta d'incisioni per Paul Kristeller. *Roma*, 1896. Grand in-8°, fig. Extr. du Tome II de *Le Gallerie nazionali Italiane*.

—— La Galleria nazionale in Roma, — *Stampe, par Paul Kristeller. Roma*, 1896. Grand in-8°, fig. Extr. du Tome II de *Le Galleria nazionali italiane*.

Laborde. Essais de gravure pour servir à une histoire de la gravure en bois par Léon de Laborde. Première livraison. *Paris, imp. J. Didot*, 1833. In-8°.

—— Histoire de la gravure en manière noire par Léon de Laborde. *Paris, imp. J. Didot*, 1839. Grand in-8°, fig.

Lacroix. L'origine des Cartes à jouer, par Paul Lacroix (Jacob, bibliophile). *Paris, Techener*, décembre 1835. In-8°.

Lalanne. Traité de la gravure à l'eau- forte. Texte et planches par Maxime Lalanne. *Paris, Cadart et Luquet*, 1866. In-8°, fig.

Landseer. Lectures of the Art of Engraving delivered at the Royal Insti- tution of Great Britain, by John Land- seer. *London, Longman*, 1807. In-8°.

Langalerie. Notice sur l'art de nieller et sur la découverte de quelques em- preintes de nielles du XIVe siècle par M. Ch. de Langalerie... *Orléans, imp. A. Jacob*, 1858. In-8°, fig. Extr. des *Mé- moires de la Société Archéologique de l'Orléanais*.

Langlois. Essai historique, philoso- phique et pittoresque sur les danses des morts, par E. H. Langlois... suivi d'une lettre de M. C. Leber et d'une note de M. Depping sur le même sujet. Ouvrage complété et publié par M. A. Pottier et M. Alfred Baudry. *Rouen, A. Lebru- ment*, 1851. 2 vol. grand in-8°, fig.

Lasne. Le graveur caennais Michel Lasne, Notice sur sa vie et son œuvre... par Abel Decauville-Lachênée. *Caen, H. Delesques*, 1889. Grand in-8°, portr., fig. Extr. du *Bulletin de la Société des Beaux-Arts de Caen.*

L. D. Les graveurs de l'école de Fontainebleau. Catalogue de l'œuvre de L. D. par F. Herbet. *Fontainebleau, Maurice Bourges*. 1896. In-8°. Extr. des *Annales de la Société historique et archéologique du Gâtinais* (1896)

Leber. Histoire de l'art.— Des estampes et de leur étude depuis l'origine de la gravure jusqu'à nos jours, par C. Leber... *Orléans, imp. E. Chenu.* 1865. In-4°.

—— Études historiques sur les cartes à jouer, principalement sur les cartes françaises, où l'on examine quelques opinions publiées en France à ce sujet, par M. C. Leber. *S. l. ni d.* In-8°, fig. Extr. du Tome XVI des *Mémoires de la Société des Antiquaires de France.*

Le Blanc. Notice de quelques copies trompeuses d'estampes anciennes extraite et traduite de l'ouvrage intitulé : Anleitung zur Kupferstichkunde, par Bartsch, avec des additions par M. Ch. Le Blanc. *Paris, chez l'auteur*, 1849. In-8°.

—— Manuel de l'amateur d'estampes... par Ch. Le Blanc... *Paris*, 1850. 17 livraisons in-8°.

Le Blon. L'art d'imprimer les tableaux, traité d'après les écrits, les opérations et les instructions verbales de J.-C. Le Blon. *Paris, imp. Le Mercier*, 1756. In-8°, fig.

Lecluyse. Explication de deux anciennes gravures provenant de la Société de Rhétorique à Nieuport, par P.-C. Lecluyse. *Bruges*, 1845. In-8°.

Lecomte (Florent). Cabinet des singularitéz d'architecture, peinture, sculpture et graveure... par Florent le Comte... *Paris, Et. Picart*, 1699-1700. 3 vol. in-12, front.

Lefebvre (V). Notitia dove si ritrovano li originali di Titiano e Paolo Veronese, intagliati da Valentino Le Febre di Bruselles, e pubblicati da Giacomo van Campen in Venetia, 1683. *Venetia*, 1683. In-12.

Lehrs. Der meister mit den bandrollen. Ein beitrag zur geschichte der altesten Kupferstiches in deutschland von Max Lehrs. *Dresden, W. Hoffmann*. In-4°, fig.

Lelong (J.). Bibliothèque historique de la France... par feu Jacques Lelong... Nouvelle édition revue.... par feu M. Fevret de Fontette... *Paris, Veuve Hérissant*, 1775. In-fol. Tome 4 conte-

nant le Catalogue de la Collection d'estampes de M. de Fontette et le Catalogue des portraits français.

Lempereur. Description de l'estampe intitulée le Festin Espagnol... gravée par Louis Lempereur d'après le tableau de Palamède Stevens, tiré du Cabinet de M. de Pille et faisant pendant à celle intitulée : Le Jardin d'Amour, gravée par le même et mise au jour en Janvier 1769. *S. l. ni d.* (*Paris*, 1772.) In-8°.

Le Pileux. Le Petit Raphael par le moyen duquel on peut apprendre l'art de peindre sous gravure en huile c: posé sur toile... par le sieur Le Pileux. *S. l. ni d.* (*Paris*, 1769). In-12.

Leprince. Découverte d'un procédé de gravure au lavis, par M. Le Prince, peintre du Roi et Conseiller de son Académie Royale de Peinture et Sculpture, proposée par souscription. — Prospectus. (*Paris, Prault*, 1780). In-4°.

Leutre (de). Opinion d'un Bibliophile sur l'estampe de 1418, conservée à la bibliothèque royale de Bruxelles, par M. J.-A.-L. (de Leutre). *Bruxelles*, 1846. Grand in-4°, fig.

Lieutaud. Liste de quelques portraits. — Hommage aux personnes qui m'ont offert leurs portraits ou ceux de leur famille par Soliman Lieutaud. *S. l. ni d.* (*Laon*). In-8°.

—— Maison de Noailles (Liste de portraits, par Soliman Lieutaud). *S. l. ni d.* (*Laon*). In-8°, port.

—— Liste des portraits omis dans le père Lelong. Collection possédée et décrite par Soliman Lieutaud. *Paris, chez l'auteur*, 1844. In-8°.

—— Liste Alphabétique de portraits français gravés, jusque et y compris l'année 1775 faisant le complément de celle de la Bibliothèque historique de la France du P. Lelong. Cinq volumes in-folio. — Deuxième édition revue, corrigée et considérablement augmentée par Soliman Lieutaud, *Paris*, novembre 1846. In-4°.

—— Liste alphabétique des portraits de personnages nés dans l'ancien duché de Lorraine, celui de Bar et le Verdunois dont il existe des dessins, gravures et lithographies... par Soliman Lieutaud. *Paris, chez l'auteur*, 1er août 1852. In-8°.

—— Liste des portraits dessinés, gravés ou lithographiés des Députés à l'assemblée nationale de 1789... par Soliman Lieutaud. *Paris, chez l'auteur*, octobre 1854. In-8°.

—— Recherches sur les personnages nés en Champagne dont il existe des portraits dessinés, gravés ou lithographiés.. par Soliman Lieutaud... *Paris, chez l'auteur*, juin 1856. Grand in-8°.

GRAVURE.

GRAVURE. 33

Lieutaud. Liste alphabétique des portraits dessinés, gravés et lithographiés de personnages nés en Lorraine, pays messin et de ceux qui appartiennent à l'histoire de ces deux provinces... Deuxième édition... par Soliman Lieutaud... *Paris, Rapilly,* Juillet 1862. In-8°.

Lippmann. (F.) Der Italienische Holzschnitt im XV Jahrhundert von Friedrich Lippmann. *Berlin, G. Grote,* 1885. Grand in-4°, fig. Extr. de : *Jahrbuch der Königlichen Preussischen Kunstsammlungen.*

—— The art of Wood-Engraving in Italy in the fifteenth century by Friedrich Lippmann. — English edition. *London, Bernard Quaritch,* 1888. In-4°, fig.

—— Der Kupferstich von Friedrich Lippmann. *Berlin, W. Spemann,* 1896. In-12, fig.

Longhi. La Calcografia propriamente detta ossia l'arte d'incidere in rame, coll'Acqua-forte, col Bulino e colla Punta. Ragionamenti... da Giuseppe Longhi.. *Milano,* 1830. In-8°.

Lucanus. Vollstandige Anleitung zur Erhaltung Reinigung und Wiederherstellung der Gemälde zur Bereitung der Firnisse... von Dr Fr. G. H. Lucanus.. *Halberstadt,* 1856. In-12.

Ludemann. Geschichte der Kupferstechkunst und der damit verwandten kunste Holzschneide und Steindruck-kunst. Dargestellt von Wilhelm von Ludemann. *Dresden,* 1828. In-18.

—— Geschichte der Kupferstechkunst und der damit verwandten Kunste Holzschneide und Steindruk-kunst. — Dargestellt von Wilhelm von Ludemann. *Dresden,* 1828. In-12.

Maberly. The Print Collector. An introduction to the knowledge necessary for forming a Collection of ancient prints.. (by Maberly). *London, Saunders and Otley,* 1844. In-4°, fig.

Mainguet. Résumé de la défense de M. Mainguet dans l'arbitrage relatif au mode de liquidation de la Société Goupil et Cie. (*Paris*), 1856. In-4°.

Malaspina. Catalogo di una Raccolta di stampe antiche compilato dallo stesso possessore March. Malaspina di Sannazaro. *Milano, Tip. Gio. Bernardoni,* 1824. 5 vol. in-8°.

Marcenay de Ghuy. Idée de la Gravure par M. de M*** (Marcenay de Ghuy). *S. l. ni d.* (*Paris,* Avril 1756). In-12. Extr. du *Mercure de France.*

—— Idée de la gravure. Lettre sur l'encyclopédie au mot graveur et Catalogue raisonné des planches de l'œuvre de M. de Marcenay de Ghuy... par M. de Marcenay de Ghuy. *Paris, Imp. d'Houry,* 1764. In-4°.

Malpé et Baverel. Notice sur les graveurs qui nous ont laissé des estampes marquées de monogrammes, chiffres... (par Malpé et Baverel). *Besançon,* 1807-1808. 2 vol. in-8°.

Mariette. Mémoire pour servir à l'histoire des Sciences et des Arts. Article XXI. Lettre de M. Mariette au P. B. (Bertier) J. sur un recueil d'estampes publié depuis peu à *Florence.* In-12. défait.

Marionneau. Les eaux-fortes de M. Octave de Rochebrune par Charles Marionneau. *Nantes, Vinc. Forest,* 1865. In-8°.

Marolles. Le Roy, les personnes de la Cour qui sont de première qualité et quelques uns de la noblesse qui ont aimé les lettres ou qui s'y sont signalez par quelques ouvrages considérables. Le livre des peintres et graveurs. Géographie sacrée. Considération en faveur de la langue françoise. Les lamentations de Jérémie. Epistre de Jérémie écrite par la main de Baruch. Les prophètes Jonas et Nahum. Ninive et Babylone. Trois essais pour la version entière de la Bible. Traduction en vers de l'apocalypse de saint Jean. apôtre, par Michel de Marolles abbé de Villeloin. In-4°, 1677-1678.

Marsand. Il fiore dell'arte dell'intaglio nelle stampe con singolare studio raccolte dal signor Luigi Gaudio (par Ant. Marsand). *Padova,* 1823. In-fol.

Marshall. Handbook of engravers of ornament by Julian Marshall. *London, George E. Eyre and William Spottiswoode,* 1869. In-8°.

Martial. A. P. Martial. Nouveau traité de la gravure à l'eau forte pour les peintres et les dessinateurs. *Paris, A. Cadart,* 1873. In-8°, fig.

Martinez. Nouvelle exposition de deux grandes planches gravées et dessinées d'après nature par Chrysostome Martinez, espagnol, représentant des figures très singulières de proportion et d'Anatomie... avec un éloge historique de l'auteur... (*Paris*), *Veuve Hérissant,* 1780. In-12.

Massmann. Literatur der Todtentänze. Beytrag zum Jubeljahre der Buchdruckerkunst von Prof. Dr H. F. Massmann. *Leipzig, T. O. Weizel,* 1840. In-8°. Extr. du *Serapeum.*

Meadows. Three Lectures on Engraving : delivered at the Surrey Institution in the Year 1809, by Robert Mitchell Meadows. *London,* 1811. In-8°.

4

Meaume. Recherches sur quelques artistes Lorrains. — Claude Henriet ; Israel Henriet ; Israel Silvestre et ses descendants, par M. E. Meaume. *Nancy, Grimblot,* 1852. In-8°.

Meaume et **G. Duplessis.** Catalogue des estampes gravées par Claude Gellée dit le Lorrain, précédé d'une notice sur cet artiste par MM. Edouard Meaume et Georges Duplessis. *Paris, Veuve Bouchard-Huzard,* 1870. In-8°.

Meaume. Note sur les différents tirages des planches du livre intitulé Austrasiæ reges et duces. *Cologne,* 1591. [Signé : E. Meaume] (*Paris,* 1874). In-8°. Extr. du *Bulletin du Bibliophile.*

Mérimée. Rapport fait à la Société d'encouragement pour l'industrie nationale au nom du Comité des Arts chimiques par M. Mérimée sur les nielles de MM. Mention et Wagner. *S. l. ni d.* (*Paris,* 2 novembre 1831). In-4°.

Melun (Comte de). Notice sur l'art au Morier, impression xylographique du xve siècle par M. le Comte de Melun. In-8°, fig. Défait.

Meneghelli. Lettera a Monsignore Domenico Moreni, canonico della Basilica di S. Lorenzo in Firenze. [Signé : Antonio Meneghelli]. *Padova,* 1832. In-8°. (Relative à la Collection Manfredini).

Merlin (R.). Exposition Universelle de 1855.—Extrait des rapports du Jury de la XXVIe classe. — Calligraphie, Gravure, Cartes à jouer, Reliure et Registres. Rapporteur : M. R. Merlin... *Paris, Imp. impériale,* 1856. In-12.

—— Les Cartes à jouer par R. Merlin. *Bruxelles, A. Labroue,* 1857. In-8°. Extr. de la *Revue Universelle des Arts.*

—— Origine des Cartes à jouer. Recherches nouvelles sur les naïbis, les tarots et sur les autres espèces de cartes... par R. Merlin. *Paris, Rapilly,* 1869. In-4°, fig.

Milizia (F.) Della incisione delle stampe. Articolo tratto dal dizionario delle arti del Disegno di Francesco Milizia.... *Bassano,* 1797. In-8°.

Millin. Beaux-Arts. — Notice d'une gravure sur métal, avec la date de 1422, qui est dans la Bibliothèque de M. le Comte Alexis Razumowski à Moscou, par M. A. Got. Fischer, accompagnée de notes et suivie d'observations par M. le Chevalier Millin. In-8°. Défait des *Annales Encyclopédiques.*

Monnin. Beaux Arts. De la Gravure. Sig. Monnin. In-8°. Extr. des *Annales des Lettres et des Arts.* 1e, 2e et 3e livraisons, Mars 1818.

Montulay. Mémoire sur délibéré pour le sieur Montulay, graveur à Paris. Intimé, demandeur et défendeur, contre le sieur Fessard, graveur du Roi, appelant, défendeur et demandeur (*Paris*), 1767. In-4°.

Muller (Fréd.). Beschrijvende Catalogus van 7.000 portretten van nederlanders... alles Verzameld en Beschreven door Frederik Muller... *Amsterdam, F. Muller,* 1853. In-8°.

—— Catalogue d'une très belle et nombreuse Collection de Portraits néerlandais... *Amsterdam, Fr. Muller,* 5 septembre 1853. In-4°.

—— De Nederlandsche Geschiedenis in Platen. — Beredeneerde Beschrijving van Nederlandsche Historieplaten... verzameld, gerangschikt, beschreven door F. Muller... *Amsterdam, F. Muller,* 1863-1877. 3 vol. in-8°.

Musseau. Manuel des Amateurs d'estampes... par J. C. L. M. (Musseau). *Paris, J. L. F. Foucault,* 1821. In-12°.

Rob. Nanteuil. Robert Nanteuil, sa vie et son œuvre, par M. l'abbé Porée, curé de Bournainville...... *Rouen, Imprimerie Espérance Cagniard,* 1890. In-8°. Lettre autographe de l'auteur.

Netto. Anweisung zur Gelbsterlernung der Radir und Aetzkunst in Kupfer.... entworfen von F. A. W. Netto...... *Dresden,* 1815. In-12, fig.

Neu-Mayr. Artisti Alemanni (di Neu-Mayr). *Venezia, Franc. Andreola,* 1819-1822. 2 vol. in-8°. Le second volume est entièrement consacré à A. Durer.

—— Discorso consecrato alla Memoria di S. E. il nobile Signor Marchese Federico Manfredini, del dottore Antonio Neu-Mayr... *Venezia,* 1830. In-8°, port.

—— Cenni sulle antiche stampe classiche da Maso Finiguerra a Federigo Baroccio di Neu-Mayr. *Venezia,* 1832. In-8°.

—— Continuazione prima dei Cenni sulle stampe classiche dell' Epoca seconda da Cornelio Cort a Giovanni Schmith di Neu-Mayr. *Venezia,* 1832. In-8°.

—— Continuazione seconda dei Cenni sulle stampe classiche dell' Epoca terza da Luca Vorstermann a Federigo Guglielmo Müller di Neu-Mayr. *Venezia,* 1832. In-8°.

—— Collezione Manfredini di classiche stampe divise in quattro epoche dell' Incisione da Maso Finiguerra a Raffaello Morghen custodita nel Seminario Vescovile di Padova di Neu-Mayr. *Venezia,* 1833. In-8°.

Neu - Mayr. Cenni sulle moderne stampe classiche. Epoqua quarta da Denon Domenico a Morghen Raffaelo di Neu-Mayr. *Venezia,* 1833. In-8°.

Nicolle. Dissertation élémentaire sur la gravure à l'eau-forte et les états de planches... par M. E. Nicolle... *Rouen, E. Auge,* 1885. In-8°, fig.

Niepce de Saint-Victor. Traité pratique de Gravure héliographique sur acier et sur verre par M. Niepce de Saint-Victor... *Paris, Victor Masson,* juin 1856. In-8°, port.

Nolpe. Het Werk van Pieter Nolpe Beschreven door Mr. Ch. M. Dozy. *(Overdruk uit Oud-Holland 1897).*

Oberlin. Histoire des Arts. — Notice d'une gravure de 1467, trouvée à la bibliothèque publique de Strasbourg, par J. J. Oberlin. Biographie. Notice sur la vie et les ouvrages de Christophe Gabriel Allegrain. In-8°. Défait.

Ottley. An inquiry into the origin and early history of Engraving upon Copper and in Wood... by William Young Ottley. *London, J. and A. Arch.,* 1816. 2 vol. in-4°, fig.

—— A Collection of one hundred and twenty-nine fac similes of scarce and curious prints dy the early masters... With introductory remarks and a Catalogue of the plates, by William Young Ottley. *London,* 1828. In-fol., fig.

—— Notices of engravers and their works being the Commencement of a new Dictionary... by William Young Ottley, esq... *London, Longman...* 1831. Grand in-8°.

Pacile. Essai historique et critique sur l'invention de l'Imprimerie, par Ch. Pacile... *Paris, Techener,* 1859. In-8°.

Panzer. Verzeichniss von Nürnbergischen Portraiten aus allen Staenden gefertiget von G. W. Panzer. *Nurnberg,* 1790. In-4°.

—— Erste Fortfetzung der Verzeichnisses von Numbergischen Portraiten aus allen staenden, gefertiget von G. W. Panzer. *Nurnberg,* 1801. In-4°.

Papillon. Histoire de la Gravure en bois et des graveurs fameux tant anciens que modernes qui l'ont pratiquée (par J.-B. M. Papillon). *S. l. ni d.* In-12. Sans titre. Cet ouvrage qui devait être publié sous ce format, vers 1736, ne fut pas continué, mais fondu dans l'édition in-8° de 1766.

—— Traité historique et pratique de la Gravure en bois par J. M. Papillon... *Paris, P. G. Simon,* 1766. 3 tomes en 2 vol. in-8°, fig.

Passavant. Le peintre-graveur, par J. D. Passavant. *Leipsig, R. Weizel,* 1860-1864. 6 t. en 3 vol. in-8°, port.

Peignot. Recherches historiques et littéraires sur les danses des morts et sur l'origine des Cartes à jouer... par Gabriel Peignot. *Dijon, Vict. Lagier,* 1826. In-8°, fig.

Perrot. Manuels-Roret. — Nouveau manuel complet du Graveur ou traité de l'art de la gravure en tout genre d'après les renseignements fournis par plusieurs artistes par A. M. Perrot... Nouvelle édition, mise au courant de la science.. par M. F. Malepeyre. *Paris, Roret,* 1865. In-12.

Pinchart. La plus ancienne gravure sur cuivre faite dans les Pays-Bas. (Les Grandes Armoiries du Duc Charles de Bourgogne) [Signé : Alex. Pinchart]. *S. l. ni d. (Bruxelles,* 1876). In-8°, fig.

—— Un dernier mot sur les deux planches représentant les Grandes Armoiries de Bourgogne, par M. Alexandre Pinchart. *(Bruxelles,* 1878). In-8°. Extr. du *Bulletin de l'Académie royale de Belgique.*

Le R. P. Placide. Mémoire concernant le portrait ou estampe du P. Placide Augustin déchaussé Géographe du Roy. Manuscrit de deux feuillets. Pet. in-fol., port.

Portalis. Les dessinateurs d'illustrations au dix-huitième siècle par le Baron Roger Portalis. *Paris, D. Morgand,* 1877. 2 vol. in-8°.

Portalis et Beraldi. Les Graveurs du dix-huitième siècle par MM. le Baron Roger Portalis et Henri Beraldi. *Paris, Morgand et Fatout,* 1880-1882. 3 vol. in-8°.

Potemont. Lettre sur les éléments de la Gravure à l'eau forte par A. Potémont. *(Paris) Cadart,* Juin 1864. In-fol., fig.

Pouy. Iconographie des Thèses. Notice sur les thèses dites historiées soutenues ou gravées notamment par des Picards, d'après les recherches de F. Pouy. *Amiens, E. Caillaux,* 1869. In-8°.

—— Recherches sur les Almanachs et Calendriers historiés du XVIe au XIXe siècle, avec descriptions et notes bibliographiques et iconographiques par F. Pouy. *Amiens, imp. E. Glorieux,* 1874. In-8°.

—— Recherches sur les Almanachs et Calendriers artistiques, à estampes, à vignettes, à caricatures, etc., principalement du XVIe au XIXe siècle.... par F. Pouy. *Amiens, imp. Glorieux,* 1874. In-8°, fig.

Pouy. Les anciennes vues d'optique par F. Pouy. *Amiens, imp, Jeunet,* 1883. In-12.

—— Peinture et gravure représentant le roi Charles VI et les Chevaliers de l'ordre de l'Espérance... dans l'église des Carmes à Toulouse. Notice par F. Pouy. *Amiens, imp. Douillet,* 1888. In-12.

Puibusque (A. de). Catalogue des Gravures historiques composant la Collection de feu Madame Adolphe de Puibusque... précédé d'un essai historique sur les Arts en Angleterre par feu Mme Adolphe de Puibusque... *Paris,* 1866. In-8°.

Quandt. Entwurf zu einer Geschichte der Kupferstecherkunst und deren Welchselwirkungen mit andern zeichnenden Kunsten... von Johann Gottlob von Quandt. *Leipzig, F. A. Brockhaus,* 1826. In-12.

Quatremère de Quincy. Réflexions nouvelles sur la Gravure par M. Quatremère de Quincy. *S. l. n. d.* In-8°.

Reid. Works of the Italian engravers of the fifteenth Century reproduced in facsimile by photo-intaglio with an introduction by George William Reid. 1e série. *London, B. Quaritch,* 1884. In-fol., fig.

Reiffenberg (de). La plus Ancienne Gravure connue avec une date. Mémoire par le Baron de Reiffenberg... *Bruxelles, M. Hayen,* 1845. In-4°, fig.

—— Sur d'Anciennes Cartes à jouer, par M. le Baron de Reiffenberg. *S. l. ni d. (Bruxelles,* 1847). In-8°, fig. Extr. du *Bulletin de l'Académie royale de Belgique.*

Renauld. Traité de la Gravure en tous genres, explication des termes techniques de l'art par L. D. Renauld. *Paris, Arnauld de Vresse,* 1868. In-18.

Renouvier. Des types et des manières des maîtres graveurs pour servir à l'histoire de la gravure en Italie, en Allemagne, dans les Pays-Bas et en France; par Jules Renouvier. *Montpellier, Boehm imp.,* 1853, 1855. 2 tom. en un vol., in-4°.

—— Les peintres et les enlumineurs du Roi René. — Une passion de 1446, suite de gravures au burin, les premières avec date (par Jules Renouvier). *Montpellier, J. Martel,* 1857. In-4°. Ext. des *Publications de la Société Archéologique de Montpellier.*

—— Histoire de l'origine et des progrès de la gravure dans les Pays-Bas et en Allemagne jusqu'à la fin du quinzième siècle, par Jules Renouvier... *Bruxelles, Hayez,* 1860. In-8°. Extr. des *Mémoires* couronnés et autres *Mémoires publiés par l'Académie royale de Belgique* .

Renouvier. Histoire de l'Art pendant la révolution considéré principalement dans les estampes. Ouvrage posthume de Jules Renouvier, suivi d'une étude du même sur J.-B. Greuze avec une notice biographique et une table par M. Anatole de Montaiglon. *Paris, veuve Renouard,* 1863. 2 parties in-8°.

Richomme. Leçons sur la manière de graver la musique, suivies des principes de musique nécessaires aux élèves graveurs, par M. Richomme, fils. *Paris,* 1829. In-8°.

Duc de Rivoli. Les livres d'heures français et les livres de liturgie vénitiens. *Paris, S. d. Bureaux de la Gazette des Beaux-Arts.* In-8°, fig.

—— A propos d'un livre à figures vénitien de la fin du XVe siècle, essai bibliographique par le duc de Rivoli. *Paris, Gazette des Beaux-Arts,* 1886. In-8°, fig.

—— Études sur les Triomphes de Pétrarque, par le duc de Rivoli. Extr. de la *Gazette des Beaux-Arts. Paris,* 1887. In-8°, fig.

—— Notes complémentaires sur quelques livres à figures vénitiens de la fin du XVe siècle, par le duc de Rivoli. Extr. de la *Gazette des Beaux-Arts. Paris,* 1889. In-8°, fig.

—— Études sur l'art de la gravure sur bois à Venise. Les Missels imprimés à Venise de 1481 à 1600. Description, illustration, bibliographie, par le duc de Rivoli. *Paris, J. Rothschild,* 1894. Cinq livres in-fol., phot., fig.

Robert-Dumesnil. Le peintre-graveur français ou Catalogue raisonné des estampes gravées par les peintres et les dessinateurs de l'école française... par A. P. F. Robert-Dumesnil. *Paris,* 1835-1850. 8 vol. in-8°. Exemplaire annoté par M. Robert-Dumesnil.

—— Le peintre-graveur français ou Catalogue raisonné des estampes gravées par les peintres et les dessinateurs de l'école française, ouvrage faisant suite au peintre-graveur de M. Bartsch. Par A. P. F. Robert-Dumesnil. *Paris, Ve Huzard,* 1835-1871. Port. 11 t. en 6 vol., le dernier par G. Duplessis.

Rolle. Ville de Lyon. — Catalogue raisonné des estampes de la Bibliothèque du Palais des Arts, par F. Rolle. *Lyon, imp. Th. Lépagnez,* 1854. In-8°.

N. Rondot. Les Graveurs sur bois et les Imprimeurs à Lyon, au XVe siècle, par M. Natalis Rondot. *Lyon et Paris,* 1896. Grand in-8°.

N. Rondot. Les Graveurs d'estampes sur cuivre à Lyon, au XVIIᵉ siècle, par M. Natalis, Rondot. *Lyon*, 1896. Grand in-8°.

—— Les Graveurs d'estampes à Lyon au XVIIᵉ siècle, par M. Natalis Rondot. *Lyon*, 1896. Grand in-8°.

—— Graveurs sur bois à Lyon au seizième siècle, par M. Natalis Rondot. *Paris, Rapilly*, 1897. Grand in-8°, fig.

Rosell y Torres. Noticia del Plan general de Classificacion adoptado en la sala de estampas de la Biblioteca nacional y breve Catalogo de la Coleccion, precede un ligero resumen de la Historia del Grabado por D. Isidoro Rosell y Torres... *Madrid*, 1873. In-12.

Rossi. Indice delle stampe intagliate in rame, al bulino, ed all' acqua forte, con li loro prezzi secondo che corrono al presente, esistenti nella Stamperia di Gio. Giacomo de Rossi e Domenico de Rossi, suo erede, appresso S. Maria della pace... *Roma*, 1700. In-12.

—— Dell' origine della Stampa in tavole incise e di una antica e sconosciuta edizione zilografica, del dottore G. Bernardo de Rossi. *Parma*, 1811. In-8°.

Rovinski. Gravures russes et leur provenance depuis l'an 1564 jusqu'à la fondation de l'Académie des Arts. Recherches de Rovinski. *Mockba*, 1870. Grand in-8°. En Russe.

Ruelens. Sur le Speculum humanæ Salvationis, par Ch. Ruelens. *Bruxelles, F. Heussner*, 1855. In-8°. Extr. du *Bulletin du Bibliophile belge*.

—— La légende de Saint-Servais. Document inédit pour l'histoire de la gravure en bois, par Ch. Ruelens. *Bruxelles, imp. Combe*, 1873. In-8°, fig.

Rumohr. Geschichte der Königlichen Kupferstichsammlung zu Copenhagen. — Ein Beitrag zur Geschichte der Kunst und Ergänzung der Werke von Bartsch und Brulliot Herausgegeben von C. F. von Rumohr und J. M. Thiele... *Leipzig, R. Weigel*, 1835. In-8°.

—— Zur Geschichte und Théorie der Formschneidekunst von C. Fr. v. Rumohr. *Leipzig, R. Weigel*, 1837. In-8°.

Sachse. Verzeichniss von Bildnissen von Aerzten und Naturforschern seit den ältesten bis auf unsere Zeiten, mit biographien, von Dʳ J. D. W. Sachse. *Schwerin*, 1847. In-8°.

Saint-Arroman. La Gravure à l'eau-forte. Essai historique par Raoul de Saint-Arroman. — Comment je devins graveur à l'eau-forte par le Comte Lepic. *Paris, Vᵉ Cadart*, 1876. In-8°, port.

Schasler. Die Schule der Holzschneidekunst von Dʳ Max Schasler. *Leipzig, J. J. Weber*, 1866. In-12, fig.

G. Schefer. Catalogue des estampes, dessins et cartes composant le Cabinet des estampes de la Bibliothèque de l'Arsenal, par Gaston Schefer. *Paris*, 1894. In-4°.

Schmidt. Interessante formschnitte des 15. Jahrhunderts... von Dʳ Wilhelm, Schmidt. *München*, 1886. In-4°, fig.

—— Die inkunabeln des Kupferstichs im Kgl. Kabinet zu München von Dʳ Wilhelm Schmidt. *München*, 1887. In-4°, fig.

Schreiber. Manuel de l'amateur de la Gravure sur bois et sur métal au XVᵉ siècle par W. L. Schreiber. *Berlin, Albert Cohn*. 1ᵉʳ, 2ᵉ et 3ᵉ vol. in-8°, 1891-1893. 6ᵉ et 7ᵉ vol. grand in-4°, 1893-1895, fig.

Schuchardt. Revision der Acten über die Frage : Gebührt die Ehre der Erfindung des Papierabdruckes von gravirten Metallplatten den Deutschen oder den Italienern von Chr. Schuchardt. *Leipzig, Rud. Weigel*, 1858. In-8°, fig.

Schwegman. Verhandeling over het Graveeren in de manier van Gewassen Tekeningen of Acquatinta, op twe verschillende Wijzen ; door H. Schwegman. *Te Haarlem, A. Loosjes*, 1806. In-8°.

—— Berigt Wegens de Uitvinding om een Tekening op een Kopere-Plaat overlebrengen...... ingeleverd door H. Schwegman. *Haarlem, C. Plaat en A. Loosje*, (1793). In-8°.

Segelken. Zusätze zu dem von V Jahrgang dieses Archivs enthaltenen Aussatz « Die holzschnittliche Behandlung des Tizian'schen Triumphs Christi », von Dʳ H. Segelken. *In Bremen- s. l. ni d.* In-8°.

Semler. Sammlungen zur Geschichte der Formschneidekunst in Teutschland ; herausgegeben von D. Joh. Salomo Semler. *Leipzig*, 1782, *Erstes Stük*. In-8°.
Le seul volume publié.

L. de la Sicotière. Notice sur M. Godard, graveur sur bois ; par M. Léon de la Sicotière, avocat. Extr. du *Journal d'Alençon*, 30 juillet 1838. *Caen, imp. Le Roy*. Suivi de : De la Xilographie ou Gravure sur bois. Notice lue à l'Académie royale des Sciences, Belles-lettres et Arts de Rouen, par H. Brevière. *Rouen, imp. Périaux*, 1833. In-8°.

Sieurin. Manuel de l'Amateur d'illustrations. Gravures et portraits pour l'ornement des livres français et étrangers, par M. J. Sieurin. *Paris, A. Labitte,* 1875. In-8°.

Siret (A.). La Gravure en Belgique, sa situation, son avenir, par Adolphe Siret. *Gand, imp. L. Hebbelynck,* 1852. In-8°. Extr. du *Messager des Sciences historiques de Belgique.*

—— Sur les moyens de répandre le goût des gravures nationales, par M. Ad. Siret. *S. l. ni d.* In-8°. Extr. des *Bulletins de l'Académie royale de Belgique.*

—— Les Graveurs Belges. Extraits. Par M. Adolphe Siret. *Anvers, imp. Buschmann,* 1856. In-8°. Extr. des *Annales de l'Académie d'Archéologie de Belgique.*

—— Les Graveurs Belges. Extraits, par M. Adolphe Siret, membre correspondant de l'Académie. In-8°. Défait.

Slade (Felix). British Museum. A Guide to that portion of the collection of Prints bequeathed to the nation by the late Felix Slade, esq. now on exhibition in the King's Library. (*London*), 1869. In-12.

Smith (J. Chaloner). British Mezzotinto Portraits being a descriptive Catalogue of these engravings from the introduction of the art tho the early part of the present Century....., by John Chaloner Smith, B. A... *London, H. Sotheran,* 1878-1883, 5 vol. gr. in-8°, portr.

Socard et Assier. Livres liturgiques du diocèse de Troyes, imprimés au quinzième et au seizième siècle...., par Alexis Socard et Alexandre Assier. *Paris, Aubry,* 1863. In-8°, fig.

Stapart. L'art de graver au pinceau, nouvelle méthode..., mise au jour, par M. Stapart. *Paris, chez l'auteur,* 1773. In-18.

Stappaerts. Coup d'œil sur l'histoire de la gravure dans les Pays-Bas, par Félix Stappaerts. *Bruxelles, impr. A. Lâbroue,* 1852. In-4°.

Stellwag. Monogrammen lexicon für den handgebrauch herausgegeben von Dr J. E. Stellwag. *Francfort, P. H. Guilhaumau,* 1830. In-8°.

Strange (R.). Catalogue of the Works of Robert Strange, consisting of a collection of historical prints... (*London*), *s. d.* In-4°.

Straten-Pontoz (F. van der). Les neuf preux. Gravure sur bois du commencement du quinzième siècle. Fragments de l'hôtel de ville de Metz, par le Cte F. van der Straten-Ponthoz). *Pau, imp. E. Vignancour,* 1864. In-8°.

Strutt. Essai sur l'art de la gravure. *S. l. ni d.* In-12. Traduction inachevée du « *A Biographical Dictionnary* », de Joseph Strutt. *London,* 1785. In-4°.

—— A Biographical Dictionary contaiining an historical account of all the Engravers from the earliest period of the art engraving to the present times... by Joseph Strutt. *London, R. Faulder,* 1785-1786, 2 vol. in-4°, fig.

Sumner. The best portraits in engraving, by Charles Sumner. *New-York, Frederick Keppel, s. d.* In-8°, port.

Szwykowski. Historische Skizze über die frühesten Sammel-Werke alt Niederländischer maler. Portraits, bey Hieronymus Cock zu Antwerpen und Heinrich Hondius im Haag... Zusammengestellt von dem obersten Igz. von Swykowski... *Leipzig, R. Weigel,* 1856. In-8°. Extr. de *Naumaun's Archiv.*

Tacquenet. Artistes graveurs en taille douce, XIXe siècle (*Paris,* 1857). Gr. in-8°. Extr. de *La Taille douce en* 1857, par Léon Tacquenet et Félix Hadingue, ouvriers imprimeurs.

Tardieu (Amb.). Dictionnaire iconographique des Parisiens, c'est-à-dire liste générale des personnes nées à Paris, dont il existe des portraits gravés et lithographiés... par Ambroise Tardieu. *Chez l'auteur, à Herment (Puy-de-Dôme).* 1885. In-8°, fig., portr.

Tasset (E.). Catalogue de l'exposition de gravures des anciens maîtres liégeois organisée en 1869, par l'Union des Artistes au musée communal de Liège, avec un avant-propos, par M. Emile Tasset. *Liège, imp. O. Daxhelet.* In-8°.

Ter Bruggen. Histoire métallique et Histoire de la gravure d'Anvers, appuyées par des pièces et des documents, par Ed. Ter Bruggen. *Anvers, typ. J. G. Buschmann,* 1875. In-8°.

Theux (X. de). Etude Bibliographique sur l'ouvrage intitulé : Les délices du pays de Liège, par X. de Theux. *Liège, imp. Carmanne,* 1861. In-8°.

Tissandier. L'Héliogravure, son histoire et ses procédés, ses applications à l'imprimerie et à la librairie. Conférence faite au cercle de la librairie, par M. Gaston Tissandier, le vendredi 24 avril 1874. (*Paris*). In-8°. Extr. du *Journal général de la librairie, de l'imprimerie.*

—— Histoire de la gravure typographique. Conférence faite au cercle de la librairie, par M. Gaston Tissandier, le vendredi 29 janvier 1875. (*Paris*). In-8°. Extr. du *Journal général de la librairie, de l'Imprimerie.*

Tissier. Histoire de la gravure typographique sur pierre et de la Tissiérographie, par Louis Tissier. *Paris, chez l'auteur*, 1843. In-8°.

Umbreit. Ueber die Eigenhaedigkeit der Malerformschnitte von Aug. Ern. Umbreit. *Leipsig, R. Weigel*, 1840-1843. 2 parties. In-8°.

Unger. Etwas über die Holz-oder Formschneidekunst und ihren Nutzen für den Buchdrucker, von Johann Friedrich Unger. *S. l. ni d.* In-4°.

Vallardi. Catalogo dei più celebri intagliatori in legno ed in rame e capiscuola di diverse età e nazioni (da Vallardi). *Milano, P. e G. Vallardi*, 1821. In-8°, front., fig.

—— Manuale del raccoglitore e del negoziante di stampe contenente le stampe antiche e moderne più ricercate per quache pregio.... compilato da Franc. Santo Vallardi. *Milano*, 1843. In-8°.

Vertue. A Catalogue of engravers who have been born, or resided in England, digested by Mr Horace Walpole, from the mss of M. George Vertue... *Strawberry-hill*, 1763. In-4°. port.

—— A Catalogue of engravers who have been born, or resided in England; digested by Mr Horace Walpole from the Mss. of Mr George Vertue... *London, J. Dodsley*, 1782. In-8°.

Vesme. Saggio d'iconografia sabauda ossia Elenco di rittrati incisi o litografati dei principi e delle principesse di Savoia redatto da Alessandro Vesme. *Torino*, 1889. In-8°. Extr. de *Gli atti della Società d'Archeologia e belle arti per la provincia di Torino.*

Villa-Lobos. Iconographia (Estudos). A heliogravura e a gravura. A iconographia a no Brasil (Villa-Lobos). *Rio de Janeiro, typ. Leuzinger*, 1897. Pet. in-4°,

Vinck. Iconographie de Marie-Antoinette, 1770-1793, par le Bon de Vinck. *Bruxelles, Olivier*, 1878. In-8°.

Visscher (Nic.). Catalogues de grandes et petites cartes géographiques, villes, tailles douces et livres de cette nature, de Nicolas Visscher, d'Amsterdam. *Amsterdam, s. d.* In-18.

Weigel (Rud.). Suppléments au peintre-graveur de Adam Bartsch, recueillis et publiés par Rudolph Weigel. Tome Ier. *Leipzig, R. Weigel*, 1843. In-12.

Weigel (T.-O.). Verzeichniss der Xylographischen Bücher des XV Jahrunderts, von T. O. Weigel. *Leipzig*, 1856. In-8°.

Wessely. Handbuch für Kupferstichsammler, oder lexicon der Kupferstecher, Maler-Radirer und Formschneider...von Dr Phil. Andreas Andresen, nach des Herausgebers. Tode fortgeselzt und beendigt von J. E. Wessely. *Leipzig, T. O. Weigel*, 1870-1873. 4 vol. in-8°.

—— Die Kupferstich-Sammlung der Königlichen-Museen in Berlin, beschrieben von J. E. Wessely. *Leipzig, H. Vogel*, 1875. In-8°.

Wesselij. Supplemente zu den Handbüchern der Kupferstichkunde von J.E. Wesselij. *Stuttgart, W. Spemann*, 1881. In-8°, fig.

Wiechmann-Kadow. Die Meklenburgischen Formschneider des sechszehnten Jahrhunderts, von Wiechmann-Kadow. *Schwerin*, 1858. In-8°.

Wiener. Observations sur un mémoire intitulé : Les Graveurs Lorrains, par Albert Jacquot... [signé : Lucien Wiener]. *Nancy, s. d.* (1890). In-8°.

Willshire. An introduction to the Study and Collection of ancient prints by W. H. Willshire... *London, Ellis*, 1874. In-8°, fig.

—— A descriptive Catalogue of playing and other Cards in the British museum... by William Hugher Willshire. *(London)*, 1876. In-8°, fig.

—— An Introduction tho the study and Collection of ancient Prints by William Hughes Willshire... second edition. *London, Ellis and White*, 1877. 2 vol. in-8°, fig.

—— A descriptive Catalogue of early prints in the British Museum. Vol. 1. German and Flemish schools, by William Hughes Willshire. *London*, 1879. In-8°, fig. Tome 2. *Londres*, 1883. In-8°, fig.

Wittert. Lettre de Lombard à Vasari. Notes sur la première école de gravure. *Liège, J. Gothier*, 1874. In-12.

—— Une gravure de 1389 et les voyages en Angleterre d'Arnould de Hornes, évêque de Liège. *Liège, P. Hahn*, 1878. In-12.

Wittert. Les Preux et la Gravure à Liège en 1444. *Liège, J. Gothier*, 1873. In-12.

—— Une gravure de 1379. Les vierges de Maestricht ou d'Einsielden de 1466, (par M. Wittert). *Liège, P. Hahn*, 1878. In-12.

Wonder. Alphabetische Lijst van den Geboorte, en sterfjaren der voornaamste oude Nederlandsche Kunstschilders en Beeldhouwers..... opgemaakt en nagelaten door wijlen den Kunstschilder P. C. Wonder... *Utrecht, J. D. Doorman*, 1853. In-8°.

Woodberry. A History of wood-engraving by George E. Woodberry. *London, Sampson Low*, 1883. In-4°, fig.

X. Ecole Liégeoise. Les graveurs, leurs portraits reproduits au burin, d'après les originaux, par Adolphe Varin, 1366-1850, avec notes historiques, par X. *Paris, Liège et Bruxelles, s. d.* In-8°, fig.

X. Burlington fine Arts Club. Catalogue of engravings in mezzotinto. *London*, 1881. In-4°.

Zanetti. Le premier siècle de la calcographie ou catalogue raisonné des estampes du cabinet de feu M. le Comte Léopold Cicognara... Ecole d'Italie, par Alexandre Zanetti. *Venise, J. Antonelli*, 1837. In-8°.

Zade (van den). Epitre à M. Guichardot, marchand de dessins et d'estampes anciennes, par J. R. (Van den Zande). *S. l. ni d.* In-8°.

Zani. Materiali per servire alla storia dell' origine e de' progressi dell' incisione in rame e in legno e sposizione dell' interessante scoperta d'una stampa originale del celebre Maso Finiguerra, fatta nel Gabinetto nazionale di Parigi da D. Pietro Zani, fidentino. *Parma, Carmignani*, 1802. In-8°, fig.

Zantedeschi. Della clettrotipia. Memorie di Francesco Zantedeschi... *Venetia. G. Antonelli*, 1841. In-4°, fig.

ARCHITECTURE.

Nouvelles inventions pour bien bastir et à petits frais, trouvées n'aguères par Philibert de L'Orme, lyonnais... *Paris, Frèd. Morel*, 1561, in-f°, fig. sur bois.

Le premier tome de l'architecture de Philibert de L'Orme, conseillier et aumosnier ordinaire du Roy, et abbé de S. Serge-lez-Angiers. *A Paris, chez Federic Morel.* In-f°, fig., ancienne reliure aux armes de la famille d'O.

Reigle généralle d'architecture des cinq manières de colonnes... Au proffit de tous ouuriers besongnans au compas et à l'esquierre. A Escouën, par Iehan Bullant. *Paris, Hierosme de Marnef*, 1568. In-f°, fig.

I Quattro libri dell'architettura di Andrea Palladio... *In Venetia, Appresso Dominico de Franceschi*, 1570. In-f°, fig. sur bois, 1re édition.

Architecture ou art de bien bâtir de Marc Vitruue Pollion, auteur romain antique ; mis de latin en français par Jan Martin, secrétaire de monseigneur le cardinal de Lenoncourt... *Paris, Hiérosme de Marnef*, 1572. In-f°, fig.

Reigle générale d'architecture des cinq manières de colonnes... Revue et corrigée par Monsieur de Brosse, architecte du Roy. *A Paris, en la boutique de Hierosme de Marnef*, 1619. In-f°, fig.

Traité des manières de dessiner les ordres de l'architecture antique en toutes leurs parties... par Ab. Bosse. *Paris, Pierre Auboin, etc., s. d.* In-f°, fig.

Livre d'architecture contenant plusieurs portiques de différentes inventions sur les cinq ordres de colonnes, par Alexandre Francine, florentin, ingénieur ordinaire du Roy. *Paris, Melchior Tavernier*, 1640. In-f°, fig., portr. par A. Bosse.

La pratique du trait à preuves de M. Desargues, lyonnais, avec la coupe des pierres en l'architecture, par A. Bosse... *Paris, P. Deshayes*, 1643. In-8°, fig.

Explication facile et briefve des cinq ordres d'architecture demonstrée par Me Fremin Decotte, architecte. *Paris, chez l'auteur*, 1644. Petit in-f°, fig.

Reigle générale d'architecture des cinq manières de colonnes... par maître Jean Bullant, architecte de Monseigneur de Montmorency... *A Rouen, David Ferrand*, 1647. In-f°, fig., 2e édition.

Traité des manières de dessiner les ordres de l'architecture antique... par A. Bosse. *Paris, Pierre Aubouin et Charles Clousier, s. d.* Suivi de : Représentations géométrales de plusieurs parties de bastiments faites par les reigles de l'architecture antique... par A. Bosse. *Paris*, 1688. In-f°, fig.

Description abrégée de l'église de Saint-Pierre de Rome, et de la représentation de l'intérieur de cette église, donnée à Paris dans la salle des machines des Thuilleries, aux mois de mars et d'avril 1738, par le sieur Servandoni, architecte et peintre de l'Académie roïale de peinture (par Mariette). *Paris, Ve Pissot*, 1738. In-12.

La descente d'Enée aux enfers. Représentation donnée sur le théâtre des Thuilleries, le cinquième avril 1740, par le sieur Servandoni.. *Paris, Ve Pissot*, 1740. In-8°.

Livre d'architecture contenant les principes généraux de cet art et les plans, élévations et profils de quelques-uns des bâtiments faits en France et dans les pays étrangers par le sieur Boffrand, architecte du Roy... *A Paris, chez Guillaume Cavelier père*, 1745. In-f°, fig.

Discours sur la nécessité de l'étude de l'architecture... prononcé à l'ouverture du cinquième cours public donné par le sieur Blondel, architecte... *Paris, C. A. Jombert*, 1754. In-12.

De l'utilité de joindre à l'étude de l'architecture celle des sciences et des arts qui lui sont relatifs. — Extrait du troisième volume du cours d'architecture de Jacques-François Blondel. *Paris, Ve Desaint*, 1771. In-8°.

Lettre sur l'architecture à Monsieur le comte de Wannestin, par M. Viel, peintre et architecte. *A Bruxelles*, 1779. In-8°. — Seconde lettre sur l'architecture à Monseigneur le duc de Luxembourg... par Jean Viel. *A Bruxelles*, 1780. In-8°.

Bibliografia storico-critica dell'Architettura civile ed arti subalterne, dell'abate Angelo Comolli. *Roma, stamperia Vaticana*, 1788-1791. 3 vol. in-4°.

Mémoire au roi sur l'erreur déplorable des architectes en architecture qui, de cette science antique et célèbre, n'en firent qu'un art imaginaire et servile... par M. Lebrun, architecte. (*Paris*), *s. d.* In-4°.

La pratique du dessin de l'architecture bourgeoise, par M. Dupain de Montesson. *Paris, Didot*, 1789. In-8°, fig.

Guillaumot, architecte et inspecteur-général des carrières; aux citoyens administrateurs composant le département de Paris. *S. l. n. d.* In-8°.

Considérations sur les connoissances et les qualités nécessaires à un architecte, par C. A. Guillaumot... *Paris, imp. H. L. Perronneau*, an VII. In-8°.

Observations sur le tort que font à l'architecture les déclamations hasardées et exagérées contre les dépenses qu'occasionne la construction des monuments publics par C. A. Guillaumot... *Paris, imp. H. L. Perronneau*, an IX. In-8°.

Essai sur les moyens de déterminer ce qui constitue la beauté essentielle dans l'architecture, par C. A. Guillaumot. *Paris, H. L. Perronneau*, an X. In-8°.

Considérations sur l'état des Beaux-Arts à Paris, particulièrement sur celui de l'architecture et sur la nécessité d'y élever plusieurs monuments importants, par C.-A. Guillaumot... (*Paris*), *H. L. Perronneau*, an X. In-8°.

Épître aux architectes. T***, serviteur du public, appellé à l'architecture par le besoin de vivre : Aux architectes ses chers confrères qui sont à Paris et ailleurs. *S. l. n. d.* In-12.

Poyet, architecte du Ministère de l'Intérieur et de la Chambre de MM. les députés, à Messieurs de l'Académie royale des Beaux-Arts. *S. l. n. d.* In-8°.

Notice sur les projets du Louvre et sur l'architecture, par M. Louis Lebrun, architecte. *S. l. n. d.* (*Paris*). In-8°.

Notes instructives pour MM. les architectes et entrepreneurs des grands travaux de l'ex-gouvernement, instruits par une longue, studieuse et ruineuse expérience faite sous la gigantesque puissance de l'empirique Napoléon et les hommes de son génie... [signé: F.M.T.] *Paris, imp. Chaigneau*, 1814. In-8°.

De l'architecture lombarde (par M. L. Vitel). (*Paris*), 1830. In-8°. Extr. de la *Revue française*.

Discours sur l'architecture normande, par M. le comte Alexandre de Beaurepaire. *Caen, T. Chalopin*, 1831. In-8°. Extrait des *Mémoires de la Société des Antiquaires de Normandie*.

Projet de salles d'exposition pour les produits des Arts et de l'Industrie, par M. Hector Horeau, architecte. *Paris, imp. Didot*, 1835-1836. In-4°, fig.

Mémoire sur la dénomination et sur les règles de l'architecture dite gothique par feu M. T. B. Emeric-David... *Caen, A. Hardel*, 1839. In-8°.

Notice historique sur la vie artistique et les ouvrages de quelques architectes français du seizième siècle... par Callet, père... *Paris, chez l'auteur*, 1842. In-4°, fig.

Concours pour le grand prix d'architecture de 1842, par M. César Daly. *Paris*, 1842. In-8°. Extrait de la *Revue général de l'Architecture et des Travaux publics*.

Du style gothique au dix-neuvième siècle, par E. Viollet-le-Duc, architecte. *Paris, V. Didron*. Juin 1846. In-4°.

Etat de l'architecture moderne, par Félix Pigeory, architecte... *Paris, imp. Crapelet*, 1847. In-12.

Notice sur l'album de Villard de Honnecourt, architecte du XIII° siècle par M. Jules Quicherat... *Paris, Leleux*, 1849. In-8°. Extrait de la *Revue archéologique*.

Institut national de France. — Recherches sur l'origine de l'art en général et principalement de l'architecture égyptienne par M. Lesueur. (*Paris*), 25 octobre 1849. In-4°.

Architecture monastique, par M. Albert Lenoir. *Paris, imprimerie Nationale*, 1852, 2 vol. in-4°, fig.

Essai sur l'architecture militaire au moyen âge, par M. Viollet-le-Duc. *Paris, Bance*, 1854. In-4°, fig.

Architecture gallo-romaine et architecture du moyen âge, par MM. Mérimée, Albert Lenoir, Auguste Leprévost et Lenormant. *Paris, imprimerie impériale*, 1857. In-4°, fig.

De l'architecture ogivale, architecture nationale et religieuse, par Alfred Darcel. (*Paris*, 1857). In-8°. Extrait de la *Revue française*.

Archéologie. M. Beulé, professeur. D'une architecture nationale et religieuse. *S. l. n. d.* (*Paris*, 6 janvier 1857). In-8°. Extrait de la *Revue des cours publics*.

Dictionnaire raisonné de l'architecture française du XI° au XVI° siècle, par

M. Viollet-le-Duc. *Paris, Bance et Morel*, 1858-1868. 10 vol. in-8°, fig.

De l'architecture religieuse et des architectes au XIXe siècle, par M. l'abbé Auber. *Paris, A. Pringuet*, 1859. In-8°. Extrait de la *Revue de l'Art chrétien*.

L'architecture du moyen-âge jugée par les écrivains des deux derniers siècles, par M. l'abbé J. Corblet. *Paris, A. Pringuet*, 1859. In-8°.

L'architecture française et les arts qui s'y rattachent considérés en province au moyen-âge et dans les temps modernes, par Pierre Bénard, architecte. *Saint-Quentin, typ. J. Moureau*, 1860. In-8°.

Plans, coupes et élévations du grand hôtel construit à Paris en 1861-1862 pour la Compagnie immobilière, par A. Armand, architecte. In-f°.

Notices sur quelques artistes français, architectes, dessinateurs, graveurs, du XVIe au XVIIIe siècle..., par H. Destailleur. *Paris, Rapilly*, 1863. In-8°.

Le premier des décorateurs, c'est l'architecte [signé : Ruprich Robert]. *S. l. n. d.* Gr. in-8°. Extrait de la *Revue générale de l'architecture et des travaux publics*.

Annuaire de l'architecte pour l'année 1864 publié par Adolphe Lance, architecte du gouvernement. — Première année. — *Paris, Morel*, 1864. In-8°.

Le Duc de Valmy. — Le Passé et l'Avenir de l'architecture. *Paris, Michel Lévy*, 1864. In-8°.

Statistique monumentale de Paris. Explication des planches, par M. Albert Lenoir. *Paris, imprimerie impériale*, 1867. In-4°.

Les plus excellents bastiments de France, par J.-A. Ducerceau, sous la direction de M. H. Destailleur... gravés en fac-

simile, par M. Faure-Dujarric, architecte... *Paris, A. Lévy*, 1868-1870. 2 vol. in-f°, fig.

Du style ogival et de son introduction dans le sud-est de la France, par M. Jules Renouvier. *S. l. n. d.* In-8°. Extrait du *Bulletin monumental*.

Ce que réclame au XIXe siècle l'enseignement de l'architecture, par E. Viollet-le-Duc. *Paris, Morel*. In-8°. Extrait des *Entretiens sur l'architecture*.

Société académique d'architecture de Lyon. — Compte rendu de ses travaux pendant les années 1869 et 1870, contenant les notices de Pierre Pascal et de Louis Dupasquier, architectes, par Léon Charvet... *Lyon, imp. Perrin*, 1871. In-4°.

Théorie de l'ornement, par J. Bourgoin... *Paris, A. Lévy*, 1873. Gr. in-8°, fig.

L'église et le monastère du Val-de-Grâce, 1645-1665, par V. Ruprich-Robert. *Paris, Ve A. Morel*, 1875. In-4°, fig.

Esquisse d'une histoire de l'architecture classique par Ernest Vinet... *Paris, A. Lévy*, 1875. In-8°.

Réflexions sur l'enseignement de l'architecture en 1881, par V. Ruprich-Robert. *Paris, Morel*, 1882. In-8°.

L'architecture à l'école des Beaux-Arts en 1881, par J. Hénard, architecte. Réponse à M. Ruprich-Robert. *Paris, Ducher*, 1882. In-8°.

L. de Fourcaud. — Les origines de l'architecture gothique et la Question de Saint-Front de Périgueux à propos des ouvrages de M. Corroyer. *Paris, mai 1892*. Gr. in-8°.

Réponse à M. de Fourcaud à propos de l'architecture gothique, par Édouard Corroyer, *Paris* (1892). In-8°.

PEINTURE.

Dialogo della pittura di M. Lodovico Dolce intitolato l'Aretino... *Vinegia, Gabriel Giolito de Ferrari*, 1557. In-12.

Sentimens sur la distinction des diverses manières de peinture, dessein et gravure, et des originaux d'auec leurs copies. Par A. Bosse. *Paris, chez l'autheur*, 1649. In-18 fig.

Trattato della pittura di Lionardo da Vinci, novamente dato in luce, con la

vita dell'istesso autore, scritta da Rafaelle Dufresne. *Parigi. G. Langlois*. 1651. In-fol., fig.

La peinture parlante de H. Pader P. P. *Tolose, A. Colomiez*. 1653. In-4°, fig.

Plan ou dessein idéal pour le tableau du Déluge qui doit être représenté dans la chapelle de Messieurs les Pénitents noirs de Tolose [signé : H. Pader]. *S. l. ni d.* In-4°.

Songe énigmatique sur la peinture universelle fait par H. P. P. P. Tolosain (Hilaire Pader, peintre et poète), *Tolose, A. Colomiez*, 1658. In-4°.

Idée de la perfection de la peinture démontrée par les principes de l'art..... par Roland Fréart, sieur de Chambray *Au Mans, imp. J. Ysambart*, 1662. In-4°. Exemplaire annoté par Abraham Bosse.

Les Reines de Perse aux pieds d'Alexandre. Peinture du cabinet du Roy (par A. Félibien). *Paris, P. Lepetit*, 1662. In-4°.

Le peintre converty aux précises et universelles règles de son art.... par A. Bosse. *Paris*, 1667. In-8°, front.

L'Académie de la peinture nouuellement mis au jour pour instruire la jeunesse à bien peindre en huile et en mignature ... (par De La Fontaine). *A Paris, chez Jean-Baptiste Loyson,* 1679. In-12.

La Réforme de la peinture (par J. Restoul). *Caen, J. Briard*, 1681. In-12, fig.

Joachimi de Sandrart, à Stokau serenissimi principis, comitis palatini Neoburg, consiliarii, et palmigeri ordinis socii, Academia nobilissimæ artis pictoriæ ..... *Noribergæ*, 1683. In-f°, front., fig.

Les premiers éléments de la peinture pratique enrichis de figures de proportion mesurées sur l'antique, dessinées et gravées par J. B, Corneille... *Paris, N. Langlois*, 1684. In-12.

Traité de la peinture par le sieur Catherinot. *A Bourges*, 18 octobre 1687. In-4°.

Sentimens des plus habiles peintres sur la pratique de la peinture et sculpture mis en tables de préceptes, avec plusieurs discours académiques ou conférences tenues en l'Académie Royale desdits Arts en présence de Monsieur Colbert conseiller du Roi en tous ses Conseils ..... par Henry Testelin, peintre du Roi. *Paris, V° Mabre-Cramoisy*, 1696. In-f°, fig.

Conférence de Monsieur Le Brun, premier peintre du Roy... sur l'expression générale et particulière.. *Amsterdam et Paris*, 1698. In-12, fig.

Traité sur la peinture pour en apprendre la téorie et se perfectionner dans la pratique, par M° Bernard Dupuy du Grez, avocat en parlement. *Toulouse, V° J. Pech*, 1699. In-4°, fig.

Lettre sur les tableaux tirés du cabinet du Roy et exposés au Luxembourg depuis le 14 octobre 1750. *Paris, Prauet*, 1751. In-12.

Parallèle de l'éloquence et de la peinture, par M. Coypel, premier peintre du Roi. *S. l. ni d. (Paris*, mai 1751). In-12. Extr. du *Mercure de France*.

Reflexions critiques sur les différentes écoles de peinture. *Paris*, 1752. Petit in-8°.

Recherches sur les beautés de la peinture et sur le mérite des plus célèbres peintres anciens et modernes par M. Daniel Webb. ouvrage traduit de l'anglais par M. B*** .. *Paris, Briasson*, 1765. In-12.

Cours de peinture par principes, par M. de Piles. *Amsterdam, Leipsick et Paris, Ch. A. Joubert*, 1766. In-12, fig.

L'histoire et le secret de la peinture en cire (par Diderot). *S. l. n. d.* In-12.

Manière de bien juger les ouvrages de peinture par feu M. l'abbé Laugier, mise au jour et augmentée de plusieurs notes intéressantes par M** *Paris, Ch. A. Jombert*, 1771. In-12.

Le moyen de devenir peintre en trois heures et d'exécuter au pinceau les ouvrages des plus grands maîtres, sans avoir appris le dessin. Nouvelle édition revue, corrigée et augmenté. *A Amsterdam, M. Magérus*, 1772. In-12.

Apologie des allégories de Rubens et de Lebrun, introduites dans les galeries de Luxembourg et de Versailles suivie de quelques pièces fugitives, relatives aux arts par M. Dandré-Bardon.... *Paris, imp. L. Cellot*, 1777. In-12.

Déclaration du Roi donnée à Versailles, le 15 mars 1777 concernant les arts de peinture et de sculpture. (*Imp. V° André Giroud*), 1779. In-4°.

Considérations sur l'origine de la peinture et du langage, à M. de Fontanes.... par M. Viel, avocat... *Bruxelles*, 1784, In-8°.

Discours relatifs à la peinture (*Genève*, 1787). In-12.

Essais sur la peinture par Diderot. *Paris, Fr. Buisson*, an IV. In-8°.

Recueil de principes élémentaires de peinture sur l'expression des passions suivi d'un abrégé sur la physionomie ... (par Sobry). *Paris, J. F. Sobry*, an V. In-4°.

Réponse à l'article contre la peinture inséré par le citoyen Mercier, membre du Conseil des Cinq cents, dans le *Journal de Paris* du 14 pluviose, an V° de la République [signé: Armand Caraffe, peintre]. *S. l. ni. d.* In-8°.

Guicciardini's Account of the ancient Flemish school of painting. Translated from his Description of the netherlands, published in Italian at Antwerp, 1567, with a preface by the translator. *London, Printed for I. Herbert*. 1795. In-4°.

Rapport au nom de la commission nommée pour examiner les discours envoyés sur cette question proposée par la section de peinture : Quelle a été et quelle peut être encore l'influence de la peinture sur les mœurs et le gouvernement d'un peuple libre.... (*Paris*), 15 germinal, an VI. In-4°.

Essais sur la peinture par J. A. M*** *Paris, Villier*, an IX (1800). In-8°.

Considérations sur l'état de la peinture en Italie dans les quatre siècles qui ont précédé celui de Raphael par un membre de l'Académie de Cortone.... *Paris, P. Mongie*, juin, 1808. In-8°.

Dissertation sur les peintures du moyen-âge et sur celles qu'on a appelées gothiques; extrait d'un ouvrage inédit sur la peinture, par M. Paillot de Montabert. *Paris, Delaunay*, 1812. In-8°.

Corps législatif. Discours prononcé par M. Eméric-David, et présentant au Corps législatif le premier discours historique sur la peinture moderne... séance du 16 mars 1813 (*Paris*), *imp. Hacquart*. In-8°.

Des différents genres dans l'art de la peinture, extrait d'un ouvrage inédit. par M. le Chevalier Alexandre Lenoir. *Paris, Lottin*, 1818. In-8°. Extr. des *Annales des Bâtiments et de l'Industrie français*.

Entretiens sur la théorie de la peinture pour aider aux progrès des jeunes personnes qui cultivent cet art, par J. P. Voiart. *Paris, A. Eymery*, 1820. In-12, fig.

Essai sur le paysage ou du pouvoir des sites sur l'imagination. par N. G. H. Lebrun. *Paris, Didot*, 1822. In-8°.

Du danger des nouvelles doctrines sur la peinture...... *Paris, Crapelet*, 1824. In-8°.

Histoire de la peinture en Italie depuis la renaissance des Beaux-Arts, jusque vers la fin du XVIIIᵉ siècle, par l'abbé Lanzi, traduite de l'Italien sur la 3ᵉ édition par Mᵐᵉ Armande Dieudé. *Paris, H. Séguin*, 1824. 5 volumes in-8°.

Coup d'œil sur l'état de la peinture en France par J. B. T. Leclere, *J. G. Dentu*, 1824. In-8°.

Traité complet de la peinture par M. P. (Paillot) de Montabert. *Paris, Bossange*, 1829. 9 volumes in-8°.

Traité complet de la peinture par M. P*** de Montabert. *Paris, Bossange*, 1829. In-4°. Atlas.

Histoire de la peinture italienne depuis Prométhée jusqu'à nos jours par E. T. Huard. *Paris, Delaunay*, 1834. In-8°.

Essai sur les anciennes écoles de peinture en France, les restaurations de Fontainebleau, et sur quelques unes des collections du Musée [signé, A. Poirson]. *Paris*, 1838. In-8°. Extr. de la *Revue française*.

De la peinture d'histoire naturelle par M. Jacquemart. *Paris, imp. Ducessois*, 1839. In-8°. Extr. des *Annales de la Société libre des Beaux-Arts*.

Atelier d'un peintre chinois. Sig. E.-J. Délécluze (*Paris*). In-8°. Extr. de la *Revue française*, janvier 1839.

Des origines traditionnelles de la peinture moderne en Italie, par Louis Viardot. *Paris. Paulin*, 1840. In-8°.

Explication de la Danse des morts de la Chaise Dieu fresque inédite du XVᵉ siècle, précédée de quelques détails sur les autres monuments de ce genre, par Achille Jubinal, *Paris, Challamel*, 1841. In-4°, fig.

Société libre des Beaux-Arts. Rapport fait par M. Dreuille sur le traité de la peinture de M. de Montabert, lu dans la séance du 7 septembre 1841, *Paris*. In-8°.

Histoire de la peinture au moyen-âge, suivie de l'histoire de la gravure, du discours sur l'influence des Arts du dessin et du Musée Olympique, par T. B. Emeric-David... *Paris, Ch. Gosselin*, 1842. In-12.

Beaux-arts. Coup d'œil sur la formation de l'école française pour servir d'introduction à l'histoire de la peinture en France au XIXᵉ siècle, par M. Henry Trianon. *Paris*, 1850. In-8°. Extr. de la *Liberté de penser*.

Iconographie d'un tableau représentant la translation des reliques de saint Vorles, par M. Mignard. *Paris, Didron*, 1853. In-8°.

Caractères des peintres françois actuellement vivants, nouvelle édition. *S. l. n. d.* In-12.

Aperçus généraux sur la peinture par A. Couteaux. *Paris, chez l'auteur*, 1854. In-8°.

Guida Pittorica ossia analisi intorno lo stile delle diverse scuole di pittura e degli artisti italiani e stranieri antichi e moderni del Barone Alessandro Petti. *Napoli*, 1855. In-8°.

De la peinture et des peintres des Duchés Italiens du XIIIᵉ au XVIIᵉ siècle, par Edouard Laforge. *Lyon, Imp. L. Perrin* 1857. In-8°.

La peinture alpestre, par William Reymond. *Genève, J. Cherbuliez*, 1858. In-12.

Etude sur le retable d'Anchin, par l'abbé Dehaines. *Arras, typ. Rousseau-Leroy*, 1860. Grand in-8°, fig.

Des Peintres et de la Peinture par Ivan Golovine. *Leipzig, H. Huebner*, 1861. In-12.

Annales de la peinture par Etienne Parrocel. Ouvrage contenant l'histoire des écoles d'Avignon, d'Aix et de Marseille, précédée de l'historique des peintres de l'antiquité, du moyen-âge, et de diverses écoles du Midi de la France, avec des notices sur les peintres graveurs et sculpteurs Provençaux anciens et modernes, et suivi de la nomenclature de leurs œuvres ayant figuré à l'exposition de 1861 et du nom des exposants. *Paris et Marseille, Ch. Albessard et Bérard*, 1862. In-8°.

Essai sur les principes de la peinture, par Jean Restout, peintre ordinaire du Roi Louis XV, publié avec notes par A. R. R. de Formigny de La Londe... *Caen, A. Hardel*, 1863. In-8°.

Méthode et entretiens d'atelier, par Thomas Couture. *Paris*, 1867. In-12.

Paysage. Entretien d'atelier par Thomas Couture. *Paris*, 1869. In-12.

Les peintres et les peintures en Savoie du XIIIᵉ au XIXᵉ siècle. Notes recueillies et mises en ordre par Auguste Dufour et François Rabut.... *Chambéry, imp. A. Bottero*, 1870. In-8° avec supplément. Extr. des *Mémoires et Documents publiés par la société Savoisienne d'histoire et d'archéologie.*

Chef-d'œuvre de la peinture flamande au XVᵉ siècle. Monographie. Le jugement dernier, retable de l'hôtel-Dieu de Beaune, par M. J. B. Boudrot... *Beaune, Ed. Batault-Morot*, 1875. In-4°, fig.

Essai sur la peinture religieuse et notice sur l'art flamand, par M. Alfred Asselin *(Douai), s. d.* In-8°.

Notice sur un traité relatif à la peinture au moyen-âge, par Pierre de Saint-Omer, inséré dans le manuscrit n° 6741 de la Bibliothèque nationale [signé : L. Deschamps de Pas]. *S. l. ni. d.* In-8°.

Peintures décoratives du grand foyer de l'Opéra par Paul Baudry de l'Institut. Notice biographique et description par E. About. *Paris, Goupil*, 1876. In-fol., portr., fig.

Peintures murales de l'école de Fontainebleau découvertes à Gisors, par Gaston Lebreton. *Paris, typ. Plon*, 1883. In-8°.

PROCÉDÉS DE PEINTURE.

Dialogo di M. Lodovico Dolce nel quale si ragiona delle qualità, diversità e proprietà, de i colori... *Venetia, G. B. Marchio Sessa*, 1565. In-12.

Traité de la miniature, dédié à Mᵐᵉ la princesse de Guémenée par Mˡˡᵉ Perrot, de l'académie Roïale, 1625. In-12.

L'académie de la peinture nouvellement mis au jour pour instruire la jeunesse à bien peindre en huile et en miniature.... *Paris, N. Langlois*, 1679. In-18.

L'académie de la peinture nouvellement mis au jour pour instruire la jeunesse à bien peindre en huile et en mignature, (par De la Fontaine). *A Paris, chez J. Baptiste Loyson*, 1679. In-18.

Livre de secrets pour faire la peinture. 1682. In-18.

L'art de lauer ou nouvelle manière de peindre sur le papier suivant le coloris des desseins qu'on enuoye à la Cour, par le sieur H. Gautier, de Nismes. *A Lyon, chez Thomas Amaulry, rue Mercière, au mercure galant.* M. D.C. LXXXVII. In-12.

Traité sur la peinture pour en apprendre la téorie et se perfectionner dans la pratique par M. Bernard Dupuy du Grez. *Toulouse, Vᵛᵉ J. Pech*, 1699. In-4°, fig.

Traité de plusieurs beaux secrets très utile pour les artistes et curieux et le beau secret de la Composition sous la glace fait et composé par le Sʳ François Tiquet... *La Haye, I. Beauregard*, 1747. In-4°.

Peinture encaustique. [Signé : D. (*Du Frenay*)] *Paris*, 16 avril 1755. In-18.

L'art nouveau de la peinture en fromage ou en ramequin inventée pour suivre le louable projet de trouver graduellement des façons de peindre inférieures à celles qui existent, (par Rouquet). *A Marolles*, 1755. In-12.

Lettre à l'auteur du Mercure sur l'invention et l'utilité de l'art d'imprimer les tableaux par M. Gautier, pensionnaire du roi. (*Paris*), 1756. In-18.

Le petit Raphaël, par le moyen duquel on peut apprendre l'art de peindre sous gravure en huile et posé sur toile, par le sieur Le Pileux. *Paris*, 1769. In-32.

La cire alliée avec l'huile ou la peinture à l'huile-cire trouvée à Manheim par M. Charles baron de Taubenheim, expérimentée, décrite et dédié à l'électeur, par le sieur Joseph Fratsel... *Manheim*, 1770. In-8º.

Manière d'enluminer l'estampe posée sur toile... Par M. L. B. D. S. J. *A Londres*, 1773. In-8º.

Mémoire sur la peinture à l'encaustique par M. le comte de Caylus. In-12. Défait des *Mémoires de littérature.*

Secret de fixer le pastel, inventé par M. Loriot, et publié par l'académie royale de peinture et sculpture en 1780. [Signé: Renou]. (*Paris*, V^{re} *Hérissant*), 1780. In-4º.

De la peinture à fresque, par M. Robin, de l'ancienne académie de peinture. *S. l. ni d.* (*Paris*). In-8º.

Mémoire sur la peinture au lait, par Antoine Alexis Cadet-de-Vaux... *Paris*, *Bureau de la décade philosophique littéraire et politique...* Thermidor an IX. In-8º.

Notions pratiques sur l'art de la peinture enrichies d'exemples, d'après les grands maîtres des écoles italienne, flamande et hollandaise, par John Burnet. Traduites de l'anglais, par P. C. Van Geel. *Paris*, *Rittner et Goupil*, 1835. In-4º. fig.

Notice sur la peinture à la cire dite peinture encaustique... par A. M. Duroziez. *Paris, chez l'auteur*, 1838. In-8º.

Théophile, prêtre et moine. Essai sur divers arts, publié par le Cte Charles de l'Escalopier. *Paris, Leipzig*, 1843. In-4º.

Peinture à l'huile en feuilles, inventée par M. Hussenot, par A. de La Fizeliére. *Paris, imp. Bourgogne*, (1843). In-8º. Extr. de l'*Artiste.*

Manuel de la peinture à la cire, application des divers procédés propres à la peinture artistique et autre... par A. M. Durozier... *Paris, chez l'auteur*, 1844. In-8º.

La peinture à l'huile avant les Van Eyck. [signé: Ch. de Brou]. *S. l. ni d.* (*Bruxelles*), 1857. Extr. de la *Revue universelle des Arts.*

Peinture mate. Procédé nouveau par A. Wiertz. A propos de l'exposition des cartons allemands. *Bruxelles, F. Van Meenen*, 1859. In-8º.

Essai sur l'histoire de la peinture murale, par M. Joseph Villiet. *Bordeaux, G. Gounouilhou*, 1859. In-8º. Extr. des *Actes de l'Académie de Bordeaux.*

Peinture encaustique à la cire. Dussauce, peintre-décorateur et Courtin, entrepreneur de peinture de la ville de Paris. *S. l. ni d.* In-4º.

De la décoration des églises de campagne par la peinture murale. Lettre à M. l'abbé J. J. Bourassé... par M. le Comte de Galembert. *Tours et Paris*, 1860. In-8º.

Peinture murale. Chambre des représentants de Belgique. Séances des 24, 25, 26 et 27 février 1863. *Bruxelles, imp. Deltombe*, 1863. In-8º.

Réflexions sur la peinture, spécialement sur les matières employées par les peintres, par Anthelme Trimolet. *Lyon, imp. A. Vingtrinier*, 1866. In-8º. Extr. de la *Revue du Lyonnais.*

De la peinture à l'huile en France au commencement du XIVe siècle, par M. G. Demay... *Paris*, 1876. In-8º. Extr. des *Mémoires de la Société des Antiquaires de France.*

J. G. Vibert. La science de la peinture. *Paris, P. Ollendorff*, 1891. In-12.

MINIATURE. — MANUSCRITS. — CALLIGRAPHIE.

Escole de la mignature dans laquelle on peut aisément apprendre à peindre sans maître... *A Rouen, chez Jean B. Besongne, rue Ecuyère, au Soleil Royal.* M. DC. XCIV. In-12.

Traité de la miniature. Dédié à Madame la Princesse de Guiménée, par Mademoiselle Perrot, de l'Académie Roïale. *Sans l. et daté* 1625 pour 1725. In-12º.

Remarques sur l'état des Arts dans le moyen-âge, par M. Le Prince le Jeune. *Paris, Belin*, 1772. In-12. Extr. du *Journal des Sçavans*.

Des manuscrits à miniatures. [Signé : Didron]. (*Paris*, janvier 1839). In-8°. Extr. de la *Revue française*.

Essai sur la Calligraphie des manuscrits du moyen-âge et sur les ornements des premiers livres d'heures imprimés, par E. H. Langlois. *Rouen, imp. I. S. Lefevre*, 1841. In-4°, fig.

Enlumineurs et Calligraphes de la Flandre par l'abbé C. Carton. *Bruges, imp. Vandecasteele-Werbrouck*, 1849. In-8°.

L'office au XVᵉ siècle d'après une miniature de la bibliothèque de Rouen, par Alfred Darcel. *Paris, Didron*, 1853. In-4°, fig.

Notes et extraits des manuscrits concernant l'histoire ou la littérature de la France qui sont conservés dans les bibliothèques ou archives de Suède, Danemark et Norvège, par M. A. Geffroy. *Paris, Imp. Impériale*, 1856. In-8°. 2ᵐᵉ fascicule, pp. 217-512.

Histoire de l'ornementation des manuscrits par M. Ferdinand Denis. *Paris, L. Curmer*, 1857. Gᵈ in-8°.

Missel de Juvénal des Ursins cédé à la ville de Paris, le 3 mai 1861, par Ambroise Firmin Didot. *Paris, Didot*, 1861. In-8°.

Miniaturistes, Enlumineurs et Calligraphes employés par Philippe le Bon et Charles le Téméraire et leurs œuvres, par Alexandre Pinchart. *Bruxelles, imp. Bols-Wittouck*, octobre 1865. In-8°, fig.

Observations sur l'origine de plusieurs manuscrits de la collection de M. Barrois, par Léopold Delisle. *Paris, imp. Lainé*, février 1866. In-8°. Extr. de la *Bibliothèque de l'école des Chartes*.

Notizie dei miniatori dei principi Estensi, estratte dai libri camerali e da documenti dell'archivio governativo di Modena, a cura di Giuseppe Campori. *Modena*, 1872. In-8°.

Le Carte da Giuoco dipinte per gli Estensi nel secolo XV. [Signé : Giuseppe Campori]. (*Modena*, 1873.) In-4°. Extr. dell' « *Atti e memorie delle R. R. deputazioni di storia patria per le provincie modenesi e parmensi.* »

Notice sur un manuscrit mérovingien contenant des fragments d'Eugyppius, appartenant à M. Jules Desnoyers, par Léopold Delisle. *Paris, A. Picard*, avril 1875. In-4°, phot.

Le carte di Giuoco dipinte per gli Estensi nel secolo XV. Memoria storica di Giuseppe Campori. *Mantova, V. Guastalla*, 1875. In-8°.

Notice sur un livre à peintures exécuté en 1250 dans l'abbaye de St-Denis. Lettre à M. le Duc de La Trémoille, par Léopold Delisle. *Paris, H. Champion*, 1877. In 8°. Extr. de la *Bibliothèque de l'école des Chartes*.

Catalogue des manuscrits relatifs à la Franche-Comté qui sont conservés dans les bibliothèques publiques de Paris, par M. Ulysse Robert. *Paris, Champion*, 1878. In-8°. Extr. des *Mémoires de la Société d'émulation du Jura*.

Etat des catalogues des manuscrits des bibliothèques de Belgique et de Hollande, par Ulysse Robert. *Paris. A. Picard*, 1878. In-8°. Extr. du *Cabinet historique*.

Notice sur un livre d'heures donné par l'impératrice Marie Louise à la duchesse de Montebello. Lecture faite à l'académie des inscriptions et belles-lettres, le 6 mai 1879, par M. Natalis de Wailly... *Paris, imp. Pillet et Dumoulin*, 1879. In-8°.

Peintures, ornements, écritures et lettres initiales de la Bible de Charles le Chauve conservée à Paris, publiés par le Comte Auguste de Bastard. (Compte-rendu par par Léopold Delisle. *Nogent-le-Rotrou, imp. Daupeley*, 1883. In-8°. Extr. de la *Bibliothèque de l'école des Chartes*.

Les très anciens manuscrits du fonds Libri dans les collections d'Ashburnham Place [signé : Léopold Delisle]. (*Paris*), 1883. In-8°. Extr. du Journal *Le Temps*.

Description des peintures et autres ornements contenus dans les manuscrits grecs de la Bibliothèque nationale, par Henri Bordier. *Paris, lib. Champion*, 1883-1884. En 4 livr. In-4°, fig.

Les livres d'heures du duc de Berry, par Léopold Delisle. *Paris, imp. Quantin*, 1884. Gᵈ in-8°, fig. Extr. de la *Gazette des Beaux-Arts*.

L'évangéliaire de Saint-Vaast d'Arras et la calligraphie franco-saxonne du IXᵉ siècle, par Léopold Delisle. *Paris, lib. Champion*, 1888. In-4°, phot.

Un quarante-quatrième fragment des heures de maître Étienne Chevalier retrouvé au Musée du Louvre, par Paul Durrieu. *Paris, L. Cerf*, (1891.) In-8°. Extr. du *Bulletin des Musées*.

PORTRAITS. — DESSINS.

Portrait du Roy (par A. Felibien). *Paris, P. Le Petit*, 1663. In-4°.

Note intéressante sur les moyens de conserver les portraits peints à l'huile. *S. l. ni d. (Paris*, 1775). In-8°.

Liste alphabétique des français et françaises illustres. Mss. In-8° carré. Extrait du tome IV de la *Bibliothèque historique de la France*, par le P. Lelong.

De la peinture du portrait par Lizinka Mirbel. In-8°. Défait de la *Revue de Paris*, décembre 1829.

Portraits des personnages français les plus illustres du XVIe siècle, reproduits en fac-simile, sur les originaux dessinés aux crayons de couleur par divers artistes contemporains; recueil publié avec notices par P. G. J. Niel. *Paris, Lenoir*, 1848. In-f°.

Monument à Christophe Colomb. Son portrait. [Signé : Jomard. *S. l. ni d. (Paris)*. In-8°. Extrait du *Bulletin de la Société de géographie*.

Description abrégée des dessins de diverses écoles appartenant à M. Frédéric Reiset. *Paris, imp. de A. Guyot et Scribe*. 1850. In-8°.

Notice sur la collection des portraits de Marie Stuart appartenant au prince Alexandre Labanoff, précédée d'un résumé chronologique... *Saint-Pétersbourg*, 1856. In-8°, fig.

Notice sur la collection des portraits de Marie Stuart appartenant au prince Alexandre Labanoff, précédé d'un résumé chronologique. *St-Pétersbourg*, 1860. Grand in-8°, port.

François Ier chez Mme de Boisy. Notice d'un recueil de crayons ou portraits aux crayons de couleur enrichi par le roi François Ier de vers et de devises inédites appartenant à la Bibliothèque Méjanes d'Aix, par M. Rouard. *Paris, Aubry*, 1863. In-4°, fig.

Description d'anciens dessins inédits de peintres, sculpteurs et architectes lorrains par P. Morey... *Nancy, imp. A. Lepage*, 1866. In-8°.

Descriptive catalogue of the drawings by the old masters, forming the collection of John Malcolm of Poltalloch, esq., by J. C. Robinson. *London, Wittingham and Wilkins*, 1869. Petit in-4°.

The Lenoir collection of original French Portraits at Stafford House. Auto-lithographed by lord Ronald Gower. *M. d. London*, 1874. In-folio, fig.

Les portraits de Mérimée. Notice par Maurice Tourneux. *Paris, J. Charavay*, 1875. In-8°. Extrait de *Amateur d'autographes*.

La collection Albertine à Vienne, son histoire, sa composition, par M. Moriz Thausing. *Paris, imp. Claye*, 1870. In-4°, fig. Extrait de la *Gazette des Beaux-Arts*.

Prosper Mérimée, ses portraits, ses dessins, sa bibliothèque. Etude par Maurice Tourneux. *Paris, Charavay*, 1879. In-12

1827-1879. Victor Hugo, ses portraits et ses charges catalogués par Aglaüs Bouvenne. *Paris, J. Bauer*, 1879. In-12, port.

Jean Theurel. 1699-1807. Les portraits d'un fusilier centenaire. XXV août MDCCCLXXXI(parJ.DeLaville-Leroux.) *Tours, Typ. Rouillé-Ladevèze*. In-8°, port.

Les portraits du duc de La Rochefoucauld, auteur des maximes. Notice et catalogue par le marquis de Granges de Surgères. *Paris. Morgand et Fatout*. 1882. In-8°, fig.

Iconographie de la reine Marie-Antoinette. Catalogue de la collection de portraits... formée par Lord Ronald Gower. *Paris, A. Quantin*, 1883. Grand in-4°, fig.

Institut de France. Deux portraits de Molière par M. Emile Perrin, membre de l'académie des Beaux-Arts. Lu dans la séance publique annuelle des cinq académies. *Paris, F. Didot*, 1883. In-4°.

Les portraits aux crayons des XVIe et XVIIe siècles conservés à la Bibliothèque nationale (1525-1646). Notice, catalogue et appendice par Henri Bouchot, *Paris, H. Oudin*, 1884. Grand in-8°, fig.

Notizia d'opere di disegno pubblicata ed illustrata da D. Jacopo Morelli. Seconda edizione riveduta ed aumentata per cura di Gustavo Frizzoni. *Bologna, N. Zanichelli*, 1884. In-8°.

Les portraits gravés de Richelieu... par le marquis de Granges de Surgères. *Nantes*, 1889. In-8°.

Les femmes de Brantôme par Henri Bouchot. *Paris, Maison Quantin*, 1890. In-4°, fig., portr.

Paul Leprieur. Le portrait en France aux XIIIe, XIVe et XVe siècles. *Paris, aux bureaux de l'artiste*, 1891. Grand in-8°.

RESTAURATION DES TABLEAUX.

Observations de Picault, artiste restaurateur de tableaux, à ses concitoyens sur les tableaux de la République. *(Paris)*, 1793. In–8°.

Un mot au citoyen Picault, sur son mémoire relatif à la restauration des tableaux du muséum ; par le citoyen Hacquin, restaurateur de tableaux. *S. l. ni d.* In-8°.

Rapport sur la restauration du tableau de Raphël, connu sous le nom de la Vierge de Foligno... par les citoyens Guyton, Vincent, Taunay et Berthollet. *Paris, Baudoin,* Pluviôse an X. In-4°.

Physiologie du commerce des arts, suivie d'un traité sur la restauration des tableaux, par Ch. Roehn, *Paris, Lagny,* 1841. In-18.

De la restauration des tableaux, par A. Terral (d'Amiens)... *Paris,* 1860. In-8°.

Restauration des tableaux du Louvre. Réponse à un article de M. Frédéric Villot par Emile Galichon. *Paris,* 1860. Grand in-8°.

Nouvelles observations sur la restauration des tableaux du Louvre. Réponse à M. Ferdinand de Lasteyrie par Emile Galichon. *Paris, imp. J. Claye,* 1860. Grand in-8°. Extrait de la *Gazette des Beaux. Arts.*

PERSPECTIVE. — GÉOMÉTRIE.

Exemple de l'une des manières universelles du sieur G. D. L. (Gérard Desargues, Lyonnais) touchant la pratique de la perspective sans employer aucun tiers point de distance ny d'autre nature qui soit hors du champ de l'ouvrage. *Paris, Bidault,* Mai 1636. Petit in-fol.

La manière universelle de M. Desargues, Lyonnais, pour poser l'essieu et placer les heures et autres choses aux cadrans du soleil, par A. Bosse... *Paris, P. Deshayes,* 1643. In-8°, fig.

La Pratique du trait à preuves de M. Desargues, lyonnais, pour la coupe des pierres en l'architecture, par A. Bosse... *Paris, imp. Pierre des Hayes,* 1643. In-8°, fig.

Traité des pratiques géométrales et perspectives enseignées dans l'Académie royale de la peinture et sculpture par A. Bosse... *Paris, chez l'auteur,* 1645. In-8°, fig.

Manière universelle de M. Desargues, pour pratiquer la perspective par petit pied, comme le géométral.... par A. Bosse, graveur en taille douce... *Paris, imp. P. Deshayes,* 1647. In-8°, fig.

Traité de la proportion naturelle et artificielle des choses par Jean Pol Lomazzo ... traduit de l'italien en françois par Hilaire Pader, Tolosain... *A Tolose, A. Colomiez,* 1649. In-fol., fig.

Moyen universel de pratiquer la perspective sur les tableaux ou surfaces irrégulières, ensemble quelques particularités concernant cet art et celuy de la graveure en taille douce par A. Bosse. *Paris, Bosse,* 1653. In-8°, fig.

Lettres écrites au sieur Bosse, graveur, avec ses réponses sur quelques nouveaux traittez concernans la perspective et la peinture. (*Paris,* 1668.) In-8°.

Optique de portraiture et peinture en deux parties... par Grégoire Huret... *Paris, chez l'auteur,* 1674. In-fol., fig.

Essai sur la perspective pratique par le moyen du calcul, par Cl. Roy, graveur en taille douce sur tous métaux. *Paris, Ch.-A. Jombert,* 1756. In-8°.

De artificiali perspectiva, Viator. *Paris, Tross,* 1860. In-fol., fig.

Théorie pratique de la perspective. Etude à l'usage des artistes-peintres par V. Pellegrin. *Paris,* 1870. In-12.

Intorno a un opuscolo rarissimo della fine del secolo XV intitolato : Antiquarie prospettiche romane, composte per prospettivo milanese dipintore. Ricerche del prof. Gilberto Govi. *Roma,* 1876. In-4°.

SCULPTURE.

Représentation de diverses figures humaines avec leurs mesures prises sur des antiques qui sont de présent à Rome. recueillies et mises en lumière par A. Bosse. *Paris*, 1656. In-32, fig.

Reflexions sur la sculpture lues à l'Académie royale de peinture et de sculpture le 7 juin 1760, par Etienne Falconet. *Amsterdam* et *Paris*, *Prault*, 1761. In-12.

Lettre sur la sculpture à Monsieur Théod. de Smelh, ancien président des Echevins de la ville d'Amsterdam. *Amsterdam*, *MM. Rey*, 1769. In-4°, fig.

Réflexions sur les concours en général et sur celui de la statue de J. J. Rousseau en particulier, par Houdon, sculpteur du Roi... *S. l. ni d.* In-8°.

Lettre sur la sculpture destinée à orner les temples consacrés au culte catholique et particulièrement sur les tombeaux, adressée au général Bonaparte... par Deseine, statuaire... *S. l. ni d.* (*Paris*, Floréal, an X.) In-8°.

Note critique sur les sculpteurs grecs qui ont porté le nom de Cléomènes, par le citoyen Visconti. (*Paris*), *imp. Panckoucke. S. d.* In-8°.

Fragmens d'un mémoire inédit sur cette question proposée en l'an VI par l'Institut : Quelles ont été les causes de l'excellence de la sculpture antique et quels seroient les moyens d'y parvenir... par L. J. Leclerc-Dupuy. *Paris*, *imp. Huzard*, 1815. In-8°.

Quelques remarques sur un ouvrage de M. le comte Cicognara intitulé : Storia della scultura.... ou Essai historique sur la sculpture française, par M. Emeric-David... *S. l. ni d.* (*Paris*, 1819). In-8°. Extrait de la *Revue encyclopédique*.

Entretiens de Napoléon avec Canova en 1810. *Paris*, *A. Boucher*, 1824. In-8°.

Histoire de la sculpture et des arts plastiques en France par Félix Bourquelot. In-8°. Défait de *Patria*.

Histoire de la sculpture française par T. B. Emeric-David... accompagnée de notes et observations par M. J. Duseigneur... *Paris*, *Charpentier.* In-12.

Notice historique et descriptive sur une Adoration des Bergers, sculpture du XVIIe siècle, transportée de l'Eglise conventuelle des Carmélites de Pont-à-Mousson, en la cathédrale de Toul, par M. l'abbé Guillaume. *Nancy*, *Vagner*, 1852. In-8°.

Archéologie lorraine. Une sculpture du XVIIe siècle par M. l'abbé Guillaume. *Nancy*, *Lepage*, 1852. In-8°.

Histoire de la sculpture française par T. B. Emeric-David. *Paris*, *Charpentier*, 1853. In-12.

Rapport sur une coupe en bois sculptée, exécutée par M. Lagnier, soumise à l'appréciation de l'Académie par M. Brochon. (*Bordeaux*, 14 décembre 1856.) In-8°. Extrait des *Actes de l'Académie impériale des sciences, belles-lettres et arts de Bordeaux.*

Des dalles et cuivres tumulaires. [Signé: James Weale]. (*Gand*, 1858). In-8°. Extrait du *Compte-rendu du congrès artistique et archéologique de Gand.*

Histoire de l'art par les monumens. La statuaire au XIIIe siècle.[Signé : Didron]. Défaits de la *Revue de Paris.*

Etude historique sur la statuaire au moyen-âge..., par M. le baron Chaubry de Troncenord... Deuxième partie. Sculpteurs champenois. *Châlons-sur-Marne*, *H. Laurent*, 1863. In-8°.

Histoire de la sculpture avant Phidias, par M. Beulé. *Paris*, 1864. Extrait de la *Gazette des Beaux-Arts.*

Esquisse d'une méthode applicable à l'art de la sculpture par A. Ottin, statuaire. *Paris*, *imp. Dubuisson*, 1864. In-8°. Extrait de la *Presse scientifique des deux mondes.*

Institut impérial de France. Considérations sur les principes et l'histoire du bas-relief, par M. Guillaume, de l'Académie des beaux-arts. *Paris*, *Typ. Didot*, 1856. In-4°.

La sculpture en bronze. Conférence faite à l'Union centrale des Beaux-Arts appliqués à l'industrie le 29 avril 1868, par M. Eugène Guillaume. *Paris*, *Morel*, 1868. In-8.

Les sculpteurs italiens par Charles C. Perkins. Edition française, revue, augmentée... Ouvrage traduit de l'anglais par Ch. Ph. Haussoullier. *Paris*, *Ve J. Renouard*, 1869. 2 vol. in-8°.

Les sculpteurs italiens par Charles C. Perkins... *Paris*, *Ve J. Renouard*, 1869. In-4°. Album.

Du moulage en plâtre chez les anciens, par Charles C. Perkins. *Paris, Typ. Hennuyer*, 1869. In-8°. Extrait des *Sculpteurs italiens*.

Dissertation sur l'abandon de la glyptique en occident au moyen-âge et sur l'époque de la renaissance de cet art, par Jules Labarte. *Paris, Ve A. Morel*, 1871. In-4°, fig.

Mémoire sur la sculpture aux Pays-Bas pendant les XVIIe et XVIIIe siècles, précédé d'un résumé historique, par le chevalier Edmond Marchal... *Bruxelles, F. Hayez*, 1877. In-4°. Extrait du tome XLI des *Mémoires couronnés et mémoires des savants étrangers publiés par l'Académie de Belgique*, 1877.

La sculpture en Europe. 1878. Précédé d'une conférence sur le génie de l'art plastique, par M. Henry Jouin. *Paris, E. Plon*, 1879. In-8°.

Des statues équestres aux façades de certaines églises romanes, par Émile Biais. *Angoulême, F. Goumard*, 1880. In-4°, fig. Extrait du *Bulletin de la Société archéologique et historique de la Charente*.

Une œuvre inédite de Jean Bullant ou de son école, par Louis Courajod. *Paris, H. Champion*, 1880. In-8°, fig. Extrait du journal *l'Art*.

Acquisition du musée de la sculpture moderne au Louvre en 1880, par Louis Courajod. *Paris, Rapilly*, 1881. Grand in-8°. Extrait de la *Gazette des Beaux-Arts*.

Les collections de sculptures du cardinal de Richelieu, par M. de Boislisle. *Paris*, 1882. In-8°. Extrait des *Mémoires de la Société nationale des antiquaires de France*.

Louis Courajod. Une sculpture en bois peinte et dorée de la première moitié du XIIe siècle. *Paris, A. Lévy*, 1884. In-4°, fig. Extrait de la *Gazette archéologique*.

R. de Lasteyrie. Vierge en bois sculpté provenant de Saint Martin des Champs.

(XIIe siècle). *Paris, A. Lévy*, 1884. Grand in-4°, fig. Extrait de la *Gazette archéologique*.

Les sculpteurs de Lyon du quatorzième au dix-huitième siècle, par M. Natalis Rondot. *Lyon et Paris*, 1884. Grand in-8°. Extrait de la *Revue Lyonnaise*.

La part de l'art italien dans quelques monuments de sculpture de la première Renaissance française par Louis Courajod. *Paris, H. Champion*, 1885. Grand in-8°, fig. Extrait de la *Gazette des Beaux-Arts*.

La part de l'art italien dans quelques monuments de sculpture de la première renaissance italienne, par Louis Courajod. *Paris, H. Champion*, 1885. Grand in-8°, fig. Extrait de la *Gazette des Beaux-Arts*.

Le tombeau de Michel de Marolles, autrefois dans l'église Saint-Sulpice aujourd'hui au musée du Louvre, par Louis Courajod. *Paris*, 1885. In-8°, fig. Extrait des *Procès-verbaux de la société nationale des antiquaires de France*.

Esthétique du sculpteur par M. Henry Jouin. *Paris, H. Laurens*, 1888. In-8°.

La sculpture française avant la Renaissance classique, leçon d'ouverture du cours de l' « Histoire de la sculpture française » professée à l'école du Louvre, le 17 décembre 1889, par Louis Courajod. *Coulommiers, imp. Brodard et Gallois*, 1890. In-4°, fig.

Musée de sculpture comparée (moulages). Palais du Trocadéro. Catalogue raisonné publié sous les auspices de la commission des monuments historiques, par Louis Courajod et P. Frantz-Marcou. XIVe et XVe siècles. *Paris, Imp. nationale*, 1892. Grand in-8°, fig.

Collection Auguste Dutuit. Bronzes antiques, or et argent, ivoires.... (par M. Frœhner.) *Paris*, 1897. In-8°, phot.

Lettres inédites de Diderot au statuaire Falconet [publiées par Charles Cournault]. *S. l. n. d.* In-8°.

GRAVURE EN MÉDAILLES. — NUMISMATIQUE.

La gravure en médailles en France. [Signé : F. Mercey]. In-8°. Défait de la *Revue des Deux Mondes*, 1er mai 1852.

Graveurs généraux et particuliers des monnaies de France. — Contrôleurs généraux des effigies. — Noms de quelques graveurs en médailles de la Renais-

sance française, par M. Albert Barre... *Paris, Pillet*, 1867. In-4°, portr. Extrait de l'*Annuaire de la Société française de numismatique et d'archéologie*.

Notes et documents sur les graveurs de monnaies et médailles et la fabrication des monnaies des ducs de Lorraine depuis la fin du XV⁰ siècle, par Henri Lepage. *Nancy, L. Wiener*, 1875. In-8⁰. Extrait des *Mémoires de la Société d'archéologie lorraine*.

The metallic history of the united States of America, 1776-1876, by J.-F. Loubat... by 170 etchings by Jules Jacquemart. *New-York, published by the author*, 1878. 2 vol. gr. in-4⁰, fig.

Les Médailleurs italiens des XV⁰ et XVI⁰ siècles..., par Alfred Armand. *Paris, Plon*, 1879. In-8⁰.

Compte-rendu du livre de M. A. Armand sur les médailleurs italiens des XV⁰ et XVI⁰ siècles, par Benjamin Fillon. *Paris, imp. Quantin*, 1879. In-8⁰, fig. Extrait de la *Gazette des Beaux-Arts*.

Catalogue des Jetons français de la Bibliothèque nationale, par Henri de la Tour. — Introduction au premier volume. — Rois et Reines. *Paris, Rollin et Feuardent, s. d.* In-8⁰.

Les Médailleurs de la Renaissance, par M. Aloïss Heiss. (Compte-rendu signé: P. Charles Robert). *Janvier* 1882. In-8⁰. Extrait de la *Revue archéologique*.

Les médailleurs italiens des XV⁰ et XVI⁰ siècles, par Alfred Armand, 2⁰ édition. *Paris, Plon*, 1883-1887. 3 vol. in-8⁰.

L'Atelier monétaire de Rome. — Documents inédits sur les graveurs de monnaies et de sceaux et sur les médailleurs de la cour pontificale depuis Innocent VIII jusqu'à Paul III, par M. Eugène Müntz. *Paris, imp. Rougis*, 1884. In-8⁰, fig. Extrait de la *Revue numismatique*.

Les bronzes de la Renaissance. — Les plaquettes, catalogue raisonné précédé d'une introduction, par Emile Molinier. *Paris, J. Rouam*, 1886. 2 vol. in-8⁰, fig.

Inventaire sommaire des monnaies mérovingiennes de la collection d'Amécourt, acquises par la Bibliothèque nationale, rédigé par Maurice Prou. *Paris, Rollin et Feuardent*, 1890. In-8⁰.

Les Gaulois et les Germains sur les monnaies romaines, par M. J.-Adrien Blanchet. *Bruxelles, imp. Goemaere*, 1891. In-8⁰.

J. Adrien Blanchet. Monnaies inédites ou peu connues de la Chersonèse Taurique et de la Mœsie. *Paris, Rollin et Feuardent*, 1892. In-8⁰. Extrait de la *Revue numismatqiue*.

LITHOGRAPHIE.

Procédé actuel de la lithographie mise à la portée de l'artiste et de l'amateur..., par D***. *Paris, Delaunay*, 1818. In-8⁰.

Notice sur la lithographie ou l'art d'imprimer sur pierre, par M... (Mairet). *Dijon, Mairet*, 1818. In-12.

Memoria sulla Litografia di C. Ridolfi e F. Tartini. *Firenze, G. Ricci*, 1819. In-8⁰.

L'art de la lithographie ou instruction pratique contenant la description claire et succincte des différens procédés à suivre pour dessiner, graver et imprimer sur pierre, précédée d'une histoire de la lithographie et de ses divers progrès, par M. Aloys Senefelder... *Munich*, 1819. In-8⁰.

Essai historique sur la lithographie, renfermant : 1⁰ L'histoire de cette découverte ; 2⁰ Une notice bibliographique des ouvrages qui ont paru sur la lithographie ; et 3⁰ une notice chronologique

des différens genres de gravures qui ont plus ou moins de rapport avec la lithographie, par G. P. (Gabriel Peignot.) *Paris, A.-A. Renouard*, 1819. In-8⁰.

Institut royal de France. — Académie des Beaux-Arts. — Rapport sur la lithographie et particulièrement sur un recueil de dessins lithographiés par M. Engelmann. [Signé : Quatremère de Quincy.] (*Paris*), *s. d.* In-4⁰.

L'Imprimeur lithographe. — Nouveau manuel à l'usage des élèves, par Auguste Bry... *Paris, chez l'auteur*, 1835. In-8⁰, fig.

Traité du coloris des lithographies, gravures, etc., par Meilhac. *Paris, A. Robin*, 1836. In-12, fig.

Jules Hédou. La lithographie à Rouen. *Rouen, Augé*, 1877. In-8⁰, portr.

Some masters of lithography, by Atherton Curtis. *New-York, D. Appleton*, 1897. In-4⁰, fig.

PHOTOGRAPHIE.

Nouveaux renseignements sur l'usage du Daguerréotype, par Charles Chevalier... *Paris, chez l'auteur*, 1846. In-8°.

De l'influence de la photographie sur l'avenir des arts du dessin, par Pierre Caloine, architecte. *Lille, Lefebvre-Ducrocq*, mars 1854. In-8°. Extrait de la *Revue du Nord*.

La photographie au Palais des Beaux-Arts, par M. Ph. Burty. *Paris, imp. J. Claye*, 1859. Gr. in-8°. Extrait de la *Gazette des Beaux-Arts*.

Manuel bibliographique du photographe français..., par E. B. de L. (Emile Bellier de la Chavignerie), *Paris, A. Aubry*, 1862. In-12.

Ministère de l'instruction publique. Direction des sciences et lettres. Service de la photographie. Rapport de M. le baron de Watteville et pièces à l'appui. *Paris, imp. nationale*, 1877. In-4°.

Catalogue général des photographies inaltérables au charbon, faites d'après les originaux..., par Ad. Braun et Cᵉ. *Paris*, 1880. In 8°, fig.

IMPRIMERIE. — LIBRAIRIE. — RELIURE.

Almanach de la librairie.... *Paris, Moutard*, 1778. In-18.

Notice d'un livre imprimé à Bamberg en 1462, lue à l'Institut national par Camus. *Paris, Baudouin*, an VII. In-4°, fig.

Débuts de l'imprimerie à Strasbourg ou Recherches sur les travaux mystérieux de Gutenberg dans cette ville et sur le procès qui lui fut intenté en 1439 à cette occasion, par Léon de Laborde. *Paris, Techener*, 1840. Gr. in-8°.

—— Débuts de l'imprimerie à Mayence et à Bamberg ou description des lettres d'indulgence du pape Nicolas V, pro Regno Cypri, imprimées en 1454, par Léon de Laborde. *Paris, Techener*, 1840. Gr. in-8°, fig.

De l'origine et des débuts de l'imprimerie en Europe, par Aug. Bernard. *Paris, imp. impériale*, 1853. 2 vol. in-8°.

Recherches sur les commencements et les progrès de l'imprimerie dans le duché de Lorraine et dans les villes épiscopales de Toul et de Verdun (par M. Beaupré), *s. l. n. d.* In-12.

Essai sur la Typographie par M. Ambroise Firmin-Didot. *Paris, Didot*, 1855. In-8°. Extrait de l'*Encyclopédie moderne.*

L'appareil polygraphique ou les différentes branches artistiques de l'imprimerie impériale royale de Vienne, par Aloyse Auer. *Vienne, imp. impériale royale*, 1855. In-8°.

Essai historique et critique sur l'invention de l'imprimerie, par Ch. Pacile, biblio-

thécaire et archiviste de la ville de Lille. *Paris, Techener*, 1859. In-8°.

Manuel du libraire et de l'amateur de livres... par J.-Ch. Brunet. *Paris, Didot*, 1860-1865. 6 vol. in-8°.

Histoire de la bibliophilie. Reliures. Recherches sur les bibliothèques des plus célèbres amateurs. Armorial des bibliophiles, publiée par J. Techener père et Léon Techener fils... *Paris*, 1861. 10 livraisons in-f°, fig., par J. Jacquemart.

Catalogue de la bibliothèque de M. N. Yemeniz... précédé d'une notice par M. Le Roux de Lincy. *Paris*, 9 mai, 1867. In-8°.

Aldo Manuzio. Lettres et documents. 1495-1515. Armand Baschet collexit et adnotavit sumptibus Antonii Antonelli. *Venetiis*, 1867. In-8°.

Histoire de l'imprimerie royale du Louvre, par Auguste Bernard. *Paris, imprimerie Impériale*, 1867. In-8°.

Alde Manuce et l'Hellénisme à Venise, par Ambroise - Firmin Didot. *Paris, Didot*, 1875. In-8°, fig.

Les Origines de l'Imprimerie et son introduction en Angleterre, par A. Quantin, d'après les récentes publications anglaises. *Paris, imp. A. Quantin*, 1877. In-4°.

Essai sur la décoration extérieure des livres par MM. Marius Michel, relieurs-doreurs. *Paris, D. Morgand*, 1878. In-8°, fig.

La reliure française depuis l'invention de l'imprimerie jusqu'à la fin du XVIIIᵉ siècle, par MM. Marius Michel. *Paris, D. Morgand et C. Fatout*, 1880. In-4°, fig. Exemplaire sur papier du Japon.

Antiquités typographiques de la France. Origines de l'imprimerie à Albi en Languedoc (1480-1484). Les pérégrinations de J. Neumeister......, par A. Claudin. *Paris, Claudin*, 1880. In-8°, fig.

La reliure française commerciale et industrielle depuis l'invention de l'imprimerie jusqu'à nos jours, par MM. Marius Michel. *Paris, D. Morgand et C. Fatout*, 1881. In-4°, fig.

Un nouveau document sur Gutenberg [Signé : A. Claudin]. *Paris, typ. Quantin* (1883). Gr. in-8°. Extrait du « *Livre.* »

Imprimerie et reliure, par M. Germain Bapst. *Paris, A. Quantin* (1883). In-4°, fig.

Cercle de la librairie. Catalogue des livres de la bibliothèque technique par ordre de matières suivi d'une table alphabétique par noms d'auteurs. *Paris, imp. Dumoulin*, mars 1887. In-4°.

A collection of the emblem books of Andrea Alciati jurisconsult. In the library of George Edward Sears. *New-York*, 1888. In-8°.

Les reliures d'art à la bibliothèque nationale, par Henri Bouchot. *Paris, E. Rouveyre*, 1888. In-8°, phot.

Bibliothèque technique du Cercle de la librairie. Inventaire des marques d'imprimeurs et de libraires. *Paris, imp. Dumoulin*, 1886-1888. 3 fascicules in-4°.

Etude sur le libraire parisien du XIIIᵉ au XVᵉ siècle, d'après les documents publiés dans le cartulaire de l'Université de Paris, par Paul Delalain. *Paris, typ. Delalain frères*, 1891. In-8°.

Inventaire des marques d'imprimeurs et de libraires de la collection du Cercle de la librairie, par M. P. Delalain. *Paris, au Cercle de la librairie*, avril 1892. Gr. in-8°.

L'Arte della stampa nel rinascimento italiano. Venezia. *Venezia, Ferd. Ongania*, 1894. 2 vol. in-8°, fig.

Les bibles de Gutenberg, d'après les recherches de Karl Dziatzko. Sig. Léopold Delisle. *Paris.* In-4°, phot. Extrait du *Journal des Savants*, juillet 1894.

Smithsonian institution. United States national museum. — Japanese Wood-Cutting and Wood-Cut printing, by Mr T. Tokuno. *Washington. government printing office*, 1894. In-8°, fig.

Société internationale chalcographique, 1897. — Alphabets gothiques publiés par Jaro Springer. *Paris, Schleicher frères.* In-4°, fig.

Histoire de l'imprimerie en France au XVᵉ et au XVIᵉ siècle, par A. Claudin, tome premier. *Paris, imprimerie nationale*, 1900. In-f°, fig.

IMAGERIE. — CARICATURE.

Histoire de la caricature moderne, par Champfleury. *Paris, Dentu*, 1865. In-8°, fig.

Histoire de la caricature et du grotesque dans la littérature et dans l'art, par Thomas Wright...., traduite.... par Octave Sachot. *Paris, Revue Britannique*, 1867. In-8°, fig.

Histoire de l'imagerie populaire, par Champfleury, *Paris, E. Dentu*, 1869. In-12, fig.

Histoire de la caricature au moyen-âge, par Champfleury, *Paris, Dentu*, 1872. Petit in-8°, fig.

Histoire de la caricature sous la république, l'empire et la restauration, par Champfleury. *Paris, Dentu*, 1874. Pet. in-8°, fig.

La musique dans l'ymagerie du moyen-âge, par H. Lavoix, fils. *Paris, Pottier de Lalaine*, 1875. In-8°, fig.

ART INDUSTRIEL.

Secrets pour teindre la fleur d'immortelle en diverses couleurs avec la manière de la cultiver..., par F. L. D. T. R. *A Paris, chez Charles de Serey*, MDCLXXXX. In-12.

Traité de plusieurs beaux secrets. Très utile pour les artistes et curieux..., par le Sʳ François Tiquet, maître peintre de la Communauté et Académie de St-Luc à Paris, et peintre en mignature de la Reine de France. *A La Haye, chez Isaac Beauregard*, 1747. In-4°.

Le dessinateur pour les fabriques d'étoffes d'or, d'argent et de soie, avec la traduction de six tables raisonnées tirées de l'Abecedario Pittorico, imprimé à Naples en 1733, par M. Joubert de l'Hiberderie. *Paris, Vᵉ Duchesne*, 1774. In-8°, fig.

Rapport fait à la Société d'encouragement de l'industrie nationale à Paris, par T. C. Brunn-Neergaard. (*Paris*, 1811). In-8°. Extr. du *Moniteur, N° 156*, an 1811.

Rapport sur l'application des Arts à l'Industrie, fait à la Commission française du Jury international de l'exposition universelle de Londres, par le Cᵗᵉ de Laborde... *Paris, Imp. Impériale*, 1856. In-8°.

De l'Influence des Beaux-Arts sur l'industrie Lyonnaise. Discours de réception prononcé à l'Académie des sciences.... du 24 juin 1856, par M. Saint-Jean... *Lyon, imp. A. Vingtrinier*, 1856. In-8°.

De l'Union des Arts et de l'Industrie, par M. Beulé. *Paris, s. d.* In-8°. Extr. du *Journal général de l'Instruction publique et des Cultes.*

De l'Union des Arts et de l'Industrie, 2 vol. in-8°, par M. de Laborde [compterendu signé : Beulé]. *S. l. ni d.* (*Paris*). In-8°. Extr. du *Journal général de l'Instruction publique et des Cultes.*

Les Arts et l'Industrie à propos de l'ouvrage de M. le Comte de Laborde, par Ch. Lenormant. *Paris, Ch. Douniol*, 1857. In-8°. Extr. du *Correspondant.*

Institut Impérial de France. Académie des Beaux-Arts. Rapport sur l'ouvrage de M. le Comte de Laborde, intitulé : De l'Union des Arts et de l'Industrie... *Paris, Didot*, 1858. In-4°.

Les Arts industriels du Moyen-âge et de la Renaissance, par Alfred Darcel. *Paris, Didron*, 1858. In-8°. Extr. de la *Revue française.*

Union centrale des Beaux-arts appliquée à l'industrie. Exposition de 1865. Palais de l'Industrie. Musée Rétrospectif. Salle Polonaise. *Paris, Librairie Centrale*, Gr. in-8°.

Idée générale d'un enseignement élémentaire des Beaux-arts, appliqués à l'industrie. Conférence faite à l'Union centrale des Beaux-arts appliqués à l'industrie..., par M. Eugène Guillaume... *Paris, Union Centrale*, 1866. In-8°.

Chefs-d'œuvre des Arts Industriels, par Philippe Burty. Céramique. Verrerie et vitraux. Emaux. Métaux. Orfèvrerie et bijouterie. Tapisserie. *Paris, P. Ducrocq* (1867). Gr. in-8°, fig.

Germain Bapst. Deux éventails du musée du Louvre. *Paris, Morgand et Fatout*, 1882. In-8°, fig.

Union Centrale des Arts décoratifs. Le papier... Rapport du Jury des Industries du papier. M. Alfred Firmin Didot, secrétaire rapporteur. *Paris, Didot*, 1883. Gr. in-8°.

Le papier peint par M. Rioux de Maillou. *Paris, A. Quantin* (1883). In-4°, fig.

Histoire du tissu ancien, par Gaston Le Breton. *Paris, A. Quantin* (1883). In-4°, fig.

Publication de l'Union centrale des Arts décoratifs. Les arts du bois, des tissus et du papier. *Paris, A. Quantin*, 1883. In-4°, fig.

VITRAIL. — MOSAÏQUE.

Liste générale de tous les maistres vitriers, peintres sur verre de la ville, fauxbourgs et banlieue de Paris, 1716. *Imp. Ch. Chenault.* In-8°.

Essai sur la peinture en mosaïque, par M. Le V. (Viel)... *Paris. Vente*, 1768. In-12.

Mémoire sur la peinture sur verre et sur quelques vitraux remarquables des églises de Rouen... par E. H. Langlois... *Rouen, F. Baudry*, 1823. In-8°, fig.

Mémoire sur la peinture sur verre, par M. Alexandre Brongniart... *Paris, imp. Sellique*, 1829. In-8°.

Liste des peintres-verriers de la Cathédrale de Rouen, dressée d'après les comptes manuscrits de la fabrique à partir de l'année 1384, jusqu'au commencement du XVIIIᵉ siècle et notes sur leurs travaux, par A. Deville... *Rouen, F. Baudry*, 1831. In-8°.

Essai historique et descriptif sur la peinture sur verre, ancienne et moderne et sur les vitraux les plus remarquables de quelques monuments français et étrangers, suivi de la biographie des plus célèbres peintres-verriers, par E. H. Langlois... *Rouen, E. Frère*, 1832. In-8°, fig.

De la peinture sur verre ou Notice historique sur cet art dans ses rapports avec la vitrification, par E. Thibaud. *Clermont, imp. Thibaut-Landriot*, décembre 1835. In-8°, fig.

Considérations historiques et critiques sur les vitraux anciens et modernes et sur la peinture sur verre, par Emile Thibaud... *Clermont-Ferrand et Paris*, 1842. In-8°.

Notice sur des vitraux remarquables du cabinet de M. Vergnaud-Romagnesi, à Orléans, provenant jadis du Château de Chenonceau, de la chapelle Saint-Jacques d'Orléans et autres lieux, par M. C. F. Vergnaud-Romagnési... *S. l. ni d. (Orléans)*. In-8°.

Verrières peintes de la nouvelle église d'Ecommoy. Notice historique et descriptive, par M. l'abbé Lottin. *Le Mans, imp. Monnoyer*, 1843. In-8°.

Notice sur la peinture sur verre ancienne, la fabrication des couleurs et la construction du four, par J. Joseph Meunier. *Paris, Rousseau*, 1843. In-8°.

Peinture sur verre au XIX° siècle. Les secrets de cet art sont-ils retrouvés ? Quelques réflexions sur ce sujet adressées aux savants et aux artistes, par G. Bontemps. *Paris, imp. Ducessois*, 1845. In-8°.

Les Gentilshommes verriers ou recherches sur l'Industrie et les privilèges des verriers dans l'ancienne Lorraine aux XV°, XVI° et XVII° siècles, par M. Beaupré... 2° édition, *Nancy, Hinzelin*, 1846. In-8°.

Histoire de la peinture sur verre en Limousin, par l'abbé Texier. *Paris, Didron*, 1847. In-8°.

Aperçu historique sur l'origine et l'emploi des vitraux peints dans les églises, [signé : l'abbé Jouve]. Défait.

Description des vitraux des deux grandes rosaces de la cathédrale de Beauvais (XVI° siècle), par M. l'abbé Barraud... *Beauvais, imp. A. Desjardins*, 1850. In-8°.

Origine de la peinture sur verre (système inconnu de vitraux romans), par l'abbé Texier. *Paris, V. Didron*, 1850. In-4°, fig.

Atelier de verriers à la Ferté-Bernard, à la fin du quinzième siècle et au seizième, par L. Charles. *Le Mans, Galienne*, 1851. In-8°.

Quelques mots sur la théorie de la peinture sur verre, par Ferdinand de Lasteyrie. *Paris, Didron*, 1852. In-12.

Monogramme d'un peintre-verrier du XV° siècle et description du vitrail de la Sainte Vierge, de l'église de Cravan (Yonne), par M. Emile Amé... *Paris, V. Didron*, 1854. In-4°, fig.

Recherches sur les anciens vitraux incolores du département de l'Yonne, par M. Emile Amé. *Paris, V. Didron*, 1854. In-4°. fig.

De l'étude des plus anciens vitraux peints, par E. Hucher... *Paris, Didron*, 1855. In-8°.

Notice sur les vitraux de l'abbaye de Rathhausen (canton de Lucerne), par Ferdinand de Lasteyrie. *Paris, typ. Lahure*, 1856. In-8°. Extr. des *Mémoires de la Société Impériale des Antiquaires de France*.

De la peinture sur verre. Que doit-elle être au XIX° siècle ? par M. E. Lami de Nozan. *(Toulouse)*. *S. d.* In-4°. Défait.

Recherches sur les peintres-verriers Champenois, par M. Chaubry, B°° de Troncenord. *Châlons, Laurent*, 1857. In-8°.

De la conservation et de la restauration des anciens vitraux, par M. Charles. *Paris, Derache*, 1858. In-8°. Extrait du *Bulletin monumental*.

Projet iconographique et symbolique en style du XIII° siècle, pour la décoration des verrières absidales, dites de la légion d'honneur, dans l'église paroissiale de Longué [signé : X. Barbier de Montault]. *S. l. ni d. (Angers*, 1858). In-8°. Extr. des *Mémoires de la Société Impériale d'Agriculture, Sciences et Arts d'Angers*.

Des verrières peintes et de quelques amateurs qui en devisent, par M. l'abbé Auber... *Paris, Derache*, 1858. In-8° Extr. du *Bulletin monumental*.

Peintres-verriers de Troyes, par M. l'abbé Coffinet... *Paris, V. Didron*, 1858. In-4°. Extr. des *Annales Archéologiques*.

La peinture sur verre au XVI° siècle et à notre époque. Recherches sur les anciens procédés, par L. Charles. (*Le Mans*, décembre 1860). Extr. du *Bulletin de la Société d'Agriculture, Sciences et Arts de la Sarthe*.

Vitraux peints et incolores des églises de la Flandre maritime, par E. de Coussemaker. *Lille, imp. Lefebvre-Ducrocq*, 1860. In-8°. Extr. des *Annales du Comité flamand de France*.

La peinture sur verre au dix-neuvième siècle, par Ferdinand de Lasteyrie. *Paris, imp. J. Claye*, 1861. In-4°, fig. Extr. de la *Gazette des Beaux-arts*.

Encore quelques mots sur Henri IV à Troyes, par M. A. Babeau. *Troyes, imp. Dufour-Bouquet*, 1882. In-8°, fig. (Vitraux à Troyes). Extr. de l'*Annuaire de l'Aube*.

Notes sur les mosaïques chrétiennes de
l'Italie, IV. L'Oratoire du pape Jean VII,
(par Eug. Müntz). *Paris, Didier,* 1877.
In-8°, fig. Extr. de la *Revue Archéologique.*

Notes sur les mosaïques chrétiennes de
l'Italie. VI. des éléments antiques dans
les mosaïques romaines du moyen-âge,
par Eugène Müntz. *Paris, Didier,* 1882.

In-8°, fig. Extr. de la *Revue Archéologique.*

Notes sur les mosaïques chrétiennes de
l'Italie, par M. Eugène Müntz. VII.
Naples. *Paris, J. Baer,* 1883. In-8°.
Extr. de la *Revue Archéologique.*

Notes sur les mosaïques chrétiennes de
l'Italie. VIII. par M. Eugène Müntz.
Paris, J. Baer, 1884. In-8°.

TAPISSERIE.

Les quatre éléments peints par M. Lebrun
et mis en tapisseries pour sa Majesté,
(par A. Félibien). *Paris, P. Le Petit,*
1665. In-8°.

Les quatre saisons, peintes par M. Le
Brun et mises en tapisseries pour Sa
Majesté, (par A. Félibien). *Paris, P. Le
Petit,* 1667. In-4°.

Explication des magnifiques et nouvelles
tapisseries et ouvrages de la Couronne
qui seront exposées le jeudy huit juin
1730, jour de la feste Dieu et le jeudy
suivant jour de l'Octave dans la Manufacture Royale des Gobelins, faubourg
Saint-Marcel. *Paris, imp. Valleyre.*
In-4°.

Le dessinateur pour les fabriques d'étoffes
d'or, d'argent et de soie avec la traduction de six tables raisonnées, tirées de
l'Abecedario Pittorico, imprimé à Naples
en 1733, par M. Joubert de l'Hiberderie.
Paris, Ve Duchesne, 1774. In-8°.

Explication historique des Tapisseries,
ouvrages de la Couronne, qui seront
exposées le jeudi 2 Juin 1774... dans la
cour de la manufacture royale des Gobelins... *Paris, imp. Valleyre,* 1774.
In-12.

Explication historique des tapisseries,
ouvrages de la couronne, qui seront
exposées le jeudi 29 mai 1777... dans
les cours de la manufacture royale des
Gobelins... *Paris, imp. Valleyre,* 1777.
In-18.

Notice des Tapisseries exposées cour du
Palais National, d'après les grands
maîtres des écoles italiennes et françaises, venant de Rome, de Bruxelles
et des Gobelins de Paris, suivant l'article 1er du programme de la fête anniversaire de la fondation de la République.
S. l. ni d. In-8°.

Description d'une Tapisserie rare et
curieuse, faite à Bruges, représentant
sous des formes allégoriques le mariage

du roi de France Charles VIII avec la
princesse Anne de Bretagne, par M. le
Chev^er Alexandre Lenoir... *Paris,* 1819.
In-8°, fig.

Notice historique sur les manufactures
impériales de tapisseries des Gobelins
et de tapis de la Savonnerie..., par A.
L. Lacordaire... *Paris,* 1853. In-8°.

Les Tapisseries du sacre d'Angers, classées
et décrites selon l'ordre chronologique
par l'historiographe de la cathédrale et
du diocèse d'Angers. *Angers, imp.
Lainé,* 1858. In-12.

Tapisseries représentant les amours de
Gombaut et Macée, par H. Gariel. *Grenoble, typ. Ed. Allier,* 1863. In-8°, fig.

Les tapisseries d'Arras. Etude artistique
et historique, par M. l'abbé van Dréval...
Arras, A. Courtin, 1864. In-8°.

Notices sur les manufactures italiennes de
tapisseries du XVe et du XVIe siècle, par
Eugène Müntz. *Paris,* 1876. In-4°. Extr.
du *Bulletin de l'Union Centrale.*

Bon de Boyer de Ste-Suzanne. Notes d'un
curieux sur les tapisseries tissées de
haute ou basse lisse. *Monaco,* 1876.
In-4°.

La Tapisserie à Rome au XVe siècle,
[signé : Eugène Müntz]. (*Paris,* août
1876). In-4°. Extr. de la *Gazette des
Beaux-arts.*

Ministère de l'Instruction publique et
des Beaux-arts. Direction des Beaux-
arts. Manufactures nationales. Rapport
adressé à Monsieur le Ministre, par M.
Denuelle au nom de la commission de
la Manufacture nationale des Gobelins.
Paris, Imp. Nationale, 1877. Gr. in-4°.

Les Tapisseries de Jeanne-d'Arc et la
Pucelle de Chapelain, par M. Edouard
Forestié... *Montauban,* 1878. In-8°, fig.
Extr. du *Bulletin de la Société archéo-
logique de Tarn-et-Garonne.*

Ministère de l'instruction publique, des cultes et des beaux-arts. Direction générale des beaux-arts. Manufactures nationales. Rapport adressé à M. le Ministre de l'Instruction publique et des Beaux-arts, par M. Denuelle, sur les tapisseries et les tapis modernes qui ont figuré à l'exposition universelle de 1878. *Paris, Berger-Levrault*, 1879. In-4°.

La Stromatourgie de Pierre Dupont. Documents relatifs à la fabrication des tapis de Turquie en France, au XVIIᵉ siècle,

publiés par Alfred Darcel et Jules Guiffrey. *Paris, Charavay*, 1882. In-8°.

Les fabriques de Tapisseries de Nancy, par M. Eugène Müntz. *Nancy, typ. Crépin-Leblond*, 1883. In-8°. Extr. des *Mémoires de la Société d'Archéologie Lorraine*.

Destruction des plus belles tentures du mobilier de la couronne en 1797, [signé: J. Guiffrey], (1887). In-8°. Extr. des *Mémoires de la Société de l'Histoire de Paris et de l'Ile de France*.

CÉRAMIQUE.

Arrest du Conseil d'état du Roy qui accorde à Charles Adam le privilège pour l'établissement de la Manufacture de porcelaine façon de Saxe au Château de Vincennes, du 24 juillet 1745. *Paris, Imp. Royale*, 1748. In-4°.

Arrest du Conseil d'état du Roy portant règlement pour les ouvriers de la Manufacture de porcelaine façon de Saxe établie au Château de Vincennes, du 19 août 1747. *Paris, Imp. Royale*, 1748. In-4°.

Arrest du Conseil d'état du Roy qui confirme le privilège exclusif accordé à Charles Adam pour la fabrique de la Porcelaine façon de Saxe et fait défense de former aucun nouvel établissement pour travailler à la porcelaine, du 6 août 1748. *Paris, Imp. royale*, 1748. In-4°.

Arrest du Conseil d'état du Roi qui accorde à Eloi Brichard le privilège de la Manufacture royale de porcelaine établie à Vincennes, du 19 août 1753. *Paris, Imp. Royale*, 1753. In-4°.

Jugement de M. le lieutenant-général de police qui déclare valables des saisies de porcelaines peintes et dorées faites sur les sieurs Lebœuf et Deruelle et qui les condamne en l'amende portée par les Règlements du 27 septembre 1779. In-4°.

Jugement de M. le lieutenant général de police qui déclare une saisie de marchandises de porcelaine, couleurs, pinceaux, etc., faite sur les nommés Catrice et Barbé, bonne et valable; ordonne la démolition des four et fourneau et les condamne chacun en trois mille livres d'amende du 3 mars 1779. In-4°.

Collections towards a history of Pottery and Porcelain in the xvᵉ, xviᵉ, xviiᵉ and xviiiᵉ centuries, with a description of

the manufacture, a glossary, and a list of monograms, by Joseph Marryat. *London, J. Murray*, 1850. In-8°, fig.

Histoire des peintures sur Majoliques faites à Pesaro et dans les lieux circonvoisins décrite par Giambattista Passeri (de Pesaro). Traduite de l'Italien et suivie d'un appendice par Henri Delange. *Paris*, décembre 1853. In-8°.

Notice sur les faïences du XVIᵉ siècle, dites de Henri II, suivie d'un Catalogue contenant la description de toutes les pièces connues... par A. Tainturier. *Paris, Didron*, 1860. In-8°, fig.

Les Vases chinois et les Vases grecs, par M. Beulé. *Paris, imp. J. Claye*, 1856. In-8°. Extr. de la *Revue des Deux-Mondes*.

La faïence de Rouen à l'exposition, par M. Eugène de Robillard de Beaurepaire ..... *Caen, A. Hardel*, 1861. In-8°. Extr. du *Bulletin monumental*.

Histoire des faïences hispano-moresques à reflets métalliques, par M. J. C. Davillier. *Paris, V. Didron*, 1861. In-8°.

Les faïences d'Oiron. Lettre à M. Riocreux, conservateur du Musée de Sèvres. [Signé: Benjamin Fillon]. *S. l. ni d.* (*Fontenay*, 8 décembre 1862). In-8°.

Lettre à M. B. Fillon à propos de la brochure intitulée les faïences d'Oiron, par Henri Delange... *Paris, imp. L. Martinet*, 1863. In-8°.

Notice sur les faïences anciennes de Sinceny, lue le 2 juin 1863 en séance du Comité archéologique de Noyon, par le Dᵣ Auguste Warmont. *Noyon, D. Andrieux*, 1863. In-8°.

Histoire des Faïences et Porcelaines de Moustiers, Marseille et autres fabriques

méridionales par M. J. C. Davillier...
Paris, Castel, 1863. In-8°.

Preuves authentiques de l'existence de la
fabrique de Porcelaine établie au
Château de Tervueren, par Alexandre
Pinchart...... *Bruxelles*, 1864. In-8°.
Extr. du *Bulletin des Commissions
royales d'art et d'archéologie*.

Un Guide de l'Amateur de faïences et de
porcelaines, par Alfred Darcel. *Paris*,
1864. In-4°. Extr. de la *Gazette des
Beaux-Arts*.

Note sur une marque de faïence contestée,
par le Dr Alfred Lejeal... et par
M. I. D***... *Valenciennes, Lemaître*,
1865. In-8°.

Dott. Alessandro Foresi. — Sulle Por-
cellane medicee Lettera al Barone di
Monville e poche parole riguardanti
gli scultori Conte di Nieuwerkerke e
Giovanni Bastianini, *Firenze*, 1869.
In-8°.

Les porcelaines de Sèvres de Madame Du
Barry, d'après les mémoires de la
Manufacture royale. Notes et Documents
inédits sur le prix des porcelaines de
Sèvres au XVIII° siècle, par le Baron
Ch. Davillier. *Paris, A. Aubry*, 1870.
In-8°.

Les statuettes dites de terre de Lorraine
avec un exposé de la vie et des œuvres
de leurs principaux auteurs : Cyfflé,
Sauvage dit Lemire, Guibal et Clodion,
par M. P. Morey. *Nancy, imp. Crépin-
Leblond*, 1871. In-8°.

Histoire de la Céramique, étude descriptive et raisonnée des poteries de tous les
temps et de tous les peuples, par Albert
Jacquemart. *Paris, Hachette*, 1873.
Grand in-8°, fig.

Institut de France. — Du décor des vases,
fragments d'un ouvrage sur les Arts
décoratifs par M. Charles Blanc...
Paris, Didot, 1873. In-4°.

Céramique espagnole. — Le Salon en
porcelaine du Palais royal de Madrid et
les porcelaines de Buen-Retiro, par
Gaston Le Breton. *Paris, R. Simon*,
1879. Grand in-8°, fig.

La Collection Jacquemart et le Musée
céramique de Limoges [Signé : Paul
Gasnault]. *S. l. ni d. (Paris)*. In-4°.
Extr. de l'*Art*.

Ministère de l'Instruction publique, des
Cultes et des Beaux-Arts. — Direction
des Beaux-Arts. — Manufactures nationales. — Rapport adressé à Monsieur le
Ministre, par M. Duc, membre de
l'institut au nom de la Commission de
perfectionnement de la manufacture
nationale de Sèvres. *Paris, imp. Nationale*, 1875. In-4°.

Histoire de la faïence de Delft, par Henry
Havard. *Paris, G. Plon*, 1878. In-4°,
fig.

La céramique polychrome à glaçures
métalliques dans l'antiquité, par M. Gaston Le Breton. *Rouen, E. Cagniard*,
1881. In-8°.

La Manufacture de porcelaines de Sèvres,
d'après un mémoire inédit du XVIII°
siècle, par G. Le Breton. *Paris, Plon*,
1882. In-8°.

La Salle Orientale, par Paul Gasnault.
Paris, A. Quantin (1883). In-4°, fig.

Les Majoliques italiennes en Italie, par
Emile Molinier. *Paris, A. Picard*, 1883.
In-8°, fig. Extr. de l'*Art*.

F. de Mély. La Céramique italienne.
Marques et Monogrammes. *Paris, Didot*,
1884. In-8°.

ÉMAILLERIE. — ORFÉVRERIE.

Due Trattati uno intorno alle otto principali arti dell' oreficeria, l'altro in
materia dell'arte della Scultura... com-
posti da M. Benvenuto Cellini, scultore
fiorentino. *In Fiorenza, per Valente
Panizzii et Marco Peri*, M.D.LXVIII.
In-4°.

Eléments d'orfèvrerie divisés en deux
parties de cinquante feuilles chacune
composées par Pierre Germain, marchand
orfèvre-joaillier. *A Paris*, 1748. In-4°.

Traité des pierres précieuses et de les

employer en parure, par Pouget fils.
*A Paris, chez l'auteur, marchand-
joaillier, quay des Orfèvres au Bouquet
de diamants*, 1762. In-4°, fig.

Des pierres précieuses et des pierres fines
avec les moyens de les connaître et de
les évaluer, par M. Dutens... *Paris,
Didot*, 1776. In-32.

L'art de faire les cristaux colorés imitant
les pierres précieuses, par M. Fontanieu.
Paris, Didot, 1786. In-8°.

Essai sur l'histoire de la peinture en
émail, par L. Dussieux. *Paris, imp. de
Bourgogne et Martinet*, 1839. In-8°.
Extr. de l'*Encyclopédie nouvelle*.

Notice sur le crucifix et sur les émaux et
émailleurs de Limoges, par M. D. Petit,
de Lyon. *Paris, Dentu*, 1843. In-8°,

Essai historique et descriptif sur les
émailleurs et les argentiers de Limoges,
par M. l'abbé Texier. *Poitiers, imp.
Saurin*, 1843. Grand in-8°, fig. Extr.
des *Mémoires de la Société des Antiquaires de l'Ouest*.

Examen d'un projet d'appliquer l'émail
au décor extérieur des édifices par
M. E. Du Molay-Bacon. (*Paris*, 1844).
In-8°. Extrait du *Correspondant*.

Le livre d'or des métiers. — Histoire de
l'Orfèvrerie-Joaillerie et des Anciennes
communautés et confréries d'orfèvres-
joailliers, par Paul Lacroix et Ferdinand
Seré. *Paris, Seré*, 1850. In-4°, fig.

Orfèvrerie du XIIIᵉ siècle. La Croix de
Clairmarais, par L. Deschamps de Pas.
Paris, V. Didron, 1855. In-4°, fig.

Recherches sur la peinture en émail dans
l'antiquité et au moyen-âge, par Jules
Labarte. *Paris, V. Didron*, décembre
1856. In-4°, fig.

Emailleurs Limousins. [Signé : Maurice
Ardant]. (*Limoges*, 1857). In-8°.

L'electrum des Anciens était-il de l'émail ?
Dissertation sous forme de Réponse à
M. Jules Labarte, par Ferdinand de
Lasteyrie. *Paris, Didot*, 1857. In-8°.

Orfèvrerie du moyen-âge, par L. Deschamps de Pas. *Paris, V. Didron*, 1858.
In-4°, fig. Extr. des *Annales archéologiques*.

Notice sur la Châsse de Saint-Viance,
par Ferdinand de Lasteyrie. *Brive,
imp. L. Roche*, 1859. In-8°.

Des origines de l'émaillerie Limousine.
— Mémoire en réponse à quelques
récentes attaques contre l'ancienneté de
cette industrie. [Signé : Ferdinand de
Lasteyrie]. S. l. (*Limoges*) ni d. In-8°.
Extr. du *Bulletin de la Société archéo-
logique et historique du Limousin*,
N° 2, Tom. XII.

Les émaux d'Allemagne et les émaux
Limousins. — Communication de M. le
Baron de Quast et de M. de Verneilh...
au Congrès scientifique de Limoges.
Paris, Derache, 1860. In-8°. Extr. du
Bulletin monumental.

L'émail de Geoffroy Plantagenet au Musée
du Mans, par M. Eugène Hucher...
Paris, Derache, 1860. In-8°. Extr. du
Bulletin monumental.

Mémoire adressé à Messieurs les membres
de l'Académie des Inscriptions et belles
lettres sur la Joaillerie chez les Anciens,
par M. A. Castellani (de Rome). *Paris,
imp. F. Didot*, 20 décembre 1860. In-4°.

Orfèvrerie du XIIIᵉ siècle. — Châsse et
croix de Bousbecque décrites par E. de
Coussemaker. *Paris, V. Didron*, 1861.
In-4°, fig.

Notice sur un coffret d'argent exécuté
pour Frantz de Sickingen accompagnée
d'observations sur divers monuments
relatifs à ce personnage, par A. Chabouillet. *Paris, Didier*, 1861. In-8°, fig.

Les émaux français et les émaux étrangers.
— Mémoire en réponse à M. le Comte
F. de Lasteyrie, lu à la séance de la
Société archéologique de Limoges le
28 novembre 1862, par M. F. de Ver-
neilh. *Caen, A. Hardel*, 1863. In-8°, fig.
Extr. du *Bulletin monumental*.

L'émail des peintres, par Claudius Popelin.
Paris, A. Levy, 1866. In-8°.

Quel nom l'or émaillé a-t-il reçu des
Grecs dans une haute antiquité ?
Réponse au mémoire de M. de Lasteyrie
ayant pour titre : L'électrum des
Anciens est-il de l'émail ?... extraite
du troisième volume de l'histoire des
Arts industriels au moyen-âge et à
l'époque de la Renaissance, par Jules
Labarte. *Paris, A. Morel*, 1866. In-4°.

Philippe Burty. — Les émaux cloisonnés
anciens et modernes. *Paris, Martz*, 1868.
In-12, fig.

Livre-Journal de Lazare Duvaux, mar-
chand-bijoutier ordinaire du Roy, 1748-
1758. A *Paris, pour la Société des
bibliophiles français*, 1873. 2 vol. in-8°, fig.

Recherches sur l'orfèvrerie en Espagne
au moyen-âge et à la renaissance.
Documents inédits tirés des Archives
espagnoles, par le Baron Ch. Davillier.
Paris, A. Quantin, 1879. In-4°, fig.

Note sur les origines de l'émaillerie
française [Signé : Emile Molinier].
Epernay, imp. Bonnedamme (1881).
In-8°. Extr. du *Cabinet historique*.

Inventaire des bijoux et de l'orfèvrerie
appartenant à Mᵐᵉ la Comtesse de
Sault, confiés à l'amiral de Villars et
trouvés après sa mort en 1595, publié
par M. Gaston Le Breton... *Paris,
Imp. Nationale*, 1882. In-8°.

Etudes sur l'étain dans l'antiquité et au
moyen-âge. Orfèvrerie et industries
diverses, par Germain Bapst. *Paris,
G. Masson*, 1884. In-8°, fig.

Dictionnaire des émailleurs depuis le
moyen âge jusqu'à la fin du XVIIIᵉ siècle
... par Emile Molinier... *Paris,
J. Rouam*, 1885. In-12,

Emile Molinier. — Aiguière en bronze représentant un centaure. *Paris, A. Levy*, 1885. In-4°, fig. Extr. de la *Gazette archéologique*.

Les bijoux gothiques de Kertch, par le Baron J. de Baye. *Paris, E. Leroux*, 1888. In-8°, fig. Extr. de la *Revue archéologique*.

IVOIRE.

Extrait d'un mémoire sur les propriétés de l'Ivoire, sur les moyens de conserver sa couleur blanche et de la lui rendre lorsqu'il a jauni, traduit du Danois de L. Spengler, par M. Bruun-Neergaard. (*Paris*, 29 mars 1809). In-8°. Extr. du *Bulletin de la Société d'encouragement pour l'Industrie Nationale*.

Cinq plaques d'ivoire sculpté, représentant la mort de Jésus-Christ. *S. l. ni d.* In-fol., fig. Extr. des *Mélanges d'archéologie, d'histoire et de littérature*, par Ch. Cahier et Martin.

Notes d'un Compilateur sur les sculpteurs et les sculptures en Ivoire [Signé : Ph. de Chennevières]. *Amiens, s. d.* In-8°. Extr. de *La Picardie, Revue littéraire et scientifique*.

Esquisse historique sur l'Ivoirerie (Beaux-Arts et Industrie), par L. N. Barbier... *Paris, Dutertre*, 1857. In-12.

South Kensington Museum art Handbooks. — Ivories ancient and Mediæval, by William Maskell. (*Londres*, 1875). In-12, fig.

COSTUME. — MOBILIER.

Discovrs novveav svr la mode. *A Paris, P. Ramier*, 1613. [publié par Eus. Castaigne]. *Angoulême*, Juin 1851. In-8°.

Traité des pierres précieuses et de la manière de les employer en parure, par Pouget fils. *Paris*, 1762. In-4°, fig.

Nouveaux desseins de meubles et ouvrages de bronze et de marqueterie inventés et gravés par André Charles Boulle, *A Paris, chez Mariette, s. d.* In-4°, oblong. Incomplet.

Apperçu sur les Modes françaises, par le citoyen Ponce. *S. l. ni d.* In-8°.

Histoire chronologique du Vêtement (Homme) ou Jadis et Aujourd'hui, suivie de l'art de se vêtir au XIX° siècle. *Paris, s. d.* In-12.

Essai sur l'Observation du Costume National relativement aux Arts, par M. Gaucher. *S. l. ni d.* In-8°.

Opinion sur certains rapports qui existent entre le costume des Anciens Hébreux et celui des Arabes modernes (lu à l'Académie en 1847), par Horace Vernet, de l'Institut. *Paris, imp. Bonaventure*, 1856. In-8°, **fig.**

L'Art et l'Industrie des Bronzes. [Signé : A. Gruyer]. (*Paris*, 1856). In-8°. Défait de la *Revue des Deux-Mondes*.

Costumes historiques des XII°, XIII°, XIV° et XV° siècles... dessinés et gravés par P. Mercuri, avec un texte par C. Bonnard. Nouvelle édition... avec une introduction par Charles Blanc. *Paris, A. Levy*, 1860-1861. 3 vol. grand in-4°, fig.

Du Costume monastique antérieurement au XIII° siècle. (Lettre à un peintre d'histoire), par Dom Paul Piolin. *Arras et Paris*, 1866. In-8°. Extrait de la *Revue de l'Art chrétien*.

Dictionnaire raisonné du Mobilier français de l'époque carlovingienne à la Renaissance, par M. Viollet-le-Duc. *Paris, Veuve A. Morel*, 1872-1875. 6 vol. in-8°, fig.

Costumes historiques des XVI°, XVII° et XVIII° siècles dessinés par E. Lechevallier-Chevignard, texte par Georges Duplessis. *Paris, A. Levy*, 1873. 2 vol. grand in-4°, fig.

Articles extraits de la *Revue des Deux-Mondes*, du journal des *Débats*, du *Figaro* et du *Moniteur universel*, par

H. Delaborde, Ch. Clément, Francis Magnard, Paul de Saint-Victor, sur les Costumes historiques de G. Duplessis et Lechevallier-Chevignard. *Paris*, 1873.

Le Costume de guerre et d'apparat d'après les sceaux du moyen-âge, par G. Demay. *Paris, J.-B. Dumoulin*, 1875. In-8°. fig. Extr. des *Mémoires de la Société des Antiquaires de France*.

L'Art dans la parure et dans le vêtement, par M. Charles Blanc...... *Paris, Renouard*, 1875. In-8°.

Histoire du Costume en France depuis les temps les plus reculés jusqu'à la fin du XVIII° siècle, par J. Quicherat... *Paris, Hachette*, 1875. Grand in-8°, fig.

Musée d'Artillerie. — Notice sur les Costumes de Guerre (par le Lieutenant-Colonel Leclère). *Paris, Imp. Nationale*, 1876. In-8°.

Costumes du temps de la Révolution 1790-1791-1792-1793, tirés de la Collection de M. V. Sardou. Préface de M. Jules Claretie. Quarante eaux-fortes coloriées, par M. Guillaumot fils. *Paris, A. Levy*, 1876. In-4°.

Histoire du Mobilier. Recherches et notes sur les objets d'art qui peuvent composer l'ameublement et les collections de l'homme du monde et du curieux,

par Albert Jacquemart... *Paris, Hachette*, 1876. Grand in-8°, fig.

Histoire générale du Costume civil, religieux et militaire du IV° au XIX° siècle (315-1815), par Raphael Jacquemin, peintre-graveur, auteur de l'Iconographie du Costume. *Paris, chez l'Auteur* (1876). In-4°.

Notes sur les cuirs de Cordoue, Guadamaciles d'Espagne, etc., par le Baron Ch. Davillier. *Paris, A. Quantin*, 1878. In-8°.

Le Costume au Moyen-âge, d'après les sceaux, par G. Demay. *Paris, D. Dumoulin*, 1880. Grand in-8°, fig.

Le Mobilier des siècles passés. — Étude du Mobilier National à l'exposition de l'Union centrale des Arts décoratifs, par Henry Penon... *Paris, A Levy*, 1882. In-12.

Le bois appliqué au Mobilier. — Histoire du meuble, par M. de Champeaux. *Paris, A. Quantin* (1883). In-4°, fig.

Le Mobilier moderne, par M. Victor Champier. *Paris, A. Quantin* (1883). In-4°, fig.

Le Costume historique... Recueil publié sous la direction de M. A. Racinet... *Paris, Firmin-Didot*, 1888. In-fol., fig. col. Tome I, 20 livraisons.

DENTELLE.

Essai bibliographique sur les Anciens modèles de lingerie, de dentelles et de tapisseries, gravés et publiés en France, en Allemagne et en Flandre, par M. G^mo d'Adda. *Paris*, 1864, In-4°, fig. Extr. de la *Gazette des Beaux-Arts*.

Recueil de documents graphiques pour servir à l'histoire des Arts industriels. — Patrons de broderie et de lingerie du XVI° siècle reproduits par le procédé Lefman et Lourdel et publiés d'après les éditions conservées à la Bibliothèque Mazarine, par Hippolyte Cocheris. *Paris*, 1872. In-8°.

L'exposition de Broderies à Londres, par M. Th. Biais. *Paris, imp. J. Claye*, 1874. In-4°, fig. Extr. de la *Gazette des Beaux-Arts*.

Joseph Seguin. — La Dentelle. Histoire. Description. Fabrication. Bibliographie ... *Paris, J. Rothschild*, 1875. In-fol., fig.

Les Anciens patrons de Broderies, de Dentelle et de Guipure, par M. L. Alvin. *S. l. ni d.* In-4°, fig.

Origines du Point d'Alençon, par Mme G. Despierres. *Alençon, imp. A. Lepage*, 1882. In-8°.

Livres à dentelles et dessins d'ornements reproduits et publiés par Amand-Durand sous la direction de Emmanuel Bocher, In-12, oblong.

Le livre de lingerie, composé par maistre Dominique de Séra... Nouvellement augmenté et enrichi de plusieurs excellents et divers patrons, tant du point coupé raiseau, que passement, de l'invention de M. Jean Covsin, peintre, à Paris. *Paris, Hierosme de Marnef*, 1584. In-8°. Reproduction par Amand-Durand, 1883. 2 fasc. in-4°.

Livre de dentelles. *Augsbourg, J. Schartzenberger*, 1534. In-8°, obl. Reproduction par Amand-Durand.

ESTHÉTIQUE. — GÉNÉRALITÉS.

Sentimens sur la distinction des diverses manières de peinture, dessein et graveures et des originaux d'avec leurs copies..., par A. Bosse, graveur en taille douce. *Paris, chez l'autheur*, 1649. In-18.

Idée de la perfection de la peinture démonstrée par les principes de l'art..., par Roland Fréart sieur de Chambray, au Mans. *De l'imprimerie de Jacques Ysambart*. 1662. In-4°.

Vocabolario toscano dell'Arte del disegno... opera di Filippo Baldinucci fiorentino. *Firenze*, 1681. Gd in-4°.

Avis nécessaires aux peintres, aux statuaires et aux graveurs, pour se sauver dans l'exercice de leur art. *A Chaalons. Jacq. Seneuze*, 1681. In-18.

Sentimens des plus habiles peintres sur la pratique de la peinture et de la sculpture mis en tables de préceptes, avec plusieurs discours académiques, par Henry Testelin, peintre du Roy. *S. l. ni d.* In-12.

Histoire des Arts qui ont rapport au dessein, divisée en trois livres..., par P. Monier, peintre du Roi... *A Paris, P. Giffart*, 1698. In-12. Front.

Les Beaux-arts réduits à un même principe (par l'abbé Batteux). *Paris, Durand*, 1746. In-12 fig.

Parallèle de l'éloquence et de la peinture, par M. Coypel, premier peintre du Roi. *(Paris)*. In-18. Extr. du *Mercure* du mois de mai 1751.

Dialogues sur les arts entre un artiste amériquain et un amateur françois, (par Estéve). *Amsterdam et Paris, Duchesne*, 1755. In-12.

Lettres à un jeune prince par un ministre d'Etat, chargé de l'élever et de l'instruire. Traduit du suédois. *Amsterdam, E. Van Harrevelt*, 1755. In-12.

Nouveaux sujets de peinture et de sculpture, (par le comte de Caylus.) *Paris, Duchesne*, 1755. In-12.

Lettre de M. de S. P. (Sainte-Palaye), à M. de B. (Bachaumont), sur le bon gout dans les arts et dans les lettres. In-12.

Mémoires de Charles Perrault, de l'Académie française et premier commis des bâtimens du Roi, contenant beaucoup de particularités et d'anecdotes intéressantes du ministère de M. Colbert. *A Avignon*, 1759. In-12.

L'amateur ou nouvelles pièces et dissertations françoises et étrangères, pour servir aux progrès du goût et des beaux-arts. *Paris, M. Lambert*, 1762. 2 part. en un vol. In-12.

Les Misotechniques aux enfers ou examen des observations sur les arts par une société d'amateurs (par Ch. Nic. Cochin). *A Amsterdam*, 1763. In-12.

Lettre de M. L. G. au sujet de quelques particularités concernant les arts. [Signé: D. B.] (Dandré Bardon). *S. l. ni d.* *(Paris)*, 1764). In-12.

Lettres à un jeune artiste peintre, pensionnaire à l'Académie Royale de France à Rome, par M. C. (Cochin). *S. l. ni d.* In-12.

Recueil de quelques pièces concernant les arts (par Cochin). *S. l. ni d.* In-12.

Bibliothèque de peinture, de sculpture et de gravure. Par M. Christophe Théophile de Murr. *Francfort et Leipzig, J. P. Krauss*, 1770. 2 t. en un vol. pet. in-8°.

Œuvres diverses de M. Cochin, secrétaire de l'Académie royale de peinture et sculpture ou Recueil de quelques pièces concernant les arts. *Paris, Ch. Ant. Jombert*, 1771. 3 vol. in-12.

Apologie des Arts ou Lettre à M. Duclos, secrétaire perpétuel de l'Académie française, à Dinan, en Bretagne (par Touraille). *Paris, Monory*, 1772. In-8°.

Réflexions sur l'imitation des artistes grecs dans la peinture et la sculpture, par M. l'abbé Winckelmann. *S. l. ni d.* In-18. Extr. des *Variétés littéraires*.

Almanach historique et raisonné des architectes, peintres, sculpteurs et cizeleurs... Année 1776. *Paris, Delalain*, 1776. In-12. Année 1777. *Paris, A. Duchesne*, 1777. In-12.

A philosophical and critical history of the fine arts, painting, sculpture and architecture, with occasional observations on the progress of Engraving, in it's several branches... by the Rev. Robert Anthony Bromley... *London*, 1793-1795. 2 vol. in-4°.

Essais sur la peinture, par Diderot. *Paris, Buisson,* an IV. In-8°.

Essai philosophique sur la dignité des arts... par P. Chaussard. *Paris,* Ventose, an VI. In-8°.

Fêtes de la liberté et entrée triomphale des objets de sciences et d'arts recueillis en Italie. Programme. *Paris, imp. de la République,* Thermidor, an VI. In-4° de 23 pag.

Discours sur la nécessité de cultiver les arts d'imitation... par E. A. Gibelin... *Versailles,* an VIII. In-4°.

Réflexions sur l'abus de quelques figures allégoriques employées en peinture et en sculpture, par Mongez... *Paris.* Vve *Panckoucke,* an IX. In-8°.

Notice d'un recueil de lettres sur la peinture, la sculpture et l'architecture écrites par les plus grands maîtres qui ont fleuri dans ces trois arts, depuis le quinzième siècle jusqu'au dix-septième. *S. l. ni d.* In-12. Extr. des *Variétés littéraires.*

Avis important pour les artistes et amateurs des Beaux-arts. Nouveau musée composé de figures grandes comme nature. *Paris, Gœury,* 1806. In-8°.

Dictionnaire des Beaux-arts, par A. L. Millin. *Paris, Desray,* 1806. 3 vol. in-8°.

Il riposo di Raffaello Borghini. *Milano,* 1807. 3 vol. in-8°.

Discours sur les causes de la chute des Arts et de leur Renaissance en Europe... par C. Lecarpentier... *Rouen, imp.* Vve *Guilbert,* 1807. in-8°.

Cours sur l'histoire des Arts en France, fait à l'athénée de Paris dans le courant de l'an 1810, par Alexandre Lenoir... *Paris,* 1810. In-8°.

Recueil de lettres sur la peinture, la sculpture et l'architecture... enrichies de notes historiques et critiques, par L. J. Jay... *Paris,* 1817. In-8°.

Rapport sur les Beaux-arts, (par Joachim Lebreton). *S. l. ni d.* In-4° de 240 pag. C'est tout ce qui a paru de ce rapport.

M. Girodet-Trioson, de l'Académie royale des Beaux-arts, a lu les considérations suivantes sur l'originalité dans les arts du dessin. In-4°. Défait.

Dictionnaire des arts du dessin, la peinture, la sculpture, la gravure et l'architecture, par M. Boutard... *Paris, Lenormant,* 1826. In-8°.

Invitations familières faites aux élèves de ce temps dans les beaux-arts tendantes à les conduire à des talens caractérisés, par un ancien amateur. *Paris, Marchand, s. d.* In-8°.

De l'intervention du gouvernement dans les beaux-arts. Questions relatives à la peinture, par L. C. Assenne. *Paris, E. d'Ocagne,* 1830. In-8°.

Considérations sur les Beaux-arts, par Louis Moreau, architecte. *Paris, imp. Selligue,* 1831. In-8°.

L'art considéré comme le symbole de l'état social ou tableau historique et synoptique du développement des Beaux-arts en France, par Louis Dussieux. *Paris, A. Durand,* 1838. G^d in-8°.

Précis historique sur les Beaux-arts en France, par M. E. J. Delécluse. (*Paris*), *imp. Béthune et Plon,* s. d. In-8°. Extr. du *Dictionnaire de la conversation et de la lecture.*

Du rôle de l'imitation dans l'art et limites de ce rôle, par J. P. Thommerel. *Paris, imp. A. René,* 1841. In-8°. Extrait de l'*Investigateur.*

Etudes sur le génie des peintres italiens, par M. Antoine Fleury. *Lyon, L. Boitel,* 1845. In-12.

Discours sur le sujet de la conférence proposée à la société libre des Beaux-arts ayant pour titre : Rechercher ce qui pourrait le plus efficacement contribuer au progrès dans les Beaux-arts et au bien-être des artistes, par Aug. Galimard. (*Paris*), 17 novembre 1846. In-8°.

Articles publiés dans le Moniteur des Arts du 13 décembre 1846 au 31 janvier 1847, par M. Anatole de Montaiglon (Charles Robert). *Paris, imp. Dondey-Dupré,* 1847. In-8°.

Réflexions et menus-propos d'un peintre genevois ou essai sur le beau dans les arts, par R. Töpffer. *Paris, J. J. Dubochet,* 1848. 2 vol. in-12.

De l'art français au dix-septième siècle [Signé : V. Cousin]. Défait de la *Revue des Deux-Mondes.*

De l'unité des arts, de leur division, de leurs limites. Discours préliminaire d'une histoire composée de la poésie et des beaux-arts..., par M. Victor de Laprade. *Lyon, imp. Boitel,* 1850. G^d in-8°.

La Renaissance des Arts à la Cour de France. Etudes sur le seizième siècle par le Cte de Laborde. *Paris, L. Potier,* 1850-1855. 2 vol. In-8°.

La Renaissance des Arts à la Cour de France par le Comte de Laborde. [Compte-rendu, par L. Polain.] (*Liège,* 1851). In-8°. Extr. du *Journal de Liège.*

Etudes sur les beaux-arts et sur la littérature, par M. L. Vitet. *Paris, Charpentier,* 1851. 2 vol. in-12.

Du Passé, du Présent et de l'Avenir de l'art, par Th. Véron. *Paris, Garnier, 1852.* In-18.

Etudes sur les Arts, par Gustave Planche. *Paris, Michel Lévy,* 1855. In-12.

Etudes sur les Beaux-arts, depuis leur origine jusqu'à nos jours, par F. B. de Mercey. *Paris, A. Bertrand,* 1855. 2 vol. in-8°.

Guida pittorica ossia analisi intorno lo stile delle diverse scuole di pittura... del barone Alessandro Petti. *Napoli, N. Fabricatore,* 1855. In-8°.

Dictionnaire de l'Académie des Beaux-Arts. *Paris, Firmin Didot,* 1858-1896. 5 tomes en 19 fascicules. G^d in-8°, fig.

Scritti d'arte di Pietro Estense Selvatico, *Firenze, Barbera,* 1859. In-12.

Questions sur le Beau. [Signé : Eugène Delacroix]. In-8°. Défait de la *Revue des Deux-Mondes.*

Des principes et des traditions dans les arts du dessin [Signé : Henri Delaborde]. In-8°. Défait de la *Revue des Deux-Mondes.*

Beaux-arts. Du principe des expositions. Le Concours en Grèce et de nos jours. (*Paris,* 1860). In-8°. Extr. de la *Revue des Deux-Mondes.*

Archives des arts, sciences et lettres. Documents inédits publiés et annotés, par Alexandre Pinchart... *Gand, imp. L. Hebbelynck,* 1860-1863. 2 vol. in-8°.

Mélanges d'art et de littérature par M. le Comte de Montalembert. *Paris, Lecoffre,* 1861. In-8°.

De la décadence des Arts d'ornementation par L. Alexandre d'Yvon. *Paris, imp. A. E. Rochette,* 1861. In-4°. Extr. des *Beaux-arts, Revue nouvelle.*

Lettres écrites de la Vendée à M. Anatole de Montaiglon, par Benjamin Fillon. *Paris, Tross,* 1861. In-8°.

Beaux-arts et artistes par J. Adhémar. *Paris, Lacroix,* 1861. In-12.

Beaux-arts et voyages par Charles Lenormant. *Paris, Michel Lévy,* 1861. 2 vol. in-8°.

La peinture française au XIXe siècle. Les chefs d'école... par Ernest Chesneau. *Paris, Didier,* 1862. In-12.

Etudes sur les Beaux-Arts en France et en Italie, par le vicomte Henri Delaborde. *Paris, V^{re} J. Renouard,* 1864. 2 vol. in-8°.

L. Vitet. Etudes sur l'histoire de l'Art. *Paris, Michel Lévy,* 1864. 4 vol. in-12.

Etudes sur les Beaux-arts en France et en Italie, par le Vte H. Delaborde. *Paris, V^{re} J. Renouard,* 1864. 2 vol. in-8°.

L'esthétique anglaise, étude sur M. John Ruskin, par J. Milsand. *Paris, Germer Baillière,* 1864. In-12.

C. de Sault. Essais de critique d'art. Salon de 1863. Peintures murales de Saint-Germain des Prés. Concours des prix de Rome. Envois de Rome, 1861, 1862, 1863. Musée Campana. *Paris, Michel Lévy,* 1864. In-12.

De l'art et du Beau, par F. Lamennais. *Paris, Garnier,* 1865. In-12.

Œuvres posthumes de P. J. Proudhon. Du principe de l'art et de sa destination sociale, par P. J. Proudhon. *Paris, Garnier, frères,* 1865. In-12.

Mélanges sur l'art contemporain, par le Vte Henri Delaborde. *Paris, V^{re} J. Renouard,* 1866. In-8°.

Des opinions de M. Taine sur l'art Italien, par le Vte Henri Delaborde. *Paris,* 1866. In-8°. Extr. de la *Gazette des Beaux-arts.*

Essays on Art, by Francis Turner Palgrave. *London and Cambridge, Macmillan,* 1866. In-12.

Considérations sur le but moral des Beaux-arts, par Auguste Couder. *Paris, Renouard,* 1867. In-12.

De l'Idéal dans l'art, par H. Taine. Leçons professées à l'école des Beaux-arts. *Paris, Germer Baillière,* 1867. In-12.

L'art devant le Christianisme, par le R. P. Félix, de la compagnie de Jésus. (Conférences de Notre-Dame, 1867). *Paris, J. Albanel,* 1867. In-8°.

Grammaire des Arts du dessin..., par M. Charles Blanc. *Paris, V^{re} J. Renouard,* 1867. In-4°, fig.

Bibliothèque de philosophie contemporaine. Philosophie de l'art en Italie, par H. Taine. *Paris, Germer-Baillière,* 1867. In-12.

De la modernité dans l'art. Lettre à M. Jean Rousseau. [Signé : Arthur Stevens]. *Bruxelles,* 1868. In-12.

Bibliothèque de philosophie contemporaine. Philosophie de l'art dans les Pays-Bas, par H. Taine. *Paris, Germère-Baillière,* 1869. In-12.

A travers les Arts. Causeries et mélanges, par Charles Garnier, architecte du nouvel opéra. *Paris, Hachette,* 1869. Pet. in-8°.

De la statue et de la peinture. **Traités de** Léon Battista Alberti, noble **florentin.**

Traduits du latin en français, par Claudius Popelin. *Paris, Lévy*, 1869. In-8°, fig.

Bibliothèque de la Sorbonne. Histoire des Beaux-arts. Art au moyen-âge..., par René Ménard. *Paris, s. d.* In-12.

L'art du moyen-âge et les causes de sa décadence. [Signé : Ernest Renan]. In-8°. Défait de la *Revue des Deux-Mondes*.

Rapport sur le patronage des Arts, par l'état et sur un projet d'institution d'un conseil supérieur des Beaux-arts, par M. Félix Clément. (*Paris*, 1873). In-8°. Extr. du *Compte-rendu de l'assemblée générale des Comités Catholiques*.

L'art du dix-huitième siècle, par Edmond et Jules de Goncourt. 2me édon. *Paris, Rapilly*, 1873-1874. 2 vol. in-8°.

Société de l'histoire de l'art français. Lettres de noblesse accordées aux artistes français, (XVIIe et XVIIIe siècles) suivies de la liste des artistes nommés chevaliers de l'ordre de Saint-Michel. *Paris, J. B. Dumoulin.* (Publiés par J. J. Guiffrey). Extr. de la *Revue historique nobiliaire et biographique*.

Georges Berger. Fondation d'un Palais des Arts. *Paris, imp. J. Claye*, 1876. In-8°. Extr. du *Journal des Débats*.

La mission des Arts dans la société contemporaine. Discours prononcés à la société des amis des Arts d'Orléans, par L. Guerrier... *Orléans, H. Herluison*, 1876. In-8°.

Artistes anciens et modernes, par Charles Clément. *Paris, imp. Claye*, 1876. In-12.

Edmond Bonnaffé. Causeries sur l'art et la curiosité. *Paris, A. Quantin*, 1878. In-8°, front.

Histoire abrégée des Beaux-arts, chez tous les peuples et à toutes les époques, par Félix Clément. *Paris, Firmin-Didot*, 1879. In-8°, fig.

Les Arts à la Cour des papes pendant le XVe et le XVIe siècle. Recueil de documents inédits tirés des Archives et des Bibliothèques romaines, par M. Eugène Müntz. 1re partie, 1417-1464. *Paris, E. Thorin*, 1878. In-8°. 2me partie, 1464-1471. *Paris, E. Thorin*, 1879. In-8°.

Les Beaux-arts en France et à l'étranger. L'année artistique..., par Victor Champier. *Paris, A. Quantin*, 1879. in-8°.

Tullo Massarani. L'art à Paris. *Paris, Renouard*, 1880. 2 vol. in-8°.

Edmond et Jules de Goncourt. L'art du XVIIIe siècle. 1re et 2me série. *Paris, Charpentier*, 1881. In-12 ; 3me série. *Paris, Charpentier*, 1882. In-12.

Notes et causeries sur l'art et sur les artistes, par Charles Timbal, précédées d'une liste des principaux ouvrages du peintre et d'une notice par le Vte Henri Delaborde. *Paris, Plon*, 1881. In-8°.

L'éducation de l'artiste, par Ernest Chesneau. *Paris, Charavay*, 1881. In-12.

Les précurseurs de la Renaissance, par M. Eugène Müntz. *Paris, librairie de l'art*, 1882. In-4°, fig.

La Renaissance en Italie et en France à l'époque de Charles VIII..., par Eugène Müntz. *Paris. F. Didot*, 1885. Gd in-4°, fig.

Etudes d'art antique et moderne, par Eugène Guillaume. *Paris, Perrin*, 1888. Pet. in-8°.

Histoire de l'art pendant la Renaissance, par Eugène Müntz. *Paris. Hachette*, 1889, 1891. 2 vol. in-4°, fig.

La part de la France du Nord, dans l'œuvre de la Renaissance, par Louis Courajod. *Paris*, 1889. Gd in-8°.

Les styles français, par Lechevallier-Chevignard. *Paris, Maison Quantin*, 1892. In-8°, fig. sur bois.

ARCHÉOLOGIE.

De l'origine de la peinture et des plus excellens peintres de l'antiquité. Dialogue (par A. Félibien). *Paris, Pierre le Petit*, 1660. In-4°.

Lettre de M. l'abbé Winckelmann, antiquaire de Sa Sainteté à Monsieur le comte de Brühl... sur la découverte d'Herculanum. Traduit de l'Allemand (par P. J. Mariette). *Dresde et Paris, N-M. Tilliard*, 1764. In-4°. Avec une longue note de P. J. Mariette.

Mémoire sur Vénus auquel l'Académie royale des Inscriptions et belles lettres a adjugé le prix de la Saint-Martin 1775, par M. Larcher... *Paris, Valade*, 1775. In-12. (Nombreuses figures ajoutées).

Dissertation sur les attributs de Vénus...
par M. l'Abbé de La Chau, bibliothécaire, Secrétaire-interprète et garde du
cabinet des pierres gravées de S. A. S.
Mgr le duc d'Orléans. *A Paris, de l'imprimerie de Prault, imprimeur du
Roi, quai de Gêvres*, 1776. In-4°.

Reflexions sur l'Imitation des artistes
grecs dans la peinture et la sculpture,
par M. l'abbé Winckelmann, *S. l. n. d.*
In-12. Défait des *Variétés littéraires*.

Réflexions sur la grâce dans les ouvrages
de l'art, d'après M. l'abbé Winckelmann.
In-12. Défait.

Lettres à Eugénie, élève de Boilly, sur les
peintres et les sculpteurs de l'ancienne
Grèce, par Joseph de la Serrie, de la
Vendée. *Paris, Didot*, 1800. In-18, fig.
gravées en couleur.

Observations sur une statue antique et en
marbre de Paros, de cinq pieds de proportion, représentant une Hermaphro-
dite; par M. le chevalier Alexandre
Lenoir...... *S. l. n. d.* In-8°. Extrait
des *Annales des Batiments* n° 19.

Osservazioni critiche dell'abate Luigi de
Angelis... sopra una croce di rame
intagliata a bulino nel 1129 che si
conserva nelle stanze della medesima
biblioteca... *Siena*, 1814. In-8°.

Observations scientifiques, critiques et
anecdotes sur le génie et les principales
productions des peintres et autres artistes les plus célèbres de l'antiquité, du
moyen-âge et des temps modernes, par
M. le chevalier Alexandre Lenoir......
Paris, 1820. In-8°. Extrait des *Annales
françaises des Arts, des Sciences et des
Lettres*.

Sur la statue antique de Vénus Victrix
découverte dans l'île de Milo en 1820,
transportée à Paris et donnée au Roi
par M. le Marquis de Rivière... et sur
la statue antique connue sous le nom
de l'orateur, du Germanicus, et d'un
personnage romain en Mercure, par M.
le Comte de Clarac.... *Paris, imp.
Didot*, 1821. In-4°, fig.

Réponse de M. Eméric-David à une note
insérée par M. Raoul-Rochette dans
son mémoire sur l'emploi de la peinture
qui ornait les édifices sacrés chez les
Anciens... *S. l. n. d. Paris, Didot*.
In-8°.

Nouvelles observations sur la statue du
prétendu Gladiateur mourant, du Capitole et sur le groupe dit d'Arria et
Pœtus, de la villa Ludovisi par M. Raoul
Rochette. (*Paris*, 1830). In-8°. Extrait
du *Bulletin universel des Sciences*.

Monuments français inédits pour servir à
l'histoire des arts, depuis le VIe siècle

jusqu'au commencement du XVIIe...
... par N. X. Willemin. *Paris, chez
Mlle Willemin*, 1839. 2 volumes in-4°,
fig.

Manuels-Roret. Nouveau manuel complet
d'Archéologie ou traité sur les antiquités
grecques, étrusques, romaines, égyptiennes, indiennes, etc. etc. Traduit de
l'Allemand de M. O. Muller,par M.
P. Nicard. *Paris, Roret*, 1841. 3 volumes in-12 et un album in-4° obl.

Sur une inscription gravée sur une lame
de plomb trouvée dans une statue en
bronze du Musée du Louvre et sur les
signatures inscrites par les artistes grecs
sur leurs ouvrages par le Comte de
Clarac. *Paris, Vinchon*, mai 1843. In-8°.

Parallèle entre les Arabesques peintes des
anciens et celles de Raphaël et de ses
élèves par J. J. Hittorff, architecte.
Paris, imp. G. Gratiot, 1844. In-8°.

De la statue dite la Vénus de Quinipily,
de la Vénus de Milo et de la Vénus de
Cnide. Lettre à M. D..... C.....D. D.
M. R. par P. Hercule Robert (d'Ar-
genton).... *Paris, chez l'auteur*, juin
1845. In-8°.

Manuel de l'histoire de l'art chez les
anciens... Par le Comte de Clarac.
Paris, J. Renouard, 1847. 3 vol. In-12.

Idées pour une classification générale des
monuments, par M. J. Renouvier.
Montpellier, imp. Boehm, 1847. In-4°.

Le verre de Charlemagne, par M. Doublet
de Boisthibault. *Paris, A. Leleux*, 1857.
In-8°. Extrait de la *Revue Archéologique*.

Résumé des principes généraux de la
science héraldique par Oscar de Watteville. *Paris, Didot*, 1857. In-18. Extrait du *complément de l'Encyclopédie
moderne* publié par MM. Firmin Didot.

Bibliothèque Impériale. — Cours d'Archéo-
logie. — Discours d'ouverture de M.
Beulé, professeur. *Paris, Didot*, 1858.
In-8°.

Dictionnaire des antiquités romaines et
grecques... par Anthony Rich. — Traduit de l'anglais sous la direction de
M. Cheruel. *Paris, Didot*, 1859. In-8°.

Cours d'Archéologie. — La peinture décorative et le grand art, par M. Beulé...
Paris, Didot, 1860. In-8°.

Notice sur la découverte de l'amphithéâ-
tre antique et du reste de l'autel d'Auguste à Lugdunum... par E. C. Martin-
Daussigny.... *Caen, A. Hardel*, 1863.
In-8°.

Explication du symbolisme des terres
cuites grecques de destination funéraire

par E. Prosper Biardot. *Paris, Humbert*, 1864. In-8°.

Les antiques à l'exposition rétrospective des Champs-Elysées, par M. François Lenormant. *Paris*, 1866. In-4°. Extr. de la *Gazette des Beaux-Arts*.

M. François Lenormant et le trésor de Hildesheim. Une monographie (par Frœhner). *Paris*, 1869. In-12.

De l'état des Beaux-Arts dans les Gaules sous la domination romaine. [signé A. de Mostaricu]. In-8°. Défait de la *Revue du Midi*.

La Vénus de Milo, par Félix Ravaisson... *Paris, Hachette*, 1871. In-8°, fig.

Mélanges archéologiques par M. Albert Dumont. *Paris, Didier*, 1872. In-8°. Extr. de la *Revue Archéologique*.

Journal de mes fouilles par M. Beulé. *Paris, imp. J. Claye*, 1872. Gᵈ in-8°. Extr. de la *Gazette des Beaux-arts*.

L'art de l'Asie mineure, ses origines, son influence par M. G. Perrot. *Paris, Didier*, 1873. In-8°. Extr. de la *Revue Archéologique*.

Rome, description et souvenirs, par Francis Wey. *Paris, Hachette*. In-4°, fig.

Les études archéologiques sur le moyen-âge de 1830 à 1867, par Alfred Darcel. *Paris, Didron*, 1873. In-4° fig.

Les armoiries des Comtes de Champagne au XIII° siècle par M. L. Courajod. *Paris*, 1874. In-8°. Extr. des *Mémoires de la Société des antiquaires de France*.

La Vénus de Milo. — Recherches sur l'histoire de la découverte d'après des documents inédits, par Jean Aicard. *Paris, Sandoz et Fischbacher*, 1874. In-12.

Recherches sur un groupe de Praxitèle, d'après les figurines de terre cuite par Léon Heuzey. *Paris, imp. Claye*, 1875. Gᵈ in-8°, fig. Extr. de la *Gazette des Beaux-arts*.

Les sceaux du moyen-âge. — Etude sur la collection des Archives nationales par G. Demay. *Paris, imp. Claye*, 1876. In-4°, fig. Extrait de la *Gazette des Beaux-arts*.

La Vénus de Milo. Documents inédits par C. Doussault, architecte. *Paris, P. Ollendorff*, 1877. In-8°, fig.

Note sur une tête archaïque en marbre provenant d'Athènes par Olivier Rayet. *Paris, typ. Chamerot*, 1878. In-4°. Extr. des *Monuments Grecs publiés par l'association pour l'encouragement des études grecques en France*.

Benjamin Fillon. L'Art Romain et ses dégénérescences au Trocadéro. *Paris, imp. A. Quantin*, 1878. Gᵈ in-8°, fig. Extr. de la *Gazette des Beaux-arts*.

Inscriptions du Musée de l'école évangélique, à Smyrne, par M. O. Rayet. (*Paris*), *s. d.* In-8°. Extr. de la *Revue Archéologique*.

Rapport sur diverses communications présentées au Comité des Travaux historiques par M. Jules Quicherat. (*Paris*), *Imp. Nationale*, 1880. In-8°, fig. Extr. de la *Revue des Sociétés savantes*.

Supplément au mémoire intitulé : Deux épaves de la Chapelle des Valois à Saint-Denis, par Louis Courajod. *Paris*, 1881. In-8° fig. Extr. des *Mémoires de la Société des antiyuaires de France*.

Comptes des Bâtiments du Roi sous le règne de Louis XIV publiés par M. Jules Guiffrey. Tome premier. Colbert 1664-1680. *Paris, Imp. Nationale*, 1881. In-4°.

Les Arts à la cour d'Avignon sous Clément V et Jean XXII (1307-1334) par Maurice Faucon. *Paris, Ernest Thorin*, 1882. In-8°. Extr. des *Mélanges d'Archéologie et d'histoire publiés par l'école française de Rome*.

Un fragment du tombeau de l'amiral Chabot égaré à l'école des Beaux-Arts, par Louis Courajod. *Paris, Champion*, 1882. Gᵈ in-8°, fig. Extr. de la *Gazette des Beaux-arts*.

Quelques monuments de la sculpture funéraire des XV° et XVI° siècles, par Louis Courajod. *Paris*, 1882. In-8°. Extr. des *Procès-verbaux de la société nationale des antiquaires de France*.

Documents inédits sur les Thermes d'Agrippa, le Panthéon et les Thermes de Dioclétien, par le Baron Henry de Geymuller. *Lausanne, G. Bridel*, 1883. Gᵈ in-4°, fig.

Conférence sur le théâtre antique d'Orange faite devant le Congrès de la société française d'archéologie, par H. Révoil. *Tours, P. Bousrez*, 1883. In-8°. Extrait du *Bulletin monumental*.

Le Mausolée de Claude de Lorraine par Edmond Bonnaffé. *Paris, imp. Quantin*, 1884. Gᵈ in-8°, fig. Extr. de la *Gazette des Beaux-arts*.

Notice sur une croix du XIII° siècle conservée à Gorre (Haute-Vienne), par R. de Lasteyrie. *Paris, Imp. Nationale*. 1885. In-8° fig. Extr. du *Bulletin archéologique du comité des travaux historiques et scientifiques de 1884*.

Les débris du Musée des monuments français à l'école des Beaux-arts, par

Louis Courajod. *Caen, Le Blanc-Hardel*, 1885. In-8°, fig. Extr. du *Bulletin monumental.*

Les débris du tombeau de Nicolas Braque et de l'une de ses deux femmes par M. L. Courajod. *Paris*, 1885. In-8°, fig. Extr. des *Mémoires de la société nationale des antiquaires de France.*

Le Mausolée du duc de Bouillon à Cluny (Saône-et-Loire), par L. Lex et P. Martin... *Paris, typ. E. Plon*, 1890. In-8°, fig.

Ecole du Louvre (1891-1892). — Les Origines de l'art gothique. (Les sources du style Roman du VIII° au XI° siècle). Leçon d'ouverture... par L. Courajod. *Paris, L. Cerf*, 1891. In-8°. Extrait du *Bulletin des musées.*

Roger Peyre. — Les Beaux-arts dans l'antiquité. *Paris, Delagrave*, 1896. In-8°, fig.

Auguste Allmer, sa vie, son œuvre, par Joseph Buche. *Lyon, imp. Mougin-Rusand*, 1900. In-8°, portr. Extr. de la *Revue du Lyonnais.*

ART CHRÉTIEN.

Tableau chronologique des écoles catholiques de peinture en Italie, par M. le comte de Montalembert. *Paris, imp. E.-J. Bailly*, 1839. In-4°.

Dictionnaire iconographique des figures, légendes et actes des saints... et répertoire alphabétique des attributs qui sont donnés le plus ordinairement aux saints par les artistes, peintres, sculpteurs, graveurs, etc., du moyen-âge et des temps postérieurs... par M. L.-J. Guénebault. *Paris (Ateliers catholiques du Petit-Montrouge)*, 1850. In-4°.

De l'art chrétien, d'après le livre de M. Rio, par Ch. Lenormant. *Paris, imp. Raçon*, 1856. In-8°. Extrait du *Correspondant.*

Notes pour l'histoire de l'art chrétien dans le nord de la France, depuis la conversion de Clovis (496), jusqu'à la fin du XII° siècle, par M. Tailliar. *Paris, A. Pringuet*, 1858. In-8°. Extrait de la *Revue de l'art chrétien.*

Du nu dans l'art chrétien par M. H. Grimouard de Saint-Laurent. *Paris, A. Pringuet*, 1859. In-8°. Extrait de la *Revue de l'Art chrétien.*

De l'état actuel de l'art religieux en France. [Signé : Le comte de Montalembert]. In-8°. Défait de la *Revue des Deux Mondes.*

De l'art chrétien, par A. F. Rio. *Paris, Hachette*, 1861-1867. 4 vol. in-8°.

Porte-lampes du V° siècle de l'ère chrétienne représentant une basilique, par M. Peigné-Delacourt. *Arras et Paris*, 1866. In-8°. Extrait de la *Revue de l'Art chrétien.*

Léonce Mesnard. Trois études sur l'art chrétien. *Grenoble*, 1875. In-8°.

Sainte-Cécile et la Société romaine aux deux premiers siècles, par Dom Guéranger. *Paris, Didot*, 1874. In-4°, fig.

Jésus-Christ, par Louis Veuillot, avec une étude sur l'art chrétien, par E. Cartier... *Paris, Didot*, 1875. In-4°, fig.

Un Tétraptyque russe, par le R. P. J. Martinov... *Arras*, 1877. In-8°. Extrait de la *Revue de l'Art chrétien.*

Iconographie de saint Jean l'évangéliste, par le P. J. Martinov, s. j. *Arras*, 1879. In-8°. Extrait de la *Revue de l'Art chrétien.*

Les illustrations des écrits de Jérome Savonarole, publiés en Italie au XV° et au XVI° siècle et les paroles de Savonarole sur l'art, par Gustave Gruyer. *Paris, Firmin-Didot*, 1879. In-4°, fig.

Etudes sur l'histoire de la peinture et de l'iconographie chrétiennes, par E. Müntz. *Paris, G. Fischbacher*, 1882. In-8°.

Les grandes leçons de l'antiquité chrétienne depuis Moïse jusqu'à saint Augustin, par A. Pellissier. *Paris, Dumoulin*, 1890. Petit. in-4°, fig.

ICONOGRAPHIE.

Note intéressante sur les moyens de conserver les portraits peints à l'huile, *s. l. n. d. (Paris*, 1775.) In-8°.

Dissertation sur les portraits de François Ier et de Henri VIII, existant à l'Hôtel du Bourgtheroulde, par M. de la Quérière. *Rouen, F. Baudry*, 1828. In-8°.

Dictionnaire iconographique des figures, légendes et actes des saints tant de l'ancienne que de la nouvelle loi et répertoire alphabétique des attributs qui sont donnés le plus souvent aux saints par les artistes... par M. L. J. Guénebault... publié par l'abbé Migne... (*Paris*), 1850. In-4°.

Des œuvres littéraires et artistiques inspirées par Jeanne Darc. — Mémoire lu au congrès scientifique d'Orléans, par M. F. Dupuis... *Orléans, imp. A. Jacob*, 1852. In-8°.

Iconographia Mariana oder Versuch einer Literatur der Wunderthätigen Marienbilder... Mitgeschichtlichen Anmerkungen von Eduard-Maria Oettinger. *Leipzig, G. Remmelmann*, 1852. In-8°.

Iconographie historique de la France depuis les temps les plus reculés jusqu'en 1515. Recueil de portraits peints, sculptés, ciselés, etc., reproduits d'après les monuments originaux et accompagnés de notices historiques et critiques par A. Vallet de Viriville. — Projet et études. (*Paris*), 1853. In-8°.

Recherches iconographiques sur Jeanne Darc, dite la pucelle d'Orléans. Analyse critique des portraits ou œuvres d'art faits à sa ressemblance, par M. Vallet de Viriville... *Paris, Dumoulin*, 1855. In-8°.

Notes sur deux médailles de plomb relatives à Jeanne d'Arc et sur quelques autres enseignes politiques ou religieuses, tirés de la collection Forgeais, par M. Vallet de Viriville. *Paris, Didier*, 1861. In-8°. Extrait de la *Revue archéologique*.

Musée impérial de Versailles. — Le portrait authentique de Mlle de La Vallière. Notice par Eudore Soulié... *Versailles, imp. E. Aubert*, 1866. In-8°.

Essai sur l'iconographie de la compagnie

de Jésus, par le R. P. Alfred Hamy... *Paris, Rapilly*, 1875. In-8°.

Un portrait de Michel Letellier au musée du Louvre, par Louis Courajod. *Paris, H. Menu*, 1876. In-4°, fig. Extrait de la *Gazette des Beaux-Arts*.

Notice sur un faux portrait de Philibert Delorme, par M. Louis Courajod, *Paris*, 1877. In-8°. Extrait des *Mémoires de la Société des Antiquaires de France*.

Iconographie de J.-J. Rousseau, par A. Bachelier. *Paris, Sandoz*, 1878. In-8°.

Le Blason de Molière. — Etude iconographique, par Benjamin Fillon. *Paris, imp. J. Claye*, 1878. Gr. in-8°, fig. Extrait de la *Gazette des Beaux-Arts*.

Iconographie de Marie-Antoinette, 1770-1793, par M. le baron de Vinck. *Bruxelles, Fr. I. Olivier*, 1878. In-8°.

Iconographie voltairienne. Histoire et description de ce qui a été publié sur Voltaire par l'art contemporain, par Gustave Desnoiresterres. *Paris, Didier*, 1879. In-4°, fig.

Iconographie du roi René, de Jeanne de Laval, sa seconde femme et de divers autres princes de la maison d'Anjou... par Eugène Hucher. *Le Mans, E. Monnoyer*, 1879. In-8°, portr. Extrait de la *Revue historique et archéologique du Maine*.

Notes iconographiques sur Jeanne d'Arc, par E. de Bouteiller et G. de Braux. *Paris, Claudin*, 1879. In-8°, fig.

Essai iconographique sur saint Louis, par Gaston Le Breton. *Paris, J. Martin*, 1880. Gr. in-8°, fig.

Les portraits de Rabelais... par Georges d'Albenas. *Montpellier, C. Coulet*, 1880. In-4°, fig.

L'Iconographie russe. Lecture faite à la Société de Saint-Jean l'Evangéliste pour l'encouragement de l'art chrétien. [Signé : J. Martinov], *s. l. n. d.* In-8°.

BIBLIOGRAPHIE.

Bibliothèque de peinture, de sculpture et de gravure, par M. Christophe Théophile de Murr. *Francfort et Leipzig, J.-P. Knauss*, 1770. 2 vol. in-12.

Almanach historique et raisonné des architectes, peintres, sculpteurs, graveurs et cizeleurs; contenant des notions

sur les cabinets des curieux du royaume, sur les marchands de tableaux... dédié aux amateurs des arts. *Paris, Delalain et veuve Duchesne*, 2 vol. in-12, années 1776 et 1777.

Manuel bibliographique des Amateurs contenant l'état général de tous les

·· objets anciens et nouveaux qui sont relatifs aux lettres, aux sciences, aux arts, et qui se vendent journellement dans Paris... — Epoques des événemens. *Paris*, au bureau du *Journal de Paris*, 1780. In-8. — Iconographie.*Paris*, 1780. In-8°.

Notice illustrative of the Drawings and Sketches of some of the most distinguished masters in all the principal schools of design by the late Henry Reveley, esq. *London, Longman*, 1820. In-8°.

Catalogo ragionato dei libri d'arte e d'antichità posseduti dal conte Cicognara. *Pisa, N. Capurro*, 1821, 2 vol. in-8°.

Manuale bibliografico del viaggatore in Italia, concernente località, storia, arti, scienze ed antiquaria, del dottore Pietro Lichtenthal. *Milano, A. Fontana*, 1830. Petit in-8°.

Memorie Originali Italiane risguardanti le Belle Arti. (Da Michelagnolo Gualandi.) *Bologna*, 1840-1845. 6 vol. in-8°.

Catalogue des livres composant la bibliothèque de M. G. D. *Paris, H. Labitte*, 1843. In-8°.

Catalogue des livres en petit nombre composant la bibliothèque de M. Vivenel... *Paris, J. Techener*, 1844. In-8°.

Notice bibliographique sur la bibliothèque de M. Vivenel, architecte, entrepreneur général de l'Hôtel de Ville de Paris, par M. Alkan, aîné... *Paris, imp. H. Fournier*, 1845. In-8°. Extrait du *Journal des Artistes*.

Bibliographie historique et typographique de la ville de Paris, ou Catalogne de tous les ouvrages imprimés en français, relatifs à l'histoire de Paris depuis le XVe siècle, jusqu'au mois de novembre 1846, par A. Girault de Saint-Fargeau... *Paris, chez l'auteur*, 1847. In-8°.

Catalogo alfabetico dei libri d'arte e d'antichità posseduti da uno studioso amatore delle belle arti. *Milano, tip. Pagnoni*, 1848. Petit in-8°.

Rudolph Weigel's Kunstlager-Catalog. *Leipzig, R. Weigel*, 1849-1859, 5 vol. in-8°.

Catalogue raisonné d'une collection de livres... relatifs aux arts de peinture, sculpture, gravure et architecture... réunie par Jules Goddé. *Paris*, 1850. In-8°.

Catalogue de la bibliothèque de feu M. le baron Ch. de Vèze... *Paris*, 1855. In-8°.

Catalogue des livres composant la biblio-

thèque de feu M. Duchesne, aîné. *Paris*, 1865. In-12.

Catalogue of the library of the late Samuel Rogers, esq... *Londres*, 1856. In-8°.

Catalogue de livres sur les beaux-arts... provenant de la bibliothèque de M. R. D. (Robert-Dumesnil)... *Paris*, 1856. In-8°.

Catalogue des livres imprimés et manuscrits composant la bibliothèque de feu M. le comte A. Thibaudeau... *Paris*, 1857. In-8°.

Catalogue des livres, dessins, estampes et tableaux composant le cabinet de feu M.J.-B.-A. Lassus... *Paris, Delion*, 1858. In-8°.

Catalogue des livres, dessins et estampes, composant le cabinet de feu M. A.-P.-M. Gilbert. *Paris, Delion*, 1858. In-8°.

Catalogue des livres anciens et modernes... provenant du cabinet de M. Rob. D*** (Robert-Dumesnil)... *Paris*, 1858. In-8°.

Nécessité de réunir dans une publication spéciale tous les documents relatifs aux artistes anciens et aux artistes modernes. [Signé : Adolphe Siret.] *(Gand)*, 1858. In-8°. Extrait du *Compte-rendu du Congrès artistique et archéologique de Gand*.

Catalogue des livres, dessins et estampes composant le cabinet de feu M. A.-P.M. Gilbert... *Paris, Delion*, 1858. In-8°.

Catalogue de la bibliothèque de M. Martelli, de Florence... *Paris, L. Potier*, 1858. In-8°.

Catalogue des livres, manuscrits et imprimés composant la bibliothèque de M. Charles Sauvageot... avec une notice biographique par M. Le Roux de Lincy. *Paris, L. Potier*, 1860. In-8°.

Livres d'art formant la bibliothèque de M. C... B... (Charles Blanc)... *Paris*, 1861. In-8°.

Science and Art department of the committee of Council on education. — Catalogue of the art library, South Kensington museum. *London*, 1862. In-8°.

Catalogue de la bibliothèque de M. le chevalier B*** (Binda). *Paris*, 1863. In-8°.

Catalogue d'une collection de livres relatifs aux beaux-arts provenant de la bibliothèque de M. P. D*** (Deschamps)... *Paris*, 1864. In-8°.

De la Bibliomanie. A La Haye, 1761. *Paris, Jouaust* (1865). In-12.

Catalogue des livres de la bibliothèque de feu M. Charles Leblanc, *Paris*, 1865. In-8°.

Rudolp Weigel's Kunstlager - Catalog. *Leipzig, Weigel,* 1849-1866. 5 vol. in-8°.

Catalogue raisonné des livres de la Bibliothèque de M. Ambroise-Firmin Didot. — Tome premier. Livres avec figures sur bois. — Solennités. — Romans de chevalerie. 1ʳᵉ livraison. *Paris, Didot,* avril 1867. In-8°.

Science and art department of the Committee of council on education South Kensington. — Universal catalogue of Books on art... *London,* 1868. In-4°.

Catalog der hinterlassenen kunst-Sammlung des Hern Rudolph - Weigel in Leipzig. *Leipzig,* 1868, 2 vol. in-8°.

Science and Art Department of the committee of Council on education South Kensington. — The First proof of the universal catalogue of books on art... *London, Chapman and Hall,* 1870. 2 vol. in-4°.

Catalogue d'une collection de livres relatifs aux arts du dessin provenant de la bibliothèque de M. F. V. (Villot)... *Paris,* 1870. In-8°.

Catalogue of the Eastlake Library in the National Gallery. *London,* 1872. Gr. in-8°.

Catalogue des livres composant la bibliothèque de feu M. L. J. S. E. marquis de Laborde... *Paris,* 1872. In-8°.

Catalogue des livres composant la bibliothèque de feu M. L. J. S. E. marquis de Laborde. 2ᵉ partie... *Paris,* 1872. In-8°.

Catalogue méthodique de la bibliothèque de l'école nationale des Beaux-Arts, par Ernest Vinet. *Paris,* 1873. In-8°.

Bibliographie méthodique et raisonnée des Beaux-Arts, par M. Ern. Vinet [Compte-rendu par A. Choisy], *Paris,* avril 1874. In-8°. Extrait de la *Revue archéologique.*

Bibliographie méthodique et raisonnée des Beaux-Arts... par Ernest Vinet. ..*Paris, Didot,* 1874. In-8°. 1ʳᵉ livraison.

Eugène Mouton. La bibliothèque de l'école nationale des Beaux-Arts. *Paris, J. Baer,* 1875. In-8°.

Catalogue des livres composant la bibliothèque de feu M. Jules Taschereau... *Paris,* 1875. In-8°

Catalogue des ouvrages relatifs aux beaux-arts qui se trouvent à la bibliothèque municipale de Caen, par Gaston Lavalley, bibliothécaire-adjoint. *Caen, imp. Leblanc-Hardel,* 1876. In-8°. Extrait du *Bulletin de la Société des Beaux-Arts.*

Catalogue illustré des livres précieux, manuscrits et imprimés faisant partie de la bibliothèque de M. Ambroise-Firmin Didot... Juin 1878. In-4°, fig.

Catalogue des livres sur les Arts, tous bien reliés, composant la bibliothèque de M. R*** (Reiset)... *Paris,* 1879. In-8°.

Catalogue illustré des livres précieux, manuscrits et imprimés faisant partie de la bibliothèque de M. Ambroise-Firmin Didot... *Paris,* 1879. In-4°, fig.

Catalogue des livres, principalement sur les Beaux-Arts et la bibliographie, composant la bibliothèque de feu M. J.-F. Mahérault. *Paris, Labitte,* 1879. In-8°.

Mélanges bibliographiques. — Quelques livres non cités dans la quatrième et dernière édition du guide de l'amateur de livres à vignettes et à figures du XVIIIᵉ siècle (par le marquis de...) Allemagne Avril 1880. In-8°.

Essai d'une bibliographie de l'histoire spéciale de la peinture et de la gravure en Hollande et en Belgique (1500-1875), par J. F. van Someren. *Amsterdam, F. Muller,* 1882. In-8°.

Guide de l'amateur. — Bibliographie des ouvrages illustrés du XIXᵉ siècle, principalement des livres à gravures sur bois, par Jules Brivois, *Paris, J. Rouquette,* 1883. In-8°.

Catalogue des livres composant la bibliothèque de feu M. le baron James de Rothschild. *Paris, D. Morgand,* 1884. In-8°, portr. Tome 1ᵉʳ.

Bibliographie des livres à figures vénitiens, de la fin du XVᵉ siècle et du commencement du XVIᵉ. — 1469-1525, par le duc de Rivoli. *Paris, Techener,* 1892. Gr. in-8°, fig.

Vente d'une importante collection de catalogues de tableaux, dessins, estampes, meubles, bronzes et autres objets d'art de 1741 à 1879, ouvrages sur les Beaux-Arts... provenant du fonds de M. R*** (Rapilly). *Paris, Porquet,* 1892. In-8°.

POÈMES SUR LES BEAUX-ARTS.

La carta del navegar pitoresco.... opera de Marco Boschini. *In Venetia, per li Baba*, 1660. In-4°, fig., port.

La peinture, poème [signé : Ch. Perrault]. *Paris, Fréd. Léonard*, 1668. In-fol. de 27 pages, fig.

L'art de la peinture de C. A. Dufresnoy. traduit en françois.... seconde édition. *Paris, Nic. Langlois*, 1673. In-12, fig.

Epistre en vers d'un père à son fils sur la peinture. *A Paris, J. Estienne*, 1708. In-4°.

La Peinture, poème. *S. l. ni d. (Paris*, 1740). In-12.

La peinture. Ode de Melchior Telliab (Baillet de St-Julien). Traduite de l'anglais par M*** un des auteurs de l'Encyclopédie. *A Londres*, 1753. In-12.

L'art de peindre. Poème par M. Watelet, an 1755. In-4°. Manuscrit. Une note autographe de l'auteur indique que le manuscrit a été fait à la prière de Madame de Pompadour avant les corrections qu'il a subies et l'impression en deux formats.

La peinture, poème. 1755. In-8°, fig.

Le peintre-poète ou les passions par M. le Baron de St-Julien. Seconde édition.. 1757. In-12.

L'art de peindre, poème avec des réflexions sur les différentes parties de la peinture par M. Watelet.... *Paris, H. L. Guérin*, 1760. In-12, fig.

La peinture, poème couronné aux jeux floraux le 3 mai 1767, par M. Michel, d'Avignon... *A Lyon*, 1767. In-8°.

L'origine et le progrès des Arts. Epitre au Roi, par M. Waroquier. *Paris, Valleyre*, 1775. In-8°.

L'architecture, poème en trois chants par M. Mailler, architecte, *Paris, chez l'auteur*, 1781. In-8°.

L'Art de peindre. Traduction libre en vers français du poème latin de Charles Alphonse Dufresnoy avec des remarques dédiées à M. le Comte d'Angiviller...

par M. Renou.... *Paris, imp. de Monsieur*, 1789. In-8°.

Couplets chantés à la fête célébrée par les Artistes habitans du Palais national des Sciences et des Arts, des Galeries du dit Palais et par les sociétés Philotechnique et des Amis des Arts, le 13 Thermidor de l'an 6, jour de l'arrivée des monuments d'Italie au Muséum central des Arts... [signé : Joseph Lavallée]. *S. l. ni d.* In-12.

Poème sur les tableaux dont l'armée d'Italie a enrichi le Muséum, et sur l'utilité morale de la peinture.... par J. Lavallée ... *Paris, imp. Ch. Houel*, an VI. In-12.

Pièce de vers pour l'inauguration d'un temple dédié à l'Amitié, élevé sur les dessins de M. Gisors, architecte. *S. l. ni d.* In-4°.

Excelencias del pincel y del buril que en quatro Silvas cantaba D. Juan Moreno de Tejada.... *Madrid*, 1804. In-4°, fig.

Poésies de François Boher, peintre, statuaire, architecte.... *Perpignan, J. Alzine*, 1822. In-8°, 1re livraison. — *Perpignan, J. Alzine*, 1823. In-8°.

La Rapinéide, poème par un ancien rapin. *Paris*, 1838. In-8°.

Origine de la peinture par M. Auguste Maillet. Discours en vers. *Paris, Bonaventure et Ducessois*, 1855. In-8°.

La Tableaumanie par Barandeguy-Dupont *Paris, Ledoyen*, 1858. In-12.

Henry Ribadieu. Esope peintre. *Paris, Dentu*, 1858. In-18.

Les femmes artistes. Pièce en vers par M. Auguste Maillet, *Paris, Bonaventure et Ducessois*, 1861. In-8°.

L'antiquaire. Comédie en trois actes (1751) Précédée d'une étude sur les curieux au Théâtre par le Baron Ch. Davillier. *Paris, A. Aubry*, 1870. In-12.

La Rapinéide ou l'atelier : poème Burlesco-comico-tragique en 7 chants par un ancien rapin des ateliers Gros et Girodet. *Paris, Barraud*, 1870. In-8°, fig.

CONSERVATION ET DESTRUCTION
DES MONUMENTS DE L'ART.

Commission des Monuments.
Exposé succinct des travaux de la
Commission depuis son établissement
en novembre 1790. *S. l. ni d.* In-8°.

Instruction sur la manière d'inventorier
et de conserver, dans toute l'étendue de
la République, tous les objets qui
peuvent servir aux arts, aux sciences et
à l'enseignement, proposée par la
Commission temporaire des arts, et
adoptée par le Comité d'instruction
publique de la Convention nationale.
A Paris, de l'Imprimerie nationale.
L'an second de la République. In-4°.

Convention Nationale. Instruction
publique. Rapport sur les destructions
opérées par le vandalisme et sur les
moyens de le réprimer par Grégoire,
14 fructidor, an II. In-8°. — Second
rapport, 8 brumaire, an III. In-8°. — Troisième rapport, 24 frimaire, an III.
In-8°.

Lettres sur le préjudice qu'occasionne-
raient aux Arts et à la Science, le
déplacement des Monuments de l'Art de
l'Italie, le démembrement de ses écoles
et la spoliation de ses collections, Galeries, Musées, etc., par M. Quatremère
de Quincy. Nouvelle édition faite sur
celle de Paris de 1796. *Rome*, 1815.
In-8°.

Le Vandalisme en 1838 [signé : Le comte

de Montalembert]. In-8°. Défait de la
Revue des Deux-Mondes.

Idées pour une classification générale des
monuments. par M. J. Renouvier.
Montpellier, Bochin, 1847. In-4°. Extr.
des *Mémoires de l'Académie des sciences
et lettres de Montpellier.*

De la conservation des monuments historiques. 1789-1830. par M. A. R. *Paris,
B. Bance*, 1853. In-12. Extr. de l'*Encyclopédie d'architecture.*

Des concours pour les monuments publics
dans le passé, le présent et l'avenir par
M. César Daly... *Paris, A. Morel*, 1861.
Grand in-8°.

Les monuments de l'histoire de France.
Catalogue des productions de la sculpture, de la peinture et de la gravure
relatives à l'histoire de la France et des
français par M. Hennin. *Paris Delion.*
1856-1863, 10 volumes in-8°.

Institut de France. Sur la destruction récente de quelques monuments de
l'art, à Paris, par le vicomte Henri
Delaborde... lu dans la séance publique
annuelle des cinq académies, le mercredi
25 octobre 1871 (*Paris*). In-4°.

Rapport inédit de Grégoire, publié par
Ulysse Robert... *Paris, Menu*, 1876.
In-8°. Extr. du *Cabinet historique.*

ADMINISTRATION. — JURISPRUDENCE.

Quittances de peintres, sculpteurs et
architectes français, 1535-1711, extraites
par M. Ulysse Robert, de la collection
de quittances provenant de la Chambre
des Comptes... *S. l. ni d.* In-8°.

Statuts, ordonnances et règlements de la
communauté des Maistres ès Arts de
Peinture, Sculpture, Gravûre et Enlu-
minûre de cette Ville et Fauxbourgs de
Paris, tant anciens que nouveaux, avec
les Sentences et Arrests rendus en
conséquence. *Paris, C. Chenault*, 1682.
Pet. in-8°, fig.

Déclaration du Roy, pour l'érection et
établissement des Imprimeurs en Taille-
douce en Corps et Communauté, avec
deux Syndics. Du 27 février 1692. *Paris,
Estienne Michallet*, 1692. Gr. in-8°.

Déclaration du Roy pour unir et incor-
porer au corps et communauté des maistres graveurs de la ville et fauxbourgs
de Paris, les offices de Jurez créez par
édit du mois de mars 1691. (*Dinan*,
3 juillet 1692]. In-4° de 4 pages.

Statuts, ordonnances et réglemens de la

communauté des maistres de l'art de peinture et sculpture, graveure et enlumineure de cette Ville et Fauxbourgs de Paris, tant anciens que nouveaux..... A *Paris, chez Louis Colin*, 1698. In-4°, fig.

Sentence de M. le lieutenant de police rendue contre les Jurez des maîtres graveurs sur tous métaux. (*Paris*), *imp.* V. *Chouqueux*, (1699). In-4° de 2 pages.

Déclaration du Roy, rendue en faveur de la communauté des Maistres des Arts de peinture, sculpture, gravure, dorure et enluminure de la ville et fauxbourgs de Paris, donnée à Versailles, le 17 nov. 1705. *Paris, imp. Debats*, 1731. In-4° de 12 pages.

Lettres patentes portant établissement d'une Académie d'Architecture, donnée à Paris au mois de février 1717. *Paris*, Ve *Muguet*, 1717. In-4°.

Arrest du Conseil d'estat du Roy du 18 juillet 1722, qui déclare bonnes et valables les offres faites à l'Académie des Inscriptions, par le sieur Félibien, cy-devant trésorier de ladite Académie ; En conséquence, ordonne qu'il demeurera quitte et déchargé des condamnations contre luy prononcées par arrest du 23 may 1716 et permet à ladite Académie de retirer les effets déposés par le D. sieur Félibien. *Imp. G. Jouvenel.* In-4°.

Liste générale des noms et surnoms de tous les Maîtres Peintres-Sculpteurs, Graveurs, Etoffeurs, Enlumineurs et Marbriers de cette Ville et Fauxbourgs de Paris, tant anciens que modernes. Suivant l'ordre de leur réception pardevant Monsieur le Procureur du Roy au Châtelet. *Paris, Barthelemy Laisnel*, 1725. In-8°.

Arrest du Conseil d'estat du Roy, par lequel Sa Majesté a choisi et nommé, au lieu et place du sieur Jacques Duplessis, le sieur Jean-Baptiste Oudry... en qualité de peintre et dessinateur de la manufacture royale de tapisserie de Beauvais... du 22 juillet 1726. *Paris*, Ve *Saugrain et Pierre Prault*. In-8°.

Arrest de la Cour de Parlement, qui concerne la communauté des lapidaires jouailliers de la ville de Paris, du 19 Juillet 1727. *Paris, P. Simon.* In-4° de 4 pages.

Lettres patentes en forme d'édit portant création de huit nouveaux architectes de la seconde classe de l'Académie royale d'Architecture données à Versailles au mois de juillet 1728. *Paris, P. Simon*, 1728. In-4°.

Sentence de l'élection de Paris qui condamne **Maximilien-Joseph le Baigne,**

orfèvre, à faire amende-honorable et à être pendu, et en trois mille livres d'amende envers le fermier de la marque d'or et d'argent, en mille livres envers les gardes de l'orfèvrerie et dix livres envers le Roy et en tous les dépens, pour avoir esté trouvé saisi de faux poinçons, imitant ceux de la Maison commune et de la ferme desdits droits... du 4 aoust 1728. *Paris*, Ve *Saugrain et P. Prault*, 1729. In-4° de 20 pages.

Arrest diffinitif du Conseil rendu sur les dits motifs, qui casse et annule celui de la cour des Aydes et ordonne que lesdits treize plats et douze assiettes, seront remis au change de la monnoye de Paris, pour estre fondus et convertis en espèces aux coins et armes de Sa Majesté, la valeur confisquée, conformément à la sentence de l'élection du 4 aoust 1728 et payée au fermier desdits droits ; condamne en outre ledit André en 100 liv. d'amende pour chacune pièce, et en tous les dépens faits tant en l'élection qu'en la cour des Aydes, du 24 Juin 1729. *Paris*, Ve *Saugrain et P. Prault*, 1729. In-4° de 3 pages.

Sentence de l'élection de Paris et Arrest de la cour des Aydes des 23 Décembre 1729 et 23 May 1730, qui confisquent au profit du fermier de la marque d'or et d'argent des ouvrages d'argent déclarés marqués de faux poinçons, saisis sur Charles Despots fils, Jacqueline Genu, sa femme et Alexandre Lenoir, orfèvres à Paris ; les condamnent solidairement en 3.000 liv. d'amende et en tous les dépens. *Paris*, Ve *Saugrain et P. Prault*, 1730. In-4° de 15 pages.

Arrest du Conseil d'état du Roy, du 27 décembre 1729, rendu en faveur de la Communauté des Arts de peinture et sculpture sous le titre de l'Académie de Saint-Luc. (*Paris*), *imp. Laisnel*, 1730. In-4° de 5 pages.

Arrest de la Cour du Parlement rendu en faveur de la Communauté des maitres peintres et sculpteurs et Académie de Saint-Luc de la ville de Paris, à la poursuite et diligence de Messieurs Laurent, Danse, Robilliard et Adam, contre la Communauté des maitres graveurs de la même ville. (*Paris*), *imp. Knapen*, 1731. In-4° de 7 pages.

Arrest de la Cour du Parlement rendu en faveur de la Communauté des Arts de peinture, sculpture et Académie de Saint-Luc, contre la communauté des maistres Eventaillistes à la diligence des sieurs Gervais, Laurent, Pierre Danse, Jean Robilliard et J.-B. Adam... du 1er septembre 1731. (*Paris*), 1731. In-4° de 8 pages.

Arrests du Conseil des 14 Décembre 1731 et 19 Août 1732, le premier casse une sentence des officiers de l'élection de

Paris, confisque au profit du fermier de la marque d'or et d'argent, 14 pièces de sucriers saisis sur David André, marchand orfèvre, faute par lui de les avoir représentées aux commis lors de leur visite... Le second déboute ledit André de son opposition au dit arrêt et les maîtres et gardes de l'orfèvrerie de Paris de leur intervention. *Paris, P. Prault.* In-4° de 7 pages.

Sentence de l'élection de Paris, du 26 septembre 1732, qui déclare un plat et 12 manches de couteaux d'argent, neufs et finis et onze pièces d'argent vieilles, rendues au sieur Delaunay, acquis et confisqués, au profit du fermier de la marque d'or et d'argent sur Théodore Simon Reconseille et sa femme, orfèvre.. Arrest de la cour des Aydes du 9 juillet 1734, qui casse la sentence de l'élection... Trois arrest du Conseil des 1er février, 24 mars et 13 décembre 1735 (relatifs au même objet). *Paris, P. Prault*, 1736. In-4c de 4 pages.

Arrest du Conseil d'estat du Roi, du 8 septembre 1733, en interprétation du règlement général sur le fait de l'orfèvrerie et de la marque d'or et d'argent, du 30 décembre 1679, et lettres patentes sur icelui données à Fontainebleau, le 12 novembre 1733. *Paris, Ve Saugrain et P. Prault.* In-4° de 12 pages.

Arrest de la cour des Monnoyes concernant l'orfèvrerie, qui proroge d'un mois le tems porté par les lettes patentes du mois de novembre 1733, pour faire marquer, tant au bureau de la marque d'or qu'à celui de la maison commune, les ouvrages d'or et d'argent y spécifiés, du 23 décembre 1733. *Paris, Ve Saugrain et P. Prault*, 1734. In-4° de 3 pages.

Arrest de la Cour des Aydes qui casse la sentence de l'élection, en ce que lesdits Reconseille et sa femme, ont été condamnés solidairement à payer au fermier la valeur de onze pièces d'argent rendues au dit sieur Delaunay... du 29 juillet 1734. *Paris, P. Prault*, 1736. In-4° de 4 pages.

Trois arrests du Conseil d'estat du Roy, le premier casse et annule l'arrest de la Cour des Aydes, en ce qu'il a fait main levée au dit Reconseille, des onze pièces d'argenterie vieilles, qui lui saisies, les déclare acquises et confisquées au profit du fermier, et condamne le dit Reconseille et sa femme solidairement à lui en payer la valeur, du 1er février 1735. *Paris, P. Prault*, 1736. In-4° de 8 pages.

Arrest du Conseil d'estat du Roy, le second déboute ledit Reconseille et sa femme de leur opposition au premier arrest et en ordonne l'exécution, du 24 mars 1735. *Paris, P. Prault*, 1736. In-4° de 3 pages.

Arrest du Conseil d'estat du Roy. Le troisième déboute ledit Reconseille et sa femme de leur opposition aux deux premiers arrests, en ordonne l'exécution... du 13 décembre 1735. *Paris, P. Prault*, 1736. In-4° de 10 pages.

Lettres-patentes qui approuvent et confirment les nouveaux statuts de la communauté des peintres et sculpteurs de l'Académie de Saint-Luc de la ville, fauxbourgs et banlieue de Paris, fig. A la suite : Nouveaux règlements accordez aux directeurs-gardes, communauté et Académie de St-Luc... A *Paris, de l'imprimerie de d'Houry père*, 1752. In-4°.

Arrest du Conseil d'Etat du Roy, qui maintient et garde les graveurs en taille douce, au burin et à l'eau-forte, et autre manière telle que ce soit, dans le droit et possession de vendre et débiter, faire vendre et débiter par toutes sortes de personnes indistinctement dans tout le Royaume, les ouvrages de gravure dont ils sont les auteurs ou propriétaires... du 23 janvier 1742. *(Paris), imp. J. Vincent.* In-4° de 8 pages.

Réponse à la lettre de M. de XXX (sur l'établissement de la nouvelle école de peinture et de sculpture) de France, 1749. In-12.

Règlement pour l'Académie Royale de peinture et de sculpture du 12 Janvier 1751. *(Paris), J. F. Collombat*, 1751. In-4°.

Lettres patentes du Roy qui approuvent et confirment les nouveaux statuts de la Communauté et Académie de Saint-Luc de peinture-sculpture de la ville, fauxbourg et banlieue de Paris, avec les sentences, arrêts et réglements, concernant la dite Communauté... *Paris, D'Houry*, 1753. In-4°, front.

Statuts et privilèges du corps des marchands orfèvres-joyailliers de la ville de Paris... *Paris, Ch. Est. Chenault*, 1759. In-4°.

Lettres patentes du Roi, qui permettent au corps des orfèvres d'emprunter une somme de 97.400 liv. pour sa cotte-part de la somme de 700.000 liv. offerte au Roi par le corps des marchands de la ville de Paris, données à Versailles, le 20 mars 1762. *Paris, P. G. Simon*, 1762. In-4° de 4 pages.

Arrest de la Cour de Parlement en faveur des artistes logés aux Galeries du Louvre, du 20 aout 1763. *(Paris, imp. Prault).* In-4°.

Lettres-patentes du Roi portant établissement d'une école Royale gratuite de Dessin à Paris, donnée à Fontainebleau, le 20 octobre 1767. *Paris, P. G. Simon*, 1767. In-4°.

Arrest du Conseil d'etat du Roi, du 19 décembre 1767 (relatif à l'administration de l'Ecole Royale gratuite de dessin). (*Paris*), *Gueffier*, 1769. In-4° de 3 pages.

Lettres-patentes du Roi, portant établissement d'une école royale gratuite de dessin à Paris, données à Fontainebleau, le 20 octobre 1767. (*Paris*), *Gueffier*, 1769. In-4° de 4 pages.

Arrest de la Cour des Monnoyes, qui fait défenses aux maîtres orfèvres de protéger les ouvriers sans qualité, du 22 mai 1773. *Paris, P. G. Simon*. In-4° de 3 pages.

Déclaration du Roi, pour nouvelle administration des Bâtimens du Roi, donnée à Versailles, le 1er septembre 1776. In-4°.

Lettres patentes du Roi portant nouveaux statuts et règlements pour l'Académie royale d'Architecture, données à Versailles, au mois de novembre 1775. *Paris, P. G. Simon*, 1776. In-4°.

Arrest du Conseil d'état du Roi, concernant l'école royale gratuite de dessin, du 13 avril 1776. *Paris, Imp. Royale*, 1776. In-4° de 3 pages.

Déclaration du Roi en faveur de l'Académie royale de Peinture et de Sculpture, donnée à Versailles, le 15 mars 1777. *Paris, Imp. Royale*, 1777. In-4°.

Déclaration du Roi en faveur de l'Académie royale de peinture et de sculpture, donnée à Versailles, le 15 mars 1777. *Paris, P. G. Simon*, 1777. In-4°.

Déclaration du Roi qui réunit à Paris, en un seul et même corps, les orfèvres, tireurs d'or, batteurs d'or et d'argent; et à Lyon, les orfèvres, tireurs, écacheurs, fileurs, batteurs d'or et d'argent, et paillonneurs en une seule et même communauté, donnée à Versailles, le 9 mai 1777. *Paris, P. G. Simon*, 1777. In-4° de 4 pages.

Déclaration du Roi concernant la police de la maison commune du corps de l'orfèvrerie, donnée à Versailles, le 3 Juillet 1777. *Paris, P. G. Simon*, 1777. In-4° de 4 pages.

Déclaration du Roi portant création, dans la ville de Versailles, d'une communauté de peintres, doreurs, vernisseurs, sculpteurs et marbriers, à l'instar des autres communautés établies par l'édit d'avril 1777, donnée à Versailles, le 30 Janvier 1778. *Paris, imp. P. G. Simon*, 1778. In-4° de 3 pages.

Arrest de la Cour de parlement, rendu en faveur de la Communauté des Arts de peinture et sculpture, contre la Communauté des maîtres éventaillistes, à la diligence du sieur Christophe Cau... (*Paris*), *imp. Louis Colin, s. d.* In-4° de 19 pages.

Lettres-patentes du Roi, portant suppression de la communauté des maîtres lapidaires et leur réunion au corps des maîtres orfèvres-jouailliers, tireurs et batteurs d'or, données à Versailles, le 17 mars 1781. *Paris, P. G. Simon*. In-4° de 6 pages.

Déclaration du Roi portant suppression d'une des professions de lapidaire privilégié et réunion de l'autre à celles d'orfèvres, joailliers, tireurs et batteurs d'or privilégiés de la cour, maison et suite de sa majesté, à la nomination du Prévôt de l'Hôtel, donnée à Versailles, le 12 septembre 1781. *Paris, P. G. Simon*, 1782. In-4° de 4 pages.

Arrest de la Cour des Monnoies, qui ordonne que les maîtres et marchands orfèvres seront tenus de marquer de leurs poinçons tous les ouvrages d'or et d'argent, et ce tant aux corps et pièces principales qu'aux pièces d'appliques et garnisons qui en pourront recevoir l'empreinte sans être détériorées et ce sous peine d'amende, du 12 janvier 1782. *Paris, P. G. Simon*, 1782. In-4° de 4 pages.

Arrest du Conseil d'état du Roi qui renvoie pardevant le sieur Lieutenant général de police de la ville de Paris, les contestations entre les ouvriers de la manufacture de cristaux et émaux de la Reine, située à Sèves et les intéressés en icelle, du 16 décembre 1785. *Paris, Imp. Royale*, 1786. In-4° de 3 pages.

Arrest du Conseil d'état du Roi, qui nomme le sieur Chardon, maître des Requêtes, pour être chargé en qualité de commissaire de Sa Majesté, de la suite des affaires concernant l'exploitation des fonderies royales d'Ludret et de Montcenis, et de la manufacture des cristaux de la Reine, du 10 décembre 1786. *Paris, Imp. Royale*, 1787. In-4° de 3 pages.

Mémoire pour le sieur Moreau, architecte du Roi et chevalier de son ordre. *Paris, N. H. Nyon*, 1790. In-4° de 8 pages.

Observation du sieur Poyet, achitecte du Roi et de la ville de Paris, sur le mémoire imprimé et distribué par le sieur Moreau... *Paris, imp. Devaux*, 1790. In-4° de 14 pages.

Opinion de M. Huet-Froberville, député du département du Loiret sur le rapport du Comité d'Instruction publique, et sur la pétition des Artistes concernant la nomination des juges pour les prix d'encouragement accordés aux arts, par l'Assemblée Nationale Constituante. *S. l. ni d.* (*Paris*), *Impr. Nationale*. In-8°.

Projet d'un monument et fête patriotique, par Gois, sculpteur du Roi. *Paris, de l'Imprimerie Nationale*, 7 février 1790. In-8°.

Adresse à l'Assemblée Nationale, par la presque totalité des officiers de l'Académie Royale de peinture et de sculpture auxquels se sont joints plusieurs Académiciens. (*Paris*), V⁰ *Hérinant*, 30 nov. 1790. In-4° de 36 pages.

Grande motion de M. de Chartres au club des Amis de la Constitution, en faveur des Artistes peintres, sculpteurs et graveurs de Paris. *S. l. ni d.* In-8°.

Adresse à l'Assemblée Nationale, par les graveurs et propriétaires de planches gravées. (*Paris*), mars 1791. In-4°.

Considérations sur les Arts du dessin en France, suivies d'un plan d'Académie ou d'Ecole publique et d'un système d'encouragement par M. Quatremère de Quincy. *Paris, Desenne*, 1791. In-8°.

Seconde suite aux considérations sur les Arts du dessin ou projet de règlement pour l'école publique des Arts du dessin, et de l'emplacement convenable à l'institut National des Sciences, Belles-lettres et Arts, par M. Quatremère de Quincy. *Paris, Desenne*, 1791. In-8°.

Suite aux considérations sur les Arts du dessin en France, ou Réflexions critiques sur le projet de statuts et règlements de la majorité de l'Académie de Peinture et sculpture, par M. Quatremère de Quincy. *Paris, Desenne*, 1791. In-8°.

Seconde suite aux considérations sur les Arts du dessin, ou projet de Règlements pour l'Ecole publique des Arts du Dessin et de l'emplacement convenable à l'Institut national des Sciences, Belles-lettres et Arts, par M. Quatremère de Quincy. *Paris, Desenne*, 1791. In-8°.

Loi relative aux secours provisoires à accorder aux artistes pauvres, donnée à Paris, le 12 septembre 1791. (*Troyes, imp. Sainton*). In-4°.

Réfutation de la seconde suite aux considérations sur les Arts du dessin, par M. Quatremère de Quincy, [signé : Renou]. (*Paris*), 20 juin 1791. In-4°.

Adresse à l'Assemblée nationale, par les membres de l'Académie d'Architecture soussignés et projet de règlement pour une Académie nationale des Arts. Section de l'Architecture. 14 février 1791. *Paris, imp. Didot*, 1791. In-4°.

Précis motivé par les officiers de l'Académie royale de Peinture et Sculpture et plusieurs Académiciens qui s'y sont joints, pour servir de réfutation à un projet de statuts d'Académie centrale,

par quelques Académiciens, [signé : Vien. Renou]. (*Paris*). V⁰ *Hérissant*, 1791. In-4°.

Décret de la Convention Nationale du 18 octobre 1792. Réunion des Commissions établies pour la conservation des monumens des arts et sciences. *Paris, Imp. Nationale*, 1792. In-4° de 4 pages.

Décret de la Convention nationale du 25 Novembre 1792, qui supprime la place de directeur de l'Académie de France de peinture, sculpture et architecture établie à Rome et suspend dans toutes les académies de France tous remplacemens et toutes nominations. *Paris, Imp. Nationale*, 1792. In-4° de 2 pages.

Compte-rendu à la Convention nationale, par la Commission supprimée des monuments et servant de réponse au rapport du Conseil d'Instruction publique. *S. l. ni d.* In-8°.

Adresse, mémoire et observations présentés à l'Assemblée Nationale par la Commune des Arts qui ont le dessin pour base. *Paris*, 1791. In-8°.

Projet de décret sur les récompenses nationales pour les artistes, en exécution de la loi du 22 août 1790, présenté à l'assemblée nationale par son comité d'agriculture et de commerce. *Paris, Imp. Nationale*, 1791. In-8°.

Convention Nationale. Pétition présentée à la Convention Nationale par une réunion d'artistes. Imprimée par ordre de la Convention. (*Paris*), *Imp. Nationale. S. d.* In-8°.

Convention Nationale. Rapport fait au nom du Comité d'Instruction publique sur les concours de sculpture, peinture et architecture ouverts par les décrets de la Convention nationale, par Portiez (de l'Oise)... (*Paris*). In-4°.

Convention Nationale. Rapport fait au nom du Comité d'Instruction publique par David, sur la nomination des cinquante membres du jury qui doit juger le concours des prix de peinture, sculpture et architecture. *Paris, Imp. Nationale. S. d.* In-8°.

Projet de décret du Comité d'instruction publique sur les réclamations des Artistes qui ont exposé au Salon du Louvre. (*Paris*), *impr. Nationale. S. d.* In-8°.

Essai sur les fêtes nationales, suivi de quelques idées sur les arts et sur la nécessité de les encourager, adressé à à la Convention nationale, par Boissy d'Anglas... *Paris*, an II. In-8°.

Convention Nationale. Rapport fait à la Convention nationale, par David [relatif à un monument devant consacrer le souvenir du triomphe du peuple sur la tyrannie et la superstition]. (*Paris*), *Imp. Nationale. S. d.* In-8°.

Arrêtés du Comité de salut public relatifs aux monuments publics, aux arts et aux lettres. *S. l. ni d.* In-4°.

Décret de la Convention nationale du 15° jour de Pluviose, an II, additionnel à celui du 25 brumaire, contenant la liste des citoyens choisis pour composer le jury de peinture, sculpture et architecture. *Paris, Imp. Nationale*, an II. In-4° de 2 pages.

Procès-verbal de la première séance du Jury des Arts, nommé par la Convention nationale... *S. l. ni d.* (17 pluviose, an II). In-8°.

Décret de la Convention nationale du 18° jour de pluviose, an II, qui nomme les membres de la Commission temporaire des arts et désigne les inventaires dont ils se sont respectivement chargés. *Paris, Imp. Nationale*, an II. In-4° de 4 pages.

Quelques idées sur les Arts, sur la nécessité de les encourager, sur les institutions qui peuvent en assurer le perfectionnement et sur divers établissements nécessaires à l'enseignement public, adressées à la Convention nationale et au Comité d'instruction publique, par Boissy d'Anglas. (*Paris*), *Imp. Nationale*, 25 pluviose, an II. In-8°.

Décret de la Convention nationale du 8° jour du 2° mois de l'an II... qui prescrit le mode de jugement du concours pour les prix d'architecture, de sculpture et de peinture. *Paris, Imp. Nationale*, an II. In-4° de 2 pages.

Décret de la Convention nationale du 21° jour de ventose an II, relatif à l'exportation des productions des arts et du luxe, *Paris, Imp. Nationale*, an II. In-4° de 2 pages.

Académie de peinture et de sculpture. Année 1793. (Annuaire). *Paris, V° Hérissant*, 1793. In-12.

Décret de la Convention nationale du 29 mars 1793, relatif au don fait par David, d'un tableau représentant Michel Lepelletier sur son lit de mort. *Paris, Imp. Nationale*, 1793. In-4° de 2 pages.

Décret de la Convention nationale du 21° jour de floréal an II, relatif aux tableaux qui seront exécutés en tapisserie à la manufacture des Gobelins. *Paris, Imp. Nationale*, an II. In-4° de 1 page.

Décret de la Convention nationale du 13 avril 1793, qui prononce la peine de deux ans de détention contre ceux qui mutileront ou casseront les chefs-

d'œuvre de sculpture du Jardin des Tuileries et autres lieux. *Paris, Imp. Nationale*, 1793. In-4° de 2 pages.

Décret de la Convention nationale du 5 mai 1793... qui invite les artistes à concourir pour présenter un projet de division du local compris entre le Carrousel, la rue Saint-Nicaise, la rue Saint-Honoré, etc... *Paris, Imp. Nationale*, 1793. In-4°.

Convention nationale. Commission temporaire des arts, adjointe au Comité d'instruction publique. Rapport fait au nom des Commissaires envoyés dans le département de Seine-et-Oise à la Commission temporaire des Arts par Varon. (*Paris*), 10 messidor an II. In-8°.

Convention nationale. Rapport sur la fête héroïque pour les honneurs du Panthéon à décerner aux jeunes Barra et Viala, par David. Séance du 23 Messidor an 2 de la République... (*Paris*), *Imp. Nationale.* In-8°.

Décret de la Convention nationale du 30 Juin 1793, qui appouve le programme du concours, pour le plan de division du local compris entre les rues adjacentes au Palais national. *Poligny, imp. J. V. Breyton.* In-4° de 7 pages.

Décret de la Convention nationale du 30 Juin 1793... qui approuve le programme du concours pour le plan de division du local compris entre les rues adjacentes au Palais national. *Paris, Imp. Nationale*, 1793. In-4°.

Décret de la Convention nationale du 1er Juillet 1793... concernant les jeunes artistes qui remporteront les premiers prix en peinture, sculpture ou architecture... *Chartres, Labalte.* In-4°.

Décret de la Convention nationale du premier juillet 1793, l'an second de la République française concernant les jeunes artistes qui remporteront les premiers prix en peinture, sculpture ou architecture. *Besançon*, 24 juillet 1793. In-4°.

Décret de la Convention nationale du 1er Juillet 1793, concernant les jeunes artistes qui remporteront les premiers prix en peinture, sculpture ou architecture. *Paris, Imp. Nationale*, 1793. In-4° de 2 pages.

Décret de la Convention nationale du 19 Juillet 1793, relatif aux droits de propriété des auteurs d'écrits de tout genre, des compositeurs de musique, des peintres et des dessinateurs. *Paris, Imp. Nationale*, 1793. In-4° de 3 pages.

Décret de la Convention nationale du du 7 août 1793, relatif aux ouvrages présentés au concours pour les prix des

Académies de peinture, sculpture et architecture. *Paris, Imp. Nationale,* 1793. In-4° de 2 pages.

Décret de la Convention nationale du 8 août 1793, portant suppression de toutes les académies et sociétés littéraires patentées ou dotées par la nation. *Paris, Imp. Nationale,* 1793. In-4° de 2 pages.

Convention nationale. Rapport et décret sur la fête de la Réunion Républicaine du 10 août, présentés au nom du Comité d'Instruction publique, par David, député du département de Paris. *Imprimerie Nationale, s. d.* In-8°.

Convention nationale. Rapport et décret sur la fête de la réunion républicaine du 10 août, présentés au nom du Comité d'instruction publique, par David... (*Paris*), *Imp. Nationale, s. d.* In-8°.

Convention nationale. Rapport fait au nom du Comité d'Instruction publique, par David, député de Paris, pour l'explication de la médaille frappée en commémoration de la réunion civique du 10 août 1793... (*Paris*), *Imp. Nationale, s. d.* In-8°.

Décret de la Convention nationale du 19 août 1793, relatif aux jeunes élèves qui depuis la Révolution ont remporté les premiers prix de peinture, sculpture et architecture. *Dôle, J. F. X. Joly.* In-4° de 2 pages.

Décret de la Convention nationale du 20 août 1793, portant qu'il sera frappé une médaille pour perpétuer le souvenir de la réunion républicaine du 10 août 1793 et faisant défenses à tout citoyen de porter cette médaille ou celle de la fédération de 1790, en signe de décoration. *Paris, Imp. Nationale.* In-4° de 3 pages.

Réflexions présentées à la Commune des Arts dans sa séance du 17 septembre 1793, 2° de la république française, par le citoyen Allais, architecte. *Paris.* In-4°.

Décrets de la Convention nationale des 2 et 4 octobre 1793, qui accordent à René Descartes, les honneurs dûs aux grands hommes et ordonnent de transférer au Panthéon français, son corps et sa statue, faite par le célèbre Pajou. *Paris, Imp. Nationale,* 1793. In-4° de 3 pages.

Convention nationale. Discours prononcé par le citoyen David, dans la séance du 17 brumaire l'an II [Projet d'un monument à élever sur le Pont-Neuf, formé de fragments mutilés des statues des Rois de France). (*Paris*), *Imp. Nationale.* In-8°.

Décrets de la Convention nationale du

9 et 25 brumaire an II, relatifs au jugement du concours pour les prix de sculpture, peinture et architecture. *Paris, Imp. Nationale,* an II. In-4° de 4 pages.

Décret de la Convention nationale du 8° jour du 2° mois de l'an 2° de la République française, une et indivisible, qui prescrit le mode de jugement du concours pour les prix d'architecture, de sculpture et de peinture. *Besançon,* 27 Brumaire an 2°. In-4°.

Décret de la Convention nationale du 27° jour de brumaire an II, qui consacre par un monument le triomphe du peuple français sur la tyrannie et la superstition. *Paris, Imp. Nationale,* an II. In-4° de 4 pages.

Décret de la Convention nationale du 28 brumaire an II, qui détermine le sujet et la légende du sceau de l'État. *Paris, Imp. Nationale,* an II. In-4° de 2 pages.

Décrets de la Convention nationale des 24, 26 brumaire et 5 frimaire, an 2° de la République... qui décernent les honneurs du Panthéon à Marat ; ordonnent que son corps y remplacera celui de Mirabeau et que le jour de son apothéose sera une fête pour la république. *Paris, Imp. Nationale,* an II°. In-4°.

Décrets de la Convention nationale des 9° et 25° jours de Brumaire an second de la République française une et indivisible relatifs au jugement du Concours avec les prix de sculpture, peinture et architecture. *Besançon,* 7 frimaire an 2°. In-4°.

Convention nationale. Rapport fait à la Convention au nom du Comité d'Instruction publique, par Mathieu, député, 28 frimaire an II. In-8°. Relatif à la suppression de la Commission des monuments.

Convention nationale. Rapport fait au nom du Comité d'Instruction publique sur les concours de sculpture, peinture et architecture ouverts par les décrets de la Convention nationale, par Portiez (de l'Oise), représentant du peuple. (*Paris,* an III). In-4°.

Essai sur les moyens d'encourager la peinture, la sculpture et la gravure, par J.-B. P. Lebrun... *Paris,* an III. In-8°.

Convention nationale. Instruction publique. Rapport sur les encouragemens, récompenses et pensions à accorder aux savans, aux gens de lettre et aux artistes, séance du 17 vendémiaire, l'an 3 de la République... suivi du décret de la Convention nationale... (*Paris*), *Impr. Nationale...* in-8°.

Considérations sur les avantages de changer le costume français par la société populaire et républicaine des Arts, [signé : Bienaimé et Wicard]. (*Paris*), *imp. Fantelin, s. d.* In-8°.

Corps législatif. Conseil des Cinq-cents. Rapport et projet de résolution au nom d'une Commission sur la pétition des peintres, sculpteurs, graveurs, architectes, relativement au droit des patentes, par L. S. Mercier. Séance du 25 vendémiaire an V. (*Paris*), *Imp. Nationale.* In-8°.

Corps législatif. Conseil des Anciens. Opinion de Crenière, sur la résolution tendante à exempter du droit de patente, les officiers de santé jadis connus sous les noms de médecins et chirurgiens, et les peintres, sculpteurs, graveurs et architectes. Séance du 5 nivôse an V. (*Paris*), *Imp. Nationale.* In-8°.

Réflexions sur la propriété des Arts et du Génie [signé : Joubert]. (*Paris*), 9 fructidor an IX. In-4°.

Projet d'organisation d'une nouvelle direction générale des Arts et moyens de les faire fleurir dans toutes les villes de l'empire français... *Paris*, septembre 1805. In-8°.

De l'Administration des Beaux-Arts en France. *Paris, A. G. Brunet*, 1826. In-8°.

Institut royal de France. Académie des Beaux-Arts. Rapport sur la propriété littéraire. *Paris. S. d.* In-4°.

Du Concours en fait d'ouvrages d'art et de travaux publics, par M. Raoul Rochette. *Paris*, 1830. In-8°.

A Messieurs les Députés. Mémoire en faveur des Beaux-Arts, par un avocat-artiste. *Paris, chez l'auteur*, 1831. In-8°.

De l'état et de la direction des Arts en France, des règlemens et usages en vigueur, des réformes nécessaires et des moyens d'augmenter les encouragemens, par M. D. *Paris, imp. Ducessois*, 1835. In-8°. Extrait du *Journal des Artistes.*

Examen du projet de loi sur la propriété des ouvrages d'art en ce qui concerne le droit de reproduction, par Etienne Blanc. *Paris*, 1841. In-8°.

Du droit des peintres et des sculpteurs sur leurs ouvrages, par Horace Vernet. *Paris, imp. E. Proux.*, 1841. In-8°.

Chambre des députés. Session de 1840-1841. Discours prononcé par M. Dupin, député de la Nièvre, sur le droit de gravure des tableaux ; et la nécessité pour les peintres d'expliquer, au moment de la vente, s'ils entendent faire la réserve ou l'abandon de ce droit. *Paris, imp. Panckoucke.* In-8°.

Chambre des députés. Session de 1840-1841. Discours prononcé par M. Dupin, député de la Nièvre dans la discussion de la loi sur la propriété littéraire ; sur le droit des auteurs de disposer de leurs manuscrits par don ou legs. (*Paris*), 25 et 26 mars 1841. In-8°.

A Messieurs les députés de l'Assemblée nationale. (*Paris*), *imp. J. Gorsas, s. d.* In-8°. [Réclamation des peintres paysagistes, signée Charles François Nivard].

Rapport sur l'Administration des Travaux publics sur les Cimetières. Lu au Conseil général par le citoyen Avril. *S. l. ni d.* In-8°.

De l'Administration dans ses rapports actuels avec les artistes. *Paris, Delaunay, s. d.* In-8°.

Des améliorations à introduire dans l'Administration des Beaux-arts. *S. l. ni d.* In-8°.

Catalogue des écrits, gravures et dessins condamnés depuis 1814 jusqu'au 1er Janvier 1850, suivi de la liste des individus condamnés pour délits de presse. *Paris, Pillet*, 1850. In-8°.

Comment faut-il encourager les Arts par Louis Viardot... *Paris, Vᵉ J. Renouard*, 1861. In-12.

Des Sociétés des Amis des Arts en France, par Léon Lagrange. *Paris*, 1861. In-4°. Extr. de la *Gazette des Beaux-Arts.*

Henri Bordeaux. De la réforme dans les Beaux-arts... *Paris, Desloges*, 1863. In-8°.

La réforme de l'école des Beaux-arts et l'opposition, par un élève. *Paris, A. Morel*, 1863. In-8°.

Ecole Impériale des Beaux-arts. Examen critique du Rapport adressé à S. E. le Maréchal de France, ministre de la maison de l'empereur et des Beaux-arts, par M. le comte de Nieuwerkerke, surintendant des Beaux-Arts. *Paris, Dentu*, 1864. In-8°.

Les Théories de l'Institut (section des Beaux-arts) et le XIXᵉ siècle, par A. Chirac... *Paris, A. Morel*, 1864. In-8°. Extr. du *Bulletin de la Société du Progrès de l'art industriel.*

Intervention de l'état dans l'enseignement des Beaux-arts, par E. Viollet-le-Duc, architecte. *Paris, A. Morel*, 1864. In-8°.

Le duc d'Antin et Louis XIV. Rapports sur l'Administration des bâtiments annotés par le Roi, publiés avec une préface, par J. J. Guiffrey. *Paris.* Académie des Bibliophiles. janvier 1869. In-12.

A l'Assemblée nationale. Sur la nécessité de transférer l'administration des beaux-arts du Ministère de l'Intérieur à celui de l'instruction publique, [signé : Ph. de Ch. (Philippe de Chennevières)]. (*Paris*), *s. d.* In-8°.

Etudes critiques sur l'administration des Beaux-arts en France, de 1860 à 1870, par Emile Galichon. *Paris, Gazette des Beaux-Arts*, 1871. In-8°.

Allocutions prononcées dans diverses solennités intéressant la direction des Beaux-arts (1874-1878), par Ph. de Chennevières. *Bellême, imp. E. Ginoux*, 1878. In-8°.

Rapport adressé à M. le Ministre de l'instruction publique, des cultes et des beaux-arts sur l'administration des arts, depuis le 23 décembre 1873, jusqu'au 1er janvier 1878. *Paris, imp. P. Mouillot*, 1878. In-8°.

ACADÉMIE ROYALE DE PEINTURE ET DE SCULPTURE.
ACADÉMIE D'ARCHITECTURE.

Leçons données dans l'Académie Royale de la Peinture et Sculpture par A. Bosse. Traités des pratiques géométrales et perspectives.... *Paris, chez l'auteur*, 1665. In-8°, fig.

Conférences de l'Académie Royale de Peinture et de Sculpture pendant l'année 1667. *Paris, chez F. Léonard*, 1669. In-4°.

Liste des tableaux et pièces de Sculpture exposez dans la court du Palais-Royal par Messieurs les Peintres et Sculpteurs de l'Académie Royale. *De l'imprimerie de Pierre le Petit, imprimeur et libraire ordinaire du Roy*, 1673. In-4°.

Establissement de l'Académie royale de peinture et de sculpture par lettres patentes du Roy vérifiées en Parlement. *Paris*, 1693. In-4°.

Conférence de Monsieur Le Brun premier peintre du roy de France, chancelier et directeur de l'Académie de peinture et sculpture...... *Amsterdam* et *Paris, chez E. Picart le Rom.*, 1698. In-12, fig.

Liste des tableaux et des ouvrages de Sculpture exposez dans la grande galerie du Louvre, par Messieurs les peintres et sculpteurs de l'Académie Royale, en la présente année 1699. *Paris, Coignard*. — Suivent les catalogues des expositions des académiciens en 1761, 1763, 1765, 1767, 1769, puis le catalogue de vente d'un « Cabinet de diverses curiosités » en 1752, *Paris, Ve Delorme*, d'une collection de tableaux, dessins et estampes provenant en partie de la succession de J. B. de Troy, directeur de l'Académie de Rome. *Paris. Didot l'aîné*, 1764, enfin le « Catalogue de desseins et estampes de choix, en feuilles, des maîtres anciens des trois

écoles,..... du cabinet de M. Chavray, avocat.... *Paris, Joullain fils, marchand d'estampes*, 1766. In-16.

Liste des tableaux et des ouvrages de Sculpture, exposez dans la grande Gallerie du Louvre, par Messieurs les peintres et sculpteurs de l'Académie royale, en la présente année 1704. *Paris, de l'imprimerie de Jean-Baptiste Coignard*, 1704. In-12.

Etablissement de l'Académie royale de peinture et de sculpture par lettres patentes du Roy vérifiées en Parlement. *Paris, Jacq. Collombat*, 1723. In-4°. Mar. rouge. Aux armes du Cardinal de Fleury.

Etablissement de l'Académie royale de peinture et de sculpture, par lettres patentes du Roy vérifiées en Parlement. *Paris, J. Collombat*, 1723. In-4° de 122 et 6 pages.

Explication des tableaux exposez dans la Galerie d'Apollon, par Messieurs les peintres de l'Académie royale de peinture et de sculpture au mois de May 1727. In-4°.

Lettres patentes, portant établissement d'une académie d'architecture. Données à Paris au mois de février 1717. *Paris, Simon, imprimeur du Parlement*, 1728.

Explication des peintures, sculptures et autres ouvrages de Messieurs de l'Académie royale, dont l'exposition a été ordonnée suivant l'intention de Sa Majesté.... dans le grand Salon du Louvre, à commencer au 18 aoust prochain, jusqu'au cinq septembre de la présente année 1737. *Paris, imp. de J. Collombat*. In-12.—Suivent les livrets de treize autres expositions, y compris celle de 1755.

Explication des peintures, sculptures et gravures de Messieurs de l'Académie Royale dont l'exposition a été ordonnée ... , pour l'année 1755. *Paris, J. J. E. Collombat*, 1755. In-12. — 1767. *Paris, Hérissant, père*, 1767. In-12. — *Paris, Hérissant, père*, 1771. In-12.

Explication des peintures, sculptures et gravures de Messieurs de l'Académie royale dont l'exposition a été ordonnée ..... dans le grand Salon du Louvre pour l'année 1757. *Paris, imp. de J. J. E. Collombat*. In-12. — Suivent les autres livrets, y compris celui de 1771.

Explication des peintures, sculptures et gravures de Messieurs de l'Académie royale.... *Paris, imp. de la Vᵉ Herissant*, 1773. In-12. — Suivent les autres livrets, y compris celui de 1787.

Lettres patentes du Roi portant nouveaux Statuts et Règlemens pour l'Académie royale d'Architecture, données à Versailles au mois de novembre 1775. (*Paris*). In-4°.

Déclaration du Roi en faveur de l'Académie royale de peinture et de sculpture, donnée à Versailles le 15 mars 1777. (*Paris*). In-4°.

Mémoire sur l'Académie royale de Peinture et Sculpture par plusieurs membres de cette Académie. *S. l. ni d.* In-4° de 36 pages.

Description sommaire des ouvrages de peinture, sculpture et gravure exposés dans les salles de l'Académie Royale par M. D*** (Dargenville). *Paris, De Bure*, 1781. In-12, front.

Académie royale de peinture et de sculpture. Année 1788. (Annuaire). *Paris, imp. des Bâtimens du Roi*, 1788. In-12.

Lettre à M. Vien, chevalier de l'ordre du Roi, premier peintre et Directeur de l'Académie Royale de peinture.[Signée : Miger, graveur du Roi]. (*Paris*, 20 novembre 1789.) In-8°.

Académie royale de peinture et de sculpture. Année 1789. (Annuaire). *Paris, imp. des Bâtimens du Roi*, 1789. In-12.

Mémoire sur l'Académie royale de peinture et de sculpture par plusieurs membres de cette académie. *Paris, imp. Vᵉ Valade*, 1790. In-4°.

Esprit des statuts et règlemens de l'Académie royale de peinture et de sculpture, pour servir de réponse aux détracteurs de son régime. [Signé : Renou]. (*Paris*), 11 septembre 1790. In-4°.

Projet de statuts et règlements pour l'Académie royale de peinture et de sculpture proposé par les officiers et plusieurs académiciens de la dite académie. (*Paris*), 30 novembre 1790. In-4°.

Adresse à l'Assemblée nationale par la presque totalité des officiers de l'Académie royale de peinture et de sculpture auxquels se sont joints plusieurs académiciens. *S. l. ni d.* In-4°.

Adresse et projet de statuts et règlemens pour l'Académie centrale de peinture, sculpture, gravure et architecture, présentés à l'assemblée nationale par la majorité des membres de l'Académie royale de Peinture et Sculpture en assemblée délibérante. *Paris, imp. Vᵉ Valade*, 1790. In-8°.

Précis motivé par les officiers de l'Académie Royale de Peinture et Sculpture et plusieurs académiciens qui s'y sont joints, pour servir de réfutation à un projet de statuts d'Académie centrale par quelques académiciens. [Signé : Vien]. (*Paris*), mars 1791. In-4°.

Réfutation d'un projet de statuts et règlemens pour l'Académie centrale de peinture... par M. Deseine, sculpteur du Roi. *Paris, A. J. Gorsas*, 1791. In-8°.

A Messieurs du Comité de Constitution par les officiers de l'Académie Royale de Peinture et de Sculpture, en apportant leur nouveau plan de statuts. (*Paris*), 15 février 1791. In-4°.

Lettre à M. Barrère de Vieusac, député à l'Assemblée nationale par M. Duplessis, peintre du Roi. (*Paris*, 28 mai 1791). In-8°.

Lettres de M. Barrère de Vieusac et de M. Duplessis, peintre du Roi. (*Paris*, 30 mai 1791). In-8°.

Considérations sur les Académies et particulièrement sur celles de peinture, sculpture et architecture, présentées à l'Assemblée nationale par M. Deseine, sculpteur du Roi. *Paris*, 1791. In-8°.

Décret de la Convention nationale du 25 novembre 1792 l'an 1ᵉʳ de la république françoise qui supprime la place de directeur de l'Académie de France de peinture, sculpture et architecture, établie à Rome et suspend toutes les Académies de France tous remplacements et toutes nominations. *Troyes, imp. d'André*). In-4°.

Collection d'annuaires de l'ancienne académie de peinture et de sculpture de 1751 à 1792. In-12. Manquent les années 1754, 1755 et 1793.

Explications des peintures, sculptures et gravures de Messieurs de l'Académie royale.... *Paris, imprimerie des bâtimens du Roi et de l'Académie royale de peinture*, 1789. In-12. — Suivent les livrets de 1791, 1793, 1795, 1796 et 1798.

Réclamation de plusieurs artistes, membres de l'ancienne Académie royale de peinture, sculpture, gravure de Paris. *S. l. ni d. (Paris)*. In-8°.

Réclamation de plusieurs artistes, membres de l'ancienne Académie royale de peinture, sculpture, gravure de Paris. (Contre la quatrième classe de l'Institut de France). *(Paris)*, *imp. Fain, s. d.* In-8°.

Sur le rétablissement des Académies des Beaux-Arts. [Signé : P. Vignon]. *Paris, imp. Vᵉ Perronneau*, 1814. In-4°.

Mémoire sur l'Académie d'architecture, sa suppression et la nécessité de son rétablissement. [Signé : Thomas de Froideau]. *Paris, imp. Fain*, 1814. In-4°.

Considérations sur la nécessité de rétablir l'Académie d'architecture.... par Peyre (neveu). *Paris, imp. Vᵉ Agasse*, 1815. In-4°.

Académie de peinture et de sculpture. Liste chronologique des membres de l'Académie de peinture et de sculpture depuis son origine, le 1ᵉʳ février 1648, jusqu'au 8 août 1793, jour de sa suppression. In-8°. Défait des *Archives de l'art français*.

Sujets des morceaux de réception des membres de l'ancienne Académie de peinture, sculpture et gravure, 1648 à 1793, recueillis par M. Duvivier.... In-8°. Défait des *Archives de l'art français*.

Procès-verbaux de l'Académie royale de peinture et sculpture. 1648-1792 publiés par la société de l'histoire de l'art français... par A. de Montaiglon. *Paris. Baur*, 1875. Tome 1ᵉʳ.

Etat-civil des peintres et sculpteurs de l'Académie royale, billets d'enterrement de 1648 à 1713, publiés d'après le registre conservé à l'Ecole des Beaux-Arts par Octave Fidière. *Paris, Charavay, frères*, 1883. In-8°.

ACADÉMIE DE SAINT-LUC.

Arrest du Conseil d'Etat du Roy, du vingt-sept décembre 1729. Rendu en faveur de la Communauté des arts de peinture et sculpture, sous le titre de l'Académie de Saint Luc. *Paris, imp. Laisnel*, 1730. In-4°.

Lettres patentes du Roy qui approuvent et confirment les nouveaux statuts de la Communauté des peintres et sculpteurs de l'Académie de Saint Luc de la ville de Paris. 30 janvier 1738. In-4°.

Nouveaux règlements accordez aux directeurs, corps et communauté de l'Académie de Saint Luc.... Imprimez à la diligence de Messieurs Louis de Fontaine .... *Paris, imp. J. B. Lamesle*, 1738. In-4°.

Arrest du Conseil d'Etat du Roy portant règlement pour l'administration des deniers communs de la Communauté et Académie de Saint Luc des arts de peinture et sculpture et pour la reddition des comptes des directeurs et gardes de ladite Communauté et Académie, du 8 juillet 1749. *(Paris, imp. Royale.* 1749). In-4°.

Explication des ouvrages de peinture et de sculpture de Messieurs de l'Académie de S. Luc dont l'exposition a été ordonnée par Monsieur le marquis de Voyer ..... L'ouverture se fera dans une des grandes salles des Augustins, le 20 février 1751. *Paris, imp. de Prault père*, 1751. In-12.

Arrest de la Cour du Parlement rendu au profit des maistres et gardes du corps des marchands épiciers.... contre les directeurs en charge et communauté des arts de peinture et sculpture de l'Académie de Saint Luc et plusieurs maîtres peintres.... du 26 février 1760. *Paris, Prault*, 1760. In-4°.

Arrest du Conseil d'état du roi sur l'avis des députés du bureau du commerce rendu en faveur du corps des marchands épiciers.... contre les directeurs et communautés des arts de peinture et sculpture de l'Académie de Saint Luc .... du 15 février 1763. *Paris, imp. Prault*, 1763. In-4°.

Explication des peintures, sculptures, et autres ouvrages de Messieurs de l'Académie de Saint Luc, dont l'exposition se fera le 25 août 1774, à l'hôtel Jabach, rue Neuve Saint Merry... *Paris, imp. de Prault*, 1774. In-12.

Tableau général de Messieurs les maîtres peintres, sculpteurs, doreurs et marbriers, les dames veuves et demoiselles de la dite communauté. Année 1778. *Paris, imp. Prault*, 1778. In-12.

Livrets des expositions de l'Académie de Saint Luc..... (réimpression). *Paris, Baur et Détaille*, 1872. In-12.

INSTITUT. — ÉCOLE DES BEAUX-ARTS.

Corps législatif. Conseil des Cinq Cents... Aux citoyens président et membres du conseil des Cinq Cents la classe de Littérature et Beaux-Arts de l'Institut national. 8 floréal an V. *Paris, Impr. Nationale.* In-8°.

Notice des travaux de la classe des Beaux-Arts de l'Institut national pendant l'an XII, lue à la séance publique du 7 vendémiaire, an XIII, par Joachim Le Breton. (*Paris*). In-8°.

A Messieurs les professeurs membres de l'Ecole Royale des Beaux-Arts. [Signé : Baltard]. *Paris, Didot*, 1839. In-8°.

Ecole Royale des Beaux-Arts. Discours d'ouverture du Cours de Théorie de l'architecture par Baltard, professeur. *S. l. ni d.* (*Paris*). In-8°.

Réaction de l'Académie des Beaux-Arts contre l'Art Gothique, par Lassus, architecte. *Paris, Didron*, juin 1846. In-8°.

Ecole Impériale des Beaux-Arts. Concours des grands prix et envois de Rome en 1858 par Louis Auvray. *Paris, typ. E. Allard.* In-12.

L'Institut, l'Académie des Beaux-Arts et l'Ecole des Beaux-Arts, par Antoine Etex. *Paris*, 1860. Grand in-8°.

Mémoire et plan relatifs à l'organisation d'une école nationale des Beaux-Arts qui ont le dessin pour base, par une société d'artistes. (*Paris*), *imp. Laillet, s. d.* In-8°.

Institut Impérial de France. Académie des Beaux-Arts. Séance publique annuelle du samedi 6 octobre 1860. Présidée par M. Gilbert, président. *Paris, Didot*, 1860. In-4°.

Conseil d'Etat. Section du contentieux. Mémoire et Réplique pour l'Académie des Beaux-Arts. *Paris, s. d.* In-4°.

A Monsieur le secrétaire perpétuel de l'Académie des Beaux-Arts. [Signé : Charles Blanc]. *Paris, s. d.* In-4°.

Lettre de M. Beulé à M. le rédacteur en chef du journal *Le Temps. S. l. ni d.* In-4°.

Essai de M. le Comte Algarotti sur l'Académie de France établie à Rome. In-12. Défait des *Variétés littéraires*.

L'école de Rome au XIX⁰ siècle. [Signé : Beulé]. (*Paris*, 1863). In-8°. Extrait de la *Revue des Deux-Mondes*.

Institut Impérial de France, Réponse de l'Académie des Beaux-Arts à S. E. le ministre de la maison de l'empereur et des Beaux-Arts. *Paris, typ. F. Didot*, 1864. In-4°.

Ecole des Beaux-Arts. Cours d'Histoire et d'Archéologie. M. Léon Heuzey, professeur. *Paris, Germer Baillière*, 1864. In-8°. Extrait de la *Revue des Cours littéraires*.

De la réorganisation de l'école Impériale et spéciale des Beaux-Arts, par Olivier Merson. *Paris, Dentu*, mars 1864. In-8°. Extrait de *l'Opinion nationale*.

Réclamation des élèves de l'école des Beaux-Arts au sujet de la réorganisation de leur école. Deuxième édition. *Paris, Librairie Centrale.* 1864. In-8°.

A propos de l'école des Beaux-Arts, par Ph. de Ch. (Philippe de Chennevières). *Paris, Dentu*, 1864. In-8°. Deux éditions avec différences.

Beaux-Arts. Questions du jour. De l'Institut, de l'école des Beaux-Arts et des expositions par J. R. H. Lazerges... *Paris, Leclère*, 1868. In-12.

L'école de Rome. Discours prononcé à l'Assemblée nationale à propos de la loi du recrutement par M. Beulé. *Paris, typ. G. Chamerot*, 1872. In-8°. Extrait du *Journal officiel*.

L'Académie de France à Rome. Correspondance inédite de ses directeurs précédée d'une étude historique par A. Lecoy de la Marche. *Paris, Didier*, 1874. In-8°.

L'Institut national de France, ses diverses organisations, ses membres, ses associés et ses correspondants (20 novembre 1795 — 19 novembre 1869) par Alfred Potiquet. *Paris, Didier*, 1877. In-8°.

L'institut de France et les anciennes académies, par M. Léon Aucoc. *Paris, imp. Plon et Nourrit*, 1889. In-8°.

L'Institut de France. Lois, statuts et règlements concernant les anciennes académies et l'institut, de 1635 à 1889, par M. Léon Aucoc. *Paris, Imprimerie Nationale.* 1889. In-8°.

Académie des Beaux-Arts. Statuts et réglements. *Paris, typ. Firmin-Didot,* 1891. In-12.

L'académie des Beaux-Arts depuis la fondation de l'Institut de France, par le comte Henri Delaborde. *Paris, imp. Plon et Nourrit,* 1891. In-8°.

La Bibliothèque Lesoufaché à l'école des Beaux-Arts. I. Le XV° et le XVI° siècle par Eugène Müntz. *Paris, imp. Dumou-* lin, 1892. In-8°. Extrait du Journal *l'Architecture.*

Le centenaire de l'Institut de France, par Francisque Bouillier. *Paris, imp. De Soye et fils,* 1893. In-8°. Extrait du *Correspondant.*

La bibliothèque de l'école des Beaux-Arts avant la Révolution par Eugène Müntz. *Paris,* 1897. Extrait des *Mémoires de la Société de l'Histoire de Paris et de l'Ile-de-France.*

ENSEIGNEMENT DU DESSIN.

Traicté de la proportion naturelle et artificielle des choses, par Jean Lomazzo, peintre milanois.... traduit d'italien en françois par Hilaire Pader, tolosan.... *Toulouse, Armand Colomiez...* 1649. In-f°. Fig.

Elémens du dessin à l'usage des commençans, par I. Goubaud. *Marseille,* 1808. In-8°, fig.

Elémens de dessin à l'usage des commençans, par I. Goubaud, Directeur du musée et de l'école gratuite de dessin de Marseille... *Marseille,* 1808. In-8°.

Mémoire en faveur des anciennes doctrines sur l'enseignement de l'art du dessin et réfutation de l'article inséré dans le Mémorial de l'Allier du 2 décembre 1834 relatif à la nouvelle école communale de ce nom, par suite Précis historique sur l'ancienne école de dessin de Moulins... par le ci-devant directeur de ces deux institutions... *Moulins, imp. P. A. Desrosiers,* 1836. In-4°.

Organisation de l'enseignement des arts graphiques et plastiques. Rapport de la commission nommée par arrêté ministériel du 26 septembre 1852 à l'effet de préparer l'organisation d'un concours général entre les établissements destinés à l'enseignement des arts graphiques et plastiques... (par M. Alvin). *Bruxelles, Em. Devroye,* 1853. In-8°.

Ministère de l'Instruction publique et des Cultes. De l'enseignement du dessin dans les lycées. [Signé : Félix Ravaisson]. *(Paris).* 1854. In-4°.

Esquisse d'un nouveau système de physiognomonie universelle par le D' Eugène Léger. *Paris, Chaix,* 1856. In-8°.

De l'enseignement des arts du dessin par M. L. Vitet. *Paris, imp. Claye,* 1864. In-8°. Extrait de la *Revue des Deux-Mondes.*

Réponse à M. Vitet à propos de l'enseignement des arts du dessin par Viollet-le-Duc. *Paris, A. Morel,* 1864. In-8°.

De la physiognomonie. Texte, dessin, gravure par J. B. Delestre. *Paris, V° J. Renouard,* 1866. Grand in-8°, fig.

Sur l'enseignement des Beaux-Arts. *S. l. ni d. (Lyon).* In-8°.

Coup d'œil sur l'enseignement des Beaux-Arts par M. H. Lecocq de Boisbaudran. *Paris, Morel.* In-8°.

Lettres à un jeune professeur. Sommaire d'une méthode pour l'enseignement du dessin et de la peinture par M. Horace Lecocq de Boisbaudran... *Paris, A. Morel,* 1876. In-8°.

Etudes sur les Beaux-Arts. De l'enseignement des Beaux-Arts au point de vue de leur application à l'Industrie Lyonnaise par Léon Charvet... *Lyon, imp. A. Vingtrinier,* 1870. In-8°.

Lycée Charlemagne. Distribution des prix du 10 août 1875. Discours prononcé par par M. le vicomte Henri Delaborde... *(Paris).* In-8°.

Lettre sur l'enseignement des Beaux-Arts par Henry Havard. *Paris, A. Quantin,* 1879. In-8°.

Conseil supérieur de l'Instruction publique. Rapport de la commission de l'enseignement du dessin dans les lycées et dans les collèges. *(Paris, Imp. Nationale,* juin 1880). In-4°.

ÉCOLE ROYALE GRATUITE DE DESSIN.

Sur l'utilité des établissemens des écoles gratuites de dessein en faveur des métiers. Discours.. par M. J. B. Descamps .... *Paris, Regnard*, 1767. In-8°.

Arrest du Conseil d'état du Roi concernant l'école Royale gratuite de dessin du 13 avril 1776, extrait des Registres du Conseil d'état. In-4°.

Lettres patentes du Roi concernant l'école royale gratuite de dessin, données à Versailles le 19 décembre 1776 registrées au Parlement le 30 des mêmes mois et an. In-4°.

Mémoire sur l'administration et la manutention de l'école Royale gratuite de dessin. *Paris. Imprimerie Royale*, 1783. In-8°.

Lettres patentes du Roi concernant l'école royale gratuite de dessin du 19 mai 1776. (*Paris, P. G. Simon et N. H. Nyon*), 1784. In-4°.

Calendrier pour l'année 1786 à l'usage des élèves qui fréquentent l'école royale gratuite de dessin. *Paris, Imp. Royale*, 1786. In-8°. Fig.

Mémoire sur l'éducation des filles, par M. Bachelier de l'Académie royale de peinture. *Paris, Imp. Royale*, 1789. In-8°.

Discours sur l'utilité des écoles élémentaires en faveur des arts mécaniques, prononcé par M. B*** (Bachelier) à l'ouverture de l'école Royale gratuite de dessin le 10 septembre 1766. *Paris, Imp. Royale*, 1789. In-8°.

Lettres patentes du Roi portant établissement d'une école Royale de dessin, à Paris, données à Fontainebleau le 20 octobre 1767. *Paris, Imp. Royale*, 1789. In-8°.

Projet d'un cours public des arts et métiers par M. Bachelier, de l'Académie royale de peinture. *Paris, Imprimerie Royale*, 1789. In-8°.

Mémoire sur l'origine, les progrès et la situation de l'école royale gratuite de dessin chargée de l'instruction de 1500 élèves. *Paris, Imp. Royale*, 1790. In-8°.

Lettres patentes du Roi portant établissement d'une école royale gratuite de dessin à Paris, données à Fontainebleau le 20 octobre 1767. *Paris, Imp. Royale*, 1790. In-8°.

Attestation et supplication des corps et communautés (relatives à l'école gratuite de dessin de Paris.) *Paris, Imp. Royale*, 1790. In-8°.

A Nosseigneurs de l'Assemblée nationale (Requête relative à l'administration de l'Ecole gratuite de dessin de Paris. *Paris. Imp. Royale*. 1790. In-8°.

Extrait des registres du Conseil d'Etat du 7 mai 1785 (Relatif à la durée de cinq ans des fonctions des administrateurs de l'école gratuite de dessin de Paris. *Paris, Imp. Royale*, 1790. In-8°.

Extrait du procès-verbal de l'Assemblée nationale du 4 septembre 1790. (Relatif à la somme de 15,600 livres qui sera payée annuellement à l'école gratuite de dessin de Paris). *Paris, Imp. Royale*, 1791. In-8°.

Ecole impériale de dessin et de mathématiques. Distribution des prix. Salle de l'hémicycle à l'école des Beaux-Arts. Discours prononcé le jeudi 12 août 1869 par M. Henry d'Escamps, inspecteur des Beaux-Arts, président. In-4°.

Histoire de l'enseignement des arts du dessin au XVIIIe siècle. L'école Royale des élèves protégés... par L. Courajod. *Paris, Dumoulin*, 1874. In-8°.

ANCIEN CABINET DU ROI.
MUSÉE DU LOUVRE.

Catalogue des tableaux du cabinet du roy, au Luxembourg..... mis en ordre par les soins du sieur Bailly, garde des tableaux du Roy. *Paris, imp. Prault père*, 1750. In-12.

Lettre de M. le chevalier de Tincourt à madame la marquise de *** sur les tableaux et desseins du cabinet du Roi, exposés au Luxembourg depuis le 14 octobre 1750. *Paris, Merigot*, 1751. In-12.

Catalogue des tableaux du Cabinet du Roy au Luxembourg.... *Paris, Prault*, 1750. In-12. — *Paris, Prault*, 1751. In-12.

Catalogue raisonné des tableaux du Roy, avec un abrégé de la vie des peintres, fait par ordre de Sa Majesté... par M. Lépicié... *A Paris, de l'Imprimerie Royale*, 1752-1754. 2 vol. in-4°. Exemplaire relié en veau plein, aux armes de France, et donné par l'auteur à son ami M. l'abbé Joli.

Convention nationale. — Rapport sur la suppression du muséum, par le citoyen David. (*Paris*), *Imp. Nationale*. In-8°.

Décret de la convention nationale du 21e jour du 1er mois de l'an II, qui accorde un fonds annuel de 100.000 livres, pour dépenses relatives au Musée de la République et à d'autres objets qui intéressent et les sciences et les arts. *Paris, Imp. Nationale*, an II. In-4° de 2 pages.

Décret de la convention nationale du 27 juillet 1793 qui fixe au 10 août l'ouverture du musée de la République. *Paris, Imp. Nationale*, an II. In-4° de 3 pages.

Catalogue des objets contenus dans la galerie du muséum français décrété par la convention nationale du 27 juillet 1793 l'an second de la République française. (*Paris*), *imp. C. F. Patris*. In-8°.

Procès-verbal de la première séance du Jury des arts nommé par la convention nationale et assemblé dans une des salles du muséum en vertu des décrets des 9e et 25e jours de brumaire an II. (*Paris*), *Imp. Nationale*. In-8°.

Essai sur le muséum de peinture. An II. In-8°.

Convention nationale. — Second rapport sur la nécessité de la suppression de la commission du muséum fait au nom des comités d'Instruction publique et des Finances par David... 27 nivose an II. (*Paris*), *Imp. Nationale*. In-8°.

Convention nationale. — Second rapport sur la nécessité de la suppression de la commission du muséum fait au nom des comités d'Instruction publique et des Finances, par David... dans la séance du 27 nivose An 2. In-8°.

Décret de la convention nationale du 27e jour de nivose, an second de la République française, une et indivisible, qui établit un conservatoire pour la garde du muséum. (*Paris*), an 2. In-4°.

Convention nationale. — Rapport sur la suppression de la commission du muséum, par le citoyen David. (*Paris*), *Imp. Nationale*. In-8°.

Convention nationale. — Rapport du conservatoire du muséum national des arts fait par Varon... 7 prairial an II. *Paris*), *imp. Nationale*. In-8°.

Convention nationale. — Rapport du conservatoire du muséum national des arts fait par Varon, l'un de ses membres au comité d'Instruction publique le 7 prairial an II. In-8°.

Convention nationale. — Rapport et projet de décret relatif à la restauration des tableaux et autres monuments des arts, formant la collection du muséum national, par G. Bouquier. (*Paris*), *Imp. Nationale*. 6 messidor an II. In-8°.

Réglement de la société républicaine des arts séante au Louvre. *S. l. n. d.* In-4°.

Le conservatoire du muséum national des arts au comité d'Instruction publique le 7 pluviose de la 3e année républicaine. In-8°.

Rapport et projet de décret fait au nom des comités d'Instruction publique et des Finances réunis sur l'établissement d'un muséum national d'antiques, par Rabaut (*Paris*), *Imp. nationale*, prairial an III. In-8°.

Avis à la nation sur la situation du muséum national par Guillaume Martin, peintre... *Paris, s. l. n. d.* In-8°.

Quelques idées sur la disposition, l'arrangement et la décoration du muséum national, par le citoyen J. B. P. Lebrun... *Paris, imp. Didot*, an III. In-8°.

Musée central des arts. — Pièces relatives à l'administrateur de cet établissement imprimées par ordre du Directoire exécutif. *Paris, imp. de la République*, nivose an VI. In-4°.

Corps législatif. — Conseil des Cinq-cents. — Motion d'ordre, par Marin..... sur le muséum central des arts. 1er nivose an VI. In-8°.

Notice des principaux tableaux recueillis dans la Lombardie par les commissaires du gouvernement français dont l'exposition aura lieu dans le grand salon du muséum... du 18 pluviose jusqu'au 30 prairial an VI... (*Paris*). In-12.

Notice des principaux tableaux recueillis en Italie par les commissaires du Gouvernement français. Seconde partie, comprenant ceux de l'état de Venise et de Rome... (*Paris*), *s. d.* [An VII]. In-12.

Réponse du représentant du peuple Marin à un écrit intitulé Muséum central des arts. Pièces relatives à l'administration de cet établissement imprimées par ordre du Directoire exécutif. *S. l. n. d.* in-8°.

Explication des ouvrages de peinture et dessin, sculpture.. exposés au muséum central des arts... le 15 fructidor an VIII... *Paris*, an VIII. In-12. Le 15 fructidor an IX... *Paris*, an IX. In-12.

Explication des ouvrages de peinture et de dessin, sculpture, architecture et gravure des artistes vivans, exposés au muséum central des arts... le 15 fructidor an X... *Paris* an X. In-12.

Opinion sur les musées où se trouvent réunis tous les objets d'art qui sont la propriété des temples consacrés à la religion catholique, par Deseine, statuaire. *Paris, Baudouin*, floréal an XI. In-8°.

Choix de notices sur des tableaux du musée Napoléon par M. T. B. Eméric David. *Paris*, 1812. In-8°. Extrait du *Musée Français*.

Observations d'un français sur l'enlèvement des chefs-d'œuvre du muséum de Paris en réponse à la lettre du duc de Wellington au lord Castlereagh... par M. Hippolyte *** *Paris, Pelicier*, 1815. In-8°.

Description des ouvrages de la sculpture française des XVIe, XVIIe et XVIIIe siècles exposés dans les salles de la galerie d'Angoulème par M. le comte de Clarac... *Paris, Imp. Royale*, 1824. In-8°.

Notice des tableaux de la galerie Espagnole, exposés dans les salles du musée royal au Louvre. *Paris, imp. Crapelet*, 1838. In-12.

Beaux-arts. — Le musée Espagnol [signé: Paul Merruau]. In-8°. Défait.

Rapport au citoyen ministre de l'Intérieur sur la calcographie des estampes au musée national du Louvre. [signé: Jeanron]. (*Paris*), 7 juin 1848. In-fol.

Travaux de M. de Chennevières préparatoires et explicatifs du rapport adressé par M. le Directeur des musées nationaux à M. le ministre de l'Intérieur sur la nécessité de relier les musées des départements au musée central du Louvre. *Paris, imp. Lacour*, (1848). In-8°.

De l'organisation des musées nationaux par Horsin Déon. *Paris, imp. Bonaventure*, 1849. In-8°.

Courtes réflexions sur une décision de l'assemblée nationale concernant les dessins du Louvre (par M. Fr. Reiset). *Paris, A. Guyot et Scribe*, 1849. In-8°.

Manuel de l'histoire de l'art chez les anciens. — Avant propos. Description des musées de sculpture antique et moderne du Louvre par le comte de

Clarac... *Paris, J. Renouard*, 1847-1849. 3 vol. in-12.

Notice des tableaux exposés dans les galeries du musée national du Louvre par Frédéric Villot. — 1re partie. Ecoles d'Italie. *Paris, Vinchon*, 1849. In-12.

Essai d'une analyse critique de la notice des tableaux italiens du musée national du Louvre... par Otto Mündler. *Paris, Didot*, 1850. In-12.

Examen du musée du Louvre suivi d'observations sur les expertises en matière de tableaux par J. Cottini. *Paris, Garnier*, novembre 1851. In-12.

Notice des tableaux exposés dans les galeries du musée Impérial du Louvre par Fred. Villot. — 2e partie. Ecoles Allemande, Flamande et Hollandaise. 1re édition. *Paris, Vinchon*, 1853. In-8°.

Notice des émaux, bijoux et objets divers exposés dans la galerie du musée du Louvre, par M. de Laborde. — IIe partie. Documents et glossaire. *Paris, Vinchon*, 1853. In-8°.

Notice sur le salon carré au Louvre... par MM. D. Lévy Alvares et J. Boulmier. *Paris*, 1853. In-12.

Notice des émaux, bijoux et objets divers exposés dans les galeries du Louvre par M. le comte de Laborde. [compte rendu par M. Adolphe de Circourt]. *Genève, imp. F. Ramboz*, 1854. In-8°. Extr. de la *Bibliothèque universelle de Genève*.

Musée Impérial du Louvre. — Description des sculptures modernes par Henry Barbet de Jouy. *Paris, Vinchon*, août 1855. In-12.

Les statues du Louvre par E. Ch. Bourseul. *Paris, Garnier*, 1858, in-12.

Encore un mot sur les dernières restaurations de tableaux de la galerie du Louvre, par un ancien peintre et restaurateur de tableaux. *Paris, imp. Pillet*, 1860. in-8°.

Catalogue des planches gravées composant le fonds de la chalcographie et dont les épreuves se vendent dans cet établissement au musée Impérial du Louvre *Paris, Ch. de Mourgues*, 1860. In-8°.

Catalogue des bijoux du musée Napoléon III. *Paris, Didot*, 1862. In-12.

Catalogue des bijoux du musée Napoléon III. — Seconde édition. *Paris, Didot*, 1862. In-12.

La collection Campana, par M. Louis Vitet. *Paris, imp. J. Claye*, 1862. In-8°. Extr. de la *Revue des Deux Mondes*.

Les intérêts populaires dans l'art. — La vérité sur le Louvre, le musée Napoléon III et les artistes industriels, par Ernest Chesneau. *Paris, Dentu*, 1862. In-8°.

Notice sur le musée Napoléon III, par A. Noel des Vergers.— Première partie. Bijoux et terres cuites. *Paris*, 1862. In-8°. Extr. de la *Revue Contemporaine*.

Notice sur les vases peints et à reliefs du musée Napoléon III. *Paris, s. d.* In-12. [L'introduction est signée J. de Witte].

Catalogue des tableaux, des sculptures de la Renaissance et des Majoliques du musée Napoléon III. *Paris, Didot*, 1862. In-12.

Notice de peintures, sculptures et dessins de l'école moderne de France exposés dans les galeries du musée Impérial du Luxembourg. *Paris, Ch. de Mourgues*, 1864. In-12.

Musée Impérial du Louvre. — Les gemmes et joyaux de la couronne, publiés et expliqués par Henry Barbet de Jouy... dessinés et gravés à l'eau-forte d'après les originaux par Jules Jacquemart. *Paris*, 1865. In-folio.

Musée de la Renaissance. — Notice de la verrerie et des vitraux, par A. Sauzay ... *Paris, Ch. de Mourgue*, 1867. In-12.

Notice des dessins, cartons, pastels, miniatures et émaux, exposés dans les salles du 1er étage au musée Impérial du Louvre... par M. Frédéric Reiset. *Paris, Ch. de Mourgues*, 1866-1869. 2 vol. in-8°.

Notice des tableaux légués au musée Impérial du Louvre, par M. Louis Lacaze .. *Paris, Ch. de Mourgues*, 1870. In-12.

Les chandeliers de la chapelle du château d'Ecouen au musée du Louvre, par L. Courajod. *Paris*, 1880. In-8°, fig. Extr. des *Mémoires de la Société des antiquaires de France*.

La cheminée de la salle des Caryatides au musée du Louvre, par Louis Courajod. *Paris*, 1880. In-8°. Extrait des *Mémoires de la Société de l'histoire de Paris*.

Le musée national du Louvre et la note de M. F. Reiset [signé : A. Louvrier de Lajolais]. *Paris, s. d.* In-4°. Extrait de l'*Art*.

Musée National du Louvre. — Catalogue des planches gravées composant le fonds de la chalcographie. *Paris, Imp. Nationale*, 1881. In-8°.

Les nouvelles acquisitions du musée du Louvre. — Fra Angelico, Domenico Ghirlandaio, Sandro Botticelli, par Charles Ephrussi. *Paris, A. Quantin*, 1882. Gd in-8°, fig. Extrait de la *Gazette des Beaux-Arts*.

Musées nationaux. — Catalogue de la collection Timbal. *Paris*, 1882. In-12.

Deux fragments des constructions de Pie II à Saint-Pierre de Rome aujourd'hui au musée du Louvre, par Louis Courajod. *Paris, H. Champion*, 1882. Gd in-8°, fig. Extr. de la *Gazette des Beaux-Arts*.

Germain Bapst. — Deux éventails du musée du Louvre. *Paris, Morgand et Fatout*, 1882. In-8°, fig.

Quelques sculptures Vicentines à propos du bas-relief donné au musée du Louvre, par M. Ch. Timbal, par Louis Courajod *Paris, Champion*, 1882. Gd in-8°, fig. Extr. de la *Gazette des Beaux-Arts*.

Le portrait de Sainte Catherine de Sienne de la collection Timbal au musée du Louvre, par Louis Courajod. *Paris*, 1883. In-8°, fig. Extr. des *Mémoires de la Société des antiquaires de France*.

Le buste de Jean d'Alesso au musée du Louvre, par Louis Courajod. *Paris*, 1883. In-8°, fig. Extr. des *Mémoires de la Société des antiquaires de France*.

La statue de Robert Malatesta autrefois à Saint-Pierre de Rome, aujourd'hui au musée du Louvre, par Louis Courajod. *Paris, H. Champion*, 1883. Gd in-8°, fig. Extr. de la *Gazette des Beaux-Arts*.

Une édition avec variantes des bas-reliefs de bronze de l'armoire de Saint-Pierre-aux-liens au musée du Louvre et au South-Kensington-Museum, par Louis Courajod. *Paris, Hon. Champion*, 1883. Gd in-8°, fig. Extr. de la *Gazette des Beaux-Arts*.

Le buste de Pierre Mignard du musée du Louvre, par Louis Courajod. *Paris, H. Menu*,1884. Gd in-8°, fig. Extr. de la *Gazette des Beaux-Arts*.

Direction des musées nationaux. — Donation du baron Charles Davillier. — Catalogue des objets oxposés au musée du Louvre, par Louis Courajod... et Emile Molinier. *Paris*, 1885. In-4°, fig.

Lettre d'un amateur à M. le Directeur de l'Alliance des arts au sujet des jugements portés par M. le Directeur du musée de Berlin sur quelques-uns des tableaux de la galerie du Louvre. *S. l. n. d.* In-8°.

La salle de Michel-Ange au Louvre et sa nouvelle installation, par Louis Gonse. *Paris, imp. J. Claye*, 1877. Gd in-8°, fig. Extrait de la *Gazette des Beaux-Arts*.

Musées Nationaux. — Notice des dessins de la collection His de La Salle exposés au Louvre, par le vicomte Both de Tauzia. *Paris*. In-12.

Note sur les musées nationaux par M. Reiset, *Paris, Ch. de Mourgues*, 1875. In-8°.

Extrait des Procès-verbaux de la Société des antiquaires de France. [à propos des objets d'art tirés du château et des jardins de La Malmaison et entrés récemment au musée du Louvre]. *Nogent-le-Rotrou* (1877). In-8°.

Notice des tableaux exposés dans les galeries du musée National du Louvre par le vicomte Both de Tauzia... — Première partie. Ecoles d'Italie et d'Espagne... *Paris*, 1877. In-12.

Conjectures à propos d'un buste en marbre de Béatrix d'Este au musée du Louvre et étude sur les connaissances botaniques de Léonard de Vinci, par Louis Courajod et Charles Ravaisson-Mollien. *Paris, Rapilly*, 1877. In-4°, fig. Extr. de la *Gazette des Beaux-Arts*.

Fragments des mausolées du comte de Caylus et du marquis du Terrail conservés au musée du Louvre, par Louis Courajod. *Paris, H. Champion*, 1878. In-8°, fig. Extr. du journal *l'Art*.

Etude sur les collections du moyen âge, de la Renaissance et des temps modernes au musée du Louvre, par Louis Courajod. *Paris, H. Champion*, 1878. In-8°.

Voyage autour du salon carré au musée du Louvre, par F. A. Gruyer. *Paris, Firmin-Didot*, 1891. In-4°, phot.

MUSÉES DES PETITS AUGUSTINS, DU LUXEMBOURG, DE VERSAILLES, DE CLUNY.

Catalogue des objets de sculpture et architecture réunis au dépôt provisoire national, rue des Petits Augustins, au ci-devant couvent de la Reine Marguerite. *S. l. ni. d.* In-8° de 28 pages. (Le titre manque).

Coup d'œil sur l'état actuel et futur du Musée des monuments français consacré à l'histoire de l'art en France, par M. Eloi Johanneau. *S. l. ni d.* In-8°.

Mes visites au Musée Royal du Luxembourg ou coup d'œil critique de la galerie des peintres vivants, par M. Gustave J*** (Jal).... *Paris, Ladvocat*, juin 1818. In-8°, fig.

Musée royal du Luxembourg recréé en 1822 et composé des principales production des Artistes vivants, extrait des Annales du musée et de l'école moderne des Beaux-Arts, par C. P. Landon. *Paris, Imp. Royale*, 1823. In-8° fig.

Examen moral des principaux tableaux de la galerie du Luxembourg en 1818 et considération sur l'état actuel de la peinture en France. *Paris, Pélicier*, 1827. In-8°.

Notice des peintures et sculptures composant le musée Impérial de Versailles par Eud. Soulié. *Versailles, imp. Montalant-Bougleux*, 1854-1855. 2 vol. in-12.

Alexandre Lenoir, son journal et le musée des monuments français, par Louis Courajod. *Paris, H. Champion*, 1878-1887. 3 volumes, in-8°, portr., fig.

Le musée des Thermes et de l'hôtel de Cluny. Documents sur la création du musée d'Antiquités Nationales, suivant le projet exposé au Louvre en 1833, sous le n° 1546, par Albert Lenoir... *Paris, typ. G. Chamerot*, 1882. In-8°.

MUSÉES DE PROVINCE.

Catalogue raisonné des tableaux exposés au Musée de Rouen pour l'année 1809. *Rouen, de l'imp. de P. Periaux*, 1809. In-12°.

Voyage artistique en France. Etudes sur les musées d'Angers, de Nantes, de Bordeaux, de Rouen, de Dijon, de Lyon, de Montpellier, de Toulouse, de Lille, &, par Léonce de Pesquidoux. *Paris, Michel Lévy*, 1857. In-8°.

Etudes sur les musées de province [signé] Marquis Ph. de Ch. P., du Calvados :

(Philippe de Chennevières Pointel). *S. l. ni d.* In-8°. Défait de la *Revue des Provinces et de Paris.*

Les Musées de peinture et de sculpture de province, par M. Olivier Merson (*Paris*). In-8°. Extr. de la *Revue Européenne.*

Musées Communaux du département du Pas-de-Calais [signé : Ch. de Linas]. *S. l. ni d.* In-8°.

Les Musées de province par le Comte L. Clément de Ris. *Paris, Vᵉ Renouard,* 1861. In-8°. Tome 2.

La peinture au château de Chantilly, par F. A. Gruyer. Ecoles étrangères. *Paris, imp. Plon, Nourrit,* 1896. In-4°, phot.

La peinture au château de Chantilly par F. A. Gruyer. Ecole française. *Paris, imp. Plon, Nourrit,* 1898. In-4°, phot.

MUSÉES ÉTRANGERS.

Notice des tableaux de la galerie royale de Munic. *Munic,* 1818. In-8°.

Catalogue des tableaux de la Galerie Royale de Dresde... *Dresde, imp. E. Blochmann,* 1846. In-12.

Guide du Palais de Hampton Court avec une notice des tableaux et ouvrages d'art, exposés dans les appartements publics, par E. A. Roberts. *Windsor, imp. J. B. Brown,* 1851. In-12.

Les musées d'Italie, guide et memento de l'artiste et du voyageur, précédés d'une dissertation sur les origines tradition-nelles de la peinture moderne, par Louis Viardot. *Paris, Paulin,* 1852. In-12.

Treasures of art in Great Britain : being an account of the chief collections of paintings, drawings, sculptures, illu-minated Mss. ..... by Dʳ Waagen. *London, J. Marray,* 1854-1857. 4 vol. in-8°.

Charles Blanc. Les Trésors de l'art à Manchester. *Paris, Pagnerre,* 1857. In-12.

Trésors d'art exposés à Manchester en 1857 et provenant des collections royales, des collections publiques et des collec-tions particulières de la Grande-Bretagne, par W. Burger, *Paris, Vᵉ J. Renouard,* 1857. In-12.

Les trois musées de Londres. Le British Museum, la National Gallery, le South Kensington Museum.... par H. de Triqueti, *Paris, chez l'auteur,* 1861. Grand in-8°.

Descriptive and historical catalogue of the pictures in the National Gallery.... by Ralph N. Wornum, revised by sir Charles Lock Eastlake... *London,* 1862. In-8°.

British Museum. A guide to the printed Books exhibited to the public. (*London*), 1862. In-12.

South Kensington Museum..Italian sculp-ture of the middle ages and Period of the Revival of art. A descriptive cata-logue.... by J.C. Robinson... *London, Chapman,* 1862. Grand in-8°, fig.

The stranger's guide to Hampton court Palace and gardens by John Grundy... *London, Bell and Daldy,* 1862. In-12, fig.

British museum. A guide to that portion of the collection of prints bequeathed to the nation by the late Felix Slade, esq. (*London*), 1869. In-12.

Catalogue of the Eastlake library in the National Gallery. *London, G. E. Eyre and William Spotiswoode,* 1872. Grand in-8°.

Descriptive and historical catalogue of the pictures in the National Gallery.... British School, by Ralph Nicholson Wor-num.. *London,* 1873. In-8°.

Descriptive and historical catalogue of the pictures in the National Gallery.... Foreign Schools, by Ralph Nicholson Wornum.... *London,* 1873. In-8°.

Science and Art Department of the com-mittee of council on education South Kensington. Bethnal Green Branch Museum. Catalogue of the collection of paintings, porcelain, bronzes, décora-tive furniture and other works of art lent for exhibition in the Bethnel Green branch of the South Kensington Museum by sir Richard Wallace Bart.... by C. C. Black.... *London,* 1873. In-8°.

A pocket guide to the public and private galleries of Holland and Belgium by Lord Ronald Gower. *London,* 1875. In-18°.

Strictly private and confidential corres-pondence betwen M.George William Reid (Keeper of the department of prints and drawings, British Museum). M. Louis Fagan (acting-assistant Keeper of the department of prints and drawings, British museum) and M. J. Winter Jones.... 1876. In-8°.

The print room of the British Museum, *London*, 1876. In-8°.

Les musées de peinture de Londres. Une visite à la National Gallery en 1876, par M. Reiset. Première partie. Écoles d'Italie et d'Espagne. *Paris, Gazette des Beaux-Arts*, 1877. In-8°.

Les musées de peinture de Londres. Une visite à la National Gallery en 1876, par M. Reiset. 2ᵉ partie, Écoles Flamande et Hollandaise. École Française, *Paris, Gazette des Beaux-Arts*, 1878. In-8°.

Le legs Jones au South-Kensington Museum, par A. de Champeaux, *Paris, Quantin*, 1883. Grand in-8° fig., Extr. de la *Gazette des Beaux-Arts*.

British Museum. A Guide to drawings, prints, and illustative Works exhibited in the second Northern Gallery, 1885. In-8°.

Introduction to a catalogue of the early italian prints in the British Museum by Richard Fisher, *London*, 1886. Grand in-8°.

Index of artists represented in the department of prints and drawings in the british museum. French Schools. *London*, 1896. In-8°.

BIBLIOTHÈQUE NATIONALE.
BIBLIOTHÈQUE MAZARINE. — ARCHIVES.

Avis à nos Seigneurs de Parlement sur la vente de la Bibliothèque de M. le Cardinal Mazarin. *S. l. ni d.* In-4° de 4 pag.

Essai historique sur la Bibliothèque du Roi, (par Leprince). *Paris, Belin*, 1782. In-18.

Copie de la lettre écrite à la citoyenne Rolland, par le citoyen Tobiezen-Duby. *Paris, an 1ᵉʳ de la République.* In-8°.

Courtes réflexions sur les dénonciations de Tobiesen-Duby contre les employés de la Bibliothèque nationale. *29 septembre an 2 de la République.* In-8°.

Au Comité d'Instruction publique. [Signé : Ant. Aug. Renouard]. *(Paris), an II.* In-8°. [Relative à l'importance qu'il y a à conserver intactes les reliures de la Bibliothèque nationale].

Observations de quelques patriotes sur la nécessité de conserver les monuments de la littérature et des Arts. *Paris, an II.* In-8°. [Signé : A. A. Renouard, Chardin, Charlemagne fils].

Notice des estampes exposées à la Bibliothèque Royale..., par Duchesne, aîné. Troisième édition... *Paris, Ch. Heideloff*, 1837. In-8°.

Notice des monuments exposés dans le Cabinet des médailles et dans la Bibliothèque Royale..., par Marion Du Mersan... *Paris*, 1840. In-8°.

De l'Organisation des Bibliothèques dans Paris, par le Comte de Laborde. 1ʳᵉ lettre. *Paris, Franck; février*, 1845. Gᵈ in-8°, fig. ; 2ᵐᵉ lettre. *Paris, A. Franck ; mars* 1845. Gᵈ in-8°, fig. ; 8ᵐᵉ lettre. *Paris, A. Franck ; avril* 1845. Gᵈ in-8°, fig.

Bibliothèque Royale. Observations sur les Catalogues de la collection des estampes, par M. Duchesne aîné, conservateur. *(Paris)* ; *mars* 1847. In-8°.

Lettre au Bibliophile Jacob, rédacteur du Bulletin des Arts sur le Cabinet des estampes et l'excellente administration de M. Duchesne, aîné, par A. Bonnardot. *Paris, Deflorenne*, 1848. In-8°.

Recherches sur une Ancienne Galerie du Palais Mazarin où se trouve maintenant le Département des estampes de la Bibliothèque Impériale, par Duchesne, aîné. *Paris, J. Renouard*, 1854. In-8°.

Description des estampes exposées dans la Galerie de la Bibliothèque Impériale..., par J. Duchesne, aîné... *Paris, imp. Simon Raçon*, 1855. In-8°.

Essai historique sur la Bibliothèque du Roi..., par Leprince, nouvelle édition revue et augmentée des Annales de la Bibliothèque..., par Louis Pâris..., *Paris*, 1856. In-12.

De la revendication des livres, estampes et autographes, appartenant à la Bibliothèque Impériale et à la Bibliothèque Sainte-Geneviève, par Charles Racinet. *Paris, août*, 1858. In-8°.

Le Breviarium Romanum sur vélin de Nicolas Jenson, appartenant à la Bibliothèque Sainte-Geneviève, par Charles Racinet. *Paris, novembre* 1858. In-8°.

Rapport à l'empereur, par S. E. le ministre de l'Instruction publique et des Cultes sur la réorganisation de la Bibliothèque Impériale et décret y annexé. *S. l. ni d.* (*Paris, typ. Lainé,* 1858). In-8°.

Notice historique sur l'ancien Cabinet du Roi et sur la Bibliothèque Impériale du Louvre, par E. J. B. Rathery. *Paris, J. Techener,* 1858. In-8°. Extr. du *Bulletin du Bibliophile.*

Le Cabinet des Médailles de la Bibliothèque Impériale. Signé : Dauban. *S. l. ni d.* (*Paris*). In-8°.

Rapport adressé à son Excellence M. le Ministre de l'Instruction publique et des Cultes, au nom de la section d'Archéologie du Comité des Travaux historiques, au sujet de la Collection Gaignières d'Oxford. [Signé : Dauban]. (*Paris, 26 février* 1860). In-8°. Extr. de la *Revue des Sociétés savantes.*

Collection de monnaies et médailles de l'Amérique du Nord de 1652 à 1858, offerte à la Bibliothèque Impériale..., par Alex. Vattemare. *Paris, imp. Lainé,* 1861. In-12.

La Bibliothèque Impériale. Son organisation. Son Catalogue, par un Bibliophile (Alfr. Franklin). *Paris, A. Aubry,* 1861. In-12.

Le Département des estampes à la Bibliothèque Nationale. [Signé : Henri Delaborde]. In-8°. Défait de la *Revue des Deux-Mondes.*

Rapport adressé à S. E. M. le Ministre d'Etat, concernant les Archives de l'Empire et la Bibliothèque Impériale, suivi de pièces justificatives inédites, par M. Félix Ravaisson... *Paris, A. Durand,* 1862. In-8°.

La Bibliothèque Impériale et les Archives de l'Empire. Réponse au rapport de M. Ravaisson, par M. Natalis de Wailly. *Paris, imp. Lainé,* 1863. In-8°.

La photographie à la Bibliothèque Impériale. Lettre à Monsieur l'administrateur général, Directeur de la Bibliothèque Impériale. [Signé : L. Curmer]. *Paris, Curmer,* 1865. In-8°.

Les Archives de la France, leurs vicissitudes pendant la Révolution, leur régénération sous l'Empire, par le marquis de Laborde..., *Paris, Vve Renouard,* 1867. In-12.

Les Inventaires des Archives de l'Empire. Réponse à M. le marquis de Laborde, Directeur général, contenant un Errata pour ses préfaces et ses inventaires, par Henri Bordier. *Paris, Bachelin-Deflorenne,* 1867. In-4°.

Bibliothèque Impériale. Département des

Médailles, pierres gravées et antiques. Description sommaire des monuments exposés... *Paris, A. Lainé,* 1867. In-12.

Préface du Catalogue de la Bibliothèque Mazarine, rédigée en 1751, par le Bibliothécaire P. Desmarais... Publiée, traduite en français et annotée, par Alfred Franklin. *Paris, J. Miard,* 1867. In-12.

La Bibliothèque Nationale sous la Commune, 18 mars-24 mai 1871. Rapport officiel adressé au Ministre de l'Instruction publique, par le Comité consultatif. *Manuscrit.* In-4°.

Note sur le Catalogue général des manuscrits des Bibliothèques des Départements suivie du Catalogue de 50 manuscrits de la Bibliothèque Nationale (par Léopold Delisle). (*Paris*), janvier 1873. In-8°.

Le Département des estampes à la Bibliothèque nationale. Notice historique suivie du Catalogue des estampes exposées dans les salles de ce Département par le Vte Henri Delaborde... *Paris, E. Plon,* 1875. Pet. in-8°.

Etat des Catalogues du Département des Imprimés de la Bibliothèque Nationale. Novembre 1875. [Signé : L. Delisle]. *Paris, Imp. Nationale.* In-4°.

Inventaire général et méthodique des manuscrits français de la Bibliothèque Nationale, par Léopold Delisle... *Paris, H. Champion,* 1876. T. 1er. In-8°. 1878. T. 2me. In-8°.

La Bibliothèque Nationale en 1875. Rapport à M. le Ministre de l'Instruction publique. [Signé : Léopold Delisle]. *Paris,* 1876.

Ministère de l'Instruction publique et des Beaux-arts. Division des sciences et lettres. Rapports sur le service des Archives, de la Bibliothèque Nationale et des missions, pendant l'année 1876. *Paris, imp. Dupont,* 1876. In-4°.

Au Conseil des Trustees du Musée Britannique. [Signé : L. Delisle]. *Novembre* 1877. In-4°. Lettre relative à une proposition d'échange entre la Bibliothèque Nationale et le musée Britannique.

Ministère de l'Instruction publique. (Direction des sciences et des lettres). La Bibliothèque Nationale en 1876. Rapport à M. le Ministre de l'Instruction publique par M. Léopold Delisle, administrateur général. *Paris, imp. P. Dupont,* 1877. In-8°.

Ministère de l'Instruction publique, des Cultes et des Beaux-arts. Direction des sciences et des lettres. Service de la photographie. Rapport de M. le Baron de Watteville, directeur des sciences et des lettres et pièces à l'appui. *Paris, Imp. Nationale,* 1877. In-4°.

La Bibliothèque Nationale, son origine et
ses accroissements jusqu'à nos jours.
Notice historique, par T. Mortreuil,
secrétaire de la Bibliothèque Nationale.
Paris, Champion, 1878. In-8°.

Bibliothèque Nationale. Département des
estampes. Notice des objets exposés.
Paris, H. Champion, 1878. In-12.

Bibliothèque Nationale. Département des
manuscrits, chartes et diplômes. Notice
des objets exposés. *Paris, H. Champion*.
1878. In-12.

Bibliothèque Nationale. Département des
Imprimés. Notice des objets exposés.
Paris, H. Champion, 1878. In-12.

Ministère de l'Instruction publique, des
Cultes et des Beaux-arts. Direction des
Sciences et des lettres. Bâtiments de la
Bibliothèque Nationale. Rapport de M.
Barthélémy Saint-Hilaire. *Paris, Imp.
Nationale*, 1879. In-4°, fig.

Bibliothèque Nationale. Département des
Imprimés. Catalogue alphabétique des
ouvrages mis à la libre disposition des
lecteurs dans la salle de travail... *Paris,
H. Champion*, 1879. In-12.

Exposition des récentes acquisitions de la
Bibliothèque Nationale. *Nogent-le-
Rotrou, imp. Gouverneur*, (1879). In-8°.

Bibliothèque Nationale. Imprimés, Manuscrits, Estampes. Notice des objets
exposés. *Paris, H. Champion*, 1881.
In-12.

Le dépôt légal et nos collections nationales,
par M. Georges Picot. *Paris, A. Picard*,
1883. In-8°.

Bibliothèque Nationale. Notice des objets
exposés dans la salle du Parnasse
français à l'occasion du second centenaire de la mort de Pierre Corneille.
Paris, typ. G. Chamerot, octobre
1884. In-12.

Bibliothèque Nationale. Département des
imprimés. Liste alphabétique des ouvrages mis à la libre disposition des
lecteurs dans la salle de travail. *Paris,
Champion*, 1886. In-12.

Inventaire des dessins et estampes relatifs
au département de l'Aisne recueillis et
légués à la Bibliothèque Nationale par
M. Edouard Fleury. Rédigé par M. H.
Bouchot. *Paris, Hachette*, 1887. In-8°.

Bibliothèque Nationale. Département des
estampes. Inventaire des pièces dessinées
ou gravées relatives à l'histoire de
France, conservées au département des
manuscrits dans la collection Clairambault sur l'ordre du Saint-Esprit. Par

M. A. Flandrin. *Paris, Hachette*, 1887.
In-8°.

Bibliothèque Nationale. Notice d'un choix
de manuscrits des fonds Libri et Barrois
exposés dans la salle du Parnasse français, avril 1888. *Paris, typ. Chamerot*,
In-18.

Bibliothèque Nationale. Notice des objets
exposés dans la section de géographie.
Mai 1889. *Paris, typ. Chamerot*. In-18.

Bibliothèque Nationale. Notice d'un choix
de manuscrits, d'imprimés et d'estampes
acquis dans ces dernières années et exposés dans le vestibule. Mai 1889. *Paris,
typ. Chamerot*. In-18.

Notice sommaire des principaux monuments exposés dans le département des
médailles et antiques de la Bibliothèque
nationale. *Paris, Imp. Nationale*, 1889.
In-12.

Bibliothèque Nationale. Département des
estampes. Inventaire de la collection de
dessins sur Paris formée par M. H.
Destailleur. *Paris*, 1891. In-8°.

Bibliothèque nationale. Inventaire des
dessins exécutés pour Roger de Gaignières et conservés aux départements
des estampes et des manuscrits, par
Henri Bouchot. *Paris, imp. Plon et
Nourrit*, 1891. 2 vol. in-8°.

Bibliothèque Nationale. Nouvelles acquisitions du département des manuscrits
pendant l'année 1891-1892. Inventaire
sommaire par Henri Omont. *Paris, lib.
A. Picard*, 1892. In-8°.

Emile Molinier. Un coin de la Bibliothèque
Nationale. Les habitués du Département
des estampes dessinés par Pierre Vidal.
Paris, Imp. de l'Art, 1892. In-4°, fig.

Voyage d'un livre à travers la Bibliothèque
Nationale, par Henri Béraldi. *Paris, G.
Masson*, 1893. In-4°, fig. Extr. du journal
La Nature.

Le Cabinet des estampes de la Bibliothèque
Nationale..., par Henri Bouchot. *Paris,
Dentu*, (1895). In-8°.

Inventaire des dessins, photographies et
gravures, relatifs à l'histoire générale
de l'art, légués au département des
estampes de la Bibliothèque Nationale,
par M. A. Armand. Rédigé par M.
François Courboin. *Lille, imp. L. Danel*,
1895. 2 vol. in-8°.

Inventaire de la collection de dessins sur
les départements de la France formée
par M. H. Destailleur et acquise par la
Bibliothèque Nationale. *Paris, Imprimerie Nationale*, 1897. In-8°.

BIOGRAPHIES GÉNÉRALES.

Le vite de piu eccellenti architetti, pittori, e scultori italiani, da Cimabue insino a' tempi nostri : descritte in lingua toscana, da Giorgio Vasari pittore aretino. *In Firenze*, 1550. 2 vol. in-8°, front.

Le Maraviglie dell'arte ouero le vite de gl'illustri pittori Veneti e dello stato... descritte dal Cavalier Carlo Ridolfi. *In Venetia, presso Gio, Battista Sgaua*, 1648. In-4°, fig., port.

Noms des peintres les plus célèbres et les plus connus anciens et modernes (par Félibien). *Paris*, 1679. In-12.

Notizie de' professori del disegno da Cimabue in qua... opera di Filippo Baldinucci, fiorentino...... *Firenze*, 1681-1728. 4 vol. in-4°.

Joachimi de Sandrart, à Stockau... Academia nobilissimæ artis pictoriæ... *Noribergæ, Ch. S. Frobergius*, 1683. In-fol., fig.

Notizie de' professori del disegno da Cimabue in qua secolo V dal 1610, al 1670, distinto in Decennali. Opera postuma di Filippo Baldinucci...... *Firenze*, 1728. In-4°.

Le vite de' pittori, scultori ed architetti moderni co'loro ritratti al naturale scritte da Gio. Pietro Bellori... *Roma*, 1728. In-4°.

Vite de' pittori, scultori ed architetti perugini... Scritte da Lione Pascoli. *In Roma, par Antonio de' Rossi*, 1732. In-4°.

Tables historiques et chronologiques des plus fameux peintres anciens et modernes, par Antoine Frédéric Harms. *Bronsvic, imp. F. G. Meyer*, 1742. In-fol.

Histoire abrégée des plus fameux peintres, sculpteurs et architectes espagnols... Traduit de l'Espagnol de Don Antonio Palamino Velasco... *Paris, Delaguette*, 1749. In-12.

Vies des premiers peintres du Roi depuis M. Lebrun jusqu'à présent (par Lépicié). *Paris, Durand*, 1752. 2 tomes en un vol. in-12.

La vie des peintres flamands, allemands et hollandais... par M. J.-B. Descamps ... *Paris, Ch. Ant. Jombert*, 1753-1763. 4 vol. in-8°, portr.

Extrait des différents ouvrages publiés sur la vie des peintres, par M. P. D. L. F. (Papillon de la Ferté). *Paris, Ruault*, 1776. 2 vol. in-8°, front.

Tablettes historiques et chronologiques où l'on voit d'un coup d'œil le lieu, l'époque de la naissance et de la mort de tous les hommes célèbres en tous genres que la France a produits.... *Amsterdam et Paris*, 1779. In-12.

Essai d'un tableau historique des peintres de l'école françoise depuis Jean Cousin, en 1500 jusqu'en 1783 inclusivement, avec le Catalogue des ouvrages des mêmes maîtres qui sont offerts à présent à l'émulation et aux hommages du public dans le salon de la Correspondance, sous la direction et par les soins de M. de la Blancherie... *Paris*, 1783. In-4°.

Vies des plus fameux architectes [et sculpteurs] depuis la Renaissance des Arts avec la description de leurs ouvrages, par M. D*** (Dargenville)... *Paris, Debure*, 1787. 2 vol. in-8°.

Vies des peintres, sculpteurs et architectes les plus célèbres, par G. Vasari... traduites de l'Italien avec des notes, particulièrement celles de Bottari (par Lebas de Courmont). *Paris, Boiste*, an XI, 1803. In-8°.

Observations sur quelques grands peintres dans lesquelles on cherche à fixer les caractères distinctifs de leur talent avec un précis de leur vie, par Taillasson. *Paris, chez l'auteur*, 1807. In-8°.

Dictionnaire des peintres espagnols, par F. Quillée. *Paris, chez l'auteur*, 1816. In-8°.

Abecedario biografico dei Pittori, scultori ed Architetti Cremonesi del Ragioniere Collegiato Giuseppe Grasselli... *Milano*, 1827. In-12.

Dizionario degli architetti, scultori, pittori, intagliatori in rame ed in pietra coniatori di medaglie, musaicisti, niellatori, intarsiatori d'ogni età e d'ogni

8

nazione di Stefano Ticozzi... *Milano, G. Schiepatti*, 1830-1833. 4 vol. in-8°.

Malare-Lexikon til begagnande sasom Handbok för Konstidkare och Taflesamlare... af Fredrick Boye. *Stockholm, C. Deleen*, 1833. In-8°, fig.

Recueil de notices historiques lues dans les séances publiques de l'Académie royale des Beaux-Arts à l'Institut, par M. Quatremère de Quincy... *Paris, A. Leclère*, 1834. In-8°.

Suite du Recueil de notices historiques lues dans les séances publiques de l'Académie royale des Beaux-Arts à l'Institut, par M. Quatremère de Quincy. *Paris, A. Leclère*, 1837. In-8°.

Carteggio inedito d'Artisti dei secoli XIV, XV, XVI pubblicato ed illustrato con documenti pure inediti dal Dott. Giovanni Gaye. *Firenze, Molini*, 1839-1840. 3 vol. in-8°.

Vies des peintres, sculpteurs et architectes, par Giorgio Vasari, traduites par Léopold Léclanché et commentées par Jeanron et Léopold Léclanché. *Paris, J. Tessier*, 1841. 10 vol. in-8°, portr.

Dictionnaire d'artistes pour servir à l'histoire de l'art moderne en Allemagne, par A. Raczynski... *Berlin*, 1842. Grand in-8°.

Histoire des peintres français au XIXᵉ siècle, par M. Charles Blanc. *Paris, Cauville*, 1845. In-8°.

Le vite de' più eccellenti pittori, scultori e architetti di Giorgio Vasari, pubblicate per cura di una società di Amatori delle arti belle. *Firenze, F. Lemonnier*, 1846-1870. 14 vol. in-12.

Mémoires sur les sculpteurs et architectes des Pays-Bas, par Ph. Baert, bibliothécaire du Marquis Du Chasteler, publiés par le Baron de Reiffenberg. *Bruxelles, Hayez*, 1848. In-8°.

Kugler's Hand-Book of Painting. The schools of painting in Italy, translated, from the German of Kugle, by a Lady, edited with notes by sir Charles L. Eastlake... seconde édition. *London, J. Murray*, 1851. 2 vol. in-12, fig.

Abecedario de P. J. Mariette et autres notes inédites de cet amateur sur les Arts et les Artistes. Ouvrage publié d'après les manuscrits autographes... par Ph. de Chennevières et A. de Montaiglon. *Paris, Dumoulin*, 1851-1860. 6 vol. in-8°.

A Biographical and Critical Dictionary of painters and engravers... by Michael Bryan. A new edition, revised enlarged, and continued to the present time... by George Stanley. *London, H. G. Bohn*, 1853. In-4°, portr.

Portraits d'artistes. — Peintres et sculpteurs, par Gustave Planche. *Paris, Michel Lévy*, 1853. 2 vol. in-12.

Les peintres des fêtes galantes. — Watteau, Lancret, Pater, Boucher, par M. Charles Blanc... *Paris, J. Renouard*, 1854. In-18.

Memorie dei più insigni Pittori, Scultori e Architetti Domenicani del P. Vincenzo Marchese. Seconda edizione. *Firenze, F. Lemonnier*, 1854. 2 vol. in-12.

Mosaïque. — Peintres, musiciens, littérateurs, artistes dramatiques à partir du xvᵉ siècle jusqu'à nos jours, par P. Hédouin. *Paris, Heugel*, 1856. In-8°, fig.

Les Artistes français à l'étranger. — Recherches sur leurs travaux et sur leur influence en Europe, précédées d'un essai sur les origines et le développement des Arts en France, par L. Dussieux. *Paris, Gide et Baudry*, 1856. In-8°.

Mémoires inédits sur la vie et les ouvrages des membres de l'Académie royale de peinture et de sculpture publiés d'après les manuscrits conservés à l'école impériale des Beaux-Arts, par L. Dussieux, E. Soulié, Ph. de Chennevières, P. Mantz, A. de Montaiglon... *Paris, Dumoulin*, 1854. 2 vol. in-8°.

La peinture contemporaine en France, par M. Anatole de la Forge. *Paris, Amyot*, 1856. In-8°.

Histoire des Artistes vivants français et étrangers. Etudes d'après nature, par Théophile Silvestre. *Paris, E. Blanchard*, 1856. Grand in-8°, port.

Dictionnaire de poche des Artistes contemporains, par Théodore Pelloquet. Les Peintres. *Paris, A. Delahaye*, 1858. In-18.

Memoirs of the early Italian painters and of the progres of painting in Italy, by Mʳˢ Jameson. *London, J. Murray*, 1858. In-12, fig.

Léonce de Pesquidoux. L'école anglaise, 1672-1851. Etudes biographiques et critiques. *Paris, Michel Lévy*, 1858. In-12.

Les Grands architectes français de la Renaissance... d'après de nombreux documents inédits des bibliothèques et des archives, par Adolphe Berty. *Paris, A. Aubry*, 1860. In-12.

Les Artistes contemporains (par Charles Lenormant). In-4°, planches.

De la peinture galante en France. — Watteau et Lancret [Signé : Arsène Houssaye]. In-8°. Défait de la *Revue de Paris*.

Littérature. Beaux-Arts. — Les peintres français. In-8°. Défait de la *Revue Britannique*.

Souvenirs et portraits. Etudes sur les Beaux-Arts, par F. Halévy. *Paris, Michel Lévy*, 1861. In-12.

Charles Clément. Michel-Ange, Léonard de Vinci, Raphael, avec une étude sur l'art en Italie avant le XVI° siècle et des Catalogues raisonnés historiques et bibliographiques. *Paris, Michel Lévy*, 1861. In-12.

Dictionnaire historique des peintres de toutes les écoles depuis l'origine de la peinture jusqu'à nos jours...... par Adolphe Siret... Deuxième édition. *Bruxelles, A. Lacroix*, 1862-1865. 12 liv. in-8°.

Annuaire des Artistes et des Amateurs publié par Paul Lacroix...... *Paris, V° Renouard*, 1862. In-8°.

La peinture française au XIX° siècle. — Les Chefs d'école...... par Ernest Chesneau. *Paris, Didier*, 1862. In-12.

Les Anciens peintres flamands.' leur vie et leurs œuvres, par J. A. Crowe et G. B. Cavalcaselle, traduit de l'Anglais, par O. Delepierre. Annoté et augmenté de documents inédits, par Alex. Pinchart et Ch. Ruelens. *Bruxelles, Heussner*, 1862. In-8°. Le tome 1er seulement.

Derniers souvenirs et portraits, par F. Halévy, précédés d'une notice, par P. A. Fiorentino. *Paris, Michel Lévy*, 1863. In-12.

Notices sur quelques artistes français, architectes, dessinateurs, graveurs du XVI° au XVIII° siècle... par H. Destailleur. *Paris, Rapilly*, 1863. In-8°.

Les Artistes français du XVIII° siècle, oubliés ou dédaignés, par Emile Bellier de la Chavignerie. *Paris, V° Renouard*, 1865. In-8°. Extr. de la *Revue universelle des Arts*.

Dictionnaire critique de biographie et d'histoire. Errata et supplément pour tous les dictionnaires historiques d'après des documents authentiques inédits, par A. Jal... *Paris, H. Plon*, 1867. In-4°.

Physionomies parisiennes. — Artistes et Rapins, par Louis Leroy. Dessins, par Cook. *Paris, A. Lechevalier*, 1868. In-18.

Dictionnaire général des Artistes de l'école française depuis l'origine des Arts du dessin jusqu'à l'année 1868 inclusivement.... par Emile Bellier de la Chavignerie... *Paris, V° J. Renouard*, 1868-1872. 9 livraisons grand in-8°.

Dictionnaire des Architectes français, par Adolphe Lance.... *Paris, V° A. Morel*, 1872. 2 vol. in-8°.

Allgemeines Künstler-Lexicon. — Unter Mitwerkung der Namhakesten Fachgelehrten des in und auslandes heramgegeben von Dr Julius Meyer... *Leipzig*, 1872. 2 vol. in-8°.

Dictionnaire biographique des Artistes français du XII° au XVII° siècle, suivi d'une table chronologique et alphabétique comprenant en vingt classes les Arts mentionnés dans l'ouvrage, par A. Bérard. *Paris, J.-B. Dumoulin*, 1872. In-8°.

Jules Claretie. Peintres et sculpteurs contemporains. *Paris, Charpentier*, 1873. In-12.

Etat-civil de quelques artistes français extrait des registres des paroisses des Anciennes archives de la ville de Paris, publié avec une introduction par M. Eug. Piot. *Paris, Pagnerre*, 1873. In-4°.

L'art du dix-huitième siècle, par Edmond et Jules de Goncourt. Deuxième édition. *Paris, Rapilly*, 1873-1874. 2 vol. in-8°.

L'art du dix-huitième siècle, par Edmond et Jules de Goncourt :

Les St-Aubin. *Paris, Dentu*, 1859. In-4°, fig		
Watteau.	d° 1860.	d°
Prudhon.	d° 1861.	d°
Boucher.	d° 1862.	d°
Greuze.	d° 1863.	d°
Chardin.	d° 1864.	d°
Fragonard.	d° 1865.	d°
Debucourt.	d° 1866.	d°
Latour.	d° 1867.	d°
Gravelot-Cochin.	d° 1868.	d°
Eisen-Moreau.	d° 1870.	d°

Notices, additions, Errata. *Paris, Dentu*, 1875. In-4°, fig.

Théophile Gautier. Portraits contemporains. Littérateurs, Peintres, Sculpteurs, Artistes dramatiques.... *Paris, Charpentier*, 1874. Pet. in-8°, portr.

Ch. Clément. Michel-Ange, Léonard de Vinci, Raphael avec une étude sur l'art en Italie avant le XVI° siècle... *Paris, Hetzel*, 1875. In-12.

Les Artistes de mon temps, par Charles Blanc. *Paris, Didot*, 1876. In-8°, fig.

Les Artistes français à l'étranger, par L. Dussieux...... Troisième édition. *Paris, Lecoffre*, 1876. In-8°.

Artistes anciens et modernes, par Charles Clément. *Paris, Didier*, 1876. In-12.

Actes d'état-civil d'artistes français, tirés des Archives nationales et publiés pour la première fois. *Paris*, octobre 1876. In-8°. Extr. du *Bulletin de la Société de l'Art français*.

A biographical and critical Dictionary of recent and living painters and engravers ... by Henry Ottley.. *London, G. Bell*, 1877. In-4°.

Les dessinateurs d'illustrations au dix-huitième siècle, par le baron Roger Portalis. *Paris, Damascène Morgand et Charles Fatout*, 1877. 2 vol. in-8°, fig.

Philippe Burty. Maîtres et Petits Maîtres. *Paris, G. Charpentier*, 1877. In-12.

Charles Clément. Michel-Ange, Léonard de Vinci, Raphael avec une étude sur l'art en Italie avant le XVIe siècle. 4e édition. *Paris, Hetzel*, 1878. In-12.

Mémoires inédits de Charles Nicolas Cochin sur le Comte de Caylus, Bouchardon, les Slodtz publiés d'après le manuscrit autographe, avec introduction, notes et appendice, par M. Charles Henry. *Paris, Baur*, 1880. In-8°.

Peintres et Statuaires romantiques... par Ernest Chesneau. *Paris, Charavay*, 1880. In-12.

Artisti Belgi ed Olandesi a Roma nei secoli XVI e XVII. Notizie e documenti raccolti negli archivi romani dal Cav. A. Bertolotti. *Firenze*, 1880. Pet. in-8°.

Victor Fournel. Les artistes français contemporains, peintres, sculpteurs. *Tours, A. Mame*, 1884. Grand in-8°, fig.

Notes et causeries sur l'art et sur les artistes, par Charles Timbal, précédées d'une liste des principaux ouvrages du peintre et d'une notice, par le Vicomte Henri Delaborde. *Paris, Plon*, 1881. In-12.

Etat-civil d'artistes français. Billets d'enterrement ou de décès depuis 1823 jusqu'à nos jours, réunis et publiés par M. Hubert Lavigne. *Paris, J. Baur*, 1881. In-8°.

Dictionnaire général des artistes de l'école française. É. Bellier de la Chavignerie et L. Auvray. *Paris, Renouard*, 1882. 2 vol. in-8°.

Jules Claretie. Peintres et sculpteurs contemporains. Portraits gravés, par L. Massard. 1re et 2e séries. *Paris, librairie des bibliophiles*, 1882-1884. 2 vol. pet. in-4°, fig.

Le livre des peintres de Carel van Mander. ... Traduction, notes et commentaires, par Henri Hymens. *Paris, J. Rouam*, 1884-1885. 2 vol. grand in-4°, fig.

Neujahrstuck herausgegeben von de Kunstler-Gesellschaft. *In Zurich*:

Leben Joseph Werner's, von Bern, 1805. In-4°, port.
do Félix Meyer's, von Winterthur, 1806. In-4°, port.
do J. R. Schellenbergs, von Winterthur, 1807. In-4°, port.
do A. Trippels, von Schafhausen, 1808. In-4°, port.
do R. Fuesslins, von Zurich, 1809. In-4°, port.

Leben Sigmund Freudenbergers, von Bern, 1810. In-4°, port.
do J. Merzens, von Buch, 1811, In-4°, port
do S. Gessner's, von Zurich, 1812. In-4°, port.
do L. Hessens, von Zurich, 1813. In-4°, port.
do H. Freudweilers, von Zurich, 1814. In-4°, port.
do A. Graff's, von Wintherthur, 1815. In-4°, port.
do G. Mind's von Bern, 1816. In-4°, port.
do L. Aberli, von Wintherthur, 1817. In-4°, port.
do J. H. Lips, von Zurich, 1818. In-4°, port.
do H. Rieters, von Wintherthur, 1819. In-4°, port.
do S. Landoll's, von Zurich, 1820. In-4°, port.
do J. Weber's, von Bern, 1821. In-4°, port.
do J. G. Kusters, von Wintherthur, 1822. In-4°, port.
do H. Wuests, von Zurich, 1823. In-4°, port.
do H. Maurers, von Zurich, 1824. In-4°, port.
do J. H, Trolls, von Wintherthur, 1825. In-4°, port.
do J. H. Fuessli's, von Zurich, 1826. In-4°, port.
do J. Pfenninger's, von Stafa, 1827. In-4°, port.
do C. Gessner's, von Zurich, 1828. In-4°, port.
do J. G. Huber's, von Zurich, 1829. In-4°, port.
do J. M. Ustéri, von Zurich, 1830. In-4°, port.
do H. Fuessli's, von Zurich, 1831. In-4°, port.
do A. Freudweilers, von Zurich, 1832. In-4°, port.
do J. H. Meyer, von Zurich, 1833. In-4°, port.
do J. G. Schinz, von Zurich, 1834. In-4°, port.
do J. J. Bidermann, von Wintherthur, 1834. In-4°, port.
do F. M. Diog, aus Urferen, 1836. In-4°, port.
do J. N. Konig, aus Bern, 1837. In-4°, port.
do J. J. Wetzel, aus Uhwiesen, 1838. In-4°, port.
do H. Keller, aus Zurich, 1839. In-4°, port.
do J. Ch. Miville, aus Basel, 1840. In-4°, port.

Jean Gigoux. Causeries sur les artistes de mon temps. *Paris, Calmann Lévy*, 1885. In-12.

Henry Jouin. Maîtres contemporains. *Paris, Perrin*, 1887. Pet. in-8°.

Peintres français contemporains, par Charles Bigot. *Paris, Hachette*, 1888. Pet. in-8°.

BIOGRAPHIES ET DOCUMENTS INDIVIDUELS.

Abadie. M. Paul Abadie. Notes nécrologiques (Signé J. Berthelé). In-8°. Extr. de la *Revue poitevine et saintongeaise.*

—— Institut de France. Académie des Beaux-Arts. Notice sur M. Abadie par M. Diet... *Paris, Didot,* 1886. In-4°.

Abate. Niccolò dell'Abate, étude par M. Frédéric Reiset. *Paris, imp. Claye,* 1859. In-4° fig. Extr. de la *Gazette des Beaux-Arts.*

Louise Abbema. Peintres et Sculpteurs, notices par Georges Lecocq. 1re liv. Louise Abbema. *Paris, librairie des bibliophiles,* 1879. In-8°, port., grav.

J. Achard. J. Achard, peintre paysagiste, par Marcel Reymond. *Paris, Fischbacher,* 1887. In-8°, port., fig.

Alaux. Néorama. Vue intérieure de Saint-Pierre de Rome pendant la prière du pape, par Miel. Extrait du *Moniteur* du 21 nov. 1827. *Paris, Vᵉ Agasse.* In-8°.

—— Institut impérial de France. Académie des Beaux-Arts. Discours de M. Beulé, secrétaire perpétuel, prononcé aux funérailles de M. Alaux. *Paris, typ. Firmin-Didot, s. d.* In-4°.

Albani. Suite de la galerie des peintres célèbres. L'Albane, par L. Lecarpentier. *Rouen, Baudry,* 1818. In-8°.

—— Vita del celebre pittore Francesco Albani scritta dal marchese Antonio Bolognini Amorini. *Bologna,* 1837. In-8°.

Alberti. Elogio di Leone Batista Alberti, composto da Gio. Batista Niccolini. *Firenze, Niccolò Carli,* 1819. In-8°.

J. Aliamet. Emile Delignières. Catalogue raisonné de l'œuvre gravé de Jacques Aliamet, d'Abbeville, précédé d'une notice sur sa vie et son œuvre. *Paris, Rapilly,* 1896. In-4°, portr., fig.

Allegri. Notizie storiche sincere intorno la vita e le opere del celebre pittore Antonio Allegri da Correggio, scritte da Giuseppe Ratti. *Finale, Giacomo de' Rossi,* 1781. In-8°, port.

—— Ragionamento del padre Ireneo Affò, regio bibliotecario... Sopra una Stanza dipinta dal celeberrimo Antonio Allegri da Correggio nel monistero di

S. Paolo in Parma. *Parma, dalla Stamperia Carmignani,* 1794. In-8°.

Allegri. Peinture du Corrège nouvellement découverte. Sig. J. Micali, *Paris, Panckoucke, s. d.* In-8°.

—— Sopra un quadro di Antonio Allegri ... Scoperto non ha guari in Milano... lettera di Giovanni de' Brignoli... *Milano, F. Baret,* 1815. In-8°.

—— Memorie istoriche di Antonio Allegri detto il Correggio. P. Luigi Pungileoni. *Parma, dalla stamperia ducale,* 1817-1821, 3 vol. in-8°, port.

—— Sketches of the lives of Correggio and Parmegiano. *London, printed for Longman, Hurst,* 1823. In-8°, port.

—— Pitture di Antonio Allegri da Correggio illustrate da Michele Leoni. *Torino, Chirio e Mina,* 1825. In-8°.

—— Madonna di Antonio Allegri da Carlo Marin. *S. l.,* 1830. In-8°.

—— Sopra un dipinto nuovamente scoperto di Antonio Allegri... discorso di Bernardo Biondelli. *Milano, Stella e figli,* 1831. In-8°.

—— Lettera dell' Abate Severino Fabriani.... sopra un autografo di Antonio Allegri riguardante la famosa tavola della notte. *Modena. Soliani.* 1833. In-8°, fac-sim.

—— Antonio de Allegris ou le Corrège ... par C. Lecarpentier... *Rouen, s. d.* In-8°.

—— Notizie intorno a due pitture di Antonio Allegri rappresentanti S. Giovanni Battista e la sacra famiglia. *Bologna,* 1841. Pet. in-8°.

—— Pitture di Antonio Allegri da Correggio illustrate dal Cav. Prof. Michele Leoni, *Modena, tipografia Vincenzi e Rossi,* 1841. In-8°.

—— Descrizione di una pittura di Antonio Allegri detto il Correggio. *S. l. ni d.* In-32.

—— Coreggio in Seinem Beziehungen zum Humanismus geschildert von Friedrich Wilhelm Unger, *in Göttingen,* 1861. In-8°, phot.

Allegri. Notizie di Antonio Allegri di Antonio Bartolotti suo maestro.... dell'avvocato Cav. Quirino Bigi. *Modena, Carlo Vincenzi*, 1873. In 8º.

—— Le Corrège à Parme par Camille Guymon. *Paris, Sandoz et Fischbascher*, 1877. In 8º.

—— Le Corrège, sa vie et son œuvre.... par Marguerite Albana Mignaty. *Paris, Fischbascher*, 1881. In-8º, phot.

—— Un Quadro del Correggio. Ricerche di Adolfo Venturi, A. Ispettore della Galleria Estense, pubblicate da Carlo Vigano.... *Modena, tip. Paolo Toschi*, 1882. In-8º.

—— Une résurrection artistique. La Madeleine en extase du Corrège. *Florence, typographie Galetti e Cocci*, 1885. In-8º, phot.

—— Institut de France. Corrège au musée du Louvre, par M. A. Gruyer. *Paris, typ. Firmin-Didot*, 1888. In-4º.

Alphand. Institut de France. Académie des Beaux-Arts. Funérailles de M. Alphand, membre libre de l'Académie, le vendredi 11 décembre 1891. Discours de M. Paul Dubois. *Paris, typ. Firmin-Didot.* In-4º.

—— Ville de Paris. Discours prononcés à l'occasion des funérailles de J. C. A. Alphand.... *Paris*, 1892. In-4º, port. sur Japon.

Alvimar. Notice des tableaux et des aquarelles du général d'Alvimar que le jury a refusés pour l'exposition du Musée royal.... *Paris, Dentu, s. d.* In-8º.

Amerighi. Michel-Ange Amerighi, dit Le Caravage.... par C. Lecarpentier. *Rouen, Vᵉ Guilbert*, 1811. In-8º.

Amman (Jobst). Jobst Amman Zeichner und formschneider.... von E. Becker. *Leipzig, Rudolph Weigel*, 1854. Pet. in-4º carré, fig.

Amstel (Cornelis Ploos van). Cornelis Ploos van Amstel, Kunstliebhaber und Kupferstecher, von F. von Alten, *Leipzig, Rudolph Weigel*, 1864. In-8º.

Ancelet. Institut de France. Académie des Beaux-Arts. Funérailles de M. Ancelet, membre de l'Académie, le 7 août 1895. Discours de M. Daumet. (*Paris, typ. Firmin-Didot*). In-4º.

—— Institut de France. Académie des Beaux-Arts. Notice sur Gabriel-Auguste Ancelet, par M. Nénot. *Paris, typ. Didot*, 1896. In-4º.

André. Frère André, artiste peintre, de l'ordre des frères prêcheurs, 1662-1753. Lettres inédites et documents accompagnés de notes.... (par Ch. Marionneau). *Bordeaux, imp. Gounouilhou*, 1878. In-4º, port.

André (J.). Jules André, architecte. Notice sur sa vie et ses œuvres par J. Guadet. *Paris, maison Quantin* (1890). In-8º. Extr. du journal *l'Architecture.*

—— Institut de France. Académie des Beaux-Arts. Notice sur M. Jules André, architecte, par M. Pascal. *Paris, typ. Firmin-Didot*, 1891. In-4º.

Andrea (Z.). Zoan Andrea et ses homonymes par le Duc de Rivoli et Ch. Ephrussi. *Paris*, 1891. Grand in-8º, fig. Extr. de la *Gazette des Beaux-Arts.*

D'André Bardon. Eloge historique de Michel-François d'André Bardon... par M. d'Ageville, architecte...... *Marseille, Jean Mossy*, 1783. Pet. in-18.

—— Eloge historique de M. d'André Bardon par M. Audibert, secrétaire perpétuel de l'Académie de Marseille. Lu à l'Assemblée publique, le 6 avril 1785, *s. l. ni d.* In-18.

Angelico. Vie de fra Angelico de Fiesole de l'ordre des frères prêcheurs par E. Cartier. *Paris, Vᵉ Poussielgue-Rusand*, 1857. In-8º.

Anguier. Deux sculpteurs normands. Les frères Anguier par Armand Sanson. *Rouen, E. Cagniard*, 1889. Petit in-4º, fig.

Anonyme de 1466. Le graveur de l'an 1466 et les grandes armoiries de Bourgogne. Extrait de la *Revue universelle des Arts*, Ch. de Brou, *s. l. ni d.* In-8º.

Ansiaux. Notice sur M. Ansiaux par Desains. Extrait de *l'Annuaire de la Société philotechnique* pour l'année 1841. *Paris, Bruneau*, in-16º.

Antoine. Notice historique sur défunt Jacques-Denis Antoine, architecte des monnoies, membre de l'Institut national .... par le citoyen Lussault. *Paris, de l'imprimerie du Journal des Bâtiments civils*, 1801. In-8º.

Antonello. Memorie istorico-critiche di Antonello degli Antonj pittore messinese compilate dal cav. Tommaso Puccini.... *Firenze, Stamperia Carli*, 1809. In-8º.

Appiani. Allocuzione di Giovanni Berchet nei funerali del pittore Andrea Appiani.... *Milano, Giulio Ferraio*, 1817. In-8º.

Appier. Jean Appier et J. Appier dit Hanzelet, graveurs lorrains du XVII⁰ siècle par J. Favier.*Nancy, Sidot frères,* 1890. In-8⁰, fig. Extr. des *Mémoires de la Société d'Archéologie Lorraine.*

D'Argenville. Eloge de M. Dezaillier d'Argenville. *S. l. ni d.* Pet-18.

Armand. Notice nécrologique sur Alfred Armand par P. Valton. *Paris, Rougier,* 1888. In-8⁰. Extrait de la *Revue Numismatique.*

Armand-Calliat. L'abbé Reure. M. Armand-Calliat et fils à l'exposition de Lyon. *Lyon,* 1895. In-8⁰. Ext. de *l'Université Catholique.*

Attavante. Attavante, Miniaturiste florentin (Signé : L. Curmer). *S. l. ni d.* (Paris 1864) Grand in-8⁰.

Auber. Institut de France. Académie des Beaux-Arts. Eloge d'Auber par M. le Vicomte Henri Delaborde. *Paris, typ. Firmin-Didot,* 1875. In-4⁰.

—— Institut de France. Académie des Beaux-Arts. Notice sur la vie et les travaux de D. F. E. Auber, par Victor Massé.... *Paris, typ. Didot,* 1875. In-4⁰.

—— Institut de France. Académie des Beaux-Arts. Inauguration du Monument d'Auber. Discours de M. François (de M. Ambroise Thomas et du Baron Taylor) prononcés le 29 février 1877. *Paris, typ. Firmin-Didot.* In-4⁰.

Aubertin. Le graveur Aubertin par P.-J. Goetghebuer. In-8⁰, 1853. Ext. des *Annales de la Société royale des Beaux-Arts et de Littérature de Gand.*

Aubry-Lecomte. Les grands artistes contemporains. Aubry-Lecomte par Auguste Galimard. *Paris, Dentu,* 1860. In-8⁰.

Audran. Les Audran, peintres et graveurs par Edmond Michel. *Orléans, H. Herluison,* 1884. In-8⁰. Extr. des *Annales de la Société historique et archéologique du Gâtinais.*

Duc d'Aumale. Institut de France. Allocution prononcée par S. E. le cardinal Perraud, évêque d'Autun, membre de l'Académie française, à l'issue du service funèbre célébré, par les soins de l'Institut de France, pour le repos de l'âme de Mgr le duc d'Aumale. *Paris, typ. Firmin-Didot,* 1897. In-4⁰.

—— Institut de France. Académie des Beaux-Arts. Notice historique sur la vie et les travaux de M. le duc d'Aumale, membre de l'Académie, par M. Gustave Larroumet. *Paris, typ. Firmin-Didot,* 1898. In-4⁰.

Duc d'Aumale. Institut de France. Académie des Beaux-Arts. Notice sur M. le duc d'Aumale par M. le prince Auguste d'Arenberg. *Paris, typ. Firmin-Didot,* 1898. In-4⁰.

—— Institut de France. Académie des Sciences morales et politiques. Notice sur M. le duc d'Aumale par M. Alfred Rambaud. *Paris, typ. Firmin-Didot,* 1899. In-4⁰.

Avisseau. Charles-Jean Avisseau par M. de Sourdeval. *Tours,* 1861. In-8⁰.

Bagard. Sur les Sculptures en bois attribuées à Bagard, par Lucien Wiener. *Nancy, Crépin-Leblond,* 1874. In-8⁰.

Bailly. Institut de France. Académie des Beaux-Arts. Funérailles de M. Bailly, membre de l'Académie, le mardi 5 janvier 1892. Discours de M. le comte Henri Delaborde. *Paris, typ. Firmin-Didot.* In-4⁰.

—— Institut de France. Académie des Beaux-Arts. Notice sur M. Antoine Nicolas Bailly par M. A. Ancelet. *Paris, Didot,* 1892. In-4⁰.

Balechou. Mémoire sur délibéré servant de réponse pour le sieur Théodore Le Leu, agent du Roi de Pologne, Electeur de Saxe, appellant contre le sieur Jean-Joseph Balechou, graveur, à Paris, intimé. Par Mᵉ Paillet des Brunières, avocat. *Paris, Paulus-du-Mesnil,* 1752. In-f⁰.

—— Eloge de M. Balechou. *S. l. ni d.* In-16⁰.

Ballu. Institut de France. Académie des Beaux-Arts. Notice sur M. Th. Ballu, par M. Daumet. *Paris, Firmin-Didot,* 1886. In-4⁰.

—— Institut de France Notice sur la vie et les ouvrages de M. Théodore Ballu par M. le Vᵉ Henri Delaborde. *Paris, typ. Firmin-Didot,* 1887. In-4⁰.

L. P. Baltard. Société académique d'architecture de Lyon. Eloge historique de M. Baltard.... par M. J.-M. Dalgabio. *Lyon, imp. Louis Perrin,* 1846. In-8.

—— Notice biographique lue à la Société libre des Beaux-Arts dans la séance du 20 octobre 1846, à l'Hôtel-de-Ville, sur Louis-Pierre Baltard, architecte.... par M. Auguste Galimard. *Paris, Ducessois.* In-8⁰.

V. Baltard. Institut de France. Académie des Beaux-Arts. Notice sur Victor Baltard, par M. Charles Garnier. *Paris, typ. Firmin-Didot,* 1874. In-4⁰.

Balze. Paul Balze et la peinture d'émail, par Amédée Pichot. *Paris, Hennuyer,*

1863. In-8°. Extrait de la *Revue Britannique.*

Barbarelli. Essai sur le Giorgion, par le Dʳ Rigollot. *Amiens, Duval et Herment,* 1852. In-8°.

—— Le Jugement de Pâris attribué au Giorgione. [Signé : S. Larpent.] *Christiana,* 1885. In-8°, fig.

—— Le Jugement de Pâris attribué au Giorgione. *Christiana, Thronsen,* 1885. In-8°, phot.

J. de Barbari. Jacob de Barbari et Albert Durer. Appendice par A. W. François, Dʳ. *Bruxelles, van Trigt.* *S. d.* In-8°, fig.

—— Ecole primitive de Venise. Jacopo de Barbarj, dit le maître au caducée, par Emile Galichon. *Paris,* 1861. In-4°, fig. Extrait de la *Gazette des Beaux-Arts.*

—— Notes biographiques sur Jacopo de Barbarj dit le maître au caducée, peintre-graveur vénitien de la fin du XVᵉ siècle, par Charles Ephrussi. *Paris, imp. Jouaust,* 1876. Grand in-4°, fig.

—— Jacob de Barbari et Albert Durer... par le comte A. E. de Candilto. *Bruxelles, Van Trigt,* 1881. In-8°. port.

Barbet de Jouy. Institut de France. Académie des Beaux-Arts. Discours de M. Bonnat à l'occasion de la mort de M. Barbet de Jouy. 30 mai 1896. *Paris, typ. Firmin-Didot.* In-4°.

—— Institut de France. Académie des Beaux-Arts. Notice sur M. Joseph-Henri Barbet de Jouy, par M. Edouard Corroyer. *Paris, typ. Firmin-Didot,* 1897. In-4°.

—— Barbet de Jouy, son journal pendant la Commune. Publié dans la *Revue hebdomadaire,* par le comte d'Ussel. *Paris, Plon,* 1898. In-12°.

Barbieri. Vita di Francesco Barbieri detto il Guercino scritta dal marchese Antonio Bolognini Amorini. *Bologna,* 1839. In-8°.

Baroni. Notizie intorno al pittore Gaspar Antonio Baroni Cavalcabò di Sacco. Clementino Vannetti. *In Verona, per gli eredi di Marco Moroni,* 1781. In-8°.

Barry. A description of the series of pictures painted by James Barry, esq. *London, W. and C. Spilsbury,* 1800. In-8°.

Barry (Jacques). Notice sur Jacques Barry, peintre par M. de Vialart Saint-Morys. *Paris, Fain, s. d.* In-12°. Extrait du *Journal des Arts.*

Bartholdi. Mémoire pour M. Auguste Bartholdi contre la ville de Marseille. Signé : J. Rauter. (*Paris*), *s. d.* In-4°, fig.

Bartolini. La carità e la fiducia in Dio, statue di Lorenzo Bartolini, ode di Giuno Carbone.... *Firenze, Batelli e figli,* 1836. In-8°, grav.

—— Alle arti, canzone di Cesare Scartabelli. Versi a Lorenzo Bartolini. Luigi Tonti. *Firenze, della tipografia galileiana,* 1836. In-8°.

—— Sculpteurs modernes. Lorenzo Bartolini, par Henri Delaborde. *Paris, Claye.* In-8°. Extrait de la *Revue des Deux-Mondes* du 15 sept. 1855.

Bartolo. Giovanni di Bartolo, da Siena, orafo della corte di Avignone nel XIV secolo. [Signé : Eugène Müntz]. (1888). In-8°. Extr. de l'*Archivio storico italiano.*

Bartolommeo (fra). La Vierge des Carondelet par M. Auguste Castan. *Besançon, Dodivers,* 1874. In-8°, fig.

—— Deux nouvelles répliques au sujet du Fra-Bartolommeo de Besançon par Auguste Castan. *Besançon, Dodivers,* 1877. In-8°. Extr. des *Mémoires de la Société d'émulation du Doubs.*

—— Les artistes célèbres. — Fra Bartolommeo della Porta et Mariotto Albertinelli, par Gustave Gruyer. *Paris, libr. de l'Art,* 1886. Gᵈ in-8°, portr., fig.

Bartsch. Catalogue des estampes de J. Adam de Bartsch.... par Frédéric de Bartsch. *Vienne, Antoine Pichler,* 1818. In-8°, port.

Barye. Peintres et sculpteurs modernes de la France, M. Barye par Gustave Planche. *S. l. n. d.* In-8°.

—— Les sculpteurs d'animaux. M. Barye par Emile Lamé. *Paris, Pillet, s. d.* In-8°. Extr. de la *Revue de Paris.*

—— Institut de France. — Académie des Beaux-arts. Discours de M. le vicomte Delaborde, secrétaire perpétuel, prononcé aux funérailles de M. Barye, le 28 juin 1875. *Paris, typ. Firmin-Didot.* In-4°.

—— Catalogue des œuvres de Antoine-Louis Barye, membre de l'institut, exposées à l'Ecole des Beaux-arts. *Paris, Claye,* 1875. In-12°, port.

—— Institut de France. — Académie des Beaux-arts. Notice sur M. Barye par M. Jules Thomas. *Paris, typ. Firmin-Didot,* 1876. In-4°.

—— Antoine-Louis Barye, from the French of various critics (publ. par W.

T. Walters). *Baltimore*, 1885. Pet. in-4°, port.

Barye. Bronzes d'art. — F. Barbedienne. Œuvres de A. L. Barye. *Paris*, 1887. In-8°.

—— Catalogue des Œuvres de Barye exposées à l'école des Beaux-arts, quai Malaquais. Notice par M. Eugène Guillaume. *Paris, maison Quantin*, 1889. In-12, port.

—— Barye, Etude par Bonnat. *Paris*, 1889. G^d in-8°, portr., fig. Extr. de la *Gazette des Beaux-Arts*.

—— Institut de France. — Académie des Beaux-arts. Discours prononcés à l'inauguration du monument élevé à la mémoire de Barye, à Paris sur le terre-plein du pont Sully, le lundi 18 juin 1894. *Paris, typ. Didot*, 1894. In-4°.

Bashkirtseff. Union des femmes peintres et sculpteurs. — Catalogue des œuvres de Mlle Bashkirtseff, 1885. *Paris*, L. Baschet. In-4°, portr., fig.

Bast. De leidsche graveur Pieter Bast, door J. T. Bodel Nijenhuis. *Leiden, E. J. Brill*, 1872. In-8°.

Bastien-Lepage. André Theuriet. Jules Bastien-Lepage, l'homme et l'artiste. *Paris, G. Charpentier*, 1885. In-18, port.

—— Ecole nationale des Beaux-arts. Hôtel de Chimay. Exposition des œuvres de Jules Bastien-Lepage. *Paris*, mars-avril, 1885. In-8°.

Bataille. Nicolas Bataille, tapissier parisien du XIVe siècle, auteur de la tapisserie de l'Apocalypse d'Angers, par M. Jules Guiffrey. *Paris*, 1877. In-8°. Extr. des *Mémoires de la Société nationale des antiquaires de France*.

Batoni. Elogio di Pompeo Girolamo Batoni. Cav. Boni. *In Roma, Pagliarini*, 1787. In-8°.

E. Baudet. Essais historiques sur Vineuil-lès-Blois. — Etienne Baudet, graveur du Roi (1638-1711) par R. Porcher. *Blois, imp. Lecesne*, 1885. In-18.

Baudoin. Les gravures françaises du XVIIIe siècle ou catalogue raisonné des estampes, eaux-fortes.... par Emmanuel Bocher. Pierre-Antoine Baudoin. *Paris, Rapilly*, 1875. In-4°, fig.

Baudry. Peintures décoratives exécutées pour le foyer public de l'Opéra par Paul Baudry de l'Institut.... Notice par E. About. *Paris*, 1874. In-12, port.

—— Emile Bergerat. Peintures décoratives de Paul Baudry au grand foyer de l'Opéra. Etude critique avec préface de Théophile Gautier. *Paris, Michel Lévy*, 1875. In-12.

Baudry. Les peintures de M. Paul Baudry à l'Opéra, par Gustave Marquerie. *Nantes, Vincent Forest et Emile Grimaud*, 1877. In-8°. Extr. de la *Revue de Bretagne et de Vendée*.

—— Union centrale des arts décoratifs. — Notice des œuvres de M. Paul Baudry, membre de l'Institut, exposées à l'orangerie des Tuileries, juin, juillet 1882. *Paris, Quantin*. In-4°, fig.

—— Institut de France. — Académie des Beaux-arts. Notice sur la vie et les ouvrages de M. Paul Baudry par le vicomte Henri Delaborde. *Paris, Firmin-Didot*, 1886. In-4°.

—— Institut de France. — Académie des Beaux-arts. Notice sur M. Paul Baudry, par M. J. Breton.... *Paris, Didot*, 1886. In-4°.

—— Catalogue des œuvres de Paul Baudry, avec une étude par M. Eugène Guillaume. *Paris*, 1886. In-12, port.

—— Paul Baudry. Notes intimes, par Ernest Toulouze. *Bordeaux, imp. Gounouilhou*, 1886. In-8°. Extr. de la *Gironde littéraire et scientifique*.

—— Lettres de Paul Baudry, publiées par Emile Grimaud. *Nantes, imp. V. Forest*, 1886. In-8°.

—— Quelques lettres inédites de Paul Baudry, par Julien Merland, juge suppléant au Tribunal civil de Nantes. *Nantes, Ve C. Mellinet*, s. d. In-8°.

—— Charles Ephrussi. — Paul Baudry, sa vie et son œuvre. (*Paris*), L. Baschet, 1887. In-4°, portr., fig.

—— Discours de M. C. Marionneau, correspondant de l'Institut, prononcé à l'inauguration du monument Paul Baudry au musée de La Roche-sur-Yon, le 28 avril 1889. *Bordeaux, imp. G. Gounouilhou*, 1889. In-8°.

—— Les monuments élevés à la mémoire de Paul Baudry au musée de La Roche-sur-Yon et au cimetière du Père Lachaise, 1886-1890. G^d in-8°, fig. (*Paris*, 1890). Extr. de la *Gazette des Beaux-Arts*.

—— Institut de France. — Académie des Beaux-arts. Discours prononcés à l'inauguration du monument élevé à la mémoire de Paul Baudry à La Roche-sur-Yon le 20 avril 1897. *Paris, imp. Firmin-Didot*. In-4°.

Bause. Verzeichnifs des Kupferstich-werks von herrn Johann Friedrich Bause.... *Leipzig*, 1786. In-8°.

—— Catalog des Kupferstichwerches von Johann Friedrich Bause, mit einigen biographischen notizen von D^r

Georg Keil. *Leipzig, Rudolph Weigel*, 1849. In-8°, port.

Bazzi dit le Sodoma. Giovanni Antonio de' Bazzi, detto il sodoma, secondo recenti pubblicazioni e nuovi documenti [signé : Gustavo Frizzoni]. (*Florence*, août 1871). In-8°. Extr. de la *Nuova Antologia.*

A. Beauneveu. Un dessin du musée du Louvre attribué à André Beauneveu, par Paul Durrieu. *Paris, E. Leroux*, 1894. In-fol., fig. Extr. des *Monuments et mémoires publiés par l'Académie des inscriptions et belles lettres.*

—— Les miniatures d'André Beauneveu. par Paul Durrieu (*Paris*), 1894. Gd in-4°, fig.

Beauvarlet. Catalogue de l'œuvre de Jacques-Firmin Beauvarlet d'Abbeville précédé d'une notice sur sa vie et ses ouvrages par l'abbé Deraine. *Abbeville, P. Briez*, 1860. In-8°. Extrait des *Mémoires de la Société Impériale d'Emulation d'Abbeville.*

—— Le graveur Beauvarlet et l'école abbevilloise au XVIIIᵉ siècle, par Emile Delignières.... *Abbeville*, 1891. In-8°, port. Extr. du *Cabinet historique de l'Artois et de la Picardie.*

J. V. Beers. Exposition des œuvres de Jan Van Beers. *Galeries Durand-Ruel*, 1888. In-16, fig.

Beest. Le peintre de marine réaliste Albertus Van Beest, notice biographique par Auguste Demmin. *Paris, Vᵉ J. Renouard*, 1863. In-8°.

Begon. Michel Begon intendant de la Rochelle 1638-1710, par de la Morinerie. *Paris, Wittersheim*, 1855. In-8°.

Sebald et Barthel Beham. Sebald und Barthel Beham zwei maler der deutshen renaissance. Von Adolf Rosenberg. *Leipzig, E. A. Seemann*, 1875. Pet. in-4°, fig., port.

Beham. Catalogue of the prints and etching of Hans Sebald Beham. W. J. Loftie. *London, Mʳˢ Noseda*, 1877. In-16.

—— Les petits maîtres allemands, par Edouard Aumuller. — I. Barthélemy et Hans Sebald Beham. *Munich, M. Rieger*, 1881. In-8°.

—— Das Kupferstich und Holzschnittwerk des Hans Sebald Beham, von W. von Seidlitz (*Berlin*, 1882). In-4°, fig. Extr. de *Jahrbuch der Königlich Preussischen Kunstsammlungen.*

Bélanger. Nécrologie. Notice de A. Loiseau sur François-Joseph Bélanger. *Paris, Ballard*, 1818. In-8°.

Bellangé. Exposition des œuvres d'Hippolyte Bellangé à l'école impériale des Beaux-arts. Etude biographique, par Francis Wey. *Paris*, 1867. In-12.

—— Hippolyte Bellangé et son œuvre, par Jules Adeline. *Paris, A. Quantin*, 1880. In-8°, fig.

Bellegambe. Jean Bellegambe de Douai, le peintre du tableau polyptique d'Anchin, par Alphonse Wauters.... *Bruxelles, Devroye*, 1862. In-8°.

—— Jean Bellegambe de Douai, peintre du retable d'Anchin, notice suivie de recherches sur d'autres peintres de la même famille. *Douai, Wartelle*, 1862. In-8°, port.

—— La vie et l'œuvre de Jean Bellegambe, par Mgr C. Dehaisnes. *Lille, L. Quarré*, 1890. Gd in-8°, portr., fig.

Bellet du Poisat. L'œuvre de Bellet du Poisat. Edmond Jumel. *Lyon, Meton*, 1884. In-8°.

Bellino. Vita di Giovanni Bellino descritta da cav. Carlo Ridolfi, riprodotta con emende e giunte nelle sposalizie Papadopoli-Mosconi. *Venezia, Alvisopoli*, 1831. In-8°, port.

Belly. Exposition des œuvres de L. Belly à l'école nationale des Beaux-arts. *Paris, J. Claye*, 1878. In-12.

A. Bening. Alexandre Bening et les peintres du Bréviaire Grimani, par Paul Durrieu. *Paris*, 1891. In-4°, fig. Extr. de la *Gazette des Beaux-arts.*

A. Benoist. Louis XIV médaillon en cire, par Antoine Benoist. Eud. Soulié. *Versailles*, 1856, *Montalant-Bougleux.* In-12.

—— Notice sur Antoine Benoist, de Joigny, peintre et sculpteur en cire de Louis XIV, par Eug. Vaudin.... *Joigny, A. Tissier*, 1887. In-8°, fig.

Benvenuti. Observations sur les peintures de la coupole de la chapelle des princes dans la basilique de Saint-Laurent exécutées par M. le Ch. commandeur Pierre Benvenuti. *Florence, Frédéric Bencini*, 1837. In-8°.

Berchem. Beredeneerde catalogus van alle de Prenten van Nicolaas Berchem.... beschreeven door Hendrik de Winter. *Amsterdam, Iohannes Smit*, 1767. In-8°.

V. D. Berg. Ter nagedachtenis van J. E. J. Van den Berg. *Delft*, 1861. In-8°.

Berlioz. Institut impérial de France. Académie des Beaux-arts. — Notice sur Hector Berlioz, par M. Félicien David. *Paris, typ. Firmin-Didot*, 1870. In-4°.

Berlioz. Institut de France — Académie des Beaux-arts. Inauguration de la statue de Berlioz à Paris.... Discours de MM. Delaborde, Garnier et Reyer. (*Paris, Didot*, 1886). In-4°.

Bernin. Le Louis XIV du cavalier Bernin. Anatole de Montaiglon. *S. l. n. d.* In-8°. Extr. de la *Revue universelle des arts.*

Berruer. Nécrologie. Article nécrologique sur le sculpteur Berruer, professeur de la ci-devant académie de peinture et sculpture. *S. n. d'aut.*, an V. In-8°.

Berthelemy. Berthelemy, peintre laonnois, 174-1811 par Duchange. *Laon, Fleury et Chevergnie.* In-8°. Extr. du *Bulletin de la société académique de Laon*, 1853.

Bertin. Catalogue des tableaux et dessins de Edouard Bertin exposés à l'école des Beaux-arts, précédé d'une notice. Charles Clément. *Paris, J. Claye*, 1872. In-8°.

F. Bertinet. François Bertinet, modeleur et fondeur en médailles, par l'abbé Porée. *Paris, Plon*, 1891. In-8°, fig.

Bertinot. Institut de France. — Académie des Beaux-Arts. Funérailles de M. Bertinot, membre de l'académie, le samedi 21 avril 1888. Discours de M. le vicomte Henri Delaborde et de M. Bouguereau. *Paris, typ. Firmin-Didot.* In-4°.

—— Institut de France. — Académie des Beaux-arts. Notice sur M. Bertinot, par M. Roty.... *Paris, Didot*, 1889. In-4°.

Berton. A. de Champeaux. — Pierre Berton, de Saint-Quentin, maître tailleur de pierres et sculpteur au XVIᵉ siècle. *Paris, imp. Quantin*, 1880. Gd in-8°, fig. Extrait de la *Gazette des Beaux-Arts.*

Bervic. Notice nécrologique sur M. Bervic, graveur, membre de l'Institut, lue à la séance publique de la société libre d'émulation de Rouen, le 10 juin 1822, par M. Lecarpentier.... *Rouen, Baudry*, 1822. In-8°.

—— Institut royal de France. — Séance publique de l'académie royale des Beaux-arts. Notice historique sur la vie et les ouvrages de M. Bervic (par Quatremère de Quincy). *Paris, imp. Firmin-Didot*, 1823. In-4°, portr.

J. de Besançon. Un grand enlumineur parisien au XVᵉ siècle. Jacques de Besançon et son œuvre par Paul Durrieu. *Paris, Champion*, 1892. In-8°, phot.

Besozzo. Leonardo da Besozzo, ed alcune antiche miniature lombarde; cenni di C. Morbio. *S. l. n. d.* In-8°. Estratto dal Politecnico, vol. XIX.

Besson. Célébrités franc-comtoises. — Peintres. Faustin Besson par Armand Marquiset. *Besançon, Bulle*, 1859. In-16°.

Beulé. M. Beulé. — Souvenirs personnels, par Henry d'Ideville. *Paris, Michel Lévy frᵉˢ*, 1874. In-8°, port.

—— Institut de France. — Eloge de M. Beulé par M. le vicomte Henri Delaborde. *Paris, typ. Firmin-Didot*, 1874. In-4°.

—— Beulé, secrétaire perpétuel de l'académie des Beaux-arts, par M. A. Gruyer. *Paris, imp. Claye*, 1874, Gd in-8, portr. Extr. de la *Gazette des Beaux-Arts.*

Bewick. A descriptive and critical catalogue of Works, illustrated by Thomas and John, wood engravers, of Newcastle-upon-Tyne.... Notices of the pupils of Thomas Bewick. *London, John Gray Bell*, 1851. In-4°, portr., fig.

—— Thomas Bewich and his pupils by Austin Dobson. *London, Chatto and Windus*, 1884. In-8°, port., fig.

Bezzuoli. Sopra il dipinto del professore Giuseppe Bezzuoli rappresentante il terremoto di borgo S. Lorenzo ispirazione poetica di Ugo Marini. *Firenze, nella Stamperia granducale*, 1837. In-8°.

Biard. Notice sur M. Biard, ses aventures, son voyage en Laponie.... Par M. Louis Boivin. *Paris, Breteau et Pichery*, 1842. In-18.

Biardeau. Recherches sur le sculpteur Biardeau, sig. Ph. Béclard. *Angers*, 1851. In-8°.

—— Documents inédits sur le sculpteur Biardeau, lettre à Son Exc. le ministre de l'Instruction publique, communiqués par M. C. Port. *Angers*, 1864. In-8°. Extr. du *Bulletin de la Société industrielle d'Angers et du département de Maine-et-Loire.*

Bida. Cercle de l'Union artistique. — Exposition particulière des œuvres de M. Bida.... (*Paris*, 1883). In-4°.

Bidauld. Notes sur la vie et les ouvrages de M. Bidauld, paysagiste, membre de l'Institut. Sig. J. de Gaulle. *Paris*, 1846. In-8°.

—— Institut national de France. — Académie des Beaux-arts. — Notice historique sur la vie et les ouvrages de M. Bidauld, par M. Raoul-Rochette. *Paris, typ. Firmin-Didot*, 1849, In-4°.

Bienaimé. Notice sur Bienaimé, architecte, par M. Mirault, 1826. In-8°. Extr. des *Mémoires de l'Athénée des arts.*

P. Billard. Funérailles de Paul Billard (Discours de M. Léopold Delisle). *Nogent - le - Rotrou, imp. Gouverneur,* 1880. In-8°.

Bizemont. Notice biographique et historique sur M. le comte de Bizemont... par C. F. Vergnaud-Romagnesi. *Orléans, Gatineau,* 1838. In-8°, fig.

G. Bizet. Georges Bizet (*Paris,* 1876). In-8°, fig.

W. Blake. Museum of fine arts, print Department. — Exhibition of Books, Water Colors, Engravings, etc., by William Blake.... *Boston,* 1891. In-8°.

Ch. Blanc. Guide raisonné de l'amateur et du curieux. — M. Charles Blanc, critique d'art, membre de l'académie des Beaux-arts, membre de l'académie française, professeur au collège de France, ancien directeur des Beaux-arts, (par Paul Leroy). (*Paris,* 1881). In-fol. Extr. du journal l'*Art.*

—— Institut de France. — Académie des Beaux-arts. Notice sur M. Charles Blanc par M. E. Du Sommerard. *Paris, typ. Firmin-Didot,* 1883. In-4°.

—— Théorie des arts au XIXᵉ siècle. — Charles Blanc et son œuvre...... par Tullo Massarani, avec une introduction, par Eugène Guillaume. *Paris, J. Rothschild,* 1885. In-12. Port.

A. Blanchard. Notice sur A. Blanchard, professeur à l'école des Beaux-arts de Lyon, par M. E. C. L. Martin Daussigny. *Lyon, imp. Boitel,* 1851. Gᵈ in-8°.

—— Institut de France. Académie des Beaux-Arts. Funérailles de M. Blanchard, membre de l'académie, le mercredi 25 mai 1898. Discours de M. Jules Lefebvre. *Paris, typ. Firmin-Didot.* In-4°.

—— Institut de France. Académie des Beaux-Arts. Notice sur M. Auguste-Thomas-Marie Blanchard, par M. Léopold Flameng. *Paris, typ. Firmin-Didot,* 1899. In-4°.

Blasset. L'œuvre de Blasset ou plutôt Blassel, célèbre sculpteur amiénois (1600 à 1659), par A. Dubois. *Amiens, Caron et Lambert,* 1862. In-8°, port., fig.

—— Nicolas Blasset, architecte amiénois sculpteur du roy, 1600-1659. Cinquante dessins autographiés de Louis Duthoit, publiés par les soins et aux frais de MM. A. Bazot et A. Janvier. *Amiens, imp. de T. Jeunet,* 1873. In-4°.

Blin. Notice sur Francis Blin, paysagiste.

Sig. J. D. Orléans, Herluison, 1866. In-12.

Blondel. Description of an exhibition which the sieur Blondel, architecte professor and Member of the Royat academy of architecture at Paris.... *London, Clarke,* 1772. In-4°.

J. F. Blondel. Institut de France. Académie des Beaux-Arts. Funérailles de M. Blondel. Discours de M. Raoul-Rochette, secrétaire perpétuel de l'Académie et de M. Léon Cogniet, prononcés aux funérailles de M. Blondel, le 13 juin 1853, *Paris, Didot.* In-4°.

—— J.-F. Blondel et son œuvre, par Aug. Prost. *Metz, Rousseau-Pallez,* 1860. In-8°.

Blooteling. Abraham Blooteling. von J. E. Wessely. *Leipzig, R. Weigel,* In-8°.

Blouet. Institut de France. Académie des Beaux-Arts. Funérailles de M. Blouet. Discours de M. Raoul-Rochette et de M. Caristie, prononcés aux funérailles de M. Blouet. le jeudi 19 mai 1853. (*Paris*), *typ. Firmin-Didot.* In-4°.

—— Abel Blouet, architecte, membre de l'Institut. Sa vie et ses travaux par Adolphe Lance, architecte, l'un de ses élèves. *Paris, Bance,* 1854. In-12.

—— Abel Blouet. Etude par Achille Hermant, architecte. *Paris, de Lacroix-Comon,* 1857. In-12.

Boba. Boba, dit maître Georges, peintre (XVIᵉ siècle) par M. Sutaine. *Reims, Dubois, s. d.* In-12. Ext. des *Séances de l'Académie Impériale de Reims.*

Boerner. Johann Andreas Boerner, von Dʳ A. von Eye. *S. l. n. d.* In-8°.

Boffrand. Discours sur l'architecture où l'on fait voir combien il serait important que l'étude de cet art fit partie de l'éducation des personnes de naissance.... par M. Patte, architecte. *Paris, Quillau et Prault.* 1754. In-8°. (Suivi d'un abrégé de la vie de Monsieur Boffrand).

—— Notice sur la vie et les œuvres de Germain Boffrand, premier architecte de Léopold, duc de Lorraine et de Bar, par M. P. Morey. *Nancy, Vᵉ Raybois,* 1866. In-8°.

Boichot. Sur M. Boichot, statuaire du roi. Sig. Baudot aîné, 1815, *Dijon, Frantin.* In-12. Extr. du *Journal de la Côte-d'Or.*

Boïeldieu. Institut de France. Académie des Beaux-Arts. Discours de M. le Vicomte H. Delaborde, secrétaire perpétuel, prononcé à Rouen, le 13 juin 1875, au centenaire de Boieldieu. *Paris, typ. Firmin-Didot.* In-4°.

Boilly. Notice sur J.-L. Boilly (Boutron). *Paris,* 1874. In-8°.

—— Julien Boilly..... par Prosper Blanchemain. *Paris, A. Aubry,* 1875. In-8°. Extr. du *Bulletin du bouquiniste.*

—— Houdon dans son atelier par Boilly (signé : Baron de Preux). *Imp. Charaire à Sceaux* (1896). Grand in-8°, fig. Extr. de la *Gazette des Beaux-Arts.*

A. Boiron. Léonce Viltart. Alexandre Boiron, artiste peintre. 1859-1889... Préface par Jules Breton. *Arras, Sueur-Charruey,* 1889. In-18, port.

Boissard. Jean-Jacques Boissard, poète latin, dessinateur et antiquaire..... étude sur sa vie, ses ouvrages et ses portraits, par Auguste Castan. *Besançon, Dodivers,* 1875. In-8°, port. Ext. des *Mémoires de la Société d'émulation du Doubs.*

Boissière. Samuel Boissière, peintre de Montpellier au XVII° siècle, par H. Kühnholtz. *Montpellier, Castel,* 1845. In-8°. Extr. de la *Revue du Midi.*

de Boissieu. Catalogue des morceaux qui composent l'œuvre à l'eau-forte de Jean-Jacques Deboissieu, avec les numéros, par l'auteur. *Lyon, Maillet,* 1801. In-12.

—— Eloge historique de M. J. J. de Boissieu.... par M. Dugas-Monteil. *Lyon, Ballanche,* 1810. Suivi de Hommage rendu à la mémoire de Jean-Jacques de Boissieu, par le conseil du Conservatoire de Lyon. *Lyon, Cutty,* 1810. In-12.

—— J.J. de Boissieu. Catalogue raisonné de son œuvre. *Paris, Rapilly ; Lyon, Brun,* 1878. Pet. in-4°, port.

—— Notice sur la vie et les œuvres de J. J. de Boissieu... *Paris et Lyon, Rapilly et Brun,* 1878. In-8°, fig., port., fac-sim.

Bol. Ferdinard Bol, sig. Dr P. Scheltema (traduit par Ch. de Brou). *S. d.* In-8°. Extrait de la *Revue universelle des Arts.*

Jean Bologne. Alcune composizioni di diversi autori in lode del ritratto della sabina scolpito in marmo dall eccellentissimo M. Giovanni Bologna posto nella piazza del serenissimo gran Duca di Toscana. *In Firenze, B. Sermartelli,* 1583. Pet. in-4°, fig. sur bois.

—— Eloge de Jean de Bologne.... par H.-R. Duthillœul, de Douai. *Douai, imp. Wagrez-Taffin* (1820). In-4°, portr., fig.

—— La vie et l'œuvre de Jean Bologne

par Abel Desjardins... d'après les manuscrits inédits recueillis par M. Foucques de Vagnonville. *Paris, A. Quantin,* 1883. In-fol., fig.

Bonaparte. Institut de France. Académie des Beaux-Arts. Notice sur le prince Napoléon Bonaparte, par M. Gustave Larroumet. *Paris, typ. Firmin-Didot,* 1892. In-4°.

Bonasone. Catalogo di una serie preziosa delle stampe di Giulio Bonasone pittore et intagliatore bolognese.... dal sig. Dott. Gio. Battista Petrazzani di Bologna... *Roma, presso Francesco Bourlié,* 1820. In-18.

Bonheur. Les contemporains, Rosa Bonheur, par Eugène de Mirecourt. *Paris, G. Havard,* 1856. In-18, port., fig.

—— Histoire contemporaine. Portraits et silhouettes au XIX° siècle. Rosa Bonheur, par Eugène de Mirecourt. *Paris, A. Faure,* 1867. In-18, port., fig.

J. Bonhomme. Jean Bonhomme, architecte de l'hôtel de ville de Reims, 1627-1654. Notice avec les documents originaux communiqués à l'Académie de Reims, par H. Jadart. *Reims, F. Michaud,* 1895. In-8° fig.

N. Bonhomme. Deux collectionneurs de province au dix-septième et au dix-neuvième siècle. Nicolas Bonhomme. L'abbé Coffinet, par M. Albert Babeau. *Troyes, imp. Dufour-Bouquot,* 1884. In-8°. Extr. des *Mémoires de la Société Académique de l'Aube.*

Bonington. Miscellanées. Bonington et ses émules (*Galery of Arts*), 1833. In-8°.

—— Exhibition of the paintings, drawings, and sketches of the late R. P. Bonington. *London, J. Davy,*1834. In-8°.

—— Catalogue d'une magnifique collection de dessins de Bonington. *Paris, Madame de Lacombe,* 1834. In-12.

—— Beaux-Arts. Bonington (signé : Allan Cunningham) (1835). In-8°. Défait de l'*Echo Britannique.*

—— Catalogue de l'œuvre gravé et lithographié de R. P. Bonington, par Aglaüs Bouvenne. *Paris, J. Claye,* 1873. In-12, port. et fac-sim.

—— Les lithographies de Bonington. Signé : Germain Hediard. *Le Mans, typ. E. Monnoyer, s. d.* Grand in-8°, port. Extr. de *L'Artiste.*

Bonnassieux. Institut de France. Académie des Beaux-Arts. Funérailles de M. Bonnassieux, membre de l'Académie, le lundi 6 juin 1892. Discours de M. Paul Dubois. *Paris, typ. Firmin-Didot.* In-4°.

Bonnassieux. Institut de France. Académie des Beaux-Arts. Notice sur Jean Bienaimé Bonnassieux, par M. E. Fremiet. *Paris, F. Didot*, 1893. In-4°.

—— L'abbé Reure. Jean Bonnassieux, sculpteur Forézien (1810-1892). *Lyon, Mougin-Rusand*, 1893. In-8°, port.

—— Bonnassieux, statuaire, membre de l'Institut 1810-1892. Sa vie et son œuvre par Léo Armagnac. *Paris, A. Picard.* In-4°, portr., fig.

Bonnemer. Etude sur François Bonnemer, peintre et graveur, né à Falaise, par R. de Brébisson. *Caen, Le Blanc-Hardel*, 1878. In-12.

—— Notes sur François Bonnemer, de l'Académie royale de peinture (1638-1686), par Emile Travers. *Paris, Plon*, 1881. In-8°.

Bonnet. Catalogue d'estampes dans le nouveau genre de gravure tant à la manière du pastel qu'aux deux crayons .... par le Sr Bonnet, gratifié pensionné du Roy pour l'invention de ces nouvelles gravures. *A Paris, rue St-Jacques*, 1780. In-12.

G. Bonnet. Notice biographique sur Guillaume Bonnet, statuaire lyonnais, par le Dr J.-A. Gérard. *Lyon, A. Vingtrinier*, 1874. In-8°.

—— Les sculpteurs Bonnet et l'école de dessin de Beaune de 1784 à 1892, par M. Victor Advielle... *Paris, Lechevalier*, 1893. In-12.

Bonvicino. Sopra un dipinto di Alessandro Bonvicino soprannomato il Moretto di Brescia, discorso del barone Carlo Ransonnet di Vienna. *Brescia, tipografia della Minerva*, 1845. In-12.

Bonvin. Galerie D. Rothschild, 3, rue Scribe. Exposition de tableaux et dessins par F. Bonvin, du 18 au 31 mai 1886 (*Paris*). In-8°.

Bory. Le maçon-sculpteur de Bléré (Louis Bory). Sig. Clément Proust. *Tours, autographie Clarey-Martineau*, 1849. In-8°.

Bosio. Notice sur la nouvelle statue équestre de Louis XIV, fondue d'après le modèle de M. Bosio, membre de l'Institut.... par C. Olivier Blanchard de Boismarsas. *Paris, Mondor*, 1822. In-12, fig.

—— Galerie des contemporains illustres, par un homme de rien. M. Bosio, *Paris, A. René*, 1844. In-16, port.

Ab. Bosse. Les artistes célébres. Abraham Bosse par Antony Valabrègue. *Paris, Librairie de l'Art*, 1892. Grand in-8°, fig.

Botticelli. Die Zeichnungen des Sandro Botticelli zur Göttlichen comödie von F. Lippmann. *Berlin*, 1883. Grand in-4°, fig. Extrait de *Jahrbuch der Königlich preussichen Kunstsammlungen*.

Bouchardon. Vie d'Edme Bouchardon, sculpteur du roi. *A Paris*, 1762. In-16°. Lu à l'Académie de Peinture, le 4 septembre 1762.

—— Anecdotes sur la mort de Bouchardon, suivies de quelques recherches historiques sur les casques des anciens, &, par M. Dandré Bardon. (*Paris*), 1764. In-12.

—— Notice sur Edme Bouchardon, sculpteur, né à Chaumont, par M. E. Jolibois. *Versailles, Montalant-Bougleux*, 1837. In-8°.

—— Notice historique sur Edme Bouchardon suivie de quelques lettres de ce statuaire..... par J. Carnandet. *Paris, Techener*, 1855. In-8°, port. et fac-sim.

Boucher. L'Art du dix-huitième siècle. Boucher par Edmond et Jules de Goncourt. *Paris, Dentu*, 1862. In-4°, fig.

—— Trois tableaux de F. Boucher. *Paris, Cadart et Luquet* (1867). In-4°, fig.

—— Les artistes célèbres. François Boucher, par André Michel. *Paris, libr. de l'Art*, 1886. Grand in-8°, portr., fig.

Bouchet. Jules Bouchet. Sig. Adolphe Lance. *Paris, Bonaventure et Ducessois*, 1860. In-8°.

—— Jules Frédéric Bouchet, architecte, dessinateur, graveur, par H. Barbet de Jouy. *Paris, imp. J. Claye*, 1860. Grand in-8°. Extr. de la *Gazette des Beaux-Arts*.

Boudin. P. Vitry. Les Boudin et les Bourdin. Deux familles de sculpteurs de la première moitié du XVIIe siècle. *Paris, Gazette des Beaux-Arts*, 1897. In-4°, fig.

W. Bouguereau. Artistes modernes. Catalogue illustré des œuvres de Bouguereau. *Paris, (L. Baschet)*, 1885. In-4° fig.

Boulanger de Boisfremont. Notice historique et critique sur M. Boulanger de Boisfremont, peintre d'histoire, membre de l'Académie de Rouen, par M. Hellis. *Rouen, E. Périaux*, 1838. In-8°, port., fig.

Boulle. André Boulle, ébéniste de Louis XIV, par Charles Asselineau. *Alençon, Ve Poulet-Malassis*, 1854. In-8°.

—— André Boulle, ébéniste de Louis XIV, par Charles Asselineau. Seconde édition. *Paris, Dumoulin*, 1855. In-12.

Boulle. Un cas de contrainte par corps (1704). André Boulle l'ébéniste, par Jules Périn, avocat à la cour impériale de Paris. *Paris, A. Aubry*, 1867. In-8°.

—— André Boulle, ébéniste de Louis XIV, par M. Charles Asselineau. *Paris, P. Rouquette*, 1872. In-12.

Bouquier. G. Bouquier, député à la Convention nationale, peintre de marines et de ruines.... par le Dr E. Galy. *Périgueux, Dupont*, 1867. Grand in-8°, port.

Bourdin. Michel Bourdin statuaire orléanais. Sig. F. Dupuis. *Orléans, Georges Jacob*, 1863. In-8°. Ext. du *Bulletin de la Société Archéologique de l'Orléanais*.

—— Bourdin père et fils, sculpteurs orléanais, à propos du tombeau de Saint Valérien près de Sens, par Eugène Vaudin. *Paris, H. Champion*, 1883. In-8°, fig. Ext. du *Bulletin de la Société des Sciences de l'Yonne*.

Seb. Bourdon. Notice historique sur Sébastien Bourdon... par M. Poitevin. *Montpellier, imp. Tournel*, 1812. In-4°, portr.

—— Considérations philosophiques, remarques, observations, anecdotes particulières sur la vie et les ouvrages de Sébastien Bourdon, ancien recteur de l'Académie royale de peinture, par Atger. *Paris, Beausseaux*, 1818. In-8°, port.

—— Charles Ponsonailhe. Sébastien Bourdon, sa vie et son œuvre, d'après des documents inédits... *Paris, Librairie de l'Art*, 1886. Grand in-8°, portr., fig.

P. Bourdon. Etudes historiques et archéologiques sur la ville de Coulommiers, par Anatole Dauvergne. Pierre Bourdon, graveur. *Coulommiers, A. Brodard*, 1863. In-8°.

Bourquelot. Félix Bourquelot (de Provins) disciple d'Augustin Thierry et professeur à l'Ecole des Chartes, par H. Bornier. *Paris, A. Picard*, 1876. In-8°, port.

Bouterwek. Frédéric Bouterwek, sa vie et ses œuvres par Louis Auvray, statuaire. *Paris, E. Vert*, 1870. In-8°, port.

Bouts. Thierry Bouts, dit Stuerbout, peintre du quinzième siècle, par Edward van Even, archiviste de la ville de Louvain. *Bruxelles, A. Decq*, 1861. In-8°. Ext. de la *Revue belge et étrangère*.

—— Thierry Bouts, dit Thierry de Haarlem, peintre en titre de la ville de Louvain (1460-1475)..... par Edward van Even. *Louvain, J. Savoné*, 1864. In-8°.

A. Bovy. Antoine Bovy, artiste-graveur en médailles, sa vie et ses principales œuvres par Ant. Henseler. *Fribourg*, 1881. Grand in-8°, portr., fig.

Bra. Relation de la fête donnée à M. Théophile Bra, statuaire, et précédée de sa biographie. *Douai, V. Ceret-Carpenlier*, 1852. In-8°.

—— Notice historique sur une famille d'artistes douaisiens, par M. Cahier... *Douai, Adam d'Aubers*, 1850. In-8°, fig. Ext. des *Mémoires de la Société nationale et centrale d'Agriculture, Sciences et Arts de Douai*.

—— Famille Bra. Notice historique sur une famille d'artistes douaisiens, par M. A. Cahier. *Douai, Crépin*, 1863. In-8°, fig., port. Ext. des *Mémoires de la Société d'Agriculture, de Sciences et d'Arts de Douai*.

Bracquemond. Musée national du Luxembourg. Catalogue des œuvres exposées de Bracquemond, par Léonce Bénédite. *Paris* (juillet 1897). In-8°, fig.

Bramante Les estampes attribuées à Bramante, aux points de vue iconographique et architectonique, par Louis Courajod et Henry de Geymüller. *Paris, Rapilly*, 1874. In-4°, fig. Extr. de la *Gazette des Beaux-Arts*.

—— Luca Beltrami. Bramante, poeta, colla Raccolta dei sonetti in parte inediti. *Milano, A. Colombo et A. Cordani*, 1884. In-12.

Brascassat. Charles Marionneau. Brascassat. Notice biographique. *Nantes, V. Forest et E. Grimaud*, 1867. In-8°.

—— Institut impérial de France. Académie des Beaux-Arts. Notice sur Brascassat, par M. Cabat. *Paris, typ. Firmin-Didot*, 1868. In-4°.

—— Brascassat, sa vie et son œuvre par Charles Marionneau. *Paris, Vo J. Renouard*, 1872. In-8°, fig., port., fac-sim.

—— Inauguration du buste de Brascassat, 11 septembre 1872. *Bordeaux, Gounouilhou*. In-8°.

—— Brascassat par Paul Foucart. *Valenciennes, imp. Henry*, 1887. In-8°.

D. de Bray. Description des estampes qui forment l'œuvre gravé de Dirk de Bray par D. Vis Blokhuyzen. *Rotterdam, imp. Nijgh et van Ditmar*, 1870. In-4°, portr.

Van Brée. Notice sur Mathieu van Brée, directeur de l'Ecole de peinture à Anvers, par M. Félix Bogaerts. In-8°. *S. l. ni d.*

—— Biographie de M. J. van Brée, par Louis Gerrits. Texte flamand et traduction française. *Anvers, Buschmann,* 1852. In-8°, port.

R. Bresdin. Auguste Fourès. Rodolphe Bresdin, dit Chien-Caillou, avec fac simile de dessins originaux et dix lettres inédites. *Carcassonne, imp. Servière,* 1891. In-4°, fig.

J. Breton. Jules Breton, membre de l'Institut. — La vie d'un artiste. — Art et Nature. *Paris, A. Lemerre,* 1890. In-12.

Brevière. Rapport sur les travaux de Henri Brevière, dessinateur et graveur, par Alfred Baudry... *Rouen, H. Boissel,* 1867. In-8°.

—— Jules Adeline. L.-H. Brevière, dessinateur et graveur, rénovateur de la gravure sur bois en France, 1797-1869. *Rouen, Augé,* 1876. In-8°, port., fig., fac-sim.

Breysse. Regis Breysse, sculpteur ardéchois, par Henry Vaschalde...... *Vienne, E. J. Savigné,* 1880. In-8°. Extr. de la *Revue du Dauphiné et du Vivarais.*

Bridan. Notice biographique sur Charles-Antoine Bridan, statuaire... par Ch.-Fr. Viel. *Paris, imp. Perronneau,* 1807. In-4°, fig.

Bridoux. Emile Delignières. Étude sur la vie et l'œuvre de Bridoux, graveur d'Abbeville. *Abbeville, imp. C. Paillart,* 1893. In-8°, port. Extr. des *Mémoires de la Société d'Emulation d'Abbeville.*

F. Briot. Le Graveur lorrain François Briot, d'après des documents inédits, par Alex. Tuetey. *Paris, Charavay.* In-8°, port.

—— Le Graveur François Briot, bourgeois de Montbéliard. Analyse d'une étude de M. Alexandre Tuetey, par Auguste Castan. *Besançon, imp. Dodivers* (1887). In-8°. Extr. des *Mémoires de la Société d'émulation du Doubs,* séance du 18 juin 1887.

N. Briot. Etudes sur l'art monétaire. Nicolas Briot et la Cour des monnaies, école française de graveurs en Angleterre ; par A. Dauban. *Paris, Rollin,* 1857. In-8°.

—— Nicolas Briot, graveur des monnaies du duc de Lorraine Henri II. Sign. Henri Lepage, 1858. *Nancy, imprim. A. Lepage.* In-8°, fig. Extr. du *Journal de la Société d'archéologie lorraine.*

—— Les Origines Montbéliardaises du ciseleur François Briot et du monnayeur Nicolas Briot, par Auguste Castan. *Besançon,* 1880. In-8°, port. Extr. des *Mémoires de la Société d'émulation du Doubs.*

N. Briot. Nicolas Briot, médailleur et mécanicien, 1580-1646, par Louis Jouve. *Nancy, Sidot,* 1893. In-8°. Extr. du *Journal de la Société d'archéologie lorraine.*

S. de Brosse. Salomon de Brosse, architecte de Henri IV et de Marie de Médicis, par Charles Read. *Paris,* 1881. In-16. Extr. de la *France protestante.*

—— Salomon de Brosse, l'architecte de Henri IV et de Marie de Médicis, par Charles Read. *Paris,* 1881. In-8°. Extr. des *Mémoires de la Société nationale des Antiquaires de France.*

—— Les de Brosse et les Ducerceau, architectes parisiens [Signé : J. Guiffrey]. *(Paris)* 1882. In-8°. Extr. du *Bulletin de la Société de l'Histoire de Paris et de l'Ile de France.*

Brouwer. Das Leben des malers Adriaen Brouwer... Von Wilh. Schmidt. *Leipzig, W. Engelmann,* 1873. In-8°.

Bruandet. Notice sur Lazare Bruandet, peintre de l'Ecole Française, 1753-1803, par Charles Asselineau. *Paris, Dumoulin,* 1855. In-12.

Brun. J. S. Brun, sculpteur-statuaire, ancien pensionnaire de Rome, par A. Delcourt. *Paris,* 1846. Port.

Brunellesco. Philippe Brunellesco, 1377-1446. *Paris, Lacrampe, S. d.* In-8°.

Brunschweiler. Les débuts d'un artiste. Souvenirs de Joachim Brunschweiler. *Genève, imp. Fich,* 1873. In-18.

Buhot. Catalogue of an exhibition of the Etched Work of Félix Buhot, with an introduction by Philippe Burty. *New-York, Frédérick Keppel,* 1888. In-4°, plié.

Bullant. Une œuvre inédite de Jean Bullant ou de son école, par Louis Courajod. *Paris, H. Champion,* 1880. In-8°, fig. Extr. du journal l'*Art.*

Buonarroti. Due lezioni di M. Benedetto Varchi, nella prima delle quali si dichiara un Sonetto di M. Michelagnolo Buonarroti... *In Fiorenza; appresso Lorenzo Torrentino impressor ducale,* MDXLIX. In-8°.

—— Vita di Michelagnolo Buonarroti raccolta, per Ascanio Condivi da la Ripa Transone. *In Roma, appresso Antonio Blado,* 1553. In-8°.

—— Esequie del divino Michelagnolo Buonarroti celebrate in Firenze dall' Accademia de pittori, scultori ed architettori nella Chiesa di S. Lorenzo il dì 14 Luglio 1564. *In Firenze, appresso i Giunti,* 1564. In-8°.

Buonarroti. Oratione o vero discorso di M. Giovan Maria Tarsia. Fatto nell' essequie del divino Michelagnolo Buonarroti..... *In Fiorenza, appresso Bartolomeo Sermartelli*, 1564. Pet. in-8°.

—— Orazione di Lionardo Salviati nella morte di Michelagnolo Buonarroti. *In Firenze*, 1564. Pet. in-4°.

—— Orazione funerale di M. Benedetto Varchi, fatta e recitata da lui pubblicamente nell' essequie di Michelagnolo Buonarroti in Firenze, nella Chiesa di San Lorenzo. *In Firenze, appresso i Giunti*, 1564. In-8°.

—— Vita del gran Michelagnolo Buonarroti, scritta da M. Giorgio Vasari, pittore e architetto aretino con le sue Magnifiche Essequie stategli fatte in Fiorenza dall' Academia Del Disegno. *In Fiorenza, nella stamperia de Giunti*, 1568. In-8°, front. et port.

—— Vita di Michelagnolo Buonarroti pittore scultore architetto... dal suo scolare Ascanio Condivi. Seconda edizione... *In Firenze*, 1746. In-fol., port., fig.

—— Justification du célèbre Michel-Ange sur une fausse accusation. *S. l. et n. d'aut.*, 1780. In-12.

—— Vie de Michel-Ange Buonarroti... par M. l'abbé Hauchecorne. *Paris, L. Callot*, 1783. Pet. in-8°.

—— The life of Michael. Angelo Buonarroti by R. Duppa, LL. B. *London, Longman, Hurst...* 1816. In-8°, port.

—— Observations sur le génie de Michel-Ange, par A. Lenoir, 1820. In-12. Ext. des *Annales françaises des Arts, des Sciences et des Lettres.*

—— Lettera del Ch. Sig. Abate Francesco Cancellieri al Sig. Canonico Domenico Moreni sopra la statua di Mosè del Buonarroti...... *Firenze, Magheri*, 1823. Grand in-8°.

—— Vita di Michelangelo Buonarroti Scritta da Ascanio Condivi suo discepolo. *Pisa, Niccolò Capurro*, 1823. In-8°.

—— Poésies de Michel-Ange Buonarroti ... traduites de l'italien avec le texte en regard et accompagnées de notes littéraires et historiques, par M. A. Varcollier. *Paris, Hesse*, 1826. In-8°.

—— Al Sig. canonico Domenico Moreni lettera di Niccola Ratti sopra un preteso deposito di Michelangiolo Buonarroti. *S. l. ni d.* In-8°.

—— Lettera di Michelangiolo Buonarroti pubblicata ed illustrata dal prof.

Sebastiano Ciampi con altra del suddetto a Lorenzo Bartolini. *Firenze, D. Passigli*, 1834. In-12.

Buonarroti. Histoire de la vie et des ouvrages de Michel-Ange Buonarroti... par M. Quatremère de Quincy... *Paris, Firmin-Didot frères*, 1835. Grand in-8°, port., fig.

—— Michel-Angelo Buonarroti als Künstler. Von D᛫ G. K. Nagler. *München, Fleischmann*, 1836. In-8°.

—— Sur le Jugement dernier, par Eugène Delacroix. In-8°, 1837. Extr. de la *Revue des Deux-Mondes.*

—— Lettre adressée à Madame la Comtesse de *** à l'occasion d'un crucifix en ivoire, sculpté par Michel-Ange que possède cette dame [Signé : Courtois]. *Paris, imp. Blondeau*, 1845. In-8°.

—— Seventy etched fac-similes on a reduced scale, after the original studies by Michael Angelo and Raffaelle in the university galleries, Oxford, etched and published by Joseph Fischer, Beaumont Street. *Oxford, Shrimpton*, 1852. 2 vol. in-8°, fig.

—— Un bronze de Michel-Ange, par M. Frédéric Reiset. *Paris, E. Thunot*, 1853. In-16.

—— Vittoria Colonna, peinture de M. A. Buonarroti. Observations de D. Campanari. *Londres, T. Brettell*, 1854. In-12.

—— Étude sur Michel-Ange...... par Edmond Lévy, architecte. *Rouen, Péron*, 1856. In-8°. Extr. du *Précis de l'Académie impériale des Sciences, Belles-Lettres et Arts de Rouen.*

—— Michel-Ange, poète, par M. Ballin. *Rouen, Péron*, 1856. In-8°. Extr. du *Précis de l'Académie impériale des Sciences, Belles-Lettres et Arts de Rouen.*

—— Michel-Ange, poète, par M. Ballin. (*Rouen*, 1857). In-8°. Extr. du *Précis de l'Académie des Sciences, Belles-Lettres et Arts de Rouen.*

—— Life of Michael Angelo Buonarroti with translations of many of his poems and letters.... by John S. Harford, esq. *London, Longman, Brown......* 1858. Seconde édition, 2 vol., fig., port.

—— Michel-Ange, d'après de nouveaux documents, par M. Charles Clément. *Paris, Claye*, 1859. In-8°. Extr. de la *Revue des Deux-Mondes.*

—— Michelangelo Buonarroti consultato in opera di fortificazione dal duca di Firenze Alessandro dei Medici dipinto di Eugenio Larese Moretti. Lettera critica. *Venezia, Lorenzo Gaspari*, 1860. In-12.

Buonarroti. Michel-Ange et Vittoria Colonna, étude suivie des poésies de Michel-Ange, première traduction complète, par M. A. Lanneau-Rolland. *Paris, Didier*, 1863. In-8°.

—— Musée Wicar à Lille. — Recherches sur l'authenticité d'un livre de croquis attribué par Wicar à Michel-Ange Buonarroti, par C. Benvignat. *Lille, Reboux*, 1866. Pet. in-4°.

—— Una figura in terra cotta di Michelangelo posseduta e illustrata dal Dott. Alessandro Foresi. *Firenze*, 1869. In-4°, phot.

—— A critical account of the drawing by Michel Angelo and Raffaello in the university Galleries, Oxford, by J. C. Robinson..... *Oxford, at the Clarendon press*, 1870. In-8°.

—— Sul David di Michelangiolo, Dott. Alessandro Foresi. *Firenze*, 1872. In-8°.

—— De Michaele Angelo Bonarrotio Carminum Scriptore ad Facultatem litterarum in Divionensi Academia thesim proponebat Eugenius Nageotte ad titulum doctoris promerendum, *E. preliis Æmilii Protat, Masticone æduorum*, 1872. In-8°.

—— Institut de France. — Académie des Beaux-Arts. Célébration du 4e centenaire de Michel-Ange à Florence. Discours de M. Meissonier prononcé à Florence le 13 septembre 1875. *Paris, typ. Didot.* In-4°.

—— Institut de France. — Académie des Beaux-Arts. Célébration du 4e centenaire de Michel-Ange. Discours de M. Charles Blanc prononcé à Florence le 13 septembre 1875. *Paris, typ. Didot.* In-4°.

—— Riproduzioni fotografiche del rittratto di Michelangelo inciso da Giulio Bonasone nel MDXLV e della lettera di Michelangelo a Gio. Batt. della Palla dove dice le cagioni della sua fuga a Venezia... *Firenze, C. Pini*, 1875. In-8°. A l'occasion du quatrième centenaire de la naissance de Michel-Ange.

—— Vita di Michelangelo Buonarroti narrata con l'aiuto di nuovi documenti da Aurelio Gotti direttore delle RR. Gallerie di Firenze. *Firenze, tipografia della Gazzetta d'Italia*, 1875. In-8°, port., fig., fac-sim., 2 tomes en un volume.

—— Michelangiolo Buonarroti, per Giovanni Magherini. *Firenze, tip. Barbèra*, 1875. In-4°.

Buonarroti. Guida della Galleria Buonarroti compilata da Angiolo Fabbrichesi conservatore. 3a edizione. *Firenze, tipografia Cenniniana*, 1875. In-12.

—— Ritratto di Michelangelo Buonarroti dalla storia della repubblica di Firenze di Gino Capponi ripubblicato per cura di Camillo Tommasi. *Firenze, M. Ricci*, 1875. In-12.

—— Esequie del divino Michelangelo Buonarroti testo di lingua per la prima volta ristampato sull' edizione dei Giunti del 1564. *Firenze, tipografia della Gazzetta d'Italia*, 1875. In-12.

—— Souvenir du Quatrième Centenaire de Michel-Ange, par M. L. Alvin. *Bruxelles, F. Hayez*, 1875. In-8°.

—— Michelangiolo Buonarroti, ricordo al popolo italiano. *In Firenze, Carnesecchi*, 1875. In-8°, phot.

—— Le groupe en marbre de l'église Notre-Dame à Bruges, F. Reiset. *Paris, C. de Mourgues frères*, 1875. In-12.

—— Michelangelo per Ermanno Grimm traduzione dal tedesco di Augusto di Cossilla. *Milano, Manini* (1875). 2 vol. in-8°.

—— Michelangelo. — Illustrazione del Castello di Caprese ove è nato il grande artista, dell' Ing. Luigi Mercanti. *Firenze, G. Pellas*, 1875. In-8°, port., fig.

—— La mente di Michelangelo, Pro. Alberto Revel. *Roma e Firenze*, 1875. In-8°. Estratto dalla *Rivista Cristiana*.

—— Le lettere di Michelangelo Buonarroti pubblicate coi ricordi ed i contrasti artistici per cura di Gaetano Milanesi. *In Firenze, coi tipi dei successori Le Monnier*, 1875. Grand in-4°.

—— La bibliografia di Michelangelo Buonarroti e gli incisori delle sue opere. *Firenze, M. Cellini*, 1875. In-4°.

L'œuvre et la vie de Michel-Ange, dessinateur, sculpteur, peintre, architecte et poète, par MM. Charles Blanc, Eug. Guillaume, Paul Mantz, Charles Garnier, Mézières, Anatole de Montaiglon, Georges Duplessis et Louis Gonse. *Paris, Gazette des Beaux-Arts*, 1876. In-4°, port., fig.

—— Michel-Ange. — Le Centenaire de Florence, 1475-1875, par M. de Mofras. *Paris, Briere*, 1876. In-8°. Extr. du *Mémorial diplomatique*.

—— La tentazione di S. Antonio dipinta da Michelangelo Buonarroti. *Bologna, tipografia Gamberini e Parmeggiani*, 1877. In-8°, phot.

Buonarroti. Michel-Ange et les statues de la Chapelle funéraire des Médicis à l'église Saint-Laurent de Florence, par M. Anatole de Montaiglon. *Paris, Delagrave*, 1877. In-18.

—— Louis Courajod. Le David de bronze du Château de Bury, sculpté par Michel-Ange. *Paris, A. Lévy*, 1885. In-4°. Extr. de la *Gazette archéologique*.

—— L. L. Chapon. — Le Jugement dernier de Michel-Ange, préface par M. Emile Ollivier... (*Paris*), *H. Laurens* (1892). In-12, port., fig.

—— Michel-Ange, par Emile Ollivier. *Paris, Garnier*, 1892. In-12.

Butavand. Notice sur L. Butavand, graveur, par Etienne Rey.... *Lyon, A. Vingtrinier*, 1853. In-8°.

Cabanel. Institut de France. — Académie des Beaux-Arts. — Notice sur la vie et les ouvrages de M. Cabanel, par le Vicomte Henri Delaborde.... *Paris, typ. Firmin-Didot*, 1889. In-4°.

—— Discours prononcé par M. Roger Ballu, inspecteur des Beaux-Arts.... à la cérémonie d'inauguration du monument élevé en la ville de Montpellier à Alexandre Cabanel, peintre.. *Paris, imp. A. Jehlen*, 1892. In-4°.

Cabat. Institut de France. — Académie des Beaux-Arts. — Notice sur M. Cabat, par M. Benjamin Constant.... *Paris, typ. F. Didot*, 1893. In-4°.

Caffiéri. Lettre d'un amateur des Beaux-Arts (sur Caffiéri). *Paris, Desaint. S. n. d'a. ni date*. In-12.

—— Les Caffiéri, sculpteurs et fondeurs-ciseleurs.... par Jules Guiffrey. *Paris, Morgand et Fatout*, 1877. Pet. in-4°, port., fig., fac-sim.

de Cailleux. Institut de France. — Académie des Beaux-Arts. — Notice sur M. de Cailleux, par M. Emile Perrin. *Paris, typ. Firmin-Didot*, 1878. In-4°.

Calamatta. Notice sur Louis Calamatta, graveur, suivi du Catalogue de l'œuvre du maître, par Louis Alvin. *Bruxelles, Hayez*, 1882. In-8°, port. Extr. de l'*Annuaire de l'Académie royale de Belgique*.

Calame. E. Rambert. — Alexandre Calame, sa vie et son œuvre, d'après les sources originales. *Paris, Fischbacher*, 1884. In-8°, port.

Calderari. Notice historique sur la vie et les ouvrages de M. le Comte Ottone Calderari, de Vicenze, architecte, membre associé de la classe des beaux-arts de l'Institut de France.... par M. Joachin Le Breton. *Paris, Baudoin*, 1808. In-4°. Suivi de la Notice historique sur la vie et les ouvrages de M. Chalgrin, par M. Quatremère de Quincy. *Paris, typ. Firmin-Didot*, 1816. In-4°.

P. Caliari. Paul Caliari Veronèse... par C. Lecarpentier... *Rouen, Baudry*, 1816. In-12.

—— Les noces de Cana de Paul Veronèse, gravure au burin, par M. Z. Prévost. Notice par Théophile Gautier, précédée de la biographie de Paul Veronèse, par M. Frédéric Villot. *Paris, Goupil, s. d.* In-8°.

—— Le Véronèse à la villa Barbaro. Sig. Charles Yriarte. *Paris.* In-8°. Extr. de la *Revue des Deux-Mondes*.

(Carletto) Caliari. Tableau de Carletto, fils de Paul Veronèse. *Paris, F. Locquin*, 1840. In-12.

Callot. Éloge historique de Callot, noble lorrain, célèbre graveur, dédié à son Altesse Royale Monseigneur Charles-Alexandre de Lorraine, par F. Husson, religieux cordelier. *Bruxelles*, 1766. In-8°, vig.

—— A Catalogue and Description of the whole of the works of the celebrated Jacques Callot consisting of 1450 pièces ..... by J. H. Green. *London*, 1804. In-18, port.

—— Histoire de la famille de Fr.-Ch. Callot, écuyer, ancien avocat au Parlement de Nancy. *Nancy, Hissette*, 1823. In-8°.

—— Examen d'un tableau attribué à Jacques Callot, par M. de Haldat. *Nancy, Vᵉ Raybois, s. d.* In-12. Extr. des *Mémoires de la Société des Sciences, Lettres et Arts de Nancy*.

—— Eloge historique de Callot, graveur lorrain..., par M. Des Maretz. *Nancy, Hissette*, 1828. In-12.

—— Jacques Callot, né à Nancy, en 1593; mort dans la même ville, en 1635. Sign. Jules Amic. *S. l. ni d.* Gᵈ in-8°. Extr. du *Plutarque français*.

—— Recherches sur la vie et les ouvrages de Jacques Callot, suite au peintre-graveur français de M. Robert Dumesnil, par Edouard Meaume. *Paris, Vᵉ J. Renouard*, 1860, Gᵈ in-8°, port. et fac-sim.

—— Séjour de Jacques Callot à Bruxelles, par L. Alvin. *Bruxelles, Labroue et Mertens*, 1861. In-8°. Extr. de la *Revue universelle des Arts*.

—— Callot. Sig. A. Houssaye. *S. l. ni d.* In-8°.

Callot. Jacques Callot, par Prosper du Mast. *Nancy, Berger-Levrault*, 1875. In-8°. Extr. des *Mémoires de l'Académie de Stanislas.*

—— Jacques Callot, par Prosper Du Mast. *Nancy, Berger-Levrault*, 1875. G^d in-4°, port.

—— Les artistes célèbres. Jacques Callot, par Marius Vachon. *Paris, Lib. de l'Art*, 1886. G^d in-8°, fig.

—— Jacques Callot, sa vie, son œuvre et ses continuateurs, par Henri Bouchot. *Paris, Hachette*, 1889. In-16, port., fig. *Bibliothèque des merveilles.*

Caloine. L'architecte Caloine. Notice nécrologique, par Henri Pajot. *Lille, Horemans*, 1860. In-18.

G. Campagnola. Ecole de Venise. Giulio Campagnola, peintre-graveur du XVIe siècle, par Emile Galichon. *Paris, imp. Claye*, 1862. In-4°, fig. Extr. de la *Gazette des Beaux-Arts.*

D. Campagnola. Domenico Campagnola, peintre-graveur du XVIe siècle, par Emile Galichon. *Paris*, 1864. G^d in-4°, fig. Extr. de la *Gazette des Beaux-Arts.*

Campion. Etude biographique et littéraire, par C.-M. Campion, directeur général des fermes du roi..., suivie du Catalogue de son œuvre gravée, par Olivier de Ceinmar. *Marseille, Marius Olive*, 1878. G^d in-8°.

A. Canal. Les artistes célèbres... Antonio Canal, dit le Canaletto, par Adrien Moureau... *Paris, Librairie de l'Art*, 1894. G^d in-8°, port. fig.

J. de Candida. Le médailleur Jean de Candida. [Signé : L. Delisle]. In-8°. Extr. de la *Bibliothèque de l'école des Chartes.* Tome II, 1890.

—— Henri de Latour. Jean de Candida, médailleur, sculpteur, diplomate, historien. *Paris, C. Rollin et Feuardent*, 1895. In-8°, fig.

Canova. Notizie intorno alla vita di Antonio Canova giuntovi il catalogo cronologico di tutte le sue opere. *Venezia, Orlandelli*, 1822. In-8°, port. A la suite : Intorno la vita di Antonio Canova del Cavalier Giuseppe Tambroni. *Roma, Salviucci*, 1823. In-18, port. Notice sur M. Canova..., par M. Quatremère de Quincy. In-8°. *S. l. ni d.* Le mausolée de S. A. R. Marie-Christine d'Autriche, exécuté par le chev. Antoine Canova et expliqué par E. C. J. Van de Vivere...*Rome, Perego Salvioni*, 1805. In-18. Réflexions critiques sur les mausolées en général..., par M. Quatremère de Quincy. In-8°. Solenni esequie celebrate ad Antonio Canova...

Roma, Ceracchi, 1823. In-8°, port. et autres pièces.

Carafa. Institut de France. Académie des Beaux-arts. Notice sur Carafa, par M. François Bazin. *Paris, typ. Firmin, Didot*, 1873. In-4°.

Cardaillac. Institut de France. Académie des Beaux-arts. Notice sur le Cte de Cardaillac, par M. le duc d'Aumale. *Paris, F. Didot*, 1880. In-4°.

Caristie. Institut impérial de France. Académie des Beaux-Arts. Notice sur la vie et les ouvrages d'Augustin Caristie, par M. Baltard. *Paris, typ. Firmin-Didot*, 1870. In-4°.

Caron. Antoine Caron de Beauvais, peintre du XVIe siècle, par M. Anatole de Montaiglon. *Paris, Dumoulin*, 1850. In-8°. Extr. de l'*Artiste.*

Caron (les). L'art et les artistes en Béarn. Les Caron, une famille de sculpteurs abbevillois en Béarn aux XVIIe et XVIIIe siècles, par André Gorse. *Pau, Vve L. Ribaut*, 1888. Pet. in-4°, fig.

V. Carpaccio. P. Molmenti. Carpaccio, son temps et son œuvre. *Venise, Ongania*, 1893. G^d in-8°, fig.

Carpeaux. J.-B. Carpeaux, 1827-1875, par Jules Claretie. *Paris, à la librairie illustrée*, 1875. In-32, port.

—— Le statuaire. J.-B. Carpeaux, sa vie et son œuvre, par Ernest Chesneau. *Paris, A. Quantin*, 1880. In-8°, fig.

—— Ecole Nationale des Beaux-Arts. Exposition des œuvres originales et inédites de J.-B. Carpeaux, organisée sous le patronage de la presse parisienne. *Paris*, 1894. In-8°.

U. Carpi. Di Ugo da Carpi e dei Conti da Panico. Memorie e note di Michelangelo Gualandi. *Bologna, Società tip. bolognese*, 1854. In-8°.

(Girolamo) Carpi. Vita di Girolamo Carpi pittore ed architetto ferrarese dell'arciprete Girolamo Baruffaldi. *Ferrara, Domenico Taddei*, 1841. In-12.

Carracci. Il funerale d'Agostin Carraccio fatto in Bologna sua patria da gl'incamminati academici del disegno... *In Bologna, Presso Vittorio Bonacci*, 1603. Pet. in-8°, fig.

—— Elogio storico del pittore, Lodovico Carracci di Ferdinando Belvisi. *Bologna, tipografia Nobili*, 1825. In-8°.

—— Le vite di Lodovico, Agostino, Annibale ed altri dei Carracci scritte dal marchese Antonio Bolognini Amorini. *Bologna, tipi della Volpe*, 1840. In-8°.

Carrey . Recherches sur quelques œuvres de Jacques Carrey, peintre troyen..., par M. Corrard de Breban. *Troyes, Dufour-Bouquot*, 1864. In-8°.

(Rosalba) Carriera. Diario degli anni MDCCXX e MDCCXXI scritto di propria mano in Parigi da Rosalba Carriera, dipintrice famosa, posseduto, illustrato e pubblicato dal signor Dᵒ Giovanni, Dʳ Vianelli, canonico della cattedrale di Chioggia. *Venezia, Stamperia Coletti*, 1793. In-4°. — A la suite dans le même volume : Vita inedita di Raffaello da Urbino, illustrata con note da Angelo Comolli. *Roma, Salvoni*, 1791. In-4°.

—— Elogio di Rosalba Carriera, letto il di 5 agosto 1838 nell' I. R. Accademia di belle arti in Venezia dal dottore Tommaso Locatelli. (*Venezia*) *Erede Picotti*. In-8°.

—— Diario degli anni MDCCXX e MDCCXXI scritto di propria mano in Parigi da Rosalba Carriera, dipintrice famosa. *Venezia, tip. Antonelli, editrice*, 1865. In-4°.

—— Journal de Rosalba Carriera pendant son séjour à Paris en 1720 et 1721, publié en italien par Vianelli, traduit, annoté et augmenté d'une biographie..., par Alfred Sensier. *Paris, Techener*, 1865. In-12.

Carstens. Der maler Asmus Jacob Carstens..., skizze von J. von Alten. *Schleswig, Schulbuchhandlung*, 1865. In-8°.

—— Veiträge zur lebensgeschichte de Malers Jacob Armus Carstens von Richard Schöne. *Leipzig, Rudolph Weigel*, 1866. In-8°.

Cartellier. Notice historique sur P. Cartellier, statuaire, par M. Eméric-David. *Paris, P. Dupont, s. d.* In-8°. Extr. de la *Bibliographie universelle.*

Nic. Castellin. Nicolas Castellin, de Tournay, réfugié à Genève (1564-1576), auteur du recueil de gravures historiques, connu sous le nom de Perrissin et Tortorel, publié à Genève en 1570. Par Henri Bordier. *Libourne*, 1881. In-18, fig.

Cauvet. Cauvet, par Eméric David. *S. l. ni d.* In-18. Extr. de la *Biographie universelle.*

Cavallucci. Vita di Antonio Cavallucci da Sermoneta pittore. *In Venezia*, 1796. In-12, port.

Cavelier. Institut de France. Académie des Beaux-arts. Funérailles de M. Cavelier, membre de l'Académie. Discours de MM. Daumet, Delaborde, Bouguereau, Bonnat et Barrias. (Paris), 1ᵉʳ

février 1894. *Paris, typ. Firmin-Didot.* In-4°.

Cavelier. Ministère de l'Instruction publique des Beaux-arts et des Cultes. École nationale et spéciale des Beaux-arts. Funérailles de M. Cavelier, le jeudi 1ᵉʳ février 1894. Discours de M. Henry Roujon, directeur des Beaux-arts. *Paris, Imp. Nat.*, 1894. In-4°.

Ph . Cayeux. Notice sur Philippe Cayeux, sculpteur d'ornements et amateur (1688-1768)..., par Victor Advielle. *Paris. E. Lechevalier*, 1895. In-8°, port.

Caylus. Eloge historique de M. le comte de Caylus, de l'Académie des Inscriptions et Belles-Lettres, de celle de Peinture et Sculpture de Paris, etc. *S. l. ni d.* In-18.

Cellérier. Notice sur M. Cellérier, architecte, membre du Conseil des bâtiments civils, prononcée à Mont-Louis, par Belauger, architecte de la coupole, son ancien ami, le 28 mars 1814. *S. l. ni d.* In-8°.

Cellini. La vita di Benvenuto Cellini scritta da lui medesimo, restituita..., per cura di B. Bianchi. *Firenze, Lemonnier*, 1852. In-12.

—— Benvenuto Cellini, étude sur l'art florentin au XVIᵉ siècle, par C. de Villiers. *Paris, Dentu*, 1857. In-8°.

—— Benvenuto Cellini, par Henri Delaborde. In-8°. Extr. de la *Revue des Deux-Mondes*, 15 déc. 1857.

—— Studien über Benvenuto Cellini von Joseph Arneth. *Wien*, 1859. In-4°, fig.

—— Benvenuto Cellini, orfèvre, médailleur, sculpteur. Recherches sur sa vie, sur son œuvre et sur les pièces qui lui sont attribuées, par Eugène Plon. *Paris, Plon*, 1883. Gᵈ in-4°, port., fig.

—— Benvenuto Cellini. Nouvel appendice aux recherches sur son œuvre et sur les pièces qui lui sont attribuées, par Eugène Plon. *Paris. lib. Plon*, 1884. Gᵈ in-4°, fig.

Cennini. Notizie biografiche originali di Bernardo Cennini orafo fiorentino..., opuscolo dell'ingegʳᵉ Federigo Fantozzi. *Firenze, tipografia Galileiana*, 1839. In-12.

Chalgrin . Notice nécrologique sur Jean-François-Thérèse Chalgrin..., par Charles-François Viel. *Paris, imp. Vᵛᵉ Perronneau*, mai 1814. In-4°.

Cham. Cham, sa vie et son œuvre, par Félix Ribeyre. *Paris, Plon*, 1884. In-12, fig.

Champagne. Philippe de Champagne, par C. Lecarpentier... *Rouen, Guilbert,* 1807. In-12.

—— Notice sur la vie et les ouvrages de Philippe de Champagne, par M. Bouchitté. *Versailles, Montalant-Bougleux.* In-12. *S. d.* Extr. du t. IV des *Mémoires de la Société des Sciences morales, des Lettres et des Arts de Seine-et-Oise.*

Chantelou. Amateurs d'art et collectionneurs manceaux. Les frères Fréart de Chantelou, par Henri Chardon... *Le Mans, Ed. Monnoyer,* 1867. Gᵈ in-8°.

H. Chapu. Ministère de l'Instruction publique et des Beaux-arts. Direction des Beaux-Arts. Discours prononcé le 23 avril 1891, aux funérailles de M. Henri Chapu, statuaire..., par M. G. Larroumet, directeur des Beaux-arts. *Paris, Imp. Nationale,* 1891. In-4°.

—— Institut de France. Académie des Beaux-arts. Funérailles de M. Chapu, membre de l'Académie, le 23 avril 1891, Discours de MM. Hʳⁱ Delaborde, Paul Dubois, Bouguereau, Bonnat. *Paris. typ. Firmin-Didot.* In-4°.

—— Institut de France. Académie des Beaux-arts. Discours prononcés à l'inauguration du monument élevé à la mémoire de Henri Chapu, Au Mée (Seine-et-Marne), le jeudi 28 juin 1894. *Paris, typ. F. Didot,* 1894. In-4°.

—— Chapu, sa vie et son œuvre, par O. Fidière. *Paris, Plon,* 1894. In-8°, fig., port.

—— Institut de France. Académie des Beaux-arts. Notice sur la vie et les ouvrages de M. Henri Chapu, par le Vᵗᵉ Henri Delaborde... *Paris, typ. Didot,* 1895. In-4°.

Chardin. Eloge historique de M. Chardin, peintre ordinaire du roi... In-12. Extr. du *Nécrologe des hommes célèbres de France, par une Société de gens de lettres.* T. XV. *Paris, Knapen,* 1780.

—— L'art du dix-huitième siècle. Chardin, par Edmond et Jules de Goncourt. *Paris, Dentu,* 1864. In-4°, fig.

—— Essai sur la vie de Chardin, par Cochin. *Rouen, H. Boissel.* In-12. Extr. du *Précis des Travaux de l'Académie des Sciences, Belles-Lettres et Arts de Rouen,* 1875-1876.

—— Les gravures françaises du XVIIIᵉ siècle ou catalogue raisonné des estampes, eaux-fortes..., par Emmanuel Bocher. Jean-Baptiste Siméon Chardin. *Paris, Rapilly,* 1876. In-4°, port.

Charlemont. Palais des Champs-Elysées. Exposition de trois tableaux décoratifs composés et peints par M. Charlemont, pour le théâtre impérial de Vienne (Autriche). *Paris, P. Kiewert, s. d.* In-12.

Charlet. Epitre à Charlet, par Auguste Moufle. *Paris, impr. Duverger,* 1839. Gᵈ in-8°.

—— Discours prononcés sur la tombe de Charlet, le 2 janvier 1846. *(Paris), imp. de Crapelet.* In-8°.

—— Catalogue de tableaux, esquisses peintes, dessins, aquarelles, croquis de M. Charlet, peintre..., dont la vente se fera par suite de son décès, les 30 et 31 mars, et les 1ᵉʳ et 2 avril 1846... *Paris, Maulde et Renou,* 1846. In-12.

—— Notice nécrologique sur Nicolas-Toussaint Charlet..., par Jules Janin. *Paris,* 1847. In-8°, port. Extr. du *Nécrologe universel du XIXᵉ siècle.*

—— Charlet, sa vie, ses lettres et ses œuvres. Sig. De La Combe, ancien colonel d'artillerie. *Paris, aux bureaux de la Revue Contemporaine,* 1854. In-8°.

—— Charlet, sa vie, ses lettres, suivi d'une description raisonnée de son œuvre lithographique, par M. De La Combe. *Paris, Paulin et Le Chevalier,* 1856. In-8°, port.

—— Charlet et son œuvre, par Armand Dayot. *Paris. May et Motteroz,* (1893). In-4°, port., fig.

—— Catalogue de l'exposition des œuvres de Charlet et de la lithographie moderne. *(Paris),* 1893. In-12.

—— Discours de M. Jules de Marthold, Président de la société des artistes lithographes français, prononcé le 2 mai 1897 à l'inauguration du monument élevé à la mémoire de Charlet. *Paris, aux bureaux du Parisien de Paris,* 1897. Gᵈ in-8°.

Charodeau. François Auguste Charodeau, peintre et sculpteur, 1840-1882, par M. Ulric Richard-Desaix. *Chateauroux, A. Majesté, imp.,* 1883. In-8°.

Eng. Charonton. L'abbé Requin. Le tableau du Roi René au musée de Villeneuve-lès-Avignon, par Enguerrand Charonton. *Paris, Alph. Picard,* 1890. Gᵈ in-8°, fig.

J. G. Charvet. Notice sur la vie et les ouvrages de Jean Gabriel Charvet, 1750-1829. *Privas,* 1896. In-8°, fig., port., (par M. Charvet). Extr. de la *Revue historique du Vivarais.*

Th. Chassériau. Les peintures de Chassériau à la Cour des Comptes. *Paris,* 31 janvier 1882. In-4°. Extr. du journal *Le Parlement,* du 2 février 1882.

Th. Chassériau. Théodore Chassériau. Souvenirs et indiscrétions, par Aglaüs Bouvenne. *Paris, Detaille, s. d.* In-4°, port., fig.

—— Valbert Chevillard. Un peintre Romantique. Théodore Chassériau. *Paris, Alph. Lemerre,* 1893. In-8°, port.

Chastillon. Claude Chastillon, ingénieur du roi Henri IV, par Ch. Grouet, feuilleton du *Moniteur de l'Aude,* 5 mai 1844. A propos de Claude Chastillon, topographe du roi Henri IV, par Ch. Grouet.

—— Notice sur les Chastillon, ingénieurs des armées, et Claude Chastillon, topographe du roi et sur l'œuvre de cet artiste, par le colonel Augoyat. *Paris, Martinet,* 1856. In-12. Extr. du *Spectateur militaire.*

Chauvel. Exposition de vingt-neuf eaux-fortes de Théophile Chauvel, d'après Corot, Daubigny... Préface de M. L. Roger-Milès. *Paris, A. Tooth,* 1898. Gᵈ in-8°, port., fig.

Chauveau. Mémoire sur la vie de François Chauveau, peintre et graveur et de ses fils Evrard Chauveau, peintre, et René Chauveau, sculpteur, par Jean Michel Papillon, 1738. *Paris, Guiraudet et Jouaust,* 1854. In-8°. Réimprimé par les soins de MM. Thomas Arnauldet, Paul Chéron, Anatole de Montaiglon.

Chavannes. Galeries Durand Ruel. Exposition de tableaux, pastels, dessins, par M. Puvis de Chavannes, préface de M. Roger-Ballu. *Paris, Dumoulin,* 1887. In-12.

P. Q. Chédel. Pierre Quentin Chédel, graveur chalonnais du XVIIIᵉ siècle et son œuvre, par Armand Bourgeois. *Chalons-sur-Marne, imp. Thouille,* 1895. In-8°.

Chemin. L'œuvre de Sainctot Chemin, sculpteur fertois, 1530-1555, par M. l'abbé Robert Charles. *Paris, Didron, Le Mans, Pellechat,* 1876. In-8°, phot.

M. A. Chenavard. Description plus développée du Grand Vitrail, composé et dessiné par M. A. Chenavard, exécuté à la Manufacture Royale de Porcelaine de Sèvres et exposé au Louvre le 1ᵉʳ mai 1838, sous le n° 29. In-18.

—— A. M. Chenavard, sa vie, ses œuvres, par Charles Lucas, architecte. *Paris, Duche,* 1884. In-8°. Extr. du *Bulletin de la Société centrale des architectes.*

Chennevières. Le marquis de Chennevières-Pointel..., essai de bibliographies, par M. le comte Clément de Ris. *Paris, Techener,* 1873. In-8°, fig.

Chéron. Eloge funèbre de Madame Le

Hay, connue sous le nom de Mademoiselle Chéron, de l'Académie Royale de Peinture et de Sculpture, par M. Fermel'huis, docteur en médecine de l'Université de Paris... *Paris, François Fournier,* 1712. Pet. in-8°.

Chialli. Sopra un dipinto dell'egregio professore Vincenzo Chialli..., da Gio, Battista Brilli. *Pistoja, tipografia Cino,* 1838. In-8°.

—— Della vita e delle opere del pittore Vincenzo Chialli da Città di Castello, comentario istorico di Francesco Gherardi Dragomanini. *Firenze, Fabris,* 1841. In-8°. Port.

Chinard. Notice sur M. Chinard, statuaire..., par J.-B. Dumas. *Lyon, imp. Ballanche,* 1814. In-4°.

Chintreuil. Esquisse biographique. Chintreuil, par Frédéric Henriet. *Paris, J. Claye,* 1858. In-16.

—— Tableaux, études et dessins de Chintreuil exposés à l'Ecole des Beaux-arts. *Paris, J. Claye,* 1874. In-16.

—— Inauguration à Pont-de-Vaux, le 5 mai 1879, du buste d'Antoine Chintreuil, peintre paysagiste... *Bourg,* 1879. In-8°. Extr. du *Courrier de l'Ain.*

—— Antoine Chintreuil. Catalogue de l'exposition. *Paris,* décembre 1897. In-12.

Chodowiecki. Catalogue des estampes gravées par Daniel Chodowiecki. *S. l.* 1790. In-16.

—— Chodowiecki's Werke. Von D. Jacoby senior. *Berlin,* 1808. In-12.

—— Daniel Chodowiecki's Sämmlitche Kupferstiche beschrieben ...... von Wilhelm Engelman. *Leipzig, Engelmann,* 1857. In-8°, fig.

—— Nachträge und berichtigungen zu Daniel Chodowiecki's Sämmtliche Kupferstiche beschrieben von Wilhelm Engelmann. *Leipzig, Engelmann,* 1860. In-8°.

Choquet. Notice sur Adrien Choquet, peintre abbevillois. Sig. Elie Petit. *Abbeville, Jeunet.* In-12. Extr. du *Pilote de la Somme,* du 17 juillet 1852.

Christofle. Cinquantième anniversaire de la fondation de la maison Christofle, 1842-1892. *Paris, Chamerot et Renouard.* Gr. in-8°, portr., fig.

Cicognara. Elogio del conte Leopoldo Cicognara... dal marchese Giuseppe Melchiorri. *Roma, stamperia della reverenda camera apostolica,* 1835. In-4°.

Cignani. Vita del gran pittore cavalier co: Carlo Cignani... (par Ippolito Zanelli). *Bologna, stamperia di Lelio dalla volpe,* 1722. In-4°, portr.

Civitali. Lezione intorno le opere di scultura e d'architettura di Matteo Civitali, artista lucchese del secolo decimoquinto... del marchese Antonio Mazzarosa... *Lucca, presso la ducale tipografia Bertini,* 1828. In-8°.

Clarac. Discours prononcé par M. le Vicomte Héricart de Thury, de l'Académie des Sciences, sur la tombe de M. le Comte de Clarac, le samedi 23 janvier 1847. *Paris, Guiraudet et Jouaust.* In-8°.

—— Institut de France. Académie des Beaux-arts. Notice sur la vie et les travaux de M. le comte de Clarac, par M. le marquis de Chennevières. *Paris, typ. Firmin-Didot,* 1887. In-4°.

Claude. Funérailles de M. Claude (bibliothécaire du Département des manuscrits de la Bibliothèque nationale). [Discours de Léop. Delisle], 3 février 1881. In-8°.

Claudot. Charles Claudot, décorateur Lorrain, 1733-1806, par Gaston Saire. *Nancy, R. Wiener,* 1888. In-8°. Extr. de la *Lorraine artiste.*

Félix Clément. Félix Clément, peintre d'histoire, grand prix de Rome, par Maurice Champavier. *Paris, Fischbacher,* 1889. In-8°, port.

Mad° F. Clément. Madame Félix Clément, née Anna Delautel, peintre. Sig. Alphonse Pauly. *Paris, Dubois,* 1865. In-12. Extr. de la *Revue artistique et littéraire.*

Clérian. Notice nécrologique sur Louis-Mathurin Clérian. *Paris, V° Dondey-Dupré, s. d.* In-8°. Extr. du *Nécrologe universel du XIX° siècle.*

Cléricy. Antoine Cléricy, ouvrier du roi en terre sigillée, 1612-1653. esquisse sur sa vie et ses œuvres, par A. Milet. *Paris, Baur,* 1876. In-8°.

V. den Clite. Notice sur Liévin Van den Clite, peintre gantois du XV° siècle, par Alexandre Pinchart. *S. l. ni d.* In-8°. Extr. du tome XXI, N° 3, des *Bulletins de l'Académie royale de Belgique.*

Clodion. Notice sur M. Clodion. Sign. A. Dingé, exécuteur testamentaire de M. (Michel) Clodion. *Paris, imp. A. Clo* (1814). In-4°.

—— Notes sur Clodion, statuaire, à propos du cabinet d'un amateur, par F. de Villars. *Paris, V° J. Renouard,* 1862. In-8°.

Cloistre. Martin Cloistre, de Blois, et Benoist Bonberault, d'Orléans, sculpteurs du XVI° siècle. Sig.: Anatole de Montaiglon. *S. l. ni d.* In-8°.

Clouet. La Renaissance des Arts à la cour de France, études sur le seizième siècle, par le Comte de Laborde (les trois Clouet). *Paris, J. Claye,* 1850. In-8°.

—— Renseignements nouveaux sur les trois Clouet, communiqués et annotés par M. Ernest de Fréville. *Paris, Pillet, s. d.* In-8°.

—— F. Mazerolle. Miniatures de François Clouet au trésor impérial de Vienne. *Lille,* 1889. In-4°. Extr. de la *Revue de l'art chrétien.*

—— Les artistes célèbres. Les Clouet et Corneille de Lyon, par Henri Bouchot. *Paris, Librairie de l'Art,* 1892. Gr. in-8°, fig.

G. Clovio. Don Giulio Clovio, principe dei miniatori. Notizie e documenti inediti per A. Bertolotti. *Modena, tipog. G. T. Vincenzi,* 1882. In-8°.

Cochereau. Notice sur Mathieu Cochereau, peintre beauceron, par M. C. Marcille. *Chartres, E. Garnier,* 1873. In-8°, portr.

Cochin. Catalogue de l'œuvre de Ch. Nic. Cochin fils, Ecuyer, Chevalier de l'Ordre du Roy... par Charles-Antoine Jombert. *Paris, Prault,* 1770. In-8°.

—— Quelques lettres inédites de Cochin (1757-1790), par M. A. Decorde. *Paris, Boissel,* 1869. In-8°.

—— Les artistes célèbres. Les Cochin, par S. Rocheblave. *Paris, Libr. de l'Art,* 1893. Gr. in-8°, portr., fig.

Coclers. Louis Bernard Coclers et son œuvre par W. Hora Siccama... *Amsterdam, Fr. Muller,* 1895. Pet. in-4°, fig.

L. Cogniet. Institut de France. Académie des Beaux-arts. Funérailles de M. Cogniet, membre de l'Académie, le mardi 23 novembre 1880. Discours de M. Jules Thomas, président. *Paris, typ. Didot,* In-4°.

—— Institut de France. Académie des Beaux-arts. Notice sur la vie et les ouvrages de M. Léon Cogniet, par M. le V° Henri Delaborde... *Paris, typ. F. Didot,* 1881. In-4°.

—— Institut de France. Académie des Beaux-arts. Notice sur M. Léon Cogniet, par M. Bonnat. *Paris, typ. Firmin-Didot,* 1883. In-4°.

Cohen. Allocution prononcée sur la tombe de M. Henry Cohen, à Bry-sur-Marne (Seine), le mercredi 19 mai 1880, par M. Chabouillet. *Paris, imp. P. Dupont.* In-8°.

Coignard. Un bénédictin de Saint-Vincent du Mans (Jacques Coignard), amateur d'art et collectionneur en 1647, par Robert Triger. *Mamers, Fleury et Dangin,* 1885. In-8°.

Colart. Les peintres Colart de Laon et Colart-le-Voleur, par Edouard Fleury. *Laon, H. de Coquet,* 1872. In-8°.

Colas. Biographie de Alphonse Colas, peintre d'histoire, né le 24 septembre 1818, mort le 11 juillet 1887, [signé : Dr Etienne Colas]. *Lille, imp. Danel,* 1888. In-8°.

Coliez. Le peintre Coliez et les fêtes révolutionnaires à Valenciennes, par Paul Foucart. *Paris, typ. Plon,* 1889. In-8°.

Collin. Catalogue raisonné de l'œuvre du graveur Richard Collin, d'origine luxembourgeoise (XVIIe siècle), par Emile Tasset. *Luxembourg, imp. V. Buck,* 1876. In-4°, portr.

Colomban. Notice sur André Colomban, architecte, par C.-N. Amanton, *Bourg, Bottier,* 1840. In-12.

Colombe. Recherches historiques sur l'origine et les ouvrages de Michel Colombe, tailleur d'ymaiges du roi, par H. Lambron de Lignim. *Tours, Lecesne et Laurent,* 1848. In-8°.

—— Notice sur le tombeau de François II, duc de Bretagne, par Michel Columb (1507). *Nantes, Sebire, s. d.* In-18, fig.

—— Le sculpteur Michel Colombe. Sig. Dauban. *Paris, Thunot.* In-8°, fig. Extr. de la *Revue numismatique,* 1856.

—— Michel Colombe, par Paul Mantz. *Paris, Dumoulin,* 1857. In-8°. Extr. de la *Revue française.*

—— Documents relatifs aux œuvres de Michel Colombe, exécutées pour le Poitou, l'Aunis et le pays Nantais, publiés par Benjamin Fillon. *Fontenay-le-Comte, Pierre Robuchon,* 1865. Gr. in-4°.

—— Michel Colombe et son œuvre, par Antony Rouillet. *Tours, imp. Rouillé-Ladevèze,* 1884. In-8°.

Constantin. Jean-Antoine Constantin, peintre, sa vie et ses œuvres, par Adolphe Meyer. *Marseille, A. Gueidon,* 1860. In-4°. Extr. du *Plutarque Provençal.*

Coppin. Mélanges historiques. Eglise Saint-Martin de Tours. Coppin-Delf, peintre de Louis XI. Sig. : Lambron de Lignim. *Tours, Ladevèze,* 1857. In-8°.

Coppin. Coppin Delf, peintre des rois René d'Anjou et Louis XI (1456-1462). Documents communiqués et annotés par M. Thomas Arnauldet. *S. l.* 1859. In-8°.

Cordier. L'œuvre de M. Cordier..... Catalogue descriptif, par Marc Trapadoux. *Paris, imp. Lahure,* 1860. In-12.

Cornélius. Peter von Cornelius und Seine Stellung zur modernen deutschen Kunst. Dr Max Schasler. *Berlin, Nicolaische Verlagsbuebuchandlung,* 1866. In-8°.

Corot. Corot, souvenirs intimes, par Henri Dumesnil. *Paris, Rapilly,* 1875. In-8°, portr.

—— Exposition de l'œuvre de Corot, à l'Ecole nationale des Beaux-arts. Notice biographique, par M. Ph. Burty. *Paris, Juteau,* 1875. In-18, port.

—— Auguste Isnard. Bon papa Corot, souvenir d'une excursion à Ville-d'Avray... *Paris, A. Lemerre,* 1881. In-12.

—— Jean Rousseau. Camille Corot, suivi d'un appendice, par Alfred Robaut. *Paris, J. Rouam,* 1884. In-4°, portr., fig.

Corroyer. Société philotechnique. Rapport sur la candidature de M. E. Corroyer. C. Bataillard, rapporteur, 28 fév. 1878. *Meulan, Masson.* In-8°.

Corrozet. Etudes sur Gilles Corrozet et sur deux anciens ouvrages relatifs à l'histoire de la ville de Paris, par A. Bonnardot, parisien. *Paris, Guiraudet et Jouaust,* 1848. In-8°.

Cortot. Notice historique sur la vie et les ouvrages de M. Cortot, statuaire, par M. Raoul-Rochette, secrétaire perpétuel. *Paris, typ. Firmin-Didot,* 1845. In-4°.

Couchaud. Eloge d'André Couchaud, architecte... par E. C. Martin-Daussigny. *Lyon, Louis Perrin,* 1849. In-8°.

Couder. Notice sur la vie et les ouvrages de Auguste Couder... par Ernest Breton. *Meulan, Masson,* 1874. In-8°.

—— Institut de France. Académie des Beaux-arts. Notice sur M. Couder, par M. Hébert. *Paris, typ. Firmin-Didot,* 1876. In-8°.

—— Couder. Biographische stizze. Dr Georg. Kastner. *Strasbourg, Dannbach, s. d.* In-12.

L. Courajod. Louis Courajod, 1841-1896 (par Ant. Héron de Villefosse, Kaempfen, Babelon, Thédenat, Lisch et André Michel. *Arcis-sur-Aube, imp. L. Frémont,* 1896. In-8°, portr.

L. Courajod. Funérailles de M. Louis Courajod. [Discours prononcés sur sa tombe par MM. Babelon, Kaempfen, Lisch et Thédenat]. (*Paris*), 1896. In-8°. Extr. de la *Bibliothèque de l'école des Chartes*, LVII, 1896.

—— Louis Courajod. Paroles prononcées sur sa tombe, par H. Thédenat... *Paris*, 1896. In-8°. Extr. des *procès-verbaux de la Société nationale des Antiquaires de France*.

Courbet. M. Guichard. Les doctrines de M. Gustave Courbet, maître peintre. *Paris, Poulet-Malassis*, 1862. In-16.

—— Museum contemporain. Gustave Courbet, par René Brunesœur. *Paris, Robe*, 1866. In-16, portr.

—— Avenue Montaigne, 7. Champs-Elysées. Exhibition et vente de 40 tableaux et 4 dessins de l'œuvre de M. Gustave Courbet (1867). *Paris, Morris*. In-12.

—— Exposition des œuvres de M. G. Courbet. Rond-point du pont de l'Alma. *Paris, Lebigre-Duquesne*, 1867. In-18.

—— Camille Lemonnier. G. Courbet et son œuvre... *Paris, A. Lemerre*, 1868. In-8°, portr., fig.

—— Lettres de Gustave Courbet à l'armée allemande et aux artistes allemands, lues à l'Athénée dans la séance du 29 octobre 1870. *Chez l'auteur*, 32, rue Hautefeuille. In-8°.

—— Sauvons le peintre ! par Frédéric Damé. *Paris*, 1871. In-4°.

—— Sauvons Courbet ! par Emile Bergerat. *Paris, Lemerre*, 1871. In-18.

—— Souvenirs. Gustave Courbet, par Max Claudet. *Paris, Dubuisson*, 1878. In-18.

—— Gros-Kost. Courbet. Souvenirs intimes. *Paris, Derveaux*, 1880. In-12, fig.

—— Exposition des œuvres de G. Courbet à l'école des Beaux-arts (mai 1882). Catalogue. (*Paris*). In-12.

—— Gustave Courbet et la colonne Vandôme. Plaidoyer pour un ami mort, par Castagnary. *Paris, Dentu*, 1883. In-12.

Court. Réflexions sur le tableau demandé par l'Académie à M. Court.... par M. Hcillis. *Rouen, Nicétas Periaux*. In-12, fig. Extr. du *Précis analytique des travaux de l'Académie royale des Sciences, Belles-Lettres et Arts de Rouen, pendant l'année 1831*.

—— Tableaux peints par M. Court... 26, boulevard des Italiens. *Paris, J. Claye*, 1859. In-8°.

Courteys. Les Courteys, Court et de Court, émailleurs limousins. Sig.: Maurice Ardant, 1860. *Limoges, imp. de Chapoulaud*. In-8°.

Courtoys. Nouveaux documents sur les Courtoys, peintres émailleurs de Limoges [signé : D' F. Giraudet]. *Tours, imp. Bouserez, s. d.* In-8°.

—— D' E. Giraudet. Jehan Courtoys, peintre verrier du XVI° siècle. *Tours, imp. P. Bouserez* (1880). In-8°. Extr. du *Bulletin monumental*.

J. Cousin. Jean Cousin a-t-il été statuaire. Signé : Philippe Béclard. *Angers, imp. Cosnier et Lachèse*. In-8°. Extr. de la *Revue de l'Anjou et du Maine*, année 1857.

—— Notice historique sur Jean Cousin, par Edouard Déligand. *Sens, imp. Ch. Duchemin*, 1868. In-8°. Extr. du tome X du *Bulletin de la Société archéologique de Sens*.

—— Essai sur Jean Cousin. Sig. : J. Lobet. In-18, portr., fig. Extr. de l'*Almanach administratif, historique et statistique de l'Yonne*, année 1870.

—— Etude sur Jean Cousin, suivie de notices sur Jean Leclerc et Pierre Woeiriot, par Ambroise Firmin-Didot. *Paris, A. Firmin-Didot*, 1872. In-8°, portr.

—— Un tableau de Jean Cousin (inconnu), fragment d'une étude sur cet artiste, par Ambroise Firmin-Didot. *Paris, imp. Claye*, 1872. Gr. in-8°, fig. Extr. de la *Gazette des Beaux-Arts*.

—— Une gravure de Jean Cousin à la date de 1582, par Henri Monceaux. *Paris, Claudin*, 1878. In-4°, fig.

—— Institut de France. Académie des Beaux-arts. Inauguration de la statue de Jean Cousin à Sens, le 3 octobre 1880. Discours de M. Barbet de Jouy, membre de l'Académie. *Paris, typ. Firmin-Didot*, 1880. In-4°.

—— Quelques preuves sur Jean Cousin, peintre, sculpteur, géomètre et graveur, par J. Lobet. *Paris, H. Loones*, 1881. In-8°, fig.

—— La famille de Jean Cousin, peintre et verrier du seizième siècle, par M. Jules Guiffrey. *Paris*, 1881. In-8°. Extr. des *Mémoires de la Société des Antiquaires de France*.

Coustou. Eloge historique de M. Coustou l'aîné, sculpteur ordinaire du Roy et Recteur de l'Académie royale de peinture et de sculpture... (par M. Cousin de Contamine, de Grenoble). *A Paris, chez Huart*, 1737. In-18.

Couture. Paul Leroi. Thomas Couture, à Etienne Arago. *Paris*, 1880. In-8°. Extr. du journal l'*Art*.

—— Catalogue des œuvres de Th. Couture, exposées au Palais de l'Industrie, précédé d'un essai sur l'artiste, par Roger Ballu. *Paris, Quantin*, septembre 1880. In-12.

Ch. Ant. Coypel. Lettre de M. Massé, peintre du Roi et conseiller en son Académie Royale de peinture et de sculpture à M. le président Haudiqué, exécuteur testamentaire de feu M. Coypel, écuyer, premier peintre du Roi (et réponse). [*Paris*, 18 juin 1752]. In-12.

Coysevox. Eloge funèbre de Monsieur Coysevox, sculpteur du Roy, prononcé à l'académie par M. Fermel'huis docteur en médecine de l'université de Paris et conseiller honoraire de l'académie royale de peinture et sculpture. *Paris, Jacques Collombat*, 1721. In-18.

—— Coysevox (1640-1720) par Ed. Deménieux. *Paris, Nadaud*, 1882. In-8°.

—— Antoine Coysevox, sa vie, son œuvre et ses contemporains.... par M. Henry Jouin. *Paris, Didier*, 1883. In-12.

—— Une famille chrétienne. — Antoine Coysevox, sa vie, son œuvre et ses contemporains, par Henry Jouin..... *Angers, imp. Lachèse et Dolbeau*, 1884. In-8°.

—— Louis Courajod. — Antoine Coysevox et son dernier historien. *Paris, E. Thorin*, 1884. In-8°. Extr. du *Bulletin critique*.

Cristoforo. Gian Cristoforo Romano, médailleur italien, par P. Valton. *Paris, imp. G. Rougier*, 1885. In-8°, fig. Extr. de la *Revue numismatique*.

Crozatier. Notice nécrologique sur Charles Crozatier, par Francisque Mandet, conseiller à la Cour impériale de Riom. *Paris, Firmin-Didot f^es*, 1855. In-8°, portr.

Cruikshank. The Westminster review. George Cruikshank. *S. d.* In-8°, fig.

Cuvilliés. Catalogue de l'œuvre de Cuvilliés père et fils par M. Bérard. *Paris, Ve J. Renouard*, 1859. In-8°.

Daliphard. J. Hédou. — Daliphard, peintre Rouennais, 1833-1877. *Rouen, imp. E. Cagniard*, 1883. In-8°.

Dantan. Catalogue des bustes, statuettes, charges et caricatures de Dantan Jeune, à Paris, 41, rue Blanche. *Lille, Danel*, 1862. In-18.

—— Charges et bustes de Dantan jeune, esquisse biographique dédiée à Méry par le docteur Prosper Viro. *Paris, librairie nouvelle*, 1863. In-18, portr.

Dauban. Paroles prononcées sur la tombe de Charles-Aimé Dauban..... le 5 août 1876. *Paris, Plon*, 1876. In-8°.

Daubigny. Daubigny. — Esquisse biographique, par Frédéric Henriet. *Montdidier, typ. Hadenez*. In-32.

—— Frédéric Henriet. — C. Daubigny et son œuvre gravé. *Paris, A. Lévy*, 1875. Gd in-8°, portr., fig.

Daullé. Catalogue raisonné de l'œuvre gravé de Jean Daullé, d'Abbeville, précédé d'une notice sur la vie et ses ouvrages, par Em. Delignières. *Abbeville, Briez*, 1872. In-8°.

Daumier. Exposition des peintures et dessins de H. Daumier.... Notice biographique, par Champfleury. *Paris, Gauthier-Villars*, 1878. In-12.

—— Catalogue de l'œuvre lithographié et gravé de H. Daumier, par Champfleury. *Paris, Heymann et Perois*, 1878. In-4°, fig.

L. David. Le tableau des Sabines, exposé publiquement au palais national des sciences et des arts, salle de la ci-devant académie d'architecture par le C^en David, membre de l'Institut national. *A Paris, de l'imprimerie de P. Didot l'ainé*, an VIII. In-8°.

—— Sur le tableau des Sabines. *S. l. n. d.* In-12.

—— Description du tableau exposé au musée Napoléon, représentant le couronnement de Leurs Majestés Impériales et Royales, peint par M. David, peintre de Leurs Majestés. *Paris, Mad^e Labarre*, 1808. In-18.

—— Le tableau du couronnement, ode à M. David, premier peintre de LL. MM. par un artisan sans lettres (M. Gros-Jean). *Paris, imp. de Gauthier*, 1808. In-18.

—— Les âges de la peinture. — Ode à David, premier peintre de sa majesté l'empereur et roi, par Auguste Peyranne. *A Paris, chez l'auteur*, 1810. In-12.

—— Concours pour les prix décennaux. — Peinture. Examen du tableau des Sabines et de l'école de M. David, premier peintre de sa majesté l'empereur et roi...., par un amateur des arts. (A. Lenoir.) *Paris, Hacquart*, 1810. In-8°.

—— Stances à Louis David, premier peintre de sa majesté l'empereur et roi, etc..., par Jean-Baptiste Depenne. *Angers, imp. de Mame f^es*, 1811. In-8°.

L. David. Explication du tableau des Thermopyles de M. David, membre de l'Institut de France..... Description du tableau des Sabines, par le même peintre. *Paris, Hacquart,* 1814. In-12, fig.

—— Eucharis et Télémaque par M. David (par N. Cornelissen). *Gand, Houdin,* 1818, In-8°.

—— Notice sur la vie et les ouvrages de M. J.-L. David. *Paris, Dondey-Dupré,* 1824. In-18.

—— Un mot sur le dernier tableau de M. David, par un amateur (1824). *Paris, imp. de Richomme,* In-8°.

—— Vie de David, par M. A. Th. (Thomé). *Paris, imp. de Tastu,* 1826. In-8°.

—— Notice sur Jacques-Louis David, par l'auteur de la notice sur Canning (Rabbe). *Blois, imp. de Aucher-Eloy,* 1827. In-8°. Extr. de la *Biographie universelle et portative des contemporains.*

—— Essai sur J. L. David, peintre d'histoire, par M. P. A. Coupin. *Paris, J. Renouard,* 1827. In-8°.

—— David (Jacques-Louis), né à Paris, le 30 août 1748, mort à Bruxelles, le 29 décembre 1825, sign. Miel. *S. l. n. d.* In-4°. Extr. du *Plutarque français.*

—— David. Souvenirs historiques, par M. le Ch[er] Alexandre Lenoir.... *Paris, imp. de P. Baudoin,* s. d. G[d] in-8°. Extrait de la 1re livr. du 3me volume du *Journal de l'Institut historique.*

—— Examen du tableau des Horaces, par Alexandre Péron. *Paris, Ducessois,* 1839. In-8°, fig.

—— Ode à la mémoire de David, lue à la réunion annuelle des élèves de ce grand peintre, par F. Varin, de Chaumont, 15 février 1843. *Paris, imp. Bruneau.* In-8°.

—— Mémoires de David, peintre et député à la Convention par M. Miette de Villars. *A Paris, chez tous les libraires,* 1850. In-8°.

—— Beaux-arts. — Considérations sur David et son école. Sig. V[or] Mottez. *S. l. n. d.* In-8°. Extr. de la *Revue du Nord.*

—— Louis David, son école et son temps, souvenirs par M. E. J. Delécluze. *Paris, Didier,* 1855. In-8°.

—— Peintres et sculpteurs modernes de la France. — David et l'école française. Louis David, son école et son temps, par M. Delécluze. Signé Henri Delaborde. In-8°. Extr. de la *Revue des Deux-Mondes.*

L. David. Le mouvement moderne en peinture. Louis David par Ernest Chesneau. *Paris, Pankoucke,* 1861. In-8°. Extr. de la *Revue européenne.*

—— Notice sur le Marat de Louis David suivie de la liste de ses tableaux dressée par lui-même. Sig. L. J. David. *Paris, imp. Jouaust,* 1867. In-32.

—— Quelques observations sur les 19 toiles attribuées à Louis David à l'exposition des portraits du siècle (1783-1883) Ecole Nationale des Beaux-Arts, par L.-J. David, son petit-fils. *Paris, V. Havard,* 1883. In-12.

Louis David et Ingres. Notice sur des tableaux de Louis David et d'Ingres, au château de Moreuil en Picardie, par Emile Delignières. *Paris, Plon,* 1890. In-8°, port.

Emeric David. Notice historique sur la vie et les ouvrages de M. Emeric David, par M. le baron Walckenaer. *Paris, typ. Firmin-Didot,* 1845. In-4°.

David d'Angers. Epitre à M. P. J. David, statuaire, auteur du monument de Bonchamps, exposé au salon de 1824; par son compatriote et son ami L. Pavie. *Angers, L. Pavie,* 1824. In-18.

—— Etude sur la vie et les ouvrages de David d'Angers, statuaire, par Adrien Maillard. *Angers, imp. V. Pavie,* 1838. In-8°.

—— Notice sur Pierre-Louis David, par Pierre-Jean David son fils. *Angers, imp. de Cosnier et Lachèse,* 1839. In-12, fig.

—— Etude sur la vie et les ouvrages de David, d'Angers, statuaire. Signé Adrien Maillard. *S. l. n. d.* In-8°.

—— Un mot sur la vie et les œuvres de David (d'Angers)...., par Jules Saint-Amour. *Dunkerque, Drouillard* (1845). In-8°.

—— Galerie des contemporains illustres par un homme de rien. M. David (d'Angers). *Paris, A. René,* s. d. In-32, portr.

—— Collection des médailles en bronze faites d'après nature par M. David (d'Angers), statuaire, membre de l'institut, fondues par Eck et Durand, éditeurs autorisés. *Paris, imp. Donday-Dupré,* s. d. In-18.

—— Ecole impériale et spéciale des Beaux-arts. — Funérailles de M. David (d'Angers). *Paris, typ. Firmin-Didot f[s]* (1856). In-8°.

—— Institut impérial de France. — Académie des Beaux-arts.— Funérailles de M. David (d'Angers). Discours de M. F. Halévy, secrétaire perpétuel, prononcé aux funérailles de M. David (d'Angers) le 8 janvier 1856. *Paris, typ. Didot.* In-4°.

L. David. Eloge de David d'Angers, par J. Sorin. *Angers, imp. Cosnier et Lachèse,* 1863, In-8°.

—— David d'Angers, sa vie, son œuvre, ses écrits et ses contemporains, par M. Henry Jouin. *Paris, E. Plon,* 1878. 2 vol. in-4°, portr., fig.

—— Lettres de P. J. David, d'Angers, à son ami le peintre Louis Dupré publiées avec préface et notes, par son fils, Robert David d'Angers. *Paris, E. Charavay,* 1891. In-4°, portr., fig.

Félic. David. Institut de France. — Académie des Beaux-arts. Notice sur Félicien David par M. Reyer. *Paris, typ. Firmin Didot,* 1877. In-4°.

Ch. Davillier. Paul Eudel. — Le baron Charles Davillier. *Paris, imp. Motteroz,* 1883. Gd in-8°, portr., fig.

—— Louis Courajod. — Le baron Charles Davillier et la collection léguée par lui au musée du Louvre. *Paris, E. Plon,* 1884. In-4°, portr., fig. Extr. de la *Gazette des Beaux-Arts.*

G. Davioud. Discours prononcé à la société d'encouragement pour l'industrie nationale sur la vie et les ouvrages de Gabriel Davioud, architecte...., par Ch. Rossigneux. *Paris, Hachette,* 1883. Gd in-8°.

Debucourt. L'art du dix-huitième siècle. Debucourt, par Edmond et Jules de Goncourt. *Paris, Dentu,* 1866. In-4°, fig.

Decamps. Peintres modernes de la France. — M. Decamps. Sig. Charles Clément. In-8°. Extr. de la *Revue des Deux Mondes,* 1er février 1858.

—— Le mouvement moderne en peinture. Decamps, par Ernest Chesneau. *Paris, typ. Panchoucke,* 1861. In-8°. Extr. de la *Revue européenne.*

—— Decamps. — Sa vie, son œuvre, ses imitateurs par Marius Chaumelin. *Marseille, Camoin fes,* 1861. In-8°.

—— Adolphe Moreau. — Decamps et son œuvre avec des gravures en facsimilé des planches originales les plus rares. *Paris, Jouaust,* 1869. Gd in-8°, portr.

—— Les maîtres de la lithographie. — Decamps. Signé : Germain Hédiard. *Le Mans, typ. Ed. Monnoyer, s. d.* In-4°. Extr. de *L'Artiste.*

—— Les artistes célèbres. — Decamps, par Charles Clément. *Paris, libr. de l'Art,* 1886, Gd in-8°, portr., fig.

Defavanne. Mémoire pour servir à la vie de M. Defavanne, peintre ordinaire du roy, et recteur de l'académie royale de peinture et sculpture. *Paris, chez la veuve de D. A. Pierres,* 1753. In-18.

Degeorge. Eloge biographique de Degeorge, membre de l'académie de Clermont, par M. Conchon. *Clermont-Ferrand, imp. Thibaud-Landriot fes,* 1855. In-8°.

H. Delaborde. Institut de France. — Académie des Beaux-arts. Séance du 12 février 1898, présidée par M. Fremiet. (Lettre de M. Henri Delaborde et ordre du jour de l'académie). *Paris, typ. Firmin-Didot.* In-4°.

Delacroix. Galerie des contemporains illustres par un homme de rien. M. E. Delacroix. *Paris, A. René,* 1844. Pet. in-18, port.

—— Le plafond de la galerie d'Apollon peint par M. Eugène Delacroix, par M. Ernest Vinet. *Paris, aux bureaux de la Revue contemporaine,* 1853. Gd in-8°. Extrait de la liv. du 15 septembre.

—— Les contemporains. — Eugène Delacroix, par Eugène de Mirecourt. *Paris, Gustave Havard,* 1856. In-32, portr.

—— Légendes d'atelier. — Le chemin de Damas, saynète en un acte de conversion, par Laurent Jan. *Paris, Claye* (1859). In-8°.

—— Le mouvement moderne en peinture. — Eugène Delacroix, par Ernest Chesneau. *Paris, typ. Panchoucke,* 1861. Gd in-8°.

—— Beaux-arts. — La chapelle des Saints-Anges à Saint-Sulpice. M. Eugène Delacroix, par M. L. Vitet, de l'académie française. *Paris, J. Claye,* 1862. In-8°. Extrait de la *Revue des Deux Mondes.*

—— Société nationale des Beaux-arts. — Exposition des œuvres d'Eugène Delacroix. *Paris, J. Claye,* 1864. In-18.

—— Eugène Delacroix, documents nouveaux, par Théophile Silvestre. *Paris, Michel Lévy,* 1864. In-18.

—— Artistes contemporains. — Eugène Delacroix, sa vie et son œuvre. Sig. Paul Mantz (1864). Gd in-8°.

—— Eugène Delacroix, l'homme et l'artiste, ses amis et ses critiques, par Amédée Cantaloube. *Paris, Dentu,* 1864. In-18, portr.

—— Henry de la Madelène. — Eugène Delacroix à l'exposition du boulevard des Italiens. *Paris, typ. Lainé et Havard,* 1864. Gd in-8°, fig.

Delacroix. Eugène Delacroix, sa vie et ses œuvres. *Paris, J. Claye*, 1865. In-8°. Une note manuscrite de M. Charles Dezobry (1870) indique que « l'auteur anonyme de cette intéressante biographie est feu M. Piron, ancien chef de division à l'administration générale des postes, à Paris. » Cet exemplaire est l'un des rares échappés à la destruction de l'édition, mise au jour pourtant aux frais de la famille de l'artiste.

—— L'œuvre de Delacroix, par Henri du Cleuziou. *Paris, Marpon*, 1865. In-18.

—— Adolphe Moreau. — Eugène Delacroix et son œuvre, avec des gravures en fac-similé des planches originales les plus rares. *Paris, Librairie des Bibliophiles*, 1873. In-8°, portr.

—— Institut de France. Académie des Beaux-arts. Eloge d'Eugène Delacroix, par M. le vicomte Henri Delaborde. *Paris, typ. Firmin-Didot*, 1876. In-4°.

—— Lettres inédites de Eugène Delacroix (1813-1863) recueillies et publiées par J. J. Guiffrey. *Paris, imp. Pillet et Dumoulin*, 1877. In-8°.

—— Lettres de Eugène Delacroix (1815 à 1863) recueillies et publiées, par M. Philippe Burty avec fac-similé de lettres. *Paris, Quantin*, 1878. Gd in-8°, portr.

—— Eugène Delacroix. — Peintures décoratives au salon du roi ou salle des fleuves (Palais de la chambre des Députés). *Paris, imp. Pillet et Dumoulin* (1880). In-fol., fig. Extr. du journal l'*Art*.

—— Peintures décoratives par Eugène Delacroix. — Le salon du roi au Palais législatif. Texte et dessins, par Alfred Robaut. *Paris*, 1880. In-12, fig.

—— Lettres de Eugène Delacroix recueillies et publiées par Philippe Burty. *Paris, Charpentier*, 1880. 2 vol. in-12.

—— Ecole nationale des Beaux-arts. — Exposition Eugène Delacroix au profit de la souscription destinée à élever un monument à sa mémoire. *Paris*, 1885. In-12.

—— L'œuvre complet de Eugène Delacroix, peintures, dessins, gravures, lithographies. Catalogué et reproduit par Alfred Robaut, commenté par Ernest Chesneau, ouvrage publié avec la collaboration de Fernand Calmettes, *Paris, Charavay frès*, 1885. In-4°, portr., fig.

—— Eugène Delacroix, à propos de la dernière exposition de ses œuvres, par Georges Dampt. *Paris, Tresse*, 1885. In-8°.

Delacroix. G. d'Argenty. — Eugène Delacroix par lui-même (*Paris*), *J. Rouam*, 1885. In-12, port.

—— L'œuvre de Delacroix, par Henri du Cleuziou. *Paris, C. Marpon*, 1885. In-12.

—— Eugène Delacroix devant ses contemporains ; ses écrits, ses biographes, ses critiques, par Maurice Tourneux. *Paris, J. Rouam*, 1886. In-8°. Portrait de Maurice-Alexandre Decamps.

—— Les artistes célèbres. — Eugène Delacroix, par Eugène Véron. *Paris, libr. de l'Art*, 1887. Gd in-8°, port., fig.

—— Journal de Eugène Delacroix. — Notes et éclaircissements par MM. Paul Flat et René Piot. *Paris, Plon*, (1893). 3 volumes in-8°, port. et fac-sim.

—— Vingt-neuf lettres d'Eugène Delacroix adressées à Constant Dutilleux, peintre, 11 septembre 1840, 8 mars 1863. N° 12 des vingt-cinq exemplaires numérotés de ces lettres reproduites en fac-similé par Alf. Robaut. Grand in-8°, portr.

—— Institut de France. Académie des Beaux-Arts. Inauguration du monument élevé à la mémoire de Eugène Delacroix à Saint-Maurice (Seine), le 17 avril 1898. Discours de M. Frémiet, président de l'Académie. *Paris, typ. Firmin-Didot*. In-4°.

Delamare. M. Victor Delamare, artiste-peintre, par Jules Hédou. *Rouen, imp. E. Cagniard*, 1868. In-18. Extrait de la *Revue de la Normandie*.

Delamonce. Biographies d'architectes. Les Delamonce. Mémoire lu à la réunion des Beaux-Arts du 7 juin 1892 par M. E. L. G. Charvet. *Paris, Plon*, 1892. In-8°, fig.

Delaroche. Description exacte du tableau de M. P. Delaroche exposé au Palais des Beaux-Arts. *Paris, Derche*, 1841. In-18. Extrait du *Journal des Débats*. Le *tableau* décrit est la peinture murale de l'hémicycle de l'Ecole des Beaux-Arts.

—— Galerie des contemporains illustres par un homme de rien. M. Paul Delaroche. *Paris, A. René* (1844). In-18, portr.

—— Ecole impériale et spéciale des Beaux-Arts. Funérailles de M. Delaroche. Discours de M. Vinit, secrétaire perpétuel de l'école. *Paris, typ. Firmin-Didot*, 1856. In-4°.

—— Les contemporains. Paul Delaroche par Eugène de Mirecourt. *Paris, G. Havard*, 1856. In-32, port., fac-sim.

Delaroche. Exposition des œuvres de Paul Delaroche. Explication des tableaux, dessins, aquarelles et gravures exposés au Palais des Beaux-Arts, rue Bonaparte, n° 14, le 21 avril 1857. *Paris, Ch. de Mourgues frères*, 1857. In-18.

—— L'Hémicycle du Palais des Beaux-Arts, peinture murale exécutée par Paul Delaroche et gravée au burin par Henriquel-Dupont. *Goupil et Cie*, 1857. In-12, fig. Notice des éditeurs de la planche précédée d'un article de Delécluze, extrait du *Journal des Débats*.

—— Institut impérial de France. Académie des Beaux-Arts. Notice sur la vie et les ouvrages de M. Paul Delaroche, par M. F. Halévy. *Paris, typ. Firmin-Didot*, 1858. In-4°.

—— Paul Delaroche et son œuvre. Signé : Alphonse de Calonne. *S. d.* In-8°. Extrait de la *Revue contemporaine*.

Delaunay (E). Elie Delaunay. [Signé : Georges Lafenestre]. Grand in-8°, portr., fig. Défait de la *Gazette des Beaux-Arts*.

—— Institut de France. Académie des Beaux-Arts. Notice sur M. Elie Delaunay, par M. Jules Lefebvre.... *Paris, typ. Didot*, 1892. In-4°.

—— Institut de France. Académie des Beaux-Arts. Funérailles de M. Elie Delaunay, le 8 septembre 1891. Discours de MM. Bailly, G. Laroumet et Bonnat. *Paris, typ. Didot*. In-4°.

—— Institut de France. Académie des Beaux-Arts. Notice sur la vie et les œuvres de M. Elie Delaunay, par M. le comte Henri Delaborde. *Paris, typ. Firmin-Didot*, 1897. In-4°.

Delaval. M. Delaval, peintre d'histoire. Extrait de l'*Annuaire biographique des artistes*, *s. d.* In-8°.

—— Tableau du Serment de S. M. Charles X, exposé provisoirement le 14 décembre 1828, à l'Hôtel-de-Ville de Paris.... *Paris, Le Normant*, 1828. In-4°, fig.

Delécluze. Souvenirs de soixante années par Etienne Jean Delécluze. *Paris, Michel Lévy*, 1862. In-12.

Delff. Lettre circulaire de M. D. Franken (*Amsterdam*, janvier 1870) sollicitant le concours des amateurs et des critiques pour la description qu'il prépare de l'œuvre du graveur W. Jsz. Delff. Suit le catalogue des planches. In-8°.

—— L'œuvre de Willem Jacobszoon Delff, décrit par D. Franken. *Amster-*

dam, Van Gogh, 1872. Grand in-8°, portr.

Delibes (L). Institut de France. Académie des Beaux-Arts. Funérailles de Léo Delibes.... le 19 janvier 1891. Discours de M. le comte Henri Delaborde. *Paris, typ. Firmin-Didot*. In-4°.

—— Ministère de l'Instruction publique et des Beaux-Arts. Direction des Beaux-Arts. Discours prononcé le 19 janvier 1891 aux funérailles de M. Léo Delibes ..... par M. G. Larroumet, directeur des Beaux-Arts. *Paris, Imp. Nationale*, 1891. In-4°.

—— Institut de France. Académie des Beaux-Arts. Notice sur la vie et les œuvres de Léo Delibes par M. Guiraud. *Paris, typ. Firmin-Didot*, 1892. In-4°.

Delorme. Eloge historique de Philibert De Lorme architecte lyonnais... par Louis Flachéron, architecte de la mairie de Lyon. *Lyon, imp. Barret* (1814). Petit in-8°. Planche reproduisant la maison de la rue de la Juiverie.

—— Notice sur Philibert Delorme. Signé: J. S. P. (Passeron). *Lyon, imp. Boitel*. In-8°. Extrait de la *Revue du Lyonnais*, oct. 1835.

—— Biographie des artistes lyonnais. Philibert De Lorme architecte. Signé : J. S. Passeron. *Lyon, imp. Vingtrinier*, *s. d.* In-32.

—— Les artistes célèbres. Philibert De Lorme par Marius Vachon. *Paris, libr. de l'Art*, 1877. Grand in-8°, portr. fig.,

—— Biographies d'architectes. Philibert De l'Orme à Saint-Denis, par E. L. G. Charvet. *Paris*, 1891. In-8°, fig. Extrait de la *Revue de l'Art français*.

De Lyen. Le peintre De Lyen au musée de Troyes, par M. Le Brun-Dalbanne. *Troyes, imp. Dufour-Bouquot*, 1876. In-8°.

Demarne. Notice sur les ouvrages de M. Demarne et principalement sur ceux qui sont dans la collection de M. le comte de Narp. *Paris, imp. de Le Normant*, 1817. In-12.

Demarteau. Catalogue des estampes gravées au crayon d'après différens maîtres qui se vendent à Paris chés Demarteau, graveur du Roi, et Pensionnaire de Sa Majesté, pour l'invention de la gravure imitant les desseins, *Cloître St-Benoit*.... *S. d.* In-18.

—— Gilles Demarteau, graveur et pensionnaire du Roi à Paris (1722-1776) et Gilles Antoine, son neveu (1750 ?-1803). Notice par J. E. Demarteau. *Liège, L. de Thier*, 1879. In-8°. Extrait du *Bulletin de l'Institut archéologique Liégeois*.

Demarteau. Gilles Demarteau, graveur du Roi, 1722-1776. *Bruxelles,* G. A. *van Tright,* 1883. In-8°, portr.

—— L'œuvre de Gilles Demarteau, l'aîné, graveur du Roi. Catalogue descriptif, précédé d'une notice biographique par L. de Leymarie. *Paris,* G. *Rapilly,* 1896. In-8°, fig.

Denon. Catalogo di incisioni di M. Denon. *S. l. n. d.* In-8°.

—— Catalogue des estampes gravées par le citoyen D. Vivant Denon, membre de l'Institut national de France.... Calcographie du musée central des Arts. Ventôse an XI, 1803. In-4°.

—— Notices sur M. Couturier et sur M. le baron Denon. Signé : C. N. Amanton. *Dijon, Frantin, imp,* 1825. In-8°.

—— Notice nécrologique sur M. le baron Denon, membre de l'Institut, etc., par M. P. A. Coupin. *Paris, imp. Rignoux,* 1825. In-12.

—— Institut national de France. Eloge historique sur la vie et les ouvrages de M. le baron Denon... par M. de Pastoret. *Paris, typ. Firmin-Didot,* 1851. In-4°.

Derand. Notice sur la vie et les œuvres du R. P. François Derand, architecte lorrain par M. P. Morey. *Nancy,* Vᵉ *Raybois,* 1868. In-8°. Extrait des Mémoires de l'Académie de Stanislas, 1867.

Deruet. Recherches sur la vie et les ouvrages de Claude Deruet, peintre et graveur lorrain, (1588-1660) par M. E. Meaume. *Nancy, Lepage,* 1853. In-8°.

—— Note sur Claude Deruet, peintre et graveur lorrain, 1588-1660, par Albert Jacquot. *Paris, J. Rouam,* 1894. In-8°, fig.

—— Académie royale de Belgique. Classe des Beaux-Arts. Note bibliographique. Notes sur Claude Deruet, peintre et graveur lorrain, 1588-1660, par Albert Jacquot. *Paris, Rouam.* 1894. [Signé : Henri Hymans]. [1895]. In-8°. Extrait des « *Bulletins de l'Académie Royale de Belgique.* »

Desargues. Examen des œuvres du Sʳ Desargues, par I. Curabelle. *Paris, F. Langlois dit Chartres,* 1644. Petit in-folio, fig.

—— Foiblesse pitoyable du Sʳ G. Desargues employée contre l'examen fait de ses œuvres, par I. Curabelle. *Paris,* 16 juin 1644. Petit in-folio, fig.

Desbrosses. Peintres contemporains. Jean Desbrosses par Frédéric Henriet. *Paris, A. Lévy.* In-8°, port.

Descamps. Notice historique sur Jean-Baptiste Descamps, peintre du roi.... par un de ses élèves. *Rouen, imp. Periaux,* 1807. In-18.

Descours. Un peintre Bernayen. Michel Hubert Descours 1707-1775, par M. l'abbé Porée. *Paris, Plon,* 1889. In-8°.

Desgoffe. Alexandre Desgoffe, notice biographique. *Paris, J. Mersch,* 1888. In-18, portr.

Deshays. Essay sur la vie de M. Deshays. *S. l.* 1765. In-18.

Desnoyers. Institut impérial de France. Académie des Beaux-Arts. Funérailles de M. le baron Desnoyers. Discours de M. Halévy... 18 février, 1857. *Paris, typ. Firmin-Didot.* In-4°.

Destors (D. L.) Notice sur la vie et les œuvres de Denis Louis Destors, vice-président de la société centrale des architectes... par M. Paul Wallon... *Paris,* 1882. In-8°. Extrait du *Bulletin de la Société centrale des architectes.*

Devéria (E). Eugène Devéria d'après des documents originaux (1805-1865) par Alone. *Paris, Fischbacher,* 1887. In-18, portr.

Devosge. Inauguration du buste de Devosge « le 10 frimaire an 9, par les Elèves de l'école de Peinture et de Sculpture de Dijon, les Artistes et les Amateurs de la même ville. » *Dijon, imp. Carion.* In-18.

—— Eloge de M. Devosge, fondateur de l'Ecole de dessin, peinture et sculpture de Dijon...... par M. Fremiet-Monnier. *Dijon, imp. Frantin,* 1813. In-12, portr.

Dewailly. Notice historique sur Charles Dewailly architecte,.... par Joseph Lavallée. (*Paris*), *de l'imprimerie de la Société des Amis des Arts,* an VII. In-18.

Diaz. Exposition des œuvres de N. Diaz de la Peña, à l'Ecole Nationale des Beaux-Arts. Notice biographique par M. Jules Claretie. *Paris, J. Claye,* mai 1877. In-18, portr.

Didot (F.) Ambroise Firmin-Didot, 1790-1876. Sign. Jules Delalain. *Paris, typ. Pillet.* In-4°. Extrait du *Journal général de l'Imprimerie et de la Librairie,* 1876.

—— Notice sur la vie et les travaux de M. Ambroise Firmin-Didot.... par M. H. Wallon, lue à l'Institut de France dans la séance publique annuelle du 19 novembre 1886. *Paris, typ. Firmin-Didot,* 1886. Pet. in-4°.

—— Institut de France. Notice sur la vie et les travaux de M. Ambroise

Firmin-Didot, membre libre de l'Académie des Inscriptions et Belles-Lettres, par M. H. Wallon. *Paris, typ. Firmin-Didot*, 1886. In-4°.

Dien. Funérailles de M. Dien, graveur d'histoire. Discours de M. Henry d'Escamps, prononcé le 22 août 1865. *Paris, typ. Lainé et Havard.* In-4°.

Diet. Institut de France. Académie des Beaux-Arts. Notice sur la vie et les travaux de M. Diet, par M. A. Normand. *Paris, typ. Firmin-Didot*, 1892. In-4°.

Dietrich. Monographie der von dem vormals K. Poln. und Churfülstl. Sächs Hofmaler und Professor etc. C. W. E. Dietrich..... Verfasst und heraus gegeben von J. F. Linck. *Berlin, Linck*, 1846. In-8°.

Dieudonné. Revue historique des notabilités contemporaines par M. Raincelin de Sergy. M. Dieudonné (Jacques-Augustin) statuaire. *Paris, s. d.* Grand in-8°. Défait.

Dolci (G. de'). Eugenio Muntz. Giovannino de' Dolci, l'architetto della Capella Sistina e delle fortezze di Ronciglione e di Civitavecchia, con documenti inediti. *Roma*, 1880. Grand in-8°. Estr. dal *Buonarroti.*

Domenico. Luca Beltrami. L'Hôtel de Ville di Parigi e l'architetto Domenico da Cortona. *Roma, tip. Bodoniana*, 1882. In-8°. Estratto dalla *Nuova Antologia.*

Dominique. Notes sur Dominique et Gentil par M. Albert Babeau. *Troyes, imp. Dufour-Bouquot*, 1876. In-12, fig., portr.

—— Dominique florentin, sculpteur du seizième siècle... par Albert Babeau. *Paris, Plon*, 1877. In-8°.

Donatello. Eccellenza della statua del San Giorgio di Donatello scultore fiorentino.... scritta da M. Francesco Bocchi in lingua fiorentina. *In Fiorenza appresso Giorgio Marescotti*, 1584. In-18.

—— Elogio di Donatello scultore composto da Andrea Francioni. *Firenze, stamperia Piatti*, 1837. In-16.

—— Les artistes célèbres. Donatello, par Eugène Müntz. *Paris, J. Rouam*, 1885. Grand in-8°, portr., fig. Second fascicule : tirage à part des gravures. Exemplaire sur Japon.

Doré (G). Discours funèbre prononcé sur la tombe de Gustave Doré (par Alex. Dumas). *(Paris)*, 25 janvier 1883. In-8°.

—— Life and Reminiscences of Gustave Doré, compiled from material supplied by Doré's relations and friends and from personal recollection.... by Blanche Roosevelt. *London, Sampson son...* 1885. In-8°, fig.

Doré (G). La vie et les œuvres de Gustave Doré d'après les souvenirs de sa famille, de ses amis et de l'auteur Blanche Rosevelt, ouvrage traduit de l'anglais par M. Du Seigneux. *Paris, librairie illustrée, s. d.* In-8°, fig., portr.

—— Gustave Doré. 1885. In-f°, portr., fig. Recueil factice composé par G. Duplessis avec des extraits de revues, des articles de journaux et des autographes.

—— Catalogue des dessins, aquarelles et estampes de Gustave Doré exposés dans les salons du Cercle de la Librairie avec une notice biographique par M. G. Duplessis... *Paris*, mars 1885. In-12, portr.

Doyen. Notice sur François Doyen, peintre... par C. Lecarpentier, son élève.... *Rouen, imp. V° Guilbert*, 1809. In-16.

—— Le peintre Doyen propriétaire à Rubelles, près Melun, déclaré émigré en 1793. Simples notes inédites par Th. Lhuillier. *Melun, typ. A Lebrun*, 1878. In-18.

—— Le peintre G. F. Doyen et l'origine du Musée des monuments français, par Henri Stein. *Paris, Plon*, 1888. In-8°.

Drevet. Mémoire pour le sieur Claude Drevet, graveur du roi, appelant, contre le sieur Debats, et Marie Debats, sa sœur, intimés... par M° Aubry, avocat. *Paris, Lottin*, 1742. In-f°.

—— Les Drevet (Pierre, Pierre-Imbert et Claude). Catalogue raisonné de leur œuvre précédé d'une introduction par Ambroise Firmin-Didot. *Paris, Firmin-Didot*, 1876. Grand in-8°. Portr.

Drölling. Chapelle Saint-Paul, peintures murales exécutées à la cire dans l'église Saint-Sulpice par M. Drölling, membre de l'Institut, professeur à l'Ecole des Beaux-Arts. Sig. Auguste Galimard (Judex). *Paris, typ. Schneider, s. d.* In-32.

Drouais. Notice sur Jean-Germain Drouais, peintre d'histoire, par M. Miel. *Paris, imp. Belin.* In.-18. Extrait des *Annales de la Société libre des Beaux-Arts pour 1837.*

Drouin. Une famille de sculpteurs lorrains (les Drouin) par Henri Lepage. *Nancy, Lucien Wiener*, 1863. In-12, fig.

Droz. Notice sur les diverses inventions de feu Jean-Pierre Droz, graveur-mécanicien... Sign. C. P. Molard. *Versailles, imp. Jacob, s. d.* In-4°.

Duban. Notice des dessins de Félix-Jacques Duban exposés à l'Ecole nationale et spéciale des Beaux-Arts. *Paris, imp. Adolphe Lainé,* 1872. In-12.

—— Funérailles de Félix Duban.... rapport rédigé sur l'invitation de la commission générale des funérailles... par César Daly... *Paris, Ducher,* 1871. In-8°.

—— Institut de France. Académie des Beaux-Arts. Eloge de Duban par M. Beulé. *Paris, typ. Firmin-Didot,* 1872. In-4°.

—— Institut de France. Académie des Beaux-Arts. Notice sur M. Duban, par M. Questel. *Paris, typ. Firmin-Didot,* 1872. In-4°.

Dubois (D). Léonce Viltart. Désiré Dubois, artiste peintre 1817-1889. *Arras, Sueur-Charruey,* 1890. In-18, portr.

Dubois (P). L'abbé Henri Soreau. Le tombeau du général J. de la Moricière. *Nantes, imprimerie de l'Ouest,* 1879. In-8°.

—— Discours prononcé à l'inauguration du monument érigé en l'honneur du général de La Moricière dans la cathédrale de Nantes, le 29 octobre 1879, par Monseigneur l'évêque d'Angers. *Angers, Germain et G. Grassin,* 1879. In-8°.

—— Le tombeau de Lamoricière. [Vers adressés à Paul Dubois signés : Émile Grimaud]. *Nantes,* 1879. In-8°. Extrait de la *Revue de Bretagne et de Vendée.*

Dubois (Th). Catalogue des œuvres de Th. Dubois. *Paris, imp. Maigeret,* (1894). In-8°.

Dubost. Notice sur Antoine Dubost. Sig. Z. (Passeron). *Lyon, imp. Barbet,* 1827.

Duc. Institut de France. Académie des Beaux-Arts. Notice sur la vie et les ouvrages de M. Duc par M. le vicomte Henri Delaborde. *Paris, typ. Firmin-Didot,* 1879. In-4°.

—— Joseph Louis Duc, architecte (1802-1879). Notice lue à la séance d'ouverture du congrès des architectes... par Paul Sédille. *Paris, V° A. Morel,* 1879. Grand in-4°, portr. Extrait de l'*Encyclopédie d'architecture.*

—— Institut de France. Académie des Beaux-Arts. Notice sur M. Louis-Joseph Duc, par M. Emile Vaudremer. *Paris, typ. Firmin-Didot,* 1880. In-4°.

Ducerceau (A). Les Androuet Du Cerceau et leur maison du Pré aux Clercs, par Adolphe Berty. *Paris, Ch. Meyrueis,* 1857. In-8°.

Ducerceau (A). Les Du Cerceau, leur vie et leur œuvre, d'après de nouvelles recherches, par le baron Henry de Geymüller. *Paris, lib. de l'Art,* 1887. Grand in-4°, fig.

—— Les Ducerceau, leur vie et leur œuvre d'après de nouvelles recherches par le Baron Henry de Geymüller, par Paul Sédille, architecte. *Paris,* 1888. Grand in-8°, fig. Extrait de la *Gazette des Beaux-Arts.*

Duchatel. Institut impérial de France. — Académie des Beaux-Arts. Notice sur le Comte Duchatel, par le Vicomte Henri Delaborde. *Paris, typ. Firmin-Didot,* 1868. In-4°.

—— Notice sur le Comte Duchatel, par le Vicomte Henri Delaborde. *Paris, imp. J. Claye,* 1870. In-8°.

Du Chemin. Le portrait de Catherine Du Chemin, femme de François Girardon, par M. Le Brun-Dalbanne. *Troyes, Dufour-Bouquot,* 1876. In-8°, portr. Extrait des *Mémoires de la Société Académique de l'Aube.*

Duchesne. Notice biographique sur M. J. Duchesne, conservateur du département des estampes à la bibliothèque impériale, par M. J. Desnoyers. *(Paris), Ch. Lahure.* In-12. Extr. du *Bulletin de la Société de l'Histoire de France,* mai 1855.

—— Notice historique sur la vie et les ouvrages de M. J. Duchesne, aîné, conservateur des estampes de la bibliothèque impériale. *Paris, imp. Simon Raçon,* 1855. In-12.

Duclaux. Notice sur J. A. M. Duclaux, peintre, sa vie et ses œuvres, par Paul Eymard. *Lyon, imp. Pitrat,* 1869. Grand in-8°, port.

Ducornet. Rapport lu au Comité de l'Association des artistes peintres, sculpteurs, architectes, graveurs et dessinateurs... par M. A[ls] de Fontenay, sur la vie et les travaux de Joseph César Ducornet, peintre d'histoire, né sans bras, à Lille, le 10 janvier 1806, mort à Paris, le 27 avril 1856, pensionnaire de l'Association. *Paris, typ. Jules Juteau.* In-4°.

Dufresnoy. Alphonse Dufresnoy, peintre (par Lecarpentier). *Rouen, Baudry,* 1812. In-18.

Dumas. Michel Dumas, peintre lyonnais, 1812-1885, par M. Bonnassieux, membre de l'Institut. *Lyon, imp. Mougin-Rusand,* 1887. In-8°, portr.

Du Menil-la-Tour. Du Ménil-la-Tour, peintre, par M. A. Joly. *Nancy, imp. Lepage,* 1863. In-8°.

J. J. Dumons. Jean Joseph Dumons, peintre d'histoire, 1687-1779, par René Fage. *Tulle, imp. Crauffon*, 1881. In-8°. Extr. du *Bulletin de la Société des lettres, sciences et arts de la Corrèze.*

A. Dumont. G. Vattier. — Augustin Dumont. Notes sur sa famille, sa vie et ses ouvrages. *Paris, H. Oudin*, 1885. Grand in-8°, portr.

—— G. Vattier. Une famille d'artistes. Les Dumont, 1660-1884. *Paris, Ch. Delagrave*, 1890. In-8°.

—— Institut de France. — Académie des Beaux-Arts.— Notice sur M. Auguste Dumont, par M. Barrias...... *Paris, Didot*, 1885. In-4°.

—— Institut de France. — Académie des Beaux-Arts. — Notice sur la vie et les ouvrages de M. Augustin Dumont, par M. le Vicomte Henri Delaborde. *Paris, typ. Firmin-Didot*, 1885. In-4°.

Du Pavillon. Un mot sur le tableau d'Iphigénie, refusé par le Jury de peinture, au salon de 1824, par I. P. Du Pavillon. *Paris*, 1824. In-8°.

Dupaty. Notice nécrologique sur Charles Mercier Dupaty, statuaire, membre de l'Institut... par M. P. A. Coupin. *Paris, imp. Rignoux*, 1826. In-8°, portr. Extr. de la *Revue encyclopédique.*

G. Dupré. Guillaume Dupré, de Sissonne, statuaire et graveur (1590-1643), par Edouard Fleury. *Laon, typ. de H. de Coquet*, 1872. In-12. Extr. du *Bulletin de la Société Académique de Laon.*

—— Guillaume Dupré, sculpteur et graveur en médailles et en pierres fines. Nouveaux documents pour la biographie, par Anatole Chabouillet. *S. l. ni d.* In-8°. Extr. des *Nouvelles Archives de l'art français.*

—— Guillaume Dupré, de Sissonne, statuaire et graveur en médailles, par Edouard Fleury. *Laon, imp. A. Cortilliot*, 1883. In-8°.

Aug. Dupré. Institut de France. — Académie des Beaux-Arts. Notice sur la vie et les ouvrages d'Augustin Dupré, graveur général des monnaies de la République... par M. Charles Blanc. *Paris, typ. Firmin-Didot*, 1870. In-4°.

—— Charles Saunier. — Augustin Dupré, orfèvre, médailleur et graveur général des monnaies. Préface par M. O. Roty, membre de l'Institut. *Paris*, 1894. In-4°, portr., fig.

L. Dupré. Notice sur Louis Dupré, peintre d'histoire, membre de la Société libre des Beaux-Arts, par M. Desains.

Paris, imp. de Madame de Lacombe, s. d. In-12.

Giov. Dupré. Del bassorilievo rappresentante l'esaltazione della Croce del prof. Giovani Duprè e della scultura in Italia. *Firenze, Cellini*, 1861. In-8°.

V. Dupré. Exposition rétrospective des œuvres de Victor Dupré. Galerie Bernheim, jeune, 8, rue Laffite (1895). *Paris, imp. Ménard*. In-18.

Duran. A Carolus Duran. — Souvenir du 2 octobre 1879. *Lille, imp. Danel.* In-4°, portr.

Durand. Notice historique sur la vie et les ouvrages de J. N. L. Durand, architecte... par A. Rondelet. *Paris, Pihan De La Forest*, 1835. In-8°, portr.

Durer. Epicedion in funere Alberti Dureri, nurembergensis, ætatis suæ pictorum omnium facilè principis, dictum ... Helco Eobano Hesso authore. *S. l. ni d.* Petit in-18.

—— Raisonnirendes Berzeichnis aller Kupfer und eisenstiche, so durch die Geschickte hand Albrecht Durers.... Von einem freund der Schönen Wissenschaften. *Frankfurt und Leipzig, J. G. Fleischer*, 1778. Pet. in-18, portr.

—— Dagverhaal van Albert Durer's nederlandsche reize in de Jaaren, 1520 en 1521... door den heer C. G. Van Murr. *Amsterdam, W. Holtrop*, 1780. In-8°.

—— Catalogue de l'œuvre d'Albert Durer, par un amateur. *Dessau, chez Jean Chretien Menge.* 1805. In-18, portr.

—— Albrecht Dürer und sein Zeitalter. Ein Versuch von Dr Adam Weise. *Leipzig, J. F. Gleditsch*, 1819. In-4°.

—— Das leben und die werke Albrecht Dürer's von Joseph Keller. *Bamberg, Kunz*, 1827. In-8°.

—— Reliquien Von Albrecht Dürer. *Nurnberg*, 1828, *Druck und Verlag der Campeschen Handlung.* In-32.

—— Albert Durer's dagverhaal zijner nederlandsche reize in de jaren 1520 en 1521 ; met belanghijke aantee Keningen opgehelderd. *Sgravenhage, Schinkel*, 1840. In-8°.

—— Über die vier ausgaben der geschichtlichen vorstellungen ehrenpforte des Kaisers Maximilian I von Albrecht Dürer...... Von Heinrich Glax. *Wien*, 1848. In-4°.

—— Die Heilige Anna, Maria und das Jesuskind von Albrecht Dürer. *Jos. Otto Entres* (1854). Grand in-8°.

Durer. Albrecht Dürer's kupferstiche, radirungen, holzschitte und zeichnungen.... B. Hausmann. *Hannover*, 1861. In-4°, fig.

—— Emile Galichon. — Albert Dürer, sa vie et ses œuvres. *Paris, Aubry*, 1861. In-4°, fig. Extr. de la *Gazette des Beaux-Arts*.

—— Albert Durer à Venise et dans les Pays-Bas, autobiographie, lettres, journal de voyages, papiers divers traduits de l'allemand, avec des notes et une introduction, par Charles Narrey. *Paris*, Vᵉ *J. Renouard*, 1866. In-4°, portr., fig.

—— Albert Durer : his life and works ...... by William B. Scott. *London, Longmans*, 1869. In-8°, fig.

—— Leben und Wirken Albrecht Dürer's von Dʳ A. V. Ene. *Nördlingen, C. H. Beck'schen Buchhandlung*, 1869. In-8°.

—— Albert Dürer and Lucas van Leyden. Burlington fine Arts Club. Catalogue. *London, Whittingham and Wilkins*, 1869. In-4°.

—— Dürers Kupferstiche und holzschnitte. Ein Kritisches verzeichnis von R. V. Retberg. *München, Theodor Ackermann*, 1871. Grand in-8°, fig.

—— Albert Durer et Lucas de Leyde. Leur rencontre à Anvers. Sig. H. Hymans. *S. l. ni d.* In-8°. Extr. du *Bulletin des Commissions royales d'art et d'archéologie*.

—— Les tapisseries de Liège à Madrid. Notes sur l'Apocalypse d'Albert Durer ou de Roger van der Weyden (Wittert). *Liège, J. Gothier*, 1876. In-18.

—— Etude sur le triptyque d'Albert Durer, dit le tableau d'autel de Heller, par Charles Ephrussi. *Paris, imp. Jouaust*, 1876. In-4°, fig.

—— Le tableau d'autel de Heller, Jacopo de Barbarj et le professeur Thausing. Sign. Charles Ephrussi. *Paris, imp. Claye, s. d.* In-4°, fig.

—— Charles Ephrussi, étude sur le triptyque d'Albert Durer, dit le tableau d'autel de Heller. Sign. Dʳ Moriz Thausing. *Leipzig, Seemann*, 1877. In-4°.

—— Albert Dürer, sa vie et ses œuvres, par Moriz Thausing, traduit de l'allemand, avec l'autorisation de l'auteur, par Gustave Gruyer. *Paris, Firmin-Didot*, 1878. In-4°, portr., fig.

—— Quelques remarques à propos de l'influence italienne dans une œuvre d'Albert Dürer, par Charles Ephrussi. *Paris, imp. Claye*, 1878. Grand in-8°, fig. Extr. de la *Gazette des Beaux-Arts*.

Durer. Das original von Dürers postreiter, ein beitrag zur frage nach dem Meister W. — Inaugural dissertation... von Fritz Harck. *Innsbruck*, 1880. In-8°, fig.

—— Charles Ephrussi. Les Bains de femmes d'Albert Durer. *Paris*, 1881. Grand in-4°, fig.

—— Un voyage inédit d'Albert Durer, par Charles Ephrussi. *Paris, imp. Quantin*, 1881. In-4°, fig. Extr. de la *Gazette des Beaux-Arts*.

—— Charles Ephrussi. — Albert Durer et ses dessins. *Paris, A. Quantin*, 1882. Grand in-4°, portr., fig.

—— Les tableaux d'Albert Durer, au Musée de Lyon, par Raoul de Cazenove. *Lyon, imp. Pitrat*, 1883. Grand in-8°, fig.

—— Zur Kritik von Durer's Apokalypse und seines wappens mit dem Todtenkopfe von Dʳ Th. Frimmel. *Wien*, 1884. In-8°.

—— Museum of fine arts. — Exhibition of Albert Durer's engravings, etchings, and dry-points, and of most of the woodcuts executed from his desings. *Boston, Alfred Mudge*, 1888. In-12.

—— A chronological catalogue of the engravings, dry-points and etchings of Albert Dürer, as exhibited at the Grolier club, compiled by S. R. Kochler. *New-York*, 1897. In-4°, fig.

Duret. Institut impérial de France. — Notice sur la vie et les œuvres de Francisque Duret, par M. Beulé. *Paris, typ. Firmin-Didot*, 1866. In-4°.

—— Notice sur Francisque Duret, statuaire, membre de l'Institut, par M. Charles Blanc. *Paris*, 1866. In-4°, portr.. fig. Extr. de la *Gazette des Beaux-Arts*.

Du Seigneur. Jean Du Seigneur, Notice sur sa vie et ses travaux, par ses amis M. Henry Martin ; M. Théophile Gautier ; M. P. Lacroix (Jacob bibliophile) M. Louis Veuillot; M. W. Burger. *Paris*, Vᵉ *J. Renouard*, 1866. In-8°, portr., fig. Extr. de la *Revue universelle des Arts*.

Dutertre. Discours prononcé sur la tombe de André Dutertre, membre de l'Institut d'Egypte, professeur à l'Ecole royale de dessin, par J.-B. Delestre, le 19 avril 1842. *Paris, imp. Terzuolo*. In-8°, portr. de Jomard et de Denon.

Dutilleux. Constant Dutilleux, sa vie et ses œuvres, par Gustave Colin. *Arras, typ. A. Brissy*, 1866. In-8°, fac-sim.

—— Dutilleux. — Extrait du 1ᵉʳ volume du Catalogue de la Galerie Bruyas.

(Musée de Montpellier). *Paris, Quantin,* (1874). In-8°, fac-sim., fig.

Am. Duval. Amaury-Duval (Eugène) Emmanuel-Amaury Pineu-Duval, dit, peintre, né à Montrouge, le 16 avril 1808, mort à Paris, le 26 décembre 1885. Article du Vicomte Henri Delaborde dans la *Gazette des Beaux-Arts,* et discours de M. Emile Augier, prononcé au cimetière Montmartre. *Paris, imp. Quantin,* 1886. Grand in-8°, portr.

Duval-le-Camus. Archives de la France contemporaine, M. Duval-le-Camus. *Paris, imp. Locquin* (1843). In-8°.

Duvet. Etude sur la vie et sur l'œuvre de Jean Duvet, dit le maître à la licorne, par E. Jullien de la Boullaye. *Paris, Rapilly,* 1876. In-8°, fig.

V. Dyck. Vandyck ou le portrait du peintre, conte en vers, par M. Ed. Mennechet. *Paris, imp. Trouvé,* 1822. In-18.

—— Pictorial notices : consisting of a memoir of sir Anthony Van Dyck, with a descriptive catalogue of the etchings executed by him... By William Hookham Carpenter. *London, James Carpenter,* 1844. In-4°.

—— Mémoires et documents inédits sur Antoine Van Dyck, P. P. Rubens et autres artistes contemporains..... par William Hookham Carpenter ; traduit de l'anglais, par Louis Hymans. *Anvers, imp. Buschmann,* 1845. Grand in-8°, port., fac-sim.

—— Catalogue des estampes anciennes qui composent le magasin de Hermann Weber, marchand d'estampes. 1re partie. Portraits gravés par et d'après Antoine Van-Dyck. *Bonn., imp. Charles Georgi,* 1852. In-12.

—— Anton Van Dyck's bildnisse. Bekamster personen. Iconographie ou le cabinet des portraits d'Antoine Van Dyck. Ignatz von Szwykowski. *Leipzig, Rudolph Veigel,* 1859. In-8°.

—— L'iconographie d'Antoine Van Dyck, d'après les recherches de H. Weber, par le Dr Fr. Wibiral. *Leipzig, Alexander Danz,* 1877. Grand in-8°, portr.

—— Alfred Michiels. Van Dyck et ses élèves. *Paris, Renouard,* 1881. Grand in-8°, portr., fig.

—— Van Dyck, peintre de portraits des princes de Savoie.... par Alex. de Vesme. *Turin, imp. J. B. Paravia,* 1885. In-8°. Extr. de la *Miscellanea di Storia Italiana.*

R. Earlom. Kritische Verzeichnisse von werken hervorragender Kupfers-

techer. Zweite Band. Richard Earlom, von J. E. Wessely. *Hambourg,* 1886. In-8°.

G. Edelinck. Les Artistes célèbres, Gérard Edelinck, par le Vicomte Henri Delaborde. *Paris, librairie de l'Art,* 1886. Grand in-8°, portr., fig.

Eisen. L'art du dix-huitième siècle. Les vignettistes Eisen-Moreau, par Edmond et Jules de Goncourt. *Paris, Dentu,* 1870. In-4°, fig.

Errante. Notice des tableaux de Joseph Errante, peintre italien, faisant partie de la Collection de feu M. Joseph-Antoine Borgnis. *Paris, imp. Nouhaud, s. d.* In-18.

Errard. Documents sur Charles Errard, peintre et architecte du roi. Sig. B. Fillon. *Nantes, imp. Guéraud,* 1853. In-8°. Extr. de la *Revue des provinces de l'Ouest.* 1853.

—— Charles Errard, peintre nantais, premier directeur de l'École française à Rome. Sig. P. Levot. *Brest, imp. Lefournier, s, d.* In-18. Extr. du *Bulletin de la Société académique.*

Le Maître E. S. de 1466. Kleine beiträge zur Kunstgeschicte. Uber die copie eines Kupferstichs des meisters E. S. von 1466.... Erläutert durch vier treue nachbildungen in Kuperstich von H. Loedel. *Köln, Heberle (H. Lempertz)* 1857. In-4°, fig.

Escallier. Essai biographique sur le docteur Enée-Aimé Escallier, par P. Hédouin. *Valenciennes, imp. Prignet,* 1857. In-18, portr., fac-sim.

d'Escamps. Nouvelle biographie des contemporains, Henry d'Escamps, sa vie et ses ouvrages. Sign. H. Pellerin. *Paris, imp. V. Goupy,* 1875. In-8°.

Etex. Notice sur le Monument d'Ingres exécuté par Antoine Etex, érigé à Montauban sur la promenade des Carmes.... *Montauban, imp. Forestié,* 1871. In-8°.

—— Les souvenirs d'un artiste. Un dernier chapitre... par Antoine Etex. *Paris, Dentu,* 1878. In-8°. portr., fig.

Etty. A catalogue of the pictures and studies of William Etty, R. A. (*London*) *Ch. Wittingham,* 1849. In-8°.

Everdingen. Allart van Everdingen. Catalogue raisonné de toutes les estampes qui forment son œuvre gravé, par W. Drugulin. *Leipzig, W. Drugulin,* 1873. In-8°, portr., fig.

V. Eyck. Notice sur le chef-d'œuvre des frères Van Eyck, traduite de l'allemand ; augmentée de notes inédites sur la vie et sur les ouvrages de ces célèbres peintres, par L. de Bast... *Gand, Gœsin-Verhaeghe*, 1825. In-8°, fig.

V. Eyck. L'adoration des mages de Jean van Eyck, tableau original retrouvé et jugé au xixᵉ siècle, provenant du cabinet de feu M. le Dʳ van Rotterdam, à Gand. *Courtrai, imp. Mussely-Boudewyn, s. d.* Grand in-8°, fig.

—— Notice sur un tableau attribué à Jean van Eyck, dit Jean de Bruges, qui se voit dans la principale salle de la Cour royale de Paris, par M. A. Taillandier. *Paris, imp. Duverger*, 1844. In-18, fig.

—— Notes sur Jean van Eyck. Réfutation des erreurs de M. l'abbé Carton et des théories de M. le Comte de Laborde, suivie de nouveaux documents découverts dans les archives de Bruges, par W. H. James Weale. *Londres, Bruxelles et Leipzig*, 1861. In-8°, fig.

—— Documents authentiques relatifs aux frères Van Eyck et à Roger vander Weyden et ses descendants, par Alexandre Pinchart. *Bruxelles, Heussner*, 1863. In-8°.

Faber. Catalogue des estampes qui composent l'œuvre de Frédéric Théodore Faber, peintre flamand, graveur à l'eau forte. Mis en ordre et dressé par F. H. (Hillemacher). *Paris, imp. Fournier*, 1843. In-8°.

Fabre. J. B. Soulas et D. Prier. Musée de Montpellier. Notice sur la vie et les travaux de François-Xavier Fabre, fondateur du Musée et de la Bibliothèque de Montpellier. *Montpellier, imp. Gelly*, 1855. In-32.

Faithorne. A descriptive catalogue of the engraved works of William Faithorne, by Louis Fagan. *London, Bernard Quaritch*, 1888. In-4°.

Falguière. La Plume. Numéro exceptionnel consacré à A. Falguière, sculpteur et peintre. *Paris*, 1898. Pet. in-4°, portr., fig.

Falize. Lucien Falize. Hommage à sa mémoire, lu à la Chambre syndicale de la bijouterie, séance du 19 octobre 1897. Sign. O. Massin. *Typ. A. Davy.* In-4°, portr.

Famars. M. Alexandre de Famars. Sig. Arthur Dinaux. *S. l.* In-8°. Extrait des *Archives du Nord de la France et du Midi de la Belgique.* Tome III, 5ᵉ liv., juillet 1834.

Fantin-Latour. Les Maîtres de la lithographie. Fantin-Latour. Etude suivie du Catalogue de son œuvre, par Germain Hediard. *Paris, E. Sagot*, 1892. Gᵈ in-8°, fig.

Fantuzzi. Les graveurs de l'école de Fontainebleau. Catalogue de l'œuvre de Fantuzzi, par F. Herbet. *Fontainebleau. Maurice Bourges*, 1897. In-8°. Extr. des *Annales de la Société historique et archéologique du Gâtinais*, (1896).

Fauchier. Notice sur Laurent Fauchier, peintre de portraits, par M. J.-B. F. Porte. *S l. ni d.* In-18.

L. Fauconnier. Laurence Fauconnier, peintre prétendu du XVIᵉ siècle, par Hippolyte Boyer. *Lyon, imp. L. Perrin*, 1859. In-18.

G. Ferrari. Notizie intorno alle opere di Gaudenzio Ferrari, pittore e plasticatore, di Gaudenzio Bordiga. *Milano, G. Pirotta*, 1821. Gᵈ in-4°, port.

—— Elogio di Gaudenzio Ferrari pittore e plasticatore. Sig. A. Perpenti. *Milano, Molina*, 1843. In-8°.

—— Vita ed opere di Gaudenzio Ferrari, pittore, con documenti inediti per Giuseppe Colombo... *Torino, Bocca*, 1881. In-8°, port.

Ferry. Les De Ferry et les d'Escrivan, verriers provençaux, par Robert Reboul. *Paris, Techener*, 1873. In-8°.

Fessard. Notice sur Alphonse Fessard, statuaire. Sig. A. Husson. *(Paris), imp. Ducessois, s. d.* In-8°. Extr. des *Annales de la Société libre des Beaux-Arts.*

Feuchère. Notice sur J. Feuchère, par M. Jules Janin. *Paris, typ. Plon frères*, 1853. In-8°.

Feyen. Cercle artistique et littéraire, 7, rue Volney. Exposition des tableaux de Eugène Feyen, catalogue. *Paris, Lejay*, 1879. In-32.

Feyen-Perrin. Ecole des Beaux-arts. Exposition des œuvres de Feyen-Perrin. Mars 1889. Catalogue. *Paris, Alcan Lévy.* In-8°, fig. Notice par Jules Breton.

Ficquet. Catalogue raisonné de toutes les estampes qui forment les œuvres gravés d'Etienne Ficquet, Pierre Savart, J.-B. de Grateloup et J. P. de Grateloup, par L. E. Faucheux. *Paris. Vᵉ J. Renouard. Bruxelles, A. Mertens*, 1864. In-8°.

Finiguerra. Untersuchung der Gründe für die Annahme das Maso di Finiguerra. Von C. Fr. von Rumohr. *Leipzig (R. Weigel)*, 1841. In-8°.

Flandrin. Peintures murales de Saint-Martin-d'Ainay, par M. Hippolyte Flandrin. Sig. l'abbé de Saint-Pulgent. *Lyon, Vingtrinier, s. d.* In-8°.

—— Peinture monumentale. Travaux de M. H. Flandrin à l'église Saint-Paul de

Nimes. Sig. Saint-René Taillandier. In-8°. Extr. de la *Revue des Deux-Mondes*, (1849).

Flandrin. Beaux-arts. Les peintures de Saint-Vincent-de-Paul et de l'Hôtel-de-Ville. Sig. L. Vitet. In-8°. Extr. de la *Revue des Deux-Mondes*, 1er décembre 1853.

—— Beaux-arts. Souvenirs du Salon. M. Picot et M. Flandrin à Saint-Vincent-de-Paul. *Paris, Ch. Douniol*, 1853. In-8°. Extr. du *Correspondant*.

—— Peintures de M. H. Flandrin, à Saint-Vincent-de-Paul de Paris, par M. Claudius Lavergne. *Paris, Didron*, 1854. In-4°. Extr. des *Annales archéologiques*.

—— La peinture religieuse en France. M. Hippolyte Flandrin. Sig. Henri Delaborde. In-8°. Extr. de la *Revue des Deux-Mondes*, 15 décembre 1859.

—— Peintures murales de Saint-Germain-des-Prés de M. Hippolyte Flandrin, par Ernest Vinet. *Paris, imp. Bourdier*, 1862. In-8°. Extr. de la *Revue nationale* du 25 décembre 1861.

—— Notice explicative des peintures murales exécutées dans la nef de Saint-Germain-des-Prés, par M. Hippolyte Flandrin. *Paris, J. Claye, s. d.* In-12.

—— Des conditions de la peinture en France et des peintures murales de M. Hippolyte Flandrin dans la nef de Saint-Germain-des-Prés, par M. F. A. Gruyer. *Paris, imp. Claye*, 1862. Gd in-8°, fig.

—— De l'art religieux en général et en particulier des peintures murales de M. H. Flandrin, dans l'abbaye de Saint-Germain-des-Prés, par Edouard-Gabriel Rey. *Paris, Repos*, 1863. In-18.

—— Peintures murales de l'église Saint-Germain-des-Prés, par M. Hippolyte Flandrin. Examen par Auguste Galimard. *Paris, Dentu*, 1864. In-8°.

—— Institut impérial de France. Académie des Beaux-Arts. Discours de M. Beulé, Secrétaire perpétuel, prononcé aux funérailles de M. Flandrin. *Paris, typ. Firmin Didot*, (1864). In-4°.

—— Institut impérial de France. Notice sur la vie et les ouvrages de M. Hippolyte Flandrin, par M. Beulé. *Paris, typ. Firmin Didot*, 1864. In-4°.

—— Institut impérial de France. Eloge de M. Hippolyte Flandrin, par M. Beulé, Secrétaire perpétuel de l'Académie des Beaux-Arts. *Paris, Didier*, 1864. In-8°.

—— Hippolyte Flandrin, esquissé, par J.-B. Poncet, son élève. *Paris, Martin-Beaupré frères*, 1864. In-8°, port.

Flandrin. Hippolyte Flandrin et ses œuvres, par M. l'abbé de Saint-Pulgent. *Lyon, imp. Vingtrinier*, 1864. In-8°. Extr. de la *Revue du Lyonnais*.

—— Lettres et pensées d'Hippolyte Flandrin, accompagnées de notes et précédées d'une notice biographique et d'un catalogue des œuvres du maître, par le Vte Henri Delaborde. *Paris, H. Plon*, 1865. In-8°, port.

—— Exposition des œuvres d'Hippolyte Flandrin à l'Ecole impériale des Beaux-Arts. *Paris, Comité de l'Association des artistes peintres, sculpteurs, etc.*, 1865. In-18.

—— Hippolyte Flandrin. Les frises de Saint-Vincent-de-Paul. Conférences populaires..., par M. Henri Jouin. *Paris, Plon*, 1873. In-8°.

Fleury-Epinat. Biographie des artistes lyonnais. Fleury-Epinat, peintre. Sig. Aimé Vingtrinier. *Lyon, imp. Vingtrinier*, 1854. In-32.

Flinck. Extrait de la *Revue universelle des Arts*. Govert Flinck. Sig. Dr P. Scheltema. *S. l. ni d.* In-8°.

Floris. Over de Nederlandsche Landmeters en Kaartgraveurs, Floris Balthasar..., door M. J. T. Rodel Nyenhuis. *S. l.* (1845). In-8°.

Fogelberg. Eloge de B. E. Fogelberg, par Bernard de Beskow..., traduit du Suédois. *Paris, Hauser*, 1856. In-4°.

Forbin. Institut royal de France. Notice historique sur M. le comte de Forbin..., par M. le vicomte Siméon. *Paris, imp. Panckoucke*. In-8°. Extr. du *Moniteur universel* du 28 mars 1841.

Forster. Musée Neuchatelois. François Forster. Sign. A. Bachelin. *Neuchatel, Wolfrath et Metzner*, 1873. In-4°, port.

Fortuny. Baron Davillier. Fortuny, sa vie, son œuvre, sa correspondance, avec cinq dessins inédits en fac-simile et deux eaux-fortes originales. *Paris, Aubry*, 1875. Gd in-8°.

—— Les artistes célèbres. Fortuny, par Charles Yriarte. *Paris, Libr. de l'Art*, 1886. Gd in-8°, port., fig.

J. Foucquet. Jehan Foucquet. Notice extraite du volume d'Appendice des Evangiles publiés par M. L. Curmer. (*Paris*), s. d. In-4°.

—— Jean Fouquet, peintre français du XVe siècle. Notes complémentaires. Sig. Vallet de Viriville. In-8°. Extr. de la *Revue de Paris*, 1857.

—— Jehan Foucquet. Heures de maistre Estienne Chevalier, trésorier général de

France, sous les rois Charles VII et Louis XI. Reproduction des quarante miniatures appartenant à M. Louis Brentano, de Francfort-sur-le-Mein..., par M. l'abbé Delaunay. *Paris, Curmer*, (1865). In-8°.

J. Foucquet. Jehan Foucquet et quelques-uns de ses contemporains. Sig. P. Viollet, 1867. G^d in-8°, port. Défait de la *Gazette des Beaux-Arts*.

—— Notice biographique sur Jehan Foucquet, par A. Vaissière. *Saint-Claude, imp.* Vve *Enard*, 1868. In-8°.

—— Chantilly. Les quarante Fouquet, par F. A. Gruyer, membre de l'Institut. *Paris, libr. Plon*, 1897. In-4°, héliogr.

N. Foucquet. Les amateurs de l'ancienne France. Le surintendant Foucquet, par Edmond Bonnaffé. *Paris, lib. de l'Art*, 1882. In-4°, port., fig.

Fournier. Eloge de M. Fournier le jeune. *S. l. ni d.* In-18.

Foyatier. Une visite à l'atelier de M. Foyatier, par M. St-A. Berville. *Amiens, imp. Duval et Herment, s. d.* In-18.

Fragonard. L'art du XVIIIe siècle. Fragonard, par Edmond et Jules de Goncourt. *Paris, Dentu*, 1865. In-4°, fig.

Français. Institut de France. Académie des Beaux-Arts. Funérailles de M. Français, membre de l'Académie. Discours de MM. Roty et Bouguereau. (*Paris, typ. Firmin-Didot*, 1897). In-4°.

—— Institut de France. Académie des Beaux-arts. Notice sur M. Français, par M. Vollon. *Paris, typ. Firmin-Didot*, 1898. In-4°.

—— Ecole nationale des Beaux-Arts. Exposition des œuvres de Louis Français, au profit du monument à élever à la mémoire de ce peintre. Notice par Georges Lafenestre. *Paris*, 1898. In-18, port.

—— F. L. Français. (Extr. de la *Gazette des Beaux-Arts*). Sig. Emile Michel. G^d in-8°, *s. d.*, fig.

Francia. Memorie della vita, e delle opere di Francesco Raibolini detto il Francia, pittore bolognese scritto da Jacopo Alessandro Calvi..., e pubblicate dal Cavaliere Luigi Salina. *Bologna, tip. Lucchesini*, 1812. In-8°.

—— Intorno a Francesco Raibolini detto il Francia e ad una sua pittura in tavola, cenni di Gaetano Giordani. *Bologne, Nobili*, 1837. In-32 fig.

—— Biografia di Francesco Raibolini Sopranominato il Francia. Sig. Gaetano Giordani. *S. l. ni d.* In-8°.

Francia. Chi era Francesco da Bologna. Sig. A. Panizzi. *Londra, nelle case di Carlo Wittingham*, 1858. Pet. in-18.

—— Intorno al vero autore di un dipinto attribuito al Francia, ricerche di Andrea Cavazzoni-Pederzini. *Modena, tip. dell'immacolata concezione*, 1864. In-8°.

L. Francia. Notice sur Louis Francia, peintre de marines, né à Calais. Sig. Em. Le Beau. *Calais, imp. Leroy.* In-8°, port. Extr. des *Mémoires de la Société d'Agriculture, du Commerce, Sciences et Arts de Calais* (1838).

François. Eloge de Monsieur François, (graveur des dessins du Cabinet du Roi. *S. l. ni d.* Pet. in-18.

A. François. Institut de France. Académie des Beaux-arts. Funérailles de M. François. Discours de M. le Vte H. Delaborde. (*Paris, Didot*, 1888). In-4°.

—— Institut de France. Académie des Beaux-arts. Notice sur M. François, par M. Blanchard. *Paris, Didot*, 1890. In-4°.

Franqueville. Eloge historique de Pierre de Franqueville..., par M. H. R. Duthilllœul, de Douai. *S. l. ni d.* In-18.

E. Fremiet. Un maître imagier. E. Fremiet, par Jacques de Biez. *Paris*, 1896. In-8°, port., fig.

Froment-Meurice. Froment-Meurice. Rapports officiels des jurys. Revues et journaux... *Paris, Simon Raçon*, 1855. In-8°.

—— Philippe Burty. F. D. Froment-Meurice, argentier de la Ville, 1802-1855. *Paris, D. Jouaust*, 1883. In-4°, port., fig.

—— Rapport fait à la Société d'encouragement pour l'industrie nationale..., sur les titres de Emile Froment-Meurice, orfèvre-joaillier, bijoutier à Paris, à la grande médaille d'or, dite de Jean Goujon, par Ch. Rossigneux. *Paris, Hachette*, 1892. G^d in-8°.

Fromentin. Essai sur Eugène Fromentin. Conférence faite le 9 décembre 1876 dans la grande salle de la Bourse de La Rochelle, par Paul Gaudin. *La Rochelle, A. Siret*, 1877. In-8°.

—— Exposition des œuvres de Eugène Fromentin à l'Ecole nationale des Beaux-arts. Notice biographique, par M. Louis Gonse. *Paris, imp. J. Claye*, 1877. Pet. in-18, port.

—— Eugène Fromentin. Sahara et Sahel. I. Un été dans le Sahara. II. Un hiver dans le Sahel. *Paris, Plon*, 1879. In-4°, fig.

Gabriel. Pages d'histoire. La vie et les œuvres de l'architecte Gabriel, (1698-

1782). Notice qui a obtenu en 1893, de la Société des études historiques le prix Raymond, par Ernest Bousson... *Paris, Société d'éditions scientifiques*, 1894. In-8°.

Gagnereaux. Eloge historique de Benigne Gagnereaux, peintre d'histoire de S. M. le Roi de Suède..., par Henri Baudot. *Dijon, Lamarche*, 1847. In-8°, port.

Gaignières. Gaignières, ses correspondants et ses collections de portraits par Charles de Grandmaison. *Niort, A. Clouzot*, 1892. In-8°. Extr. de la *Bibliothèque de l'école des Chartes*.

—— Roger de Gaignières et Pierre Palliot. Lettre à M. Léopold Delisle... Sig. Ernest Petit. *Vausse*, juillet 1894. In-8°. Extr. des *Mémoires de la Société Bourguignonne de Géographie et d'Histoire*.

Gaillard. Catalogue de l'exposition des tableaux, des dessins, gravures formant l'œuvre de C. F. Gaillard, Grand-Prix de Rome (1834-1887). *Ecole Nationale des Beaux-Arts*, mars 1887. In-12.

—— Musée national du Luxembourg. Catalogue des œuvres exposées de Claude Ferdinand Gaillard, par Léonce Bénédite. *Paris, Motteroz, s. d.* In-18, port., fig.

—— Publication de la Société de Saint-Jean. C.-F. Gaillard, par Henri de La Tour. *Paris, Féchoz*, 1888. In-12, fig., port.

—— Ferdinand Gaillard, maître-graveur, (1834-1887) par C. de Beaulieu. *Paris, Bloud et Barral*, 1888. Pet. in-8°.

Galichon. Emile Galichon, par M. Charles Blanc. *Paris, imp. Claye*, 1875. Gd in-8°, port. Extr. de la *Gazette des Beaux-Arts*.

Galimard. Remerciements adressés par Auguste Galimard à sa majesté Victor-Emmanuel, roi d'Italie. *Paris, Molini*, 1862.

V. Galland. Victor Galland. Discours prononcé le 2 décembre 1892, en la cérémonie des obsèques du maître, par M. Henry Jouin... *Paris, Bureaux de l'Artiste*, 1893. Gd in-8°, port.

—— Œuvres de P. V. Galland. Peintures, compositions décoratives, études et dessins exposés au Musée des Arts décoratifs du 26 mars au 15 avril 1894. Pet. in-18.

—— La peinture décorative au XIXe siècle. L'œuvre de P. V. Galland, par Henry Havard. *Paris, ancienne maison Quantin*, 1895. In-4°, port., fig. Sur Japon.

Galle (les). De familie Galle plaetsnyders, van het laetst der XVIe en de eerste helft der XVIIe eeuw door. J. J. P. van den Bemden. *Antwerpen, Buschmann*, 1863. In-8°.

Galle. Institut national de France. Académie des Beaux-Arts. Notice historique sur la vie et les ouvrages de M. Galle, par M. Raoul-Rochette. *Paris, typ. Firmin-Didot*, 1848. In-4°.

Galliadi. Esequie di Giambattista Galliadi pittore in Santarcangelo. *In Cesena, Biasini*, 1811. In-18.

Gamelin. Biographie de Jacques Gamelin, peintre. Sig. Barthe. *Carcassonne, Pomiès*, 1851. In-8°. Extr. des *Mémoires de la Société des Arts et des Sciences de Carcassonne*.

Garavaglia. Monumento ed elogio a Giovita Garavaglia, incisore. S. l. (1835). In-8°, fig.

E. B. Garnier. Notice sur la vie et les travaux de M. Garnier, peintre d'histoire..., publiée dans les archives de la France contemporaine, fondées par MM. de Royères frères. *Paris*, 1843. In-12, port.

—— Institut national de France. Académie des Inscriptions et Belles-Lettres. Notice historique sur la vie et les ouvrages de M. Garnier, peintre d'histoire, par M. Raoul-Rochette. *Paris, typ. Firmin Didot*, 1850. In-4°.

Ch. Garnier. M. Ch. Garnier et l'école spéciale d'architecture. (Extr. du *Moniteur des Architectes*). *Paris*, 1872. In-12.

J. Garnier. L'œuvre de Rabelais, par Jules Garnier. Catalogue illustré avec un portrait de l'auteur et une préface, par Hugues Le Roux... Exposition publique... *Paris* (1889). In-12, port.

J. Garraud. Un Artiste Dijonnais. Joseph Garraud, statuaire, Directeur et Inspecteur général des Beaux-Arts, 1807-1887. In-12, port.

L. Gassel. Luc Gassel, peintre paysagiste du XVIe siècle, par S. de Schryver. *Bruxelles*, 1891. In-8°. Extr. des *Annales de la Société d'archéologie de Bruxelles*.

Gatteaux. Notice sur N. M. Gatteaux, graveur en médailles, par Miel. *Paris, Ducessois*, 1832. In-12.

—— Epître à Monsieur Edouard Gatteaux. Sig. Charié-Marsaines, 21 fév. 1877. In-12.

—— Institut de France. Académie des Beaux-arts. Funérailles de M. Gatteaux. Discours de M. le Vte H. Delaborde... (*Paris*), 12 février 1881. In-4°.

Gatteaux. Institut de France. Académie des Beaux-Arts. Notice sur M. Gatteaux, par M. Chaplain. *Paris, typ. Firmin-Didot*, 1884. In-4°.

Gaucher. Charles-Etienne Gaucher, graveur. Notice et catalogue par le baron Roger Portalis et Henri Draibel. *Paris, Damascène Morgand et Ch. Fatout*, 1879. In-8°, port.

Gautherot. XVIII° siècle. Claude Gautherot dit J.-B. Nini, ses terres cuites, sos biscuits divers. Notes et souvenirs par ses arrière-petits-enfants, A. E. Vigneron et Marie Mira Vigneron. *Paris, E. de Soye*, 1884. In-8°, portr.

Th. Gautier. Théophile Gautier, peintre. Etude suivie du catalogue de son œuvre peint, dessiné et gravé, par Emile Bergerat. *Paris, J. Baur*, 1877. In-8°.

B. Gautier. B. Gautier et ses paysans [signé : Henri Clouzot]. *La Rochelle, imp. N. Texier.* In-8°.

Gauvain. Jacques Gauvain, orfèvre, graveur et médailleur à Lyon, au seizième siècle, par M. Natalis Rondot. *Lyon, imp. Pétrat*, 1887. Grand in-8°, portr., fig.

Gavarni. Les contemporains. Gavarni par Eugène de Mirecourt. *Paris, Gustave Havard*, 1856. In-32, portr., fac-sim.

—— Gavarni (par Sainte-Beuve). 1863. In-18.

—— Gavarni, sa vie et ses œuvres. Sig. Henri Delaborde. In-8°. *S. d.* Extr. de la *Revue des Deux-Mondes.*

—— Histoire contemporaine. Portraits et silhouettes au XIX° siècle. Gavarni par Eugène de Mirecourt. *Paris, A, Faure*, 1867. In-32, portr.

—— Gavarni, œuvre posthume. Manières de voir et façons de penser, précédé d'une étude sur Gavarni, par Charles Yriarte. *Paris, Dentu*, 1869. In-12.

—— Gavarni, l'homme et l'œuvre par Edmond et Jules de Goncourt. *Paris, Henri Plon*, 1873. In-8°, portr., fac-sim.

—— L'œuvre de Gavarni. Lithographies originales et essais d'eau-forte et de procédés nouveaux. Catalogue raisonné par J. Armelhault et E. Bocher. *Paris, Librairie des bibliophiles*, 1873. Grand in-8°, portr., fig.

—— Edmond et Jules de Goncourt. Gavarni, l'homme et l'œuvre. *Paris, G. Charpentier*, 1879. In-12.

—— Les artistes célèbres. Gavarni, par Eugène Forgues. *Paris, libr. de l'Art.* 1887. Grand in-8°, portr. fig.

Gayrard. Biographies aveyronnaises. Raymond Gayrard graveur et statuaire. Notice biographique par M. Jules Duval. *Paris, typ. Hennuyer*, 1859. In-8°.

Gellée. Œuvre de Claude Gellée dit le Lorrain, par le comte Guillaume de L. (Leppel) aux frais de l'auteur. *Dresde, C. G. Gaertner*, 1806. In-18, fig.

—— Buste en marbre de Claude le Lorrain. exécuté par Masson. Sign. G. (1806) In-8°. Défait.

—— Lettera di Saverio Scrofani, siciliano, corrispondente dell'Istituto di Francia, sopra un quadro di Claudio di Lorena, diretta al chiarissimo cavaliere Ennio Quirino Visconti membro dello stesso istituto. *Napoli, dalla fonderia reale*, 1812. In-18.

—— Eloge historique de Claude Gellée dit le lorrain, par M. Voïart. *Nancy, Grimblot, Thomas et Raybois*, 1839. In-18.

—— Un épisode de la vie de Claude Gellée. Sig. Th. Coursiers. *S. l. n. d.* In-12.

—— Catalogue des estampes gravées par Claude Gellée, dit le Lorrain, précédé d'une notice sur cet artiste, par MM. Edouard Meaume et Georges Duplessis. *Paris, imp. V° Bouchard-Huzard*, 1870. In-8°. Extr. du *Peintre-graveur français* de M. Robert-Dumesnil.

—— Claude Gellée, dit le Lorrain, par M. E. Meaume. *Nancy, imp. Crépin-Leblond*, 1871. In-12.

—— Le premier livre des feux d'artifice par Claude Lorrain (*Rome*, 1874). In-8°.

—— Claude Lorrain, sa vie et ses œuvres, d'après des documents inédits, par Mme Mark Pattison.... *Paris, libr. de l'Art*, 1884. In-4°, portr., fig.

—— Essai biographique. Claude Gellée dit le Lorrain (1600-1682) par Charles Hequet. *Nancy, imp. P. Sordoillet*, 1886. In-8°.

—— Institut de France. Académie des Beaux-Arts. Discours prononcé (par M. Français) à l'inauguration du monument élevé à la mémoire de Claude Gellée dit le Lorrain, à Nancy, le lundi 6 juin 1892. *Paris, typ. Firmin-Didot*, 1892. In-4°.

Gérard de Harlem. Les peintres de l'ancienne école hollandaise. Gérard de Saint-Jean de Harlem et le tableau de la résurrection de Lazare, par M. Jules Renouvier. *Paris, Rapilly*, 1857. In-8°, fig.

Gérard. Aux artistes. Sur le Marcus-Sextus, de Guérin, et le Bélisaire, de

Gérard. Sig. Evryz. *Imp. du Clair-voyant, s. d.* In-18.

Gérard. Notice historique sur le tableau représentant l'entrée de Henri IV dans Paris, par M. Gérard, membre de l'Institut.... *Paris, Delaunay,* 1817. In-12, fig.

—— Tableau du Sacre de S. M. Charles X dans la cathédrale de Reims (29 mai 1825), par F. Gérard. *Paris, imp. Casimir,* 1829. In-18, fig.

—— Le peuple au sacre. Critiques, observations, causeries, faites devant le tableau de M. le baron Gérard, premier peintre du roi, recueillies et publiées par M. A. Jal. *Paris, Denain,* 1829. In-12, fig.

—— Pendentifs du Panthéon, peints par M. Gérard. (*Paris*), *imp. Bachelier, s. d.* In-8°, fig.

—— Examen historique du tableau de Gérard représentant l'entrée de Henri IV à Paris..... par M. Berriat Saint-Prix. *Paris, Langlois,* 1839. In-12.

—— François Gérard peintre d'histoire. Essai de biographie et de critique, par Ch. Lenormant, membre de l'Institut. *Paris, Waille,* 1846. In-4°. Extr. du *Correspondant.*

—— François Gérard peintre d'histoire. Essai de biographie et de critique, par Ch. Lenormant, membre de l'Institut. *Paris, René,* 1847. In-12.

—— La peinture de portrait en France. François Gérard. Sig. Henri Delaborde (1856). In-8°.. Extr. de la *Revue des Deux-Mondes.*

—— Correspondance de François Gérard peintre d'histoire, avec les artistes et les personnages célèbre de son temps, publiée par M. Henri Gérard, son neveu et précédée d'une notice sur la vie et les œuvres de Gérard, par M. Adolphe Viollet-le-Duc. *Paris, Lainé et Havard,* 1867. Grand in-8°, port.

Gentil. Les prédécesseurs de François Gentil. Notes pour servir à l'histoire de la sculpture de la Renaissance à Troyes, par M. Albert Babeau. *Troyes, imp. Dufour-Bouquot,* 1879. In-8°, fig.

Géricault. A concise description of Monsieur Jerricault's (sic) great picture, twenty-four feet long by eighteen high, representing the surviving crew of the Medusa French Frigate..... (*London*), *W. Smith,* 1820. In-18.

—— Géricault. Prose et vers par M. Emile Coquatrix (de Rouen). *Rouen,* 1846. In-18.

—— Le mouvement moderne en peinture,

Géricault par Ernest Chesneau. *Paris, typ. Panckouke,* 1861. In-8°. Extr. de la *Revue européenne.*

Géricault. Géricault. Sig. Louis Batissier. *Rouen, imp. Brière, s. d.* In-8°. Extr. de la *Revue du dix-neuvième siècle.*

—— Catalogue de l'œuvre de Géricault, par Charles Clément. *Paris, imp. Claye,* 1866, 1867. 2 tomes en un vol. In-4°.

—— Géricault. Etude biographique et critique avec le catalogue raisonné de l'œuvre du maître par Charles Clément. *Paris, Didier,* 1868. In-8°.

—— Géricault. Etude biographique et critique avec le catalogue raisonné de l'œuvre du maître par Charles Clément. Troisième édition augmentée d'un supplément et ornée de trente planches. *Paris, Didier,* 1879. In-8°, portr., fig.

—— Les trois tombeaux de Géricault, 1837-1884, par Antoine Etex. *Paris, E. Perrin,* 1885. In-8°, fig.

J. A. Gérin. Jacques Albert Gérin, peintre Valenciennois du XVII° siècle. Réponse à M. Paul Foucart, par Paul Marmottan. *Paris et Valenciennes,* 1893. In-8°.

Germain. Notice biographique sur M. Jean-Baptiste-Louis Germain, peintre d'histoire, par Lacatte-Joltrois. *Reims, Brissard-Binet* (1842). In-8°.

Geslin. Notice biographique de Jean Charles Geslin, architecte, peintre.... par Emile Clairin. *Paris, imp. Chaix,* 1887. In-8°.

Ghiberti. Ghiberti et son école, par Charles Perkins. *Paris, libr. de l'Art,* 1886. In-4°, fig.

Giannotti. Vita di Silvestro Giannotti lucchese intagliatore, e statuario in legno. Luigi Canonico Crespi (*Bologne*), 1770. In-8°.

Gigoux. Jean Gigoux, peintre d'histoire. Texte par J. Gigoux, Ch. Blanc, Georges Duplessis, Gabriel Laviron, H. Bouchot, H. Chapoy, Paul Détroyat, Dr Franz Muller, etc. etc. *Revue Franc-Comtoise,* 1884. In-4°, port.

—— Jean Gigoux. Artistes et gens de lettres de l'époque romantique, par M. Henri Jouin. *Paris,* 1895. Grand in-8°, port.

A. Gilbert. Notice biographique sur M. Gilbert (Antoine-Pierre-Marie), membre de la Société impériale des antiquaires de France, par N. H. Dusevel. *Amiens, typ. Yvert,* 1858. In-8°.

E. Gilbert. Emile Gilbert, sa vie, ses œuvres. Notice biographique, par M. L. Cernesson... *Paris, Duchez*, 1875. Grand in-8°. Extr. des *Annales de la Société centrale des Architectes*.

—— Institut de France. Académie des Beaux-Arts. Notice sur M. Gilbert, par M. Abadie. *Paris, typ. Firmin Didot*, 1876. In-4°.

Gill. André Gill, sa vie. Bibliographie de ses œuvres, par Armand Lods et Vega. *Paris, L. Vanier*, 1887. In-12, fig.

Gillot. Notices biographiques sur Claude Gillot et Paul-Ponce, Antoine Robert, peintres. Par feu le Chevalier de la Touche. *Dole, imp. Joly*, 1810. In-18.

Eug. Ginain. G. Vattier. Eug. Ginain. 1818-1886. *Paris, imp. G. Chamerot*, 1887. In-8°, port.

L. Ginain. Institut de France. Académie des Beaux-Arts. Funérailles de M. Léon Ginain.. le 10 mars 1898. Discours de M. Gustave Larroumet. *Paris, typ. Firmin-Didot*. In-4°.

Gintrac. Charles Marionneau. Jean-Louis Gintrac, peintre, dessinateur, lithographe. *Bordeaux, imp. Gounouilhou*, 1886. In-8°.

G. Giocondo. Cento disegni di architettura d'ornato e di figure di Fra Giovanni Giocondo, riconosciuti e descritti da Enrico, Barone di Geymüller. *Firenze, Parigi, Vienna*, 1882. In-8°.

Giordano. Descrizone delle pitture a fresco di Luca Giordano esistenti nelle I I. e R R. Galleria et biblioteca Riccardiana con notizie bibliografiche a questa ultima relative. *Firenze, stamperia gran-ducale*, 1819. In-8°, portr. Traduct. française en regard.

Giotto. Sulla cappellina degii Scrovegni nell'Arena di Padova e sui freschi di Giotto in essa dipinti. Osservazioni di Pietra Estense Selvatico. *Padova, tipi della Minerva*, 1836. In-8°, fig.

—— Notice sur la vie et les peintures à fresque d'Ambrogio Bondone, dit le Giotto ; par Ernest Breton. *St-Germain-en-Laye, imp. Beau*, 1851. In-8°.

—— Etudes sur l'histoire des Arts à Rome pendant le moyen-âge. Boniface VIII et Giotto par M. Eugène Müntz. *Rome*, 1881. In-8°. Extr. des *Mélanges d'archéologie et d'histoire publiés par l'école française de Rome*.

Giovanni. Cappella dipinta da Giovanni da S. Giovanni nel palazzo di S. E. il principe Rospigliosi in Pistoja. Ragionamento di Niccola Monti pittore pistojese. *Prato, fratelli Giachetti*, 1832. In-8°, fig.

Girardet. Les Girardet. Une famille d'artistes neuchatelois, par A. Bachelin. *Neuchatel, imp. Wolfrath et Metzner*, 1870. Grand in-8°, fig. Extr. du *Musée Neuchatelois*.

Girardon. Notice de l'œuvre de François Girardon, de Troyes, sculpteur ordinaire du roi.... (par Corrard de Brehan). *Paris, Roret*, 1833. In-12.

—— Notice sur la vie et les œuvres de François Girardon, de Troyes..... par M. Corrard de Brehan. 2° édition. *Troyes, Fèvre*, 1850. In-12

Giraud. Notice sur les deux Giraud, sculpteurs français. par M. Miel. *Paris, Ducessois*. In-12. Extr. des *Annales de la Société libre des Beaux-Arts pour 1839-1840*.

Girodet. Description du tableau de Pygmalion et Galatée, exposé au salon par M. Girodet. *Paris, imp. Renaudière*, 1819. In-8°.

—— Girodet. 17 décembre. Sig. E. L. *Paris, imp. Gaultier-Laguionie*, 1824. In-8°.

—— Girodet. *Paris, Ponthieu*, 1825. In-12.

—— Notice nécrologique sur Girodet, peintre d'histoire... par P. A. Coupin (*Paris*), *Revue encyclopédique*, 1825. In-12, portr.

—— Sur Girodet, par M^mᵉ la princesse Constance de Salm. *Paris, imp. Firmin-Didot*, 1825. In-12.

—— Notice historique sur la vie et les ouvrages de Girodet. Sig. P. A. Coupin. *S. l. n. d.* In-8°.

—— De Girodet et de ses deux ouvrages sur l'Anacréon et l'Enéide. Sig. Mad. Simons-Candeille (*Paris*), *imp. Trouvé, s. d.* In-8°. Extr. des *Annales de la Littérature et des Arts*, 293° livraison.

—— Lettres inédites du peintre Girodet-Trioson, de Suvée, directeur de l'Ecole de Rome, et du général Gudin... à Ange-René Ravault, peintre, graveur et lithographe de Montargis. Précédées d'une notice sur Ravault, par M. Emile Bellier de la Chavignerie. *Pithiviers, imp. Chenu* (1862). In-18.

—— Musée de la ville de Varzy (Nièvre). Girodet-Trioson. Tableau inédit de ce célèbre peintre. Notice par M. Grasset aîné. *Paris, Loones* (1872). In-8°, fig.

Girometti. Notizie delle opere dell' incisore in pietre dure ed in coni Cav. Giuseppe Girometti scritte dal cav. P. E. Visconti. *Roma, tip. Boulzaler*, 1833. In-12.

Girouard. Notice sur le sculpteur Jean Girouard, par M. André. *Rennes, imp. Catel*, 1862. In-8°. Extrait des *Mémoires de la Société archéologique du département d'Ille-et-Vilaine*.

—— Notice sur Girouard, sculpteur poitevin, par M. l'abbé Auber. *Poitiers, imp. Saurin, s. d.* In-8°. Extr. des *Mémoires de la Société des Antiquaires de l'Ouest*.

Giroust. Antoine Giroust, peintre d'histoire de l'ancienne académie. Etude biographique, 1753-1817, par E. S. petit-neveu du peintre. *Pontoise, Am. Pâris*, 1888. In-8°, portr., fig.

Gissey. Henri de Gissey, de Paris, dessinateur ordinaire des Plaisirs et des Ballets du roi (1608-1673), par Anatole de Montaiglon. *Paris, Dumoulin*, 1854. In-8°.

Gleyre. Peintres et sculpteurs modernes de la France. M. Charles Gleyre. Sig. Gustave Planche. In-8°. Extr. de la *Revue des Deux-Mondes*, 1er novembre 1851.

—— Gleyre, étude biographique et critique avec le catalogue raisonné de l'œuvre du maître par Charles Clément. *Paris, imp. J. Claye*, 1878. In-4°, portr., fig.

Godchaux. Pierre Delbarre. Le peintre Godchaux et ses œuvres.. *Poitiers*, 1886. In-12.

Eug. Godebœuf, Eugène Godebœuf, architecte du gouvernement, vice-président de la société centrale des architectes (1809-1879). Notice biographique par M. Charles Lucas. *Paris*, 1880. In-8°. Extr. du *Bulletin de la Société centrale des Architectes*.

Godefroy. Jean Godefroy, peintre et graveur, par P. L. Jacob, bibliophile. *Paris, Vᶜ Renouard*, 1862. In-8°. Extr. de la *Revue universelle des Arts*.

B. Godefroy. Lettres de Baptiste Godefroy fils, dit Adrien, artiste graveur, originaire de Rouen, par M. Lévesque. *Rouen, imp. Péron*. In-12. Extr. du *Précis de l'Académie impériale des Sciences, Belles-Lettres et Arts de Rouen*, année 1857-1858.

Goeneutte. Ecole nationale des Beaux-Arts. Exposition de tableaux dessins, pastels, eaux-fortes de Norbert Goeneutte, du 20 au 30 avril 1895. *Paris*, 1895. In-12.

Gois. Projet du sieur Gois, sculpteur du Roi, Professeur de l'Académie Royale de Peinture et de Sculpture, et membre de celle des Sciences, Lettres et Arts de Rouen ; pour la statue pédestre du Roi, proposée, par concours, à MM. les sculpteurs de son Académie, par Messieurs les Députés des Etats de Bretagne. *Paris, imp. Lottin l'aîné et Lottin de St-Germain*, 1786. In-8°.

Gois fils. Rapport fait à l'Athénée des Arts de Paris, par MM. Rondelet, Beauvallet et Duchesne fils, sur la fonte en bronze de la statue de Jeanne d'Arc, par M. Gois fils, statuaire.... lu dans la séance publique du 8 fructidor an 12, *de l'imprimerie de Delance, rue des Mathurins, Hôtel Cluny*, an XIII-1805. In-12.

J. Gole. Kritische Verzeichniss von werken hervorragender Kupferstecher. Sechster Band. Jacob Gole von Prof. J. E. Wessely. *Hamburg*, 1889. In-8°.

Goltzius. Hub. Goltzius par Félix van Hulst. *Liège, Félix Oudart*, 1846. In-8°, portr.

E. et J. de Goncourt. L'art du dix-huitième siècle par Edmond et Jules de Goncourt. *Paris, Dentu*, 1875. In-4°, portr., fig.

Eva Gonzalès. Salons de la vie moderne. Catalogues des peintures et pastels de Eva Gonzalès. Préface de Philippe Burty.... *Paris*, 1885. Petit in-4°, portr.

Gondoin. Notice historique sur la vie et les ouvrages de M. Gondoin, par M. Quatremère de Quincy, lue à la séance publique de l'Académie royale des Beaux-Arts, du 6 octobre 1821. In-4°.

Goujon. Quelques notes sur Jean Goujon, architecte et sculpteur français du seizième siècle, par Jules Gailhabaud. *Paris, imp. Pillet*, 1863. In-8°.

—— Etude sur Jean Goujon, par Albert Meynier. *Nîmes, imp. Clavel-Ballivet*, 1869. In-8°.

Ch. Gounod. Louis Pagnerre. Charles Gounod, sa vie et ses œuvres. *Paris, Sauvaitre*, 1890. In-8°.

—— Institut de France. Académie des Beaux-Arts. Funérailles de M. Gounod. Discours de MM. Gérome, Ambroise Thomas et Saint-Saens... *(Paris)*, 27 octobre 1893, *typ. Firmin-Didot*. In-4°.

—— Institut de France. Académie des Beaux-arts. Notice sur la vie et les œuvres de M. Charles Gounod, par M. le Cᵗᵉ Henri Delaborde, secrétaire perpétuel de l'Académie... *Paris, typ. Firmin-Didot*, 1894. In-4°.

—— Institut de France. Académie des Beaux-arts. Notice sur Charles Gounod, par M. Théodore Dubois. *Paris, Firmin-Didot*, 1894. In-4°.

—— Mémoires d'un artiste. *Paris, Calmann-Lévy*, 1896. In-12.

Gourdelle. Le peintre Pierre Gourdelle, 1555-1588, par J. Roman. *Paris, Plon,* 1888. In-8°, portr.

Goya. Goya, par Laurent Matheron. *Paris, Schulz et Thuillié,* 1858. In-18.

—— Goya, par Charles Yriarte. *Paris, H. Plon,* 1867. Gr. in-4°, portr., fig.

—— Paul Lefort. Francisco Goya. Etude biographique et critique..... *Paris, Renouard,* 1877. In-8°, portr.

Graillon. Pierre Graillon, sculpteur dieppois ; sa vie racontée par lui-même. *S. l. ni d.* In-4°. Extr. de la *Revue des Beaux-Arts.*

J. J. Grandville. J. J. Grandville, par S. Clogenson. *Alençon, imp. Poulet-Malassis,* 1853. In-8°. Extr. de l'*Athenæum français.*

—— Notice sur Grandville. Sign.: Charles Blanc. Août 1853. *S. l.* In-4°.

—— Grandville, par Charles Blanc. *Paris, E. Audois,* 1855. In-32, portr., fac.-sim.

Granet. M. Granet. Sign. : J*** *S. l. ni d.* In-8°.

—— Granet (François-Marius), par Albert de la Fizelière. *S. l. ni d.* In-8°, portr.

—— Notice historique sur la vie et l'œuvre de Granet, par le docteur P. Silbert. *Aix, Makaire,* 1862. In-8°.

Gravelot. Le nécrologe des hommes célèbres de France, par une Société de gens de lettres. Eloge de M. Gravelot. *Maestricht, Dufour,* 1775. In-18.

—— L'art du dix-huitième siècle. Les vignettistes Gravelot, Cochin, par Edmond et Jules de Goncourt. *Paris, Dentu,* 1868. In-4°, fig.

Greuze. L'Accordée de village, conte moral, dont l'idée est prise du tableau de M. Greuze, exposé depuis peu de jours au Salon du Louvre, par M. l'abbé Aubert. *S. l.* 1761. In-8°.

—— Lettres d'un voyageur, à Paris, à son ami Sir Charles Lovers, demeurant à Londres. Sur les nouvelles estampes de M. Greuze, intitulées : La Dame bienfaisante, la Malédiction paternelle... publiées par M. N*** *Paris, Hardouin,* 1779. In-8°.

—— Lettres à Monsieur *** voyageur, à Paris, auteur des lettres à Sir Charles Lovers, et à l'éditeur de ces Lettres, par M. *** (sur les estampes, d'après Greuze). *Amiens, Jean-Bapt. Caron,* 1780. In-12.

—— Notice sur Greuze, peintre de l'école

française, lue dans la séance de la société libre d'émulation de Rouen..... le 1er floréal an 13, par C. Lecarpentier. *S. l.,* an XIII. In-8°.

Greuze. Greuze, ou l'Accordée de village, comédie-vaudeville en un acte, par Mme de Valori. Représentée, pour la première fois, à Paris, sur le théâtre du Vaudeville, le 31 mai 1813. *Paris, Fages,* 1813. In-8°, portr.

—— Catalogue de tableaux et dessins de Greuze, provenant de la succession de sa fille Mademoiselle Caroline Greuze, rédigé par T. Thoré. *Paris, Alliance des Arts,* 1843. In-8°. Exemplaire avec indication des prix de la vente et des noms d'acquéreurs.

—— L'art du dix-huitième siècle. Greuze, par Edmond et Jules de Goncourt. *Paris, Dentu,* 1863. In-4°, fig.

—— Jean-Baptiste Greuze. A l'occasion de l'inauguration de sa statue à Tournus, le 30 août 1868. Sig.: Ad. Chevassus. *Mâcon, imp. Romand.* In-8°.

G. Grimaldi. Ricerche intorno ai lavori archeologici di Giacomo Grimaldi, antico archivista della Basilica Vaticana... da Eugenio Müntz... *Firenze,* 1881. In-8°. Estr. delle *Rivista Europea, Rivista Internazionale.*

Gringonneur. Jacquemin Gringonneur et Nicolas Flamel, par Teste d'Ouet. *Paris, Didron,* 1855. In-8°.

Gros. Explication des peintures de la coupole de Sainte-Geneviève, exécutées par M. Gros, membre de l'Institut, Académie royale des Beaux-arts, rendues publiques le jour de la saint Charles, fête du Roi. *Paris, imp. Le Clère,* 1824. In-4°.

—— Description de la coupole de Sainte-Geneviève, peinte par M. Gros, 1824. (*Paris*), imp. *Trouvé.* In-8°. Extr. des *Annales de la Littérature et des Arts.*

—— Chant sacré, sur la coupole de Sainte-Geneviève. Par Charles Grenier. *Paris, Ponthieu,* 1825. In-8°.

—— Exhibition du tableau de la bataille d'Aboukir, par M. le Baron Gros, dans la salle de la rue Taitbout, le 30 mai 1829. *Paris, Ve Ballard,* 1829. In-12.

—— Institut royal de France. Académie royale des Beaux-arts. Funérailles de M. le Bon Gros. Discours de MM. Garnier et Paul Delaroche... le 29 juin 1835. *Paris, typ. Firmin-Didot.* In-4°.

—— Journal des Artistes. Gros. Sign. : F. juillet 1835. In-8°, fig.

—— Gros, né à Paris, le 16 mars 1771, mort le 26 juin 1835. Sign. Vte de

Senonnes, de l'académie des Beaux-arts. *S. l. ni d.* In-4°. Extr. du *Plutarque français.*

Gros. Gros et ses ouvrages, ou mémoires historiques sur la vie et les travaux de ce célèbre artiste, par J.-B. Delestre. *Paris, J. Labitte* (1845). In-8°.

—— Peintres et sculpteurs modernes. Gros. Sign. Eugène Delacroix. *Paris, imp. Gerdès.* In-8°. Extr. de la *Revue des Deux-Mondes,* liv. du 1er septembre 1848.

—— Le mouvement moderne en peinture. Gros, par Ernest Chesneau. *Paris, typ. Panckouke,* 1861. In-8°. Extr. de la *Revue européenne.*

—— Gros, sa vie et ses ouvrages, par J.-B. Delestre. *Paris, Ve Renouard,* 1867. Gr. in-8°, port., fig.

—— Histoire de la vie et de la mort du Baron Gros, le grand peintre... par J. Tripier-le-Franc. *Paris, J. Martin,* 1880. In-4°, portr., fig.

—— Les artistes célèbres. Le baron Gros, par G. Dargenty. *Paris, libr. de l'Art,* 1887. Gr. in-8°, portr., fig.

Grupello. Académie royale de Belgique. (Extr. du tome XV, n° 2, des Bulletins). Sur le sculpteur belge Gabriel de Grupello, par M. le baron de Reiffenberg. *S. l. ni d.* In-8°.

Guay. Notice sur Jacques Guay, graveur sur pierres fines du roi Louis XV, par J.-F. Leturcq, documents inédits émanant de Guay, et notes sur les œuvres en taille-douce et en pierres fines de la marquise de Pompadour. *Paris, Baur,* 1873. Gr. in-8°, fig.

Guénepin. Notice sur M. Guénepin, architecte, Membre de l'Institut de France, par M. Lequeux, son élève. *Paris, imp. Ducessois,* (1842). In-8°.

—— Institut national de France. Académie des Beaux-arts. Notice historique sur la vie et les ouvrages de M. Guénepin, par M. Raoul-Rochette. *Paris, typ. Firmin-Didot,* 1848. In-4°.

H. Guérard. Théâtre d'application. Eaux-fortes, gravures en couleurs, panneaux au fer chaud, éventails, peintures, par H. Guérard. *Paris,* 1891. Pet. in-4°, fig.

Guérin. Une famille de peintres alsaciens. Les Guérin, 1734-1846, par Etienne Charavay. *Paris, Charavay,* 1880. In-4°, portr.

Guesdon. Alfred Guesdon, architecte, dessinateur et lithographe. Sig.: Charles Marionneau. *Nantes, imp. V. Forest et E. Grimaud.* In-8°. Extr. de la *Revue de Bretagne et de Vendée,* n° de juin 1876.

Guffens. Peintures murales exécutées à l'église St-Georges, à Anvers, par Godfroid Guffens et Jean Swerts. *Anvers, imp. Geudens,* 1871. In-18, fig.

Guibert. Emailleurs limousins. François Guibert. Barthélémy Vergnaud. Sig.: Maurice Ardant. *Limoges, imp. Chapoulaud fres.* In-8°. Extr. du *Bulletin de la Société archéologique et historique du Limousin,* t. X, n° 1, 1860.

Guignet. Notice sur Guignet, peintre d'Histoire, né à Coulon, le 25 avril 1810, mort à Viriville (Isère), le 15 juillet 1857. Sig. le Chevalier Edouard de Julienne. *Marseille, typ. Arnaud,* 1857. In-8°.

—— Le peintre Adrien Guignet, sa vie et son œuvre, par J.-G. Bulliot. *Autun, imp. Dejussieu,* 1879. Gr. in-8°. portr.

Guilhermy. Le baron Ferdinand de Guilhermy, membre du Comité des travaux historiques et du Comité des monuments historiques, etc. Notice Nécrologique, par M. Alfred Darcel. *Paris, imprimerie Nationale,* 1879. In-8°, portr.

E. Guillaume. La Foi, l'Espérance et la Charité, statues par Eug. Guillaume. Notice par le Cte de Chambrun. *Paris, Garnier,* 1882. In-8°, phot.

—— Institut de France. Académie française. Discours prononcés dans la séance publique tenue par l'Académie française pour la réception de M. Eugène Guillaume le jeudi 2 mars 1899. *Paris, typ. Firmin-Didot,* 1899. In-4°.

Guillaumet. Ecole nationale des Beaux-arts. Exposition des œuvres de G. Guillaumet. Préface par Roger-Ballu. *Paris,* 1888. In-12.

Guillemain. Mémoire signifié pour Charles Guillemain, sculpteur. Contre M. le Maréchal duc de Richelieu. (*Paris*), *imp. Chenault,* 1765. In-4°.

Guiraud. Institut de France. Académie des Beaux-arts. Funérailles de M. Guiraud, membre de l'Académie, le mardi 10 mai 1892. Discours de MM. Paul Dubois et Massenet. *Paris, typ. Firmin-Didot.* In-4°.

—— Institut de France. Académie des Beaux-arts. Notice sur Ernest Guiraud, par M. E. Paladilhe... *Paris, F.-Didot,* 1893. In-4°.

Gutenberg. Gutemberg (Jean ou Hans Gensfleisch), par M. Ambroise Firmin-Didot. Extrait de la *Nouvelle biographie générale,* publiée par MM. Firmin Didot frères et fils. In-8°. *S. d.*

Guyard. Notice sur Laurent Guyard, sculpteur, né à Chaumont, par Émile Jolibois. *Rethel, imp. Beauvarlet*, 1841. In-8°.

—— Notice historique sur Laurent Guyard, sculpteur Chaumontais... par M. Varney. *Chaumont, imp. Vᵉ Miot-Dadant*, 1860. In-12.

Haberzettel. D'un tableau de J. Haberzettel, représentant la Prédication de St-Jean-Baptiste. *Rome, imprimerie de la S. Congrégation de Propaganda fide*, 1842. In-18.

Halévy. Institut Impérial de France. Académie des Beaux-Arts. Funérailles de M. F. Halévy. Discours de M. Couder (de M. Ambroise Thomas et du Bᵒⁿ Taylor), aux funérailles de M. F. Halévy, le 24 mars 1862. *(Paris), typ. Firmin-Didot.* In-4°.

Hall. Hall, célèbre miniaturiste du XVIIIᵉ siècle, sa vie, ses œuvres, sa correspondance... par Frédéric Villot. *Paris*, 1867. Gr. in-8°.

Hallé. Eloge de M. Hallé, extrait du Nécrologe de 1782. *S. l.* In-18.

Hals. Frans Hals, Dirk Hals, et les fils de Frans, par W. Bürger. *Paris, imp. Claye*, 1869. Gr. in-8°, fig. Extr. de la *Gazette des Beaux-Arts.*

—— Frans Hals und seine Schule... von Dr. W. Bode. *Leipzig, Seemann*, 1871. Gr. in-8°, fig.

Harrewijn. Les deux Harrewijn, graveurs hollandais. Lecture faite à la séance de la classe des Beaux-arts du 3 février 1881, par M. Charles Piot *(Bruxelles*, 1881). In-8°. Extr. des *Bulletins de l'Académie royale de Belgique.*

Hauer. Note sur l'authenticité du Portrait de Charlotte de Corday, par Hauer. *Paris, imp. Jouaust, s. d.* In-8°. Manque la gravure.

Haussmann. Institut de France. Académie des Beaux-arts. Funérailles de M. le Bᵒⁿ Haussmann. Discours de M. le Cᵗᵉ H. Delaborde... 15 janvier 1891. *Paris, typ. Firmin-Didot.* In-4°.

—— Institut de France. Académie des Beaux-arts. Notice sur M. le baron Haussmann, par M. Alphand. *Paris, typ. Firmin-Didot*, 1891. In-4°.

Hayter. A descriptive catalogue of the great historical picture, painted by Mr. George Hayter... representing the trial of her late majesty queen Caroline of England... *London, W. Hersee*, 1823. Gr. in-8°.

Heemskerck. A catalogue of the prints which have been engraved after Martin Heemskerck ; or rather an essay towards such a catalogue by Thomas Kerrich. *Cambridge, J. Rodwell*, 1829. In-8°, portr.

Heere. Levensschets van Lucas d'Heere, Kuntstschilder te gent (XVIᵉ eeuw) door Philips Blommaert. *Gent, de Busscher*, 1853. In-8°, fig.

Heim. Peintures de M. Heim, à Saint-Sulpice, par A. de La Fizelière. *Paris, imp. Bourgogne* (1842). In-12.

Helst. Van der Helst, par le Dʳ P. Scheltema. *Bruxelles, imp. Labroue*, 1857. In-8°. Extr. de la *Revue universelle des Arts.*

Henner. Les hommes du jour. M. J. J. Henner, par un critique d'art. *Paris, G. Decaux*, 1878. In-18, portr.

Henriquel-Dupont. Le graveur Henriquel-Dupont, [signé : Feuillet de Conches]. *(Paris*, 1881). Gr. in-8°. Défait de l'*Artiste*, mai 1881.

—— Henriquel-Dupont, par A. Portier de Beaulieu. In-12. Articles parus dans le *Journal des Arts* en 1888.

—— Institut de France. Académie des Beaux-arts. Notice sur la vie et les ouvrages de M. Henriquel, par M. le Cᵗᵉ Henri Delaborde... *Paris, typ. Firmin-Didot*, 1893. In-4°.

—— Institut de France. Académie des Beaux-arts. Notice sur M. Henriquel-Dupont, par M. Achille Jacquet. *Paris, Didot*, 1893. In-4°.

Héré. Notice sur la vie et les œuvres d'Emmanuel Héré de Corny, premier architecte de S. M. Stanislas, roi de Pologne, duc de Lorraine et de Bar, par M. P. Morey. *Nancy, imp. Vᵉ Raybois*, 1863. In-8°, port., fac.-sim. Extr. des *Mémoires de l'Académie de Stanislas*, 1862.

Hersent. Ecole impériale et spéciale des Beaux-arts. Funérailles de M. Hersent (5 octobre 1860). *Paris, typ. Firmin-Didot.* In-4°.

Aug. Hesse. Institut impérial de France. Académie des Beaux-arts. Discours de M. Guillaume, prononcé aux funérailles de M. Aug. Hesse, le 16 juin 1869. *(Paris), typ. Firmin-Didot.* In-4°.

Alex. Hesse. Pol Nicard. Alex. Hesse, sa vie et ses œuvres. *Paris, Renouard*, 1883. In-8°, portr.

—— Institut de France. Académie des Beaux-arts. Notice sur la vie et les travaux de M. Alexandre Hesse, par M. Delaunay... *Paris, Didot*, 1884. In-4°.

Heurtier. Notice historique sur la vie

et les ouvrages de M. Heurtier... par M. Quatremère de Quincy, 1824. In-4°.

Hittorff. Notice historique sur la vie et les ouvrages de J. I. Hittorff, architecte, par A. Normand. *Paris, A. Lévy,* 1867. In-8°. Extr. du *Moniteur des Architectes.*

—— Institut impérial de France. Académie des Beaux-arts. Notice sur M. Hittorff, par M. Labrouste. *Paris, typ. Firmin-Didot,* 1868. In-4°.

—— Institut Impérial de France. Eloge de M. Hittorff, par M. Beulé. *Paris, typ. Didot,* 1868. In-4°.

Hobbéma. Notice raisonnée sur la vie et les ouvrages de Mindert Hobhéma, par Héris. *Paris, Febvre,* 1854. In-8°.

—— Acte de mariage de Meijndert Hobbema. Sig. C. D. B. In-8°. *S. l. ni d.* Extr. de la *Revue universelle des Arts.*

—— Les Artistes célèbres. Hobbema et les paysagistes de son temps en Hollande, par Emile Michel. *Paris, Librairie de l'Art,* 1890. Gr. in-8°, fig. Sur Japon.

Hogarth. Lettres de Monsieur ** à un de ses amis à Paris, pour lui expliquer les estampes de Monsieur Hogarth. *Londres, Dodsley,* 1746. In-8°.

—— Biographical anecdotes of William Hogarth ; and a catalogue of his works chronologically arranged with occasional remarks. *London, J. Nichols,* 1781. In-8°.

—— Hogarth moralized ; a complete edition of all the most capital and admired works of William Hogarth... *London, John Major,* 1831. In-8°, portr., fig.

—— William Hogarth, par M. E. Feuillet de Conches. *Paris, imp. Claye,* 1868. Gr. in-8°. Extr. de la *Gazette des Beaux-Arts.*

Holbein. Auf Veranlassung und in Erwiederung von Einwirrsen eines Sachkundigen gegen die Schrift : Hans Holbein der jüngere in seinem Verhältnifs zum deutschen. Formschnittwesen von C. Fr. V. Rumohr. *Leipzig, R. Weigel,* 1836. In-8°.

—— Hans Holbein der jüngere, in seinem Verhältniss, zum deutschen Formschnittwesen. Von C, Fr. v. Rumohr. *Leipzig, R. Weigel,* 1836. In-8°.

—— Ueber ein Paar Holbein'she Formschnitte. — Vom Legationsrath Detmold in Hannover. *Leipzig, Rudolph Weigel,* 1856. In-8°, fig.

Holbein. Vie du peintre Jean Holbein, le jeune. — Traduit de l'allemand d'Auguste Lewald, par Frédéric Caumont. *Bâle, Fischer,* 1857. In-18, portr.

—— Das darmstadter exemplar der Holbein'schen Madonna von Dr A. von Zahn. *Leipzig, Rud. Weigel,* 1865. In-8°.

—— Neue deutung der beiden nackten Knaben auf Holbeins Madonna und anderer momente im dredener Gemälde .. von Victor Jacobi. *Leipzig, Rudolph Weigel,* 1865. In-8°.

—— Zur Deutungs frage und geschichte der Holbein'chen Madonna von G. Th. Fechner. *Leipzig, Rudolph Weigel,* 1866. In-8°.

—— Die historischen Quellen und Verhandlungen über die Holbein'sche Madonna von Th. Fechner. *Leipzig, Rudolph Weigel,* 1866. In-8°.

—— Holbein d'après les derniers historiens, par M. Eugène Müntz. *Paris, imp. Claye,* 1869. Gd in-8°, fig. Extr. de la *Gazette des Beaux-Arts.*

—— Benjamin Fillon. — Pour qui fut peint le portrait d'Erasme, par Jean Holbein, du musée du Louvre. *Paris, imp. A. Quantin,* 1880. Gd in-8°, fig. Extr. de la *Gazette des Beaux-Arts.*

—— Sur le portrait de Morett (par Holbein) dans la galerie de Dresde, par S. Larpent. *Christiania, imp. Thronsen,* 1881. In-12.

Hollar. A Description of the Works of the Ingenious Delineator and engraver Wenceslas Hollar.... by George Vertue.... *London, W. Bathoe,* 1759. In-4°, portr.

—— Wenzel Hollar. — Beschreibendes Verzeichniss seiner Kupferstiche von Gustav Parthey. *Berlin, Verlag der Nicolaischen Buchhandlung,* 1853. Gd in-8°.

—— Kurzes verzeichniss der Hollarschen Kupferstiche. — Auszug aus dem Gröseren werke von G. Parthey. *Berlin, Verlag der Nicolaischen Buchhandlung,* 1854. Pet. in-8°.

Hornung. De la conception historique en peinture à propos d'un tableau récent de J. Hornung de Genève. (G. Mongeri). *Genève, Ramboz,* 1852. In-8°. Tiré de la Bibliothèque universelle de Genève, nov. 1852.

Houdon. Notice historique sur la vie et les ouvrages de M. Houdon.... par M. Quatremère de Quincy, *Paris,* 1829. In-4°.

—— Notice sur J.-A. Houdon, de l'Institut (1741-1828), par MM. E. Délerot et

A. Legrelle. *Versailles, Montaland-Bougleux*, 1856. In-8°. Extr. des *Mémoires de la Société des Sciences morales, des Lettres et des Arts de Seine-et-Oise.*

—— Houdon's Leben und Werke. — Eine kunsthistoriche studie von Dr Hermann Dierks. *Gotha, Thienemann,* 1887. In-8°, fig.

—— Institut de France. — Académie des Beaux-arts. Inauguration de la statue de Jean Houdon à Versailles, le 28 juin 1891. Discours de MM. H. Delaborde et G. Larroumet. *Paris, Didot,* 1891. In-4°.

—— Autour de la statue de Jean Houdron, par Albert Terrade avec une lettre de M. Alphonse Bertrand.... *Versailles* 1892. In-12.

Houel. Notice sur M. Houel, peintre, lue le 1er décembre 1813, à la Société libre d'émulation de Rouen, par C. Lecarpentier. *Rouen, Baudry,* 1813. In-8°.

Hubac. Le sculpteur Hubac, sa vie et ses œuvres. — Étude biographique, par F. Tamisier. *Marseille, typ. Arnaud,* 1858. In-8°.

Hüe. Catalogue des tableaux composant le cabinet de feu M. Hüe (Jean-François) peintre du Roi et de l'Académie. *Paris,* 1824. In-8°.

Huet. Philippe Burty. — Paul Huet, notice biographique et critique suivie du catalogue de ses œuvres exposées en partie dans les salons de l'Union artistique. *Paris,* décembre 1869. In-8°, fig.

—— Paul Huet. — Sig. E. Legouvé. *Paris, typ. Lahure, s. d.* In-8°.

—— Les maîtres de la lithographie. Paul Huet. Signé : Germain Hediard. *Le Mans, typ. E. Monnoyer, s. d.* Gd in-8°, port. Extr. de *L'Artiste.*

Hultem. Notice biographique et littéraire sur Charles van Hultem.... président de la Société royale de botanique et de l'Académie royale de peinture de Gand... Sig. A. Voisin. *Gand, imp. Poelman,* 1837. In-8°, portr.

Humbert. Levensberigt van David Pierre (Giottin) Humbert de Superville. Sig. J. T. Bodel Nijnhuis. *S. l. n. d.* In-8°.

Hurtault. Discours prononcé aux funérailles de M. Hurtault, inspecteur-général, membre du conseil des bâtiments civils et de l'institut royal de France, par M. Mazois. *Paris, imp. Firmin-Didot* (1824). In-8°.

—— Notice sur feu M. Hurtault, architecte du roi, inspecteur général des bâtiments civils et membre de l'Institut royal de France, classe des Beaux-arts. (par M. Mulpieu). *Paris, imp. Huzard, s. d.* In-8°.

Huvé. Notice biographique sur J.-J. Marie Huvée, architecte, membre de l'Institut. Sig. Lenormand. *Paris, imp. Schiller,* 1853. In-8°.

Idrac. Funérailles de Jean-Antoine-Marie Idrac. — Discours prononcé par M. Eug. Guillaume, le 29 décembre 1884. *Paris, typ. Chamerot,* 1885. In-18.

Iesi. Intorno all'incisore Samuele Jesi da Correggio.... discorso biografico del dott. Quirino Bigi coreggese. *Milano, tip. Giacomo Pirola,* 1860. In-8°.

Ingres, père. Jean - Marie - Joseph Ingres, père, peintre et sculpteur 1754-1814, par Edouard Forestié. *Montauban,* 1886. In-4°, portr.

Ingres. Galerie des contemporains ilustres, par un homme de rien, M. Ingres. *Paris, René,* 1844. In-18, portr.

—— Les grands et les petits personnages du jour par un des plus petits, scènes d'intérieur de nos contemporains. 7e livraison. M. Ingres. *Paris, Poujau de Laroche, s. d.* In-8°.

—— Œuvres de J. A. Ingres, membre de l'Institut, gravées au trait sur acier par Ale Reveil, 1800-1851. *Paris, Firmin-Didot fes,* 1851. In-4°.

—— Un portrait par M. Ingres. Compte rendu par Auguste Galimard. *Paris,* 1852. In-18. Extr. de la *Revue des Beaux-Arts.*

—— Les contemporains. Ingres par Eugène de Mirecourt. *Paris, Havard,* 1855. In-32, portr., fac-sim.

—— Notice sur le tableau du martyre de Saint-Symphorien, par M. Ingres. *Autun, imp. Dejussieu et Villedey,* 1856. In-12.

—— Biographie d'Ingres, par M. B. Rey. *Paris, Dumoulin, s. d.* In-8°.

—— Peintres et sculpteurs modernes. M. Ingres. Sig. F. de Lagenevais. *S. d.* In-8°. Extr. de la *Revue des Deux-Mondes.*

—— Plutarque drolatique, vie publique et grotesque des illustres de ce temps-ci. 1re livraison. — M. Ingres peintre et martyr, par Laurent Jan. *Paris, Lavigne, s. d.* In-8°.

—— M. Ingres, *Paris, imp. Walder, s. d.* In-8°.

—— Revue des Beaux-arts. Peinture de l'église Saint-Vincent de Paul. M. Ingres. Sig. Thénot. *Paris, imp. Lacour, s. d.* In-8°.

Ingres. Lettre adressée à M. Ingres, sénateur, membre de l'Institut. Sig. comte de Nieuwerkerke. *Paris, imp. Brière*, 1862. In-4°.

—— L'apothéose de M. Ingres par Théophile Silvestre, avec portrait. *Paris, Dentu*, 1862. In-8°.

—— Institut impérial de France. — Académie des Beaux-arts. Discours de M. Lefuel, président de l'académie, prononcé aux funérailles de M. Ingres. Suivi de celui de M. Lehmann. *Paris, typ. Firmin-Didot*, 1867. In-4°.

—— Institut impérial de France. — Éloge de M. Ingres, par M. Beulé. *Paris, typ. Firmin-Didot*, 1867. In-4°.

—— Catalogue des tableaux, études peintes, dessins et croquis de J.-A.-D. Ingres, peintre d'histoire, sénateur, membre de l'institut, exposés dans les galeries du Palais de l'école impériale des Beaux-arts. *Paris, Lainé et Havard*, 1867. In-8°.

—— Histoire contemporaine. Portraits et silhouettes au XIXᵉ siècle. Ingres, par Eugène de Mirecourt. *Paris, Faure*, 1867. In-32, portr.

—— Ingres par M. Em. Im-Thurn. *Nîmes, imp. Clavel-Ballivet*, 1869. In-8°. Extr. des *Mémoires de l'Académie du Gard*, 1867-1868.

—— Peintres modernes de la France. Jean-Dominique Ingres. Sig. Henri Delaborde. In-8°. Extr. de la *Revue des Deux-Mondes*.

—— Olivier Merson. — Ingres, sa vie et ses œuvres avec un portrait photographié par Légé et Bergeron et le catalogue des œuvres du maître, par Émile Bellier de la Chavignerie. *Paris, Hetzel*, s. d. In-18.

—— Ingres et les peintres de son temps .... par Delphis de la Cour. *Tours, imp. Ladevèze*, 1869. In-8°.

—— Ingres, sa vie, ses travaux, sa doctrine d'après les notes manuscrites et les lettres du maître par le vicomte Henri Delaborde. *Paris, Plon*, 1870. Gᵈ in-8°, portr. fac-sim.

—— Ingres, sa vie et ses ouvrages, par M. Charles Blanc. *Paris, Vᵉ J. Renouard*, 1870. Gᵈ in-8°. Portr. fig.

—— Notice sur le monument d'Ingres, exécuté par Antoine Etex. Sig. Ed. Forestié. *Montauban, imp. Forestier*, 1871. In-8°.

—— L'atelier d'Ingres, souvenirs, par Amaury-Duval. *Paris, Charpentier*, 1878. In-8°.

—— Eugène Montrosier. — Peintres modernes. Ingres. H. Flandrin, Robert-Fleury. *Paris, Baschet*, 1882. Gᵈ in-8°, fig.

Injalbert. Charles Ponsonailhe. — Jean-Antonin Injalbert. L'artiste et l'œuvre. *Paris, É. Flammarion, s. d.* (1892). In-8°, fig.

Innocenzo. Innocenzo da Imola illustrato da Pietro Giordani con tre discorsi. *Milano, Giovanni Silvestri*, 1819. In-8°.

Isabey. J.-B. Isabey, sa vie et ses œuvres, par M. Edmond Taigny. *Paris, typ. Panckouche*, 1859. In-8°. Extr. de la *Revue européenne*.

Jaback. Everhard Jabach, collectionneur parisien (1695), par le vicomte de Grouchy. *Paris*, 1894. In-8°. Extr. des *Mémoires de la Société de l'histoire de Paris*.

Jacque. L'œuvre de Ch. Jacque, catalogue de ses eaux-fortes et pointes sèches dressé, par J.-J. Guiffrey, avec une eau-forte inédite. *Paris, Mˡˡᵉ Lemaire*, 1866. In-8°.

Jacquemart. L'œuvre de Jules Jacquemart, par Louis Gonse. *Paris, Gazette des Beaux-Arts*, 1876. In-4°, portr., fig.

—— L'œuvre de Jules Jacquemart, appendice par Louis Gonse, *Paris*, 1881. In-4°, fig. Extr. de la *Gazette des Beaux-arts*.

—— Exposition Jules Jacquemart, 1881, 16, rue Laffite. (*Paris*), *typ. Pillet et Dumoulin*. In-12.

Jacques. A. Geffroy. — L'album de Pierre Jacques, de Reims. Dessins inédits d'après les marbres antiques conservés à Rome au XVIᵉ siècle. *Rome, imp. de la Paix*, 1890. In-8°, fig. Extr. des *Mélanges d'archéologie et d'histoire publiés par l'école française de Rome*.

Jaquotot. Belle arti. Madama Vittoria Maria Jaquotot pittrice, musicista. Sig. Michelangelo Gualandi. *Venezia, tip. Antonelli*, 1855. In-8°.

Jean de Bologne. Conférence publique faite à l'Hotel-de-ville de Douai, le 2 juin 1877, par M. Alfred Robaut sur son voyage à Florence (à propos du legs de M. Foucques de Wagnonville) et sur Jean de Bologne. *Douai, imp. Dechristé*, 1877. In-8°.

Jeaurat. Le peintre Etienne Jeaurat, essai historique et biographique sur cet artiste, par M. Sylvain Puychevrier. *Paris, Aubry*, 1862. In-8°. Extr. de l'*Annuaire de l'Yonne* pour 1863.

Johannot. Les Johannot, par M. Ch. Lenormant. *S. d.* In-8°. Extr. de la *Biographie universelle* (Michaud).

Joly. Nécrologie. — A la mémoire de Hugues-Adrien Joly, ancien garde du cabinet des estampes et planches gravées de la Bibliothèque nationale, mort à Paris, le 7 ventôse an 8. *S. l. n. d.* In-18.

Jourdy. Comité central des artistes. — Notice nécrologique sur Paul Jourdy, peintre d'histoire. *Paris, imp. Allard,* 1857. In-8°.

Joursanvault. Le baron de Joursanvault et les artistes bourguignons. Prudhon, Gagneraux, Naigeon. *Beaune, A. Devis,* 1883. In-8°.

Jouvenet. Essai historique sur Jouvenet.... par Charles Lecarpentier. *Rouen, Baudry,* an XII. In-18.

—— Notice sur Jean Jouvenet et sur sa maison natale.... par M. J. Honel. *Rouen,* 1836. In-8°, fig.

—— Histoire de Jouvenet, par F.-N. Leroy. *Paris, Didron,* 1860. In-8°, portr.

Jubert. Un bas-relief de l'ancien couvent des Cordeliers de Troyes et le sculpteur Jubert, par M. Albert Babeau. *Troyes, imp. Dufour-Bouquot,* 1887. In-8°.

Julien. Notice historique sur la vie et les ouvrages de Pierre Julien, statuaire .... par M. Joachim Le Breton. *Paris, Baudoin,* an XIV. In-12.

Juliot. Jacques Juliot et les bas-reliefs de l'église Saint Jean de Troyes, par M. Albert Babeau. *Troyes, imp. Dufour-Bouquot,* 1886. In-8°, fig.

Jullienne. Eloge de M. de Jullienne, chevalier de l'ordre de Saint-Michel, et amateur honoraire de l'académie royale de peinture et d'architecture. *S. l. n. d.* In-18.

Juste. Société de l'histoire de l'art français. La famille des Juste en Italie et en France, par Anatole de Montaiglon et Gaetano Milanesi. *Paris, Detaille,* 1876. In-4°, fig. Extr. de la *Gazette des Beaux-Arts.*

Van der Kabel. Le peintre Adrien Van der Kabel et ses contemporains. — Discours de réception à l'académie des sciences, belles-lettres et arts de Lyon .... par M. Raoul de Cazenove. *Lyon,* 1888. Gᵈ in-8°, portr.

E. Kamyn. Maryan Sokolowski. — Erasm Kamyn.... Krakowie, 1892. Gᵈ in-8°, fig.

Kaulbach. Le siècle de la Réforme. Etude historique et critique à propos du tableau de Kaulbach, par le P. Adolphe Perraud. *Paris, Ch. Douniol,* 1868. In-8°.

Kaulbach. Die Wandgemälde Wilhelm von Kaulbachs im treppenhause des neuen museums zu Berlin, von Dr Max Schasler. *Berlin (Sigismond Wolff),* 1854. Gᵈ in-8°.

Kempeneer. Quelques mots sur le bruxellois, Pierre de Kempeneer, connu sous le nom de Piedro Campana, par M. Alphonse Wauters. *Bruxelles, imp. Hayez, s. d.* In-8°. Extr. des *Bulletins de l'académie royale de Belgique,* 1867.

Kessels. Mathieu Kessels, statuaire, né à Maestricht en 1784, mort à Rome en 1836, par M. A. Schaepkens. *Anvers, imp. Buschmann,* 1854. In-8°, fig. Extr. des *Annales de l'Académie d'Archéologie de Belgique.*

Keyser. Levensberigt van Mr. Hendrik de Keyser. Geplaast in het Tijdschrist voor geschiedenis, oudhéden en statistick van Utrecht. *Van der Monde,* 1836. In-8°, portr.

—— Notice explicative sur les peintures du grand vestibule d'entrée du musée d'Anvers (de N. de Keyser). *Anvers, typ. Buschmann, s. d.* In-8°, fig.

Klein. Das Werk von Johann Adam Klein maler und Kupferätzer zu München..... beschrieben durch C. Jahn. *München,* 1863. In-8°, portr.

Klovia. Zivot Jurja Julia Klovia, slikara.... od Ivana Kukuljevicá sakcinskog. *U. Zagrebu, Ljudeva Gaja,* 1852. In-8°.

Knijff. Exposition de A. de Knijff. (*Paris,* 1881). In-8°.

Kobell. Catalogue raisonné des estampes de Ferdinand Kobell, par Etienne baron de Stengel. *Nuremberg, Riegel et Wiesner,* 1822. In-12, portr.

Kruseman. Tableau représentant S. A. R. le prince d'Orange au moment où le cheval de ce prince est blessé, à la journée de Bautersem, le 12 août 1831, par C. Kruseman. *Harlem, chez Met en Meylink,* 1848. In-8°, fig.

Labrouste. Institut de France. Académie des Beaux-arts. Notice sur M. Henri Labrouste, par M. Bailly. *Paris, typ. Firmin Didot,* 1876. In-4°.

—— Institut de France. Académie des Beaux-Arts. Notice sur la vie et les ouvrages de M. Henri Labrouste, par le vicomte Henri Delaborde. *Paris, typ. Firmin-Didot,* 1878. In-4°.

—— Henri Labrouste, architecte, membre de l'Institut... Notice biographique par M. Eugène Millet (*Paris*), 1880. In-8°. Extrait du *Bulletin de la Société centrale des architectes.*

Lacour. Notice biographique sur M. Lacour, ancien directeur et professeur de l'école gratuite de dessin et de peinture de la ville de Bordeaux.... Sig. Gustave Léony. *Paris*, 1851. In-8°.

—— Deux artistes bordelais. De Lacour et Poitevin, par L. Lamothe. *Paris, Aubry*, 1859. In-8°.

—— Eloge de Pierre Lacour, ancien secrétaire général, président et membre honoraire de l'Académie des Sciences, Belles-Lettres et Arts de Bordeaux, par Jules Delpit. *Bordeaux, Gounouilhou*, 1862. In-8°.

Lacroix. Histoire d'un précieux tableau peint par Lacroix représentant Madame la duchesse de Berry avec ses deux enfants, exposé au Musée du Louvre en 1822. Sig. Céleste Siniboli. *Paris, imp. Claye*, 1859. In-8°.

Lafrensen. Nicolas Lafrensen, peintre à la gouache, (1737-1807) par M. Henri Vienne. *Paris, imp. Claye*, 1869. Grand in-8°, fig. Extrait de la *Gazette des Beaux-Arts*.

Lagrange. E. Fallex. Léon Lagrange. *Paris, Douniol*, 1868. In-8°. Extrait du *Correspondant*. (25 mars 1868).

Lagrenée. Notice nécrologique sur M. J.-J. Lagrenée, prononcée le jour de son décès, par A. L. T. Vaudoyer, architecte, son collègue à l'Ecole des Beaux-Arts et son neveu. *Paris, imp. Vᵉ Agasse*. In-8°. Extrait du *Moniteur* du 22 février 1821.

Lairesse. Gérard de Lairesse, né à Liége en 1640, mort à Amsterdam en 1711, par C. Lecarpentier, (*Rouen*), s. d. In-8°.

Lalanne. Cercle artistique et littéraire. Exposition des œuvres de M. Maxime Lalanne. *Paris, imp. Richard-Berthier*, 1874. In-8°.

—— Cercle artistique de Marseille. Exposition des œuvres de M. Maxime Lalanne. *Paris, imp. Morel*, 1875. In-8°.

—— Lalanne (François, Antoine, Maxime) peintre, dessinateur, graveur, aqua-fortiste. 1827-1886.[Signé : Charles Marionneau]. *Bordeaux, Gounouilhou*, 1886. In-8°. Extrait de la *Gironde littéraire et scientifique*.

—— Catalogue of an exibition of the etched work of Maxime Lalanne... *New-York, Fred. Keppel*, 1890. Grand in-8°.

Lalleman. George Lalleman et Jean Le Clerc, peintres et graveurs lorrains, par M. E. Meaume. *Nancy, Wiener*, 1876. In-8°. Extrait des *Mémoires de la Société d'Archéologie lorraine* pour 1876.

Lamour. Les artistes célèbres. Jean Lamour, serrurier du roi Stanislas, à Nancy, par Charles Cournault. *Paris, lib. de l'Art*, 1886. In-8°, fig.

Lance. Adolphe Lance, sa vie, ses œuvres, son tombeau. Sig. Charles Lucas. *Paris, Vᵉ Morel*, 1875. In-8°, fig.

—— Adolphe Lance, architecte. 1813-1874. Sig. Anatole de Montaiglon, mars 1875. *Paris, typ. Pillet*. In-8°.

Lançon. Auguste Lançon, aqua-fortiste, peintre et sculpteur (1836-1885). Notes biographiques par Bernard Prost. *Lons-le-Saunier, Mayet*, 1887. In-8°.

Lancret. Eloge de Monsieur Lancret, peintre du roi, (par Ballot de Sovot). *Paris, imp. Guérin*, 1743. In-12.

—— Les gravures françaises du XVIIIᵉ siècle ou catalogue raisonné des estampes, eaux-fortes..... par Emmanuel Bocher. Nicolas Lancret. *Paris, Rapilly*, 1877. In-4°, portr.

—— Eloge de Lancret, peintre du roi, par Ballot de Sovot, accompagné de diverses notes sur Lancret, de pièces inédites et du catalogue de ses tableaux et de ses estampes, réunis et publiés par J. J. Guiffrey. *Paris, Baur et Rapilly*, s. d. In-8°.

Landi. Lettera sopra due quadri dipinti dal signor Gaspare Landi, patrizio piacentino. Da Gherardo de Rossi. *Roma*, li 14 Febrajo 1795. In-18.

Landseer. Sir Edwin Landseer, by Frédéric G. Stephens. *London, Sampson Low, Marston...* 1880. In-12, fig.

Lanfranc. Jean Lanfranc, né à Parme, en 1581, mort à Rome, en 1647, par C. Lecarpentier. (*Rouen*), s. d. In-8°.

Langlois (E. H.). Notice sur la vie et les travaux de E.-H. Langlois, du Pont-de-l'Arche, par Charles Richard. *Rouen, Le Grand*, 1838. In-8°, portr. Extrait de la *Revue de Rouen*.

—— Notice biographique sur M. E. H. Langlois, associé correspondant, par M. Gilbert, membre résidant. In-8°, portr. Extrait du XVIᵉ volume des *Mémoires de la Société Royale des Antiquaires de France*. (*Paris*), *imp. Duverger*, s. d.

Langlois (J. M.). Institut royal de France. Académie royale des Beaux-Arts. Notice historique sur la vie et les ouvrages de M. Langlois, par M. Raoul Rochette, *Paris, imp. Firmin-Didot*, 1847. In-4°.

Langot. Catalogue raisonné de l'œuvre de Langot, graveur melunois, par Eugène Grésy. *Melun, Michelin*, 1858. In-12.

Lantara. Recherches historiques, biographiques et littéraires sur le peintre Lantara... par Emile B. de la Chavignerie. *Paris, Dumoulin*, 1852. In-8°, portr., fig.

—— La famille du peintre S. M. Lantara, par Henri Stein. *Fontainebleau*, 1888. In-8°. Extrait des *Annales de la Société historique et archéologique du Gâtinais*.

Lasalle (His de). Institut de France. M. His de La Salle par M. A. Gruyer. *Paris, Didot*, 1881. In-4°.

Lasinio. Omaggio alla memoria del cavaliere Carlo Lasinio di Treviso, conservatore del camposanto urbano di Pisa..... dal Dott. Alessandro Torri di Verona. *In Pisa, tip. Nistri, s. d.* In-8°, portr.

Lasne (M.) Michel Lasne de Caen, graveur en taille douce par Thomas Arnauldet et Georges Duplessis. *Caen, Mancel*, 1856. In-8°.

Lasne (J. E.) Jean Etienne Lasne, maître-graveur en taille douce... par Charles Marionneau. *Bordeaux, Vᵉ Maquet*, 1887. In-8°.

Lassus. L'architecte Lassus. Signé Troche, 1ᵉʳ août 1857. *Paris, imp. Le Clere*. In-8°. A la suite : Biographies des hommes utiles. J. B. A. Lassus. Sig. H. de Jonquière-Antonelle. Extrait du *Journal pour tous*. Portr.

Lasteyrie (F. de). Notice sur la vie et les travaux de M. Ferdinand de Lasteyrie du Saillant, par M. Pol. Nicard. *Paris*, 1884. In-8°. Extrait des *Mémoires de la Société des Antiquaires de France*.

La Tour. Eloge historique de M. Maurice-Quentin De La Tour, peintre du roi,... prononcé le 2 mai 1788, à l'Hôtel-de-Ville de Saint-Quentin... par M. l'abbé Du Plaquet. *Saint-Quentin, Hautoy*, 1789. In-8°.

—— De La Tour, peintre du roi Louis XV, par Charles Desmaze. *Saint-Quentin, Doloy*, 1853. In-8°.

—— Maurice - Quentin De La Tour, peintre du roi Louis XV, par Charles Desmaze. *Paris, Michel Lévy*, 1854. In-18.

—— Les peintres de Laon et de Saint-Quentin. De La Tour, par Champfleury. *Paris, Didron*, 1855. In-8°.

—— Eloge biographique de Maurice-Quentin De La Tour, peintre du roi Louis XV.... par Ernest Dréolle de Nodon. *Paris, Amyot*, 1856. In-8°, portr.

—— Eloge de Maurice-Quentin Delatour, peintre de Louis XV. Sig. Emile Baudemont. *Saint-Quentin, imp. Cottenest*, 1856. In-8°.

La Tour. Catalogue de la collection des pastels de De Latour.... de l'école gratuite de dessin de Saint-Quentin.... *Saint-Quentin, imp. J. Moureau*, 1866. In-8°.

—— L'art du dix-huitième siècle. La Tour, par Edmond et Jules de Goncourt. *Paris, Dentu*, 1867. In-4°, fig.

—— Le reliquaire de M. Q. De La Tour, peintre du roi Louis XV, sa correspondance et son œuvre, par Charles Desmaze. *Paris, Leroux*, 1874. In-12.

—— Documents inédits sur M. Q. de la Tour publiés d'après les archives municipales par Georges Lecocq. *Saint-Quentin, imp. Poette*, 1875. Grand in-8°, portr.

—— Les dernières années de Maurice Quentin de Latour par Abel Patoux. *Saint-Quentin, Ch. Poette*, 1880. In-8°.

—— L'œuvre de M. Q. de Latour au Musée de Saint Quentin et les dernières années du peintre d'après des documents inédits. Soixante-dix portraits gravés à l'eau-forte par A. Lalauze, Texte par Abel Patoux.... *Saint-Quentin, Ch. Poette*, 1882. In-fol., fig.

—— Les artistes célèbres. La Tour, par Champfleury. *Paris, lib. de l'Art*, 1886. Grand in-8°, portr., fig.

Laugée. Atelier de feu Désiré-François Laugée. Galerie des artistes modernes. Exposition et vente. *Paris, imp. Schilier*, 1896. In-8°.

Laugier (J. N.) Notice biographique sur Jean Nicolas Laugier, graveur d'histoire. *Paris, typ. Chamerot*, 1876. In-8°.

Laurana (F). Un fragment du retable de Saint-Didier d'Avignon sculpté par Francesco Laurana au Musée du Louvre par Louis Courajod. *Paris, H. Menu*, 1884. Grand in-8°, fig. Extrait de la *Gazette des Beaux-Arts*.

Laurens (J. P.) Le roman d'un peintre (Jean-Paul Laurens) par Ferdinand Fabre. *Paris, Charpentier*, 1878. In-12.

Laurent. Eloge historique de M. Laurent, peintre, professeur de l'école de dessin et directeur du Musée d'Epinal... par M. de Haldat. *Nancy, imp. Vᵉ Hissette*, 1833. In-8°.

Lavergne. Le vitrail de Saint Louis peint par M. Claudius Lavergne à Notre-Dame de Senlis, par M. l'abbé Gérin. *Senlis, imp. Duriez*, 1864. In-8°.

Lavreince. Les gravures françaises du XVIIIᵉ siècle ou catalogue raisonné des estampes, eaux-fortes.... par Emmanuel

Bocher. Nicolas Lavreince. *Paris, Rapilly*, 1875. In-4°, portr.

Lawrence. Notice historique sur sir Thomas Lawrence par M. Feuillet de Conches. *Paris, René*, 1842. In-8°. Extrait de la *Biographie universelle*.

Lazzarini (G.) Vita di Gregorio Lazzarini, scritta da Canal.... *In Vinegia, stamperia Palese*, 1809. In-4°, portr.

Lazzarini (G. A.) Notizie del canonico Gio. Andrea Lazzarini di Pesaro, insigne pittore e letterato. *Firenze*, 1804. In-8°.

Lazzaro. Vita di S. Lazzaro monaco e pittore preceduta da alcune osservazioni sulla bibliomania, da Leopoldo Cicognara. *Brescia, Nicolò Bettoni*, 1807. In-8°.

Le Bas. Notice sur la nouvelle église Notre-Dame-de-Lorette, construite par M. Hippolyte Le Bas, architecte, membre de l'institut. *Paris, imp. d'Urtubie*, 1837. In-8°.

—— Institut impérial de France. Académie des Beaux-Arts. Notice historique sur M. Le Bas, par M. L. Vaudoyer. *Paris, typ. Firmin-Didot*, 1869. In-4°.

Lebreton (J.) Joachim Lebreton, premier secrétaire perpétuel de l'Académie des Beaux-Arts par M. Henry Jouin. *Paris*, 1892. Grand in-8°, portr.

Le Brun. Découverte du portrait de P. Corneille peint par Ch. Lebrun. Recherches historiques et critiques à ce sujet par M. Hellis. *Rouen, Le Brument*, 1848. In-8°, portr.

—— Le Brun, né à Paris en 1619; mort à Paris, en 1690. Sign. le comte A. de Pastoret, *S. l. n. d.* In-8°. Extrait du *Plutarque français*.

—— Charles Le Brun et les arts sous Louis XIV. Le premier peintre, sa vie, son œuvre, ses écrits, ses contemporains, son influence, d'après le manuscrit de Nivelon et de nombreuses pièces inédites, par M. Henry Jouin. *Paris, imprimerie nationale*, 1889. In-4°, portr.

—— Olivier Merson. Charles Le Brun à Vaux le Vicomte et à la manufacture royale des meubles de la Couronne. *Paris*, 1895. Grand in-8°, fig. Extrait de la *Gazette des Beaux-Arts*.

Le Brun (Mme V.) L'originale e il ritratto. *Bassano*. 1792. Grand in-8°, portr. d'Isabelle Teotochi Marin et de Mme Le Brun.

—— Précis historique de la vie de la citoyenne Le Brun, peintre; par le citoyen J. B. P. Lebrun. *Paris, an deuxième de la République Française, une et indivisible.* In-8°.

Le Brun (Mme V.). Notice sur la vie et les ouvrages de Mme Lebrun, par J. T. L. F. (Tripier Le Franc) *Paris*, 1828. In-8°.

—— Souvenir de Madame Vigée Le Brun. *Paris, Charpentier*, 1869. In-8°.

Lechesne. Etude d'art plastique. Alma parens, groupe colossal de sculpture de M. Auguste Lechesne (de Caen). (Extrait d'un ouvrage inédit sur l'art, par G. Desjardins.) *Paris, Amyot*, 1858. In-8°.

Le Clerc. Eloge de M. Le Clerc, chevalier romain, dessinateur et graveur ordinaire du cabinet du roi... par M. l'abbé de Vallemont. *Paris, Nicolas Caillou*, 1715. In-18, portr.

—— Catalogue raisonné de l'œuvre de Sebastien Le Clerc... par Charles-Antoine Jombert. 2 vol. *Paris, chez l'auteur*, 1774. In-8°, fig.

—— 1637-1714. Sébastien Le Clerc et son œuvre par Edouard Meaume. *Paris, Baur et Rapilly*, 1877. Grand in-8°.

Leclère. Ecole impériale et spéciale des Beaux-Arts. Discours prononcé sur la tombe d'Achille-René-François Leclère... par M. Vinit. *Paris, typ. Firmin-Didot*, 1853. In-8°.

—— Notice sur la vie et les travaux de M. Achille Leclère, architecte, membre de l'Institut, par Adolphe Lance, *Paris, Bance*, 1854. In-8°.

Le Comte. Notice sur M. Le Comte, statuaire, membre de l'Institut de France, recteur administrateur des écoles spéciales des beaux-arts. *Paris, imp. P. Didot, l'aîné, s. d.* In-12.

Leconte. Notice nécrologique sur M. Leconte, architecte. *S. l.* (1818). In-8°.

Ledoux. Notice rapide sur la vie et les ouvrages de Claude-Nicolas Ledoux; membre de l'ancienne Académie Royale d'architecture. Sig. J. C. *De l'imp. des Annales de l'Architecture et des Arts, s. d.* In-8°.

Leech. Un humoriste anglais. John Leech, par Ernest Chesneau. *Paris, imp. Claye*, 1875. Grand in-8°, fig.

Lefebvre (E. E.) Jules Hédou. E. E. Lefebvre, artiste-peintre. 1850-1889. *Rouen, E. Augé*, 1890. In-8°, fig., portr.

Lefuel. Institut de France. Académie des Beaux-Arts. Notice sur la vie et les ouvrages de M. Lefuel, par le vicomte Henri Delaborde. *Paris, typ. Firmin-Didot*, 1882. In-4°.

—— Institut de France. Académie des Beaux-Arts. Notice sur M. Lefuel, par M. Léon Ginain. *Paris, Didot*, 1882. In-4°.

Legrip. Un peintre rouennais. Frédéric Legrip, sa vie et ses ouvrages, par Frédéric Henriet. *Rouen, imp. Lapierre,* 1872. In-8°.

Legros (P.) Le sculpteur Pierre Legros, deuxième du nom et le mausolée de la maison de Bouillon à Cluny, par Auguste Castan. *Paris, Plon,* 1891. In-8°.

Le Gros (S.) Poésies choisies de Sauveur Le Gros. Notice sig. N. L. Catalogue de l'œuvre gravé par Frédéric Hillemacher. *Bruxelles, typ. Vanbuggenhoudt,* 1857. In-12, portr.

Legros (Alph.) Monsieur Alphonse Legros au salon de 1875. Sign. A.-P. Malassis. *Paris, Rouquette,* 1875. In-4°, fig.

—— Catalogue raisonné de l'œuvre gravé et lithographié de M. Alphonse Legros, slade Professor of Art au collége de l'Université de Londres, Professeur de gravure à l'eau-forte à l'Ecole de South Kensington, par MM. A.-P. Malassis et A.-W. Thibaudeau. *Paris, Baur,* 1877. In-8°, portr.

Le Harivel-Durocher. Notice biographique sur Le Harivel-Durocher par E. de Robillard de Beaurepaire. *Caen, imp. Le Blanc-Hardel,* 1879. In-12.

Le Hénaff. Les nouvelles peintures de M. Le Hénaff, à Notre-Dame-de-bonport de Nantes. Sig. Charles Marionneau. *Nantes, Forest et Grimaud.* In-8°. Extrait de la *Revue de Bretagne et de Vendée,* sept. 1865.

Lehmann. Peintures de la grande galerie des fêtes à l'Hôtel-de-Ville de Paris, par Henri Lehmann. *Paris, imp. Lahure,* 1852. In-18.

—— Henri Delaborde. Peintures murales exécutées dans la salle à manger d'un hôtel, à Paris, par Henri Lehmann. *Paris, imp. Claye,* 1874. Grand in-8°, fig. Extrait de la *Gazette des Beaux-Arts.*

—— Institut de France. Académie des Beaux-Arts. Notice sur M. Lehmann par M. Boulanger..... *Paris, Didot,* 1883. In-4°.

—— Institut de France. Académie des Beaux-Arts. Notice sur la vie et les ouvrages de M. Henri Lehmann par M. le vicomte Henri Delaborde.... *Paris, Didot,* 1883. In-4°.

—— Exposition des œuvres de Henri Lehmann, à l'école nationale des Beaux-Arts. (Janvier 1883) 2° édition. Catalogue. [*Paris,* 1883]. In-18.

Lejeune. Explication des détails historiques contenus dans les trois tableaux de bataille de M. le général baron Lejeune.... *Paris, Dauvin,* 1824. In-12.

Lejeune. Notice sur les tableaux de bataille, peints par le général baron Lejeune. *Toulouse, imp. Chauvin,* 1850. In-8°.

Lemaire. Notice historique sur Henri Lemaire, statuaire valenciennois, Grand-Prix de Rome, Officier de la Légion d'Honneur, membre de l'Institut, par Adolphe Martin. *Valenciennes, imp. Prignet,* 1846. In-8°.

—— Institut de France. Académie des Beaux-Arts. Notice sur M. Lemaire, par M. Chapu. *Paris, Didot,* 1881. In-4°.

Le Mettay. J. Hédou. P. C. Le Mettay, peintre du Roi (1726-1759). *Rouen, imp. H. Boissel,* 1881. In-8°.

Le Mire. Jules Hédou. Noël Le Mire et son œuvre suivi du Catalogue de l'œuvre gravé de Louis Le Mire. *Paris, Baur,* 1875. Grand in-8°, portr.

Lemonnier. Siècle de François premier, époque de 1518. Tableau de M. Lemonnier, gravé par M. Jazet. *Paris, imp. Bailleul,* 1822. In-8°.

—— Notice historique sur la vie et les ouvrages de A. C. G. Lemonnier, peintre d'histoire de l'ancienne Académie royale de Peinture, Sculpture...... *Paris, imp. Crapelet,* 1824. In-8°.

—— Notice sur Lemonnier, peintre d'histoire. Discours de réception à l'Académie, par M. de Lépinois. *Rouen, imp. Boissel,* In-8°. Extrait du *Précis des Travaux de l'Académie impériale des Sciences, Belles-Lettres et Arts de Rouen,* année 1869-1870.

Lemot. Mélanges sur les Beaux-Arts, extraits de la *Gazette universelle de Lyon,* années 1825 et 1826. (Notice sur Lemot, par Passeron). *Lyon, Targe,* 1826. In-8°.

—— Institut royal de France. Académie royale des Beaux-Arts. Funérailles de M. le baron Lemot, discours de MM. Quatremère de Quincy et Cartellier. *Paris, imp. Firmin-Didot,* 1827. In-4°.

—— Notice sur F.-F. Lemot. Sig. Z. (Passeron), *Lyon, imp. Barret,* 1827. In-8°.

—— Voyage à Clisson, par M. Ed. Richer. Septième édition, suivie d'une notice sur M. Lemot. *Nantes, imp. Mellinet,* 1834. In-18.

Lemoine (F.) L'apothéose d'Hercule, peinte au plafond du salon de marbre qui précède celuy de la Chapelle du Roy, à Versailles. Par M. François Le Moine, peintre ordinaire du Roy et professeur en son Académie royale de Peinture et Sculpture. *Paris, imp. Jacq. Collombat,* 1736. In-18.

Lemoyne (J.-B.) Eloge de M. Lemoyne. (Jean-Baptiste). *S. l. n. d.* In-18.

—— Vie ou éloge historique de Jean-Baptiste Le Moyne, ancien Directeur et Recteur de l'Académie Royale de Peinture et de Sculpture, Première et Principale, par M. Dandré Bardon, Recteur. *Paris, imp. Louis Cellot*, 1779. In-18.

—— Une statue de Louis XV, exécutée par J.-B. Lemoyne, pour la ville de Rouen, par Louis Courajod. *Paris, H. Menu*, 1875. Grand in-8°, fig. Extr. de la *Gazette des Beaux-Arts*.

—— Le sculpteur Jean-Baptiste Lemoyne et l'Académie de Rouen. Esquisse biographique et recherches sur les œuvres de cet artiste, par Gaston Le Breton. *Paris, Plon*, 1882. In-8°.

Lemud. Sur le Beethoven de M. A. de Lemud, par M. Ed. Michel. *Metz, Blanc*, 1865. In-8°. Extr. des *Mémoires de l'Académie impériale de Metz*.

—— Catalogue de l'œuvre lithographié et gravé de A. de Lemud, par Aglaüs Bouvenne. *Paris, Baur*, 1881. Grand in-8°.

Lenain. Essai sur la vie et l'œuvre des Lenain, peintres Laonnois, par Champfleury. *Laon, imp. Fleury*, 1850. In-8°, portr.

—— Catalogue des tableaux des Le Nain, qui ont passé dans les ventes publiques de l'année 1755 à 1853, par Champfleury. *Bruxelles, imp. Labroue*, 1861. In-8°. Extr. de la *Revue universelle des Arts*.

—— Les peintres de la réalité sous Louis XIII. Les frères Le Nain, par M. Champfleury. *Paris, Vᵉ Renouard*, 1862. In-8°.

—— Documents positifs sur la vie des frères Le Nain, par Champfleury. *Paris*, 1865. In-8°.

J. E. Lenepveu. Les peintures murales de M. J. E. Lenepveu à l'Eglise Sainte-Marie (Hospice général d'Angers) par Henri Jouin. *Angers, imp. Lachèze*, 1869. In-8°.

—— J. Lenepveu, par André Joubert. *Angers*, 1881. In-8°. Extr. de la *Revue de l'Anjou*.

—— Institut de France. Académie des Beaux-Arts. Funérailles de M. Jules Lenepveu. Discours de M. E. Fremiet. *Paris, typ. Firmin-Didot*, 1898. In-4°.

Lenoir. Institut de France. Académie des Beaux-Arts. Funérailles de M. Albert Lenoir. Discours de M. le Comte Henri Delaborde. *Paris, typ. Firmin-Didot*, 1891. In-4°.

Lenormant. M. François Lenormant et le trésor de Hildesheim. Sig. Fr. (Frœhner). *Paris*, 1869. In-18.

—— Discours prononcés sur la tombe de M. François Lenormant, le 11 décembre 1883. (*Paris, typ. Chamerot*). In-8°.

Leoni. Les maîtres italiens au service de la maison d'Autriche. Leone Leoni, sculpteur de Charles-Quint et Pompeo Leoni, sculpteur de Philippe II, par Eugène Plon. *Paris, lib. Plon*, 1887. In-4°, portr., fig.

Lepage. Notice sur François Lepage, peintre de fleurs, par Aimé Vingtrinier. *Lyon, imp. Vingtrinier*, 1872. In-8°.

Lepère. Notice biographique sur Jean-Baptiste Lepère, architecte.... par M. Galimard. *Paris, imp. Ducessois*, 1847. In-8°.

Le Pic. Musée des Arts décoratifs. Catalogue Le Pic. *Paris, typ. Morris*, 1883. In-8°.

Leprince. Jules Hédou. Jean Leprince et son œuvre suivi de nombreux documents inédits. *Paris, Baur et Rapilly*, 1879. Grand in-8°, portr.

Le Rouge. Les Le Rouge de Chablis, calligraphes et miniaturistes, graveurs et imprimeurs... par Henri Monceaux. *Paris, A. Claudin*, 1896. 2 vol. grand in-8°, fig.

N. de Lestin. Ninet de Lestin, peintre troyen, par M. Albert Babeau. *Troyes*, 1882. In-8°, portr. Extr. de l'*Annuaire de l'Aube*.

E. Lesueur. Galerie de Saint-Bruno, fondateur de l'Ordre des Chartreux, peinte par E. Le Sueur, dessinée, gravée, présentée et dédiée à Son Altesse Royale Madame d'Angoulême, par A. Villerey. *Paris, chez Villerey*, 1816. In-18, fig.

—— Eustache Lesueur. Sig. L. Vitet. *Revue des Deux-Mondes*, 1ᵉʳ juillet 1841.

—— Eustache Lesueur, né à Paris en 1617, mort aux Chartreux en 1655. Sign. F. Feuillet de Conches. *S. l. n. d.* In-8°. Extr. du *Plutarque français*.

—— Rapport fait au nom de la Société libre des Beaux-Arts, par M. Auguste Galimard sur un ouvrage ayant pour titre : Eustache Lesueur, sa vie et ses œuvres, par M. Ludovic Vitet. *Paris, Ducessois*, 1847. In-8°.

—— Notice sur la vie et les ouvrages de Lesueur. Sig. J. B. M. Gence. (*Paris*), *imp. Everat, s. d.* Extr. de la *Biographie universelle*.

—— Nouvelles recherches sur la vie et les ouvrages d'Eustache Le Sueur, par

L. Dussieux...... avec un catalogue des dessins de Le Sueur, par A. de Montaiglon. *Paris, Dumoulin,* 1852. In-8°.

E. Lesueur. Eustache Lesueur, érection de sa statue; par M. Auguste Maillet. Discours en vers lu à la séance publique de la Société libre des Beaux-Arts. *Paris, imp. Bonaventure et Ducessois,* 1855. In-8°.

J.-B. Lesueur. Notice sur la vie et les œuvres de Jean-Baptiste Lesueur, membre de l'Institut... par J. Henard. *Paris, Ducher,* 1884. In-8°.

—— Institut de France. Académie des Beaux-Arts. Notice sur M. Lesueur, par M. André...... *Paris, Didot,* 1885. In-4°.

Le Tarouilly. Notice sur la vie et les travaux de Paul-Marie Le Tarouilly, architecte, par Adolphe Lance. *Paris, Bance,* 1855. In-8°.

Letellier. Notice sur Jean Letellier, peintre du dix-septième siècle, né à Rouen, par C. Lecarpentier. *Rouen, Baudry,* 1817. In-8°.

Le Vasseur. Catalogue raisonné de l'œuvre gravé de Jean-Charles Le Vasseur, d'Abbeville, précédé d'une notice sur sa vie et ses ouvrages, par Em. Delignières. *Abbeville, imp. Briez,* 1865. In-8°. Extr. des *Mémoires de la Société impériale d'Emulation d'Abbeville.*

Le Veau. Notice sur J.-J. A. Le Veau, par J. Hédou. *Rouen, imp. Boissel,* 1879. In-8°.

Le Véel. Quelques observations sur Jeanne D'arc, au point de vue de sa représentation plastique, par A. Le Véel, statuaire. Publié par la Maison Susse. *S. d.* In-12.

Levêque. Edmond Levêque, sculpteur d'Abbeville, Notice nécrologique avec la suite de ses travaux, par Em. Delignières. *Abbeville, imp. Paillart,* 1877. In-8°. Extr. des *Mémoires de la Société d'Emulation d'Abbeville.*

Leymarie. Biographie des artistes lyonnais. Hto Leymarie, peintre et écrivain. *Lyon, imp. Vingtrinier,* 1855. In-32.

Leysener. Un artiste de plus. (Sébastien Leysener). Sig. Victor Pavie. *S. l. n. d.* In-8°. Extr. des *Mémoires de la Société d'Agriculture, Sciences et Arts d'Angers.*

Licherie. Recherches sur Louis Licherie, peintre normand, membre de l'ancienne académie royale de peinture et de sculpture (1629-1687), par M. Em.

Bellier de la Chavignerie. *Caen, Hardel,* 1860. Pet. in-4°. Extr. du *Bulletin de la Société des Beaux-Arts de Caen.*

Léonard Limosin. Les Limosin. Sig. Maurice Ardant, 29 avril 1859. *Limoges, imp. Chapoulaud.* In-8°. Extr. du *Bulletin de la Société archéologique et historique du Limousin.*

—— Léonard Limosin, émailleur. Esquisse biographique. Sig. Maurice Ardant. *Limoges, imp. Chapoulaud, s. d.* In-8°.

—— Diane de Poitiers et les émaux de l'église Saint-Pierre, à Chartres (Léonard Limosin). Sig. Ad. Lecocq. *Chartres, Garnier,* 1872. In-8°, fig.

—— L. Courajod. Un émail de Léonard Limosin exposé dans la galerie d'Apollon, au musée du Louvre. *Paris, Leroux,* 1875. Grand in-8°, portr. Extr. du *Musée archéologique.*

Linard Gontier. Linard Gontier et ses fils, peintres, par M. Albert Babeau. *Troyes, imp. Dufour-Bouquot,* 1888. In-8°, fig.

J. E. Liotard. La vie et les œuvres de Jean Etienne Liotard (1702-1789). Etude biographique et iconographique, par E. Humbert, A. Revilliod et J. W. R. Tilanus. *Amsterdam, van Gogh,* 1897. Grand in-8°, portr., fig.

Lippi. Delle pitture di fra Filippo Lippi nel coro della cattedrale di Prato e de'loro restauri, relazione compilata dal C. F. B. *Prato, ff. Giachetti,* 1835. In-8°, fig.

—— Una pittura di Filippino Lippi in Prato e cenni storici di due pittori pratesi. *Prato, tip. ff. Giachetti,* 1840. In-8°, fig.

Lobin. J. Léopold Lobin, peintre d'histoire, directeur de la manufacture de vitraux peints de Tours. Notice biographique. Sig. J.-J. Bourassé. *Tours, imp. Bouserez,* 1864. In-8°, portr.,

Loison. Le sculpteur Pierre Loison. Notice biographique, par Paul de Felice, pasteur. *Orléans, Herluison,* 1887. In-12, portr.

Lombard. Etude sur Lambert Lombard, peintre liégeois, 1506-1566. Sig. F. C. (Capitaine). *Liège, imp. Carmanne,* 1858. In-8°.

Longhi. Esequie di Giuseppe Longhi incisore celeberrimo descritte da Francesco Longhena. *Milano, Angelo Bonfanti.* 1821. In-8°, portr.

—— Della vita, delle opere ed opinioni del cavaliere Giuseppe Longhi, commentario dell' allievo Giuseppe

Beretta. *Milano, Omobono Manini,* 1837. In-8°, portr.

Longpérier. Notice sur M. A. de Longpérier, par M. Fr. Lenormant. *Paris, imp. Quantin,* 1882. In-8°, portr.

—— Nécrologie. Henri Adrien Prévost de Longpérier. [Signé : Florian Valentin]. *Vienne, imp. Savigné,* 1882. In-8°. Extr. du *Bulletin épigraphique de la Gaule.*

—— Notice sur Adrien de Longpérier, associé de l'Académie royale de Belgique, par J. de Witte. *Bruxelles, Hayez,* 1884. In-12, portr. Extr. de *l'Annuaire de l'Académie royale de Belgique.*

J. de Longueil. Joseph de Longueil, sa vie, son œuvre, par F. Panhard. *Paris, Morgand et Fatout,* 1880. In-8°, portr., fig.

Louis. Douze lettres de Victor Louis, architecte du roi de Pologne et du duc de Chartres... 1776-1777. Sig. Charles Marionneau. *Paris, Dumoulin,* 1858. In-18.

—— Charles Marionneau. L'architecte Louis. Le frère André. Communications faites à la réunion des Sociétés savantes à la Sorbonne en 1878. *Paris, Plon,* 1879. In-8°.

—— Charles Marionneau. Victor Louis, architecte du Théâtre de Bordeaux, sa vie, ses travaux et sa correspondance, 1731-1800. *Bordeaux, imp. Gounouilhou,* 1881. In-8°, fig., portr.

Lucas de Leyde. Catalogue raisonné de toutes les estampes qui forment l'œuvre de Lucas de Leyde, par Adam Bartsch. *Vienne, Degen,* 1798. In-12.

—— Lucas de Leyde et Albert Durer. La vie et l'œuvre de Lucas de Leyde, son école, ses gravures... par M. W. Evrard. *Bruxelles, Van Trigt,* 1884. In-8°.

—— Lucas van Leyden. Verzeichniss seiner Kupferstiche, Radirungen und Holzschnitte von Dr Th. Volbehr. *Hamburg, Haendcke et Lehmkuhl,* 1888. In-8°.

Luini. Bernardino Luini, par Georges Lafenestre. *Paris, imp. Claye,* 1870. In-4°, fig. Extr. de la *Gazette des Beaux-Arts.*

Lully. Edmond Rader. Lully, homme d'affaires, propriétaire et musicien. Notes et croquis à propos de son hotel ... *Paris, librairie de l'Art* (1891). In-4°, portr., fig.

Luyken. Werken met prenten van Jan of Casper Luyken, 1861. In-8°.

Luyken. Lijst van Werken waarin door Jan en Caspar Luyken... Verzameld door J. van der Vlugt. *Haarlem, de Erven Loosjes,* 1867. In-8°.

Madou. Notice sur Jean-Baptiste Madou, artiste peintre, par Félix Stappaerts. *Bruxelles, imp. Hayez,* 1879. In-12, portr., fig.

Magne. Ecole Nationale des Beaux-Arts. Exposition publique des œuvres de A. J. Magne, architecte. Notice et Catalogue. *Paris, Motteroz,* 1886. In-12.

Mahérault. Un conseiller dramatique. M. J. F. Mahérault, par Ernest Legouvé. *Paris, G. Chamerot,* 1879. In-8°.

Ch. A. Malardot. Extrait des Etudes Messines. Charles André Malardot, son frère Gonzalve et Henri de Turgy, graveurs messins, par Ad. Bellevoye. *Metz, imp. Verronnais,* 1883. In-8°, fig.

Malbranche. Notice sur Malbranche, peintre de paysages et de marine. Sig. G. Mancel. *Caen, imp. Le Roy, s. d.* In-12.

Mander. Biographie de Karel van Mander, peintre et poète. *Bruges, imp. Vandecasteele-Werbrouck,* 1844. In-8°.

Manet. Emile Zola. Ed. Manet. Etude biographique et critique... *Paris, Dentu,* 1867. In-8°, portr.

—— Catalogue des tableaux de M. Edouard Manet, exposés Avenue de l'Alma en 1867. *Paris, imp. Poupart-Davyl,* 1867. In-32.

—— Exposition d'œuvres nouvelles de Edouard Manet. Catalogue. Galerie de la vie moderne *(Paris), s. d.* In-8°.

—— Edmond Bazire. Manet. *Paris, A. Quantin,* 1884. In-8°, fig.

—— Jacques de Biez. Edouard Manet. Conférence faite à la salle des Capucines. *Paris, L. Baschet,* 1884. In-8°, portr.

—— Ecole Nationale des Beaux-Arts. Exposition des œuvres de Edouard Manet, préface de Emile Zola. Catalogue. *Paris, imp. Quantin,* janv. 1884. In-12.

Mansart. Notice historique sur la vie et les ouvrages de Jules Hardouin Mansart, par J. Duchesne. Lue le 12 messidor à l'Athénée des Arts de Paris. In-12. Extr. du *Magasin encyclopédique,* août 1805.

Mantegna. Testimonianze intorno alla patavinita di Andrea Mantegna raccolte e pubblicate da Pietro Brandolese. *In Padova, stamperia del Seminario,* 1805. In-8°.

Marchand. F. de Mely. François Marchand et le tombeau de François 1er. *Chartres, Selleret,* 1887. Grand in-8°, phot.

Marcillat. L'origine de Guillaume de Marcillat, peintre-verrier. [Sig. : Nancy. Léon Germain]. (1886). In-8°.

Cam. Marcille. Nécrologie. Camille Narcille. Signé : Ph. B. de la C. *Chartres, imp. Garnier* (1875). In-12.

Eud. Marcille. Eudoxe Marcille, 1814-1890. *Orléans, H. Herluison,* 1890. In-8°.

—— Eudoxe Marcille, directeur du musée de peinture d'Orléans. Notice... par M. Desnoyers... *Orléans, H. Herluison,* 1891. In-8°.

Mariette. Eloge de Monsieur Mariette. *S. l. ni d.* In-18.

Marilhat. H. Gomot. Marilhat et son œuvre. *Clermont-Ferrand, typ. Mont-Louis,* 1884. In-12.

S. Marmion. Recherches sur le retable de Saint-Bertin et sur Simon Marmion, par Mgr Dehaisnes. *Lille et Valenciennes,* 1892. Gd in-8°.

J. Marot. Catalogue de toutes les estampes formant l'œuvre de Jean Marot, architecte et graveur, précédé d'une notice sur la vie et ses ouvrages, par A. Bérard. *Paris, Morel,* 1864. In-8°.

D. Marot. Catalogue de toutes les estampes qui forment l'œuvre de Daniel Marot, architecte et graveur français, par A. Bérard. *Bruxelles, imp. Mertens,* 1865. In-8°.

Martellange. Biographies d'archi-tectes. Etienne Martellange, 1569-1641, par E. L. G. Charvet. *Lyon, Glairon-Mondet,* 1874. In-8°, fig.

—— Notice sur la vie et les travaux d'Etienne Martellange, architecte des Jésuites (1569-1641)..., par Henri Bouchot. *Paris,* 1886. In-8°. Extr. de la *Bibliothèque de l'Ecole des Chartes.*

Martinelli. Memorie della vita di Domenico Martinelli, sacerdote lucchese e insigne architetto. *Lucca, Giuseppe Rocchi,* 1772. In-8°, port.

Martinet. Institut de France. Académie des Beaux-arts. Notice sur M. Achille Martinet, par M. Bertinot. *Paris, typ. Firmin-Didot,* 1878. In-4°.

Masaccio. Masaccio, orazione di Melchior Missirini. *Firenze, tip. Pratti,* 1846. In-8°.

—— Notice sur Tommaso Guidi dit Masaccio, par Ernest Breton. *S. Germain-en-Laye, imp. Beau,* 1850. In-8°.

Masaccio. Des œuvres et de la manière de Masaccio, par M. Henri Delaborde. *Paris, imp. Claye,* 1876. Gd in-8°, fig. Extr. de la *Gazette des Beaux-Arts.*

Bart. Masaccio. Livre de souvenirs de Maso di Bartolommeo dit Masaccio, publié par Ch. Yriarte. *Paris,* 1894. Gd in-4°, fig.

Masquelier. Notice nécrologique sur N. F. J. Masquelier dit le jeune, graveur lillois..., par S. Bottin. *Lille, imp. Danel,* 1809. In-8°.

—— Notice nécrologique sur feu M. Masquelier, graveur à Paris..., par Ch. Lecarpentier. *Rouen, imp. Périaux,* 1811. In-12.

J.-B. Massé. Un artiste oublié. J.-B. Massé, peintre de Louis XV, dessinateur, graveur, par Emile Campardon. *Paris, Charavay,* 1880. In-12, fig.

V. Massé. Institut de France. Académie des Beaux-arts. Notice sur M. Victor Massé, par M. Leo Delibes..., *Paris, Didot,* 1885. In-4°.

—— Institut de France. Académie des Beaux-arts. Notice sur la vie et les ouvrages de M. Victor Massé, par M. le Vte H. Delaborde. *Paris, typ. Firmin-Didot,* 1888. In-4°.

A. Masson. Notice sur Antoine Masson, graveur orléanais. *Loury, 1636. Paris,* 1700. Suivi du catalogue de l'œuvre de Masson et d'un document inédit. *Orléans, Herluison,* 1866. In-8°, port.

F. Masson. Notice historique sur François Masson, par M. Renault, membre de l'Institut. *S. l.,* 1808. In-8°.

Matejko. Notice sur le tableau de Jean Matejko, élève de l'école des Beaux-arts de Varsovie... Sig. L. S., mai 1865. *Paris, imp. Martinet.* In-8°.

Matham. Voyage d'Adrien Matham au Maroc, 1640-1641. Journal de voyage, publié pour la première fois avec notice biographique de l'auteur, introduction et notes, par Ferdinand de Hellwald. *La Haye, Martinus Nijhoff,* 1866. In-8°.

Matout. Musée des antiques. Salle des empereurs romains. Plafond peint, par M. Matout. *Paris, imp. Divry, s. d.* In-8°.

J. Mauclerc. Un disciple de Vitruve en Bas-Poitou. L'architecte Julien Mauclerc (1513-1577), par René Vallette. *Fontenay-le-Comte,* 1891. In-8°, port. Extr. de la *Revue du Bas-Poitou.*

Mayer. Mademoiselle Constance Mayer et Prudhon, par Charles Gueullette. *Paris, Detaille,* 1880. Gd in-8°, port., fig. Extr. de la *Gazette des Beaux-Arts.*

Mazois. Recueil académique. Année 1828. Éloge historique de M. M.-A. Mazois..., par F. Jouannet. (*Bordeaux*). In-8°.

Mazzola. Vita del graziosissimo pittore Francesco Mazzola detto il Parmigianino, scritta dal P. Ireneo Affo. *Vinegia, Stamperia Coletti*, 1783. In-8°.

—— Vita del graziosissimo pittore Francesco Mazzola detto il Parmigianino, scritta dal P. Ireneo Affo... *Parma, Filippo Carmignani*, 1784. In-8°.

—— Della vita e dei lavori di Francesco Mazzola detto il Parmigianino, memoria di Anton Enrico Mortara. *Casalmaggiore, tip. FF. Bizarri*, 1846. In-8°, port.

Ch. de Mechel. Catalogue des estampes du propre fond de Chretien de Mechel, graveur de S. A. S. Monseigneur l'électeur Palatin... *Basle, 1778*. In-8°; Supplément. *Basle*, 1791. In-8°.

Van der Meer. Van der Meer, de Delft, par W. Burger. *Paris*, 1866. Gd in-8°, fig. Extr. de la *Gaz. des Beaux-Arts*.

Méhul. Institut de France. Académie des Beaux-arts. Discours prononcés à l'occasion de la cérémonie d'inauguration de la statue de Méhul à Givet, (par MM. Massenet et A. Thomas) *Paris, typ. Firmin-Didot*, 1892. In-4°.

Meissonier. Meissonier, par John W. Mollett. *London, Sampson...*, 1882. In-12, fig., port.

—— Exposition Meissonier. 24 mai, 24 juillet 1884. *Paris, Galerie Georges Petit*. In-8°.

—— Meissonier, par Gustave Larroumet, membre de l'Institut, étude suivie d'une biographie, par Philippe Burty. *Paris, Baschet, s. d.* In-4°, port., phot., fig.

—— The art annual for 1887. J. L. E. Meissonier honorary royal academician his life and work. In-f°, port., phot., fig.

—— Portraits d'artistes. E. Meissonier, J. Breton, par Marius Chaumelin. *Paris, Marpon*, 1887. In-8°, port.

—— Institut de France. Académie des Beaux-arts. Funérailles de M. Meissonier. Discours de M. le Cte Henri Delaborde. (*Paris*), 3 février 1891. In-4°.

—— Jean Louis Ernest Meissonier, membre de l'Institut, Grand-Croix de la légion d'honneur. [Discours prononcés à ses obsèques]. (*Paris, Plon*, 1891). In-8°, port.

—— Institut de France. Académie des Beaux-arts. Notice sur Meissonier, par M. J.-P. Laurens. *Paris, typ. Firmin-Didot*, 1892. In-4°.

Meissonier. Institut de France. Académie des Beaux-arts. Notice sur la vie et les ouvrages de M. Meissonier, par le Cte Henri Delaborde... *Paris, typ. Firmin-Didot*, 1892. In-4°.

—— Jean Louis Ernest Meissonier. Ecole des Beaux-arts. Avril 1893. Gd In-8°, port., fig. Sur Japon.

—— Ville de Poissy. Meissonier, à l'occasion de l'inauguration de sa statue le 25 novembre 1894... *Poissy, imp. Lejay*, In-8°, fig., port.

—— Institut de France. Académie des Beaux-arts. Discours prononcé à l'inauguration du monument élevé à la mémoire de Meissonier à Poissy. *Paris, Firmin-Didot*, 1894. In-4°. (Discours de M. Daumet).

—— Institut de France. Académie des Beaux-Arts. Inauguration de la statue de E. Meissonier à Paris, le 25 octobre 1895. Discours de M. Bonnat. *Paris, typ. Didot*, 1895. In-4°.

—— Jean Louis Ernest Meissonier, ses souvenirs, ses entretiens, précédés d'une étude sur sa vie et son œuvre, par M. O. Gréard. *Paris, Hachette*, 1897. Gd in-8°, port., phot., fig.

Méliand. Jean René Méliand, élève de Louis David. (1782-1831) [Signé G. Daupeley] (*Paris*, 1886). In-8°. Extr. de la *Revue de l'Art français*.

Cl. Mellan. Catalogue raisonné de l'œuvre de Claude Mellan d'Abbeville, par M. Anatole de Montaiglon.., précédé d'une notice sur la vie et les ouvrages de Mellan, par P. J. Mariette. *Abbeville, typ. Briez*, 1856. In-8°. Extr. des *Mémoires de la Société impériale d'Emulation d'Abbeville*.

P. Mellan. L'abbé Requin. Philippe Mellan, graveur d'Avignon, 1657-1674. *Caen, Delesques*, 1896. In-12. Extr. du *Congrès archéologique de France*, 1893.

Melozzo. Les peintures de Melozzo da Forli et de ses contemporains à la bibliothèque du Vatican, d'après les registres de Platina, par M. Eugène Müntz. *Paris, imp. Claye*, 1875. Gd In-8°, fig.

Memling. Ursule, princesse britannique, d'après la légende et les peintures d'Hemling, par un ami des lettres et des arts. *Gand, Houdin*, 1818. In-12, port.

—— Memling. Etude sur la vie et les ouvrages de ce peintre, suivie du catalogue de ses tableaux, par P. Hédouin. *Paris, imp. Claye*, 1847. In-4°.

Memling. Notice d'un tableau peint sur bois, attribué à Memling, représentant l'histoire de Troie, depuis sa fondation jusqu'à sa ruine. *Paris*, 1869. G^d in-8°.

—— Peintures erronément attribuées à Memling. Sig. Ch. de Brou. *S. l. ni d.* In-8°. Extr. de la *Revue universelle des Arts.*

—— Bibliothèque Gilon. Alfred Michiels. Memling, sa vie et ses ouvrages. *Verviers* (1883). In-12.

Mengs. Œuvre de M. Mengs, premier peintre du roi d'Espagne et du roi de Pologne... *S. l.* 1782. In-12, port.

A. Menzel. Exposition des œuvres de Adolphe Menzel, ouverte du 26 avril au 15 juin 1885. Catalogue illustré. *Paris*, *L. Baschet*, 1885. G^d in-8°, fig.

Mercuri. Vita di Paolo Mercuri, incisore, per Ignazio Campi. *Roma, Salviucci,* 1879. In-12, port.

Merian. Memoria Merianœa sive epicedia, in prœmaturam et luctuosum obitum viri egregii et Artium celebritate nominatissimi Domini Matthæi Meriani.. Scripta ab amicis. *Francofurti, cura et impendio Wolfgangi Hoffmanni*, 1650. In-8°.

H. Merle. Notice sur Hugues Merle, par V. Advielle. *Paris, Alph. Merle,* 1860. In-12.

Merson. Léon Thévenin. L'art chrétien chez Luc-Olivier Merson. *Paris, chez Léon Vanier*, 1897. In-12.

Méryon. Meryon and Meryon's Paris : with a descriptive catalogue of the artist's work by Frederick Wedmore. *London, Thibaudeau*, 1879. In-12.

—— Burlington fine arts club. Exhibition of a selection from the work of Charles Méryon. *London*, 1879. In-4°.

—— Charles Méryon, sailor, engraver, and etcher. A memoir and complete descriptive catalogue of his works. Translated from the french of Philipe Burty by Marcus B. Huish. *London*, 1879. In-4°.

—— A descriptive Catalogue of a Collection of drawings and etchings by Charles Meryon, formed by the Rev. J. J. Heywood. (*London*), *Ellis and White*, 1880. In-4°.

—— Notes et souvenirs sur Charles Meryon. Meryon artiste, Meryon, poète. Son tombeau, par Aglaüs Bouvenne. *Paris, Charavay*, 1883. G^d in-4°, fig.

—— Museum of fine Arts. Boston. March-April, 1886. Catalogue of the

Etched Work of Charles Meryon. With a biographical sketch of the artist. *Frederick Keppel and C^o, New-York,* (1886). In-4°.

Meulemeester. Les loges de Raphaël et Jos. Ch. de Meulemeester, par le baron de Reiffenberg. *S. l. ni d.* In-8°.

—— Biographie historique et artistique de J.-G. de Meulemeester, de Bruges, par Edmond de Buscher. *Gand, imp. Busscher, s. d.* In-8°, port.

Aug. Meurice, Essai biographique sur Auguste Meurice, artiste peintre décorateur, (par E. Fromentin), 1819-1879. *Valenciennes, L. Henry,* 1880. In-8°.

Meyerbeer. Institut Impérial de France. Académie des Beaux-Arts. Discours de M. Beulé et du Bon Taylor, prononcés aux funérailles de M. Meyerbeer le 6 mai 1864. (*Paris*). In-4°.

—— Institut Impérial de France. Eloge de Meyerbeer, par M. Beulé. *Paris, Didot*, 1865. In-4°.

Michallon. Oraison funèbre de feu Achille-Etna Michallon..., par V.-A. Vanier. *Paris, Boucher*, 1823. In-18, port.

Michel. Etude sur Georges Michel, par Alfred Sensier. *Paris, A. Lemerre,* 1873. G^d in-8°, port., fig.

Miel. Notice sur Miel le jeune, un des morts de juillet, par Miel l'aîné. *Paris, Vinchon,* 1831. In-12.

—— Notice biographique sur Edme Miel, par M. Hittorf. *Paris, imp. Ducessois,* (1845). In-4°, port. Extr. des *Annales de la Société libre des Beaux-Arts.*

Miger. Biographie et Catalogue de l'œuvre du graveur Miger, membre de l'ancienne académie royale de peinture et de sculpture..., par Emile Bellier de la Chavignerie. *Paris, Dumoulin,* 1856. In-8°, port.

P. Mignard. La vie de Pierre Mignard, premier peintre du Roy, par M. l'abbé de Monville, avec le Poëme de Molière sur les Peintures du Val-de-Grâce, et deux Dialogues de M. de Fenelon, archevêque de Cambray, sur la Peinture. *A Paris, chez Jean Boudot et Jacques Germain,* 1730. In-18, port.

—— Londres et Grenoble, Henri VIII et les Chartreux, Mignard et les supplices. Sig. Pierquin de Gembloux. *Grenoble, Baratier*, 1838. In-18.

—— Notice sur Pierre Mignard et sa famille, par M. Auguste Huchard. *Paris, J. Claye*, 1861. G^d in-8°, port. Extr. de la *Gazette des Beaux-Arts.*

P. Mignard. Etude sur Pierre Mignard, sa vie, sa famille et son œuvre, par Le Brun-Dalbanne. *Paris, Rapilly.* Gᵈ in-8°, port.

N. Mignard. Nicolas Mignard, sa vie et ses œuvres, par M. Albert Babeau. *Troyes*, 1895. In-8°, port. Extr. de *l'Annuaire de l'Aube.*

Milhomme. Notice sur la vie et les ouvrages de Milhomme, statuaire, Grand-Prix de 1801, né à Valenciennes (Nord). *Paris, imp. Guillois*, 1844. In-8°, port.

Aimé Millet. Aimé Millet. Souvenirs intimes, par Henri Dumesnil. *Paris, Lemerre*, 1891. In-8°, port.

—— Ministère de l'Instruction publique et des Beaux-Arts. Direction des Beaux-Arts. Discours prononcé le 10 janvier 1891, aux funérailles de M. Aimé Millet, statuaire..., par M. G. Larroumet, directeur des Beaux-arts. *Paris, Imp. Nationale*, 1891. In-4°.

J. F. Millet. Alexandre Piedagnel. J. F. Millet. Souvenirs de Barbizon. *Paris, Vᵛᵉ Cadart*, 1876. In-8°, port., fig.

—— La vie et l'œuvre de J. F. Millet, par Alfred Sensier. Manuscrit publié par Paul Mantz. *Paris, A. Quantin*, 1881. Gᵈ in-4°, fig.

—— Catalogue descriptif des peintures, aquarelles, pastels, dessins rehaussés, croquis et eaux-fortes de J. F. Millet, réunis à l'école des Beaux-arts... *Paris, imp. Quantin*, 1887. In-8°, port. facsim.

Millin. Eloge historique de L. A. Millin, membre de l'Institut et de la Société royale des antiquaires de France, par P. R. Auguis. *Paris, imp. Smith*, 1819. In-8°. Extr. des *Mémoires de la Société royale des Antiquaires de France.*

—— Notice historique sur la vie et les ouvrages de M. Millin, par M. Dacier. *Paris, imp. Firmin-Didot*, 1821. In-8°.

Mino. Louis Courajod. Un bas-relief de Mino da Fiesole. *Paris, Leroux*, 1876. Gᵈ in-8°, fig. Extr. du *Musée archéologique.*

Mique. Richard Mique, architecte de Stanislas, roi de Pologne, et de la reine Marie-Antoinette, par M. P. Morey. *Nancy, Vᵛᵉ Raybois*, 1868. In-8°, port.

Mocetto. Ecole primitive de Venise. Girolamo Mocetto, peintre et graveur vénitien, par Emile Galichon. *Paris, imp. Claye*, 1859. Gᵈ in-8°, fig. Extr. de la *Gazette des Beaux-Arts.*

Mola. Gasparo Mola. Sig. Canᵒ V. Barelli. *S. l. ni d.* In-8°.

Molitor. Catalogue raisonné de l'œuvre d'estampes de Martin de Molitor, peintre et dessinateur de paysages, membre de l'Académie des Beaux-arts à Vienne, par Adam de Bartsch. *Nuremberg, Frauenholtz*, 1813. In-18.

Monanteuil. Monanteuil, dessinateur et peintre, par M. Léon de la Sicotière. *Caen, typ. Le Blanc-Hardel*, 1865. In-8°.

Cl. Monet. Le peintre Claude Monet. Notice sur son œuvre, par Théodore Duret, suivi du Catalogue de ses tableaux... *Paris, G. Charpentier*, 1880. In-8°, port.

—— Catalogue de l'exposition des œuvres de Claude Monet. *S. l. ni d. (Paris,* 1883). In-8°.

Monnier. Champfleury. Henri Monnier, sa vie, son œuvre. *Paris, Dentu*, 1879. In-8°, fig.

Monsiau. Catalogue des tableaux, études, dessins, gravures, etc., dépendant de la succession de M. Monsiau, peintre d'histoire, membre de l'ancienne académie de peinture. *Paris*, 1837. In-12.

Cᵗᵉ de Montalivet. Institut de France. Académie des Beaux-arts. Notice sur M. le Cᵗᵉ de Montalivet, par M. Barbet de Jouy. *Paris*, 1881. In-4°.

Montessuy. Aimé Vingtrinier. Montessuy, peintre Lyonnais. *Lyon*, 1883. In-8°. Extr. de *Lyon-Revue.*

Montmorency. Un grand seigneur du XVIᵉ siècle. Le connétable de Montmorency, par Ferdinand de Lasteyrie. *Paris, imp. A. Quantin*, 1879. Gr. in-8°, fig. Extr. de la *Gazette des Beaux-Arts.*

Moreau le jeune. Notice sur M. Moreau. Extr. du *Moniteur*, n° 355, an 1814. *S. l.* In-12.

—— L'œuvre de Moreau le jeune, notice et catalogue, par Henri Draibel (Beraldi). *Paris, Rouquette*, 1874. In-12, portr.

—— L'œuvre de Moreau le jeune. Catalogue raisonné et descriptif avec notes iconographiques et bibliographiques, par M. J. F. Mahérault... *Paris, A. Labitte*, 1880. Gr. in-8°, portr.

—— Les gravures françaises du XVIIIᵉ siècle, ou catalogue raisonné des estampes, vignettes, eaux-fortes... par Emmanuel Bocher. Jean-Michel Moreau le jeune. *Paris, Damascène Morgand et Charles Fatout*, 1882. In-4°, portr.

Les Moreau. Les artistes célèbres. Les Moreau, par Adrien Moreau, *Paris, librairie de l'Art*, 1893. Gr. in-8°, portr., fig.

G. Moreau. Paul Leprieur. Gustave Moreau et son œuvre. *Paris*, 1889. Gr. in-8°, fig. Extr. de l'*Artiste*.

—— Léon Thévenin. L'esthétique de Gustave Moreau. *Chez Léon Vanier, Paris*, 1897. In-18.

Morel. Discours sur la vie et les œuvres de Jean-Marie Morel, architecte, auteur de la théorie des jardins... par De Fortair. *Paris, Colas*, 1813. In-12.

Morel-Fatio. Antoine-Léon Morel-Fatio, par Richard Cortambert. *Paris, imp. Martinet*. In-8°. Extr. du *Bulletin de la Société de Géographie*, décembre 1871.

Morel-Ladeuil. Union centrale des Arts décoratifs. Catalogue des œuvres de Morel-Ladeuil, exposées au musée des arts décoratifs. (*Paris*, 1889). In-8°.

Morghen. Catalogo ragionato della collezione dell' opere intagliate dal celebre Rafaelle Morghen possedute da Gaetano Poggiali. *Livorno, Tommaso Masi*, 1810. In-4°.

—— Opere d'intaglio del cav. Rafaello Morghen raccolte ed illustrate da Niccolò Palmerini. *Firenze, Niccolò Pagni*, 1824. In-12, portr.

—— Sul sepolcro del cavaliere Raffaello Morghen... *S. l. ni d.* In-12.

—— Notice historique sur Raphel Morghen, par M. Feuillet de Conches. *Paris, imp. Bruneau*. In-8°, s. d. Extr. de la *Biographie universelle*.

Morin. Jules Hédou. Gustave Morin et son œuvre. *Rouen, Augé*, 1877. In-8°, portr.

Mosnier. Les peintures de Jean Mosnier, de Blois, au château de Cheverny, par M. Anatole de Montaiglon. *Paris, Dumoulin*, 1850. In-8°.

Mottez. Notice explicative des peintures à fresque, exécutées par M. Victor Mottez, sous le portique de l'église Saint-Germain-l'Auxerrois. *Paris, imp. Maulde*, 1846. In-18.

A. Mouilleron. Le petit Bourgmestre. Souvenir de Adolphe Mouilleron. *Paris, imp. Motteroz*, 1881. In-8°, fig.

Mouret. Les Mouret, émailleurs limousins. Sign.: Maurice Ardant, 1866. *Limoges, imp. Barbou*. In-4°.

Mouton. Mémoire à consulter, sur une contrainte à communier, (par Mouton, architecte, pensionnaire de la Maison Royale de l'Académie à Rome). *Paris, Simon*, 1769. In-18.

Moyreau. J. Moyreau et son œuvre, par E. Davoust, avec un avant-propos,

par P. Debrou. *Orléans, H. Herluison*, 1887. In-8°, portr.

V. Müller. Joh. Gotthard v. Müller und Johann Friedr. Wilhelm Müller. Beschreibendes verzeichniss ihrer Kupferstiche von Dr. A. Andresen. *Leipzig, Rudolph Weigel*, 1865. In-8°.

Ch.-L. Muller. La fête de la Raison dans Notre-Dame de Paris, le 10 novembre 1793, tableau de M. Ch.-L. Muller... *Paris, typ. Pillet et Dumoulin* (1880). Gr. in-8°.

—— Institut de France. Académie des Beaux-arts. Funérailles de M. Müller... Discours de M. le Cte Henri Delaborde. *Paris, typ. Firmin-Didot*, 1892. In-4°.

—— Institut de France. Académie des Beaux-arts. Notice sur M. Charles-Louis Müller, par M. Edouard Detaille. *Paris, F.-Didot*, 1893. In-4°.

Mulready. A catalogue of the pictures, drawings, sketches, &ª, of William Mulready, R. A. *London, Ch. Whittingham*, 1848. Gr. in-8°.

Murillo. Un tableau de Murillo : Moïse frappant le rocher. Sign. H. H. *Lyon, imp. Boitel*, 1846. In-4°. Extr. de la *Revue du Lyonnais*.

—— Murillo, su vida, sus cuadros, por Don Francisco M. Tubino. *Sevilla, La Andalucia*, 1864. In-8°.

Mussini. L. Banchj. Un idillio greco. Dipinto a olio del prof. Luigi Mussini, direttore dell' istituto di belle arti di Siena. *Siena, tip. Bargellini*, 1871. In-12.

Naigeon. Notice historique sur Naigeon (Jean), membre de la Légion d'honneur, peintre d'histoire. *Paris, imp. Vinchon*, 1848. In-8°.

Rob. Nanteuil. Portique ancien et moderne ou temple de mémoire..... 1er cahier. *Paris, Cussac*, 1785. In-8°, portr. A la suite biographie et port. de Garrick.

—— Rob. Nanteuil, sa vie et son œuvre. Discours adressé à l'Académie de Reims dans sa séance publique du 17 juillet 1884, par M. Ch. Loriquet... *Reims, F. Michaud*, 1886. In-8°, port.

Nassaro (Matteo dal). H. de La Tour. Matteo dal Nassaro. *Paris, C. Rollin*, 1893. Gr. in-8°, fig. Extr. de la *Revue Numismatique*.

J. Natalis. Les dessins de J. Natalis, par M. Jules Corblet. *Arras, Rousseau-Leroy*, 1864. In-8°. Extr. de la *Revue de l'Art chrétien*.

M. Natalis. Catalogue de l'œuvre de Michel Natalis, graveur liégeois, par

J. S. Renier. *Liège, imp. Vaillant-Carmanne*, 1871. In-8°. Extr. du *Bulletin de l'Institut archéologique liégeois.*

Natoire. Mémoire pour le sieur Natoire, peintre du Roi... directeur de l'académie de France à Rome, défendeur, contre le sieur Adrien Mouton, ci-devant l'un des élèves de ladite académie royale, demandeur. *Paris, imp. Hérissant*, 1769. In-4°. A la suite : Réponse pour le sieur Mouton, contre le sieur Natoire. Sign. Target. *Paris, imp. Le Breton*, 1769. In-4°.

Nenci. Della vita e delle opere del cav. prof. Francesco Nenci. *Siena, tip. all' insegna dell' ancora*, 1850. In-8°.

J. Nicolle. Jean Nicolle, peintre, 1614-1650, par M. le chanoine Porée. *Paris, Plon*, 1894. In-8°, fig.

Niepce. Nicéphore Niepce, inventeur de la photographie. Conférence... par A. Davanne. *Paris, Gauthier-Villars*, 1885. In-8°, fig.

Nieuwerkerke. Le Comte de Nieuwerkerke, par Frédéric Henriet, *Paris*, 1893. In-12. Extr. du *Journal des Arts.*

—— Institut de France. Académie des Beaux-arts. Notice sur M. le Comte de Nieuwerkerke, par M. Emile Michel. *Paris, typ. F.-Didot*, 1892. In-4°.

Nini. XVIIIe siècle. Jean-Baptiste Nini, ses terres cuites, par A. Villers. *Blois, imp. Lecesne*, 1862. In-8°.

Nittis. Galeries de l'art. Exposition des œuvres de J. de Nittis. *Paris, typ. Unsinger* (1880). In-8°.

—— Pastels exposés au cercle de l'Union artistique, par J. de Nittis. (*Paris*), *imp. Jouaust* (1881). In-4°, fig.

—— Galerie Bernheim jeune, 8, rue Laffitte. Exposition J. de Nittis. *Paris*, mai 1886. In-12.

—— Notes et souvenirs du peintre Joseph de Nittis. *Paris, May et Motteroz*, 1895. In-12.

Nocchi. Della vita e delle opere del pittore Pietro Nocchi di Lucca, discorso letto... dal prof. ab. M. Trenta. *Lucca, tip. Bertini*, 1855. In-8°.

Nocret. Jean Nocret, peintre lorrain, né à Nancy en 1617, mort à Paris en 1672, par M. E. Meaume. *Nancy, Grosjean-Maupin*, 1886. In-8°.

Norblin. Catalogue des estampes qui composent l'œuvre de Jean-Pierre Norblin, peintre français, graveur à l'eauforte, par Fr. H. *Paris, imp. Lacrampe*, 1848. In-8°, portr.

—— Catalogue des estampes qui compo-

sent l'œuvre de Jean-Pierre Norblin... rédigé par Frédéric Hillemacher. 2e édition. *Paris, Menu*, 1877. In-8°, portr.

C.-P.-J. Normand. Notice sur la vie et les ouvrages de C.-P.-J. Normand, architecte, dessinateur et graveur. Sig. C. S. *Paris, imp. Ducessois, s. d.* In-8°.

L.-M. Normand. Notice sur la vie et les ouvrages de M. Louis-Marie Normand, graveur en taille-douce... par M. le Marquis de Queux de Saint-Hilaire. *Paris, imp. F. Malteste*, 1875. In-8°, portr.

C.-V. Normand. Discours prononcé sur la tombe de M. Normand, le 22 avril 1895, par M. Gariel. *Paris, imp. Gauthiers-Villars* (1895). In-8°, portr.

Noylier. Emailleurs limousins. Couly-Noylier, par Maurice Ardant. *Angoulême, imp. Nadaud*, 1865. In-8°.

Nuyen. Notice biographique sur Wynaud-J.-J. Nuyen, peintre hollandais, par Félix Bogaerts. *Bruxelles, Société des Beaux-Arts*, 1839. In-12.

V. Obstal. Plaidoié pour le Sr Girard Vanopstal, un des recteurs de l'Académie royale de la peinture et de la sculpture (par M. de la Moignon fils). *Paris, Sébastien Mabre-Cramoisy*, 1668. Pet. in-4°.

—— Sculptures de Gérard van Obstal, conservées au Musée du Louvre, par Louis Courajod. *Paris, Menu*, 1876. In-8°.

Organga. Elogio d'Andrea Organga, composto da Gio. Batista Nicolini. *Firenze, Nicolò Carli*, 1816. In-12.

B. van Orley. Bernard van Orley, sa famille et ses œuvres. Notice par Alphonse Wauters. *Bruxelles, F. Hayez*, 1881. In-8°.

Orsel. Tableau votif du choléra, peint par Victor Orsel, pour la chapelle de Fourvières, par E.-C. Martin-Daussigny. *Lyon, imp. Louis Perrin*, 1852. In-12.

—— Extrait du Journal des bons exemples. Biographie de Victor Orsel, par Martin-Daussigny. *Lyon, Girard et Josserand*, 1852. In-8°.

—— Souvenirs artistiques. Victor Orsel, par Louis Enault. *Paris, imp. Thunot*, 1854. In-8°.

—— E. Cartier. Le bien et le mal, tableau de V. Orsel. *Paris, Donniol*, 1859. In-8°. Extr. du *Correspondant.*

—— Explication des peintures de la chapelle de la Vierge à l'église de Notre-Dame-de-Lorette. Imprimé d'après le manuscrit rédigé par Victor Orsel, peu de temps avant sa mort. (*Paris*), *imp. N. Chaix.* In-4°.

Orsel. Tableaux, études, dessins, par Victor Orsel, exposés après son décès, à son atelier, rue Notre-Dame-de-Lorette, N° 44. *Paris, imp. N. Chaix, s. d.* In-4°.

Ostade. Eaux-fortes de Van Ostade, reproduites et publiées par Amand Durand. *Paris, s. d.* In-fol., fig.

—— Supplément au peintre-graveur de Barthsch. Catalogue raisonné de toutes les estampes qui forment l'œuvre gravé d'Adrien van Ostade, par L.-E. Faucheux. *Paris, Vᵉ Renouard,* 1862. In-8°.

—— Kritische Verzeichnisse von Werken hervorragender Kupferstecher. Adrien van Ostade, von prof. J.-E. Wessely. *Hambourg,* 1888. In-8°, portr.

Oudiné. Notice sur Eugène-André Oudiné, sculpteur et graveur en médailles, par Aug. Flandrin. *Paris, typ. Plon,* 1888. In-8°.

Outamaro. L'art japonais du XVIIIᵉ siècle. Outamaro, le peintre des maisons vertes, par Edmond de Goncourt. *Paris, Charpentier,* 1891. In-12.

Outkin. Nicolas Outkin, graveur russe. Gr. in-8°, portr. (en russe).

Overbeck. L'art chrétien et l'école allemande, avec une notice sur M. Overbeck, par M. Bathild Bouniol. *Paris, Bray,* 1856. In-12, portr.

Overstraeten. Hommage funèbre à la mémoire de Henri-Désiré-Louis Overstraeten. Sig. Isidore van Overstraeten. *Bruxelles, imp. Greuse,* 1849. In-8°.

—— A la mémoire de Louis Overstraeten. Sig. Prudens van Duyse. In-8°. Extr. des *Annales de la Société royale des Beaux-arts et de Littérature de Gand.* 1852.

A. Paccard. Discours pour l'inauguration du tombeau d'Alexis Paccard, par Edmond Guillaume, architecte, avril 1870. *Paris, A. Lévy.* In-8°.

Pajou. Mémoires de Pajou et de Drouais pour Mᵐᵉ Du Barry. *Paris, imp. Lahure, s. d.* In-18.

Palissy. Notice sur Bernard Palissy, par M. Miel. *Paris, imp. Gratiot* (1835). In-8°.

—— Bernard Palissy, 1500-1589. Sig. E.-J. Delécluze. *Paris, imp. P. Dupont.* In-8°. Extr. de la *Revue française,* décembre 1838.

—— Biographie chimique. Bernard Palissy, par Paul-Antoine Cap. *Paris, imp. Béthune et Plon,* 1844. In-12.

Palissy. Bernard Palissy. Sig. G.-S. Trébutien. *S. l. ni d.* In-8°.

—— Etude sur la littérature et l'art au XVIᵉ siècle. Bernard Palissy, sa vie et ses ouvrages, par M. Amédée Matagrin. *Périgueux, imp. Bouchariе,* 1856. In-12.

—— Bernard Palissy, par M. Doublet de Boisthibault. *Paris, Leleux,* 1857. In-8°. Extr. de la *Revue archéologique.*

—— Les terres émaillées de Bernard Palissy, inventeur des rustiques figulines, par A. Tainturier. *Paris, Didron,* 1863. In-8°, fig., portr.

—— Notice populaire sur Bernard Palissy, suivie d'un aperçu de ses écrits et de ses santonismes ou locutions saintongeaises, item d'une complainte sur sa vie, par P. Jonain. *Paris, Chamerot,* 1864. In-32.

—— Bernard Palissy, étude sur sa vie et sur ses œuvres, par Ferdinand de Lasteyrie. *Paris, imp. Pillet,* 1865. In-4°. Extr. de la *Revue des Beaux-Arts.*

—— Conférences populaires faites à l'asile impérial de Vincennes, sous le patronage de S. M. l'Impératrice. Bernard Palissy, par E. Martelet. *Paris, Hachette,* 1868. In-32.

—— Inauguration de la statue de Bernard Palissy. Discours de M. Louis Audiat. *Saintes, typ. Orliaguet,* 1868. In-12.

—— Palissy et son biographe, réponse à M. Athanase Coquerel fils, par Louis Audiat. *Paris, Douniol,* 1869. In-8°.

—— Les artistes célèbres. Bernard Palissy, par Philippe Burty. *Paris, lib. de l'art,* 1886. Gr. in-8°, fig.

Palladio. Osservazioni sopra Andrea Palladio. Sig. Andrea Rigato. *Padova, nel Seminario,* 1811. In-8°.

Pampaloni. Delle statue di Arnolfo di Lapo e di ser Brunellesco eseguite da Luigi Pampaloni e pubblicate da Luigi Bardi dichiarazione di Melchior Missirini. *Pisa, co' caratteri di F. Didot,* 1830. In-4°, fig.

—— Di una statua rappresentante Amore di Luigi Pampaloni. *Firenze, Ciardetti,* 1835. In-18.

—— La Cloe statua di Luigi Pampaloni, esposizione di Melchior Missirini. *Firenze, Ciardetti,* 1837. In-8°.

Parrocel. Etienne Parrocel. Monographie des Parrocel. *Marseille, imp. Clappier,* 1861. In-18.

Passe. L'œuvre gravé des Van de Passe, décrit par D. Franken Dz. *Amsterdam et Paris.* In-8°.

Ant. Pater. Antoine Pater, par Paul Foucart... *Paris, typ. E. Plon*, 1887. In-8°.

J.-B. Pater. La mort de Jean-Baptiste Pater, par Paul Foucart... *Paris, typog. Plon*, 1891. In-8°.

Peiresc. Un grand amateur français du XVII° siècle. Fabri de Peiresc, par M. Léopold Delisle... *Paris*, 1888. In-4°.

L. G. Pelouse. Catalogue des tableaux de L. G. Pelouse réunis à l'école nationale des Beaux-Arts. *Paris*, 1892. In-8°. (Notice par Philippe Gille).

Pénicaud. Emailleurs limousins. Les Pénicaud, par M. Maurice Ardant. *Limoges, Chapoulaud*, 1858. In-8°.

Percier. Percier. Sa vie et ses ouvrages. Sig. Raoul-Rochette. In-8°. Extr. de la *Revue des deux mondes*.

Peril. Robert Peril, graveur du seizième siècle, sa vie et ses ouvrages ; par M. le Chevalier Léon de Burbure. *Bruxelles, imp. Hayez*, 1869. In-8°, portr.

Péron. Société libre des Beaux-Arts de Paris. Notice biographique sur Louis-Alexandre Péron, peintre d'histoire... par L. M. Moultat. *Rouen, imp. Péron*, 1855. In-12, portr.

Perraud. Institut de France. Académie des Beaux-Arts. Notice sur la vie et les travaux de Jean-Joseph Perraud, par M. le Vicomte Henri Delaborde. *Paris, typ. Firmin-Didot*, 1877. In-4°.

—— Institut de France. Académie des Beaux-Arts. Notice sur Perraud, par M. Paul Dubois. *Paris, typ. Firmin-Didot*, 1877. In-4°.

—— Perraud, statuaire, et son œuvre. Souvenirs intimes, par Max Claudet. *Paris, Sandoz et Fischbacher*, 1877. In-8°, portr.

—— La jeunesse de J. J. Perraud, statuaire, d'après ses manuscrits, par Max Claudet. *Salins-les-Bains*, 1886. In-12, port.

Perréal. Notice sur Jehan Perréal, dit Jehan de Paris. Sig. A. Péricaud l'aîné. *Lyon, Vingtrinier*, 1858. In-8°.

—— Essai biographique sur Jehan Perréal, dit Jehan de Paris, peintre et architecte lyonnais, par C. J. Dufay. *Lyon, A. Brun*, 1864. In-8°.

—— Biographies d'architectes. Jehan Perréal, Clément Trie et Edouard Grand, par E. L. G. Charvet. *Lyon, Glairon Mondet*, 1874. Grand in-8°, fig.

—— Jean Lemaire de Belges indiciaire de Marguerite d'Autriche et Jean Perréal de Paris pourtraicteur de l'Eglise de Brou, documents inédits, publiés par Etienne Charavay. *Paris, Lemerre*, 1876. In-8°.

Perréal. Jehan Perréal dit Jehan de Paris, peintre et valet de chambre des Rois Charles VIII, Louis XII et François I°r. Recherches sur sa vie et son œuvre par E. M. Bancel. *Paris, H. Launette*, 1885. In-4°, fig.

—— Jean Perréal dit Jean de Paris, peintre de Charles VIII, de Louis XII et de François I°r par R. de Maulde la Clavière. *Paris, E. Leroux*, 1896. In-12, fig.

Perret. Notice sur Pierre Perret graveur belge du XVI° siècle, par Edmond Vander Straeten. *Anvers, imp. Buschmann*, 1861. In-8°. Extr. des *Annales de l'Académie d'Archéologie de Belgique*.

E. Perrin. Institut de France. Académie des Beaux-Arts. Notice sur M. Emile Perrin par le Baron Alphonse de Rothschild.... *Paris, Didot*, 1886. In-4°.

Perrissin. Notice sur Jean Perrissin et Jacques Tortorel, par Théophile Dufour. *Paris, Fischbacher*, 1885. In-8°.

Peruzzi. Delle pitture di Baldassare Peruzzi e del Giudizio portatone dal sig. Cavalcasselle, memoria del dott. Gustavo Frizzoni. *Roma, tip. delle Scienze matematiche*, 1869. In-12.

—— Di alcune opere di disegno da rivendicare al loro autore l'artista senese Baldassare Peruzzi. Sign. Gustavo Frizzoni. *S. l. n. d.* In-4°. Estratto dal *Giornale Il Buonarroti*, 1871.

—— L'adorazione dei magi, pittura del XVI secolo. (Baldassare Peruzzi da Siena). Sig. Michelangelo Gualandi. *Società tipografica Bolognese. S. d.* In-8°.

Petit. Notice sur Louis-Michel Petit, graveur en médailles... par Alphonse Pauly, *Paris, Taride*, 1858. In-12, portr.

Petit-Jean. Artistes lyonnais contemporains. Marie Petit-Jean, née Trimolet, peintre de genre. Sign. une contemporaine, son élève (*Lyon*), *s. d.* In-8°.

Petitot. Jean Petitot (1607-1691). *Paris, Blaisot*, 1862. In-4°, portr. Extr. de *Les émaux de Petitot du Musée impérial du Louvre*, 3 vol.

Phidias. Examen des inculpations dirigées contre Phidias... par Eméric-David. *S. l.* In-12. (Extr. des *Annales Encyclopédiques*, 1817).

—— Phidias, sa vie et ses ouvrages, par Louis de Ronchaud, *Paris, Gide*, 1861. In-8°.

Phidias. Phidias, drame antique, par M. Beulé. *Paris, Hachette,* 1863. In-12.

—— Phidias, par Antoine Etex. *Paris, A. Deschamps,* 1875. In-4°, fig.

—— Les artistes célèbres. Phidias, par Maxime Collignon. *Paris, lib. de l'Art,* 1886. Grand in-8°, fig.

H. Picart. Notice sur l'atelier typographique établi en 1622, par l'abbesse Jeanne de Beauvilliers dans l'abbaye d'Avenay (Marne). (Notice sur Hugues Picart, graveur en taille douce, né à Châlons-sur-Marne, par M. Henri Menu). *Paris, H. Menu,* 1875. In-8°.

P. Picart. Catalogue des estampes qui composent la plus grande partie de l'œuvre de P. Picart, dessinateur et graveur. *S. l. n. d.* In-18.

B. Picart. Catalogue des pièces qui composent l'œuvre de B. Picart. A la tête le portrait de B. Picart, peint en 1709, par Jean Marc Nattier, et gravé en manière noire, par Nicolas Verkolje en 1715. *S. l. n. d.* In-18.

—— Catalogue d'une belle partie de planches de cuivre gravées la plupart par Bernard Picard.... *Amsterdam,* 1738. In-18.

Picot. Institut impérial de France. Académie des Beaux-Arts. Discours de M. Lehmann... prononcé aux funérailles de M. Picot. *Paris, typ. Firmin-Didot,* 1868. In-4°.

—— Institut impérial de France. Académie des Beaux-Arts. Notice sur M. Picot par M. Pils. *Paris, typ. Firmin-Didot,* 1869. In-4°.

Pieneman. Description du tableau représentant la bataille de Waterloo, le 18 juin 1815, par J. W Pieneman. *Harlem, Met et Meijlink, s. d.* In-18.

Pierre de Milan. H. de la Tour. Pietro da Milano. *Paris, Rollin et Feuardent,* 1893. In-8°, fig. Extr. de la *Revue numismatique.*

Pigalle. Eloge historique de Pigal, célèbre sculpteur..... *(Paris),* 1786. In-4°.

—— Observations sur le projet du Mausolée du Maréchal comte de Saxe. *S. l. n. d.* Petit in-18.

—— Réponse d'un élève de l'Académie Royale de Peinture et de Sculpture, à l'Auteur de la petite Brochure, ayant pour titre : Observations sur le projet du Mausolée de M. le Maréchal de Saxe. *S. l. n. d.* Petit in-18.

—— La vie et les œuvres de Jean-Baptiste Pigalle, sculpteur. P. Tarbé. *Paris, Vᵉ Renouard,* 1859. In-8°.

Pigalle. La statue de Diane par Jean-Baptiste Pigalle [signé : C. Doussault]. *Paris, P. Ollendorff,* 1878. In-8°, phot.

Pilavaine. Jacmart Pilavaine, miniaturiste du XVᵉ siècle, par Léon Paulet, *Bruxelles, Decq,* 1858. In-8°.

Pilinski. Adam Pilinski et ses travaux. Gravures, dessins, lithographies et reproductions en fac-simile, par un Bibliophile. *Paris, Labitte,* 1890. Grand in-8°, port.

Pilon. Sur Germain Pillon, sculpteur du roi. *S. l. n. d.* In-12.

—— Germain Pilon et les monuments de la chapelle de Birague à Sainte-Catherine du Val des Ecoliers, par M. L. Courajod. *Paris,* 1885. In-8°, fig. Extr. des *Mémoires de la Société nationale des Antiquaires de France.*

Pils. Isidore–Alexandre–Auguste Pils ; sa vie et ses œuvres par L. Becq de Fouquières. *Paris, Charpentier,* 1876. Grand in-8°.

—— Institut de France. Académie des Beaux-Arts. Notice sur M. Pils, par M. Bouguereau, *Paris, typ. Firmin-Didot,* 1877. In-4°.

—— Exposition des œuvres de Pils à l'Ecole des Beaux-Arts. Catalogue. *Paris, typ. Lahure,* 1876. In-18.

Pinaigrier. Les Pinaigrier par M. Doublet de Boisthibault, *Paris, Leleux,* 1854. In-8°, fig.

Pineau. Notice sur François-Nicolas Pineau et divers membres de sa famille, sculpteurs, graveurs, architectes (1653-1823), par Æmile Biais-Langoumois, *Angoulême, Goumard,* 1868. In-8°, portr.

Pinturicchio. Di Bernardino Pinturicchio, pittore perugino de'secoli XV, XVI. Memorie raccolte e pubblicate da Gio. Battista Vermiglioli, *Perugia, tip. Baduel,* 1837. In-8°, portr.

Piot. Edmond Bonnaffé. Eugène Piot, *Paris, Et. Charavay,* 1890. In-8°, portr., fig.

G. Pippi. Pitture di Giulio Romano (G. Pippi), che si osservano eseguite a fresco nel reale palazzo del T fuori di Mantova. Sig. Giosafatte e fratelli Negretti. *Mantova, frat. Negretti,* 1833. In-8°.

Piranesi. Lettre de M. Mariette sur les ouvrages de M. Piranesi. *S. l. n. d.* Petit in-18.

—— Œuvres des chevaliers Jean-Baptiste et François Piranesi. *Rome, imp. Pilucchi Cracas,* 1792. In-18.

Piranesi. Œuvres de Jean-Baptiste et de François Piranesi. *Versailles, Leblanc,* an VIII (1800). In-8°.

—— Quelques idées sur l'établissement des frères Piranesi, 1802. Sig. Duchesne fils. *S. l.* In-8°.

—— Notice de tableaux, gouaches, dessins, estampes, recueils, marbres, scajola de Rome, terres-cuites, soufres, vases de Portici, pièces d'ornements et de services en terre de Morfontaine, et autres objets, après le décès de M. François Piranesi. Par F. G. Regnault-Delalande, *Paris,* 1810. In-12.

Piroli. Necrologia di Tommaso Piroli romano, intagliatore in rame, scritta da Luigi Cardinali, *Roma, Francesco Bourliè,* 1824. In-4°, portr.

V. Pisano. Vittore Pisano, appelé aussi le Pisanello....... Signé : Gustave Gruyer. Grand in-8°, fig. Défait de la *Gazette des Beaux-Arts.*

—— Les médailleurs de la Renaissance par Aloïs Heiss. Vittore Pisano. *Paris, J. Rothschild,* 1881. In-fol., fig.

—— Il Pisano, grand'artefice veronese della prima metà del secolo decimoquinto .... memorie del dottor Cesare Bernarsconi, *Verona, tip. Civelli,* 1862. Grand in-8°.

—— Une œuvre de Pisanello par M. Félix Ravaisson, *Paris, imp. Nationale,* 1895. Gr. in-8°, fig. Extr. des *Mémoires de l'Académie des Inscriptions et Belles-Lettres.*

Plantin. Léon Degeorge. La maison Plantin à Anvers, *Bruxelles, Gay et Doncé,* 1878. In-8°, portr., fig.

J. P. Poggini. Médaillon inédit de Grazia Nasi. Œuvre du graveur Jean Paul Poggini [signé : Adrien de Longpérier]. (*Paris,* 1858). In-8°, fig. Extr. de la *Revue Numismatique.*

Plon. Notre livre intime de famille (par Eugène Plon), *Paris, typ. Plon,* 1893. Grand in-8°, portr., fig.

—— Eugène Plon. Paris 11 juin 1836 † 31 mars 1895. Discours prononcés sur la tombe. In-8°, portr.

Poillevé. Poillevé, émailleurs limousins. Sig. Maurice Ardant, 1860. *Limoges, imp. Chapoulaud.* In-8°.

Poilly. Catalogue de l'œuvre de F. de Poilly, graveur ordinaire du roi ; avec un extrait de sa vie.... le tout recueilli par R. Hecquet, graveur. *Paris, Duchesne,* 1752. In-18.

—— Catalogue de l'œuvre de Poilly, graveur ordinaire du roi...... réim-

pression du livre précédent, *Abbeville, Briez,* 1865. In-18.

Ponce. Notice sur Nicolas Ponce, graveur et homme de lettres... par M. Mirault, *Paris, imp. Carpentier-Méricourt* (1831). In-8°.

—— Catalogue de tableaux, dessins, estampes de feu M. Ponce, graveur. Par Duchesne aîné. *Paris, imp. Moessard,* 1831. In-8°.

Poncet. Les Poncet, émailleurs. Sig. Maurice Ardant, 1863. *Limoges, imp. Chapoulaud.* In-8°.

G. B. del Porto. Ecole de Modène. Giovanni Battista del Porto, dit le maître à l'oiseau, peintre graveur du XVIe siècle, par Emile Galichon, *Paris, imp. Claye,* 1859. Grand in-8°, fig. Extr. de la *Gazette des Beaux-Arts.*

Potter. Paul Potter, peintre de l'école hollandaise, par C. Lecarpentier. *Rouen, imp. Baudry,* 1818. In-8°.

—— Paulus Potter, sa vie et ses œuvres, par T. van Westrheene Wz. *La Haye, Martinus Nijhoff,* 1867. In-8°.

Poultier. Poultier (Jean-Baptiste) sculpteur picard, 1653-1719, par M. Emile Delignières. *Paris, typ. Plon,* 1897. In-8°.

Pourbus. Les Pourbus par Kervyn de Volkaersbeke. *Gand, imp. Hebbelynck,* 1870. In-8°, fig.

Poussin. Eloge de Nicolas Poussin, peintre ordinaire du roi..; par M. Nicolas Guibal. *A Paris, de l'Imprimerie Royale,* 1783. In-12, fig.

—— Essai sur la vie et sur les tableaux du Poussin, *Paris, Le Jay,* 1783. In-8°.

—— Le paysage du Poussin ou mes illusions, épître à M. Bounieu peintre du Roi et de son académie.... par M. de Murville. *Paris, chez l'auteur,* 1790. In-8°, fig.

—— Essai sur la vie et les tableaux du Poussin, par le citoyen Cambry, *Paris, imp. P. Didot l'aîné,* an VII. In-12.

—— Souscription pour un monument à élever à la gloire de N. Poussin. *Paris,* an X. In-8°, fig.

—— Mesures de la célèbre statue de l'Antinoüs, suivies de quelques observations sur la peinture, transcrites littéralement du manuscrit original de Nicolas Poussin... par P. M. Gault de Saint-Germain. *Paris, imp. Egron,* 1803. In-8°.

—— Vie de Nicolas Poussin, considéré comme chef de l'école françoise... par P. M. Gault de Saint-Germain. *Paris, P. Didot,* 1806. Petit in-4°, portr., fig.

Poussin. Eloge de Nicolas Poussin.... par Nicolas Ruault. *Paris, imp. Agasse,* 1809. In-8°.

—— Biographie. Eloge de Nicolas Poussin par Nicolas Ruault. *Paris, Agasse,* 1809. In-8°. Appréciation de ce discours. Sig. A. L. M. s. d. Extr. du *Magasin encyclopédique.*

—— Epitre à Nicolas Poussin. Par un jeune peintre. *Paris, imp. Dentu,* 1819. In-8°.

—— Memoirs of the life of Nicholas Poussin by Maria Graham. *London, Longman,* 1820. In-8°, portr.

—— Mémoires sur la vie de Nicolas Poussin, par Maria Graham... traduit de l'anglais. *Paris, Dufart,* 1821. In-8°, portr.

—— Notice sur la vie et les tableaux du Poussin. Sig. J. B. M. Gence. *Paris, imp. Everat,* 1823. In-8°. Extr. de la *Biographie universelle.*

—— Collection de lettres de Nicolas Poussin. *Paris, imp. Firmin-Didot,* 1824. In-8°.

—— Vie de Nicolas Poussin. *S. l. n. d.* In-fol.

—— Essai physiognomonique sur le Poussin, par M. Miel. *Paris, imp. de Madame De Lacombe,* 1838. In-8°.

—— Nicolas Poussin, né aux Andelys, en 1594, mort à Rome en 1665. Sign. E. J. Delécluze, *S. l. n. d.* In-8°, portr. Extr. du *Plutarque français.*

—— Discours sur Nicolas Poussin, par M. Raoul-Rochette, *Paris, typ. Firmin-Didot,* 1843. In-8°.

—— Corneille chez Poussin, à-propos anecdotique, en vers, par M. Ferdinand de la Boullaye, *Paris, Tresse* (1847). In-8°.

—— Nicolas Poussin. Sig. Ch. Clément. 1850. In-8°. Extr. de la *Revue des Deux Mondes.*

—— Poussin et son monument par M. Edouard Crémieu. *Evreux, Hérissey,* 1851. In-8°.

—— Vie de Nicolas Poussin, né aux Andelys, le 15 juin 1594. Sig. Mouton. *Andelys, Vᵉ Saillot,* 1851. In-12.

—— Philippe de Chennevières. Inauguration de la statue de Nicolas Poussin aux Andelys. *Argentan, imp. Barbier,* 1851. In-18.

—— Vie de Nicolas Poussin, né aux Andelys, le 15 juin 1594. Sig. B. Mouton. 1851. *Andelys, Vᵉ Saillot.* Pet. in-18.

Poussin. Documents inédits relatifs à l'histoire des Arts en France. Nicolas Poussin, lettre au cavalier del Pozzo, communiquée par Antoine - Augustin Rénouard. Sig. Victor Cousin, de l'Académie française. 1853. Notes et lettre autographes de l'auteur.

—— Un tableau de Nicolas Poussin. Sig. Dʳ Suchet. *Paris, imp. Simon Raçon, s. d.* In-18.

—— Le Poussin, sa vie et son œuvre.... par H. Bouchitté. *Paris, Didier,* 1858. In-8°.

—— Essai sur le Poussin. Sig. Eugène Delacroix. *S. l. n. d.* In-8°.

—— Les Andelys et Nicolas Poussin par E. Gandar. *Paris, Vᵉ Renouard,* 1860. In-8°, fig.

—— Nicolaus Poussin. Verzeichniss der nach seinen gemälden gefertigten gleichzeitigen und späteren kupferstiche, beschrieben von dʳ A. Andresen. *Leipzig, R. Weigel,* 1863. In-8°.

Poyet. Institut royal de France. Académie royale des Beaux-Arts. Funérailles de M. Poyet. Discours de M. Vaudoyer. *Paris, typ. Firmin-Didot,* 1824. In-4°.

Pradier. James Pradier, statuaire. Sig. Auguste Michaut. *Versailles, imp. Montalant-Bougleux,* 1852. In-12.

—— Institut de France. Notice historique sur la vie et les ouvrages de M. Pradier, par M. Raoul-Rochette. *Paris, typ. Firmin-Didot,* 1853. In-4°.

—— Pradier, par Georges Bell. *Paris, Giraud,* 1858. Pet. in-18.

—— Pradier et Ary Scheffer. Notes, souvenirs et documents d'art contemporain par Jules Canonge. *Paris, Paulin,* 1858. In-32.

—— J. Pradier. Etude sur sa vie et ses ouvrages par le plus ancien de ses élèves, Antoine Etex. *Paris, chez l'auteur,* 1859. In-8°, fig.

Praxitèle. Praxitèle, essai sur l'histoire de l'art et du génie grecs, depuis l'époque de Périclès jusqu'à celle d'Alexandre, par M. Emile Gebhart. *Paris, Tandou,* 1864. In-8°.

Preux. (A.) Notice nécrologique sur M. Auguste Preux par M. le conseiller Leroy. *Douai, Crépin,* 1882. In-8°.

Prieur (B.) Concours ouvert entre Barthélemi Prieur et Germain Pilon fils. (6 juin-17 septembre 1604). Documents publiés par M. Gustave Fagniez. (*Paris,* 1882). In-8°. Extrait du *Bulletin de la Société de l'histoire de Paris et de l'Ile-de-France.*

Primatice. Vita del celebre pittore Francesco Primaticcio scritta dal marchese Antonio Bolognini Amorini. *Bologna, tip. della volpe al sassi*, 1838. In-8°.

—— Essai sur les anciennes écoles de peinture en France, les restaurations de Fontainebleau, et sur quelques-unes des collections du Musée. Primatice. Sig. A. Poirson. *S. l.* In-8°. Extrait de la *Revue française*, avril 1838.

—— Etude sur les fontes du Primatice par Henry Barbet de Jouy. *Paris, V⁰ Renouard*, 1860. In-8°.

Primavera. A. Chabouillet. Notice sur une médaille inédite de Ronsard par Jacques Primavera, suivie de recherches sur la vie et les œuvres de cet artiste. *Orléans, imp. Georges Jacob*, 1875. In-8°, fig. Extrait du tome XV des *Mémoires de la Société archéologique et historique de l'Orléanais.*

Prost (A.) Aug. Prost, ancien conseiller municipal de la ville de Metz, membre de la société nationale des antiquaires de France..... 1817-1896. *Paris, L. Lesort*, (1896). In-8°, port. [Signé : Emile Michel.]

—— Gabriel-Auguste-Prost. Paroles prononcées par Henri Thédenet. *Paris,* 1896. In-8°. Extrait des *Procès-verbaux de la société nationale des antiquaires de France.*

Prudhon. Notice historique sur la vie et les ouvrages de P. P. Prudhon, peintre, (par Voïart). *Paris, chez Firmin-Didot*, 1824. In-8°.

—— Peintres et sculpteurs modernes. Prudhon. Sig. Eugène Delacroix. *Paris, imp. Gerdès.* In-8°. Extrait de la *Revue des Deux-Mondes*, nov. 1846.

—— La vie d'un peintre. (Prudhon). Sig. Dessales-Régis. *S. l. n. d.* In-8°. Extrait de la *Revue de Paris.*

—— L'art du dix-huitième siècle. Prudhon par Edmond et Jules de Goncourt. *Paris, Dentu*, 1861. In-4°, fig.

—— Prudhon. Sa vie, ses œuvres et sa correspondance, par Charles Clément. *Paris, imp. Claye*, 1870. In-4°.

—— Prudhon. Sa vie, ses œuvres et sa correspondance par Charles Clément. *Paris, Didier*, 1872. In-8°.

—— Prudhon. Sa vie, ses œuvres et sa correspondance par Charles Clément. *Paris, Didier*, 1872. Grand in-8°, portr. Fig.
Complément de cette étude : Trente compositions du maître reproduites par Arosa d'après le procédé Tessié du Mottay.

Prudhon. Exposition des œuvres de Prudhon, au profit de sa fille, à l'école des Beaux-Arts... *Paris*, mai 1874. In-12.

—— Les dernières lettres de Prudhon à sa fille. Sign. Eudoxe Marcille. *Paris, imp. Claye*, 1874. Grand in-8°. Extrait de la *Gazette des Beaux-Arts.*

—— Catalogue raisonné de l'œuvre peint, dessiné et gravé de P. P. Prudhon par Emond de Goncourt. *Paris, Rapilly*, 1876. In-8°, portr.

—— Lettre inédite du peintre Pierre-Paul Prudhon, publié par Ph. Milsand. *Paris, Jules Martin*, 1879. In-18.

—— Les artistes célèbres. Prud'hon par Pierre Gauthiez. *Paris, lib. de l'Art.* Grand in-8°, fig.

Puget. Lettre à M*** sur Pierre Puget, sculpteur, peintre et architecte. (*Paris*, 1752). In-18.

—— Lettres sur plusieurs monuments des Arts extraites du journal du département de Seine et Oise. Première lettre sur le Milon de Crotone du Puget. *Versailles, imp. Leblanc*, an V. In-8°.

—— Eloge de Pierre Puget, présenté au concours ouvert par l'Académie de Marseille, par Alphonse Rabbe. *Aix, imp. Henricy*, 1807. In-8°.

—— Eloge historique de Pierre Puget, sculpteur, peintre et architecte, (par Duchesne aîné.) *Paris, imp. bibliographique*, 1807. In-8°.

—— Notice sur les Caryatides du Puget, qui supportent le balcon de l'hôtel-de-ville de Toulon, par Z. Pons. *Toulon, imp. Aurel*, 1810. In-8°.

—— Essai sur la vie et les ouvrages de Pierre Puget, par Zénon Pons. *Paris, Delaunai*, 1812. In-8°.

—— Vie de Pierre Puget, peintre, statuaire, architecte et constructeur de vaisseaux, par M. Emeric David. *Marseille, imp. Bazile*, 1840. In-8°.

—— Pierre Puget.... né à Marseille, en 1622, mort dans la même ville, en 1694. Sign. Laurent. *S. l. n. d.* In-8°. Extrait du *Plutarque français.*

—— Sur la vie et les œuvres de Pierre Puget. Sig. D. M. J. Henry. *S. l.* In-8°. Extrait du *Bulletin semestriel de la Société des Sciences, Belles-Lettres et Arts du département du Var.* Vingtième année, 1853.

—— Pierre Puget, peintre, sculpteur, architecte, décorateur de vaisseaux, par Léon Lagrange. *Paris, Didier*, 1868. In-8°.

Puget. L'Hercule terrassant l'hydre de Lerne de Puget par M. l'abbé Porée. *Bernay, imp. A. Lefèvre*, 1884. In-8°.

Pujol de Mortry. Notice sur Pujol de Mortry, ancien prévôt de Valenciennes. Sig. Aimé Leroy, Arthur Dinaux. *Valenciennes, imp. Prignet*, 1827. In-8°.

Pujol. (A. de). Explication des peintures à fresque, exécutées par M. Abel de Pujol dans la chapelle S. Roch à S. Sulpice, précédée d'une courte notice sur ce genre de peinture. *Paris*, 1822. In-8°, fig.

—— Institut impérial de France. Funérailles de M. Abel de Pujol. Discours de M. Couder (et de M. Lemaire) prononcés aux funérailles de M. Abel de Pujol le 30 septembre 1861. (*Paris*). In-4°.

—— Notice sur Abel de Pujol, peintre d'histoire, membre de l'Institut... par M. Georges Rouget. *Valenciennes, typ. Prignet*, 1861. In-8°.

—— Essai biographique. La famille De Pujol par L. Cellier. *Valenciennes, imp. Henry*, 1861. In-12.

—— Translation des restes mortels d'Abel de Pujol à Valenciennes. Poême par Adolphe Garin. *Valenciennes, typ. Prignet*, 1865. In-8°.

—— Institut impérial de France. Académie des Beaux-Arts. Inauguration du monument élevé à la mémoire d'Abel de Pujol. à Valenciennes. Discours de M. Auguste Couder. *Paris, typ. Firmin-Didot*, 1865. In-4°.

Puvis de Chavannes. Galeries Durand-Ruel. Exposition des tableaux, pastels, dessins par M. Puvis de Chavannes. Préface de M. Roger Ballu. *Paris*, 1887. In-12.

—— Numéro exceptionnel consacré à Puvis de Chavannes. (*Paris*, du 15 au 31 janvier 1895). In-8°, fig. Extrait de la *Plume littéraire, artistique et sociale*.

—— La plume. Numéro exceptionnel consacré à Puvis de Chavannes. *Paris*, janvier 1895. In-8°, portr. fig.

—— L'art et l'idée. Essai sur Puvis de Chavannes par Léon Riotor. *Paris, bureaux de l'Artiste*, 1896. Grand In-8°, portr., fig.

Quatremère de Quincy. Institut national de France. Académie des Inscriptions et Belles-Lettres. Funérailles de M. Quatremère de Quincy. Discours de M. Magnin (et de M. Raoul Rochette) prononcés aux funérailles de M. Quatremère de Quincy le 30 décembre 1849. (*Paris*). In-4°.

Quatremère de Quincy. Antoine Chrysostome Quatremère de Quincy, deuxième secrétaire perpétuel de l'Académie des Beaux-Arts, par M. Henry Jouin. *Paris*, 1892. Grand in-8°, port.

Questel. Institut de France. Académie des Beaux-Arts. Notice sur la vie et les ouvrages de M. Questel, par M. le comte Henri Delaborde.... *Paris, typ. Firmin-Didot*, 1890. In-4°.

Quicherat. Obsèques de Jules Quicherat. 10 avril 1882. *Paris*. 1882. In-8°. Extrait de la *Bibliothèque de l'Ecole des Chartes*.

—— Jules Quicherat. Notice lue à la société d'émulation du Doubs le 13 mai 1882 par Auguste Castan. *Besançon, imp. Dodivers*. In-8°.

—— Jules Quicherat. Sa vie et ses travaux par Robert de Lasteyrie. *Paris, Imp. Nationale*, 1883. In-8°, portr. Extrait du *Bulletin du Comité des travaux historiques*.

—— Jules Quicherat et son œuvre archéologique. [Signé : J. Berthelé]. *Chateau-Thierry*, (1884). In-8°. Extrait des *Annales de la société historique et archéologique de Château-Thierry*.

Raffaelli. Catalogue de quelques peintures, sculptures et dessins de J. F. Raffaelli exposés du 27 mai au 11 juin 1890 à la maison Goupil. (*Paris*). In-12. Fig.

Raffet. Raffet, sa vie et ses œuvres, par Auguste Bry. *Paris, Dentu*, 1861. In-8°, portr., fig., fac-sim.

—— Raffet, son œuvre lithographique et ses eaux-fortes, suivi de la bibliographie complète des ouvrages illustrés de vignettes d'après ses dessins, par H. Giacomelli. *Paris, Gazette des Beaux-Arts*, 1862. Grand in-8°, portr., fig.

—— Galerie Georges Petit. Exposition de l'œuvre de Raffet. *Lille [Paris]*, 1892. In-12.

—— Les artistes célèbres. Raffet, par F. Lhomme. *Paris, librairie de l'Art*, 1892. Grand in-8°, portr., fig.

—— Raffet et son œuvre par Armand Dayot. *Paris* (1892). In-4°, fig.

—— Henri Beraldi. Raffet, peintre national. *Paris* (1892). In-fol., fig.

—— Institut de France. Académie des Beaux-Arts. Inauguration du monument de Raffet. Discours prononcé par M. Gérome, membre de l'Académie des Beaux-Arts, le 3 novembre 1893. *Paris, typ. F. Didot*, 1893. In-4°.

Rahoult. Les artistes grenoblois. Le monument de D. Rahoult par M. H.

Ding. Sig. L. M. de Villecaze. *Grenoble, typ. Maisonville*, 1877. In-18.

Raimbach. Memoirs and recollections of the late Abraham Raimbach, esq. engraver.... by M. T. S. Raimbach, M. A. *London, Frederick Shoberl*, 1843. Grand in-8°, portr.

Raimondi. Catalogo di una insigne collezione di stampe delle rinomatissime e rare incisioni del celebre Marc'Antonio Raimondi, fatta da Gianantonio Armano pittore. *Firenze, Francesco Cardinali*, 1830. In-18.

—— Leben und Werke des Marco-Antonio Raimondi aus Bologna. Aus Dr Nagler's Künstler-Lexicon besonders abgedruckt, 1842. In-8°.

—— Marc-Antoine Raimondi, reproductions photographiques des estampes de Marc-Antoine Raimondi avec une notice par M. Benjamin Delessert, par M. Vitet. *Paris, imp. Claye*, 1853. In-8°.

—— Catalogue de la majeure partie des estampes qui composent l'œuvre de Marc-Antoine, d'Augustin Vénitien et de Marc de Ravenne appartenant à M. S. de P. (de Waldeck). Sig. B. Blaisot. *Paris, Renou*, 1863. In-8°.

—— Notice sur les estampes gravées par Marc-Antoine Raimondi d'après les dessins de Jules Romain et accompagnées de sonnets de l'Arétin, par C. G. de Murr, traduite et annotée par un bibliophile, (Gustave Brunet, de Bordeaux). *Bruxelles, imp. Mertens*, 1865. In-18.

—— Marc Antonio Raimondi. Burlington fine arts club. 1868. Sign. Richard Fisher. Catalogue. *London, Schulze*, 1868. In-4°.

—— Benjamin Fillon. Nouveaux documents sur Marc Antoine Raimondi. Lettre à M. Georges Duplessis. *Paris, imp. A. Quantin*, 1880. Grand in-8°, fig. Extrait de la *Gazette des Beaux-Arts*.

—— Die antiken in den stichen Marcanton's, Agostino Veneziano's und Marco Dente's von Henry Thode. *Leipzig, E. A. Seemann*, 1881. In-4°, fig.

—— Marc-Antoine Raimondi. Etude historique et critique, suivie d'un catalogue raisonné des œuvres du maître, par le vicomte Henri Delaborde. *Paris, libr. de l'Art* (1888). In-4°, fig.

Rajon. Etchings. Drawings. Paintings by Rajon. *London, 133, New Bond Street*, 1885. In-12, fig.

Rambuteau. Institut de France. Académie des Beaux-Arts. Notice sur M. le comte de Rambuteau, ancien préfet de la Seine, par M. Albert Lenoir. *Paris, typ. Firmin-Didot*, 1870. In-4°.

Ramey. Institut national de France. Académie des Beaux-Arts. Funérailles de M. Ramey. Discours de M. Raoul-Rochette, secrétaire perpétuel de l'Académie, prononcé aux funérailles de M. Ramey le 31 octobre 1852. *Paris, Didot* In-4°.

—— Institut de France. Notice historique sur la vie et les ouvrages de M. Ramey, par M. Raoul-Rochette. *Paris, typ. Firmin-Didot*, 1853. In-4°.

Raynaud. Benjamin Raynaud, peintre et lithographe. Sign. Anatole Dauvergne. Novembre 1843. In-4°. Extrait de l'*Art en province*.

Reber. Institut de France. Académie des Beaux-arts. Notice sur M. Henri Reber, par M. Saint-Saens. *Paris, Didot*, 1881. In-4°.

—— Institut de France. Académie des Beaux-Arts. Notice sur la vie et les ouvrages de Henri Reber, par le vicomte Henri Delaborde... *Paris, Didot*, 1884. In-4°.

Redon. Exposition Odilon Redon. *Paris*, mars-avril 1894. In-12.

Redouté. Notice sur Joseph Redouté, (par M. Mirault). *Paris, imp. Ducessois*, 1840. In-8°. Extrait du tome XIII des *Annales de la Société libre des Beaux-Arts*.

Régamey (G.) Notice sur G. Régamey par Ernest Chesneau. *Paris, libr. de l'Art*, 1879. Grand in-8°, portr., fig.

Regnault (G.) Louis de Grandmaison. Les auteurs du tombeau des Poncher (musée du Louvre). Guillaume Regnault et Guillaume Chaleveau. *Tours*, 1897. In-8° photog.

Regnault (Bon). Exposition de trois tableaux dans une des salles du Palais National des Sciences et des Arts... par le Cen Regnault, membre de l'Institut national. *Paris, imp. Delance*, an VIII. In-12.

Regnault (H.) Henri Regnault. 1843-1871. Sig. Henri Baillière. *Paris, Lemerre*, 1871. In-18, fig.

—— Eugène Manuel. Henri Regnault, poésie récitée à la Comédie-Française par M. Coquelin le 27 janvier 1871. *Paris, Michel Lévy*, 1871. In-18.

—— La couronne civique. A la mémoire de Henri Regnault et des combattants morts pour la France dans la guerre de 1870-1871. Poème par Louise Bader avec une préface de G. Richardet. *Paris, A. Le Chevalier, s. d.* In-8°.

Regnault (H.) Œuvres de Henri Regnault exposées à l'Ecole des Beaux-arts. (Du 12 au 26 mars 1872). Notice par Théophile Gautier. *Paris, imp. Claye.* In-18.

—— Notice sur Henri Regnault par Charles Timbal. *Paris, imp. Chaix,* 1872. In-18.

—— Henri Regnault, sa vie et son œuvre, par Henri Cazalis. *Paris, Lemerre,* 1872. In-18, portr.

—— Henri Regnault, 1843-1871, par Henri Baillière. *Paris, Didier,* 1872. In-8°.

—— Correspondance de Henri Regnault annotée et recueillie par Arthur Duparc. *Paris, Charpentier,* 1872. In-12, portr.

—— Etude sur Henri Regnault par A. Angellier... *Paris, L. Boulanger,* 1879. In-12, portr.

—— Les artistes célèbres. Henri Regnault, par Roger Marx. *Paris, lib. de l'Art,* 1886. G^d in-8°, port., fig.

—— Henri Regnault, 1843-1871, par Gustave Larroumet, directeur des Beaux-arts. *Paris, Maison Quantin,* 1889. In-12, port.

Regnesson. Nicolas Regnesson, graveur, (XVIIe siècle) par M. Max Sutaine, *S. l.* (1856). In-8°. Extr. des *Travaux de l'Académie impériale de Reims.*

Reindel. Albert Christophe Reindel. Katalog seiner Kupferstiche von Dr A. Andresen. *Leipzig, R. Weigel,* 1867. In-8°.

Rembrandt. Catalogue raisonné de toutes les pièces qui forment l'œuvre de Rembrandt, composé par feu M. Gersaint, et mis au jour, avec les augmentations nécessaires, par les sieurs Helle et Glomy. *Paris, Hochereau,* 1751. In-18, port.

—— A Catalogue and description of the etchings of Rembrandt Van-Rhyn..., translated from the french. *London, T. Jefferys,* 1752. In-18. Port.

—— Supplément au Catalogue raisonné de MM. Gersaint, Helle et Glomy, de toutes les pièces qui forment l'œuvre de Rembrandt, par Pierre Yver. *Amsterdam, P. Yver,* 1756. In-18.

—— A descriptive catalogue of the Works of Rembrandt, and of his scholars, Bol, Livens, and Van Vliet..., by Daniel Daulby. *Liverpool, J. M'creery,* 1796. In-8°, port.

—— Catalogue raisonné de toutes les estampes qui forment l'œuvre de Rembrandt... Nouvelle édition..., par Adam Bartsch. 2 vol. *Vienne, Blumauer,* 1797. In-8°, port., fig.

Rembrandt. Rembrandt van Ryn, né en 1606, près Leyden, mort à Amsterdam, en 1674, par C. Lecarpentier. *Rouen, Baudry,* 1814. In-8°.

—— Catalogue raisonné de toutes les estampes qui forment l'œuvre de Rembrandt, et des principales pièces de ses élèves, composé par les sieurs Gersaint, Helle, Glomy et Yver. Nouvelle édition par M. le Chev. de Claussin. *Paris, imp. Firmin-Didot,* 1824. In-8°.

—— Beredeneerde catalogus der Werken van Rembrandt van Rhyn..., door C. Josi. *Amsterdam, s. d.* In-8°.

—— A descriptive catalogue of the prints of Rembrandt by an amateur. *London, J. F. Setchel,* 1836. In-8°.

—— Lofrede of Rembrandt, door J. Immerzeel, junior. *Amsterdam, bij den Schrijver,* 1841. In-8°, port.

—— Waarschuwend woord aan land-en stadgenooten, teges het dwaasselijk Verspillen van hun Geld aan de opringtie van een standbeeld voor Rembrandt. *Amsterdam, J. D. Sijbrandi,* 1841. In-8°.

—— Leben und Werke des malers und radires Rembrandt van Ryn, von Dr G. K. Nagler. *München,* 1843. In-8°.

—— Jeremiade van Rembrandt van Rhijn..., door J. Schenkman. *Amsterdam, G. Theod. Bom,* 1852. In-8°.

—— Programma van het Rembrandts-feest. Uitgegeven met goedkeuring van de kommissie. *Amsterdam, van Staden,* 1852. In-8°, fig.

—— Catalogue d'une collection magnifique d'estampes à l'eau-forte, composant l'œuvre presque complète de Rembrandt van Rhijn. Vente, 31 mars 1852. *Amsterdam.* In-12.

—— Levensschets van Rembrandt en dichtregelen by de onthulling van zijn standbeeld door W. N. Peijpers. *Amsterdam, Peijpers et Lintvelt,* 1852. In-8°, fig.

—— Rembrandt. Redevoering over het leven en de verdiensten van Rembrand van Rijn..., door Dr P. Scheltema. *Amsterdam, P. N. van Kampen,* 1853. In-8°, port.

—— L'œuvre complet de Rembrandt, décrit et commenté par M. Charles Blanc. *Paris, Gide,* 1859-1864. In-4°. 2 vol. publiés en 3 liv., port., fig.

—— Rembrand, discours sur sa vie et son génie, avec un grand nombre de documents historiques, par le D' P. Scheltema, traduit par A. Willems, revu et annoté par W. Burger. *Bruxelles, imp. Labroue*, 1859. In-8°. Extr. de la *Revue universelle des Arts.*

Rembrandt. Rembrandt and his works..., by John Burnet, F. R. S. *London, James S. Virtue,* 1859. In-4°, port., fig.

—— De vrouw van Rembrand. Bijzonderheden omtrent het huwelijk van den Schilder Rembrand von Rijn, van Leiden, met Saske Ulenburgh, van Leeuwarden door W. Eckhoff. *Amsterdam*, 1862. In-8°, port.

—— Rembrandt Harmens Van Rijn. Ses précurseurs et ses années d'apprentissage, par C. Vosmaer. *La Haye, Martinus Nijhoff,* 1863. In-8°.

—— Rembrand, discours sur sa vie et son génie, avec un grand nombre de documents historiques, par le docteur Scheltema. *Paris, Vve Renouard,* 1866. In-8°, port.

—— Rembrandt Harmens Van Rijn, sa vie et ses œuvres, par C. Vosmaer. *La Haye, Martinus Nijhoff,* 1868. G^d in-8°, fig.

—— Rembrandt et l'individualisme dans l'art, par Ath. Coquerel fils. *Paris, Cherbuliez,* 1869. In-18.

—— Catalogue of the etched work of Rembrandt, selected for exhibition at the Burlington fine arts club... (*London*), *Privately printed for the club,* 1877. In-4°, phot.

—— Notes on the etched work of Rembrandt..., by the reve. Charles Henry Middleton. (*London*), *J. Wilson,* 1877. In-4°.

—— A descriptive catalogue of the etched work of Rembrandt van Rhyn by Charles Henry Middleton, B. A. *London, John Murray,* 1878. G^d in-8°.

—— The etched work of Rembrandt, A monograph..., by Francis Seymour Haden. *London, Macmillan,* 1879. In-8°, fig.

—— L'œuvre gravé de Rembrandt. Etude monographique..., par Francis-Seymour Haden. *Paris,* 1880. In-4°.

—— Rembrandt. Conférence faite à l'esthetic-club, par Josephin Peladan. *Paris, H. Loones,* 1881. In-8°.

—— Les artistes célèbres. Rembrandt, par Emile Michel. *Paris, J. Rouam,* 1886. In-8°, en deux parties, texte et album. Sur Japon.

—— Museum of fine arts Print depar-

tment. Exhibition of the etched work of Rembrandt..., *Boston*, 1887. In-12

Rembrandt. Exhibition of Rembrandt's etchings. April, 1888. *New-York, H. Wunderlich.* G^d in-8°, port., fig.

—— La vérité sur le tableau du Pecq et la question de l'authenticité en général, par le professeur L. Nicole. *Lausanne, Payot,* 1890. In-8°.

—— La vérité sur le tableau du Pecq et la question de l'authenticité en général. Valeur des déclarations Gérôme et Bonnat, par le professeur L. Nicole. *Lausanne, Payot,* 1890. In-8°.

—— Extrait de la *Revue universelle des Arts.* L'œuvre gravé de Rembrandt. Etats non décrits. (Collection d'Arenberg). Sig. Ch. de Brou. *S. l. ni d.* In-8°.

—— Emile Michel, membre de l'Institut. Rembrandt, sa vie, son œuvre et son temps. *Paris, Hachette,* 1893. In-4°, port., fig.

Reni. Catalogue raisonné des estampes gravées à l'eau-forte, par Guido Reni, et de celles de ses disciples Simon Cantarini, dit le Pesarese, Jean-André et Elisabeth Sirani, et Laurent Loli, par Adam Bartsch. *Vienne, Blumauer,* 1795. In-18.

—— Vita del celebre pittore Guido Reni scritta dal Marchese Antonio Bolognini Amorini. *Bologna, tip. della Volpe al Sassi,* 1839. In-8°.

A. Renoir. Exposition A. Renoir. Galeries Durand-Ruel. Mai 1892. In-12, fig.

Renouard. Exposition des œuvres de Paul Renouard. Préface par Armand Dayot. (*Paris*, 1890). In-8°, fig.

J. Renouvier. Notice biographique sur M. Jules Renouvier..., par M. Anatole de Montaiglon. *Paris, Vve Renouard,* avril 1863. In-8°.

Restout. Eloge de M. Restout. *Nécrol.,* 1769. Pet. in-18.

Révoil. Eloge historique de Pierre Révoil..., par E.-C. Martin-Daussigny. *Lyon, imp. Barret,* 1842. In-8°.

Reymond. Emailleurs limousins. Les Reymond. Sig. Maurice Ardant, 1857. *Limoges, imp. Chapoulaud.* In-8°.

Reynolds. A descriptive catalogue of all the prints, with the engravers names and dates, wich have been engraved from original portraits and pictures, by sir Joshua Reynolds, P. R. A. collected by Edmund Wheatley. (*London*), *E. Wheatley,* 1825. In-18.

—— Les artistes célèbres. Joshua Reynolds, par Ernest Chesneau. *Paris, lib. de l'Art,* 1887. G^d in-8°, port., fig.

Ribera. Observaciones de don Ramon Diosdado caballero sobre la patria del pintor Josef de Ribera llamado el Españoletto..., *Valencia, Benito Monfort,* 1828. In-8°.

Ribot. Galeries de l'Art, Exposition rétrospective des œuvres de T. Ribot. *Paris, typ. Unsinger,* 1880. In-8°.

—— Exposition de Th. Ribot au palais national de l'Ecole des Beaux-Arts. (*Paris*), 1892. In-12.

Ricard. Louis Brès. Gustave Ricard et son œuvre à Marseille. *Paris, Renouard,* 1873. In-8°, port.

—— Notice sur la vie de Gustave Ricard, par M. Paul de Musset, suivie du catalogue des œuvres de Ricard, exposées à l'Ecole des Beaux-arts, le 1er mai 1873. *Paris, imp. Gauthier-Villars,* 1873. In-8°.

Richier. Ligier Richier, sculpteur lorrain, étude sur sa vie et ses ouvrages, par C.-A. Dauban. *Paris, Vᵉ Renouard,* 1861. In-8°.

—— Respect au sépulcre! Point de déplacement! ou Ligier Richier vengé dans son chef-d'œuvre, par Justin Bonnaire. *Saint-Mihiel, Main,* 1863. In-8°.

—— Auguste Lepage. Ligier Richier. *Paris, académie des bibliophiles,* 1868. In-32.

—— Description du sépulcre de Saint Mihiel et notice sur Léger Richier son auteur. *Sᵗ-Mihiel, typ. de Casner, s. d.* In-8°, fig.

—— Ligier Richier et la réforme à Saint-Mihiel, par M. Dannreuther. *Bar-le-Duc, imp. Contant-Laguerre* (1883). In-8°. Extr. des *Mémoires de la Société des lettres, sciences et arts de Bar-le-Duc.*

—— Les Richier et leurs œuvres, par l'abbé Souhaut. *Bar-le-Duc, imp. Contant-Laguerre,*1883. In-8°, phot.

—— Les artistes célèbres. Ligier Richier, sculpteur lorrain du XVIᵉ siècle, par Charles Cournault. *Paris, lib. de l'Art,* 1887. Gᵈ in-8°, fig.

—— L'école des Richier, par Marcel Lallemend. *Bar-le-Duc, Comte-Jacquet,* 1888. In-8°.

Ridinger. Leben und Wirken des unvergleichen thiermalers und kupferstechers Johann Elias Ridinger..., geschildert von Georg Aug. Wilh, Thienemann. *Leipzig, R. Weigel,* 1856. In-8°, port., fig.

Rivalz. Etudes sur l'école de Toulouse. L'œuvre gravé d'Antoine Rivalz, (1667-1735). Sig. Henri Vienne. *Toulouse,* *typ. Bonnal, s. d.* In-8°. Extr. de la *Revue de Toulouse,* nov. 1866.

Rizzo. Intorno la vita e le opere di Antonio Rizzo, architetto e scultore veronese del Secolo XV, cenni del Dott. Cesare Bernasconi. *Verona,* 1859. In-8°.

Robaut. Notice nécrologique sur Félix Fleury Robaut. Discours et appréciations. *Douai,* janvier 1880. In-12, port.

Robbia. Notice sur Girolamo della Robbia, auteur présumé des poteries dites Henri II, et sur sa famille, par H. Delange. *Paris, imp. Maulde,* 1847. In-8°.

—— Les della Robbia, sculpteurs en terre émaillée. Etude sur leurs travaux, suivie d'un catalogue de leur œuvre, fait en Italie en 1853, par Henry Barbet de Jouy. *Paris, Renouard,* 1855. In-12.

—— Les della Robbia, leur vie et leur œuvre d'après des documents inédits..., par J. Cavallucci et Emile Molinier. *Paris, J. Rouam,* 1884. Gᵈ in-4°, fig.

—— Emile Molinier. Une œuvre inédite de Luca della Robbia. *Paris, A. Lévy,* 1884. In-4°, fig. Extr. de la *Gazette archéologique.*

H. Robert. Extrait du *Moniteur* du 29 avril 1808. Hubert Robert. Sig. Taillasson. *S. l.* In-8°.

—— Epître à Hubert Robert, ancien membre de l'académie royale de peinture..., par Fournier Desormes. *Paris, Persan,* 1822. In-32.

L. Robert. Léopold Robert, dédié à Aurèle Robert, par Madame de***. *Auxerre, imp. Gallot-Fournier,* 1835. In-12.

—— Notice sur la vie et les ouvrages de Léopold Robert, par E. J. Delécluze. *Paris, Rittner et Goupil,* 1838. In-8°, port., fig.

—— Léopold Robert. Sig. Gustave Planche. In-8°. Extr. de la *Revue des Deux-Mondes.*

—— Léopold Robert, sa vie, ses œuvres et sa correspondance, par F. Feuillet de Conches. *Paris, Amyot,* 1848. In-12.

—— Léopold Robert d'après sa correspondance inédite, par Charles Clément, *Neuchatel, Sandoz; Paris, Didier,* 1875. Gᵈ in-8°.

Robert-Fleury. Discours prononcé le 8 mai 1890, aux funérailles de M. Robert-Fleury..., par M. Gustave Larroumet, directeur des Beaux-arts. *Paris, imp. Ch. Blot,* 1890. In-8°.

—— Institut de France. Académie des

Beaux-arts. Funérailles de M. Robert-Fleury... Discours de MM. Delaborde, P. Dubois, Bouguereau et Bailly. (*Paris, Didot*, 1890). In-4°.

Robert-Fleury. Institut de France. Académie des Beaux-Arts. Notice sur la vie et les travaux de M. Robert-Fleury, par M. le Cte Henri Delaborde. *Paris, typ. Firmin-Didot*, 1891. In-4°.

—— Ministère de l'Instruction publique et des Beaux-Arts. Direction des Beaux-Arts. Discours prononcé le 8 mai 1890, aux funérailles de M. Robert-Fleury..., par M. G. Larroumet, directeur des Beaux-Arts. *Paris, imp. Nationale*, 1891. In-4°.

—— Institut de France. Académie des Beaux-Arts. Notice sur M. Robert-Fleury, par M. Français. *Paris, typ. Firmin-Didot*, 1891. In-4°.

Robert-Lefèvre. Catalogue des tableaux, portraits, études, esquisses de M. Robert-Lefèvre, peintre de portraits et d'histoire..., dont la vente aura lieu par suite de son décès... *Paris*, 1831. In-8°.

Rubens. Catalogue des estampes gravées d'après Rubens..., par R. Hecquet. *Paris, Briassou*, 1751. In-18.

—— Histoire de la vie de P. P. Rubens, chevalier, et seigneur de Steen..., par par J. F. M. Michel. *Bruxelles, chez Æ. De Bel*, 1771. In-8°, port.

—— Historische levensbeschryving van Petrus Paulus Rubbens, ridder, Heere van den Steen... *Amsterdam, Johannes Smit*, 1774, In-8°, port.

—— Catalogue des tableaux, dessins, sculptures et autres objets rares. Lesquels ont été trouvés à la mortuaire du fameux peintre, le chev. P. P. Rubens, l'an 1640. *S. l.*, 1797. In-12, port.

—— Memorandum of the picture called the Chapeau de Paille, by P. P. Rubens, *London, Reynell*, 1823. In-8°.

—— Notice sur le grand tableau de P. P. Rubens. Baptême de Jésus-Christ, par Saint-Jean. *Gand, s. d.* Pet. in-4°, fig.

—— Recherches sur la famille de Pierre-Paul Rubens, par le baron de Reiffenberg. *Bruxelles, M. Hayez*, 1830. In-4°.

—— Nouvelles recherches sur Pierre-Paul Rubens, contenant une vie inédite de ce grand peintre, par Philippe Rubens, son neveu, avec des notes et des éclaircissements recueillis par le baron de Reiffenberg. *S. l.* In-4°. (1835).

—— Catalogue of the Works of art in the possession of sir Peter Paul Rubens. *S, l.*, 1839. In-12, fac-sim.

Rubens. Généalogie de Pierre Paul Rubens et de sa famille. Publiée par Frédéric Verachter. *Anvers, imp. Vve De Lacroix*, 1840. In-8°.

—— Vie de Pierre Paul Rubens, chevalier et seigneur de Steen..., par Jean-Joseph van Roy. *Bruxelles, J. de Mat*, 1840. In-8°, port.

—— Histoire de P. P. Rubens, suivie du catalogue général et raisonné de ses tableaux, esquisses, dessins et vignettes, avec l'indication des lieux où ils se trouvent et des artistes qui les ont gravés, par André Van Hasselt. *Bruxelles, imp. de la Société des Beaux-Arts*, 1840. In-8°, port., fig.

—— Lettres inédites de Pierre-Paul Rubens, publiées d'après ses autographes, et précédées d'une introduction sur la vie de ce grand peintre et sur la politique de son temps, par Emile Gachet. *Bruxelles, Hayez*, 1840. In-8°.

—— Les voyages pittoresques et politiques de Pierre-Paul Rubens, rédigés sur les manuscrits de la bibliothèque de Bourgogne, par J. F. Boussard, *Bruxelles, Detrez*, 1840. Pet. in-18, port.

—— Eloge en vers de Pierre Paul Rubens, par Louis Joseph Napoléon Marie Rutgeers. *Anvers, imp. Jouan*, 1840. In-12.

—— Rubens, poème, par Antoine Clesse. *Mons, imp. Piérard*, 1840. In-12.

—— Notice sur sept esquisses de Rubens, représentant la vie d'Achille. Signé Collot. *S. l. ni d.* Gr. in-8°.

—— Notice sur une collection de sept esquisses de Rubens, représentant la vie d'Achille. Par J.-P. Collot. *Paris, typ. Firmin-Didot, s. d.* Gr. in-8°.

—— Rubens. Aux Anversois, par Charles Marcellis. *Liège, Riga*, 1840. In-8°.

—— Vie de Pierre-Paul Rubens... par F. B. *Bruxelles*, 1840. In-12.

—— Les miracles de Saint-Benoit, par Rubens. (*Paris*), *imp. Maulde*, 1841. In-8°.

—— Particularités et documents inédits sur Rubens, par M. Gachard. *Bruxelles, Raspoet*, 1842. In-8°.

—— Histoire des Arts. Philologie. Nouvelles recherches sur Rubens, par le baron de Reiffenberg. (*Bruxelles*, 1844). In-8°. Extr. du tome XI des *Bulletins de l'Académie royale de Bruxelles.*

—— Matières colorantes et procédés de peinture employés par P.-P. Rubens. Découverte faite par J.-D. Regnier, peintre. *Gand, imp. Busscher*, 1847. In-8°.

Rubens. Etude sur le tableau de P.-P Rubens, représentant le Christ voulant foudroyer le monde, par M. Alvin. *Bruxelles, imp. Deltombe*, 1848. In-8°.

—— Notice sur un tableau de P.-P. Rubens, représentant le Christ au tombeau... par M. Alvin. *S. l. ni d.* In-8°. In-8°. Extr. du tome XIII des *Bulletins de l'Académie royale de Belgique.*

—— Rubens et l'école d'Anvers, par Alfred Michiels. *Paris, Delahays*, 1854. In-8°.

—— Catalogue des tableaux et dessins de Rubens, avec l'indication des endroits où ils se trouvent, par Alfred Michiels. *Paris, Delahays*, 1854. In-8°.

—— Eloge de Rubens par Wiertz. *Bruxelles et Leipzig, A. Schnée*, 1856. In-8°.

—— Rubens, sa vie et ses œuvres. Sig. Gustave Planche. In-8°. Extr. de la *Revue des Deux Mondes.*

—— Original unpublished papers illustrative of the life of sir Peter Paul Rubens, as an artist and a diplomatist, by W. Noël Sainsbury. *London, Bradbury and Evans*, 1859. In-8°.

—— Recherches sur le lieu de naissance de Pierre-Paul Rubens, par B.-C. du Mortier. *Bruxelles, Arnold*, 1861. In-8°.

—— Les Rubens à Siegen, par R. C. Bakhuizen van den Brink. *La Haye, Martinus Nijhoff*, 1861. In-8°.

—— Nouvelles recherches sur le lieu de naissance de Pierre-Paul Rubens... par B.-C. Du Mortier. *Bruxelles, Arnold*, 1862. In-8°.

—— Institut impérial de France. Rubens diplomate par M. J. Pelletier de l'Académie des Beaux-Arts. *Paris, typ. Firmin-Didot*, 1865. In-4°.

—— Catalogue des estampes gravées d'après P.-P. Rubens, par C.-G. Voorhelm Schneevoogt. *Harlem, les héritiers Loosjes*, 1873. Gr. in-8°.

—— Rubens diplomático español, sus viajes á España y noticia de sus cuadros, segun los inventarios de las casas reales de Austria y de Borbon, por Cruzada Villamil. *Madrid, Casa editorial de Medina y Navarro* (1874). In-18.

—— Institut de France. Discours de M. le V° Henri Delaborde, secrétaire perpétuel, prononcé à Anvers le 20 août 1877 à l'occasion du trois centième anniversaire de la naissance de Rubens. *Paris, typ. Firmin-Didot*. Grand in-8°.

Rubens. Histoire politique et diplomatique de Pierre-Paul Rubens par M. Gachard. *Bruxelles, Office de Publicité*, 1877. Grand in-8°.

—— Pierre-Paul Rubens, documents et lettres, publiés et annotés par Ch. Ruelens. *Bruxelles, C. Muquardt*, 1877. In-8°.

—— L'œuvre de P. P. Rubens. Catalogue de l'exposition organisée sous les auspices de l'administration communale d'Anvers par l'Académie d'archéologie de Belgique, *Anvers, imp. Van Merlen*, 1877. Grand in-8°.

—— Rubens d'après ses portraits. Etude iconographique par M. Henri Hymans. *Anvers, imp. V° De Backer*, 1883. In-8°. Fig. Extrait du *Bulletin Rubens.*

—— Les origines et la date du Saint-Ildefonse de Rubens, par Auguste Castan. *Besançon, imp. Dodivers*, 1884. In-8°, fig.

—— Notes d'un voyage en Italie à la recherche de documents relatifs à Rubens, par Charles Ruelens. *Anvers, imp. de Backer*, 1885. In-8°. Extrait du *Bulletin Rubens.*

—— La vie de Rubens, par Roger de Piles. *Anvers, imp. de Backer*, 1885. In-8°. Extrait du *Bulletin Rubens.*

—— L'Adoration des Mages de Rubens provenant des Annonciades de Bruxelles par Alphonse Goovaerts et Henri Stein ... *Anvers et Paris*. 1886. In-8°.

—— Rubens à Venise, par M. C. Ruelens. *Anvers, imp. de Backer*, 1886. In-8°. Extrait du *Bulletin Rubens.*

—— Opinion des érudits de l'Autriche sur les origines et la date du « Saint-Ildefonse » de Rubens, retrouvées par Auguste Castan. *Besançon, imp. Dodivers*, 1887. In-8°.

—— Une lettre inédite de Rubens par Emile Michel. *Paris, imp. de l'Art*, 1894. In-4°. Fig.

Robusti. Vita di Giacopo Robusti detto il Tintoretto, celebre pittore, cittadino venetiano. Fedelmente descritta da Carlo Ridolfi. *In Venetia, Guglielmo Oddoni*, 1642. In-8°, portr.

Rochebrune. A. Bonnin. M. Octave de Rochebrune et son œuvre. *Vannes, Lafolye*, 1888. In-8°.

Rochet. Mon frère et la vérité sur la statue équestre en bronze de Charlemagne exposée au Champ-de-Mars (de Louis Rochet) par Charles Rochet. *Paris, typ. V° J. Juteau*, 1878. In-18

Rochussen. Catalogus der Tentoonstelling van Teekeningen en schetsen vervaardigd door Ch. Rochussen... in de kunstzaal van het Panorama-gebouw. 1er février 1884. In-4°.

Roger (J. F.) Description de l'œuvre de Barthélemy Joseph Fulcran Roger, graveur en taille douce, élève de Louis Copia et de Piérre Prudhon, né à Lodève, département de l'Hérault, le 20 mai 1770. Catalogue manuscrit. *S. d.* In-18.

Roger (A.) Baptistère de l'Eglise Notre-Dame-de-Lorette peint par A. Roger. *Paris, imp. Ducessois* (1840). In-8°.

—— Peintures monumentales de la coupole de l'église Saint-Roch, par M. Adolphe Roger. *S. l. n. d.* In-4°.

Roland. Institut royal de France. Académie royale des Beaux-Arts. Funérailles de M. Roland (Philippe-Laurent) membre de l'Académie royale des Beaux-Arts. 12 juillet 1816. Discours de M. Quatremère de Quincy. In-8°.

—— Notice historique sur la vie et les ouvrages de M. Roland, par M. Quatremère-de-Quincy, lue à la séance publique de l'Académie Royale des Beaux-Arts du 2 octobre 1819. In-4°.

—— Roland et ses ouvrages, par David (d'Angers). *Paris, Pagnerre,* 1847, In-8°, port.

Rondelet. Discours nécrologiques prononcés par MM. Vaudoyer, architecte, membre de l'Académie royale des Beaux-Arts, et Baltard, architecte, au nom de l'école royale des Beaux-Arts, sur la tombe de Jean Rondelet, architecte, membre de la Légion d'honneur et de l'Institut, le 29 septembre 1829. *Paris, imp. Fain.* In-4°.

Rops (F.) Œuvre gravé de Félicien Rops. *Bruxelles, J. Olivier,* 1879. In-8°. Extrait du *Bibliophile Belge.*

Rosa. Salvator-Rosa, né à Renella, à deux milles de Naples, en 1605, mort à Rome, en 1673, par C. Lecarpentier. *S. l. n. d.* In-8°.

Rosaspina. Memorie della vita e delle opere di Francesco Rosaspina, incisor bolognese, scritte dal marchese Antonio Bolognini Amorini. *Bologna, tip. Governativi alla Volpe.* 1842. In-8°, portr.

—— Elogio di Francesco Rosaspina... dal conte Alessandro Cappi. *Ravenna, tipi del V. Seminario archivescovale,* 1843. In-8°.

Rothschild. Le Baron James de Rothschild. [Signé : Morgand et Fatout.] (*Paris*) 1881. In-8°, portr.

Rouget. Funérailles de M. Georges Rouget peintre d'histoire. Discours de

M. Henry d'Escamps, prononcé le dimanche 11 avril 1869. *Paris, imp. A. Lainé.* In-4°.

Rousseau (E.) Biographie de Edme Rousseau, par Miette de Villars. *Paris.* In-8°. Extrait du journal le *Monde dramatique* du 28 janvier 1858.

Rousseau (Th.) Notice des études peintes par M. Théodore Rousseau, exposées au Cercle des Arts. Sig. Philippe Burty. *Paris, librairie de l'Académie des bibliophiles,* juin 1867. In-18.

—— Souvenir sur Th. Rousseau, par Alfred Sensier. *Paris, Léon Téchener,* 1872. Grand in-8°, phot.

—— Théodore Rousseau. [Signé : Philippe Burty]. Grand in-8°, fig. Défait de la *Gazette des Beaux-Arts.*

Rousseaux (Em.) Emile Rousseaux. Biographie et catalogue de son œuvre par Em. Delignières. *Abbeville, imp. Paillart,* 1877. In-8°. Extrait des *Mémoires de la Société d'Emulation d'Abbeville.*

Rouville. De l'orthographe du nom de Guillaume Rouville et de quelques autres particularités de sa vie... par M. H. Baudrier... *Lyon, A. Brun,* 1883. In-8°.

Roybet (F.) Galerie George Petit. Le peintre F. Roybet et son œuvre. Conférence prononcée le 17 juin 1890, par L. Roger Milès. *Paris, G. Petit,* 1890. In-8°.

Royers. Biographies d'architectes. Les de Royers de la Valfrenière, par Léon Charvet. *Lyon, Glairon-Mondet,* 1870. Grand in-8°, fig.

Rude. L'esprit moderne dans la statuaire. François Rude. Sig. Marc Trapadoux. *S. l. n. d.* In-8°. Extrait de la *Revue européenne.*

—— Rude, sa vie, ses œuvres, son enseignement. *Paris, Rendu,* 1856. In-12, portr.

—— Notice sur le sculpteur François Rude... par Charles Poisot. *Dijon, imp. Loireau-Feuchot,* 1857. In-8°. Extrait des *Mémoires de l'Académie de Dijon.*

—— Lucien Paté. A François Rude. Poésie dite à l'occasion de l'inauguration de la statue de Rude le 17 octobre 1886 à Dijon. *Paris, P. Ollendorff,* 1886. In-12.

Ruskin. Ruskin et la religion de la beauté par Robert de la Sizeranne. *Paris, Hachette,* 1897. In-8°, portr.

Rutxhiel. Notice sur Henri-Joseph Rutxhiel, sculpteur, par P. J. Goetghebuer. *Gand, imp. Busscher*, 1851. In-8°, portr.

Ruysdael. Les artistes célèbres. Jacob van Ruysdael et les paysagistes de l'école de Harlem par Émile Michel. *Paris, librairie de l'Art*, 1890. Grand in-8°, fig., sur Japon.

Sabba da Castiglione. Sabba da Castiglione par Edmond Bonnaffé. *Paris, A. Quantin*, 1884. Grand in-8°, fig. Extrait de la *Gazette des Beaux-Arts*.

Sablet. Cabinet de peinture, appartenant à Mme de Lavauguyon : œuvres de François et Jacques Sablet. *Nantes, imp. Forest, s. d.* In-18.

—— Les Sablet, peintres, graveurs et dessinateurs. François le Romain, et Jacques le jeune, le peintre du soleil. Suisse. Italie. France. Notices biographiques d'après des documents originaux inédits avec essai d'un catalogue de l'œuvre de ces artistes par le marquis de Granges de Surgères. *Paris, Rapilly*, 1888. In-8°.

Saint-Aubert. Antoine François Saint-Aubert, peintre cambresien (1715-1788), par A. Durieux. *Cambrai, J. Renaut*, 1888. In-12, fig.

Saint-Aubin. Edmond et Jules de Goncourt. Les Saint-Aubin. *Paris, Dentu*, 1859. In-4°, fig.

—— Les gravures françaises du XVIIIe siècle ou catalogue raisonné des estampes, vignettes, eaux-fortes..... par Emmanuel Bocher. Augustin de Saint-Aubin. *Paris, Damascène Morgand et Charles Fatout*, 1879. In-4°.

—— Les artistes célèbres. Les Saint-Aubin par Adrien Moureau. *Paris, librairie de l'Art*, 1894. Grand in-8°. Fig.

—— Renseignements intimes sur les Saint-Aubin, dessinateurs et graveurs, d'après les papiers de famille par Victor Advielle. *Paris, L. Soulié*, 1896. In-8°, portr.

Saint-Eve. Notice sur Jean-Marie Saint-Eve, graveur, ancien pensionnaire de l'Académie de France, à Rome. Sig. J. I. Bourgeois. *Lyon, imp. L. Perrin*, 1860. In-8°, portr.

—— Notice sur Jean-Marie Saint-Eve ..... par le Dr Charles Fraisse. *Lyon, imp. Vingtrinier*, 1862. In-8°.

Saint-Igny. Jean de Saint Igny, peintre, sculpteur et graveur rouennais par J. Hédou. *Rouen, E. Augé*, 1887. In-8°.

Saint-Jean. Inauguration du buste de Simon Saint-Jean, peintre de fleurs, le

26 juillet 1885 à Millery. Paroles dites à cette occasion par M. Aimé Vingtrinier. *Lyon, imp. Mougin-Rusand*, 1885. In-8°.

Saint-Non. Notice sur Jean-Claude Richard de Saint-Non.... amateur honoraire de l'Académie de Peinture, par Gabriel Brizard. *Paris, imp. Clousier*, 1792. In-12.

Saint-Urbain. Ferdinand de Saint-Urbain, par Henri Lepage, avec un catalogue de l'œuvre de cet artiste par M. Beaupré. *Nancy, Wiener*, 1867. In-8°, portr.

Salmson. Entre deux coups de ciseau. Souvenirs d'un sculpteur par Jules Salmson. *Genève, Alioth et Paris, Lemerre*, 1892. In-8°, portr., fig.

Salomon (B.) Bernard Salomon, peintre et tailleur d'histoires à Lyon au XVIe siècle, par M. Natalis Rondot. *Lyon, Mougin-Rusand*, 1897. Grand in-8°.

Salucci. Memorie della vita e delle opere di Giovanni Salucci fiorentino... scritta da Giuseppe Ponsi. *Firenze, tip. Niccolai*, 1850. In-8°.

Sambin (H.) L'architecteur Hugues Sambin, créateur de l'école Bourguignonne de menuiserie d'art au seizième siècle... Notice biographique par Auguste Castan. *Besançon et Dijon*, 1891. In-8°, fig. Extrait des *Mémoires de la Société d'Emulation du Doubs*.

—— Une gravure d'Hugues Sambin. [Signé : N. Garnier.] *Dijon* (1892). In-8°, fig.

Santerre. Jean-Baptite Santerre, peintre, sa vie et son œuvre, par Alfred Potiquet. *Paris, Sandoz*, 1876. In-8°.

Santi (G.) Elogio storico di Giovanni Santi pittore e poeta, padre del gran Raffaello di Urbino, da Vincenzo Guerrini. *Urbino, per Vincenzo Guerrini*, 1822. In-8°.

Sanzio. Abrégé de la vie de Raphael Sansio d'Urbin, très excellent peintre et architecte... traduit d'italien en français par P. Daret, graveur. *A Paris, chez l'auteur*, 1651. In-32.

—— Recherche curieuse de la vie de Raphael Sanzio d'Urbin, de ses œuvres, peintures et estampes.... par J. de Bombourg, lyonnois. *A Lyon, chez André Olyer*, 1675. In-32.

—— Descrizione delle imagini dipinte da Raffaello d'Urbino nel Palazzo Vaticano, e nella Farnesina alla Lungara .... da Gio. Pietro Bellori. *In Roma, Gio. Lorenzo Barbiellini*, 1751. In-12.

—— Vita inedita di Raffaello da Urbino

illustrata con note da Angelo Comolli. *Roma, appresso il Salvioni*, 1791. In-4°.

Sanzio. Congettura che una lettera creduta di Baldessare Castiglione sia di Raffaello d'Urbino. Discorso letto alla reale Accademia fiorentina dall' abate Daniele d' Francesconi. *Firenze, Brazzini*, 1799. In-8°.

—— Exâmen analitico del quadro de la Transfiguracion de Rafaél de Urbino... (de Benito Pardo de Figueroa). *Paris, Crapelet*, 1804. In-8°.

—— Examen analytique du tableau de la Transfiguration de Raphaël, traduit de l'espagnol de M. Benito Pardo di Figueroa, par S. C. Croze-Magnan. *Paris, Debray*, an XIII, 1805. In-8°.

—— Saint-Michel qui terrasse Satan, par Raphaël. Sig. M. Emeric-David. *S. l.* 1808. In-18.

—— Alcune riflessioni di un oltramontano su la creduta Galatea di Raffael d'Urbino. *Palermo, Reale Stamperia*, 1816. In-8°

—— Lettera al signor Marchese Canova, scritta dal Sig. Stefano Ticozzi intorno a un quadro di Raffaello posseduto dal Sig. D. Camillo Fumagalli. *Milano, stamperia Pirotta*, 1817. In-12. Estratta dallo *Spettatore*.

—— La Visitation par Raphaël. *Paris, imp. V° Agasse*. In-8°. Extrait du *Moniteur* du 1er décembre 1818.

—— Catalogue des estampes gravées d'après Rafael, par Tauriscus Euboeus, *Francfort-sur-le-Mein, Hermann*, 1819. In-8°.

—— Raphael Sanzio's von Urbino leben und werke, von G. Chr. Braun. *Wiesbaden, Schellenberg*, 1819. In-8°.

—— Dissertation on the Helicon of Rafaël, written in the french language by the late baron d'Hancarville.... *Lausanne, printed by Hignou*, 1824. In-12.

—— Esposizione descrittiva delle pitture di Raffaello Sanzio da Urbino nelle Stanze Vaticane date alla luce da Pietro Paolo Montagnani, *Roma*, 1828. In-12. Portr.

—— Sulla unità del soggetto nel quadro della trasfigurazione di Raffaele .... dal Sig. Cardinale D. Placido Zurla. *Roma, Giuseppe Brancadoro*, 1830. In-4°.

—— Histoire de la vie et des ouvrages de Raphaël, par M. Quatremère de Quincy. *Paris, Le Clerc*, 1833. In-8°, port.

Sanzio. Pasce oves meas. Feed my sheep. Commonly called : The charge to Peter. *London, Bensley, printer, s. d.* In-4°.

—— Paul preaching at Athens, *London, Bensley, printer, s. d.* In-4°.

—— The death of Ananias. *London, Bensley, s. d.* In-4°.

—— Istoria del ritrovamento delle spoglie mortali di Raffaello Sanzio da Urbino, scritta dal principe Don Pietro Odescalchi dei duchi del Sermio. *Roma, tip. delle belle arti*, 1836. In-12.

—— Notizie istorico-critiche raccolte e redatte da Giacomo Fiascaini di Firenze circa un quadro di Raffaello d'Urbino da lui posseduto e discoperto da esso recentemente. *Firenze, tip. Magheri*, 1838. In-8°.

—— Lettera di Raffaello d'Urbino a Papa Leone X, di nuovo posta in luce dal cavaliere Pietro Ercole Visconti. *Roma, tip. delle Scienze*, 1840. In-8°.

—— Sul ritratto di Leone X dipinto da Raffaello di Urbino e sulla copia di Andrea del Sarto (sig. Antonio Niccolini) *Napoli, dalla Stamperia reale*, 1841. In-4°, fig.

—— Sul ritratto di Leone X dipinto da Raffaello d'Urbino e sulla copia del medesimo fatta da Andrea del Sarto. Osservazioni di Giovanni Masselli in risposta a quanto scrisse su tale argomento il Cav. Niccolini. In-8°. Extr. de la *Rivista Napolitana*, mars 1842.

—— De la légitimité du portrait de Léon X, attaquée dans le XIIIe vol. du musée Bourbon ; réponse à M. le Commandeur A. Niccolini, par Hector de Garriod. *Florence, imp. Felix Le Monnier*, 1842. In-8°.

—— Osservazioni di Antonio d'Aquino duca di Casarano sulla memoria del cav. Antonio Niccolini riguardante i due quadri di Leon X ch'esistono in Firenze, ed in Napoli. *Napoli*, 1842. In-8°.

—— Rittratto del duca Cesare Valentino Borgia dipinto da Raffaele Sanzio scoperto nella galeria Castelbarco, a Milano, lettera di Giuseppe Vallardi. *Milano, tip. Bernardoni*, 1843. In-8°.

—— Raphaels. Schule von Athen. Von Adolf Trendelenburg. *Berlin, Bethge*, 1843. In-8°, fig.

—— Sull'affresco di Raffaello d'Urbino recentemente scoperto in Firenze lettera di P. T. all'avv. Onorato Mochi. *Firenze, Bencini*, 1845. In-12.

—— Etude des Etudes de M. le baron de Reiffenberg sur les Loges de Raphaël par Edmond de Busscher, *Gand*, 1846. In-8°.

Sanzio. Notice sur les fresques de Raphaël et de Michel-Ange dont les copies sont exposées au Panthéon. *Paris, imp. Guiraudet,* 1847. In-8°.

—— Les fresques des Loges et des Chambres de Raphael; copies de MM. Balze. Sig. Dalgue. In-8°. Tiré de la *Bibliothèque universelle de Genève,* 1847.

—— Précis historique concernant le second original du Saint-Michel terrassant le démon, peint par Raphaël pour Charles-Quint.... Extr. d'un mémoire lu.... dans la séance de l'Académie des Beaux-Arts du 11 mars 1848, par M. de Coreil. *Paris, s. d., lith. Pollet.* In-8°.

—— Raphaël et Rubens et les peintres de leur école, par Adolphe Siret. *Gand, imp. De Busscher,* 1849. In-8°, portr.

—— La Raphaël collection de S. A. R. le prince Consort. *S. l. n. d.* In-4°.

—— The cartoons of Raphael. *London, Odell,* 1851. In-8°.

—— Appendice à l'ouvrage intitulé Histoire de la vie et des ouvrages de Raphaël par M. Quatremère de Quincy .... dédié au comte Ernest et à Marie de Maleville par leur grand-père baron Boucher Desnoyers. (*Paris*), *Dutot,* 1853. In-8°, portr., fig.

—— Notizie sopra un dipinto rappresentante la sacra famiglia in riposo posseduto dal conte Carlo di Castelbarco. *Milano, tip. Guglielmini,* 1857. In-4°, fig.

—— Essai sur les fresques de Raphaël au Vatican par F. A. Gruyer. Loges, *Paris, Vᵉ Renouard,* 1859. In-8°.

—— Le Raphael de M. Morris Moore Apollon et Marsyas, par Léon Batté. *Paris, Taride,* 1859. In-8°.

—— Essai sur les fresques de Raphaël au Vatican, par A. Gruyer. Chambres. *Paris, Vᵉ Renouard,* 1859. In-8°.

—— Di un cartone di Raffaello Sanzio custodito nel museo reale borbonico e dei tempi in cui venne operato. Da Felice Niccolini, *Napoli, GaetanoNobile,* 1859. In-4°, fig.

—— Raphael's disputa, von Dr. A. Hagen. *Leipzig, Weigel,* 1860. In-8°.

—— Rafaels disputa. Von Anton Springer. *Bonn, Adolph Marcus,* 1860. In-18.

—— Researches into the history of a painting by Raphael of Urbino entitled « La Belle Jardinière » (première idée du peintre) by Miner K. Kellogg. *London,* 1860. Grand In-8°.

Sanzio. Raphaël d'Urbin et son père Giovanni Santi, par J.-D. Passavant. 2 vol. *Paris, Vᵉ Renouard,* 1860. In-8°, portr.

—— Ein Kupferstich von Rafael in der Sammlung der Königlichen Kunstakademie zu Düsseldorf, beschrieben von der conservator dieser Sammlung Andreas Müller. *Düsseldorf, J. Buddeus,* 1860. In-4°, fig.

—— Observations critiques sur le Raphaël d'Urbin de M. J. D. Passavant, par M. C. Marsuzi de Aguirre. *Bruxelles, Mahieu,* 1861. In-8°.

—— Raphaël et l'antiquité. Le triomphe de Galatée, par F. A. Gruyer. *Paris, imp. Claye,* 1862. In-4°, fig.

—— Encore un mot sur la fresque de S. Onofrio, par M. Louis Vitet. *Paris, imp. Claye,* 1862. In-8°.

—— Raphaël et l'antiquité. Les trois grâces, par F. A. Gruyer. *Paris, imp. J. Claye,* 1862. In-4°, fig.

—— Le palais de la Farnésine au Transtévère romain, par F. A. Gruyer. *Paris, imp. Claye,* 1862. In-4°. Extr. de la *Gazette des Beaux-Arts.*

—— Notizie inedite di Raffaello da Urbino tratte da documenti dell'archivio palatino di Modena per cura di Giuseppe Campori. *Modena, Carlo Vincenzi,* 1863. In-4°.

—— Documents inédits sur Raphaël tirés des archives palatines de Mantoue (du marquis Joseph Campori de Modène). 1863. In-4°. Extrait de la *Gazette des Beaux-Arts.*

—— Notice sur la vie et les ouvrages de Raphaël par Ernest Breton, *Saint-Germain-en-Laye, imp. Toinon,* 1863. In-8°.

—— Raphaël et l'antiquité, par F. A. Gruyer, *Paris, Vᵉ Renouard,* 1864. 2 vol. in-8°.

—— Qui a colorié les cartons de Raphael pour les fameuses tapisseries ? Sig. Julius Hubner. *Dresde,* octobre 1865. In-8°.

—— Peintures al sugo d'erba représentant des sujets composés par Raphaël, pour les tapisseries de la chapelle Sixtine. *Paris, Duprat,* 1865. In-32.

—— Grande découverte artistique. Exposition, 24 rue du Quatre-Septembre. Moïse frappant le rocher (tableau attribué par son possesseur à Raphaël). *Paris, imp. Vincent, s. d.* In-8°.

—— Beschreibendes verzeichniss einer privatsammlung von Kupperstichen. Raphaël. *Leipzig,* 1866. In-8°.

Sanzio. Dichiarazioni intorno all'Apollo e Marsia di Raffaelle dei professori delle classi di pittura e scultura dell'insigne e pontificia Accademia romana delle belle arti... *Roma, Stamperia della S. C. de propaganda fide*, 1866. In-8°.

—— Quelques documents relatifs à l'Apollon et Marsyas de Raphaël. *Rome, imp. Monaldi*, 1866. In-8°.

—— Raphaël. Le rêve du chevalier par M. F. A. Gruyer. *Paris*, 1867. In-4°, fig. Extr. de la *Gazettte des Beaux-Arts*.

—— Notices historiques sur un tableau inédit de Raffaello Sanzio, décrit par plusieurs historiens.. par M. le chevalier T. Aloysio-Juvara. *Napoli, imp. Lombardi*, 1867. In-8°.

—— Les Vierges de Raphael et l'iconographie de la Vierge, par F. A. Gruyer. *Paris, Vᵉ Renouard*, 1869. 3 volumes in-8°.

—— Monographie des Vierges de Raphaël, par M. Hellis, *Paris, imp. Boissel*, 1869. In-8°.

—— Trois dessins d'architecture inédits de Raphaël, par M. Henry de Geymüller. *Paris, imp. J. Claye*, 1870. In-4°, fig. Extr. de la *Gazette des Beaux-Arts*.

—— Paul Casimir-Périer. Un nouveau Raphaël au Louvre. *Paris, Amiot*, 1870. In-8°.

—— La Vierge et les Saints de Saint-Antoine de Pérouse. Tableau de Raphaël appartenant à M. le duc de Ripolda et déposé au Musée du Louvre, par F. Martel. *Paris, Bonaventure*, 1870. Grand in-8°.

—— Les fresques de Raphaël provenant de La Magliana, Sig. A Gruyer. 1873. In-8°, phot.

—— De l'authenticité des fresques de Raphaël provenant de La Magliana et de leur acquisition. Sig. Haro. *Paris, imp. Claye*, 1873. In-8°.

—— De l'historique et de l'authenticité de la fresque de Raphaël « le Père Eternel bénissant le Monde » provenant de la Magliana... par L. Oudry. *Paris, imp. Goupy, s. d.* In-8°.

—— Sopra una scultura di Raffaello Sanzio, poche osservazioni dell'avvocato Achille Gennarelli. *Firenze, tip. dei successori Le Monnier*, 1873. In-18.

—— Le couronnement de la Sainte Vierge, d'après un carton de Raphaël, tapisserie retrouvée au Vatican, par M. le Commandant Paliard, *Paris, imp. Claye*, 1873. In-4°. Extrait de la *Gazette des Beaux-Arts*.

—— Tapisseries du XVIIᵉ siècle exécu-

tées d'après les cartons de Raphaël par Jean Raes, de Bruxelles. Description et notes par Frantz Bauer, architecte, précédées d'une notice par Edmond About. *Paris, Lecuir*, 1875. In-8°.

Sanzio. Raphael's Apollo and Marsyas and english official Knavery. *S. l. n. d.* In-8°.

—— Institut de France. Les portraits de Raphaël par lui-même, par M. A. Gruyer. *Paris, typ. Firmin-Didot*, 1876. In-4°.

—— Le Raphaël d'un million par M. le commandant Paliard. *Paris, imp. J. Claye*, 1877. In-4°, fig. Extr. de la *Gazette des Beaux-Arts*.

—— La petite madone d'Orléans et diverses erreurs de Passavant par M. le commandant Paliard. *Paris, imp. Quantin*, 1878. In-4°, fig. Extr. de la *Gazette des Beaux-Arts*.

—— Institut de France. Le comte Balthazar Castiglione et son portrait par Raphaël, au musée du Louvre, *Paris, typ. Firmin-Didot*, 1879. In-4°.

—— Katalog zur Raphael-Ausstellung .... von Ernst Arnold. *Dresden, Guthier* (1879). In-8°.

—— Raphael archéologue et historien d'art par Eug. Müntz. *Paris. imp. A. Quantin*, 1880. Grand in-8°. Extr. de la *Gazette des Beaux-Arts*.

—— Raphaël. Portrait du Joueur de violon par M. A. Gruyer... *Paris, Imp. Nat.*, 1880. In-4°. Extr. du *Journal des Savants*.

—— Observations sur deux dessins attribués à Raphael et conservés à l'Académie des Beaux-Arts de Venise, par Louis Courajod. *Paris, H. Champion*, 1880. In-8°, fig. Extr. du Journal *l'Art*.

—— Raphaël, sa vie, son œuvre et son temps, par Eug. Müntz. *Paris, Hachette*, 1881. In-4°, fig.

—— M. le Commandant Paliard. L'Abondance, tableau du Louvre peint sous la direction de Raphaël. *Paris, imp. Quantin*, 1881. Grand in-8°, fig. Extr. de la *Gazette des Beaux-Arts*.

—— Raphaël, peintre de portraits, fragments d'histoire et d'iconographie sur les personnages représentés dans les portraits de Raphaël, par F. A. Gruyer. *Paris, Renouard*, 1881. 2 volumes in-8°, port.

—— Les Historiens et les critiques de Raphaël, 1483-1883. Essai bibliographique.... par M. Eugène Müntz. *Paris, J. Rouam*. 1883. In-8°, portr.

Sanzio. Grande découverte artistique. Exposition, 24 rue du Quatre-Septembre. Moïse frappant le rocher, par Raphaël d'Urbin (*Paris*), *imp. Vincent* (1884). In-8°. Mystification de M. Auvray, expert coutumier du fait.

—— Raphael et la Farnésine, par Charles Bigot. *Paris, Gazette des Beaux-Arts*, 1884. In-4°, fig.

—— La petite Sainte-famille du Louvre et le tableau original de la petite Sainte-famille de Raphaël. *Paris, imp. Dumoulin*, 1887. In-12, phot.

—— F. A. Gruyer, membre de l'Institut. Apollon et Marsyas au Musée du Louvre. *Paris, G. Chamerot*, 1889. In-8°, phot. Extrait de la *Nouvelle Revue*.

—— La petite Sainte famille de Raphaël *Madona piccola* de la Marquise Isabelle d'Este de Gonzague. Collection de Mantoue. Le dessin, le tableau par X*** (Henri Roussel). *Paris, imp. Dumoulin*, 1892. In-12, fig.

Sarrabat. Notice sur Daniel Sarrabat. Sig. *Z. S. l. n. d., imp. Barret*. In-8°.

Ch. Saunier. Charles Saunier. Augustin Dupré, orfèvre, médailleur et graveur général des Monnaies. Préface par M. O. Roty, membre de l'Institut. *Paris*, 1894. Grand in-8°, fig.

Scarsella. Vita di Ippolito Scarsella detto Scarsellino, pittore ferrarese, scritta dall'Arciprete Girolamo Baruffaldi. *Bologna, Annesio Nobili*, 1839. In-8°.

Schaepkens. XXII eaux-fortes avec souvenir biographique de Théodore Schaepkens. 1810-1884. *Bruxelles, imp. veuve Monnom*, 1887. In-4°.

Schedoni. Lettera al marchese Giuseppe Campori intorno al pittore Bartolomeo ed al vescovo Baldassare Schedoni, Mario Valdrighi. *S. l.* Estratto dall' *indicatore modenese*, 1851. In-8°.

A. Scheffer. Peintres modernes de la France. Ary Scheffer. Sig. L. Vitet. *Paris, imp. Claye*, in-8°. Extr. de la *Revue des Deux-Mondes*, 1er octobre 1858.

—— Catalogue des œuvres de Ary Scheffer, exposées...... 26, Boulevard des Italiens. *Paris, imp. Claye*, mai 1859. In-8°.

—— Ary Scheffer, par Ch. Lenormant. *Paris, Douniol*, 1859. In-8°. Extr. du *Correspondant*.

—— Ary Scheffer. Etude sur sa vie et ses ouvrages... par Antoine Etex. *Paris, A. Lévy*, 1859. In-8°.

—— Ary Scheffer par Mme la marquise

Blanche de Saffray. *Paris, typ. Plon*, 1859. In-8°.

A. Scheffer. Memoir of the life of Ary Scheffer by Mrs. Grote. *London, John Murray*, 1860. In-8°, portr., fac-sim.

—— Scheffer et Decamps, par M. Emile Im-Thurn. *Nimes, typ. Clavel-Ballivet*, 1876. In-8°. Extr. des *Mémoires de l'Académie du Gard*, année 1875.

Schilt. Notice sur L. P. Schilt, peintre sur porcelaine, attaché à la Manufacture Impériale de Sèvres, par Emile Bellier de la Chavignerie. *Versailles, imp. Cerf*, 1860. In-18, portr.

Schlüter. Andreas Schlüter, leben und werke. Von F. Adler. *Berlin, Ernst et Korn*, 1862. In-8°.

Schmidt. Catalogue raisonné de l'œuvre de feu George Fréderic Schmidt, graveur du Roi de Prusse.... *A Londres*, 1789. In-8°, portr.

—— Schmidt's Werke... von L. D. Jacoby. *Berlin, Jacoby*, 1815. In-8°, portr.

—— Kritische Verzeichnisse von Werken hervorragender Kupferstecher. Erste Band. Georg. Friedrich Schmidt von J. E. Wessely. *Hambourg*, 1887. In-8°, Port.

Schnetz. Institut Impérial de France. Académie des Beaux-Arts. Discours de M. Baltard (et de M. Lefuel), prononcés aux funérailles de M. Schnetz (*Paris*) (1870). In-4°.

—— Institut de France. Notice sur Victor Schnetz, par M. Beulé. *Paris, Firmin-Didot frères*, 1871. In-4°.

—— Institut de France. Académie des Beaux-Arts. Notice sur la vie et les œuvres de Schnetz, par M. Paul Baudry. *Paris, typ. Firmin-Didot*, 1874. In-4°.

—— Schnetz et son époque..., par Gaston Le Breton. *Paris, typ. Plon*, 1885. In-8°.

—— Lettres inédites de Schnetz à Paul Baudry, par Gaston Le Breton... *Paris, typ. Plon*, 1886. In-8°.

Schöngauer. Ecole allemande. Martin Schöngauer, peintre et graveur du XVe siècle, par M. Emile Galichon. *Paris, imp. J. Claye*, 1859. G^d in-8°, fig.

—— Das Todesjahr Martin Schongauers, von Eduard His-Heusler. *Leipzig, Weigel*, 1867. In-8°.

—— Le Musée de Colmar. Martin Schongauer et son école. Par Charles Goutzwiller, *Colmar, Barth. Paris, Sandoz*, 1875. In-8°, port., fig.

Schöngauer. Martin Schöngauer. Ein kritische Untersuchung seines Lebens und seiner Werke..., von Dr Alfred von Wurzbach. *Wien*, 1880. In-8°.

Sebastiano (del Piombo). Sebastiano del piombo et Ferrante Gonzaga Sig. Giuseppe Campori. *Modena, Carlo Vincenzi*, 1864. In-4°. Extr. des *Atti e Memorie della deputazione, per gli studi di storia patria delle provincie di Modena e Parma.*

C. A. Sellier. Catalogue illustré des œuvres de C. A. Sellier, (1830-1882) exposées à l'école des Beaux-Arts. *Paris, L. Baschet*, décembre 1883. G^d in-8°, port., fig.

Senémont. École lorraine. Le peintre Senémont, (1720-1782), par Jules Renauld. *Nancy, imp. Berger-Levrault*, 1877. In-8°.

Serantoni. Biografia di Antonio Serantoni, disegnatore, incisore et lavoratore di cere anatomiche, di P. Vannoni. *Firenze, Batelli*, 1838. In-8°, port.

Serendat de Belzim. Galerie Georges Petit. Exposition Serendat de Belzim. *Paris*, 1894., In-12.

Sergent. Notice biographique sur A. F. Sergent, graveur en taille-douce, député de Paris à la Convention nationale, par Noël Parfait. *Chartres, Garnier*, 1848. In-8°.

Serlio. Biographies d'architectes. Sébastien Serlio, 1475-1554, par Léon Charvet, *Lyon, Glairon Mondet*, 1869, In-8°, port., fig.

Servandoni. Mémoire pour le sieur Servandony, peintre et architecte du Roy, apelant et intimé, contre Louis Rossignol, écrivain Juré à Paris, intimé et apelant. Me Mestais, avocat. *Paris, Mesnier*, 1732. In-f°.

Seymour-Haden. A descriptive Catalogue of the etched work of Francis Seymour Haden, by Sr William Richard Drake, F. S. A. *London, Macmillan*, 1880. In-8°.

Sigalon. Sigalon et ses ouvrages. Sig. Jeanron, *Paris, imp. Baudouin*. In-8°. Extr. de la *Revue du Nord*, 1837.

—— Eloge de Xavier Sigalon, poème..., par Adrien Peladan. *Paris, Olivier-Fulgence ; Nîmes, Giraud*, 1842. In-8°.

E. Signol. Souvenirs. Emile Signol, membre de l'Institut, (par Mlle Ernestine Signol, sa fille). *Paris*, 1893. G^d in-4°, port., fig.

—— Institut de France. Académie des Beaux-Arts. Funérailles de M. Signol, membre de l'Académie, le samedi 8 octobre 1892. Discours de M. le Comte Henri Delaborde. *Paris, typ. Firmin-Didot*. In-4°.

E. Signol. Institut de France. Académie des Beaux-Arts. Notice sur la vie et les œuvres de M. Emile Signol, par M. Luc-Olivier Merson. *Paris, typ. Firmin-Didot*, 1899. In-4°.

Silvestre. Israel Silvestre. Sig. H. Longueville Jones. In-8°. Extracted from the *Gentleman's Magazine* for May and June, 1856.

—— Catalogue raisonné de toutes les estampes qui forment l'œuvre d'Israel Silvestre, précédé d'une notice sur sa vie, par L. E. Faucheux. *Paris, Vve Renouard*, 1857. In-8°.

—— Israël Silvestre et ses descendants, par E. de Silvestre. *Paris, imp. Vve Bouchard-Huzard*, 1868. In-8°.

—— Renseignements sur quelques peintres et graveurs des XVIIe et XVIIIe siècles. Israël Silvestre et ses descendants, par E. de Silvestre. 2me édition. *Paris, imp. Ve Bouchard-Huzard*, 1869. In-8°, port.

Simart. Alphonse de Calonne. La Minerve de Phidias, restituée d'après les textes et les monuments figurés, par M. Simart. *Paris, bureaux de la Revue contemporaine*, 1855. In-8°.

—— La statuaire d'or et d'ivoire. La Minerve de M. Simart. Sig. Beulé. Extr. de la *Revue des Deux-Mondes*, 1er février, 1856.

—— Notice sur la vie et les œuvres de Ch. Simart, membre de l'Institut. (Académie des Beaux-Arts), par M. Ch. Lévèque. *Paris, A. Durand*, 1857. In-8°.

—— Simart, statuaire, membre de l'Institut, étude sur sa vie et sur son œuvre, par M. Gustave Eyriès. *Paris, Didier*, s. d. G^d in-8°, port.

—— Etude sur Simart, à propos du livre de M. Eyriès, par V. Courdaveaux. *Paris, Didier*, 1860. In-8°.

Sirani. Il pennello lagrimato orazione funebre del signor Gio. Luigi Picinardi, in morte della Signora Elisabetta Sirani pittrice famosissima. *In Bologna, per Giacomo Monti*, 1665. In-8°, port., fig.

Siriès. Catalogue des pierres gravées par Louis Siriès, orfèvre du roi de France, présentement directeur des ouvrages en pierre dure de la galerie de S. M. Impériale à Florence. *Florence, André Bonducci*, 1757. In-8°.

Slodtz. Lettre de M. Cochin aux auteurs de la *Gazette littéraire*. (Sur René-Michel Slodtz). *Paris*, 1765. Pet. in-18.

Smith. John Smith. Verzeichniss seiner schabkunstblâbter beschrieben von Prof. J. E. Wessely. *Hamburg, Haendcke et Lehmkuhl,* 1887. In-8°, port.

Solario. Memorie della vita di Antonio de Solario, detto il Zingaro, pittore viniziano, da G. A. Moschini. *Firenze, tip. all'insegna di Dante,* 1831. In-8°, fig.

Sorieul. Jules Hédou. Jean Sorieul, 1823-1871. *Rouen, E. Augé,* 1882. In-8°, port., fig.

Soufflot. Translation dans l'Eglise de Ste-Geneviève du corps de J. G. Soufflot, chevalier de l'ordre du roi, intendant général des bâtiments, architecte de sa majesté et de la nouvelle église de Sainte-Geneviève, le mercredi 25 février 1829. In-12. Extr. du *Moniteur* du 27 fév. 1829.

—— Jacques-Germain Soufflot, né à Irancy, département de l'Yonne, en 1714 ; mort à Paris le 20 août 1780. Sig. Alavoine. *S. l. ni d.* Défait.

J. Soulas. F. de Mély. Jehan Soulas, au Louvre et à la Cathédrale de Chartres. *Paris, Plon,* 1889. G^d in-8°, fig.

R. Soyer. Notice sur Robert Soyer, ingénieur des ponts et chaussées, par M. Eudoxe Marcille. *Orléans, H. Herluison,* 1884. In-8°, port.

Spirinx. Les Spirinx, graveurs d'estampes à Lyon, au XVIIe siècle, par M. Natalis Rondot, *Lyon, imp. Mougin-Rusand,* 1893. G^d in-8°, fig.

Steen. Jan Steen. Etude sur l'art en Hollande, par T. Van Westrheene. *La Haye, Martinus Nijhoff,* 1856. In-8°, port.

Stella. Notes et recherches sur l'authenticité du portrait de Jacques Stella, par M. Saint-Jean. *Lyon, imp. Vingtrinier,* 1856. In-8°.

—— Un tableau de Stella à l'église de Montreuil-Versailles, (1614), par Ch. Barthélémy. *Arras,* 1877. In-8°. Extr. de la *Revue de l'art chrétien.*

Alf. Stevens. Galerie Nationale. Les Modernistes. Alfred Stevens, par Louis Cardon. *Bruxelles,* 1886. G^d in-8°. Extr. de la *Fédération artistique.*

Strange. Catalogue de l'œuvre de Robert Strange, graveur, avec une notice biographique. Par M. Charles Le Blanc. *Leipsic, R. Weigel,* 1848. In-8°.

—— Memoirs of sir Robert Strange, knt engraver... and of his brother-in-law Andren Lumisden... by James Dennistoun. *London, Longman,* 1855. 2 vol. in-12, port.

Strésor. Recherches sur Mademoiselle Anne-Renée Strésor, membre de l'ancienne académie royale de peinture et de sculpture, 1651-1713, par M. Emile Bellier de La Chavignerie. *Paris, Dentu,* 1860. In-8°. Extr. de la *Revue universelle des Arts,* année 1858.

Sturel. Notice sur Madame Sturel, née Marie-Octavie Paigné, par le docteur Scoutetten. *Metz, imp. Lamort,* 1854. In-8°.

Suc. Une visite à l'atelier de E. E. Suc, statuaire-sculpteur à Nantes. Sig. Baptiste Dureau. *Nantes, imp. William Busseuil,* 1846. In-8°.

Suyderhoef. Jonas Suyderhoef. Verzeichniss seiner kupferstiche, beschrieben von Johann Wussin. *Leipzig, R. Weigel,* 1861. In-8°.

—— Jonas Suyderhoef, son œuvre gravé, classé et décrit par M. J. Wussin..., traduit de l'allemand, annoté et augmenté par H. Hymans. *Bruxelles, imp. Mertens,* 1863. In-8°.

Swanevelt. Van Swanevelt, dit Herman d'Italie, par C. Lecarpentier. *Rouen, imp. Guilbert, s. d.* In-8°.

Swerts. Hommage à la mémoire du peintre anversois Jean Swerts. Compterendu des travaux du comité d'organisation, 27 mai 1881. *Anvers, imp. de Backer,* 1882. In-8°.

Taillasson. Notice sur M. Taillasson, peintre d'histoire..., par M. T. C. Brunn Neergaard. *Paris, imp. Sajou,* 1810. In-8°.

—— Jean Joseph Taillasson, de l'ancienne Académie de peinture et de sculpture..., 1745-1809, par Charles Marionneau. *Bordeaux, Vve Moquet,* 1892. In-8°.

Talec. Notice sur Talec, par H. de Saint-Georges. *Rennes, typ. Marteville,* 1856. In-8°. Extr. du t. II. de la *Biographie Bretonne.*

Tardieu. Institut royal de France. Notice historique sur la vie et les ouvrages de M. Tardieu, par M. Raoul-Rochette. *Paris, typ. Firmin-Didot,* 1847. In-4°.

—— Notice sur les Tardieu, les Cochin et les Belle, graveurs et peintres, par M. Alexandre Tardieu, *Paris, imp. Pillet,* 1855. In-8°. Extr. des *Archives de l'art français.*

O. Tassaert. Galerie Georges Petit. Exposition O. Tassaert. *Paris,* 29 décembre 1885. In-8°.

—— Artistes modernes. Octave Tassaert. Notice sur sa vie et catalogue de son œuvre, par Bernard Prost, préface par Alexandre Dumas fils. *Paris, L. Baschet,* 1886. In-4°, port., fig.

Taunay. Catalogue des tableaux précieux de Taunay, peintre..., dont la vente aura lieu, par suite de son décès, les lundi 28 février et mardi 1ᵉʳ mars 1831. *Paris,* 1831. In-8°.

Bᵒⁿ Taylor. Notice sur M. le baron Taylor et sur les tableaux espagnols achetés par lui d'après les ordres du roi. Sig. Achille Jubinal. *Paris, Pannier,* 1837. In-8°.

—— Illustrations artistiques et littéraires. M. le baron Taylor, par Achille Jubinal. *Montpellier, typ. Boehm,* 1844. In-8°.

—— Institut de France. Notice sur la vie et les travaux de M. le Bᵒⁿ Taylor, par M. le Vᵗᵉ Henri Delaborde... *Paris, typ. Didot,* 1880. In-4°.

—— Institut de France. Académie des Beaux-Arts. Notice sur le Bᵒⁿ Taylor, par M. le Mⁱˢ de Chennevières..., *Paris, Didot,* 1881. In-4°.

—— Inauguration du monument élevé à la mémoire du baron Taylor. 15 mai 1884. *Paris.* In-4°.

E. Templier. Monsieur Emile Templier. (Discours prononcés sur sa tombe). (*Paris,* 1891). Gᵈ in-8°.

—— Monsieur Emile Templier, 1821-1891. Sign. F. Schrader. *Paris, imp. Dumoulin, s. d.* In-12, port.

Téniers. Précis sur David Téniers, par C. Lecarpentier. *Rouen, imp. Guilbert,* an XIV. In-8°.

—— Quelques notes concernant David Téniers le jeune, Jacob van Ruysdael et Nicolas Berghem. Sig. C. De Brou. *S. l. ni d.* In-8°.

—— Téniers le jeune, sa vie, ses œuvres, par John Vermoelen. *Anvers, imp. Donné,* 1865. In-8°, port.

—— Notes historiques sur David Téniers et sa famille, par J. Vermoelen. *Paris, Dumoulin,* 1870. In-8°. Extr. de la *Revue historique nobiliaire,* 1870.

G. Terburg. Les artistes célèbres. Gérard Terburg et sa famille, par Emile Michel. *Paris, librairie de l'Art,* 1887. In-4° en deux fascicules, texte et album. Sur Japon.

J. Thépaut. Léonce Viltart. Jules Thépaut, artiste peintre, (1818-1885). *Arras, Sueur-Charruey,* 1885. In-12.

Théry. Notice sur la famille douaisienne Théry de Gricourt, et sur ceux de ses membres, qui ont cultivé les beaux-arts,

par A. Preux. *Douai, Crépin,* 1866. In-8°. Extr. des *Souvenirs de la Flandre-Wallonne, t. VI.*

Ch. Thévenin. Institut royal de France. Académie royale des Beaux-Arts. Funérailles de M. Thévenin (Charles). Discours de M. Garnier..., prononcé le samedi, 24 février 1838. *Paris, imp. Firmin-Didot.* In-4°.

Cl. Thévenin. Notice nécrologique de M. Claude-Noël Thévenin, peintre d'histoire..., par Aᵗᵉ Gamen-Dupasquier. *Montmartre, imp. Pilloy,* 1850. In-8°.

Thierry-Poux. Funérailles de M. Olgar Thierry-Poux, conservateur du Département des imprimés à la Bibliothèque Nationale de Paris, *lib. Techener,* 1894. In-8°. Extrait du *Bulletin du Bibliophile.*

F. Thomas. Félix Thomas, Grand-Prix de Rome, architecte, peintre, graveur, sculpteur, par le baron de Girardot. *Nantes, imp. Vᵛᵉ Mellinet,* 1875. In-8°.

Amb. Thomas. Institut de France. Académie des Beaux-Arts, Funérailles de M. Ambroise Thomas..., le samedi 22 février 1896. Discours de M. Bonnat et de M. Mézières. *Paris, typ. Firmin-Didot.* In-4°.

—— Institut de France. Académie des Beaux-Arts. Notice sur la vie et les œuvres de M. Ambroise Thomas, par M. le Cᵗᵉ Henri Delaborde..., lue dans la séance publique annuelle du 31 octobre 1896. *Paris, typ. Firmin-Didot,* 1896. In-4°.

—— Institut de France. Académie des Beaux-Arts. Notice sur M. Ambroise Thomas, par M. Charles Lenepveu..., lue dans la séance du 9 janvier 1897. *Paris, typ. de Firmin-Didot,* 1897. In-4°.

Thomassin. Recherches sur la vie et l'œuvre du graveur troyen Philippe Thomassin, par M. Edmond Bruwaert. *Troyes, imp. Dufour-Bouquot,* 1876. In-8°.

Th. Thoré. Un critique d'art au XIXᵉ siècle. (Théophile Thoré), par Pierre Petroz. *Paris, F. Alcan,* 1884. In-12.

Thorwaldsen. Ueber A. von Thorwaldsen, von E. A. Hagen. *Königsberg, Boigt,* 1841. In-8°.

—— Mémoire sur la vie et les ouvrages de Barthélémy-Albert Thorwaldsen, par A. Marcellin. *Paris, René,* 1848. In-4°.

—— David d'Angers. Lettre sur Thorwaldsen. *Alençon, Poulet - Malassis,* 1856. In-18.

Thorwaldsen. Bertel Thorwaldsen. Sig. Henri Delaborde. (1867). In-8°. Extr. de la *Revue des Deux-Mondes.*

—— Thorwaldsen, sa vie et son œuvre, par Eugène Plon. Ouvrage enrichi de deux gravures au burin, par F. Gaillard. *Paris, Henri Plon,* 1867. In-4°. Avec la suite des épreuves d'artiste, des gravures en bois de Carbonneau sur les dessins de Gaillard, tirées avant l'impression du volume.

J. J. Tissot. An exhibition of modern art by J. J. Tissot. The prodigal son in modern life, paintings, etchings and émaux cloisonnés. *London, Dudley-Gallery,* 1882. In-12.

—— Exposition des œuvres de M. J. J. Tissot organisée par l'Union centrale des arts décoratifs. *Paris, A. Quantin,* 1883. In-8°.

—— J. J. Tissot. Eaux-fortes, manière noire, pointes sèches. (Notice par Charles Yriarte). *Paris,* 1886. In-8°, phot.

Töpffer. La vie et les œuvres de Töpffer..., par l'abbé Relave. *Paris, Hachette,* 1886. In-8°.

Tory. Geoffroy Tory, peintre et graveur, premier imprimeur royal..., par Aug. Bernard. *Paris, Edwin Tross,* 1857. In-8°, fig.

—— Geoffroy Tory, peintre et graveur, premier imprimeur royal..., par Auguste Bernard. 2ᵐᵉ édition. *Paris, Tross,* 1865. In-8°, fig.

Tournemine. Etude sur C. de Tournemine, peintre toulonnais, par le Dᴿ L. Turrel. *Toulon, typ. Laurent,* 1877. In-8°.

Traini. Memorie inedite intorno alla vita e ai dipinti di Francesco Traini..., da Francesco Bonaini. *Pisa, tip. Nistri,* 1846. Gᵈ in-8°.

Trimolet. La paresse d'un peintre lyonnais. (Claude-Anthelme-Henri Trimolet), esquisse par Aimé Vingtrinier, *Lyon, Vingtrinier,* 1866. In-8°.

Triqueti. Les Tarsias de marbre du Bᵒⁿ H. J. de Triqueti. Décoration de la chapelle Wolsey à Windsor. Sig. Bᵒⁿ de Girardot. *Nantes, imp. Vᵛᵉ Mellinet,* 1868. In-8°.

—— Catalogue de l'œuvre du baron Henri de Triqueti, précédé d'une notice sur ce sculpteur, par M. le baron de Girardot. *Orléans, imp. Puget,* 1874. In-8°. Extrait du tome XVI des *Mémoires de la Société d'Agriculture, Sciences, Belles-Lettres et Arts d'Orléans.*

Troost. Mʳ A. Ver Huell. Cornelis

Troost en zijn werken. *Arnhem, Gouda Quint,* 1873. In-4°, fig.

Trumbull. Auto-biographie. John Trumbull, peintre d'histoire. *S. l. n. d.* In-8°. Extrait de la *New Quarterly Review.*

Trutat. Notice sur Félix Trutat, peintre ... par Henri Chabeuf... *Dijon, Darantière,* 1887. In-12, portr.

Turra. Descrizione dei dipinti di Cosimo Turra, detto Cosmè ultimamente scoperti nel palazzo Schifanoja in Ferrara, nell' anno 1840. Sig. F. conte Avventi Coloñlo. *Bologna, tip. Marsigli, s. d.* In-12.

—— Gustave Gruyer. Cosimo Tura. *Paris, imp. de l'Art,* 1892. Grand in-8°, fig. Extrait de l'*Art.*

Vaillant (W.) Wallerant Vaillant. Verzeichniss seiner kupferstiche und schabkuntsblätter beschrieben von J. E. Wessely. *Wien, W. Braumüller,* 1865. In-8°, portr.

—— Le catalogue de M. Wessely sur l'œuvre de Wallerant Vaillant annoté et amplifié par M. Ver Loren van Themaat. *Utrecht, Keinink,* 1865. In-8°.

Vaillant. Collection d'œuvres des frères Vaillant, artistes lillois, offerte à leur ville natale par la société des sciences et des arts de Lille. *Lille, imp. Danel,* 1887. In-12.

Valdor (J.) Un graveur liégeois à Nancy. Jean Valdor par Emile Mellier. *Nancy, typ. G. Crépin-Leblond,* 1884. In-8°. Extrait des *Mémoires de la société d'archéologie lorraine.*

Vallet de Viriville. Notice sur M. Vallet de Viriville, professeur à l'Ecole des Chartes, par M. P. Nicard. *Paris, Delaroque,* 1870. In-8°.

Vandermeulen. An accurate and descriptive account of the pieces of sculpture in wood chef-d'œuvre of Peter Vandermeulen, flemish sculptor, brother of the celebrated painter of battles, by Mʳ N. Cornelissen. *Ghent, Gyselynck,* 1835. In-8°.

Vanloo (C.). Thésée vainqueur du taureau de Marathon. Tableau de M. Carle Vanloo pour les tapisseries du Roy. 1745. *Paris, imp. Le Mercier,* 1745. In-18.

—— Vie de Carle Vanloo. Lue par M. Dandré Bardon dans l'Assemblée du 7 septembre 1765. *Paris, Desaint,* 1765. In-18.

—— Eloge historique de Monsieur Carle Vanloo. *S. l. n. d.* In-18.

Vanloo (J.-B.) Vie de Jean-Baptiste Vanloo, professeur de l'Académie Royale de Peinture et de Sculpture, par M.

Dandré Bardon, Recteur. *Paris, Louis Cellot,* 1779. In-18.

Vanloo (César). César Van Loo, aux amateurs des Beaux-Arts. *S. l. n. d.* In-12.

Vannucchi (A.) Notizie inedite della vita d'Andrea del Sarto (A. Vannucchi) raccolte da manoscritti, e documenti autentici da Luigi Biadi di Firenze. *Firenze, tip. Bonducciana,* 1829. In-8°, portr.

—— Andrea del Sarto. Von Alfred Reumont. *Leipzig, Brokhaus,* 1835. In-12.

—— Notice sur Andrea Vannucchi dit Andrea del Sarto, par Ernest Breton. *Paris, A. René,* 1848. In-8°.

—— Sur un tableau du Musée de Lyon faussement attribué à André del Sarte, par Clair Tisseur. *Lyon, imp. Vingtrinier,* 1861. In-8°.

Vannucci. Della vita e delle opere di Pietro Vannucci, da Castello della pieve, cognominato il Perugino, commentario istorico del professore Antonio Mezzanotte. *Perugia, tip. Baduel,* 1836. In-8°, portr., fac-sim.

—— Pérugin, sa vie et ses œuvres, par Achille Jubinal. *Saint-Germain, imp. Toinon,* 1867. In-8°.

—— Le tableau du Pérugin au Musée de Lyon, par E.-C. Martin-Daussigny. *Lyon, imp. Vingtrinier,* 1873. In-8°.

Vanopstal. Plaidoié pour le sr Girard Vanopstal un des recteurs de l'Académie royale de la peinture et de la sculpture. *A Paris, chez Sebastien Mabre-Cramoisy,* 1678. Pet. in-4°.

Varin. Les frères Varin, graveurs chalonnais par Armand Bourgeois. *Châlons-sur-Marne,* 1894. In-8°.

A. Varin. Notice sur la vie et les œuvres du graveur Amédée Varin, par Frédéric Henriet. *Chateau-Thierry.* 1884. In-8°, port. Extrait des *Annales de la Société Historique et Archéologique de Château-Thierry.*

Vassé. Le sculpteur Louis-Claude Vassé, par Henri Stein. *Paris, typ. Plon,* 1886. In-8°.

Vaublanc (de). Institut impérial de France. Académie des Beaux-Arts. Notice sur le comte de Vaublanc par M. Alph de Cailleux lue à la séance du 12 février 1870. *Paris, typ. Firmin-Didot.* In-4°.

Vaudoyer (L.) Léon Vaudoyer, architecte du Gouvernement, membre de l'Académie des Beaux-Arts, de l'Institut

de France, inspecteur général des édifices diocésains. Sig. Henri Révoil. *Nîmes, typ. Clavel-Ballivet* (1872). In-8°.

Vaudoyer (L.) Institut de France. Académie des Beaux-Arts. Notice sur M. Léon Vaudoyer par M. Ballu. *Paris, typ. Firmin-Didot,* 1873. In-4°.

—— Société centrale des architectes. Notice sur la vie et les œuvres de Léon Vaudoyer, architecte... par G. Davioud. *Paris,* 1873. In-8°.

—— Notice des œuvres de Léon Vaudoyer, architecte, membre de l'Institut, exposées à l'Ecole nationale et spéciale des Beaux-Arts. Février 1873. *Paris, typ. Chamerot,* in-8°.

Vecellio (Tiz.) Vita dell'insigne pittore Tiziano Vecellio, già scritta da anonimo autore, riprodotta con lettere di Tiziano nelle nozze Da Mulla-Lavagnoli. *Venezia, stamp. Antonio Curti,* 1809. Grand in-8°, portr.

—— Relazione di due quadri di Tiziano Vecellio. *Venezia, tip. di Alvisopoli,* 1816. In-4°, fig.

—— Notice sur le Titien, par M. de Angelis. *Paris, imp. Everat, s. d.* In-8°. Extrait de la *Biographie universelle.*

—— Notices of the life and works of Titian. Sig. A. Hume. *London, Rodwell and Colnaghi,* 1829. Grand in-8°, portr.

—— Diploma di Carlo V imperatore a Tiziano, ora per la prima volta pubblicato nella sua integrità e tradotto in occasione delle faustissime nozze Cadorin-Benedetti. *Venezia, tip. Gio. Cecchini,* 1850. In-8°.

—— Cenni illustrativi sul monumento a Tiziano Vecellio, aggiuntevi la vita dello stesso..... del consigliere Francesco dott. Beltrame. *Venezia, tip. Naratovich,* 1852. In-8°, portr.

—— Lettera di Domenico Lampsonio, poeta e pittore da Bruggia a Tiziano Vecellio, in data 13 marzo 1567, ripubblicata con annotazioni. *Venezia, tip. Antonelli,* 1858. In-8°.

—— Lettera inedita di Tiziano Vecellio al pittore Tiziano, pubblicata in occasione dell' auspicatissime nozze Costantini-Morosini. *Ceneda, tip. Gaetano Longo,* 1862. In-8°.

—— Tiziano Vecellio. Deposizione dalla Croce quadro in tela della Galleria Manfrin di Venezia. Studio di G. M. Urbani... *Venezia, stab. Kirchmayr e Scozzi,* 1880. In-8°.

Velasquez. Velasquez et ses œuvres par William Stirling, traduit de l'anglais par G. Brunet, avec des notes et un catalogue des tableaux de Velasquez par W. Bürger. *Paris. V° Renouard,* 1865. In-8°, portr.

Velasquez. Mémoire de Velasquez sur quarante et un tableaux envoyés par Philippe IV à l'Escurial, réimpression de l'exemplaire unique (1658) avec introduction, traduction et notes par le baron Ch. Davillier. *Paris, A. Aubry.* 1874. In-8°, portr.

—— Velazquez and Murillo. A descriptive and historical catalogue of the works of don Diégo de Silva Velazquez and Bartholomé Estéban Murillo.... by Charles B. Curtis, M. A. *London, Sampson Low...,* 1883. Grand in-8°, portr. fig.

Van de Velde (J.) L'œuvre de Jan Van de Velde décrit par D. Franken Dz. et J.-Ph. Van de Kellen. *Amsterdam et Paris,* 1883. Grand in-8°.

Velde (van de). Les Van de Velde par Emile Michel. *Paris, librairie de l'Art,* 1892. In-4°, fig.

Venne (A. van de). Adriaen van de Venne par D. Franken, Dz. *Amsterdam, C. M. Van Gogh,* 1878. Grand in-8°, portr.

Vérard. Des gravures en bois dans les livres d'Antoine Vérard, maître libraire, imprimeur, enlumineur et tailleur sur bois, de Paris. 1485-1512. Par J. Renouvier. *Paris, A. Aubry,* 1859. In-8°, fig.

—— Un document inédit sur Antoine Vérard, libraire et imprimeur. Par Ed. Sénemaud. *Angoulême, imp. Nadaud,* 1859. In-8°.

—— Antoine Vérard et ses livres à miniatures au XVe siècle, par Aug. Bernard. *Paris, Techener,* 1860. In-8°.

Vereschagin. Catalogue des tableaux de B. Vereschagin exposés dans les salons du *Gaulois*... *Paris,* 1881. In-18.

Vermay. Les peintres Vermay par A. Durieux. *Cambrai, J. Renaut,* 1880. In-18.

Vernet (J.) Epitre à Monsieur Vernet, peintre du roi, membre de l'Académie Royale de Peinture et Sculpture, par M. Bouquier. *Paris, Monory,* 1773. In-8°.

—— Précis historique de la vie de M. Vernet, (par M. L. Feuillet.) *S. l. n. d.* In-8°.

—— Les ports de France peints par Joseph Vernet et Huë ; dont les tableaux enrichissent la galerie du Sénat conservateur, au Luxembourg ; par M.-P.-A. M***. *Paris, chez l'éditeur,* 1812. In-8°, portr. fig.

Vernet (J.) Le paysage et les paysagistes en France depuis le XVIIIe siècle. Joseph Vernet. Sig. Henri Delaborde. *S. l. n d.* In-8°. Extrait de la *Revue des Deux-Mondes.*

—— Joseph Vernet, sa vie, sa famille, son siècle, d'après des documents inédits, par Léon Lagrange. *Bruxelles, imp. Labroue,* 1858. In-8°. Extrait de la *Revue universelle des Arts.*

—— Les Vernet. Joseph Vernet et la peinture au XVIIIe siècle par Léon Lagrange. *Paris, Didier,* 1864. In-8°.

—— Les Vernet. Joseph Vernet et la peinture au XVIIIe siècle par M. Léon Lagrange. Sig. Eug. de Montlaur. *Paris, A. Aubry,* 1864. In-8°.

Vernet (J. C. et H.) Joseph, Carle et Horace Vernet. Correspondance et biographies, par Amédée Durande. *Paris, Hetzel, s. d.* In-12.

Vernet (H.) Salon d'Horace Vernet. Analyse historique et pittoresque des quarante-cinq tableaux exposés chez lui en 1822 par MM. Jouy et Jay. *Paris, Ponthieu,* 1822. In-8°.

—— Catalogue de l'œuvre lithographique de M. J. E. Horace Vernet. Sig. L. M. B. (Bruzard). *Paris, imp. Gratiot,* 1826. In-8°.

—— Galerie des contemporains illustres par un homme de rien. M. Horace Vernet. *Paris, A. René,* 1842. In-18, portr.

—— Notice sur l'expédition qui s'est terminée par la prise de la smahla d'Abd-El-Kader, le 16 mai 1843. *Paris, imp. Vinchon.* In-8°, cart. fig.

—— Les contemporains. Horace Vernet par Eugène de Mirecourt. *Paris, Roret,* 1855. In-32, portr. fig.

—— Institut impérial de France. Notice sur la vie et les ouvrages de M. Horace Vernet par M. Beulé. *Paris, typ. de Firmin Didot,* 1863. In-4°.

—— Institut impérial de France. Eloge de M. Horace Vernet par M. Beulé. *Paris, Didier,* 1863. In-8°.

—— Horace Vernet à Versailles, au Luxembourg et au Louvre. Critique et biographie par J. Bertholon et C. Lhote. *Paris, Cournol,* 1863. In-8°.

Verrio. Auguste Vitu. Molière et les italiens, à propos du tableau des .Farceurs, appartenant à la Comédie Française (par Antonio Verrio.?). *Paris, lib. Tresse,* 1879. In-8°.

Verrocchio. Dott. Alessandro Foresi. Baiata al cavaliere Giovanni Battista

Cavalcaselle a proposito d'un dipinto di Andrea Verrocchio. *Firenze,*1871. In-8°.

Verrocchio. Un tableau de l'atelier de Verrocchio au Musée du Louvre par Paul Durrieu. *Paris, J. Rouam,* 1883. Grand in-4°, fig.

Vibert (Vict.) Eloge de Victor Vibert … par M. E-C. Martin-Daussigny. *Lyon, A. Vingtrinier,* 1860. In-8°.

Vicentino. (And.) Quelques mots sur un tableau inconnu d'Andrea Vicentino représentant l'Entrée d'Henri III, Roi de Pologne et de France à Venise en l'an 1574, par Mathias Bersohn, de Varsovie. *Rome, J. Civelli,* 1892. In-8°, fig.

Vien. Discours adressé au citoyen Vien, membre du Sénat conservateur, par les élèves du citoyen David, dans la fête qu'ils lui ont donnée le 9 brumaire an 9. (31 octobre 1809). *(Paris), imp. Giguet.* In-8°.

——— Epitre à Vien (par Ducis). *S. l. n. d.* In-8°.

——— Catalogue des tableaux, dessins, etc., composant le cabinet et les études de feu Joseph-Marie Vien,…. rédigé par Alex. Paillet. *Paris,* 1809. In-18.

——— Notice sur M. Vien. Sig. Reboul. *S. l. n. d.* In-4°.

——— Notice des principaux tableaux et dessins, estampes, etc., provenant du cabinet de feu M. le comte J. M. Vien, dont la vente aura lieu après le décès de M. Vien, fils. *Paris,* 1849. In-8°.

Viger. (H.) Hector Viger, peintre d'histoire et de genre. Sa vie et ses œuvres. *Paris, imp. Goupy,* 1879. In-8°, phot.

Vignali. Vita di Jacopo Vignali, pittor fiorentino, scritta da Sebastiano Benedetto Bartolozzi. *Firenze, Eredi Paperini,* 1753. In-4°, portr.

Vilard. Recherche sur la patrie et les travaux de Vilard d'Honnecourt, par M. Pierre Bénard. *Imp. impériale,* 1866. In-8°.

Villain. Peintres contemporains. Eugène Villain par Frédéric Henriet. *Paris, A. Lévy,* 1882. In-12.

Vincent. Notice historique sur M. Vincent, élève de M. Vien. In-8°, port. Défait du *Pausanias français.*

Vincent (Madᵉ). Nécrologie. Notice sur Madame Vincent, née Labille, peintre. Sig. Joachim Lebreton. *Paris, imp. Chaigneau,* an XI. In-8°.

Vinchon. Notice sur les peintures à fresque exécutées à Saint-Sulpice, dans la chapelle de St-Maurice, par Aug. Vinchon. *Paris, Ballard,* 1822. In-8°.

Vinchon. Obsèques de M. J.-B.-Auguste Vinchon, 23 août 1855. *Paris, typ. Vinchon et Charles de Mourgues.* In-8°.

Vinci (L. de). Recueil de charges et de têtes de différens caractères, gravées à l'eau forte d'après les desseins de Léonard de Vinci, précédé d'une lettre de M. Mariette sur ce peintre florentin, (par le comte de Caylus). *Paris, Jombert,* 1767. In-4°, fig.

——— Storia genuina del Cenacolo insigne dipinto da Leonardo da Vinci nel refettorio de' padri domenicani di Santa Maria delle Grazie di Milano, pubblicata dal padre maestro Domenico Pino, priore del convento medesimo. *Milano, stamp. Malatesta,* 1796. In-8°.

——— Essai sur les ouvrages physico-mathématiques de Léonard de Vinci, avec des fragmens tirés de ses manuscrits, apportés de l'Italie… par J.-B. Venturi. *Paris, Duprat,* an V (1797). In-4°.

——— Vie de Léonard de Vinci, suivie du catalogue de ses ouvrages dans les Beaux-Arts ; par P. M. Gault de Saint-Germain. *Paris, imp. Munier,* 1803. In-8.

——— Memorie storiche su la vita, gli studj, e le opere di Lionardo da Vinci, scritte da Carlo Amoretti. *S. l. n. d.* In-8°, portr.

——— Memorie storiche su la vita, gli studj, e le opere di Lionardo da Vinci, scritte da Carlo Amoretti. *Milano, tip. di Giusti, Ferrario,* 1804. In-8°.

——— Del cenacolo di Lionardo da Vinci libri quattro di Giuseppe Bossi pittore. *Milano, dalla stamperia reale,* 1810. In-f°, port. fig.

——— Le Cénacle de Léonard de Vinci rendu aux amis des beaux-arts…. par M. l'abbé Aᵉ Guillon. *Milan, Dumolard,* 1811. In-8°. Exemplaire de l'auteur avec nombreuses notes et corrections autographes.

——— Lettere confidenziali di B. S. all' estensore delle postille alle osservazioni sul volume intitolato Del Cenacolo di Leonardo da Vinci, libri quattro. *Milano, stamp. Giovanni Pirotta,* 1812. In-8°.

——— Sur l'ancienne copie de la Cène de Léonard de Vinci, qu'on voit maintenant au musée royal…. Dissertation par Aimé Guillon. *Paris, Le Normant,* 1817. In-8°.

——— Il cenacolo di Leonardo da Vinci descritto in ottava rima da Antonio

Mezzanotte. *Perugia, tip. Baduel*, 1820. In-8°.

Vinci (L. de). The life of Leonardo da Vinci, with a critical account of is works by John William Brown, esq. *London, W. Pickering*, 1828. In-8°.

—— De quatre tableaux attribués à Léonard de Vinci…. dissertation de l'abbé Aimé Guillon de Montléon. *Paris*, 1836. In-8°.

—— Elogio di Leonardo da Vinci… Sig. Stanislao Gatteschi D. S. P. *Firenze, tip. Calasanziani*, 1841. In-8°.

—— Léonard de Vinci, 1452-1519, par M. E. J. Delécluze, *Paris, imp. Schneider*, 1841. In-8°, fig.

—— Alcune considerazioni intorno a Lionardo da Vinci, discorso di Ferdinando Ranalli. *Firenze, tip. Piatti*, 1843. In-8°.

—— Catalogue de l'œuvre de Léonard de Vinci, par le Dr Rigollot. *Paris, Dumoulin*. 1849. In-8°, fig.

—— Projet de monument à Léonard de Vinci dans l'église d'Amboise. *Paris, imp. Thunot*, 1854. In-18. Extr. de l'*Athenœum*, n° 17, 111° année.

—— Lettre à M. le directeur de l'Athenœum français. Sig. Ph. de Ch. (Philippe de Chennevières), *Paris, imp. Thunot*, 1854. In-18.

—— Disegni di Leonardo da Vinci posseduti da Giuseppe Vallardi, dal medesimo descritti ed in parte illustrati. *Milano, tip. P. Agnelli*, 1855. In-8°, port.

—— Léonard de Vinci et son école, par A. F. Rio. *Paris, Amb. Bray*, 1855. In-8°.

—— Sulla conservazione del Cenacolo di Leonardo da Vinci. Sig. G. Mongeri. *Milano* (1862), *Vallardi*. In-18. Extr. du journal *La Perseverenza*.

—— Société archéologique d'Eure-et-Loir, Léonard de Vinci. Conférence de M. Charles Blanc. *Chartres, imp. Garnier*, 1868. In-12.

—— Histoire de Léonard de Vinci, par Arsène Houssaye. *Paris, Didier*, 1869. In-8°, port.

—— Degli scritti e disegni di Leonardo da Vinci, e specialmente dei posseduti un tempo e dei posseduti adesso dalla Biblioteca Ambrosiana. Memoria postuma del sac. dott. Giovanni Dozio. *Milano, tip. Giacomo Agnelli*, 1871. In-8°.

—— Gustavo Uzielli. Ricerche intorno a Leonardo da Vinci. *Firenze, stabilimento di G. Pellas*, 1872. In-8°, fig.

Vinci (L. de). Conjectures à propos d'un buste en marbre de Béatrix d'Este, au musée du Louvre, et étude sur les connaissances botaniques de Léonard de Vinci, par Louis Courajod et Charles Ravaisson-Mollien. *Paris, Rapilly*, 1877. Gd in-8°, fig. Extr. de la *Gazette des Beaux-arts*.

—— Léonard de Vinci et la statue de Francesco Sforza, par Louis Courajod, *Paris, Champion*, 1879. In-8°, fig.

—— Leonardo by Jean Paul Richter, Ph. D. *London, Sampson, Low*. 1880. In-12, port., fig.

—— Reale Accademia dei Lincei. Alcuni frammenti artistici, letterarii e geografici di Leonardo da Vinci, raccolti e pubblicati da G. Govi. (*S. l.*) 5 giugno, 1881. In-4°.

—— Les écrits de Léonard de Vinci à propos de la publication intégrale des douze manuscrits inédits de la bibliothèque de l'Institut, par Charles Ravaisson-Mollien. *Paris, Quantin*, 1881 In-4°, fig.

—— Leonardo da Vinci e la sua libreria. Note di un bibliofilo (G. d'Adda). *Milano*, 1883. In-4°.

—— Revue archéologique. Lettre de M. Charles Ravaisson-Mollien à M. Alexandre Bertrand, membre de l'Institut. Nov. 1884, avec fac-similé d'une page autographe de Léonard de Vinci. *Angers, imp. Burdin*. In-8°.

—— Ravaisson-Mollien. Une page de Léonard de Vinci. Lettre à M. Alexandre Bertrand. *Paris, E. Leroux*, 1885. In-8°. Extr. de la *Revue archéologique*.

—— Pages autographes et apocryphes de Léonard de Vinci, par M. Charles Ravaisson-Mollien. *Paris*, 1888. In-8°, fig. Extr. des *Mémoires de la Société nationale des Antiquaires de France*.

—— 1452-1519. Léonard de Vinci, l'artiste et le savant, essai de biographie psychologique, par Gabriel Séailles. *Paris, Perrin*, 1892. In-8°, port.

—— Eugène Müntz. Léonard de Vinci. L'artiste, le penseur, le savant. *Paris, Hachette*, 1899. In-4°, fig. sur Japon.

Vincidor. Notice sur Thomas Vincidor, de Bologne, peintre et architecte du XVIe siècle, par M. Alexandre Pinchart. *S. l. ni d.* In-8°. Extr. du t. XXI, n° 6, des *Bulletins de l'Académie royale de Belgique*.

Vinet. Résumé des travaux sur l'histoire, l'archéologie et l'art de M. Ernest Vinet. (Mai 1862). *Paris, imp. Rémquet*. In-4°.

Viollet-le-Duc. L'architecture et M. Viollet-le-Duc, à propos de l'église d'Aillant, par J. Lobet. *Auxerre, imp. Gallot*, 1868. In-8°, fig.

—— Viollet-le-Duc, par M. E. Corroyer. *Paris. Quantin*, 1879. G^d in-8°. Extr. de la *Gazette des Beaux-Arts.*

—— Exposition de l'œuvre de Viollet-le-Duc ouverte au musée des Thermes et de l'hôtel de Cluny sous le patronage du Ministre de l'Instruction publique et des Beaux-Arts. Notice par A. de Baudot. (*Paris*), 1880. In-8°.

—— Viollet-le-Duc et son œuvre dessiné, par Claude Sauvageot. *Paris, Ve A. Morel*, 1880. In-8°, fig. Extr. de l'*Encyclopédie d'Architecture.*

—— L'œuvre de Viollet-le-Duc, par M. Paul Gout. *Paris, Morel*, 1880. G^d in-8°, fig. Extr. de la *Gazette des Beaux-Arts.*

—— Viollet-le-Duc, ses travaux d'art et son système archéologique, par Anthyme Saint-Paul... *Paris*, 1881. In-8°.

A. Viot. Notice sur Antony Viot, par Léon Dallemagne. *Bourg-en-Bresse, imp. Milliet-Bottier*, 1866, in-12.

C. Visscher. A catalogue of the works of Cornelius Visscher, by William Smith, esq. *John Childs*, 1864. In-8°.

—— Cornel Visscher. Verzeichniss seiner kupferstiche, barbeitet von Johann Wussin. *Leipzig, R. Weigel*, 1865. In-8°, port.

J. et L. Visscher. Jan de Visscher und Lambert Visscher. Verzeichniss ihrer Kupferferstiche, beschrieben von J. E. Wessely. *Leipzig, R. Weigel*, 1866. In-8°.

Visconti. Institut royal de France. Discours prononcé aux funérailles de M. Ennius-Quirinus Visconti..., par M. Eméric-David. *Paris, Ve Agasse*. In-12. Extr. du *Moniteur* du 11 février 1818.

Vitalis. Emailleurs limousins. (Les Vitalis). Sig. Maurice Ardant, 1857. *Limoges, imp. Chapoulaud*. In-8°.

Vitelli. La vie de l'architecte Louis Van Vitelli, traduite de l'italien par Anna, C. W. J. J. Nahuijs. *Utrecht, N. van der Monde*, 1839. In-8°, port.

Vitet. Maurice Chévrier. M. Vitet de l'Académie française. *Paris, imp. Jouaust*, 1869. In-8°.

Vitry. Notice sur Jean de Vitry, auteur des stalles de l'église de Saint-Claude (Jura), par Bernard Prost. *Lons-le-Saunier, imp. Gauthier*, 1877. In-8°.

Vittoria Vita di Alessandro Vittoria, scultore trentino, composta dal conte Benedetto dei Giovannelli, e rifusa e accresciuta da Tommaso Gar. *Trento, tip. Monauni*, 1858. In-8°.

Volaire. Le Chevalier Volaire et les autres peintres toulonnais de ce nom, par Ch. Ginoux. *Paris, typ. Plon*, 1893. In-8°.

Martin de Vos. Les peintures de Martin de Vos à Valenciennes, par Paul Foucart... *Paris, Plon*, 1893. In-8°.

Wailly. Notice sur la vie et les travaux de M. Joseph Natalis de Wailly..., par M. H. Wallon. *Paris*, 1888. In-4°.

Waldor. Les Waldor, graveurs liégeois, par J. Renier. *Liége, imp. Grandmont-Donders*, 1865. In-8°.

Walewski. Institut de France. Académie des Beaux-Arts. Notice sur M. le comte Walewski, par M. Charles Blanc. *Paris, typ. Firmin-Didot*, 1876. In-4°.

Wappers. Le baron Gustaf Wappers, par M. J. A. Luthereau. *Paris, Institut polytechnique*, 1862. In-8°.

J. Warin. Jean Warin, ses œuvres de sculpture et le buste de Louis XIII du musée du Louvre, par Louis Courajod. *Paris, H. Champion*, 1881. In-8°, fig. Extr. de l'*Art.*

A. Waterloo. Anton Waterlo's kupferstiche. Ausführlich beschrieben von Adam Bartsch. *Wien, Blumauer*, 1795. In-18.

—— Antony Waterloo. Verzeichniss seine Radirten Blätter beschrieben von Prof. J. E. Wessely. *Hamburg, Haendcke*, 1891. In-8°.

Ant. Watteau. Antoine Watteau, né à Valenciennes, en 1684, mort en 1721, par C. Lecarpentier, *Rouen. Baudry*, 1815. In-8°.

—— Notice sur Antoine Watteau, de Valenciennes, par M. Arthur Dinaux. *Valenciennes, imp. Prignet*, 1834. In-8°, port.

—— Watteau, essai sur la vie et les ouvrages de ce peintre, suivi du catalogue de ses tableaux avec des renseignements inédits jusqu'à ce jour, par P. Hédouin. *Paris, imp. Fournier*, 1845. In-8°.

—— Edmond et Jules de Goncourt. Watteau. *Paris, Dentu*, 1860. In-4°, fig.

—— Le tombeau de Watteau à Nogent sur-Marne, notice historique..., publiée par les soins du Conseil municipal. *Nogent-sur-Marne, Evecque*, 1865. In-8°, port., fig.

—— Antoine Watteau, conférence..., par Léon Dumont. *Valenciennes, Lemaître* 1866. In-8°.

Ant. Watteau. Catalogue raisonné de l'œuvre peint, dessiné et gravé, d'Antoine Watteau, par Edmond de Goncourt. *Paris, Rapilly,* 1875. In-8°, port.

—— Antoine Watteau, sa vie, son œuvre et les monuments élevés à sa mémoire. Fête du bi-centenaire du Peintre des fêtes galantes, par G. Guillaume. *Lille, imp. L. Danel,* 1884. In-4°. Port. fig.

—— Deuxième centenaire de la naissance de Antoine Watteau. L'homme. Le monument, par Paul Foucart. *Valenciennes, G. Giard,* 1884. In-8°, port.

—— Antoine Watteau à Valenciennes, par Paul Foucart... *Paris, typ. E. Plon,* 1892. In-8°.

—— Emile Blémont. A. Watteau, poème dit par M. Georges Baillet... à l'inauguration du monument d'Antoine Watteau au jardin du Luxembourg à Paris le 8 novembre 1896. *Paris, A. Lemerre.* 1897. In-12.

L. et Franç. Watteau. Notice historique et critique sur les peintres Louis et François Watteau, dits Watteau, de Lille, par Paul Marmottan. *Lille, Danel,* 1889. In-12.

J. Wechtlin. Des Strassburger Malers und Formschneiders Johann Wechtlin, genannt Pilgrim..., von H. Loedel... *Leipzig, R. Weigel,* 1863. In-fol., fig.

West. Vers lus au dîner donné par l'administration du musée central des Arts le 7 vendémiaire an XI, à Monsieur West, directeur de l'Académie royale de Londres. Par Joseph Lavallée. *Paris, imp. des sciences et arts,* an XI. Gᵈ in-8°.

—— Catalogue of one hundred and twenty original drawings, by the late Benjamin West, esq. president of the royal Academy. *London, Davy,* 1839. In-8°.

R. Van der Weyden. Quelques pages de critique à propos des recherches biographiques de M. André van Hasselt sur les Van der Weyden, par Josse-B.-J. Cels, junior. *Gand, imp. Van Hifte,* 1849. In-8°.

—— Roger Vanderweyden, ses œuvres, ses élèves et ses descendants, étude sur l'histoire de la peinture au XVᵉ siècle, par Alphonse Wauters. *Bruxelles, imp. Labroue,* 1855. In-8°. Extr. de la *Revue universelle des Arts.*

—— Roger Van der Weyden et les tapisseries de Berne, par Alexandre Pinchart. *(Bruxelles),* 1864. In-8°.

—— Documents biographiques inédits sur les peintres Gossuin et Roger Vander Weyden le jeune, recueillis par M. le Chevalier Léon de Burbure. *Bruxelles, Hayez,* 1865. In-8°. Extr. des *Bulletins de l'Académie royale de Belgique,* 2ᵐᵉ série, tome XIX.

R. Van der Weyden. Les commencements de la gravure aux Pays-Bas. Roger Vander Weyden. [Signé : Henri Hymans.] 31 octobre 1881. In-8°, fig. Extr. du *Bulletin des Commissions royales d'art et d'archéologie.*

Whistler. Whistler's etchings. A study and a catalogue by Frederick Wedmore. *London, A. Thibaudeau,* 1886. In-12.

Wicar. Notice sur la vie et les ouvrages de Wicar, peintre d'histoire..., par J.-C. Dufay. *Lille, Durieux,* 1844. In-8°. Port.

Wierix. Catalogue raisonné de l'œuvre des trois frères Jean, Jérôme et Antoine Wierix, par L. Alvin. *Bruxelles, Arnold,* 1866. Gᵈ in-8°.

Wiertz. Exposition nationale des Beaux-Arts. Salon de 1848. Peintres, peinture et critique, par M. Wiertz. *Bruxelles, imp. Raes,* 1848. Pet. in-8°.

—— L'atelier de Wiertz, par M. La Garde. *Bruxelles, Philippe Hen,* 1856. In-12.

—— Catalogue raisonné du Musée Wiertz précédé d'une biographie du peintre, par le Dʳ L. Watteau. *Bruxelles et Leipzig, Lacroix,* 1861. In-12.

—— Catalogue raisonné du Musée Wiertz, précédé d'une biographie du peintre, par le Dʳ L. Watteau. *Bruxelles, typ. Lacroix,* 1865. In-12.

—— Antoine Wiertz, étude biographique, par Louis Labarre. *Bruxelles, Muquardt,* 1867. Gᵈ in-8°, phot.

Wilder. Johann Christoph Jacob Wilder, von Dʳ A. Andresen in *Leipzig, s. d.* In-8°.

Wille. Catalogue de l'œuvre de Jean Georges Wille, graveur, avec une notice biographique, par M. Charles Le Blanc. *Leipsic, R. Weigel,* 1847. In-8°.

Willette. Adolphe Willette. Catalogue. Tableaux et dessins. 1888. *Paris, imp. Blot,* In-4°, fig.

De Wismes. Thomas Arnauldet. Le baron de Wismes d'après deux lettres autobiographiques. Souvenirs d'un ancien attaché du Cabinet des estampes de la Bibliothèque nationale. *Melle, Éd. Lacuve,* 1887. In-8°. Extr. de la *Revue Poitevine et Saintongeaise.*

P. Woeiriot. Biographie générale des Vosges. Woeiriot. Les Briot-Fratrel, par Louis Jouve. *Paris,* 1890. In-12.

P. Woeiriot. Les Wiriot et les Briot, artistes lorrains du XVIe et du XVIIe siècle. Nouvelles esquisses par Louis Jouve. *Paris*, 1891. In-12. Extr. du journal *Le Patriote*.

—— Pierre Woeiriot. Les Wiriot-Woeiriot, orfèvres graveurs lorrains, par Albert Jacquot. *Paris, J. Rouam*, 1892. In-8°.

—— Louis Jouve. Pierre Woeiriot et sa famille. Critique de la brochure de M. Albert Jacquot, intitulée les Wiriot-Woeiriot. *Paris, chez l'auteur*, 1892. In-12.

A. Woensam. Anton Woensam von Worms, maler und xylograph zu Köln. Sein leben und seine werke... Von J. J. Merlo. *Leipzig, R. Weigel*, 1864. In-8°.

—— Anton Woensam von Worms, maler und xylograph zu Köln. Sein Leben und seine Werke von J. J. Merlo. *Leipzig, J. A. Barth*, 1884. In-8°, fig.

Wohlgemuth. Ch. Jarrin. Le tryptique de Bourg. (attr. à Michel Wohlgemuth) *Bourg, A. Gronier*, 1869. In-8°.

Wonder. Levensschets van Pieter Christoffel Wonder, door A. Cock. *Utrecht, J. de Kruyff*, 1852. In-8°.

Woollett. A catalogue raisonné of the engraved works of William Woollett, by Louis Fagan. *London*, 1885. In-4°, port.

B. et J. Yvart. Notes boulonnaises. Deux peintres boulonnais. Baudren Yvart, 1610-1690. Joseph Yvart, 1649-1728, par V. J. Vaillant. *Boulogne-sur-Mer, typ. Simonnaire*, 1884. In-8°.

Ad. Yvon. Adolphe Yvon. Discours prononcé le 13 septembre 1893, au nom de l'école des Beaux-Arts en la cérémonie des obsèques du maître, précédé de pages extraites des souvenirs inédits du peintre, par M. Henry Jouin... *Paris, Bureaux de l'Artiste*, 1893. In-4°, port., fig.

Zampieri. Vita del celebre pittore Domenico Zampieri, detto Domenichino, scritta dal marchese Antonio Bolognini Amorini. *Bologna, tip. della Volpe al Sassi*, 1839. In-8°.

Zeitblom. Uber Bartholomaeus Zeiblom, maler von Ulm als kupferstecher, von Ernst Harzen. *Leipzig, R. Weigel*, 1860. In-8°.

Zilcken. A. Pit. Catalogue descriptif des eaux-fortes originales de Ph. Zilcken. *Paris*, 1890. *La Haye, imp. Mouton*, 1891. In-12.

Zumbo. Description de deux ouvrages de sculpture, qui ont appartenu à M. Le Hay, faits par M. Zumbo, gentilhomme sicilien..., par M. de Pilles. *(Paris), Ve Thiboust*, 1777. In-32.

HISTOIRE LOCALE. — FRANCE.

I.

PROVINCES.

Le premier volume des plus excellents Bastiments de France..... par Jacques Androuet, du Cerceau, architecte. *Paris*, 1576. In-f⁰, fig. Le second volume, *Paris*, 1579, compris dans la même reliure ; l'un et l'autre avec la signature de P. Mariette, 1676.

Les artistes et les ouvriers du Nord de la France (Picardie, Artois, Flandre) et du Midi de la Belgique aux XIV⁰, XV⁰ et XVI⁰ siècles, par Al. de la Fons-Mélicocq ..... *Béthune, typ. V⁰ de Savary*, 1848. In-8⁰.

Notice sur quelques monuments du Département des Côtes-du-Nord (Rapport à M. de Caumont) par M. Anatole de Barthelemy... et M. Charles Guimart ... *Paris, Derache*, 1849. In-8⁰. Extr. du *Bulletin monumental.*

Recherches sur la vie et les ouvrages de quelques peintres provinciaux de l'ancienne France, par Ph. de Pointel. *Paris, Dumoulin*, 1849-1862. 4 volumes in-8⁰ fig.

Quelques notes sur les peintres Lorrains des XV⁰, XVI⁰ et XVII⁰ siècles, par M. Henri Lepage. In-8⁰. Défait des *Bulletins de la Société d'Archéologie Lorraine*. 1853.

Etude sur les statues équestres qui décorent les tympans de quelques églises du Poitou, par M. de Longuemar. (*Poitiers*), mars 1854. In-8⁰ fig. Extr. des *Bulletins de la Société des Antiquaires de l'Ouest.*

Documents trouvés dans les gargousses de nos arsenaux [signé : comte L. de Laborde) (*Paris*, 1854). In-8⁰. Défait de la *Revue de Paris.*

Inventaire des Curiosités d'Art de la France. Proposition lue au congrès des Sociétés savantes des départements, le 28 mars 1856 [signé : Ph. de Chennevières] (*Paris*). In-8⁰.

Histoire d'une guerre d'érudition. M. Lenormant et la Société du département de l'Eure [signé Alfred Darcel] (*Paris*, 1857). In-8⁰. Extr. de la *Revue des Sociétés Savantes.*

Histoire des artistes, peintres, sculpteurs, architectes et musiciens compositeurs, nés dans le département du Gard, par Michel Nicolas. *Nimes, imp. Ballivet*, 1859. In-12.

Un mot sur l'ancien mobilier d'église en Alsace.... suivi d'une note sur les peintures murales en Alsace.... par M. l'abbé A. Straub.... *Caen, A. Hardel*, 1860. In-8⁰. Extr. du *Compte-rendu des séances archéologiques tenues à Strasbourg, en 1859, par la Société française d'archéologie.*

L'exposition de la société des Amis des Arts du département de la Loire, par M. Ph. Burty. *Paris, imp. Claye*, 1860. Extr. de la *Gazette des Beaux-Arts.*

Essai historique sur les Arts du dessin en Picardie depuis l'époque romaine jusqu'au XVI⁰ siècle, par M. Rigollot. In-8⁰. Défait.

Rigollot. Les Arts du dessin en Picardie. Atlas.

Poitou et Vendée. Etudes historiques et artistiques, par B. Fillon et O. de Rochebrune. *Fontenay-le-Comte, P. Robuchon*, 1861. In-4⁰, fig. 1ʳᵉ et 2ᵉ livraisons.

Collection des Guides Joanne. De Lyon à la Méditerranée, par Ad. Joanne et J. Ferrand... *Paris, Hachette*, 1862. In-12, fig.

Artistes orléanais, peintres, graveurs, sculpteurs, architectes. Liste sous forme alphabétique des personnages nés pour la plupart dans la province de l'Orléanais, suivie de documents inédits par H. H*** (Herluison). *Orléans, H. Herluison*, 1863. In-12. Portr.

Conseil général du Département de la Marne. Rapport sur les monuments historiques présenté au Conseil général, dans sa séance du 31 août 1866, par M. le baron Chaubry de Troncenord. *S. l. ni d.* In-8°.

Recherches sur les Arts et les Artistes en Gascogne au seizième siècle, par M. Prosper Lafforgue. *Paris,* V⁰ *J. Renouard,* 1868. In-8°.

Monasticon Gallicanum, collection de 168 planches de vues topographiques représentant les monastères de l'ordre de Saint-Benoît.... avec une préface par M. Léopold Delisle.. *Paris, V. Palmé,* 1871. Grand in-4°. La préface seulement.

Les artistes de l'Alsace pendant le moyen-âge, par Charles Gérard. *Colmar et Paris,* 1872-1873. 2 volumes in-8°.

Les artistes en Béarn avant le XVIIIᵉ siècle. Notes et documents recueillis par Paul Raymond. *Pau, L. Ribaut,* 1874. In-8°.

Mémoires pour servir à l'histoire des maisons royalles et bastimens de France par André Félibien, sieur des Avaux. *Paris, J. Baur,* 1874. In-8°.

Les artistes normands au Salon de 1875, par A. R. de Liesville... *Paris, H. Champion,* 1875. In-12.

Statistique monumentale du Département du Cher. Texte et dessins, par Buhot de Kersers..... Canton des Aix-d'Angillon ... *Paris, V⁰ A. Morel,* 1875. In-4°.

Catalogue des livres composant la bibliothèque de feu M. Jules Taschereau. Ouvrages concernant l'histoire de la Touraine, des écrivains Tourangeaux ou qui ont été publiés en Touraine. *Paris, Labitte,* 1875. In-8°.

Etudes sur les Beaux-Arts. Recherches sur la vie et les ouvrages de quelques artistes, par E. L. G. Charvet. *Lyon, imp. A. Vingtrinier,* 1876. In-8°.

Société de l'histoire de l'art français. Les artistes angevins, peintres, sculpteurs, maîtres-d'œuvres, architectes, graveurs, musiciens, d'après les archives angevines, par Celestin Port. *Paris, Baur,* 1881. In-8°.

Peintres, graveurs et sculpteurs nés en Provence, notes et indications biographiques recueillies et publiées par Octave Teissier. *Draguignan, imp. Latil,* 1882. In-8°.

Discours prononcé à l'assemblée **générale** de la Société de l'histoire de **France,** le 20 mai 1884, par M. Léopold Delisle, président de la Société. *Paris, Renouard,* 1884. In-8°. Extr. de l'*Annuaire Bulletin de la Société de l'histoire de France.*

Artistes Ardennais contemporains. Notes biographiques. *Sedan, imp. J. Laroche,* 1888. In-8°.

L'Auvergne artistique et littéraire par Georges Vitoux. *Paris, E. Lechevalier,* 1888. In-8°, fig.

V. E. Veuclin. Quelques notes inédites sur des artistes normands du XVIIᵉ siècle ignorés ou peu connus. *Bernay, imp. Veuclin,* 1888. In-12.

II.

VILLES.

Abbeville. Saint Vulfran d'Abbeville par E. Prarond. *Abbeville, typ. P. Briez,* 1860. In-8°. Extr. des *Mémoires de la Société Impériale d'Emulation d'Abbeville.*

—— Société des antiquaires de Picardie. Les graveurs abbevillois par Em. Delignières. *Amiens, imp. Douillet,* 1888. In-8°.

Alençon. Catalogue des dessins de la collection du marquis de Chennevières-Pointel... exposés au musée d'Alençon précédé d'une lettre à M. Léon de la Sicotière. *Paris, Poulet-Malassis,* 1857. In-12.

—— Gustave Levavasseur. Exposition d'Alençon, 1858. Les Artistes normands. Les industries de l'arrondissement d'Argentan. *Argentan, imp. Barbier* (1858). In-12. Extr. du *Journal de l'Orne.*

Alger. Notes artistiques sur l'Algérie (1874-1875), par John Pradier. *Tours, imp. Ladevèze,* 1875. In-8°.

Amboise. Amboise en 1465, extrait de recherches historiques sur la ville et le château d'Amboise.. par Et. Cartier. *Paris, Techener,* 1839. In-8°.

Amiens. Essai historique sur la porte Montrescu et le logis du Roi d'Amiens. par M. H. Dusevel. *Amiens, typ. Lenoel-Herouart,* 1838. In-8°.

Amiens. Les Sibylles,peintures murales de la cathédrale d'Amiens découvertes et expliquées par MM. Jourdain et Duval. *Amiens, Duval et Herment*, 1846. In-8°. Ext. des *Mémoires de la société des Antiquaires de Picardie.*

—— Nouveau guide de l'étranger dans Amiens.... *Amiens, Caron*, 1848. In-12, fig.

—— Inventaires du trésor de la cathédrale d'Amiens, publiés d'après les manuscrits par J. Garnier... *Amiens, imp. Duval*, 1850. In-8°. Extr. des *Mémoires de la société des Antiquaires de Picardie.*

—— Recherches historiques sur les ouvrages exécutés dans la ville d'Amiens par des maîtres de l'œuvre, maçons, entailleurs, peintres..... pendant les XIVᵉ, XVᵉ et XVIᵉ siècles, par H. Duzevel. *Amiens, typ. Lenoel-Herouart*, 1858. In-8°.

—— Les œuvres d'art de la confrérie de Notre-Dame du Puy d'Amiens, mémoire posthume de M. le Dʳ Rigollot, revu et terminé par M. A. Breuil. *Amiens, imp. Vᵉ Herment*, 1858. In-8°.

—— Société des Antiquaires de Picardie. Exposition provinciale. Notice des tableaux et objets d'art, d'antiquité et de curiosité exposés dans la salle de l'hôtel de ville d'Amiens du 20 mai au 7 juin 1860. *Amiens, imp. Vᵉ Herment, 1860.* In-12.

—— Visite à la Cathédrale d'Amiens .... par un membre de la société des Antiquaires de Picardie.... *Amiens, Lenoel-Herouart, s. d.* In-12.

Anet. Description du château d'Anet (par Le Marquant). *Chartres, Vᵉ Fr. Le Tellier*, 1776. In-12.

—— Observations critiques sur la Métempsycose. Description du château d'Anet (par Alexandre Lenoir). *S. l. n. d.* In-8°.

—— Anet, son passé, son état actuel. Notice historique... (par le marquis de Caraman). *Paris, B. Duprat*, 1860. In-12.

—— Anet, par Adolphe de la Tournelle (Adolphe Moreau). *Paris, imp. J. Claye*, 1875. In-4°, fig. Extr. de la *Gazette des Beaux-Arts.*

—— Anet. Diane de Poitiers. Souvenirs de la séance de la société archéologique d'Eure et Loir, tenue au château d'Anet le 25 juin 1876. *Chartres, E. Garnier*, 1877. In-12.

—— Diane de Poitiers et son goût dans les arts. Notes sur le château d'Anet à propos du livre de M. Roussel, par

A. de Montaiglon. *Paris, Detaille*, 1879. Grand in-8°, fig. Extr. de la *Gazette des Beaux-Arts.*

Angers. Mairie d'Angers. Procès verbal de l'inauguration de la Galerie David, au muséum d'Angers (*Angers*, 1839). In-8°.

—— Notice des tableaux du muséum d'Angers... Nouvelle édition. *Angers, Cosnier*, 1847. In-12.

—— Le musée d'Angers. Notes pour servir à l'histoire de cet établissement, par Louis Tavernier. *Angers, imp. Cosnier*, 1855. In-8°. Extr. du *Journal de Maine et Loire.*

—— Découverte du tombeau de Marie de Bretagne [dans la cathédrale d'Angers]. [signé : Aimé de Soland]. *Angers, s. d.* In-8°.

—— Les artistes peintres Angevins d'après les archives Angevines. par M. Célestin Port... *Paris, Imp. Nationale*, 1872. In-8°. Extr. de la *Revue des sociétés savantes.*

—— Notices archéologiques sur les tentures et les tapisseries de la cathédrale d'Angers, par M. L. de Farcy. *Angers, P. Lachèse*, 1875. In-8°.

Arles. Itinéraire du visiteur aux principaux monuments d'Arles, par l'abbé I. M. Trichaud.... *Arles, imp. Vᵉ Cerf*, 1859. In-12.

Arras. Arras et ses monuments, sommaire historique, statistique et chronologique. *Arras*, 1853. Grand in-8°, fig.

Auxerre. Le trésor de la cathédrale d'Auxerre en 1567 et documents sur le trésor de l'abbaye de Saint-Germain, au XVIᵉ siècle, par M. Louis Courajod. *Paris, Didier*, 1869. In-8°. Extr. de la *Revue archéologique.*

Avignon. Notice historique des tableaux qui se trouvent au musée d'Avignon.... par le citoyen Meynet ... *Avignon, J. J. Niel*, an X. In-12.

—— Notes sur quelques artistes d'Avignon... par M. J. P. X. Achard. 4ᵉ édition. *Carpentras, imp. I. Devillaris*, décembre 1856. In-8°.

—— Notices des tableaux et des portraits exposés dans les galeries du muséum Calvet de la ville d'Avignon. *S. d.* In-8°.

—— La légende de Saint Benezet constructeur du pont d'Avignon au XIIᵉ siècle. Examen historique et critique par F. Lefort. *Le Mans, E. Monnoyer*, 1878. In-4°.

—— Les peintres d'Avignon pendant le règne de Clément VI (1342-1352), par

M. Eugène Müntz, *Tours, imp. P. Bous-rez*, 1885. In-8°. Extr. du *Bulletin monumental*.

Beaume - les - Messieurs. Notice sur une statue de Sainte-Catherine de l'église de Beaume-les-Messieurs (Jura). par Bernard Prost. *Lons-le-Saulnier, imp. Gauthier*, 1876. In-8°. Extr. des *Mémoires de la société d'émulation du Jura*.

Bayeux. Notice historique et descriptive sur la tapisserie dite de la Reine Mathilde exposée à la Bibliothèque de Bayeux, par l'abbé Laffetay... *Bayeux, Moularde*, 1874. In-12.

Beauvais. Notice historique et descriptive de l'église cathédrale de Saint Pierre de Beauvais, par A. P. M. Gilbert. *Beauvais, Moisand*, 1829. In-8°, fig.

—— Notice sur les tapisseries de la cathédrale de Beauvais (par l'abbé Santerre). *S. l. ni. d.* In-8°.

Bernay. V. E. Veuclin. Quelques notes inédites sur les artistes bernayens. Peintres et tailleurs d'images du XVIIe siècle. *Bernay, imp. Veuclin*, 1888. In-12.

Besançon. Catalogue des peintures et dessins du musée de Besançon. *Besançon, Outhenin - Chalandre*, 1er janvier 1844. In-12.

—— Revue de l'exposition de peinture à l'exposition universelle de Besançon, par Louis de Vaulchier. *Besançon, J. Jacquin*, 1860. In-8°.

Blois. Histoire du chateau de Blois, par L. de la Saussaye..... *Blois et Paris, Dumoulin*, 1859. In-12, fig.

—— Explication des tableaux, dessins, gravures, sculptures, collections scientifiques et objets de curiosité du musée de Blois. *Blois, imp. Lecesne*, 1861. In-12.

—— Notice sur quelques peintres Blésois, par M. A. Dupré. *Paris, imp. J. Claye*, 1868. In-4°. Extr. de la *Gazette des Beaux-Arts*.

Bordeaux. Notice des tableaux et figures exposés au musée de Bordeaux (1851). In-12.

—— Fragment de l'histoire des Arts à Bordeaux, par M. J. Delpit. Académie de peinture et de sculpture sous Louis XIV. *Bordeaux, G. Gounouilhou*, 1853. In-8°. Extr. des *Actes de l'Académie de Bordeaux*.

—— Exposition de la société des Amis des Arts de Bordeaux. 1853. Revue critique par Laurent Matheron. *Bordeaux, Gounouilhou* (1853). In-12.

Bordeaux. Explication des ouvrages de peinture, sculpture, architecture, gravure et lithographie des artistes vivants exposés dans les galeries de la société des Amis des Arts de Bordeaux, le 17 avril 1858. *Bordeaux, Gounouilhou* (1858). In-12.

—— Explication des ouvrages de peinture, sculpture, architecture, gravure et lithographie des artistes vivants exposés dans les galeries de la société des Amis des arts de Bordeaux, le 17 mars 1860. *Bordeaux, Gounouilhou*. In-12.

—— Fragment de l'histoire des Arts à Bordeaux. Académie de peinture et sculpture sous Louis XIV. (Par Jules Delpit). *S. l. ni d.* In-8°.

—— Description des objets d'art qui décorent les édifices publics de Bordeaux, par Charles Marionneau. *Paris, A. Aubry*, 1861-1865. In-8°.

—— Catalogue des tableaux, statues, etc., du musée de Bordeaux. *Bordeaux, imp. Gounouilhou*, 1864. In-12.

—— A propos d'un livre de M. Charles Marionneau intitulé : Description des œuvres d'art qui décorent les édifices publics de la ville de Bordeaux .... par Charles Desmoulins... *Bordeaux, typ. Ve J. Dupuy*, juillet 1865. In-8°.

—— Réponse à M. l'abbé Nolibois, gérant du journal l'Aquitaine à propos de la reconstruction de la Tour Saint-Michel de Bordeaux, par Charles Marionneau. *Bordeaux, Chaumas-Gayet*, 1866. In-8°.

—— Documents sur l'histoire des arts en Guienne. Les artistes du duc d'Epernon... par Ch. Braguehaye... *Bordeaux, Feret*, 1888. In-8°, fig.

Boulogne-sur-mer. De l'emploi des Beaux-arts dans une république, à l'occasion de la distribution des prix du dessin à l'école Centrale du département du Pas-de-Calais. *Boulogne, imp. Dolet*, an VII. In-8°.

—— Revue des tableaux, dessins et gravures composant l'exposition faite par la société des Amis des Arts de Boulogne-sur-Mer. Signé : P. Hédouin. Année 1837. *Boulogne*. In-8°.

—— Société des Amis des Arts de Boulogne-sur-Mer. Explication des tableaux, dessins et gravures exposés dans les Galeries du musée de Boulogne en 1852. *Boulogne-sur-Mer*, 1852. In-8°.

Bourg. Notice sur les stalles de l'Eglise Notre Dame de Bourg (Ain), par le comte George de Soultrait.. *Paris, Derache*, 1852. In-8°. Extr. du *Bulletin monumental*.

Bourges. Notice d'après le manuscrit de la Bibliothèque Sainte-Geneviève, des joyaux d'église trouvés à la grosse tour de Bourges et à Paris, après le décès du duc Jean. *S. l. ni d.* In-8° de 24 pages.

—— Notes sur la Bibliothèque de la Sainte Chapelle de Bourges (par Léopold Delisle). *Paris.* In-8°. Extrait de la *Bibliothèque de l'école des Chartes.*

—— Description d'après la teneur des Chartes du trésor en reliquaires et joyaux d'or et d'argent, en ornements d'église et en livres, donnés par Jean, duc de Berry, à la Sainte Chapelle de Bourges, avec une introduction, des notes et éclaircissements..... par H. Hiver de Beauvoir. *Bourges, imp. Jollet-Souchois*, 1855. Grand in-8°.

—— Les artistes de Bourges depuis le moyen-âge jusqu'à la Révolution, par M. le baron de Girardot. *Paris, Tross*, 1861. In-8°. Extr. des *Archives de l'art français.*

Brou. L'église de Brou et la devise de Marguerite d'Autriche, poésies précédées de documents inédits par Philibert le Duc. *Bourg-en-Bresse, F. Martin-Botties*, 1857. In-12.

Caen. Notice des tableaux composant le musée de Caen, précédée d'une note historique par M. G. Mancel. *Caen, A. Hardel*, 1837. In-12.

—— Notice historique sur le musée de tableaux de la ville de Caen, par M. G. Mancel., *Caen, imp. A. Le Roy*, 1841. In-8°.

—— Observations sur le musée de Caen et sur son nouveau catalogue par Ph. de Chennevières-Pointel... *Argentan, imp. Barbier*, 1851. In-4°, fig.

—— L'église Sainte-Trinité (ancienne abbaye aux Dames), et l'église St-Etienne (ancienne abbaye aux Hommes), à Caen, par V. Ruprich-Robert. *Caen, F. Leblanc-Hardel*, 1864. In-8°, fig.

—— Notice des tableaux composant le musée de Caen précédée d'une notice historique par feu M. G. Mancel.. continuée par M. A. Guillard... *Caen, F. Leblanc-Hardel*, 1872. In-12.

Cambrai. Essai archéologique sur l'image miraculeuse de Notre-Dame de Grâce de la cathédrale de Cambrai... par M. E. J. Failly. *Lille, imp. L. Danel*, 1844. In-8°, fig.

—— Les artistes cambrésiens du IXe au XIXe siècle et l'école de dessin de Cambrai... par A. Durieux. *Cambrai, imp. Simon*, 1874. In-8°, fig.

Cazaux de Larboust. Etude sur les fresques de l'église de Cazaux de Larboust (Haute Garonne), comparées à quelques-unes de celles de l'église de Sainte-Cécile d'Albi par M. le chanoine Alexandre Dumège...*Paris, V. Didron*, 1852. Grand in-4°, fig.

Châlons-s-M. Recherches sur les artistes chalonnais, par L. Grignon. *Chalons-sur-Marne*, 1889. In-8°.

Chambéry. Les sculpteurs et les sculptures en Savoie du XIIIe au XIXe siècle., Notes recueillies et mises en ordre par Auguste Dufour et François Rabut..... *Chambéry, imp. A. Bottero*, 1874. In-8°. Extr. des *Mémoires et documents publiés par la Société Savoisienne d'histoire et d'archéologie.*

Chambord. Marché fait avec des maçons pour la construction de certaines parties du château de Chambord, annoté et publié par André Salmon. *Paris. J. B. Dumoulin*, 1856. In-8°. Extr. de la *Bibliothèque de l'école des Chartes.*

—— Le château de Chambord, par L. de la Saussaye. *Blois*, 1875. In-12, fig.

Chartres. Parthénie ou histoire de la très auguste et très dévote église de Chartres.... par Me Sébastien Roulliard, de Melun.. *Paris, Rolin-Thierry*, 1609. In-8°, port.

—— Histoire de l'auguste et vénérable église de Chartres dédiée par les anciens druides à une vierge qui devait enfanter ... cinquième édition. *Chartres, Jean Le Fort*, 1714. In-12.

—— Archéologie Nationale. Rapport à M. de Salvandy ministre de l'Instruction publique sur la monographie de la cathédrale de Chartres. *Paris, imp. P. Dupont*, 1839. In-8°.

—— Le trésor de Notre Dame de Chartres. Rapport à M. le Ministre de l'Intérieur, sur les archives de l'ancien chapitre de la cathédrale de Chartres, par Auguste de Santeul.. *Chartres, imp. Garnier*, 1841. In-8°, fig.

—— Cathédrale de Chartres. Recherches sur l'époque à laquelle l'édifice actuel a été construit par MM. Rossard de Mianville et Chasles. *Chartres, Garnier*, 1850. In-8°.

—— Description de la cathédrale de Chartres.... par l'abbé Bulteau. *Chartres, Garnier*, 1850. In-8°, fig.

—— Notice historique sur la crypte de Notre Dame de Chartres, par M. Doublet de Boisthibault. *Paris, A. Leleux*, 1855. In-8°. Extr. de la *Revue archéologique.*

—— Société archéologique d'Eure et Loir. Exposition archéologique et d'objets à Chartres du 10 au 31 mai 1858. *Chartres, imp. Garnier*, 1858. In-12.

Chartres. Chapelle de la sainte Vierge en l'église de Saint Père à Chartres. Explication de la nouvelle décoration [signé : Paul Durand]. *Chartres, impr. de Garnier*, 1864. In-12.

—— Société archéologique d'Eure et Loir. Exposition départementale. Industrie. Antiquités. Beaux-Arts. Catalogue de la partie archéologique et artistique. Troisième édition. *Chartres, imp. G. Durand*, 1869. In-12.

—— Musée de Chartres. Notice des peintures, dessins et sculptures. Deuxième édition. *Chartres, imp. E. Garnier*, 1875. In-12.

—— Dictionnaire des communes, hameaux et fermes du département d'Eure et Loir, par l'archiviste du département (Lucien Merlet). *Chartres, R. Selleret*, 1887. In-8°.

—— F. de Mély. La cathédrale de Chartres. Le tour du chœur. *Paris, E. Plon*, 1890. In-8°.

Châteaudun. Histoire du château de Châteaudun, par L. D. Coudray. *Châteaudun, Pouillier*, 1871. In-12.

Chenonceaux. Notice historique sur le château de Chenonceaux. *S. l. (Tours) ni d.* Grand In-8°.

—— Inventaire des meubles, bijoux et livres étant à Chenonceaux le huit janvier MDCIII, précédé d'une histoire sommaire de la vie de Louise de Lorraine, reine de France, suivi d'une notice sur le château de Chenonceaux, par le prince Augustin Galitzin. *Paris, J. Techener*, 1856. In-8°, fig.

—— Archives royales de Chenonceaux. Lettres et devis de Philibert de l'Orme et autres pièces relatives à la construction du château de Chenonceaux, publiés pour la première fois d'après les originaux par M. l'abbé C. Chevalier. *Paris, Techener*, 1864. In-8°, fig.

—— Notice historique sur le château de Chenonceaux. *Paris, imp. J. Claye*, 1865. In-12, fig.

Cherbourg. Notice des tableaux composant le musée de Cherbourg. *Paris, imp. Dezauche*, 1835. In-12.

Chinon. Mémoire sur les peintures murales de l'église de Saint-Mesme de Chinon... par le Comte de Galembert. *Tours, Guilland-Verger*, 1855. In-8°.

Cléry. Notice sur les anciens vitraux de l'église de Cléry, par C. F. Vergnaud-Romagnési... *Paris, Roret*, 1846. In-8°. Extr. de la *Revue Orléanaise*.

Colmar. Livret indicateur du musée de Colmar. *Colmar, imp. G. Decker*, 1860. In-12.

Compiègne. L'art dans les résidences Impériales. Compiègne, par Ernest Chesneau. *Paris, typ. Panckouke*, 1863. In-8°.

—— Ville de Compiègne. Catalogue du Musée Vivenel. *Compiègne, imp. F. Valliez*, 1870. In-8°.

—— Fondation d'une chapelle de Notre Dame en 1468 à Compiègne par le Roi Louis XI. Comptes de la construction et de l'ornementation publiés avec une introduction par Fernand Le Proux. *Compiègne*, 1872. In-8°.

Courville. La seigneurie de Courville. [Signé : Doublet de Boisthibault]. In-8°. Défait du *Cabinet historique*, juillet et octobre 1863.

Criquebœuf. Guide du voyageur autour du salon de Criquebœuf par le D_r_ Isidore Le Goupils. *Falaise, imp. Trolonge-Levavasseur*, 1868. In-12.

Dangeau. Dangeau et ses seigneurs (1064-1790) par M. Maurice de Possesse. *Chartres, imp. E. Garnier*, 1878. In-8°, fig.

Dax. Numismatique béarnaise. Les graveurs en Béarn par J. Adrien Blanchet ... *Dax*, 1888. In-8°.

Dijon. Notice des objets d'art exposés au Musée de Dijon... *Dijon, V. Lagier*, 1842. In-12.

—— Beaux-Arts, Industrie, Agriculture. 1858. Exposition de Dijon. Catalogue général des objets et produits exposés ... *Dijon, imp. Loireau*. In-12.

—— Les Beaux-Arts à l'exposition de Dijon, 1858, par Auguste Schaler. *Dijon*. In-8°.

—— Notice des objets d'art exposés au Musée de Dijon. *Dijon, Lamarche*, 1860. In-12.

—— Nouveau guide pittoresque du voyageur à Dijon..... par J. Goussard ...*Dijon, V° Decailly*, 1861. In-12.

—— Clément. Janin. Les orfèvres dijonnais. *Dijon, Darantière*, 1889. In-12.

Dinan. Guide du voyageur dans la ville de Dinan et ses environs, par J. Bazouge. *Dinan, s. d.* In-12.

Douai. Coup d'œil sur quelques parties du Musée de Douai, par M. A. Cahier ...*Douai, Adam d'Aubers*, 1854. In-8°. Extrait des *Mémoires de la Société Impériale d'Agriculture, Sciences et Arts, séant à Douai*.

—— Monographie de l'église de Notre Dame de Douai, par H. R. Duthilloeul. *Douai, imp. Adam*, 1858. In-8°.

Douai. Souvenirs de la Flandre Wallonne. Essai d'iconographie religieuse douaisienne. (Signé : A. Preux). *S. l. n. d.* In-8°. Défait.

——— Un vieux tableau du Musée de Douai. L'Immaculée Conception de la Sainte Vierge honorée dans Douai à la fin du XV° siècle. Notice par M. A. Cahier. (*Douai*), *s. d.* In-8°. Extrait des *Mémoires de la Société d'Agriculture, Sciences et Arts de Douai.*

——— Nouveau guide de l'étranger dans Douai, contenant la topographie et l'histoire de Douai, la description complète de ses monuments... *Douai, imp. L. Crépin*, 1861. In-12, fig.

——— Olivier Merson. Le Musée de Douai. *Paris, E. Dentu*, 1863. In-18.

——— Notice sur la Bibliothèque publique de Douai, par M. l'abbé C. Dehaisnes ... *Douai, imp. Dechristé*, 1868. In-8°.

——— Les tableaux, vases sacrés et autres objets précieux appartenant aux églises abbatiales, collégiales et paroissiales, chapelles des couvents, etc., de Douai et de son arrondissement au moment de la Révolution..... par Louis Dechristé..... *Douai, L. Dechristé*, 1877. In-8°. Extrait du Tome XIII de la deuxième série des *Mémoires de la Société d'Agriculture, Sciences et Arts de Douai.*

Draguignan. Notice des tableaux et objets d'art conservés au Musée de la ville de Draguignan. *Draguignan, typ. A. Latil*, 1876. In-8°.

Ecouen. Guide du visiteur au Château d'Ecouen. Notice historique et descriptive par M*** (Grandmaison) *Paris, Saint Jorre*, 1846. In-12, fig.

——— Ecouen. La paroisse, le château et la maison d'éducation (par l'abbé Chevallier). *Versailles, Beau*, 1864. In-8°, fig.

Eu. Indicateur de la galerie des portraits, tableaux et bustes qui composent la collection du Roi au château d'Eu. *Paris, imp. P. Dupont*, 1836. In-12.

Faye-la-Vineuse. Notice historique et archéologique sur Faye-la-Vineuse et sur l'église collégiale de Saint Georges, par M. Bourassé. *S. l. n. d.* In-8°.

Fontainebleau. Le trésor des merveilles de la maison royale de Fontainebleau... par le R. P. F. Pierre Dan. *Paris, Séb. Cramoisy*, 1642. In-fol., fig. Exempl. en papier fort.

——— Fontainebleau. Etudes pittoresques et historiques sur ce château considéré comme lien des types de la Renaissance des Arts en France, au XVI° siècle par feu A. Castellan... *Paris, Gaillot*, 1840. Grand in-8°, fig.

Fontainebleau. Les comptes des dépenses de Fontainebleau de 1639 à 1642 par Jules Guiffrey. *Fontainebleau, E. Bourges*, 1887. In-8°.

Fontevrault. Les sépultures des Plantagenets à Fontevrault (1189-1867) par Louis Courajod. *Paris*, 1867. In-4°. Extrait de la *Gazette des Beaux-Arts.*

Gap. Inventaires du trésor du chapitre de Saint Arnoul de Gap, 1559, 1566, 1715, publiés par Joseph Roman. *Paris, A. Picard*, 1874. In-8°.

Gisors. Jules Adeline. Gisors. Excursion archéologique et artistique... *Rouen, imp. L. Deshays*, 1873. In-8°, fig.

Grenoble. Catalogue des tableaux et objets d'art du Musée de Grenoble.... *Grenoble, typ. F. Allix*. 1844. In-8°.

——— Beaux-Arts. Les artistes grenoblois. Le monument de D. Rahoult par M. H. Ding. *Grenoble, typ. Maisonville*, 1877. In-8°. [Signé : L. M. de Villecaze].

——— Les artistes grenoblois, architectes, armuriers, brodeurs, graveurs... Notes et documents inédits par Edmond Maignien. *Grenoble, Xavier Drevet*, 1887. In-8°.

Hesdin. Les origines de l'imprimerie à Hesdin-en-Artois (1512-1518), par A. Claudin, lauréat de l'Institut. *Paris, A. Claudin*, 1891. In-8°. Extrait du *Bulletin du Bibliophile.*

Jouhé-sur-Gartempe. Essai sur les fresques de la chapelle de Jouhé-sur-Gartempe, près Montmorillon. *Poitiers, Ch. Létang*. In-8°, fig.

Laon. Les monuments à miniatures de la Bibliothèque de Laon.... Texte et dessins par Edouard Fleury.... *Paris, Dumoulin*. 1863. 2 vol. in-4°, fig.

——— Société académique de Laon. Exposition de peinture, gravure, médailles et faïences. Catalogue illustré par M. M. Dollé, de dix photographies. *Laon, imp. A. Cortilliot*, 1883. In-4°, fig.

L'Ile-Dieu. Deux pierres tumulaires de l'abbaye de l'Ile-Dieu par M. Gaston Le Breton (*Paris*), *Imp. Nationale*, avril 1881. In-8°. Extrait de la *Revue des sociétés savantes.*

Lille. Explication des ouvrages de peinture, sculpture, lithographie et architecture des artistes vivants exposés au Salon de Lille le 29 août 1825. *Lille, Imp. L. Jacqué*, 1825. In-12.

——— Notice des tableaux des écoles italienne, flamande et française qui composent le Musée de la ville de

Lille.... *Lille, imp. L. Jacqué*, 1827. In-12.

Lille. Guide de la ville de Lille par Henri Bruneel. *Lille, Vanackère*, 1850. In-12, fig.

—— Ville de Lille. Musée Wicar. Catalogue des dessins et objets d'art légués par J. B. Wicar. *Lille, imp. Lefebvre-Ducrocq*, 1856. In-12.

—— Explication des ouvrages de peinture, dessin, sculpture, architecture, gravure et lithographie figurant à l'exposition des Beaux-Arts ouverte dans la ville de Lille... le 22 juillet 1866. *Lille, imp. Lefebvre-Ducrocq*, 1866. In-12.

—— Musée de Lille. Le Musée Wicar par Louis Gonse. *Paris, Detaille*, 1878. Grand in-8°, fig. Extrait de la *Gazette des Beaux-Arts*.

—— Les Beaux-Arts à Lille. Exposition de 1881, par Olivier Merson. *Paris, Baur*, 1882. In-8°. Extrait du *Propagateur du Nord et du Pas-de-Calais*.

Limoges. Le Tombeau du Cardinal de Mende à Saint Martial de Limoges, par Louis Guibert. *Paris, H. Champion*, 1882. In-8°. Extrait du *Cabinet historique*.

Loches. Notice sur le donjon et les derniers monuments historiques de Loches. *Tours*, 1894. In-8°.

Luxeuil. Luxeuil, ville, abbaye, thermes, saison d'eaux, environs et promenades par M. Emile Delacroix. *Paris, typ. Chamerot*, 1875. In-12, fig.

Lyon. Cabinet des Antiques du Musée de Lyon, par F. Artaud. *Lyon, imp. Pelzin*, 1816. In-8°.

—— Notice des tableaux du Musée de la ville de Lyon, par F. Artaud. *Lyon, imp. Lambert-Genlot*, 1817. In-8°.

—— Situation monumentaire des édifices publics de la ville de Lyon. [Signé: Joseph Bard]. 1837. In-8°. Défait.

—— Notice des tableaux exposés dans les Musées de Lyon, publiée par Aug. Thierriat. *Lyon, imp. L. Boitel*, 1847. In-8°.

—— Ville de Lyon. Catalogue raisonné des estampes de la bibliothèque du Palais des Arts, par F. Rolle. *Lyon, imp. Lépagnez*, 1854. In-8°.

—— Galerie des peintres lyonnais publiée par Auguste Thierriat. *Lyon, imp. L. Perrin*, 1859. In-12.

—— De l'architecture religieuse à Lyon d'après quelques constructions modernes. Eglises d'Ecully, de Caluire, de Vaise et de l'Immaculée Conception, par M. Charles Vays. *Lyon, imp. A. Vingtrinier*, 1859. In-8°.

Lyon. Les ouvriers imprimeurs de Lyon au XVᵉ siècle. [Signé: Aug. Bernard]. *S. l. (Bruxelles) n. d.* In-8°. Extrait du Tome Iᵉʳ du *Bibliophile Belge*.

—— La chapelle des Pénitents de la Miséricorde (à Lyon). [Signé: Léon Boitel.] *S. l. n. d.* In-8°, fig.

—— Les Cordeliers de l'Observance (près de Lyon). [Signé: César Bertholon]. In-8°. Défait.

—— De l'architecture religieuse à Lyon, d'après quelques constructions modernes. Eglise de la Demi-Lune et Eglise de Saint Georges. [Signé: Ch. Vays]. *Lyon, imp. Vingtrinier*, 1860. In-8°. Extrait de la *Revue du Lyonnais*.

—— De la dignité de l'art. Discours de réception prononcé dans la séance publique de l'Académie impériale des Sciences, Belles-Lettres et Arts de Lyon le 28 février 1860, par M. Fabisch, statuaire.... *Lyon, imp. A. Vingtrinier*, 1860. In-8°.

—— Notice sur l'Hôtel de Ville de Lyon et sur les restaurations dont il a été l'objet par T. Desjardins. *Lyon, imp. A. Vingtrinier*, 1861. In-8°.

—— Simples réflexions à propos des restaurations de la Primatiale de Saint Jean de Lyon, par M. Ch. Vays. *Lyon, imp. A. Vingtrinier*, septembre 1861. In-8°.

—— Une fabrique de Faïence à Lyon sous le règne de Henri II, par M. le comte de la Ferrière-Percy. *Paris, A. Aubry*, 1862. In-8°.

—— De l'intime relation des Beaux-Arts et de l'art industriel. Discours de réception lu à l'Académie des Sciences, Belles-Lettres et Arts de Lyon par M. Reignier... *Lyon, imp. A. Vingtrinier*, 1864. In-8°.

—— Peintures murales exécutées dans la chapelle de la maison-mère des sœurs de Saint-Joseph. Compte-rendu par M. l'abbé de Saint Fulgent. *Lyon, imp. A. Vingtrinier*, 1867. In-8°.

—— Etudes historiques. La Bibliothèque du Palais des Arts de Lyon. Rapport du Comité d'inspection à M. le Ministre de l'Instruction publique, des Cultes et des Beaux-Arts, par L. Charvet. *Lyon, imp. Mougin-Rusand*, 1878. Grand in-8°.

—— Les artistes et les maîtres de métier étrangers ayant travaillé à Lyon, par M. Natalis Rondot. *Paris, imp. A. Quantin*, 1883. Grand in-8°. Extrait de la *Gazette des Beaux-Arts*.

Lyon. Les peintres de Lyon du quatorzième au dix-huitième siècle, par M. Natalis Rondot. *Paris, typ. Plon*, 1888. In-8°.

Mâcon. Notice sur deux peintures murales de l'église cathédrale de Saint Vincent à Mâcon, par M. Alfred de Surigny.... *Chalon-sur-Saône, imp. Montalan* (1850). Grand in-4°, fig.

Le Mans. Les artistes du Mans jusqu'à la Renaissance par Henri Chardon. *Paris, Champion*, mai 1878. In-8°. Extrait des *Comptes-rendus du congrès tenu au Mans et à Laval par la société française d'archéologie.*

—— Notes sur les peintures murales de la chapelle de la Vierge à St-Julien du Mans et sur l'histoire de la peinture au moyen-âge par Ad. d'Espaulart. *Le Mans, imp. Monnoyer*, 1848. Grand in-8°.

—— Recherches archéologiques sur les œuvres des statuaires du moyen-âge dans la ville du Mans.... par l'abbé A. Launay. *Le Mans, imp. Gallienne*, 1852. In-8°.

—— Les artistes du Mans jusqu'à la Renaissance par Henri Chardon. *Paris* (1878), *Champion; Le Mans, Pellechat.* In-8°.

—— Documents historiques sur la vente du mobilier des églises de la Sarthe pendant la Révolution, par F. Legeay .... *Le Mans, Leguigneux*, 1887. In-12.

Mareuil-en-Brie. Le retable de l'église de Mareuil-en-Brie par Louis Courajod. *Paris, H. Menu*, 1878. In-8°. Extrait de la *Revue de Champagne et de Brie.*

Marseille. Notice des tableaux et monumens antiques qui composent la collection du Musée de Marseille. 1827. In-12.

—— Notice des tableaux et monuments antiques exposés dans le Musée de Marseille. *Marseille, imp. J. Barile*, 1851. In-8°.

—— Neyret-Sporta. Salon marseillais de 1859. *Marseille, Camoin*, 1860. In-12.

—— La peinture à Marseille. Salon Marseillais de 1859 par Marius Chaumelin... *Marseille, Camoin*, 1860. In-12.

—— E. Parrocel. Le salon marseillais de 1860. *Marseille, imp. J. Clappier*, 1860. In-12.

—— Henri Verne. Sur le Palais des Arts de Marseille. *Marseille. typ. Marius Olive*, 1863. In-12.

Meaux. Recherches sur les tableaux du chœur de la cathédrale de Meaux. Signé Ch. Maillot. *S. l. n. d.* In-4°.

Melun. Notice sur l'ancien fief et hôtel Le Cocq, logis des ducs d'Orléans Longueville à Melun, par M. Eugène Grésy. (*Paris*). *Imprimerie Impériale*, 1866. In-8°.

Metz. Peintures à fresque du XIVe siècle existant à la citadelle de Metz, par M. de Saulcy. In-8°. Extrait des *Mémoires de l'Académie royale de Metz.* Année 1834-1835.

—— Exposition de Metz par A. de la Fizelière. (*Paris*, 1842). In-8°. Extrait de l'*Artiste.*

—— Note pour servir à une histoire des Arts dans le Pays Messin (1825-1852). *Metz, imp. S. Lamort* (1852). In-4°. Extrait de l'*Union des Arts.* Tome II, juin-septembre 1852.

Montpellier. Notice des dessins sous verre, tableaux, esquisses, recueils de dessins et d'estampes réunis à la Bibliothèque de la Faculté de Médecine de Montpellier (par Kulmholtz). *Montpellier, imp. J. Martel*, 1830. In-8°.

—— Des vieilles maisons de Montpellier (par Jules Renouvier). *Montpellier, imp. J. Martel*, 1835. In-8°, fig.

—— Peinture. Les artistes de Montpellier à l'exposition. Décembre 1839. In-8°. Défait.

—— Notice des tableaux et objets d'art exposés au Musée Fabre de la ville de Montpellier .... *Montpellier, imp. Boehm*, 1843. In-12.

—— Des maîtres de pierre et des autres artistes gothiques de Montpellier, par J. Renouvier et Ad. Ricard. *Montpellier, J. Martel*, 1844. In-4°, fig. Extrait des *Publications de la société archéologique de Montpellier.*

—— Notice des tableaux et objets d'art exposés au Musée Fabre de la ville de Montpellier..... *Montpellier, Gras*, 1859. In-12.

—— Sur une figurine en terre cuite du cabinet archéologique de Montpellier, par M. J. Renouvier. *S. l. n. d.* In-4°. Extrait des *Mémoires de la société archéologique de Montpellier.*

—— Biographie Montpelliéraine. Peintres, sculpteurs et architectes par Louis de la Roque. *Montpellier, imp. centrale du Midi*, 1877. In-8°.

Mont Saint Michel. Description de l'abbaye du Mont Saint Michel et de ses abords précédée d'une notice historique par Édouard Corroyer... *Paris, Dumoulin*, 1877. In-4°, fig.

Mont Saint Michel. L'architecture militaire au Mont Saint Michel par Ed. Corroyer. *Paris, E. Plon*, 1881. In-8°.

—— Itinéraire descriptif et historique du voyageur dans le Mont Saint-Michel par M. Edouard Le Hericher. *Avranches, A. Anfray, s. d.* In-12, fig.

Moulins. Rapport adressé au conseil municipal de Moulins sur le mode d'enseignement proposé par le professeur pour l'école communale de dessin de cette ville, suivi de la délibération du conseil municipal et du règlement de l'école communale de dessin. *Moulins, imp. P. A. Desrosiers*, 1834. In-8°. (Le rapport est signé : E. Tudot).

—— L'exposition de peinture à Moulins. [Signé : Cte Eug. de Montlaur]. *Moulins, imp. P.-A. Desrosiers*, 1852. In-12.

Nancy. Catalogue des tableaux et statues exposés au Musée de Nancy. *Nancy*, 1825. In-12.

—— Notice sur les tombeaux de Charles le Téméraire et de Marie de Bourgogne, par M. le Mis de Villeneuve-Trans... *Nancy, Grimblot*, 1840. In-8°. Extrait des *Mémoires de la Société royale des Sciences, Lettres et Arts de Nancy.*

—— Le Palais ducal de Nancy, par Henri Lepage... *Nancy, A. Lepage*, 1852. In-8°, fig.

—— La Galerie des Cerfs et le Musée Lorrain au Palais ducal de Nancy, par Henri Lepage. *Nancy, Wiener*, 1857. In-12, fig.

—— Description d'anciens dessins inédits de peintres, sculpteurs et architectes Lorrains par P. Morey.... *Nancy, imp. A. Lepage*, 1866. In-8°.

—— Catalogue descriptif des estampes relatives à la guerre de Trente ans en Lorraine pendant la période dite suédoise, 1631-1648, par M. J. A. Schmit... *Nancy, L. Wiener*, 1868. In-8°. Extrait des *Mémoires de la Société d'archéologie Lorraine.*

—— Description illustrée de Nancy et de ses environs par Constant Lapaix... *Nancy, imp. Berger-Levrault*, 1874. In-12. Fig.

—— La peinture à l'exposition rétrospective de Nancy, par A. Bray. *Nancy, typ. Crépin-Leblond*, 1875. In-8°.

Nantes. Rapport fait à la société académique de Nantes sur l'exposition de tableaux par le Dr A. Guépin. *Nantes, Prosp. Sebire* (1836). In-8°.

—— Documents officiels concernant la donation artistique et charitable faite à la ville de Nantes par M. Urvoy de Saint Bédan, suivis du catalogue des tableaux et d'une notice descriptive de la Bataille de Nazareth. *Nantes, A. Guéraud*, 1854. In-8°. Extrait de la *Revue des Provinces de l'Ouest.*

Nantes. Notice historique sur le Musée de peinture de Nantes d'après des documents officiels et inédits, par Henri de Saint Georges... *Nantes, A. Guéraud*, 1858. In-12.

—— Catalogue des objets composant le musée municipal des Beaux-Arts. *Nantes, imp. Mellinet*, 1876. In-12.

—— Notes sur la collection égyptienne du Musée départemental archéologique de la Loire-Inférieure par le Vte J. de Roujé. *Paris*, 1883. In-8°, fig. Extrait des *Mémoires de la Société nationale des Antiquaires de France.*

Nantouillet. Fragment inédit de l'ouvrage : Les Arts au Moyen-Age, lu à l'assemblée générale de la société de l'Histoire de France du 6 mai 1839... Château de Nantouillet. (*Paris*). In-8°.

Nérac. Inventaire des meubles du Château de Nérac en 1598 publié par Philippe Tamizey de Larroque. *Paris, A. Aubry*, 1867. In-8°. Extrait du *Recueil des Travaux de la société d'Agriculture, Sciences et Arts d'Agen.*

Nevers. Guide archéologique dans Nevers par le Cte Georges de Soultrait. *Nevers, typ. P. Bégat*, 1856. In-12.

—— Gustave Gouellain. Le musée céramique de Nevers. *Rouen, A. Lebrument*, 1862. In-8°.

Nîmes. Catalogue du Musée de Nîmes, précédé de la notice historique de la Maison Carrée et de la Biographie de Sigalon.... *Nîmes*, 1884. In-8°, fig.

—— Exposition des Beaux-Arts à Nîmes. Compte-rendu lu à l'hôtel de ville devant la Commission des Beaux-Arts présidée par M. le maire le 26 novembre 1856. [Signé : Jules Canonge]. In-8°.

Niort. Note pour servir à l'histoire de l'imprimerie à Niort et dans les Deux-Sèvres, par Henri Clouzot... *Niort, L. Clouzot*, 1891. In-8°.

Nogent - le - Rotrou. Nogent - le - Rotrou. [Signé : Auguste Moutie]. *Rambouillet, imp. Raynal, s. d.* In-8°. fig.

Noyon. Description monumentale et historique de l'église N. D. de Noyon, précédée d'un coup d'œil sur l'art chrétien au moyen-âge, par Alphonse Dantier. *Paris, Derache*, 1845. In-8°.

Orange. Monuments antiques de la ville d'Orange par M. A. Caristie.

Articles de M. Vitet extraits du *Journal des Savants*. (Cahiers de juin et de juillet 1859.) In-4°.

Orbais. Documents pour servir à la restauration des monuments historiques dans l'arrondissement d'Epernay (Marne). Lettres à M. Noel-Boucart sur la Restauration de la flèche d'Orbais en juillet et août 1869. [Signé : Louis Courajod]. *Epernay, imp. Noel-Boucart*, 1869. In-8°.

—— Le pavage de l'église d'Orbais, par Louis Courajod. *Paris, Didier*, 1876. In-8°, fig. Extrait de la *Revue Archéologique*.

Orléans. Explication des ouvrages de peinture, dessins et antiquités du Musée d'Orléans... *Orléans, imp. A. Jacob*, 1844. In-12.

—— Quatre jours dans Orléans... par D. T. Emmanuel. *Orléans, A. Gatineau*, 1845. In-12, fig.

—— Plan d'une Bibliothèque orléanaise ou Essai de Bibliographie locale par H. Herluison. *Orléans, H. Herluison*, 1868. In-8°.

—— Catalogue des tableaux, statues, et dessins exposés au musée d'Orléans. *Orléans, H. Herluison*, 1876. In-12.

—— Allocution prononcée par M. Dureau, préfet du Loiret, à la distribution des prix aux élèves des écoles municipales de dessin, de modelage, d'architecture et de musique de la ville d'Orléans, le 28 novembre 1869. *Orléans, H. Herluison*, 1870. In-12.

Paris. La ville de Paris en vers burlesques.... par le sieur Berthod. *Paris, Vᵉ G. Loison*, 1655. In-4°, fig.

—— Description de l'Arc de la Place Dauphine présentée à son Eminence, (par A. Félibien). *Paris, P. le Petit*, 1660. In-4°.

—— Statuts, ordonnances et règlements de la communauté des maîtres ès arts de peinture, sculpture, gravure et enluminure de cette ville et faux-bourgs de Paris, tant anciens que nouveaux.... *Paris, Ch. Chenault* (1682). In-12.

—— Statuts, ordonnances et règlements de la communauté des maîtres de l'art de peinture et sculpture, graveurs et enlumineurs de cette ville et fauxbourgs de Paris, tant anciens que nouveaux... *Paris, L. Colin*, 1698. In-4°.

—— Nouvelle description de la ville de Paris et de tout ce qu'elle contient de plus remarquable, par Germain Brice ... Huitième édition... *Paris, J. M. Gandouin*, 1725. 4 vol. in-12, fig.

Paris. Liste générale des noms et surnoms de tous les maîtres peintres, sculpteurs, graveurs, étoffeurs, enlumineurs et marbriers de cette ville et fauxbourgs de Paris tant anciens que modernes.... *Paris, Barthelemy Laisnel*, 1725. In-8°.

—— Plan de Paris commencé l'année 1734. Dessiné et gravé sous les ordres de Messire Michel Etienne Turgot..... achevé de graver en 1739. In-fol. Reliure ancienne aux armes de la ville de Paris.

—— Lettres de divers auteurs sur le projet d'une place devant la colonnade du Louvre pour y mettre la statue équestre du Roy. Signé : [J.B.D.D.N.] (*Paris*), 1749. In-12.

—— Projet de souscription pour la Chapelle des enfants-trouvés, exécutée quant à l'histoire par M. Natoire... et par MM. Brunetti, père et fils, quant à l'architecture, dont on trouve une description dans le *Mercure* du mois de juillet 1750. In-4°.

—— Voyage pittoresque de Paris ou Indication de ce qu'il y a de plus beau dans cette grande ville en peinture, sculpture et architecture par M. D*** (Dargenville). *Paris, Debure*, 1752. In-12, fig.

—— Curiosités de l'église de Notre Dame de Paris avec l'explication des tableaux qui ont été donnés par le corps des orfèvres. *Paris, Cl. P. Gueffier*, 1753. In-12.

—— Lettre à un ami sur les travaux du Louvre et sur le tombeau du Maréchal de Saxe. *Paris, Prault*, 1756. In-12.

—— Le Plafond de Saint-Roch. Lettre à M..... *S. l. n. d.* In-8°. [Le plafond est de Pierre.]

—— Lettre au sujet des embellissements faits dans l'église de Saint Roch, avec la description de ces nouveaux ouvrages. *S. l. n. d.* 1760. In-18.

—— Description historique des curiosités de l'église de Paris.... par C. P. G. (Gueffier). *Paris, C. P. Gueffier*, 1763. In-12, fig.

—— Description historique des tableaux de l'église de Paris. *Paris, Vᵉ Hérissant*, 1781. In-12.

—— Arrest de la Cour de Parlement concernant les visites des syndics adjoints des communautés d'arts et métiers de la ville de Paris du 26 mars 1783. (*Paris, P. G. Simon et N. H. Nyon*, 1783.) In-4°.

—— Mémoire sur la manière d'éclairer la Galerie du Louvre, pour y placer le plus favorablement possible les peintures et sculptures, destinées à former le musée national des Arts.... par C. A. Guillaumot. *S. l. n. d.* (*Paris*, 1787). In-8°.

Paris. Lettre à M*** sur le cirque qui se construit au milieu du Jardin du Palais-Royal, par M. J. A. D***. *Paris, Le Jay*, 1787. In-12, fig.

——— Projet d'un monument sur l'emplacement de la Bastille à décerner par les Etats Généraux à Louis XVI..... Présenté à l'Académie Royale d'architecture... par M. Davy de Chavigné... *S. l.*, 1789. In-8°.

——— Rapport du Comité d'emplacement sur la destination des édifices publics de Paris, imprimé par ordre de l'Assemblée nationale. *Paris, Imp. Nationale*, 1791. In-8°.

——— Extrait du premier rapport présenté au Directoire dans le mois de mars 1791 sur les mesures propres à transformer l'église de Sainte Geneviève en Panthéon français, par Ant. Quatremère. *Paris, Ballard*, 1792. In-8°.

——— Rapport fait au Directoire du Département de Paris le 13 novembre 1792, l'an premier de la république française, sur l'état actuel du Panthéon français, sur les changements qui s'y sont opérés, sur les travaux qui restent à entreprendre ainsi que sur l'ordre administratif établi pour leur direction et la comptabilité, par Ant. Quatremère. (*Paris*). In-8°.

——— Département de Paris. Rapport sur les comptes du Panthéon français pour les années de juillet 1791 à juillet 1792 et de juillet 1792 à juillet 1793. Signé Lemit et Lachevardière. (*Paris*). In-8°.

——— Essai sur la restauration des piliers du Dôme du Panthéon français par C. M. Delagardette, architecte. *Paris, chez l'auteur*, an VI de la République. In-4°, fig.

——— Précis historique et fabuleux sur les statues qui ornent le jardin des Tuileries... *Paris, Chaudrillié*, an VI. In-8°.

——— Rapport fait au Directoire du Département de Paris sur les travaux entrepris, continués ou achevés au Panthéon français, depuis le dernier compte-rendu le 17 novembre 1792 et sur l'état actuel du monument.... par Antoine Quatremère. *Paris*. In-8°.

——— Notice sur la Manufacture nationale de Tapisseries des Gobelins, par C. A. Guillaumot... *Paris, imp. H. L. Perronneau*, an VIII. In-8°.

——— Appel aux artistes. Programme du monument à ériger en l'honneur du général Desaix, aux frais d'une société de souscripteurs. *S. l. n. d.* (*Paris*, 12 vendémiaire an IX). In-8°.

Paris. Temple de la Concorde. Monument projeté sur les constructions de l'église de la Madeleine..... par F. A. Davy-Chavigné... lu en séance particulière de la société libre des Sciences, Lettres et Arts de Paris en lui présentant les plans et coupes de ce monument le 9 floreal an X. In-8°.

——— Description de la Colonne de la Grande Armée élevée à la gloire des armées françaises, l'an 1810, terminée par la description de l'Arc de Triomphe du Palais des Tuileries. *Paris, Aubry*. In-12.

——— Rétablissement de la statue d'Henri IV sur le Pont-Neuf. [Signé : A. Loiseau]. *Paris, imp. Everat*, août 1818. In-8°.

——— Détail du procédé employé par M. Guillaume, ancien maître charpentier pour l'élévation et la pose de la statue de Henri IV sur son piédestal. 1819. In-8°.

——— Exposition de tableaux modernes à la Galerie Lebrun. Catalogue. *Paris*, 1827. In-12.

——— Henri Gaugain et Cie. Catalogue des tableaux et objets d'art exposés dans le musée Colbert pendant le mois de décembre 1829. 2e exhibition. *Paris, imp. J. Tastu*, 1829. In-12.

——— Du Concours pour le Bas-Relief de la Madeleine par M***. *Paris, imp. Lenormant*, mars 1829. In-8°.

——— Souscription de 50 centimes proposée à la nation française pour l'érection d'un monument en l'honneur de la garde nationale et du général Lafayette, par M. A. Hervier, artiste peintre, élève de feu David et de l'Académie royale des Beaux-Arts. *Paris*, 1831. In-8°.

——— Relevé général des objets d'art commandés depuis 1816 jusqu'en 1830 par l'administration de la ville de Paris et indication des lieux où ils sont placés, par J. A. Grégoire. *Paris*, 1833. In-8°.

——— Notice sur l'hôtel de Cluny et sur le Palais des Thermes, avec des notes sur la culture des arts, principalement dans les XVe et XVIe siècles. *Paris, Ducollet*, décembre 1834. In-8°.

——— Considérations sur l'église de la Madeleine, en réponse à un article inséré dans le *Journal des Artistes*. *Paris, imp. Ducessois*, 1834. In-8°.

——— Notice historique sur l'hôtel de

Carnavalet, par J. M. Verdot. *Paris, chez l'auteur*. 1838. In-12.

Paris. Notice explicative des objets d'art qui décorent la nouvelle église Notre Dame de Lorette à Paris... par J. A. Grégoire... *Paris, Dentu*, 1838. In-8°.

—— Notice historique des Ruines Antiques qui se trouvent à l'hôtel de Cluny, rue des Mathurins Saint Jacques, n° 14. *S. l. n. d.* In-8°.

—— Projets pour l'amélioration et l'embellissement du 10e arrondissement, par Léon de Laborde. *Paris, J. Renouard*, 1842. Grand in-8°.

—— Galerie des Beaux-Arts contenant la liste complète et explicative des objets exposés avec les prix de vente... *Paris*, 1844. In-12, fig.

—— Notice sur le monument érigé à la gloire de Molière, suivie de pièces justificatives.... *Paris, Perrotin*, 1844. In-8°.

—— Mémoire historique et critique sur le portail, le porche et les peintures du porche de l'église royale et paroissiale de Saint Germain L'Auxerrois à Paris. par M. N. M. Troche... *Paris, Leleux*, 1846. In-8°, fig. Extrait de la *Revue archéologique*.

—— Le Palais Mazarin et les grandes habitations de ville et de campagne au dix-septième siècle par le cte de Laborde ... *Paris, A. Franck*, 1846. In-4°, fig.

—— Le Palais Mazarin et les grandes habitations de ville et de campagne au XVIIe siècle par M. le comte de Laborde. [Compte-rendu signé : *Leroux de Lincy*]. (*Paris*, 1847). In-8°. Extrait du *Moniteur universel*.

—— Bibliographie historique et topographique de la ville de Paris... par A. Girault de St-Fargeau. *Paris, chez l'auteur*, 1847. In-8°.

—— Le Palais Mazarin et les grandes habitations de ville et de campagne au XVIIe siècle par le comte de Laborde. (Compte-rendu). In-8°. Défait.

—— Explication des peintures de la chapelle de la Vierge à l'église Notre Dame de Lorette. Imprimé d'après le manuscrit rédigé par Victor Orsel peu de temps avant sa mort. (*Paris*), *s. d.* In-4°.

—— Notice sur l'ancienne statue équestre, ouvrage de Daniello Ricciarelli et de Biard le fils, élevée à Louis XIII en 1639 au milieu de la place Royale à Paris et détruite en août 1792, par M. An. de Montaiglon. *Paris, J. B. Dumoulin*, décembre 1851. In-8°.

Paris. Etudes archéologiques sur les anciens plans de Paris des XVIe, XVIIe et XVIIIe siècles, par A. Bonnardot... *Paris, Deflorenne*, 1851. In-4°.

—— Sainte Clotilde de Paris, par Ernest Breton.... *St-Germain-en-Laye, imp. Beau*, 1852. In-8°. Extrait de l'*Investigateur*.

—— Comptes des dépenses faites par Charles V dans le château du Louvre des années 1364 à 1368, publiés par M. Leroux de Lincy. *Paris A. Leleux*, 1852. In-8°. Extrait de la *Revue archéologique*.

—— Le Louvre, par M. L. Vitet... par M. Ch. Lenormant. *Paris, Ch. Douniol*, 1853. In-8°. Extrait du *Correspondant*. recueil périodique.

—— Le château du Bois de Boulogne dit château de Madrid. Etude sur les arts au seizième siècle par le cte de Laborde. *Paris, Dumoulin*, février 1855. Grand in-8°.

—— Guides-cicerone. Paris illustré, son histoire, ses monuments, ses musées.... publié par une société de littérateurs, d'archéologues et d'artistes... *Paris, L. Hachette*, 1855. In-12, fig.

—— Description de Notre-Dame, cathédrale de Paris, par M. de Guilhermy et M. Viollet-le-Duc. *Paris, Bance*, 1856. In-12, fig.

—— Description archéologique des monuments de Paris, par M. F. de Guilhermy... *Paris, Bance*, 1856. In-12, fig.

—— Paris ridicule et burlesque au dix-septième siècle, par Claude le Petit, Berthod..... nouvelle édition revue et corrigée avec des notes par P. L. Jacob... *Paris, Ad. Delahays*, 1859. In-12.

—— Beaux-Arts. Le salon intime. Exposition au Boulevard des Italiens, par Zacharie Astruc.... *Paris, Poulet-Malassis*, 1860. In-12, fig.

—— Notice des peintures de l'école moderne exposées dans la galerie Goupil et Cie, rue Chaptal, 9, mai 1860. *Paris, imp. J. Claye*. In-18.

—— De la peinture religieuse à l'extérieur des églises, à propos de l'enlèvement de la décoration extérieure du porche de Saint Vincent de Paul, par J. Jollivet. *Paris, imp. A. Wittersheim*, 1861. In-8°.

—— Catalogue des collections composant le Musée d'Artillerie par O. Penguilly l'Haridon... *Paris, Ch. de Mourgues*, 1862. In-8°.

Paris. Notice historique sur l'Hôpital de la Charité à Paris, par M. Charles Leguay... *Paris. R. Muffat*, 1866. In-8°.

—— Exposition universelle de 1867 à Paris. Catalogue général publié par la commission impériale. Histoire du travail et monuments historiques. *Paris, Dentu* (1867). In-12.

—— Explication des ouvrages de peinture, sculpture... exposés aux Champs-Elysées le 1er mai 1868. *Paris, Ch. de Mourgues*, 1868. In-12.

—— La Galerie de portraits de l'ancienne faculté de médecine de Paris. Signé Dr A. Chereau. *Paris*, 1869. In-8°. Extrait de l'*Union médicale*.

—— Les Arènes Romaines de la rue Monge. Discussion sans mélange d'archéologie à propos d'une souscription nationale pour leur rachat, par Aimé d'Alizon. *Paris, A. Lacroix*, 1870. In-8°.

—— Catalogue raisonné des peintures, sculptures et objets d'art qui décoraient l'hôtel de ville de Paris, avant sa destruction, par A. de Bullemont. *Paris, Ve A. Morel*, août 1871. In-8°, fig.

—— Explication des ouvrages de peinture exposés au profit de la colonisation de l'Algérie, par les Alsaciens-Lorrains au Palais de la Présidence du Corps législatif le 23 avril 1874. *Paris, imp. J. Claye*, 1874. In-12.

—— Inventaires du Trésor de Notre Dame de Paris de 1343 et de 1416, publiés et annotés par M. Gustave Fagniez. *Paris, Didier*, 1874. In-8°. Extr. de la *Revue archéologique*.

—— L'Eglise et le monastère du Val-de-Grâce, 1645-1665, par V. Ruprich Robert. *Paris, Morel*, 1875. Grand in-4°, fig.

—— Mémoires de la société de l'histoire de Paris et de l'Ile de France. *Paris, H. Champion*, 1875-76-77. 4 volumes in-8°.

—— Livret de l'exposition du Colisée (1776) suivi de l'analyse de l'exposition ouverte à l'Elysée en 1797 et précédé d'une histoire du Colisée..... (publié par J. J. Guiffrey). *Paris, J. Baur*, 1875. In-12.

—— Notice sur un plan de Paris du XVIe siècle nouvellement découvert à Bâle, par Jules Cousin. *Paris*, 1875. In-8°. Extr. du tome 1er des *Mémoires de la Société de l'histoire de Paris et de l'Ile de France*.

—— Catalogue général des gravures reproduisant les œuvres de peinture ou de sculpture qui décorent les édifices de la ville de Paris. *Paris, Haro*, 1875. In-8°.

Paris. Liste des œuvres d'Art exposées par la ville de Paris. Ecole des Beaux-Arts, juillet 1876. *Paris, imp. Chaix*, 1876. In-12.

—— Les enseignes de Paris, par le comte Clément de Ris. *Paris*, 1877. In-12. Extr. du volume des *Mélanges de 1877 de la société des Bibliophiles français*.

—— Michel de Marolles. Paris ou description de cette ville. Introduction et notes, par l'abbé Valentin Dufour. *Paris, Quantin*, 1879. In-8°.

—— Thomas Coryate. Voyage à Paris (1608), traduit et annoté par Robert de Lasteyrie. *Paris*, 1880. In-8°. Ext. des *Mémoires de la société de l'histoire de Paris et de l'Ile de France*.

—— Le Louvre et les Tuileries. Précis historique et critique de la construction de ces palais.... par Ch. Bauchal. *Paris, Morel*, 1882. In-12.

—— Notre Dame et ses premiers architectes. Notices historiques et critiques, par M. C. Bauchal (*Paris*), *Charavay*, 1882. In-12.

—— Luca Beltrami. L'hotel de ville di Parigi e l'architetto Domenico da Cortona. *Roma, tipog. Bodoniana*, 1882. In-8°. Estr. dalla *Nuova Antologia*.

Pierrefonds. Description du château de Pierrefonds par M. Viollet-le-Duc. *Paris, Bance*, 1857. In-8°, fig.

Plombières. Guide des baigneurs aux eaux minérales de Plombières, par les Drs Hutin et Bottentuit.... *Paris, V. A. Delahaye*, 1877. In-18, fig.

Poitiers. Instructions de la Commission archéologique diocésaine établie à Poitiers, adressées par Monseigneur l'évêque, président, au clergé de son diocèse sur la restauration, l'entretien et la décoration des église, par M. l'abbé Auber... *Paris, Derache*, 1851. In-8°. Extr. du *Bulletin Monumental*.

—— De l'organisation du musée à Poitiers. Discours.... par M. Le Touzé de Longuemar... (*Poitiers, imp. A. Dupré*). 1860. In-8°. Extr. du *Journal de la Vienne*.

—— De l'organisation d'un musée à Poitiers. Discours prononcé à l'ouverture de la séance publique annuelle des Antiquaires de l'Ouest, le 30 décembre 1860, par M. Le Touzé de Longuemar.... (*Poitiers*). In-8°. Extr. du *Journal de la Vienne*.

—— Catalogue du musée des Antiquités de l'Ouest (*à Poitiers*). In-8°, fig.

Pont-Audemer. Notice sur les vitraux de Saint-Ouen de Pont-Audemer (Eure).

par Madame Philippe Lemaitre. *Rouen*, *imp. A. Péron*, 1853. In-8°.

Le Puy. Notice des tableaux, antiquités monuments et curiosités du musée Caroline, au Puy, par M. le Vicomte de Becdelièvre. *Au Puy, imp. Pasquet*, 1827. In-8°.

—— Ancienne peinture murale représentant les arts libéraux, université de l'église cathédrale du Puy et école capitulaire. Rapport lu à la société Académique du Puy, le 6 décembre 1850, par M. Aymard. *S. l.* In-8°. Extr. des *Annales de la Société academique du Puy*.

Rabastens-d'Albigeois. Peintures murales du XIV° siècle dans l'église de Notre Dame du Bourg, à Rabastens-d'Albigeois, par M. le comte R. de Toulouse-Lautrec... *Paris, A. Derache*, 1860. In-8°. Extr. du *Bulletin monumental*.

Reims. Rapport fait par M. Hittorff sur le projet de restauration de l'église abbatiale de Saint-Remi, de Reims. par M. Durand (*Paris*, 1837). In-8°. Extr. des *Annales de la société libre des Beaux-Arts*.

—— Le livret du musée de Reims suivi de notices historiques sur l'école de Reims, le musée, la Bibliothèque et les Archives (par Louis Pâris). *Reims*, 1845. In-12.

—— Notice sur le mobilier de l'église cathédrale de Reims. *Reims, L. Jacquet*, 1850. In-12.

—— Les tapisseries de Notre Dame de Reims. Description précédée de l'histoire de la tapisserie dans cette ville d'après des documents inédits, par Ch. Loriquet ... *Reims, P. Giret*, 1876. In-12.

—— Les statues de Reims en 1888. .... par H. Jadart. *Reims, F. Michaud*, 1888. In-8°, fig.

Rennes. Catalogue du musée de peinture, sculpture et dessins de la ville de Rennes. *Rennes, imp. A. Leroy*, 1860. In-8°.

Richelieu. Le chasteau de Richelieu ou l'histoire des Dieux et des Héros de l'antiquité avec des réflexions morales, par M. Vignier. *Saumur, I. et H. Descordes*, 1676. In-12.

—— Les statues du château de Richelieu [signé : Molinier]. *Paris, s. d.* (1882). In-8°. Extr. de l'*Art*.

Rouen. Catalogue raisonné des tableaux exposés au musée de Rouen pour l'année 1809. *Rouen, imp. P. Periaux*, 1809. In-12.

Rouen. Publication de la revue de Rouen et de la Normandie. Musée de Rouen. Revue critique de l'exposition de 1836, par M. A. P. *Rouen, E. Legrand*, 1836. In-8°, fig.

—— Catalogue des objets d'art, exposés au musée de Rouen..... *Rouen*, 1837. In-12.

—— Catalogue du musée départemental d'antiquités de Rouen.. *Rouen, N. Périaux*, 1838. In-12.

—— Rapport de la commission des Beaux-Arts présenté à l'Académie Royale des sciences, belles-lettres et arts de Rouen, dans sa séance publique de 1840. *Rouen, imp. Nicétas Periaux*, 1841. In-8°.

—— Notice historique sur l'Académie de peinture et de dessin de la ville de Rouen, par J. Girardin. *Rouen*, 1841. In-8°.

—— Catalogue des objets d'art exposés au musée de Rouen. Quatrième édition. *Rouen*. 1846. In-12.

—— Revue des architectes de la cathédrale de Rouen, jusqu'à la fin du XVI° sièle, par A. Deville. *Rouen, A. Lebrument*, 1848. In-8°.

—— Revue des Architectes de la cathédrale de Rouen, jusqu'à la fin du XVI° siècle, par A. Deville. *Rouen, A. Peron*, 1848. In-8°, fig.

—— Documents inédits sur la construction de Saint-Ouen de Rouen, publiés et commentés par J. Quicherat. *S. l.* (*Paris*) *ni. d.* In-8°. Extr. de la *Bibliothèque de l'école des Chartes*.

—— L'exposition d'art et d'archéologie de Rouen par Alfred Darcel. *Rouen, imp. D. Brière*. 1861. In-8°.

—— Attributions données à des tableaux du musée de Rouen, par Gaston Le Breton. *Paris, E. Plon*, 1880. In-8°.

—— Les médaillons des mois du musée de Rouen par M. Gaston Le Breton. *Tours, imp. P. Bousrez* (1881). In-4°, fig. Extr. du *Bulletin monumental*.

—— Jules Hédou. Les artistes normands au Salon rouennais de 1880. *Rouen, E. Augé*, 1882. In-8°, port.

—— Le musée céramique de Rouen, par Gaston Le Breton. *Rouen, F. Augé*, 1883. In-8°, fig.

—— Estampes de la ville de Rouen. Collections de la bibliothèque municipale. Ouverture d'une galerie des estampes dans les nouveaux bâtiments, par M. Beaurain, 13 juillet 1885. Mémoire autographié. In-4°.

Saint-Claude. Note sur l'ancienne corporation des maîtres-sculpteurs de la ville de Saint-Claude (Jura), par B. Prost. *Lons-le-Saulnier*, 1881. In-8°. Extr. des *Mémoires de la société d'émulation du Jura*.

Saint-Cloud. La Galerie de S. Cloud et ses peintures expliquées sur le sujet de l'éducation des princes, à Son Altesse Royale Monsieur, par M. l'abbé de Morelet, aumosnier de Monsieur. *Paris, Pierre Le Petit*, 1682. In-4°.

—— Description des grandes cascades de la maison royale de Saint-Cloud, dédiée à Son Altesse Royale Monseigneur duc d'Orléans, Petit-fils de France, Neveu du Roy.... par Harconet de Longeville. *Paris, Vᵉ Louis Vaugon*, 1706. In-12, fig. Envoi d'auteur.

—— Curiosités du château de Saint-Cloud. *Paris, imp. d'Houry*, 1783. In-8°.

—— Saint-Cloud. Exposition des tapisseries des Gobelins, porcelaines de Sèvres et description des tableaux existans au château de Saint-Cloud. *Paris, Pougin*, septembre 1797. In-18.

—— Château de Saint-Cloud. Domaine de la Couronne. *Paris, imp. E. Duverger*, 1839. In-4°, fig.

—— Notice des peintures et sculptures placées dans les appartements du Palais de Saint-Cloud. *Paris, Vinchon*, 1844. In-8°.

—— Le Palais de Saint Cloud, Résidence Impériale, par Philippe de Saint-Albin et Armand Durantin. *Paris*, 1865. In-12.

—— Marius Vachon. Le château de Saint-Cloud, son histoire et son incendie en 1870. Inventaire des œuvres d'art détruites. *Paris, A. Quantin* (1878). In-12, fig.

—— Exposition universelle de 1900. L'Exposition dans le Parc Saint-Cloud. H. Pucy, architecte. Octobre 1893. In-4°, fig.

Saint-Denis. Les tombeaux des rois, des reines et des autres qui sont dans l'église de Saint Denis. *Paris, Chardon*, 1768. In-12.

—— Les raretés qui se voient dans l'église royale de Saint-Denis avec des remarques curieuses. *Paris, Chardon*, 1768. In-12.

—— Le Trésor de l'abbaye royale de Saint-Denis en France, qui comprend les corps saints et autres reliques précieuses, qui se voyent tant dans l'église que dans la salle du trésor. *Paris, Chardon*, 1768. In-12.

Saint-Denis. Monographie de l'église royale de Saint-Denis.... par le Baron de Guilhermy... *Paris, Didron*, 1848. In-12, fig.

—— La sépulture des Valois à Saint-Denis, par A. de Boislille. *Paris*. 1877. In-8°. Extr. des *Mémoires de la société de l'histoire de Paris et de l'Ile de France*.

—— Deux épaves de la chapelle funéraire des Valois à Saint-Denis, aujourd'hui au musée du Louvre, par Louis Courajod, *Paris*, 1878. In-8°. Extr. des *Mémoires de la société nationale des Antiquaires de France*.

Saint-Emilion. Guide du voyageur à Saint-Emilion, par Léo Drouyn. *Paris, Didron*, 1859. In-12.

Saint-Jean-du-Doigt. Calice de l'église Saint-Jean-du-Doigt (Finistère). par Alfred Darcel. *Paris, V. Didron*, 1860. In-4°, fig. Extr. des *Annales archéologiques*.

Saint-Martin-au-Val. La Crypte de Saint-Martin-au-Val (Eure-et-Loir), par M. Doublet de Boisthibault. *Paris, A. Leleux*, 1858. In-8°. Extr. de la *Revue archéologique*.

Saint-Maurice-d'Agaune. Trésor de l'abbaye de Saint-Maurice d'Agaune, par M. Édouard Aubert. *Paris*, 1870. In-8°, fig. Extr. des *Mémoires de la société nationale des Antiquaires de France*.

Saint-Pierre-les-Eglises. Recherches historiques et archéologiques sur l'église et la paroisse de Saint-Pierre-les-Eglises, près Chauvigny-sur-Vienne, par M. l'abbé Auber. *Paris, V. Didron*, 1852. In-8°, fig.

Saint-Quentin. Mémoire à consulter pour M. Lemasle, professeur à l'Ecole royale gratuite de dessin de Saint-Quentin, contre le sieur Pingret, peintre, ancien professeur à la même école. *S. l. ni. d. (Saint-Quentin)*. In-8°.

Saint-Riquier. Notice historique sur Saint-Riquier présenté à Monseigneur de Chabons... le jour de la distribution des prix. *Amiens, imp. Ledien-Canda*, 1826. In-8°.

Saint-Roch. Le grand salon du château de Saint-Roch, par M. Olivier Merson. *Paris, imp. J. Claye*, 1873. In-4°, fig. Extr. de la *Gazette des Beaux-Arts*.

—— Une journée au château de Saint-Roch, par M. Edouard Forestié. *Montauban*, 1883. In-8°. Extr. du *Bulletin de la société archéologique de Tarn-et-Garonne*.

Saint-Sauveur. Recherches sur le séjour de quelques artistes et littérateurs à Saint-Sauveur-sur-école et Boissise-la-Bertrand, près Melun, par Th. Lhuillier.. *Meaux, A. Le Blondel.* In-12.

Saint-Savin. Notice historique sur l'ancienne Abbaye de Saint-Savin [signé : Le Touzé de Longuemar]. *Poitiers, imp. H. Oudin, s. d.* In-8°, fig.

Sceaux. Description du plat fond de l'Aurore peint par M. Lebrun, dans le pavillon des Potagers de Sceaux, vers l'an 1648. *S. l. ni. d.* In-12.

Sens. Mausolée de feu Monseigneur le Dauphin et de feue Madame la Dauphine ordonné par le roi Louis XV, érigé par le roi Louis XVI, dans la cathédrale de Sens... Monument sculpté par feu M. Coustou.... *Paris, imp. L. Cellot,* 1777. In-12.

―――― Cathédrale de Sens. Description du mausolée de feu Monseigneur le Dauphin, père de Louis XVI, et de feue Madame la Dauphine (*Sens, imp. Th. Tarbé), s. d.* In-18.

―――― Notice historique sur la construction de la cathédrale de Sens, rédigée d'après les documents originaux existant aux archives de la préfecture, par M. Quantin. (*Auxerre,* 1842). In-8°.

Soissons. Notice sur le musée de Soissons, par MM. Ad. Watelet et Leroux... *Soissons, imp. Ed. Lallart,* 1861. In-12.

―――― Les manuscrits et miniatures de la Bibliothèque de Soissons... texte et dessin par Edouard Fleury. *Paris, Dumoulin,* 1865. In-4°, fig.

Solesmes. Les sculptures de Solesmes, par E. Cartier. *Paris, V. Palmé,* 1877. In-8°.

Strasbourg. Description du mausolée du maréchal, comte de Saxe, érigé dans l'église de Saint-Thomas, à Strasbourg, par ordre de S. M. le Roi Louis XV, de glorieuse mémoire en 1776. *Strasbourg, imp. G. L. Schiller, s. d.* In-8°.

Toulouse. Description du musée des Antiques de Toulouse par M. Alexandre du Mège.... *Paris, F. G. Levrault,* 1835. In-8°.

―――― Catalogue raisonné de la galerie de peinture du musée de Toulouse, rédigé par M. Roucoule. 3ᵉ édition. *Toulouse, imp. J. M. Douladoure,* 1840. In-12.

Tours. Documents sur quelques architectes et artistes de l'église cathédrale de Tours, communiqués et annotés par M. A Salmon. *S. l. ni. d.* In-8°. Extr. des *Archives de l'art français.*

Tours. Notes de voyages sur l'état actuel des arts en province. Première lettre. Tours. MM. Lobin, Avisseau et Guérin [signé : Pilippe de Chennevières].*Paris, imp. Thunot,* 1853. In-12. Extr. de *l'Athenæum français.*

―――― Documents sur quelques architectes et artistes de l'église cathédrale de Tours, communiqués et annotés par M. A. Salmon. *Tours, imp. Ladevèze,* 1854. In-8°.

―――― Documents inédits pour servir à l'histoire des Arts en Touraine, recueillis et publiés par M. Ch. L. Grandmaison. *Paris, J. B. Dumoulin,* 1870. In-8°.

Trianon. Notice des peintures et sculptures placées dans les appartements et dans le jardin des Palais de Trianon, par Eud. Soulié. *Versailles, imp. Montalant-Bougleux,* 1852. In-12.

Troyes. Discours pour la distribution des prix de l'école royale gratuite de dessin de la ville de Troyes, prononcé ... par M. Charbonnet. *Troyes, André,* 1785. In-8°.

―――― Discours pour la distribution des prix de l'école royale gratuite de dessin de la ville de Troyes, prononcé dans la grande salle de l'hôtel de ville le 6 septembre 1787, par M. Adry de l'Oratoire. *Troyes, A. P. F. André,* 1787. In-8°.

―――― Discours pour la distribution des prix de l'école royale gratuite de dessin de la ville de Troyes prononcé... par M. l'abbé de Champagne. *Troyes, A. P. F. André,* 1788. In-8°.

―――― Société des Amis des Arts de l'Aube. Exposition bisannuelle de peinture, sculpture, architecture, gravure et lithographie. 1847. Livret. *Troyes, imp. Cardon* (1847). In-8°.

―――― Notice sur les collections dont se compose le musée de Troyes.... *Troyes,* 1850. In-12.

―――― Notice des ouvrages de peinture, sculpture, architecture, gravure et lithographie exposés dans la grande salle de l'hôtel de ville de Troyes, le 1ᵉʳ août 1852. *Troyes, imp. L. C. Cardon,* 1852. In-8°.

―――― Bibliothèque de l'amateur champenois. Construction d'une Notre-Dame au XIIIᵉ siècle, suivie des Comptes de l'œuvre de l'église de Troyes au XIVᵉ siècle, par l'auteur des Archives curieuses de la Champagne (A. Assier). *Paris, A. Aubry,* 1858. In-12.

―――― Notice sur la châsse de Saint-Loup de Troyes, par M. Le Brun-Dalbanne. Mémoire lu à la Sorbonne dans les séances du Comité impérial des travaux historiques et des sociétés savantes tenues les 21, 22 et 23 novembre 1861. *Paris, Imprimerie Impériale,* 1863. In-8°.

Troyes. Coup d'œil sur l'exposition de Troyes par M. Le Brun - Dalbanne. *Troyes,* 1864. In-8°.

—— Les tableaux des inconnus au musée de Troyes, par M. Le Brun-Dalbanne. *Troyes,* 1873. In-8°. Extr. des *Mémoires de la Société Académique de l'Aube.*

—— Les tableaux du Louvre et les dons de M. Valtat au musée de Troyes, par M. Le Brun-Dalbanne. *Troyes,* 1873. In-8°. Extrait de l'*Annuaire de l'Aube.*

—— Rapport sur les travaux de la section des arts, depuis la séance publique du 27 décembre 1869, lu à la séance publique de la société académique de l'Aube, le 19 mai 1875, par M. Albert Babeau... *Troyes, imp. Dufour-Bouguot,* 1875. In-8°.

—— Bibliothèque de l'amateur champenois. Les arts et les artistes dans l'ancienne capitale de la Champagne. 1250-1680, par Alexandre Assier.... *Paris, Aubry,* 1876. 2 volumes in-12.

—— Le portrait de François Snyders au musée de Troyes, par M. Le Brun-Dalbanne. *Troyes,* 1876. In-8°. Extr. des *Mémoires de la société académique de l'Aube.*

—— L'ancien hôtel d'un lieutenant du prévôt de Troyes, par Albert Babeau. *Troyes, imp. Dufour-Bouguot,* 1885. In-8°. Extr. de l'*Annuaire de l'Aube.*

Valence. Notice historique et descriptive sur la cathédrale de Valence (Dauphiné), par M. l'abbé Jouve... *Paris, Derache,* 1848. In-8°. Extr. du *Bulletin monumental.*

Valenciennes. Statuts et réglements de l'Académie de peinture et sculpture de la ville de Valenciennes. *Valenciennes, imp. J. B. Henry,* 1785. In-8°.

—— Salon des Arts. Explication des peintures, sculptures et autres ouvrages exposés au Collège dans le salon des Arts de la ville de Valenciennes. *Valenciennes, H. J. Prignet,* 1814. In-12.

—— Catalogue des ouvrages d'art et d'industrie exposés dans les salons de la mairie de Valenciennes depuis le 9 septembre jusqu'au 15 octobre 1838. *Valenciennes, imp. H. J. Prignet,* 1838. In-12.

Valenciennes. Ville de Valenciennes. Académie de peinture, sculpture, d'architecture et de musique. Distribution solennelle des prix. *Valenciennes, imp. A. Prignet,* 1840. In-4°.
— Id. 1844. In-4°.
— Id. 1848. In-4°.
— Id. 1855. In-4°.

—— Livret historique des peintures, sculptures, dessins et estampes du musée de Valenciennes... par A. J. Potier. *Valenciennes, imp. A. Prignet,* 1841. In-12.

Varzy. Beaux-arts. Musée de la ville de Varzy [signé : Grasset aîné] (*Nevers,* 24 juin 1874). In-8°. Extr. du *Journal de la Nièvre.*

Vaux-le-Vicomte. Château de Vaux (Deux lettres de A. Félibien, de 27 et 31 pages). *S. l, ni d.* In-4°.

—— Château de Vaux - le - Vicomte. Documents sur les artistes peintres, sculpteurs, tapissiers et autres qui ont travaillé pour le surintendant Fouquet, par M. Eugène Grésy, annotés par M. Anatole de Montaiglon. *Melun, A. Michelin,* 1861. In-8°.

Versailles. Explication historique de ce qu'il y a de plus remarquable dans la maison royale de Versailles et en celle de Monsieur à Saint-Cloud, par le sieur Combes, *Paris, imp. C. Nego,* 1681. In-12.

—— Explication des tableaux de la galerie de Versaille et de ses deux salons (par Rainssant). *A Versailles, imp. Fr. Muguet,* 1687. In-4°.

—— Mémoires pour servir à l'histoire des sciences et des arts. 1753. Article CXXV. La Grande Galerie de Versailles et les deux salons qui l'accompagnent, peints par Charles Le Brun... dessinés par J. B. Massé.... et gravés sous ses yeux par les meilleurs maîtres du temps .. In-12. Compte rendu. Défait.

—— Musée spécial de l'école française établi dans le Palais national de Versailles. Plantation de l'arbre de la liberté au centre de la cour principale. *Versailles, imp. Jacob,* an VI. In-4°.

—— Description analytique du musée spécial de l'école française établi à Versailles. Quelques réflexions sur l'école du modèle vivant. .... *A Versailles, Jacob, imp.,* an VIII. In-12.

—— La vente du mobilier du château de Versailles pendant la Terreur. Documents inédits par le Baron Ch. Davillier. *Paris, A. Aubry,* 1877. In-8° Exemplaire sur vélin.

HISTOIRE LOCALE. — ÉTRANGER.

ALLEMAGNE. — AUTRICHE.

Tablettes d'un amateur des arts contenant la gravure au trait des principaux ouvrages de peinture et de sculpture qui se trouvent en Allemagne, avec leur description, par une société d'amateurs et de gens de lettres. *Berlin et Paris*, 1804. In-8°, fig. Tome 1er. Etats du Roi de Prusse.

Examen du livre de M. H. Fortoul sur l'art en Allemagne, par A. de la Fizelière. *Paris, imp. Bourgogne* (1842). In-8°. Extr. de l'*Artiste*.

Essai sur l'état des Arts en Allemagne depuis la fin du XIIIe siècle jusqu'à nos jours, par Sébastien Albini. *S. l. ni d.* In-8°.

Souvenirs d'un voyage artistique en Allemagne, par J. Swerts et G. Guffens..., seconde édition. *Aix-la-Chapelle, Max. Kornicker*, 1858. In-12.

Berlin. Verzeichniss von Werken der della Robbia, majolica Glasmalereien u. s. w. welche in der Neben-Sälen der sculpturen. Gallerie des königl. Museums zu Berlin aufgestellt sind von Friedrich Tieck... *Berlin*, 1835. In-8°.

—— Verzeichniss der Gemälde-M-Sammlung des königlichen Museums zu Berlin, von Dr G. F. Waagen. *Berlin*, 1837. In-8°.

—— Königliche Museen, Verzeichniss der Gemälde-Sammlung von G. F. Waagen... *Berlin*, 1855. In-12.

Brunswick. La galerie de Salzthalen, et de l'état des Beaux-arts à Brunswick, par T. C. Bruun-Nergaard. (*Paris*, 1806). In-8°. Extrait du *Magasin Encyclopédique*.

Cologne. Neueste Beschreibung des Domes zu Köln.., von Franz Carl Eisen.. *Köln*, 1856. In-12.

—— Bibliothèque des Musées. Le musée de Cologne, par Emile Michel. *Paris, J. Rouam*, 1884. In-4°, fig.

Dresde. Abrégé de la vie des peintres dont les tableaux composent la Galerie électorale de Dresde..., (par Hagedorn). *Dresde, Walther*, 1782. In-12, front.

Dusseldorf. Beaux-arts. Nouvelle école de peinture de Dusseldorff. In-8°. Défait de la *Revue Britannique*.

—— Repertorium der bei der Königl-Kunst. Akademie zu Düsseldorf ausbewahrten sammlungen. Verfalst von Theodor Levin. *Düsseldorf, A. Bagel*, 1883. In-8°.

Hambourg. Lettre à Monsieur de Hagedorn... *Leipzig*, 1780. In-8°. [Signée : Adam Frédéric Oeser]. A la suite : «Catalogue des tableaux qui se trouvent dans la collection de feu M. Schwalbe à Hambourg ».

Heidelberg. Courte explication des Monuments de l'art qui composent la galerie des antiquités du château de Heidelberg fondée par M. le Ce Ch. de Graimberg, extraite du grand catalogue historique écrit par le professeur Alfred Léger... *Heidelberg, imp. D. Pfsterer*, 1842. In-8°.

—— Le guide des voyageurs dans la ruine de Heidelberg d'après un plan du château, levé par le colonel George Bauer...., par Charles de Graimberg... *Heidelberg, imp. G. Mohr*, 1856. In-8°.

Munich. Beschreibung der Churfurstlichen Bildergallerie in schleisheim. *München*, 1775. In-12.

—— Description de la Glyptothèque de sa majesté Louis I, roi de Bavière. Détails d'architecture par Léon de Klenze, indication des sculptures et peintures, par Louis Schorn. *Munich, J. G. Cotta*, 1835. In-12.

—— Beaux-arts. Rapport adressé à M. le Ministre de l'Intérieur sur l'exposition historique de Munich, par MM. G. Guffens et J. Swerts. *Bruxelles, imp. Deltombe*, 1858. In-8°.

Postdam. Description des tableaux de la galerie royale et du cabinet de Sans-Souci. Seconde édition. *Potsdam, Ch. F. Voss*, 1771. In-8°.

Vienne. Descrizione completa di tutto ciò che ritrovasi nella galleria di pittura e scultura di sua altezza Giuseppe Wenceslao del S. R. J. principe regnante della casa di Lichtenstein, da Vincenzio Fanti. *In Vienna, G. T. de Trattnern*, 1767. In-4°, port.

—— Description des tableaux et des pièces de sculpture que renferme la gallerie de son altesse François Joseph,

chef et prince de la maison de Lichtenstein. *Vienne*, 1780. In-8°.

Vienne. Verzeichniss der kais-kön. GemäldeGallerie im Belvedère zu Wien, von Albrecht Krafft. *Wien, H. F. Muller*, 1837. In-12.

—— La collection Albertine à Vienne, son histoire, sa composition par M. Moriz Thausing. *Paris, imp. J. Claye*, 1870. In-4°. Extr. de la *Gazette des Beaux-arts*.

—— Exposition universelle de Vienne en 1873. Section française. Rapport sur les beaux-arts, par M. Maurice Cottier. *Paris, Imp. Nationale*, 1875. In-4°.

ANGLETERRE.

Ædes Walpolianæ : or, a description of the collection of pictures at Houghton-Hall in Norfolk, the seat of the right honourable sir Robert Walpole, earl of Oxford, *London*. 1752. Gd in-4°.

L'état des Arts en Angleterre, par M. Rouquet, de l'Académie royale de peinture et de sculpture. *Paris, Ch. Ant. Jombert*, 1755. In-12.

A catalogue and description of King Charles the First's capital collection... *London, W. Bathoe*, 1757. In-4°.

A catalogue of the collection of pictures etc. belonging to King James the second ; to which is added, a catalogue of the pictures and drawings in the closet of the late Queen Caroline... *London, W. Bathoe*, 1758. In-4°.

A catalogue of the curious collection of pictures of George Villiers, duke of Buckingham..., by Brian Fairfax, esq. *London, W. Bathoe*, 1758. In-4°.

An Inquiry into the rise and establishment of the Royal Academy of arts to which is prefixed, a letter to the Earl of Bute, by Robert Strange... *London, C. Dilly*, 1775. In-12.

Catalogue raisonné d'un recueil d'estampes d'après les plus beaux tableaux qui soient en Angleterre. (Par Jean Boydell). *Londres*, 1779. In-4°.

Memoirs of painting, with a chronological history of the importation of pictures by the great masters into England since the french revolution. By W. Buchanan, esq. *London, Achermann*, 1824. 2 vol. in-8°.

A catalogue raisonné of the select collection of engravings of an amateur. *London*, 1828. In-4°, fig.

Les exhibitions de peinture et de sculpture

à Londres en 1836. [Signé: Lord Feeling]. In-8°. Défait de la *Revue des Deux-Mondes*.

La caricature en Angleterre, 1710-1855..., par E. D. Forgues. *Paris*, février 1855. In-8°. Extr. de la *Revue Britannique*.

Catalogue of the art Treasures of the united kingdom collected at Manchester in 1857. (*London*, 1857). In-12.

Léonce de Pesquidoux. L'école anglaise, 1672-1851. *Paris, Michel-Lévy*, 1858. In-12.

Excursion artistique en Angleterre, par Alfred Darcel. *Rouen, imp. D. Brière*, 1858. In-8°.

Classified list of photographs taken for the department of science and art. Drawings, paintings and sculpture. *London, s. d.* In-8°.

Guide de la Tour de Londres..., par I. Hewitt. (*Londres*), *s. d.* In-12, fig.

Emile de Labédollière. Londres et les Anglais, illustrés par Gavarni. *Paris, G. Barba, s. d.* In-4°, fig.

British Institution for promoting the fine arts in the United Kingdom, 52, Pall Mall. *London*, 1862. In-8°.

Science and Art department of the Committee of Council on Education. Catalogue of the special exhibition of works of art of the mediæval, renaissance and more recent periods on loen at the south Kensington Museum juin 1862. Partie. Edited by J. C. Robinson. *London*, 1862. In-8°.

L'esthétique Anglaise. Etude sur M. John Ruskin, par J. Milsand. *Paris, Germer Baillière*, 1864. In-12.

Catalogue of the collection of pictures bequeathed to Dulwich College by sir Francis Bourgeois. *London*, 1862. In-12.

Catalogue of the Bridgewater collection of pictures belonging to the earl of Ellesmere at Bridgewater House, Cleveland square.'. (*London*, 1862). In-12.

International exhibition, 1862. Official catalogue of the fine art department... *London*, In-8°.

A catalogue of the british fine art collections at South Kensington-Being for the most part the gifts of John Sheepshanks, esq. and Mrs. Ellison. (*London*), 1862. In-8°.

Collection des Guides Joanne. Londres illustré. Guide spécial pour l'exposition de 1862, par 'Elisée Reclus. *Paris, L. Hachette*, 1862. In-12, fig.

The collection of engravings, formed between the years 1860-1868, by Alfred Morrison. Annotated catalogue and index to portraits, by M. Holloway. *S. l.* 1860. In-4°.

Handbook of engravers of ornament produced for the use of schools of art, and, generally, for public instruction, by Julian Marshall. *London*, 1869. In-8°.

Andrea Alciati and his Books of emblems, a biographical and bibliographical study, by Henry Green. *London, Trubner et C°*, MDCCCLXXII. In-8°.

Exposition internationale de Londres 1871. Applications de l'Art à l'Industrie, par F. A. Gruyer. *Paris, imp. J. Claye*, 1872. In-4°.

A Dictionary of artists of the english schools... with notices of their lives and works by Samuel Redgrave. *London, Longmans, Green and C°*, 1874. In-8°.

The Grosvenor Gallery, new bond street. Winter exhibition of drawings by the old masters and water-colour drawings by artists of the British School, 1878-1879. *London*. In-8°.

The Grosvenor Gallery illustrated catalogue. Winter exhibition, (1877-1878) of drawings by the old masters... with a critical introduction by J. Comyns Carr. *London*. In-4°, fig.

BELGIQUE.

Anvers. Description des principaux ouvrages de peinture et sculpture actuellement existans dans les églises, couvents et lieux publics de la ville d'Anvers... *Anvers, G. Berbiè*, 1763. In-12.

—— Catalogue des ouvrages de peinture, sculpture, architecture, gravure, dessin et littérature exposés au salon de l'Album en l'honneur de Rubens, à Anvers. *Anvers*, 1840. In-8°.

—— Guide dans la ville et les environs d'Anvers. Description des monuments, objets d'art et antiquités précédée d'une notice historique, par J. van Vyve. *Anvers, J. B. van Mol van Loy, s. d.* In-12, fig.

—— Esquisse d'une histoire des arts en Belgique depuis 1640 jusqu'à 1840, par Félix Bogaerts. Tome Ier. *Anvers, imp. J. de Cort*, 1841. In-12.

—— Notice des œuvres d'art de l'église paroissiale et ci-devant insigne collégiale de St-Jacques à Anvers..., par Théodore van Lerius. *Borgerhout, imp. H. Peeters*, 1855. In-12.

—— Notice des œuvres d'art qui ornent l'église de Notre-Dame à Anvers, par P. Génard. *Anvers, imp. J. E. Buschmann*, 1856. In-12.

Anvers. Catalogue du Musée d'Anvers. Deuxième édition. (*Anvers*), 1857. In-12.

—— Notice des peintures murales exécutées à la Chambre de Commerce d'Anvers, par MM. G. Guffens et J. Swerts et décrites par F. H. Mertens. *Anvers, J. B. van Mol van Loy*, 1858. In-8°.

—— Catalogue du Musée d'Anvers publié par le conseil d'Administration de l'Académie royale des Beaux-arts. (*Anvers*), s. d. In-12.

—— Peintures murales exécutées à l'église St-Georges, à Anvers, par G. Guffens et J. Swerts. (Avril 1866). G^d in-4°.

—— Peintures murales exécutées à l'église St-Georges à Anvers, par Godfroid Guffens et Jean Swerts. *Anvers, imp. G. Geudens*, 1871. In-12, fig.

—— Ville d'Anvers. Conseil communal. Maison Plantin. Rapport des Commissions des beaux-arts et des finances. (*Anvers*), 2 août 1875. In-8°.

—— Histoire métallique et histoire de la gravure d'Anvers..., par Ed. Ter Bruggen. **Anvers**, *typ. Buschmann*, 1875. In-8°.

Anvers. Ier supplément à l'histoire métallique et à l'histoire de la gravure d'Anvers..., par Ed. Ter Bruggen. *Anvers, imp. Buschmann*, 1875. In-8°.

—— Léon Degeorge. La maison Plantin à Anvers. Monographie complète de cette imprimerie célèbre.... Deuxième édition. *Bruxelles, Gay et Doucé*, 1878. In-8°, fig.

—— Une page de l'histoire de la gravure anversoise au XVIe siècle..., par Henri Hymans. *Anvers, imp. Van Merlen*, 1887. In-8°. Extr. du *Bulletin de l'Académie d'archéologie de Belgique.*

Bruges. Galerie d'artistes brugeois ou biographie concise des peintres, sculpteurs et graveurs célèbres de Bruges, par Octave Delepierre. *Bruges*, 1840. In-8°, port.

—— Deuxième notice sur la cheminée de la grande salle d'assemblée du magistrat du Franc de Bruges, par F. de Hondt... *Gand, imp. C. Annoot-Braeckman*, 1846. In-4°.

—— Les peintres brugeois, par Alfred Michiels. *Bruxelles, A. Vandale*, 1846. In-12.

—— Guide indispensable dans la ville de Bruges ou description des monuments curieux et objets d'art que renferme cette ville, par Octave Delepierre. *Bruges, A. Bogaert*, 1847. In-12.

—— Catalogue des ouvrages de peinture, sculpture, architecture, gravures et dessins exposés au musée de l'Académie à Bruges. *Bruges, imp. A. Bogaert*, 1849. In-12.

—— Notice des tableaux qui composent le musée de l'hôpital St-Jean à Bruges. Troisième édition. *Bruges, imp. J. Fockenier*, 1850. In-12.

—— Notice historique sur la cheminée du Franc de Bruges. *Bruges, imp. Daveluy*, 1855. In-12.

—— Catalogue du musée de l'Académie de Bruges. Notices et descriptions avec monogrammes, etc., par W. H. James Weale. *Bruges, Beyaert-Defoort*, 1861. In-12.

—— Bruges et ses environs. Description des monuments, objets d'art et antiquités précédé d'une notice historique, par W. H. James Weale. *Bruges, Beyaert-Defoort*, 1862. In-12.

—— Catalogue des tableaux, dessins et aquarelles exposés au musée de l'Académie royale des Beaux-arts à Bruges. *Bruges, imp. C. de Moor*, 1872. In-12.

—— Notice sur les tableaux du musée de l'hôpital Saint-Jean à Bruges, précédée de la vie de Jean Memling. Neuvième édition. *Bruges, imp. C. de Moor*, 1872. In-12.

Bruxelles. Le peintre amateur et curieux ou description générale des tableaux des plus habiles maîtres qui font l'ornement des églises, couvents, abbayes, prieurés et cabinets particuliers dans l'étendue des Pays-Bas autrichiens. Ouvrage très utile par G. P. Mensaert, peintre. *Bruxelles, P. de Bast*, 1763. 2 parties. In-12, port.

—— Catalogue d'une riche et précieuse collection de tableaux... qui composent le cabinet de feu Messire Gabriel, François, Joseph de Verhulst... *Bruxelles, imp. Antoine d'Ours*, 1779. Pet. in-4°, port.

—— Procès-verbal de la distribution des prix faite aux élèves de l'école de peinture, sculpture et architecture de cette ville de Bruxelles, du cours de l'an X. *Bruxelles, imp. J. L. de Boubers*, an X. In-4°.

—— Exposition nationale des Beaux-arts. Explication des ouvrages de peinture, sculpture, gravure, dessin et lithographie exposés au salon de 1842. *Bruxelles, Demortier frères*, 1842. In-8°.

—— Exposition nationale des Beaux-arts. Salon de 1848. Peintres. Peinture et critique, par M. Wiertz. *Bruxelles, imp. D. Raes*, 1848. In-12.

—— Le musée de Bruxelles, par Anatole de Montaiglon. *Paris. J. B. Dumoulin*, juin 1850. In-8°. Extr. de l'*Artiste.*

—— Musée royal de peinture et de sculpture de Belgique. Catalogue publié par la commission administrative. *Bruxelles, imp. J. Stienon*, 1850. In-12; *Bruxelles, imp. J. Stienon*, 1857. In-12.

—— Les arts en Belgique et l'exposition de Bruxelles, par E. Landoy. In-8°. Défait de la *Revue des Deux-Mondes*, 15 octobre 1851.

—— Exposition générale des Beaux-arts. 1851. Catalogue explicatif. *Bruxelles, imp. G. Stapleaux*, 1851. In-12.

—— Lettre à M. Paul Lacroix. (Bibliophile Jacob) sur l'exposition belge de 1854, par M. Camille Marsuzi de Aguirre. *Paris, typ. Hennuyer*, 1854. In-8°.

—— Notes d'un amateur sur quelques tableaux du musée de peinture de Bruxelles pour servir à la rédaction d'un livret, par Adolphe Siret. *Gand, imp. L. Hebbelynck*, 1855. In-8°. Extr. du *Messager des sciences historiques de Belgique.*

Bruxelles. Relation de ce qui s'est passé en l'établissement de l'Académie royale de peinture et de sculpture. *Bruxelles, imp. A Labroue*, 1856. In-8°. Extr. de la *Revue universelle des arts*.

—— Les Grands-Prix de Rome. Examen de la proposition de M. Portaels. Rapport préliminaire par M. Louis Alvin. *Bruxelles*, 1857. In-8°. Extr. des *Bulletins de l'Académie royale de Belgique*.

—— Bruxelles et ses faubourgs. Guide de l'étranger dans cette capitale..., par Alphonse Wauters... *Bruxelles, C. W. Froment*, 1858. In-12, fig.

—— Etudes sur les peintres hollandais et flamands. Galerie d'Arenberg à Bruxelles avec le catalogue complet de la collection, par W. Burger. *Paris, J. Renouard*, 1859. In-12.

—— Coup d'œil sur la situation des Beaux-arts en Belgique à propos de l'exposition générale de 1860, par L. Alvin. *Bruxelles, imp. H. Samuel*, 1860. In-8°. Extr. de l'*Observateur belge*.

—— Catalogue descriptif et historique du musée royal de Belgique, (Bruxelles) précédé d'une notice historique sur sa formation et sur ses accroissements, par Edouard Fetis. Troisième édition. *Bruxelles, typ. H. Thiry*, 1869. In-12.

—— Exposition d'une collection de tableaux et dessins anciens et modernes, ouverte au musée royal de peinture à Bruxelles. (Collection Suermondt). *Bruxelles, imp. Combe*, 1874. In-8°.

Gand. Discours prononcé par M. N. Cornelissen..., lors de la distribution des prix de peinture, sculpture, dessin et architecture, par l'académie de Gand. *Gand, P. F. de Goesin-Verhaeghe*, (1810). In-8°.

——Notice sur la richesse artistique et scientifique de la ville de Gand, à propos d'une exposition par L. Van de Walle. *Gand, L. Hebbelynck*, 1845. In-8°. Extr. du *Messager des sciences historiques de Belgique*.

—— Notice des tableaux du musée de la ville de Gand... *Gand, E. Vanderhaeghen*, 1853. In-8°.

—— Notice sur l'ancienne corporation des peintres et sculpteurs à Gand, par Edmond de Busscher. *Bruxelles, M. Hayez*, 1853. In-8°. Extr. des *Bulletins de l'Académie royale de Belgique*.

—— Les ruines de l'abbaye de Saint-Bavon à Gand, par Edmond de Busscher. Troisième édition. *Gand, imp. de Busscher*, 1854. In-8°, fig.

—— Recherches sur les peintres gantois

des XIVe et XVe siècles. Indices primordiaux de l'emploi de la peinture à l'huile à Gand, par Edmond de Busscher. *Gand, Hebbelynck*, 1859. In-8°.

Gand. Notice sur un tableau du XVe siècle, provenant de l'église de St-Bavon, à Gand, par C. P. Serrure. *Gand, imp. L. S. Van Doosselaere*, 1862. In-8°, fig.

—— Recherches sur les peintres et sculpteurs à Gand aux XVIe, XVIIe et XVIIIe siècles, par Edmond de Busscher. XVIe siècle. *Gand, imp. E. de Busscher*, 1866. In-8°, fig.

Liège. Ecole liégeoise. Les graveurs, leurs portraits reproduits au burin d'après les originaux, par Adolphe Varin. 1366-1850, avec notes historiques par X. *Paris, Liège, Bruxelles*. In-8°.

—— Etude bibliographique sur l'ouvrage intitulé : *Les délices du pays de Liège*, par X. de Theux. *Liège, imp. Carmanne*, 1861. In-8°.

—— Les preux et la gravure à Liège en 1444. *Liège, J. Gothier*, 1873. In-18.

—— Lettre de Lombard à Vasari. Notes sur la première école de gravure. *Liège, J. Gothier*, 1874. In-18.

Louvain. Les artistes de l'Hôtel-de-Ville de Louvain, par Edward Van Even. *Louvain, Vonlinthout*, 1852. In-12.

Malines. Inventaire historique des tableaux et des sculptures se trouvant dans les édifices religieux et civils et dans les rues de Malines, par Emmanuel Neeffs. *Louvain, C. H. Fonteyn*, 1869. In-12.

Nivelles. Eglise abbatiale de Nivelles. Sculptures du XIe siècle, par MM. L. Alvin et C. P. Bock. *Bruxelles et Leipzick, G. Muquardt*, 1850. In-8°. Extr. des *Bulletins de l'Académie royale des sciences, des lettres et des Beaux-arts de Belgique*.

Ypres. Ville d'Ypres. Salle Echevinale. 8 août 1869. *Ypres, S. Lafonteyne*. In-8°.

Tournay. Catalogue des tableaux composant le Cabinet de la ville de Tournay. 1848. *Tournay, typ. J. Custerman*. In-18.

Discours prononcé dans une réunion d'artistes belges, habitants de Paris, par M. Ch. Van Hulthem..., le 8 octobre 1807... *(Paris), Didot*. In-8°.

Belgium, Aix-la-Chapelle and Cologne, an entirely new guide Book for Travellers..., by W. H. James Weale... *London, W. Dawson*, 1859. In-12.

A pocket guide to the public and private galleries of Holland and Belgium, by lord Ronald Gower... *London, Sampson Low...* 1875. In-12, port.

Les maîtres d'autrefois. Belgique. Hollande, par Eugène Fromentin. *Paris, E. Plon,* 1876. In-8°.

L'art flamand dans l'Est et le Midi de la France. Rapport au Gouvernement français, par Alfred Michiels. *Paris, H. Loones,* 1877. In-8°, fig.

CHINE-JAPON.

Atelier d'un peintre chinois. [Signé : E. J. Delécluze]. (*Paris,* 1839). In-8°. Extrait de la *Revue Française.*

Les peintres européens en Chine et les peintres chinois, par M. F. Feuillet de Conches. *Paris,* 1856. In-8°. Extrait de la *Revue contemporaine.*

L'Art Japonais. Conférence faite à l'Union centrale des Beaux-Arts appliqués à l'Industrie, le vendredi 19 février 1869, par Ernest Chesneau. *Paris, A. Morel,* 1869. In-8°.

ESPAGNE.

Diccionario historico de los mas ilustres profesores de las bellas artes en España, compuesto por D. Juan Agustin Cean Bermudez.... *Madrid,* 1800. 6 vol. in-12.

Carta de Don Juan Agustin Cean Bermudez a un amico suyo sobre el estilo y gusto en la pintura de la escuela Sevillana.... *Cadiz,* 1806. In-12.

Les musées d'Espagne, d'Angleterre et de Belgique. Guide et memento de l'artiste et du voyageur faisant suite aux musées d'Italie par Louis Viardot. *Paris, Paulin,* 1843. In-12.

Le Musée Royal de Madrid par le c^te Clément de Ris. *Paris, Ve J. Renouard,* 1859. In-12.

L'Espagne par le Bon C. Davillier. *Paris, Hachette,* 1874. G^d in-4°, fig. par Gustave Doré.

Notes sur l'Espagne artistique par Fernand Petit. *Lyon, N. Scheuring,* 1878. In-8°.

Asociacion artistico-arqueologica barcelonesa. Memorias leidas en la sesion inaugural. Año 1880. *Barcelona, sucesores de Narciso Ramirez,* 1880. In-8°, fig.

ÉTATS-UNIS.

Les Beaux-Arts aux Etats-Unis d'Amérique. Deux discours prononcés à New-York les 27 et 31 mai 1856 dans Clinton-Hall, Astor Place, par M. D. Tajan-Rogé.... *Paris, Bestel,* 1857. In-8°. Extrait de la *Revue philosophique et religieuse.*

Arte Plumaria. Les plumes, leur valeur et leur emploi dans les arts au Mexique, au Pérou, au Brésil, dans les Indes et dans l'Océanie, par Ferdinand Denis, *Paris, E. Leroux,* 1875. In-8°.

GRÈCE.

L'Ancienne Athènes ou la Description des Antiquités d'Athènes et de ses environs, par M. K. S. Pittakys... *Athènes,* 1835. Petit in-4°.

Athènes décrite et dessinée par Ernest Breton. *Paris, Gide.* G^d in-8°, fig.

Athènes aux XVe, XVIe et XVIIe siècles, par le comte de Laborde. *Paris, J. Renouard,* 1854. 2 volumes gr. in-8°, fig.

HOLLANDE.

Amsterdam. Description des tableaux déposés au Musée Royal des Pays-Bas à Amsterdam. 1846. In-8°.

Catalogus der schilderijen van het Museum Van der Hoop te Amsterdam. *Amsterdam*, 1855. In-8°.

—— Notice des tableaux du Musée d'Amsterdam avec fac-simile et monogrammes. *Amsterdam, F. Buffa*, 1858. In-8°.

—— Musées de la Hollande. Amsterdam et La Haye, études sur l'école hollandaise par W. Burger. *Paris, Vᵉ J. Renouard*, 1858. In-12.

—— Beschrijving der Schilderijen, Teekeningen, Prenten, Prentwerken en Boeken in het Muséum Fodor te Amsterdam. *Amsterdam*, 1863. In-8°.

—— Musée Van der Hoop. Description des tableaux. 3ᵉ édition. *Amsterdam*, 1872. In-8°.

—— Notice des tableaux du Musée d'Amsterdam avec fac-simile et monogrammes. *Amsterdam, F. Buffa*, 1872. In-12.

—— Musée Van der Hoop. Description des tableaux. *Amsterdam*. 1876. In-12.

—— Catalogus van het Amsterdamsch Museum van het koninglijk oudheidkundig genootschap in de zalen van het Oude-Mannenhuis. *Amsterdam*, 1877. In-8°.

—— Catalogue des tableaux du Rijks-Museum à Amsterdam par Abr. Bredius. *Amsterdam, Tj. van Holkema*, 1885. In-12, fig.

Harlem. Guide de l'étranger à Harlem. *Harlem, J. J. Van Brederode.* In-12, oblong.

—— Notice de la collection royale de tableaux de maîtres vivants au Pavillon à Harlem. *La Haye, A. H. Bakhuysen, s. d.* In-8°.

—— Notice de la collection de tableaux de maîtres modernes au Pavillon à Harlem. *S. l. n. d.* In-8°.

Harlem. Les artistes de Harlem. Notices historiques avec un précis sur la Gilde de St-Luc par A. Van der Willigen. *Harlem, F. Bohn*, 1870. In-8°.

—— Ville de Harlem. Notice des tableaux du Musée. 4ᵉ édition. 1872. In-12.

La Haye. Les principaux tableaux du Musée Royal à La Haye gravés au trait avec leur description. *La Haye*, 1826. In-8°, fig.

—— Guide du cabinet royal de curiosités placé dans l'hôtel dit Mauritshuis à la Haye, par A. A. Van de Kasteele. *La Haye, A. H. Bakhuysen, s. d.* In-8°.

—— Notice des tableaux du Musée Royal à La Haye. *La Haye, A. A. Bakhuysen, s. d.* In-8°.

—— Description de la galerie des tableaux de S. M. le roi des Pays-Bas, ...par C. J. Nieuwenhuys. *(Bruxelles)*, 1843. In-4°.

—— Notice historique et descriptive des tableaux et des sculptures exposés dans le Musée Royal de La Haye (par Victor de Stuers). *La Haye, M. Nijhoff*, 1874. In-8°.

Musées de la Hollande par W. Burger. II. Musée Van der Hoop, à Amsterdam et Musée de Rotterdam. Suite et complément aux Musées d'Amsterdam et de La Haye. *Paris, Vᵉ J. Renouard*, 1860. In-12.

Etudes sur les peintres hollandais et flamands. Galerie Suermondt à Aix-la-Chapelle par W. Burger, avec le catalogue de la collection par le Dʳ Waagen ... *Bruxelles* et *Ostende. F. Claassen*, 1860. In-8°.

Guide en Hollande contenant la description des villes le long des chemins de fer néerlandais... *La Haye, M. Couvée*, 1858. In-12.

—— En Hollande. Lettres à un ami par Maxime du Camp, suivies des catalogues des Musées de Rotterdam, La Haye et Amsterdam. *Paris, Poulet-Malassis*, 1859. In-12.

ITALIE.

Bassano. Notizie intorno alla vita e alle opere de' Pittori, Scultori e Intagliatori della città di Bassano, raccolte ed estese da Giambatista Verci. *Venezia*, 1775. In-12.

Bologne. Felsina pittrice, vite de pittori bolognesi.... dal Co. Carlo Cesare Malvasia... in *Bologna*, 1678. 2 vol. in-4°, portr.

—— Felsina pittrice. Vite de pittori bolognesi, tomo terzo. (Luigi canonico Crespi). *Roma, Marco Pagliarini*, 1769. In-4°, portr.

—— Catalogo dei quadri che si conservano nella pinacoteca della Pontificia Accademia di belle arti in Bologna. *Bologna*, 1835. In-12.

—— Tre Giorni in Bologna o Guida per la città e suoi contorni di Michelangelo Gualandi.. *Bologna*, 1860. In-12.

—— Pinacoteca di Bologna. Breve indicazione della Galleria de' Quadri che si conservano nella centrale Accademia di Belle Arti dell' Emilia, nelle varie chiese di Bologna e delle pitture murali a fresco più notabili in diversi luoghi della Città medesima (*Bologna*), 1860. In-12.

—— Pinacoteca di Bologna. Brevi indicazioni della Galleria de' quadri che si conservano nella centrale R. Accademia di Belle Arti dell' Emilia in Bologna. *Bologna, tip. A. Borghi*, 1863. In-12.

Brescia. Le pitture e sculture di Brescia che sono esposte al pubblico con un' appendice di alcune private Gallerie. *Brescia, G. B. Bossini*, 1760. In-8°, front.

—— Guida di Brescia, rapporto alle arti ed ai monumenti antichi e moderni di Fed. Odorici. *Brescia, Fr. Cavalieri*, 1853. In-12.

—— La Galerie Tosio, maintenant Galerie de tableaux du municipe de Brescia... *Brescia*, 1863. In-8°.

—— Dizionario degli artisti Bresciani compilato dal Sac. Stefano Fenaroli. *Brescia, S Malaguzzi*, 1877. In-8°.

Cadore. Vite dei pittori Vecelli di Cadore. Libri quattro di Stefano Ticozzi. *Milano, A. F. Stella*, 1817. In-8°.

Catane. Descrizione del museo d'antiquaria e del gabinetto d'istoria naturale del signor principe di Biscari, fatta dal sig. abate Domenico Sestini. *Livorno, Carlo Giorgi*, 1787. In-8°, portr., fig.

Cremone. Notizie istoriche de' pittori, scultori, ed architetti Cremonesi, opera postuma di G. B. Zaist... data in luce da Anton. Maria Panni. *Cremona, P. Ricchini*, 1774. 2 vol. in-4°.

Ferrare. Gustave Gruyer. L'art ferrarais à l'époque des princes d'Este. *Paris, Plon*, 1897. 2 vol. in-8°.

Florence. Firenze. Città nobilissima illustrata da Ferdinando Leopoldo del Migliore. *Firenze*, 1684. In-4°, fig.

—— La Galerie de Florence. *Florence, G. Piatti*, 1807. In-8°.

—— Galerie Impériale et Royale de Florence. *Florence, Albizzi*, 1825. In-8°, fig.

—— Guide de la ville de Florence avec la description de la Galerie et du Palais Pitti... *Florence, G. Ricci*, 1828. In-12, fig.

—— Catalogue de la R. Galerie de Florence. *Florence*, 1860. 2 parties. In-12.

—— Nouveau Guide de Florence et description historique, artistique et critique de la ville et de ses environs par Fr. Fantozzi, architecte, traduit de l'italien, par Mme H. G. d'Estre. *Florence, J. Ducci*, 1860. In-12, fig.

—— Description des objets d'art de la Royale Académie des Beaux-Arts de Florence.... *Florence*, 1860. In-12.

—— Guide de la Galerie royale du Palais Pitti, par l'Inspecteur Egiste Chiavacci. *Florence, Cellini*, 1860. In-12.

—— La Galleria degli Uffizi e il museo nazionale del Palazzo del Podestà. Controversia fra il dottore Alessandro Foresi e il marchese Ferdinando Panciatichi. *Firenze*, 1867. In-8°.

—— Une visite à la chapelle des Médicis.. Dialogue sur Michel-Ange et Raphaël, par Emile Ollivier. *Paris, Sandoz*, 1872. In-12.

—— Les œuvres d'art de la Renaissance italienne au Temple de Saint Jean

(Baptistère de Florence), par F. A. Gruyer. *Paris, Loones*, 1875. In-8°.

Florence. Les maîtres florentins du quinzième siècle. Trente dessins par le vicomte Henri Delaborde et W. Haussoullier.... et gravés par W. Haussoullier... *Paris, lib. Plon, s. d.* In-fol.

—— Ricerche storiche sull' arte degli Arazzi in Firenze di Cosimo Conti. *Firenze, G. C. Sansoni,* 1875. In-12.

—— La Galleria degli Uffizi. [Signé : D. Alessandro Foresi]. (*Florence*, 1875). In-12. Estratto dal Giornale *la Nazione*, 1875.

—— La Tomba di Lorenzo e d'Allessandro de' Medici aperta il dì 1° di marzo 1876. Ricordo del Dott. A. Foresi. *Firenze*, 1875. In-12.

Gênes. Guide de Gênes et de ses environs. *Gênes, Grondona*, in-12, fig.

—— Essai sur les peintres génois, par J. Gaberel. *S. l. n. d.* In-8°. Extrait de la *Bibliothèque universelle de Genève*, années 1843-44.

Herculanum. Lettre sur les peintures d'Herculanum, aujourd'hui Portici. 1751. In-12, fig.

—— Observations sur les antiquités d'Herculanum.... par MM. Cochin et Bellicard. *Paris, C. A. Jombert*, 1755. In-12, fig.

Lorette. Indicazione al Forestiere delle pitture, sculture, architetture e rarità d'ogni genere che si veggono oggi dentro la sacrosanta Basilica di Loreto e in altri luoghi della città. *Ancona*, 1824. In-12.

Mantoue. Memorie biografiche poste in forma di Dizionario dei pittori, scultori, architetti ed incisori Mantovani, per la più parte finora sconosciuti. Raccolte dal fu Dottore Pasquale Coddé ... Aumentate e scritte dal Dott. Fisico Luigi Coddé. *Mantova, Nigretti*, 1837. In-8°.

Milan. La ville de Milan nouvellement décrite par le peintre François Pirovano ... Traduction de l'italien de Mr le C... L... B... *Milan, imp. J. Silvestri*, 1824. In-12, fig.

—— Manuale Bibliografico del Viaggiatore in Italia... del Dottor Pietro Lichtenthal. *Milano, A. Fontana*, 1830. In-12.

—— Description de la ville de Milan et de ses environs. *Milan, Fr. Artaria, s. d.* In-12, fig.

—— Catalogue des tableaux qui se trouvent dans les salles de l'I. et R. Académie des Beaux-Arts. In Brera. *Milan, Carrara*, mars 1841. In-8°.

Milan. Guida della Biblioteca Ambrosiana con cenni storici. *Milano, Fr. Colombo*, 1860. In-8°.

—— Exposition rétrospective de Milan en 1874. Lettre au Directeur de la *Gazette des Beaux-Arts*, par Louis Courajod. *Paris, J. B. Dumoulin*, 1875. In-4°, fig. Extrait de la *Gazette des Beaux-Arts.*

—— Cenni intorno alla chiesa del Monastero Maggiore in Milano. *S. l. n. d.* In-4°.

Modène. Raccolta de' pittori, scultori ed architetti modonesi più celebri... per Don Lodovico Vedriani, da Modena. *Modena*, 1662. In-4°. Exempl. annoté par Malvasia, ayant appartenu successivement à Mariette, à Séroux d'Agincourt et à Kœbel.

Naples. Musée Royal Bourbon. Guide pour la Galerie de peinture ancienne, par le chanoine de Jorio. *Naples*, 1830. In-8°.

—— Description des monuments les plus intéressants du Musée Royal Bourbon par François Alvino. Traduit par F. de L. *Naples*, 1841. In-8°.

—— Le Mystagogue. Guide général du Musée Royal Bourbon... par le chevalier Bernard Quaranta. *Naples, imp. Fibreno*, 1844. In-8°.

—— Saggio storico critico intorno alla chiesa della Incoronata di Napoli e suoi affreschi, per Camillo Minieri Riccio. *Napoli*, 1845. In-8°.

—— Lettere due all' egregio giovine Camillo Minieri Riccio per Giuseppe Angelluzzi [sulla chiesa delle Incoronatà e sulla sepoltùra di Giovanna 1]. *Napoli*, 1846. In-8°.

—— Naples, ses monuments et ses curiosités par le commandeur Stanislas d'Aloe... *Naples, imp. Limongi.* In-12.

—— Piccola raccolta de' più belli ed interessanti monumenti rinvenuti negli scavi di Ercolano, Pompei, Stabia ecc., che ammiransi nel Museo Nazionale di Napoli.. 1861. Gd in-4°, fig.

Padova. Notizia d'opere di disegno nella prima metà del secolo XVI esistenti in Padova, Cremona, Milano, Pavia, Bergamo, Crema e Venezia, scritta da un Anonimo di quel tempo, pubblicata e illustrata da D. Jacopo Morelli. *Bassano*, 1800. In-8°.

—— Della origine e delle vicende della pittura in Padova. Memoria di Giann-Antonio Moschini. *Padova, Crescini*, 1826. In-8°, fig.

Parme. Il Parmigiano servitor di Piazza ovvero Dialoghi di Frombola de' quali dopo varie notizie interessanti su le pitture di Parma si porce il catalogo delle principali. *Parma, impr. Carmignani*, 1796. In-12.

—— Piccola Guida del forestiere ai principali monumenti di belle arti della città di Parma, di Carlo Malaspina. *Parma*, 1860. In-12.

Pavie. Une visite à la Chartreuse, près de Pavie. *Milan*, 1861. In-12.

Pérouse. Vite di pittori, scultori ed architetti Perugini, scritte... da Lione Pascoli. *Roma, A. de Rossi*, 1732. In-4º.

Pise. Descrizione delle pitture del Campo Santo di Pisa con indicazione dei monumenti ivi raccolte. *Pisa, N. Capurro*, 1845. In-12, fig.

—— Antiquités du moyen-âge en Italie. Le Campo Santo à Pise, lu à la société littéraire de Lyon, 18 mai 1853, par E. C. Martin-Daussigny... *Lyon, imp. A. Vingtrinier*, 1862. In-8º.

Pompei. Les ruines de Pompei jusqu'en 1860, par le commandeur Stranislas d'Aloe... *Naples, imp. Limongi*, 1860. In-12.

—— Pompei et les Pompéiens, par Marc Monnier. *Paris, Hachette*, 1864. In-12.

Ravenne. Guida di Ravenna esposta da Gaspare Ribuffi, con compendio storico della città. *Ravenna, A. Roveri*, 1835. In-8º.

Rome. Description abrégée de l'église de Saint-Pierre de Rome..., (par P. J. Mariette). *Paris, Vᵉ Pissot*, 1738. In-12.

—— Breve descrizione di tre particolari statue scopertesi in Roma l'anno 1739. *Roma, G. M. Salvioni*, 1739. In-4º, fig.

—— Descrizione storico - critico - mitologica delle celebri pitture esistenti nei reali Palazzi Farnese e Farnesina in Roma... *Roma*, 1816. In-4º.

—— Catalogo delle sculture antiche e de' quadri esistenti nel museo, e galleria di Campidoglio descritti da Agost. Tofanelli... *Roma*, 1817. In-12.

—— Elenco di tutti gli pittori, scultori, architetti, miniatori, incisori in gemme e in rame, scultori in metallo e mosaicisti..., esistenti in Roma l'anno 1824, compilato ad uso de'stranieri, da Enrico Keller... *Roma, Fr. Bourlié.* In-12.

—— Sale di Raffaello al Vaticano. *Roma*, 1847. In-12.

—— Loggie di Raffaello al Vaticano. *Roma*, 1847. In-12.

Rome. Notice sur l'état de l'église nationale de St-Louis des Français à Rome au XVIIᵉ siècle, par M. l'abbé X. Barbier de Montault... *Poitiers, imp. A. Dupré*, 1855. In-8º.

—— Galleria degli Arazzi al Vaticano. *Roma*, 1855. In-12.

—— Les mosaïques chrétiennes des basiliques et des églises de Rome, décrites et expliquées par Henri Barbet de Jouy... *Paris, Didron*, 1857. In-8º.

—— Galleria dei Quadri al terzo Piano delle Loggie Vaticane. *Roma*, 1857. In-12.

—— Galerie des tableaux située au troisième étage des loges Vaticanes. *Rome*, 1858. In-12.

—— Réponse à quelques attaques publiées contre l'œuvre des Catacombes de Rome. Lettre de M. L. Perret. *Paris, imp. Remquet* (1859). In-8º. Extr. du *Correspondant*.

—— Musée Chiaramonti au Vatican. *Roma*, 1859. In-12.

—— Peintures claustrales des monastères de Rome, par l'abbé X. Barbier de Montault. *Paris, Ch. Blériot*, 1860. In-8º.

—— Itinéraire de Rome et de ses environs rédigé par feu Antoine Nibby, d'après celui de Vasi... *Rome*, 1860. In-12, fig.

—— Nouveau bras du musée du Vatican. *Rome*, 1860. In-12.

—— Musée Pie-Clémentin au Vatican. *Rome*. 1860. In-12.

—— Notice sur les objets d'art de la galerie Campana à Rome acquis pour le musée impérial de l'Ermitage. *Paris, imp. Raçon*, 1861. In-8º.

—— Le Palais de la Farnésine au Transtévère romain, par F. A Gruyer, *Paris, J. Claye*, 1862. In-4º, fig. Extr. de la *Gazette des Beaux-Arts.*

—— Rome. Description et souvenirs, par Francis Wey... *Paris, Hachette*, 1873. Gᵈ in-4º, fig.

—— Les anciennes basiliques et églises de Rome, (au XVᵉ siècle), par M. Eug. Müntz. *Paris, Didier*, 1877. In-8º. Extr. de la *Revue archéologique.*

—— La Renaissance à la cour des papes III. La sculpture pendant le règne de Pie II. [Signé Eugène Müntz]. *S. l. ni d.* (Paris). Gᵈ in-8º. Extr. de la *Gazette des Beaux-Arts.*

—— Les monuments antiques de Rome au XVᵉ siècle, par M. Eugène Müntz. *Paris, s. d.* In-8º. Extr. de la *Revue archéologique.*

Rome. Les arts à la cour des papes pendant le XVᵉ et le XVIᵉ siècle, recueil de documents inédits tirés des archives et des bibliothèques romaines, par M. Eugène Müntz. *Paris, E. Thorin*, 1878-1882, 3 vol. in-8°.

—— Le musée du Capitole et les autres collections romaines à la fin du XVᵉ siècle et au commencement du XVIᵉ siècle avec un choix de documents inédits, par M. Eugène Müntz. *Paris, Didier*, 1882. In-8°. Extr. de la *Revue archéologique*.

—— Guide historique du chrétien dans la ville de Rome, par Julius Memor, (Paul Ribot). *Paris*, 1883. In-12, fig.

—— Eugène Müntz. Le Palais de Venise à Rome. Traduzione dal Francese con aggiunta di documenti inediti. *Roma, tip. A. Befani*, 1884. In-8°. Estr. da *Studi in Italia*.

Salerne. Une abbaye bénédictine aux environs de Salerne. La Sainte Trinité de Cava, par Gustave Gruyer. *Paris, J. Gervais*, 1880. In-8°. Extr. du *Correspondant*.

San Gimignano. Les monuments de l'art à San Gimignano, par M. Gustave Gruyer. *Paris, imp. J. Claye*, 1870. In-4°, fig. Extr. de la *Gazette des Beaux-arts*.

Sienne. Documenti per la storia dell'arte Senese, raccolti ed illustrati dal dott. Gaetano Milanesi. *Siena, O. Porri*, 1854-1856. 3 vol. in-8°.

—— L'église cathédrale de Sienne, et son trésor d'après un inventaire de 1467, traduit et annoté par Jules Labarte. *Paris, Didron*, 1868. In-4°, fig. Extr. des *Annales archéologiques*.

Turin. La galerie royale de peinture de Turin, par J. M. Callery. *Turin, imp. Falletti*, 1859. In-12.

Venise. Le maraviglie dell'arte, overo le vite de gl'illustri pittori veneti, e dello stato..., descritte dal cavalier Carlo Ridolfi... *Venetia, G. B. Sgava*, 1648. In-4°, port.

—— La Carta del Navegar pitoresco..., opera de Marco Boschini. *Venetia*, 1660. In-4°, fig.

—— Le ricche Minere della pittura Veneziana, compendiosa informazione di Marco Boschini, non solo delle pitture pubbliche di Venezia, ma dell'Isole ancora circonvicine... *Venezia*, 1674. In-12, fig.

—— Catalogo di quadri esistenti in casa il signor D. Giovanni Dr Vianelli, canonico della cattedrale di Chioggia, *Venezia, Carlo Palese*, 1790. In-4°.

—— Huit jours à Venise, par Antoine Quadri. *Venise*, 1823. In-12, fig.

—— Catalogo delle opere d'arte contenute nella sala delle sedute dell' I. R. Accademia di Venezia. (*Venise*, 1854). In-8°.

—— Notizia delle opere d'arte e d'antichità delle Raccolte Correr di Venezia, scritta da Vincenzo Lazari. *Venezia*, 1859. In-8°.

—— Catalogo degli oggetti d'arte esposti al pubblico nella I. R. Accademia di Belle arti in Venezia. *Venezia*, 1863. In-8°.

—— A propos de l'article XVIII du traité de Vienne du 3 octobre 1866. La vérité sur les déprédations autrichiennes à Venise. Trois lettres à M. Armand Baschet, par Victor Cérésole. *Venise, Munster*, 1867. In-8°.

—— Les Archives de Venise. Histoire de la chancellerie secrète, par Armand Baschet. *Paris, Plon*, 1870. In-8°.

—— Memorie storico-artistiche sull'Arciconfraternità di S. Rocco, operetta basata su documenti autentici e divisa in quattro parti... *Venezia, G. A. Adami. S. d.* In-8°.

De Paris à Venise. Notes au crayon par M. Charles Blanc. *Paris, Hachette*, 1857. In-12, fig.

Vercelli. Documenti e notizie intorno gli artisti Vercellesi pubblicati da Giuseppe Colombo B... *Vercelli, tip. Guidette Francesco*, 1883. In-8°.

Vérone. Guide de Vérone. *Vérone, s. d.* In-12.

Voyages historiques et littéraires en Italie pendant les années 1826, 1827 et 1828 ou l'Indicateur italien, par M. Valery. *Paris, Vᵉ Lenormant*, 1833. 5 vol. in-8°.

Memorie originali italiane risguardanti le belle arti. *Bologna, J. Marsigli*, 1840. 2 vol. in-8°.

Notes sur les monuments gothiques de quelques villes d'Italie. Pise, Florence, Rome, Naples..., par M. Jules Renouvier. *Caen, A. Hardel*, 1841. In-8°. Extr. du *Bulletin monumental*.

Des beaux-arts en Italie au point de vue religieux, lettres écrites de Rome, Naples, Pise, etc. et suivies d'un appendice sur l'iconographie de l'Immaculée Conception, par Ath. Coquerel, fils. *Paris, J. Cherbuliez*, 1857. In-12.

Le président de Brosses en Italie. Lettres familières écrites d'Italie en 1739 et 1740, par Charles de Brosses... *Paris, Didier*, 1858. 2 vol. in-12.

Itinéraire descriptif, historique et artistique de l'Italie et de la Sicile, par A. J. Du Pays... *Paris, Hachette*, 1859. In-12.

Italia par Théophile Gautier. *Paris, Hachette*, 1860. In-12.

Voyage en Italie, par H. Taine. *Paris, Hachette*, 1866. 2 vol.in-8°.

Corrispondenze. Francia. Lavori e pubblicazioni sulla storia dell'arte italiana. [Signé : Eugenio Müntz]. Décembre 1888. In-8°. Estr. dall'*Archivio storico italiano*.

PORTUGAL.

Les arts en Portugal, lettres adressées à la société artistique et scientifique de Berlin et accompagnées de documents, par le Comte A. Raczynski. *Paris, J. Renouard*, 1846. In-8°.

RUSSIE.

Discours sur le progrès des arts en Russie. *S. l.* 1760. In-12.

Discours prononcé dans l'assemblée générale de l'Académie impériale des Beaux-arts de St-Petersbourg le 2 septembre 1773, par M. Clerc. In-8°.

Souvenir de la bibliothèque impériale publique de St-Pétersbourg contenant des gravures et autres feuilles volantes du XVe siècle, trouvées et publiées par Charles Rodolphe Minzloff. *Leipzig, F. A. Brockaus*, 1863. Gd in-4°, fig.

SUÈDE.

Mémoire sur l'ancien état des Beaux-arts en Suède lu à la classe des Beaux-arts de l'Institut, par M. T. C. Bruun Neergaard. *Paris, imp. J. B. Sajou*, 1812. In-8°.

SUISSE.

Notes d'un voyage en Suisse, par Alfred Ramé... *Paris, V. Didron*, 1856. In-4°. Extr. des *Annales archéologiques*.

Catalogue des modèles d'après l'antique, sculptures et tableaux du musée Rath, à Genève... *Genève, imp. C. L. Sabot*, 1859. In-12.

Souvenirs d'un voyage en Suisse par un iconophile. Signé Hermann Hamman. *Genève, imp. Ramboz et Schuchardt*, 1860. In-4°, fig.

Catalogue du musée Fol. Troisième partie

Peinture artistique et industrielle, par W. Fol. *Genève, H. Georg*, 1876. In-8°, fig.

Catalogue de la galerie de tableaux et de dessins au musée de Bâle. *Imp. C. Schultze*, 1876. In-12.

Iconographie neuchateloise ou catalogue raisonné des tableaux, dessins, gravures, statues, médailles, cartes et plans relatifs au canton de Neuchatel, par A. Bachelin. *Neuchatel, imp. Wolfrath et Metzner*, 1878. In-8°.

EXPOSITIONS. — COLLECTIONS PRIVÉES.

Le cabinet de M. de Scudery, gouverneur de Nostre-Dame de la Garde. *Paris, Augustin Courbé*, 1646. In-4°, fig.

Explication des tableaux et statues exposées dans l'Hôtel de Sennecterre. *S. l. ni d.* In-4°.

Société des amis des Arts. Explication des peintures, sculptures et gravures exposées cette année dans une des salles au rez-de-chaussée de la cour du Louvre. *Paris, Didot,* 1790. In-8°. *Paris, Didot,* 1791. In-8°.

Projet de décret présenté à l'assemblée nationale, au nom du comité de l'instruction publique par M. Romme le 29 novembre et ajourné au samedi 3 décembre 1791, sur les réclamations des artistes qui ont exposé au Salon du Louvre. *(Paris), Imprimerie Nationale.* In-8°.

Elysée. Exposition des ouvrages de peinture, sculpture, architecture, mosaïque, gravure, dessins et modèles d'artistes modernes, du premier brumaire an VI (1797). In-8°.

Examen historique et critique des tableaux exposés provisoirement, venant des premier et second envois de Milan, Crémone, Parme, Plaisance, Modène, Cento et Bologne.... par J. B. P. Lebrun.. *Paris, Desenne,* an VI. In-8°.

Explication des ouvrages de peinture et dessin, sculpture, architecture et gravure des artistes vivants exposés au muséum central des arts.... *Paris, imp. des Sciences et Arts,* an VII de la République. In-12 de 95 pages et 736 numéros.

Recueil de différentes pièces, extraites des procès-verbaux du jury qui a été nommé pour le jugement des ouvrages exposés aux Salons, qui ont eu lieu depuis l'an II, jusque et compris l'an VI. *Paris, imp. Gayant,* an VIII. In-4°.

Notice pour l'intelligence des antiquités du cabinet du citoyen Thérondel, artiste de Nismes, département du Gard. *Paris, imp. Farge, s. d.* In-8°.

Cabinet de M. Paignon Dijonval. Etat détaillé et raisonné des dessins et estampes dont il est composé..... rédigé par M. Bénard, peintre et graveur. *Paris, imp. Huzard,* 1810. In-4°.

De l'exposition des tableaux en faveur de l'extinction de la mendicité ou examen de la situation actuelle des écoles classiques et romantiques. *Paris, A. Johanneau,* 1829. In-8°.

The Lawrence gallery, first exhibition. A catalogue of one hundred original drawings by sir P. P. Rubens, collected by sir Thomas Lawrence, late president of the royal academy. *London, Richards,* 1835. In-8°.

The Lawrence Gallery. Third exhibition. A catalogue of one hundred original drawings by Claude Lorraine, and by Nicholas Poussin, collected by sir Thomas Lawrence.... *London, Richards,* 1835. In-8°.

The Lawrence Gallery. Sixth exhibition. A catalogue of one hundred original drawings by Ludovico, Agostino and Annibal Carracci collected by sir Thomas Lawrence.... *London, Richards,* 1836. In-8°.

The Lawrence Gallery. Seventh exhibition. A catalogue of one hundred original drawings by Zucchero, Polidoro, fra Bartolomeo and Andrea del Sarto, collected by sir Thomas Lawrence.... *London, Richards,* 1836. In-8°.

The Lawrence Gallery. Ninth exhibition. A catalogue of one hundred original drawings by Raffaelle, collected by sir Thomas Lawrence, late president of the royal academy. *London, Richards,* 1836. In-8°.

Exposition des Beaux-Arts de 1855. Liste par ordre alphabétique des artistes étrangers et français dont les ouvrages sont exposés au Palais des Beaux-Arts, avenue Montaigne. *Paris, imp. Vinchon,* 1855. In-12.

Exposition universelle de 1855. Explication des ouvrages de peinture, sculpture ... exposés au Palais des Beaux-Arts, avenue Montaigne, le 15 mai 1855. *Paris, Vinchon,* 1855. In-12.

Catalogus der bibliotheek van de maats-

chappij Arti et Amicitiæ. 1 mei 1857.
S. l. In-8°.

Description sommaire des objets d'art
faisant partie des collections du duc
d'Aumale (à Orléans house, Twic-
kenham) exposés pour la visite du Fine
arts club le 21 mai 1862. *Imp. Whittingham et Wilkins.* In-12, carré.

Union centrale des Beaux-Arts appliqués
à l'industrie.... Catalogue des collections du cabinet d'Armes de sa Majesté
l'Empereur, par O. Penguilly L'Haridon.
Paris, Librairie Centrale, 1865. Grand
In-8°.

Union centrale des Beaux-arts appliqués
à l'industrie. Catalogue des objets d'art
et de curiosité exposés au musée rétrospectif ouvert au Palais de l'Industrie en
1865. *Paris, J. Lemer,* 1866. Grand
In-8°.

Explication des ouvrages de peinture, de
sculpture.... exposés au Palais des
Champs-Elysées, le 1ᵉʳ mai 1865. *Paris,
Ch. de Mourgues,* 1865. In-12. *Paris,
Ch. de Mourgues,* 1866. In-12.

Explication des ouvrages de peinture,
sculpture... exposés au Palais des
Champs Elysées le 15 avril 1867. *Paris,
Ch. de Mourgues,* 1867. In-12.

Union centrale des Beaux-arts appliqués
à l'industrie. Exposition du Palais de
l'Industrie. Souvenir de l'exposition de
M. Dutuit. *Paris,* 1869. In-4°, fig.

Le Cabinet de M. Thiers, par M. Charles
Blanc. *Paris, Vᵉ J. Renouard,* 1871.
In-8°.

Collection des livrets des anciennes expositions depuis 1673 jusqu'en 1800. *Paris,
Liepmanssohn et Dufour,* 1869-1872.
42 volumes in-12.

Table générale des artistes ayant exposé
aux Salons du XVIIIᵉ siècle.... par
J. J. Guiffrey. *Paris, J. Baur,* 1873.
In-12.

L'exposition d'Alsace-Lorraine, par M.
Lebrun-Dalbanne. *Troyes, imp. Dufour-
Bouquot,* 1875. In-8°. Extr. des *Mémoires
de la Société Académique de l'Aube.*

Exposition universelle. Paris, 1878. Cata-
logue illustré de la section des Beaux-
Arts. Ecole anglaise. Avec notes par
Henry Blackburn. *Paris, Hachette.*
In-8°, fig.

Tableaux anciens et modernes exposés au
profit du musée des Arts décoratifs.
Première série. *Paris,* août 1878. In-12.

Catalogue de tableaux militaires exclus
du salon et de l'exposition universelle,
exposés dans la galerie de MM. Goupil
et Cⁱᵉ, 9, rue Chaptal. *Paris* (1878). In-12.

L'exposition rétrospective au Trocadéro,
par M. Bode. *Paris, Didier,* 1879. In-8°,
Extr. de la *Revue archéologique.*

Exposition universelle de 1878, à Paris.
Notice historique et analytique des
peintures, sculptures, tapisseries, minia-
tures... exposées dans les galeries des
portraits nationaux, au Palais du
Trocadéro, par M. Henry Jouin...
Paris, Imprimerie Nationale, 1879.
In-8°.

Notice des principaux livres manuscrits
et imprimés qui ont fait partie de l'exposition de l'art ancien au Trocadéro, par
le Baron Alphonse de Ruble. *Paris,
L. Techener,* 1879. In-8°, fig.

Société d'aquarellistes français. 1879.
Première exposition. Catalogue. *Paris,
imp. Jouaust,* 1879. In-8°, fig.

Catalogue descriptif des dessins de maîtres
anciens exposés à l'école des Beaux-arts,
mai-juin 1879. *Paris, typ. G. Chamerot,*
1879. In-8°.

Cercle artistique et littéraire, 7, rue Volney.
Exposition de peinture, sculpture,
aquarelle, dessin, etc., de 1880. Catalogue. *Paris, imp. S. Lejay,* 1880.
In-12.

Musée des Arts décoratifs. Palais de
l'Industrie. Exposition de tableaux
anciens de décoration et d'ornement.
Juillet 1880. *Paris,* 1880. In-12.

Société d'aquarellistes français. 1880.
Deuxième exposition. Catalogue. *Paris,
imp. D. Jouaust,* 1880. In-8°, fig.
— 3ᵉ exposition. 1881. In-8°, fig.
— 4ᵉ exposition. 1882. In-8°, fig.
— 5ᵉ exposition. 1883. In-8°, fig.

Cercle de la librairie. Première exposition.
Paris, juin 1880. In-8°.

Union centrale des Beaux-arts appliqués
à l'industrie. Catalogues de la sixième
exposition. 1880..... *Paris, imp. A.
Quantin* (1880). In-12.

Catalogue of an exhibition of water colour
drawings executed by members of la
société des aquarellistes français and
others. *London, Goupil,* mai 1881.
Grand in-8°, fig.

Catalogue illustré des œuvres d'art en
noir et en blanc exposées du 1ᵉʳ au 30
avril 1881 dans les galeries de l'Art...
Première exposition. *Paris, J. Rouam,*
1881. In-4°, fig.

E. Corroyer. 6ᵉ exposition de l'union centrale des beaux-arts appliqués à
l'industrie. Rapport du jury de la 3ᵉ
section sur les métaux usuels. *Paris,
imp. Quantin,* 1881. In-4°.

Le musée rétrospectif du métal à l'exposition de l'union centrale des Beaux-arts. 1880, par Germain Bapst. *Paris, imp. Quantin*, 1881. In-8°, fig. Extr. de la *Revue des arts décoratifs*.

Catalogue illustré officiel du Salon des arts décoratifs de 1882 (première année). *Paris, Quantin*, In-8°, fig.

Ministère de l'Agriculture et du Commerce. Exposition universelle de 1878 à Paris. Les arts décoratifs par M. Ed. Didron. *Paris, Imp. Nationale*, 1882. In-8°.

Union centrale des arts décoratifs. Exposition rétrospective de 1882. 3e fasc. Le papier. *Paris, A. Quantin*, 1882. In-8°.

L'art du XVIIIe siècle. Décembre 1883 et janvier 1884 (catalogue de l'exposition). *Paris, Galerie Georges Petit* (1883). In-12.

Les portraits du siècle par M. le vicomte Eugène Melchior de Vogué. *Paris, Calmann-Lévy*, 1883. In-8°. Extr. de la *Revue des Deux-Mondes*.

Société d'aquarellistes français. 1884. Sixième exposition, rue de Sèze, 8. Catalogue. *Paris, imp. Jouaust*, 1884. Grand in-8°, fig.

Galerie Georges Petit, 8 rue de Sèze. Une collection particulière (collection de madame de Cassin). Exposition au profit de la société philanthropique. *Paris*, 1884. In-12.

Rapport sur des collections de tableaux et d'objets d'art ancien de MM. Fortin.

Ridel et Garnier, par M. E. de Beaurepaire. Juillet 1884. *Caen, typ. Le Blanc-Hardel*. In-8°.

Exposition universelle de 1889. Considérations générales sur son organisation, par Georges Berger. *Nancy, imp. Berger-Levrault*, 1885. In-8°.

Société des Pastellistes français fondée sous le patronage et au bénéfice de l'association des artistes peintres, sculpteurs, etc. Première année. Exposition rétrospective, ouverte du 1er au 25 avril 1885. *Paris, Galerie Georges Petit*. In-12.

Table des portraits peints, sculptés, dessinés ou gravés exposés aux salons du dix-huitième siècle par Jules Guiffrey *Paris*, 1889. In-8°. Extr. de la *Revue de l'Art français*.

Catalogue de l'exposition de portraits d'architectes organisée à l'école des Beaux-arts à l'occasion du congrès par Charles Lucas et Eugène Müntz, secrétaire du congrès (international des architectes). *Paris, imp. Chaix*, 1889. In-8°.

Catalogue de la galerie de portraits antiques de l'époque grecque en Egypte appartenant à M. Théodore Graf. *Vienne*, 1889. In-8°.

Les galeries célèbres, le foyer des artistes à la Comédie française. Roger Peyre. *Paris, Charles*, 1895. In-8°. Extrait du *Correspondant*.

COLLECTIONNEURS. — AMATEURS.

Répertoire de tableaux, dessins et estampes, ouvrage utile aux amateurs. Première partie. (Par Joullain). *Paris, Demonville*, 1783. In-12.

Mémoire sur les collections de tableaux et de dessins et particulièrement sur celle de dessins des artistes modernes que j'ai formée, par T. C. Bruun.-Neergaard. *Paris, Didot*, 1812. In-8°.

Memoirs of painting with a chronological history of the importation of pictures by the great masters into England since the French Revolution, by W. Buchanan. *London, R. Ackermann*, 1824. 2 vol. in-8°.

De l'art de connaître les tableaux anciens, par Et. Huard, (de l'Ile Bourbon).... *Paris*, 1835. In-8°.

Companion to the most celebrated private galleries of art in London..., by Mrs. Jameson. *London, Saunders and Otley*, 1844. In-12.

Louis Enault. Les tableaux du maréchal Soult. *Paris, Librairie nouvelle*, 1852. In-12.

Histoire des plus célèbres amateurs italiens et de leurs relations avec les artistes, par M. J. Dumesnil... *Paris, Renouard*, 1853. In-8°.

Histoire des plus célèbres amateurs français et de leurs relations avec les artistes..., par M. J. Dumesnil. *Paris, Renouard*, 1856-1858. 3 vol. in-8°.

Collection de M. Charles Sauvageot, conservateur honoraire du musée du Louvre, par Alfred Darcel. *Paris, V. Didron*, 1856. In-4°, fig.

Le trésor de la curiosité tiré des catalogues de ventes de tableaux, dessins..., avec diverses notes et notices historiques et biographiques, par M. Charles Blanc. *Paris, Ve J. Renouard*, 1857-1858. 2 vol. G^d in-8°.

Catalogue de tableaux tirés de collections d'amateurs et exposés au profit de la caisse de secours des artistes... 26, boulevard des Italiens, (par Philippe Burty). *Paris, J. Claye*, 1860. In-8°.

Les joyaux de la peinture. La galerie de M. le Comte de Morny, par Valery Vernier. *Paris, Amyot*, 1862. In-8°.

Les cabinets d'amateurs. La galerie Pourtalès, par M. Albert Jacquemart. *Paris*, 1864. In-4°, fig. Extr. de la *Gazette des Beaux-Arts*.

La curiosité. Collections françaises et étrangères, cabinets d'amateurs, biographies par M. L. Clément de Ris. *Paris, Ve Renouard*, 1864. In-12.

Exposition rétrospective. Tableaux anciens empruntés aux galeries particulières... *Paris*, juin 1866. In-8°.

Les collectionneurs de l'ancienne Rome. Notes d'un amateur (Edmond Bonnaffé). *Paris, Aubry*, 1867. In-8°.

Rymaille sur les plus célèbres bibliotières de Paris en 1649, avec des notes et un essai sur les autres bibliothèques particulières du temps, par Albert de La Fizelière. *Paris, A. Aubry*, 1869. In-8°. Extr. du *Bulletin du Bouquiniste*.

Noms des curieux de Paris, avec leur demeure et la qualité de leur curiosité. 1673. *Paris, Académie des Bibliophiles*, 1870. In-12.

Le Comte de Lurde. Notice biographique, par le Bon Alphonse de Ruble. *Paris, typ. Lahure*, 1873. In-8°.

Notice sur la vie et les ouvrages de A. J. V. Le Roux de Lincy, ancien élève pensionnaire de l'école des Chartes, par A. Bruel. *Paris, A. Picard*, 1872. In-8°, port. Extr. de la *Bibliothèque de l'école des Chartes*.

Livre-Journal de Lazare Duvaux, marchand bijoutier ordinaire du Roy, 1748-1758, précédé d'une étude sur le goût et le commerce des objets d'art au milieu du XVIIIe siècle..., (par L. Courajod). *Paris*, 1873. 2 vol. in-8°.

Quelques mots sur le Docteur J. F. Payen, par Jules Le Petit. *Paris, typ. G. Chamerot*, 1873. In-8°.

Les collectionneurs de l'ancienne France. Notes d'un amateur, par Edmond Bonnaffé. *Paris, Aubry*, 1873. In-8°.

Le Duc de Saint-Simon. Son cabinet et l'historique de ses manuscrits d'après des documents authentiques et entièrement inédits, par Armand Baschet. *Paris, E. Plon*, 1874. In-8°, fig.

Lettre à un curieux de curiosités. [Signé : Bon de B. de S. S. (Boyer de Sainte-Suzanne)]. *Monaco*, 1875. In-12.

Collections et collectionneurs alsaciens, 1600-1820, par Arthur Benoit. *Strasbourg, Noiriel et Simon*, 1875. In-8°.

Les amateurs d'autrefois, par L. Clément de Ris. *Paris, E. Plon*, 1877. G^d in-8°, port.

Les cabinets d'amateurs à Paris. Collection de M. le Comte Henri de Greffulhe par Charles Gueullette. *Paris, Detaille*, 1877. G^d in-8°, fig. Extr. de la *Gazette des Beaux-Arts*.

Galerie de M. G. Rothan, ministre plénipotentiaire, par Paul Mantz. *Paris, imp. J. Claye*, In-4°, fig. Extr. de la *Gazette des Beaux-Arts*.

La collection Walferdin et ses Fragonard, par le Bon Roger Portalis. *Paris, Quantin*, 1880. G^d in-8°, fig. Extr. de la *Gazette des Beaux-Arts*.

Balthasar de Monconys. Analyse de ses voyages au point de vue artistique, par le Comte de Marsy. *Caen, F. Le Blanc-Hardel*, 1880. In-8°. Extr. des *Bulletins de la Société des Beaux-Arts de Caen*.

Quelques sculptures de la collection du Cardinal de Richelieu, aujourd'hui au musée du Louvre, par Louis Courajod. *Paris, Champion*, 1882. G^d in-8°, fig.

Bibliothèque Internationale de l'Art. Les amateurs de l'ancienne France. Le surintendant Foucquet, par Edmond Bonnaffé, *Paris, J. Rouam*, 1882. In-4°, fig.

Edmond Bonnaffé. Recherches sur les collections de Richelieu. *Paris, E. Plon*, 1883. In-8°, fig.

Edmond Bonnaffé. Dictionnaire des amateurs français au XVIIe siècle. *Paris, A. Quantin*, 1884. In-8°.

La collection Albert Goupil, par Emile Molinier. *Paris*, 1885. G^d in-8°, fig. Extr. de la *Gazette des Beaux-Arts*.

Les grands amateurs angoumoisins, (XVe s^e — 1780) par Emile Biais. *Angoulême, imp. G. Chasseignac*, 1888. In-8°, fig. Extr. du *Bulletin de la société archéologique et historique de la Charente*.

Edmond Bonnaffé. Le musée Spitzer. *Paris*, 1890. G^d in-8°, fig.

VARIÉTÉS. — POLÉMIQUES. — FACÉTIES.

La ville de Paris en vers burlesques.... par le sieur Berthod. *Paris*, 1655. G^d in-8°, fig.

De l'origine de la peinture et des plus excellens peintres de l'antiquité. Félibien. *Paris*, *P. le Petit*, 1660. In-4°. Sig. Félibien des Auaux. Ce volume ayant appartenu à Félibien contient de plus huit pièces sur le château de Vaux, l'arc de triomphe de la place Dauphine, le tableau de Le Brun « les reines de Perse aux pieds d'Alexandre », le portrait du roi, les quatre éléments de Le Brun, les épigrammes pour ces tableaux, les quatre saisons, et lettre d'un gentilhomme de province à une dame de qualité.

Songe d'Ariste à Philandre sur les différentes opinions, concernant la peinture. *S. l.*, 1678. In-12, précédé d'un manuscrit « lettre d'un francois à un gentilhomme flamand » daté 12 avril 1676, et du Banquet des curieux en vers. *S. l. ni d.*, de 16 p. et de Response au banquet des curieux de 7 p. également in-12. *S. l. ni d.*

Discours sur la peinture et sur l'architecture dédié à madame de Pompadour, dame du palais de la Reine, par Duperron. *Paris*, *Prault*, 1758. In-8°.

Les misotechnites aux enfers, ou examen des Observations sur les arts, par une société d'amateurs. *A Amsterdam*, 1763. In-12.

Notices des actions héroïques, des découvertes utiles, des productions dans les sciences, la littérature et les beaux-arts dont les auteurs ont mérité d'être désignés à la reconnaissance et à l'estime publique dans la fête du 1er vendémiaire, an VII. (*Paris*, an VI). In-8°.

L'âme des Romaines dans les femmes françaises. *S. l. ni d.* In-8°. Suite de l'âme des Romaines dans les femmes françaises, par Madame Moitte, auteur du projet des dons, offerts par des femmes d'artistes célèbres, à l'assemblée nationale. *S. l. ni d.* In-8°.

Hommage d'un artiste aux armées de la République. [Signé : Baltard, membre du portique républicain et du lycée des arts]. *S. l. ni d.* In-8°.

Le bouquet ou réparation faite à Jean Rougevin, soi-disant architecte-expert, se disant offensé dans son... honneur, par P. Giraud. *S. l. ni d.* (*Paris*, 6 messidor, an VII). In-8°.

Réflexions sur les programmes et les concours, par le citoyen Détournelle, architecte. *S. l. ni d.* In-8°. Extr. du *Journal des Arts*.

La commission d'instruction publique aux artistes. [Signé : Payan, commissaire, Fourcade, adjoint]. *S. l. ni d.* In-8°.

Appel aux artistes. *S. l. ni d.* In-8°.

Lettre du C. Guillaumot aux rédacteurs du journal des Arts. *S. l. ni d.* In-8°. Extr. du *Journal des Arts*, n° 46.

Encore un mot aux artistes sur les patentes. *S. l. ni d.* In-8°.

Réfutation pour M. Landon, peintre, auteur et éditeur du journal ayant pour titre : Annales du musée, de la prétendue réponse de M. P. Didot à son premier écrit intitulé : Quelques idées, etc. *S. l. ni d.* (*Paris*). In-4°.

Mémoire pour M. Landon, peintre, auteur et éditeur du journal intitulé : Annales du musée et de l'école moderne des Beaux-arts, contre M. Pierre Didot, l'aîné, imprimeur-libraire. *S. l. ni d.* (*Paris*). In-4°.

Sur le mannequin. Discours dans lequel on traite de son invention, de sa perfection et de son usage, par un ami des arts. (E. J. J. Barillet). *Paris*, 1809. In-8°.

Découverte d'un autographe de Molière. Réfutation impartiale de quelques points de controverse élevés à ce sujet. *Paris*, *Ch. Tresse*, 1840. In-8°.

Poésis. Réponse à l'auteur de Gloire et Misère (A. Siret) sur son article Pictura, par W... *Bruxelles*, *J. Geruzet*, 1840. In-12.

Un martyr littéraire, touchantes révélations. *Paris*, *typ. A. René*, *s. d.* In-8°. (Relatives à Alfred Michiels).

Un livre de la Bibliothèque de don Carlos, prince de Viane, par Léopold Delisle. *Lille*, *Desclée*, *s. d.* In-8°.

Epitre à Monsieur Guichardot, marchand de dessins et d'estampes anciennes, par J. R. (Paris), imp. Guyot, 1852. In-18.

Résumé de la défense de M. Mainguet dans l'arbitrage relatif au mode de liquidation de la société Goupil et Cⁱᵉ. Paris, imp. Claye, avril 1856. In-4°.

Lettres intimes de M. Horace Vernet, de l'institut, pendant son voyage en Russie (1842 et 1843). Fragments inédits d'une histoire des artistes vivants, par Théophile Sylvestre. Paris, 1856. In-8°.

A Messieurs de la Cour impériale de Paris. Mémoire de Théophile Silvestre, inspecteur des Beaux-arts en mission, appelant contre Horace Vernet, peintre, de l'Institut, intimé. Paris, imp. Pillet, 1857. In-4°.

Recueil d'articles extraits du bulletin bibliographique, de la correspondance littéraire, du Moniteur universel et autres publications, sur les « mémoires et journal de J. G. Wille. » 1858.

Légendes d'atelier. (par Laurent Jan). Paris, s. d. (1859). In-8°.

Les moutons de Panurge. Chapitres émouvants et drolatiques sur les estampes, les experts, les catalogues et les collectionneurs, par A. Rochoux. Paris, Delion, 1861. In-8°.

Recueil d'articles extraits de l'Illustration, de la Correspondance littéraire, de la Revue européenne et autres publications, sur l'histoire de la gravure en France, par G. Duplessis. 1861.

Observations sur l'introduction au catalogue d'estampes de M. D. G. de A. (Arozarena). Curiosité littéraire et artistique, par A. Rochoux. Paris, Delion, 1861. In-8°.

Du patriotisme dans les arts. Réponse à M. Vitet sur le musée Napoléon III, par Ernest Desjardins. Paris, Dentu, 1862. In-8°.

E. Delecluze. Souvenirs de soixante années. Paris, Michel Lévy, 1862. Pet. in-8°.

L'âne qui prend la peau du lion, fourberie florentine à quatre personnages. Histoire véridique dont la moralité est que les personnages susdits en sont complètement dépourvus. [Signé : J. Charvet]. Paris, A. Lacroix, 1868. In-8°.

Lettre de M. Jean Freppa, antiquaire, à M. J. Charvet à Versailles. Florence, 23 juin 1868. In-4°.

Tour de Babel ou objets d'art faux pris pour vrais et vice-versa, par le docteur Alexandre Foresi. Paris et Florence, Pedone-Lauriel et A. Bettini, 1868. In-8°.

Causeries d'un curieux. Variétés d'histoire et d'art tirées d'un cabinet d'autographes et de dessins, par F. Feuillet de Conches. Paris, Plon, 1868. Tome 4. In-8°.

Chanson dite au dîner des Cinquante, le 8 février 1869, par M. Charles Garnier. Paris, 1869. In-8°, fig.

A. Pothey. La Muette, illustrée par H. Daumier, H. Monnier, Bin, Bachelin, Dansaert..., Paris, P. Daffin, 1870. In-8°.

Vol de tableaux de la galerie de l'archiduc Albert, au château de Tervueren. Réparation d'une erreur judiciaire. 1624-1629. [Signé : L. G.] S. l. ni d. (Gand, 1870). In-8°. Extr. du Messager des sciences historiques de Belgique.

Un procès artistique au seizième siècle. Le Jugement dernier, tableau du musée de Gand, par Ed. de Busscher. (Bruxelles). In-8°. Extr. des Bulletins de l'Académie royale de Belgique.

Les propos de maître Salebrin. Notes d'un amateur. (Edmond Bonnaffé). Paris, imp. J. Claye, 1870. In-4°, fig. Extr. de la Gazette des Beaux-Arts.

Paradoxes. Le comfort. [Signé : Edmond Bonnaffé]. Paris, J. Claye, 1873. In-4°, fig. Extr. de la Gazette des Beaux-Arts.

Dottore Alessandro Foresi. Uova di Pasqua offerte ai signori Cavalcaselle, Milanesi, Gamurrini e Mayer. Uno scarabeo parlante. Firenze, G. Polverini, 1873. Gᵈ in-8°.

Dott-Alessandro Foresi. Capriole del Cavaliere Gaetano Milanesi, accademico della Crusca e suicidio del Cavaliere G. B. Cavalcaselle, ispettore a Roma del museo nazionale di Firenze. Firenze, 1874. In-8°, port.

Maitre Pihourt et ses hétéroclites. [Signé : Edmond Bonnaffé]. Paris, imp. J. Claye, 1875. In-4°. Extr. de la Gazette des Beaux-Arts.

Victor Charles Préseau. Destruction de la forture mobilière en France, par le monopole de l'hôtel des ventes... Paris, Richard Berthier, 1ᵉʳ mars 1875. In-12.

Le pour et le contre, par Edmond Bonnaffé. Paris, imp. J. Claye, 1875. In-4°. Extr. de la Gazette des Beaux-Arts.

Edmond Bonnaffé. Un musée à créer. Paris, imp. J. Claye, 1877. Gᵈ in-8°. Extr. de la Gazette des Beaux-Arts.

Un pastel du roi Louis XIII, par l'auteur des neiges d'antan. (Julie-O. Lavergne). Paris, imp. Ch. Noblet, 1877. In-18.

Inventaire des autographes et des documents historiques composant la collection de M. Benjamin Fillon. Séries IX et X. Artistes. Compositeurs de musique. Vente à Paris le 15 juillet. *Paris, Charavay frères*, 1879. In-4°.

Réponse à un libelle intitulé : L'article Cælatura du dictionnaire des antiquités grecques et romaines, signé par M. E. Saglio. [Saglio]. *Paris, Hachette*, 1879. In-8°.

Le portrait de Pierre Arétin, par Marc Antoine et celui de la comtesse du Barry, par Ch. Et. Gaucher, (par Benjamin Fillon). *Paris, Quantin*, 1880. G^d In-8°, fig.

Le cercle de la librairie, de l'imprimerie, de la papeterie, du commerce, de la musique et des estampes. Notice historique et descriptive. *Paris*, janvier 1881. In-8°, fig.

La photoglyptie, par M. Eugène Vaudin. *Auxerre, imp. G. Rouillé*, 1881. In-8°, fig. Extr. du *Bulletin de la société des sciences historiques et naturelles de l'Yonne*.

Physiologie du curieux, par Edmond Bonnaffé. *Paris, J. Martin*, 1881. In-8°.

Edmond de Goncourt. La maison d'un artiste. *Paris, Charpentier*, 1881. 2 vol. in-12.

Les maitres ornemanistes..., par D. Guilmard. *Paris, E. Plon*, 1881. 2 vol. G^d in-4°, fig.

Le monde vu par les artistes. Géographie artistique, par René Ménard. *Paris, Ch. Delagrave*, 1881. G^d in-8°, fig.

Charles Clément. Michel-Ange, Léonard de Vinci, Raphaël... *Paris, Hetzel*, (1882). G^d in-8°, fig.

Lettres inédites de savants français à leurs confrères ou amis d'Italie. XVIIᵉ-XIXᵉ siècles, publiées par M. Eugène Müntz. *Le Puy, imp. Marchessou*, 1882. In-8°. Extr. de la *Revue critique*.

Grammaire des Arts décoratifs. Décoration intérieure de la maison, par Charles Blanc. *Paris, Renouard*, 1882. G^d in-8°.

Le songe de Poliphile ou Hypnérotomachie de frère Francesco Colonna, littéralement traduit pour la première fois, avec une introduction et des notes, par Claudius Popelin. *Paris, Isidore Liseux*, 1883. 2 vol. in-8°, fig.

Sully-Prudhomme. L'Expression dans les Beaux-arts, application de la psychologie à l'étude de l'artiste et des Beaux-arts. *Paris, Lemerre*, 1883. In-8°.

Ernest Bosc. Dictionnaire de l'art, de la curiosité et du bibelot. *Paris, Didot*, 1883. G^d in-8°, fig.

Jean Gigoux. Causeries sur les artistes de mon temps. *Paris, Calmann-Lévy*, 1885. In-12, port.

Le livre des collectionneurs, par Alph. Maze-Sencier... *Paris, Renouard*, 1885. In-8°, fig.

Lettres adressées au baron François Gérard, peintre d'histoire, par les artistes et les personnes célèbres de son temps. Deuxième édition publiée par le baron Gérard, son neveu. *Paris, imp. Quantin*, 1886. 2 vol. in-8°, port.

Les propos de Valentin. Edmond Bonnaffé. Librairie de l'Art. *Paris*, 1886. Pet. in-8°.

Etude sur le songe de Poliphile. (*Venise*, 1490 et 1545. *Paris*, 1546, 1883), avec gravures sur bois, par Charles Ephrussi. *Paris, Techener*, 1888. Pet. in-4°. Extr. du *Bulletin du Bibliophile*.

Les tableaux historiques de la Révolution et leurs transformations. Etude iconographique et bibliographique, par Maurice Tourneux. *Paris, Charavay*, 1888. In-8°.

L'art français et la société des artistes français, par un amateur. *Paris, Baudry*, 1888. In-12.

L'imitation et la contrefaçon des objets d'art antiques aux XVᵉ et XVIᵉ siècles, par M. Louis Courajod. *Paris, Ern. Leroux*, 1889. In-12, fig.

Eugène Müntz. Les arts à la cour des papes. Nouvelles recherches sur les pontificats de Martin V, d'Eugène IV, de Nicolas V, de Calixte III, de Pie et de Paul II. Fascicule III. *Rome, Ph. Cuggiani*. 1889. In-8°. Extr. des *Mélanges d'archéologie et d'histoire publiés par l'école française de Rome*.

La Renaissance française. Allocution prononcée à la 14ᵉ réunion des sociétés des Beaux-arts des départements, par Eugène Müntz. *Paris, Plon*, 1890. In-8°.

CRITIQUE.

Lettre sur les tableaux. 1750, à madame V***. *S. l. ni d.* In-8°.

Lettre sur les tableaux de l'Académie de Saint-Luc, exposés aux Grands Augustins. *Paris, Machenoir*, 1751. In-12.

Supplément aux œuvres de Diderot. *Paris, A. Belin*, 1818. In-8°. Salons de 1761, 1769.

Lettre sur les quatre modèles exposés au Salon pour le mausolée de son Éminence Monseigneur le Cardinal de Fleury. *S. l. ni d.* In-4°.

Discours sur l'origine, les progrès et l'état actuel de la peinture en France contenant des notices sur les principaux artistes de l'Académie, pour servir d'introduction au Salon. *Paris*, 1785. In-8°.

Réflexions impartiales sur les progrès de l'art en France et sur les tableaux exposés au Louvre, par ordre du Roi, en 1785 (par Renou). *Londres et Paris*, 1785. In-8°.

Essai sur la méthode à employer pour juger les ouvrages des Beaux-Arts du dessin et principalement ceux qui sont exposés au Salon du Louvre, par une société d'artistes. *Paris, Bignon*, 1790. In-8°.

Adresse de l'assemblée des artistes réunis qui ont obtenu le décret du 21 août pour la liberté de l'exposition au Salon du Louvre, envoyée au Corps électoral sur la nécessité de nommer des artistes à la deuxième législature. *S. l. ni d.* In-8°.

Les Artistes traités de la bonne manière ou l'ami des peintres vivans [signé B***]. *S. l. ni d. (Paris)*. In-12.

Le miracle de nos jours ; conversation écrite et recueillie par un sourd et muet ; et la Bonne Lunette dans lesquels on trouvera non seulement la critique des ouvrages exposés au Salon, mais la critique de nos peintres et sculpteurs les plus connus. *S. l. ni d.* In-8°.

Considérations sur l'état actuel des arts, sur les concours de peinture, sculpture, architecture et gravure et sur le mode de jugement, publiées par la société Républicaine des arts et présentées à la convention nationale. *S. l. ni d.* In-8°.

Recueil de différentes pièces extraites des procès verbaux du jury qui a été nommé pour le jugement des ouvrages exposés aux Salons qui ont eu lieu depuis l'an II jusques et compris l'an VI. *Paris, imp. Gayant fils*, an VIII. In-4° de 47 pages.

Appel au public sur la formation d'un jury pour juger les ouvrages des artistes par un peintre dont les tableaux n'ont point été rejettés (Pierre Mongin). *Paris, imp. S. de Mailly*, an VI. In-8°.

Examen des ouvrages modernes de peinture, sculpture, architecture et gravure exposés au Salon du musée, le 15 fructidor an 9, par une société d'artistes. *Paris, C. Landon*, an IX. In-8°.

La vérité au Muséum ou l'œil trompé, critique en vaudeville sur les tableaux exposés au Salon. *Paris, Hy*, an IX. In-8°.

Nouveau coup d'œil au salon. Critique en vaudeville de la gravure en taille douce. Exposition de 1819, par ***. *Paris*. In-12.

L'observateur au Salon. Critique des tableaux en vaudeville... *Paris*, 1819. In-12, fig.

Nouveau coup d'œil au Salon. Critique en vaudeville de la gravure en taille douce. Exposition de 1819. Par ***. *Paris*. In-18.

L'observateur au muséum ou la critique des tableaux en vaudeville. *S. l. ni d.* In-12.

L'observateur et Arlequin aux Salons. Critique des tableaux en vaudeville. *Paris*, 1822. In-12.

Le Musée, revue du salon de 1831, par Alexandre D. (Decamps). *Paris, A. Ledoux*, 1834. In-4°, fig.

L'observateur aux Salons de 1833.. Deuxième édition, revue et augmentée de nouveaux tableaux. *Paris* (1833). In-12.

Le Salon de 1833, par G. Laviron et B. Galbacio. *Paris, A. Ledoux*, 1833. In-8°, fig.

Société libre des Beaux-arts. Mémoire sur l'Institution du jury, pour l'admission aux expositions et opinions diverses sur les modifications qu'on pourrait y apporter (par M. Demahis). *Paris, imp. P. Baudouin*, 1835. In-8°.

Un dernier mot sur le salon de 1839, par M. Desains. Pièce lue à la séance publique de la société philotechnique le 15 décembre 1839. (*Paris*), *Challamel*, 1840. In-12.

Opinion exprimée au nom de la société libre des Beaux-Arts sur le salon de 1840, par une commission spéciale et rédigée par M. Duvautenot, rapporteur de cette commission. (*Paris*). In-8°. Extrait des *Annales de la société libre des Beaux-Arts*.

De la mission de l'art et du rôle des Artistes. Salon de 1845, par D. Laverdant. *Paris*, 1845. In-8°. Extr. de la *Phalange*.

1846. Le Salon Caricatural, critique en vers et contre tous illustrée de soixante caricatures dessinées sur bois. *Paris, Charpentier*. In-8°, fig.

De l'oppression dans les arts et de la composition d'un nouveau jury d'examen pour les ouvrages présentés au Salon de 1847, par L. Clément de Ris. *Paris, P. Maggana* (1847). In-8°.

Nadar Jury au Salon de 1853. Album comique de 60 à 80 dessins coloriés... Texte et dessins par Nadar. *Paris, Bry*. In-8°, obl.

Exposition des Beaux-arts de 1855. Peinture. Souvenirs d'un spiritualiste par Valleyres. *Paris, typ. Didot*, 1856. In-8°. Extr. de l'*Illustration*.

L'art français au salon de 1857, peinture, sculpture, architecture, par Charles Perrier. *Paris, Michel Lévy*, 1857. In-12.

Henry Fouquier. Etudes artistiques. Lettre sur le salon de 1859. Les artistes marseillais au salon de 1859. L'œuvre d'Ary Scheffer. Velasquez au musée de Madrid. *Marseille, typ. Arnaud*, 1859. In-8°.

Libre étude sur l'art contemporain.. à M. Eugène Noel. Salon de 1859, par Ernest Chesneau. *Paris, imp. Chaix*. In-8°.

La Photographie au Palais des Beaux-arts, par M. Ph. Burty. *Paris, imp. J. Claye*, 1859. In-4°. Extr. de la *Gazette des Beaux-Arts*.

Beaux-arts. Du principe des expositions. Le concours en Grèce et de nos jours [signé : Beulé] (*Paris*, 1860). In-8°. Extr. de la *Revue des Deux-Mondes*.

Des expositions de Beaux-arts. Ce qu'elles sont, ce qu'elles devraient être, par P. A. Jeanron. *Paris, E. Dentu*, 1861. In-8°.

L'année littéraire. Lettre I. Exposition des peintures, sculptures et gravures dans le grand Salon du Louvre (1861). In-12. Défait.

Diogène au Salon de 1861. Revue en quatrains, par Le Guillois. *Paris, Desloges*, 1861. In-12.

Promenade d'un fantaisiste à l'exposition des Beaux-arts de 1861. par Richard Cortambert. *Paris*, 1861. In-8°.

Souvenir de l'exposition des Beaux-arts. Origines de la peinture à l'huile. Ecole française du Midi. Importance du goût, P. Trabaud. *Marseille, typ. Barlatier-Fussat*, 1861. In-8°.

Lettre sur les expositions et le salon de 1861. par A. Cantaloube. *Paris, Dentu*, 1861. In-12.

A. Z. ou le salon en miniature par Albert de La Fizelière. *Paris, Poulet-Malassis*, 1861. In-12.

Abecedaire du salon de 1861, par Théophile Gautier. *Paris, Dentu*, 1861. In-12.

Le Salon de 1861 [signé Dauban]. *Paris, Vᵉ J. Renouard*, 1861. In-8°. Extr. du *Journal Général de l'Instruction publique*.

Exposition de la société des Amis des Arts. Notes sur le Salon de 1862, par Laurent Pichat. *Lyon*, 1862. In-12.

Le jury et le Salon, par Victor Luciennes. *Paris, Dentu*, 1863. In-8°.

Les artistes, les expositions, le jury, par Henri Le Secq. *Paris, A. Cadort*, 1863. In-8°.

A propos des critiques du Salon de 1863. De l'enseignement académique et des récompenses hiérarchiques offertes aux artistes par Gérard Séguin. *Paris, typ. Gaittet*, 1863. In-8°.

A propos de l'exposition des Beaux-Arts de 1863, par Antoine Etex. *Paris, Dentu*, 1863. In-8°.

Le salon de 1864. Impressions de M. de la Palisse, par Georges Seigneur. *Paris, E. Dentu*, 1864. In-8°.

Place aux jeunes ! Causeries critiques sur le salon de 1865, par Gonzague Privat ... *Paris, F. Cournol*, 1865. In-12.

Les peintres français en 1867. par M. Théodore Duret. *Paris, Dentu*, 1867. In-12.

J. Maret-Leriche. Les expositions posthumes. *Paris, Librairie artistique et théâtrale* (1867). In-8°.

Les Beaux-arts en 1867, par M. Raymon. *Paris, Vᵉ J. Renouard*, 1867. In-8°.

Exposition universelle de 1867 à Paris. Catalogue général publié par la Commission Impériale. 1re livraison, œuvres d'art. *Paris, Dentu*, In-12.

L'exposition des Beaux-arts de 1868, par André Albrespy. *Paris, typ. Meyrueis*, In-8°. Extr. de la *Revue Chrétienne.*

Album Boetzel. Le salon de 1869. Exposition des Beaux-arts. *Paris, Ve Berger-Levrault.* In-fol., obl., fig.
— Le salon de 1870. *Paris, Lahure.* In-fol. obl.

Les artistes peintres à propos du Salon de 1872. *Paris, E. Dentu*, 1872. In-8°.

Proposition applicable aux musées et aux expositions des Beaux-arts par A. Gindre... *Paris, chez l'auteur*, 1872. In-8°.

Duranty. La nouvelle peinture, à propos du groupe d'artistes qui expose dans les galeries Durand-Ruel. *Paris, E. Dentu*, 1876. In-8°.

L'exposition des Beaux-arts, par M. Ch.

Timbal. *Paris, Ch. Douniol*, 1876. In-8°. Extr. du *Correspondant.*

Esssai sur la critique d'art. Ses principes sa méthode, son histoire en France, par A. Bougot. *Paris, Hachette, s. d.* (1877). In-8°.

Salon de 1877. Notes sur l'architecture, par Edouard Corroyer, architecte. *Paris, imp. J. Claye*, 1877. In-4°, fig. Extr. de la *Gazette des Beaux-Arts.*

Salon de 1879. Catalogue illustré... publié sous la direction de F. G. Dumas. *Paris, L. Baschet.* In-8°, fig.

Salon de 1882. Etude sur l'architecture, par E. Corroyer. *Paris, Ducher*, 1882. Grand in-8°. Extr. du *Bulletin de la Société centrale des Architectes.*

Essai sur la critique d'art... par A. Bougot. *Paris, Hachette, s. d.* In-8°.

Paul Leprieur. La peinture au salon de 1888. *Paris*, 1888. In-8°. Extr. de *l'Artiste.*

INVENTAIRES.

Le trésor sacré ou inventaire des sainctes reliques et autres précieux joyaux qui se voyent en l'église et au thrésor de l'abbaye royale de St-Denys en France ... par Dom Germain Millet... *Paris, J. Billaine*, 1640. In-12, front.

Description des tableaux et des pièces de sculpture que renferme la gallerie de son altesse François Joseph, chef et prince régnant de la maison de Liechtenstein. *Vienne*, 1780. In-8°.

Instruction concernant la conservation des manuscrits, chartes, sceaux, livres imprimés, monuments de l'antiquité et du moyen-âge, statues, tableaux, dessins... provenant du mobilier des maisons ecclésiastiques et faisant partie des biens nationaux. (*Paris*), *Imp. Nationale*, 20 nov. 1790. In-8°.

Garde-meuble de la couronne — 1791. Rapport au roi, par M. Thierry, commissaire général de la maison du roi au département des meubles de la couronne. Estimation de l'inventaire général du mobilier de la couronne, mis sous les yeux du roi le 26 décembre 1790, par M. Thierry. *Paris, Imp. Royale*, 1791. G^d in-4°.

Inventaire des diamants de la couronne, perles, pierreries, tableaux, pierres

gravées et autres monuments des arts et des sciences existant au garde-meuble ... *Paris, Imp. Nationale*, 1791. 2 part. en 1 vol. in-8°.

Documens authentiques et détails curieux sur les dépenses de Louis XIV... par Gabriel Peignot. *Paris, J. Renouard*, 1827. In-8°, port.

Notice historique sur l'inventaire des biens meubles de Gabrielle d'Estrées, par E. de Fréville. *Paris, Didot*, 1842. In-8°. Extr. de la *Bibliothèque de l'école des Chartes.*

Inventaire après le décès de Richard Picque, archevêque de Reims, publié par Prosper Tarbé. 1589. *Reims*, 1842. In-12.

Livres de la trésorerie des chartes du Hainaut, 1435. Inventaire des meubles de l'hotel de Guillaume IV, duc de Bavière, à Paris. 1409. *Mons, E. Hoyois*, 1842. In-8°.

Inventaire des reliques de la sainte Chapelle, par M. L. Douët-d'Arcq. *Paris, Leleux*, 1848. In-8°. Extr. de la *Revue archéologique.*

Extraits des comptes de dépenses de François 1er. In-8°. Défait.

Inventaire des objets d'art et d'antiquité des églises paroissiales de Bruges dressé par la commission provinciale. *Bruges,imp. Vandecasteele- Werbrouch*, 1848. In-8°, fig.

Essai d'un catalogue des artistes originaires des Pays-Bas ou employés à la cour des ducs de Bourgogne aux XIV° et XV° siècles, par le comte de Laborde. *Paris, V. Didron*, mars 1849. In-8°.

Devis et marchés passés par la ville de Paris pour l'entrée solennelle de Charles IX en 1571. [Signé : Douet d'Arcq]. *Paris, A. Leleux*, 1849. In-8°, fig. Extr. de la *Revue archéologique*.

Les Ducs de Bourgogne. Etudes sur les lettres, les arts et l'industrie pendant le XV° siècle..., par le comte de Laborde. Seconde partie. Preuves. *Paris, Plon*, 1849-1852. 3 vol. in-8°.

Inventaires du trésor de la cathédrale d'Amiens, publiés d'après les manuscrits, par J. Garnier. *Amiens, imp. Duval et Herment*, 1850. In-8°. Extr. des *Mémoires de la Société des Antiquaires de Picardie*.

Inventaire des tableaux, livres, joyaux et meubles de Marguerite d'Autriche, fille de Marie de Bourgogne et de Maximilien, empereur d'Allemagne, fait et conclud en la ville d'Anvers le XVII° d'avril M. V° XXIIII. Document inédit publié par le C^le de Laborde. *P.ris. A. Leleux*. 1850. In-8°. Extr. de la *Revue archéologique*.

Inventaires des biens meubles et immeubles de la comtesse Mahaut d'Artois pillés par l'armée de son neveu, en 1313. (Publ. par Leroux de Lincy). *(Paris)*, s. d. In-8°. Extr. de la *Bibliothèque de l'école des Chartes*.

Notice sur un volume de comptes des ducs de Bourgogne. (Publication de M. De la Borde), par M. Douet d'Arcq. *Paris, J. B. Dumoulin*, 1850. In-8°. Extr. de la *Bibliothèque de l'école des Chartes*.

Comptes de l'argenterie des rois de France au XIV° siècle, publiés..., par L. Douet-d'Arcq. *Paris, J. Renouard*, 1851. In-8°.

Inventaire des meubles et joyaux du roi Charles V. (21 janvier 1380), par le C^le de Laborde. *Paris, A. Leleux*, 1851. In-8°. Extr. de la *Revue archéologique*.

Comptes de l'œuvre de l'église de Troyes ... ou nouvelles recherches sur la construction des églises et sur les usages au moyen-âge, (par Alexandre Assier). *Troyes, Bouquot*, 1855. In-8°.

Inventaire des objets d'art, composant la succession de Florimond Robertet, ministre de François Ier, dressé par sa

veuve le 4° jour d'août 1532, précédé d'une notice, par Eug. Grésy. *S. l. ni d.* In-8°. Extr. des *Mémoires de la Société impériale des Antiquaires de France*.

Inventaire de tous les meubles du Cardinal Mazarin, dressé en 1653 et publié d'après l'original conservé dans les archives de Condé, (par Henri d'Orléans, duc d'Aumale). *Londres, imp. Wittingham*. 1861. Pet. in-4°.

Un mobilier historique des XVII° et XVIII° siècles, par P. L. Jacob, bibliophile. *Paris, typ. Ch. Meyrueis*, 1865. In-8°, fig.

Relevé des dépenses de madame de Pompadour, depuis la première année de sa faveur jusqu'à sa mort. Manuscrit des archives de la préfecture de Seine-et-Oise, avec des notes, par M. J. A. Le Roi. *Versailles, s. d.* In-8°.

Inventaire des vaisselles, joyaux, tapisseries, peintures, livres et manuscrits de Marguerite d'Autriche, régente et gouvernante des Pays-Bas (1523), publié par H. Michelant... *Bruxelles, F. Hayez*, 1870. 2 fascicules. In-8°. Extr. du *Bulletin de la Commission royale d'histoire de Belgique*.

Raccolta di Cataloghi ed inventarii inediti di quadri, statue, disegni, bronzi, dorerie, smalti, medaglie, avorii, ecc. dal secolo XV al secolo XIX per cura di Giuseppe Campori. *Modena, tip. C. Vincenzi*, 1870. In-8.

Edmond Bonnaffé. Inventaire de la duchesse de Valentinois, Charlotte d'Albret. *Paris, A. Quantin*. In-8°, fig.

Inventaire des biens de Charlotte de Savoie, Reine de France, (1483) publié pour la première fois d'après le manuscrit original déposé à la Bibliothèque Impériale par A. Tuetey. *Paris, imp. Lainé*, 1865. In-8°.

Notes prises sur l'inventaire du mobilier de madame la comtesse Du Barry, sous la Terreur. Lettre de M. le baron Pichon. *Paris, A. Aubry*, 1872. In-8°. Extr. du *Bulletin du Bouquiniste*.

Documents historiques publiés par la société de l'école des Chartes. Extraits des comptes et mémoriaux du roi René pour servir à l'histoire des arts au XV° siècle publiés d'après les originaux des archives nationales, par A. Lecoy de la Marche... *Paris, A. Picard*, 1873. In-8°.

Les joyaux du duc de Guyenne. Recherches sur les goûts artistiques et la vie privée du Dauphin Louis, fils de Charles VI, par Léopold Pannier. *Paris, Didier*, 1874. In-8°. Extr. de la *Revue archéologique*.

Inventaire des meubles de Catherine de Medicis en 1589. Mobilier, tableaux, objets d'art, manuscrits, par Edmond Bonnaffé. *Paris, A. Aubry*, 1874. In-8°, port.

Inventaires des églises de Jarzé et de Marcé. (Maine-et-Loire). Signé : Mgr. X. Barbier de Montault). *Angers, imp. P. Lachèse*, 1874. In-8°. Extr. des *mémoires de la Société d'agriculture, sciences et arts d'Angers*.

Nouveau recueil de comptes de l'argenterie de France, publié..., par L. Douet-d'Arcq. *Paris, Renouard*, 1874. In-8°.

Comte de Marsy. Le mobilier d'un gentilhomme noyonnais à la fin du XVIe siècle. *Saint-Quentin, imp. Ch. Poette*, 1876, In-8°. Extr. du *Vermandois*.

Le trésor de la collégiale de Notre-Dame de Lens au XVe siècle, par Jules Marie Richard... *Arras, typ. de Sède*, 1876. In-8°, fig.

Inventaire des reliques et reliquaires, joyaux et ornements qui se trouvaient dans le trésor de l'église métropolitaine de Sens en 1653-1654, publié d'après la pièce originale, par M. G. Julliot... *Sens, imp. Ch. Duchemin*, 1877. In-8°.

Inventaire des sainctes reliques et thrésor de l'abbaye de Sainct-Pierre-le-Vif de Sens, du 25 may 1660, publié d'après la pièce originale, par M. G. Julliot... *Sens, imp. Ch. Duchemin*, 1877. In-8°.

Inventaire des camées antiques de la collection du pape Paul II. 1457-1471, suivi de quelques autres documents de même nature, par M. Eug. Müntz. *Paris, Didier*, 1878. In-8°. Extr. de la *Revue archéologique*.

Inventaire des bronzes antiques de la collection du pape Paul II. (1457-1471), par M. Eug. Müntz. *Paris, Didier*, 1878. In-8°. Extr. de la *Revue archéologique*.

Inventaire général des richesses d'art de la France. Province. Tome 1er. *Paris, E. Plon*, 1878. In-4°.

Préfecture du département de la Seine. Direction des travaux. Inventaire général des œuvres d'art appartenant à la ville de Paris. *Paris, Chaix*. In-4°. Edifices civils. Tome I. 1878. Edifices religieux Tome I. 1878. Edifices civils et religieux. Tome I. 1879.

Inventaire du château des Baux en 1426. publié d'après le texte original, par M. le Docteur L. Barthélemy. *Paris, Imp. Nationale*, 1878. In-8°. Extr. de la *Revue des Sociétés savantes*.

Inventaire de Jeanne de Presles, veuve de Raoul de Presles, fondateur du collège de ce nom, 1347, par L. Douet-d'Arcq. *Paris*, 1878. In-8°. Extr. de la *Bibliothèque de l'école des Chartes*.

Le mobilier des chanoines de Saint-Etienne de Troyes, du XIVe au XVIe siècle, par Albert Babeau... *Paris, H. Menu*, 1879. In-8°.

Inventaire des autographes et des documents historiques composant la collection de M. Benjamin Fillon. Séries IX et X. Artistes. Compositeurs de musique. Vente à Paris le 15 juillet 1879. Gd in-8°, fac-simile.

Benjamin Fillon. La galerie de portraits réunie au château de Saumur, par Du Plessis-Mornay. *Paris, imp. A. Quantin*, 1879. In-8°, fig. Extr. de la *Gazette des Beaux-Arts*.

Société de l'histoire de l'art français. Les comptes des batiments du roi (1528-1571), suivis de documents inédits sur les châteaux royaux et les beaux-arts au XVIe siècle, recueillis en un ordre, par le marquis Léon de Laborde. *Paris, J. Baur*, 1877-1880. 2 vol. in-8°.

Inventaire après décès des biens meubles de M. Pierre Cardonnel, chanoine de Notre-Dame de Paris, 1438, par L. Douet-d'Arcq. *Paris*, 1880. In-8°. Extr. des *Mémoires de la Société de l'histoire de Paris*.

Inventaire du trésor de l'église métropolitaine d'Avignon, au XVIe siècle. (1511-1546), par L. Duhamel... *Paris, Imp. Nationale*, 1880. In-8°. Extr. de la *Revue des Sociétés savantes*.

Inventaire de la comtesse de Montpensier (1474), publié par A. de Boislisle. *Paris*, 1880. In-8°. Extrait de l'*Annuaire-bulletin de la Société de l'histoire de France*.

Extrait de l'inventaire et du procès-verbal de vente du mobilier du cardinal Mazarin dressé en 1649 en vertu d'un arrêt du Parlement portant confiscation, par Monsieur le baron Coquebert de Montbret, membre résidant. In-8°. Défait des *Mémoires de la Société des antiquaires de France*.

Inventaire de la collection de la reine Marie-Antoinette, par Charles Ephrussi, *Paris, imp. A. Quantin*, 1880. Gd in-8°, fig. Extr. de la *Gazette des Beaux-Arts*.

Ministère de l'Instruction publique, des cultes et des beaux-arts. Inventaire général des richesses d'art de la France. *Paris, Plon*, 1877. In-4°. T. 1er. Paris, monuments religieux. Paris, monuments civils. 1880.

Inventaire des reliques, joyaux et ornements de l'église cathédrale La Major de Marseille à la fin du XVIe siècle, par le Dr L. Barthélémy. *Marseille, typ. M. Olive*, 1880. In-8°.

Inventaire des bijoux de Jeanne de Bourdeille, dame de Sainte Aulaire et de Lanmary, 1595, publié..., par le président de Montégut. *Périgueux, imp. Dupont*, 1881. In-8°.

Inventaire du mobilier de l'église Notre-Dame à Douai, 1421. Extrait des archives de la ville avec notes et introduction, par J. Lepreux. *Douai, L. Crépin*, 1881. In-8°. Extr. des *Souvenirs de la Flandre Wallonne*.

Inventaire des objets précieux vendus à Avignon en 1358, par le pape Innocent VI, par M. Eug. Müntz et Maurice Faucon. *Paris, Didier*, 1882. In-8°. Extr. de la *Revue archéologique*.

Fragments d'un inventaire du trésor de l'abbaye de Saint-Victor de Paris, publiés par Emile Molinier. *Paris*, 1882, In-8°. Extr. des *Mémoires de la Société de l'histoire de Paris et de l'Ile-de-France*.

L'ancien trésor de la cathédrale d'Angers, par L. de Farcy. *Arras, imp. de la Société du Pas-de-Calais*, 1882. In-8°, fig. Extr. de la *Revue de l'Art chrétien*.

E. Müntz e A. L. Frothingham Jun. Il

tesoro della Basilica di s. Pietro in Vaticano dal XIII al XV secolo con una scelta d'inventarii inediti. *Roma*, 1883. In-8°.

Germain Bapst. Inventaire de Marie Josèphe de Saxe, Dauphine de France. *Paris, imp. Lahure*, 1883. In-4°, port.

Inventaire du trésor de l'église du Saint-Sépulcre de Paris, publié par Emile Molinier. *Paris*, 1883. In-8°. Extr. des *Mémoires de la Société de l'histoire de Paris et de l'Ile-de-France*.

Testament du roi Jean le Bon et inventaire de ses joyaux à Londres, publiés d'après deux manuscrits inédits, par Germain Bapst. *Paris, imp. A. Lahure*, 1884. In-12.

Le trésor de la cathédrale de Nevers. Anciens inventaires de ses livres, de ses joyaux et de ses ornements, par l'abbé Boutillier... *Nevers, Mazeron*, 1888. In-8°.

Inventaire des meubles et effets existant dans le château de Jarnac en 1668... publié et annoté par Emile Biais... *Angoulême, imp. G. Chasseignac*, 1890. In-8°, fig. Extrait du *Bulletin de la Société archéologique et historique de la Charente*.

INVENTAIRES ET CATALOGUES
DE VENTES D'OBJETS D'ART.

Inventaire des merveilles du monde rencontrées dans le palais du cardinal Mazarin. *Paris, Rolin de la Haye*, 1649. In-8°.

Catalogue de livres d'estampes et de figures en taille douce, avec un dénombrement des pièces qui y sont contenues. Fait à Paris en l'année 1666, par M. De Marolles, abbé de Villeloin. *A Paris, chez Frédéric Léonard*, 1666. In-12.

Catalogue de livres d'estampes et de figures en taille douce, avec un dénombrement des pièces qui y sont contenues... par M. de Marolles, abbé de Villeloin. *À Paris, imp. de Jacques Langlois*, 1672. In-32.

Museo o galleria adunata dal sapere e dallo studio del sig. Canonico Manfredo Settala nobile Milanese. *In Tortona, per Nicolò e fratelli Viola* (1677). In-8°, fig.

Catalogue de la Bibliothèque de défunt M. Boucot, garde-rolle des offices de France, composée de plus de dix-huit mille volumes de livres imprimez.... vente le 16 novembre 1699. *Paris*, 1699. In-18.

Catalogue des tableaux, estampes et bronzes du cabinet de feu M. Perier. *S. l. ni d.* In-8°.

Catalogue d'un excellent et précieux cabinet de desseins. *S. l. ni d.* In-8°.

Catalogue des livres, estampes et dessins du cabinet des Beaux-arts et des sciences appartenant au baron Tessin, maréchal de la cour du Roy....... *Stockholm*, 1712. In-4°.

Catalogc van schoone coperc platen bevonden ten sterf huyse van jouffrouwe Maria Anna vander Wee, weduwe wan Wylen Sr. Cornelius Vermeulen... 7 october 1721. *Antwerpen, by Joannes Paulus Robyns*, Petit in-18°.

Catalogue d'estampes. A la fin : *Le présent catalogue se distribue chez le sieur*

Demortain, marchand d'estampes, sur le Pont Notre-Dame (1er mars 1730). In-4°.

Cabinet des estampes en taille douce.... .. soigneusement recueillies depuis l'an 1690 jusqu'à l'an 1708, par le Sr P. de Luarca. Vente à Anvers le 19 août 1732. *Anvers, chez Pierre Grangé*, 1732. Petit in-18.

Catalogue d'une très excellente collection de tableaux, desseins et estampes... le tout amassé et laissé par Feu Me Guillaume Six, bourguemaitre de la ville d'Amsterdam... vente le 12 de may 1734. *Amsterdam, P. Vanden Berge*, 1734. Petit in-18.

Catalogue d'une collection considérable de curiositez de différens genres, dont la vente doit commencer le lundi 1er décembre 1737 à deux heures après-midi, chez Gersaint marchand Pont Notre-Dame. *Paris, Prault*, 1737. In-18.

Mémoire des Antiques et autres pièces rares et curieuses du cabinet du feu Sr Paul Lucas. *Paris, imp. Ve Rebuffé*, 1738. In-8°. Copie manuscrite.

Catalogue des estampes et desseins du cabinet de feu M. D'Hermand, dont la vente se fera en détail, aux galleries du Louvre. *Paris, Gabriel Martin*, 1739. In-8°.

Catalogue du cabinet d'estampes de M. le duc de Mortemart, à vendre. *Paris, Briasson*, 1739. In-12..

Catalogue des estampes du cabinet de feu M. Bellanger, trésorier général du sceau. *S. l. n. d.* In-8° de xij pages (1740). — Se trouve à la suite du catalogue des livres de Bellanger, dont la vente eut lieu en 1740.

Catalogue des estampes, cartes géographiques etc., de Monseigneur le maréchal duc d'Estrées. *Paris, J. Guérin*, 1741. In-8°.

Catalogue des livres, musique et estampes de feu M. Tassin.... vente à 'Paris le 31 juillet 1741. *Paris, G. Martin*, In-8°.

Description sommaire des desseins des grands maistres d'Italie, des Pays-Bas et de France, du cabinet de feu M. Crozat. Avec des réflexions sur la manière de dessiner des principaux peintres, par P. J. Mariette. *Paris, Pierre-Jean Mariette*. 1741. In-8°. Annotations manuscrites de G. Duplessis.

Catalogue d'une considérable et magnifique partie de desseins... avec une très belle collection d'estampes... outre un beau cabinet de tableaux... le tout de la succession de feu M. Gosuinus Uilenbrock, lesquels seront vendus lundi le 23 octobre 1741. *Amsterdam, Chrétien Weyers*. In-8°.

Etat et description des statues tant colossales que de grandeur naturelle, et de demie nature, bustes grands, moyens, et demi-bustes.... assemblés et apportés en France par feu le cardinal de Polignac, à vendre... *Paris, imp. Coignard*, 1742. In-8°.

Catalogue des tableaux du cabinet feu S. A. S. Monseigneur le prince de Carignan, premier prince du sang de Sardaigne. Vente le 30 juillet 1742. *Paris, chez Poilly*, 1741. In-8°.

Catalogue des tableaux du cabinet de feu S. A. S. Monseigneur le prince de Carignan, premier prince du sang de Sardaigne.... Vente à Paris le 18 juin 1743. In-8°.

Catalogue raisonné d'une collection considérable de diverses curiosités en tous genres, contenues dans les cabinets de feu Monsieur Bonnier de la Mosson, Bailly et Capitaine des Chasses de la Varenne des Thuilleries... par E. F, Gersaint. *Paris, J. Barois*, 1744. In-12, fig.

Catalogue raisonné des diverses curiosités du cabinet de feu M. Quantin de Lorangère... par E. F. Gersaint. *Paris, J. Barois*, 1744. In-12, fig.

Catalogue des pierreries, bijoux, tableaux, estampes, et autres curiosités de la succession du sieur André Matheron, ancien marchand joallier... vente le 18 octobre 1745. *Paris, Vᵉ A. Knapen*, 1745. In-8°.

Catalogue raisonné des différents effets curieux et rares contenus dans le cabinet de feu M. le Chevalier de la Roque.... par E. F. Gersaint. *Paris, Barois*, 1745. In-12.

Catalogue de tableaux provenant de la gallerie et du cabinet de M. le Baron de Banckheim... vente le 12 avril 1747. *Paris, imp. Montalant*, In-18.

Catalogue des tableaux, des bustes et autres ouvrages de sculpture en marbre, et des bronzes du cabinet de M. le comte de Pontchartrain. *Paris, chez P. J. Mariette*, 1747. In-8°.

Catalogue raisonné des bijoux, porcelaines, bronzes.... provenans de la succession de M. Angran, vicomte de Fonspertuis, vente 4 mars 1748. A la suite : Catalogue des bronzes et autres curiosités antiques ... du cabinet de feu M. de Valois antiquaire du roi. Vente 1748. Catalogue raisonné des tableaux, diamans, bagues, ...provenant de la succession de feu Monsieur Charles Godefroy, banquier et joüailler. Vente 22 avril 1748. Ces trois catalogues par E. F. Gersaint. *Paris, P. Prault*. In-12.

Catalogue des différents effets curieux du sieur Cressent, ébéniste des palais de feu S. A. R. Monseigneur le duc d'Orléans. Vente le 15 janvier 1749. *Paris, Bauche*. In-8°.

Catalogue d'une grande collection de tableaux des meilleurs maistres d'Italie, de Flandres et de France... par E. F. Gersaint... Vente à Paris le 26 mars 1749. In-12.

Catalogus van Schilderyen van den Wel Ed. Heer Johan Diedrik *Pompe van Meerdervoort*, Burgemester te Dordrecht, en van den beroemden Bloemschilder Jan van Huysum... vente le 14 oct. 1749. *Amsterdam*. In-8°.

Catalogue de tableaux des plus grands maistres, de la succession de Madame d'Hariague. Vente le 14 avril 1750. (*Paris*). In-8°.

Catalogue des livres, tableaux, estampes et desseins de feu M. Gersaint.... vente à Paris le 25 mai 1750. In-8°.

Description sommaire des statues, figures, bustes, vases... provenans du cabinet de feu M. Crozat. Vente le 14 Décembre 1750. *Paris, Delatour*, 1750. In-8°.

Catalogue des tableaux et sculptures, tant en bronze qu'en marbre, du cabinet de feu M. le Président de Tugny, et de celui de M. Crozat. Vente en juin 1751. *Paris, Delatour*, 1751. In-8°.

Catalogue d'estampes des meilleurs maîtres d'Italie, de Flandres, de France et de toutes les écoles célèbres.... par R. Hecquet.... Vente à Paris le 28 février 1752 (Vicomte de Chuberé et de Vins). In-12.

Catalogue des estampes du cabinet de M. de Gravelle. Vente le 8 mai 1752 (*Paris*, 1752).

Catalogue d'un cabinet choisi, consistant en tableaux, desseins, estampes... assemblés avec beaucoup de peine et de dépenses, par le fameux peintre Pierre Snyers. Vente le 22 août 1752. *Anvers.* In-8°.

Catalogue d'un cabinet de diverses curiosités (du sieur Cottin) contenant une collection choisie d'estampes, de desseins, de tableaux et une suite unique de petits portraits de personnages illustres.... et dont plusieurs sont peints en émail par le célèbre Petitot. Vente le 27 novembre 1752. *Paris, Vᵉ Delorme,* 1752. In-12.

Catalogue d'un cabinet, contenant une collection d'estampes des maîtres célèbres des trois Ecoles.... un bon Clavecin de Flandres, du fameux Rukers... vente le 26 février 1753. *Paris, Musier,* 1753. In-8°.

Catalogue des tableaux, desseins, marbres, bronzes.... du cabinet de feu M. Coypel, premier peintre du Roi... *Paris,* 1753. In-8°.

Catalogue de tableaux, bronzes, marbres et desseins du cabinet de feu monsieur De la Haye (vente en 1754). In-8°.

Catalogue des livres et estampes des défunts MM. Geoffroy, de l'Académie Royale des Sciences. Vente le 5 février 1754. *Paris, Gabriel Martin,* 1754. In-12. Exemplaire annoté par P. J. Mariette.

Catalogue d'une très belle collection de tableaux.... laissée par feu Madame Catherine Adrienne de la Court, veuve de feu Monsieur Jean Meerman. Vente le 25 octobre 1754. *Leide, P. vander Eyk.* In-8°.

Catalogue des tableaux du cabinet de M. Crozat, baron de Thiers. *Paris, De Bure,* 1755. In-8°.

Catalogue des estampes de M*** (Clairambault) consistant dans les œuvres des maistres d'Italie, de Flandres et de France. *Paris, Le Breton,* 1755. In-12.

Catalogue des tableaux de feu M. le chevalier Couvay. *S. l.* (1755).

Catalogue des tableaux et des portraits en émail du cabinet de feu M. Pasquier, député du commerce de Rouen. Vente le 10 mars. *Paris, Barrois,* 1755. In-8°.

Catalogue de l'incomparable et la seule complette collection des estampes de Rembrant.... Recueilli depuis l'an 1728 jusqu'à présent par M. Amade' de Burgy. Dont la vente publique se fera dans sa maison, à La Haye, lundi le 16 juin 1755, par Pierre Gerard van Baalen. In-8°.

Catalogue raisonné des tableaux, sculptures... qui composent le cabinet de feu Monsieur le duc de Tallard. Par les

sieurs Remy et Glomy. *Paris, Didot,* 1756. In-12, fig. Exemplaire interfolié avec notes, prix et noms d'acquéreurs.

Catalogue des collections de dessins et estampes, d'histoire naturelle, de coquilles et machines de Monsieur l'abbé de Fleury. Vente le 4 mars 1756. *Paris, G. Martin,* 1756. In-12.

Catalogue détaillé par numéro des estampes qui se vendront à la suite des livres de feu M. R*** (Racine fils) (vente le 17 mars 1756). In-8°.

Catalogue d'estampes et livres d'architecture (M. Couvay) par F. Basan. Vente le 1ᵉʳ décembre 1756. *Paris, Ballard,* 1756. In-12.

Explication de plusieurs antiquités recueillies par Paul Petau, conseiller au Parlement de Paris... *Amsterdam,* 1757. Petit in-4°, fig.

Catalogue raisonné des tableaux, desseins et estampes des plus grands maîtres, qui composent le cabinet de feu Monsieur Potier, avocat au Parlement, par les sieurs Helle et Glomy. *Paris, Didot,* 1757. In-12, fig.

Catalogue raisonné de tableaux, desseins et estampes.... qui composent différents cabinets par Pierre Remy. Vente à Paris le 12 décembre 1757. *Paris, Didot.* In-12, fig.

Catalogue d'une grande collection d'estampes.... de feu Mʳ Christ célèbre professeur de l'académie de Leipsic. Vente en février 1758. *Leipsic, Loeper,* 1757. In-12.

Catalogue de desseins et estampes des plus grands maîtres de différentes écoles... par Pierre Remy... vente à Paris le 27 février 1758. *Paris, Didot,* 1758. In-12.

Catalogue de tableaux du cabinet de feu Monsieur Martin Robyns.... Vente à Bruxelles le 22 mai 1758. In-12.

Catalogue de tableaux, d'estampes, desseins et autres raretés du cabinet de feu Messire Augustin de Steenhault.... Vente à Bruxelles le 22 mai 1758. *Bruxelles, C. de Vos.* In-12.

Catalogue des portraits de personnes illustres, dont plusieurs sont en émail, par le célèbre Petitot, et autres. Par M. Helle. Vente le 26 septembre 1758. *Paris, Vᵉ Delaguette,* 1758. In-8°.

Catalogue d'un cabinet exquis de desseins .... delaissé par Monsieur Sybrand Feitama... dont la vente se fera le lundi 16 d'octobre 1758... par B. de Bosch.... *Amsterdam, P. Meijer.* In-8°, fig.

Catalogue d'une grande quantité de

desseins et d'estampes des plus grands maîtres des trois écoles, par F. Basan, graveur. Vente le 11 décembre 1758. *Paris, Christophe Ballard*, 1758. In-8°,

Catalogue d'une grande collection de desseins et estampes.... et aussi de plusieurs beaux tableaux, terres-cuites et bas-reliefs (de M. Le Prince) par Fr. Basan, graveur. Vente le 22 février 1759. *Paris, Lottin*, 1759. In-8°.

Catalogue de curiosités en différens genres... Vente à Paris le 5 mars 1759 ... par P. Remy. *Paris, Didot*, 1759. In-12.

Catalogus van een uitmuntend Kabinet schilderyen teekeningen....... door de Makelaar Hendrik de Leth. Vente le 17 avril 1759. *Amsterdam*. In-12.

Catalogus van teekeningen en miniaturen ... door Abraham van Broyel. Vente le 30 octobre 1759. *Amsterdam, Hendrik de Leth*. In-8°, fig.

Catalogue d'un magnifique cabinet de tableaux, de desseins et d'estampes des principaux maîtres..... le tout délaissé par le fameux connaisseur Gérard Hoet .... Vente à La Haye le 25 août 1760. *La Haye, O. van Thol*. In-12.

Catalogue d'un très beau cabinet des tableaux.... délaissés par feu Madame la douarière de don Thomas Emanuel de Fraula.. Vente le 1er septembre 1760. *Bruxelles, Jorez*. In-12.

Catalogue raisonné des tableaux, desseins originaux et estampes, de feu M. le comte de Vence, par P. Remy. Vente le 24 novembre 1760. *Paris*. In-8°, port.

Catalogues des effets curieux du cabin. t de feu M. de Selle, trésorier général de la marine, composé de différens maîtres des trois écoles.... d'ouvrages de Boule le père et du sieur Cressent... par Pierre Remy. *Paris, Didot*, 1761. In-12.

Catalogue des livres, estampes et desseins du cabinet de Monsieur de ***. Vente le 15 avril 1761. *Paris, Saugrain*, 1761. In-8°.

Catalogue des tableaux, desseins, estampes du cabinet de M. C. T. docteur en médecine. Vente à Paris le 27 août, *Paris, Joullain*, 1761. In-8°.

Catalogue des tableaux, desseins, estampes et bosses, provenant du cabinet de M. Hyacinthe Collin de Vermont, peintre ordinaire du roi.... dans lesquels sont compris les tableaux, desseins et estampes de M. Rigaud, peintre du roi. *Paris, Didot*, 1761. In-12.

Catalogue d'une belle collection de desseins et estampes d'un très beau choix de tous les meilleurs maîtres étrangers et français. Par F. Basan. Vente le 4 février. *Paris, de Lormel*, 1762. In-8°.

Catalogue d'une très belle collection de bronzes et autres curiosités égyptiennes, étrusques, indiennes et chinoises.... du cabinet de feu M. le duc de Sully, pair de France et chevalier de la Toison d'or. par les sieurs Helle et Remy. *Paris, Didot*, 1762. In-12, fig.

Catalogue raisonné des tableaux, porcelaines, bijoux et autres effets. Du cabinet de feu M. Gaillard de Gagny, receveur général des finances de Grenoble. Par Pierre Remy. *Paris, Didot*, 1762. In-12.

Catalogue d'un cabinet d'armes anciennes et modernes, françoises et étrangères .... Vente le 5 avril 1762. *Paris, Dessain*. In-8°.

Catalogue d'une collection de desseins, tableaux et estampes, du cabinet de feu Monsieur Manglard, peintre de l'Académie de Saint-Luc, à Rome. Par les sieurs Helle et Remy. *Paris, Didot*, 1762. In-12.

Catalogue des tableaux, estampes.... du cabinet de feu Messsire Germain-Louis Chauvelin, ministre d'Etat, commandeur des ordres du roi, et ancien garde des Sceaux. Vente le 21 juin. *Paris, Lottin*, 1762. In-12.

Catalogue des tableaux, desseins, estampes, livres d'histoire, sciences et arts, modèles en cire et plâtre, laissés après le décès de M. Bouchardon, sculpteur du Roi. Vente en novembre 1762. *Paris, de Lormel*, 1762. In-8°.

Catalogue de desseins des trois écoles, d'un grand nombre de belles estampes en feuilles, dont plusieurs gravées à l'eau-forte, par les Carraches, Barroche et autres maîtres anciens et modernes .... par les sieurs Helle et Remy. *Paris, Didot*, 1762. In-12.

Catalogue de desseins et estampes des plus grands maîtres des trois écoles... par F. Basan... Vente à Paris le 7 février. *Paris, de Lormel*, 1763. In-8°.

Catalogue raisonné des fossiles, coquilles, minéraux.... qui composent le cabinet de feu M. Babault. Par les sieurs Picard et Glomy, vente le 24 janvier. *Paris, Tabari*, 1763. In-12, fig.

Catalogue de tableaux, desseins, bronzes, figures de marbre, bustes de marbre, porcelaines d'ancien Japon, de Saxe, de France, montés en or moulu, et non montés. Vente le 21 mars 1763. *Paris, imp. Le Prieur*, 1763. in-8°.

Catalogue d'une collection de très belles coquilles, madrépores, stalactiques, lithophytes, pétrifications.... qui composoient le cabinet de feue Madame de B** (Debure), vente le 25 avril, par P. Remy. *Paris, Didot*, 1763. In-12, fig.

Cabinets d'effets curieux du cabinet de feu M. Hennin, par les sieurs Helle et Remy. Vente 9 mai 1763. *Paris, Didot*, 1763, In-12.

Catalogue raisonné des tableaux du cabinet de feu M. Peilhon, secrétaire du roi, par P. Remy. Vente le 16 mai. *Paris, Didot*, 1763. In-12, fig.

Catalogue d'une belle collection des livres, estampes, cartes géographiques et desseins, très bien conditionnés, délaissés par feu son Excellence Monseigneur le Nonce (Molinari). Vente lundi 4 juillet 1763. *Bruxelles, Vlemincka*. In-12.

Catalogue de différents effets précieux, tant sur l'histoire naturelle, que sur plusieurs autres genres de curiosités, par le S. P. C. A. Helle (du cabinet de M. Galloys). *Paris, Prault*, 1763. In-12, fig.

Catalogue historique du cabinet de peinture et sculpture françoise de M. de Lalive, introducteur des Ambassadeurs, honoraire de l'Académie Royale de Peinture. *Paris, imp. P. Al. Le Prieur*, 1764. In-4°. Portr. fig.

Catalogue d'une collection de tableaux de très bons maistres, flamands, hollandais, allemands et françois.... (appartenans à M. Ourcelles) par P. Remy. Vente le 16 janvier 1764. *Paris, Didot*, 1763. In-12, fig.

Catalogue d'une collection de très beaux tableaux, desseins et estampes de maîtres des trois écoles.... partie de ces Effets viennent de la succession de feu J. B. de Troy, Directeur de l'Académie de Rome. Vente le lundi 9 avril, par Pierre Remy. *Paris, Didot*, 1764. In-12, fig.

Catalogue des peintures, des diamans, des porcelaines, et des horloges, provenant de la succession de son Altesse Sérénissime Electorale de Cologne, qu'on a intention de vendre publiquement à Bonn le lundi 14 mai 1764 et jours suivans. *De l'imprimerie de Michel Lambert, rue et à côté de la Comédie-Françoise*, 1764. In-4°.

Catalogue raisonné des minéraux, cristallisations, cailloux, jaspes..... et autres effets curieux de la succession de M. Savalete de Buchelay, gentilhomme ordinaire du roi, et l'un des Fermiers Généraux de Sa Majesté. Vente le 25 juin. Par Pierre Remy. *Paris, Didot*, 1764. In-12, fig.

Catalogue de tableaux, pastels, miniatures.... la plus grande partie venant de la vente de feu S. A. Elect. de Cologne, qui s'est faite à Bonn sur le Rhin, et qui seront vendus à Paris le 10 décembre 1764. *Paris, imp. Prault*, 1764. In-12.

Catalogue d'une grande quantité de planches gravées, desseins et estampes ... par F. Basan, graveur. Vente le 17 décembre 1765. *Paris, de Lormel*, 1764. In-8°.

Catalogue des desseins, estampes, bronzes et autres curiosités provenans de la succession de M. Le Clerc, peintre du Roi, par Joullain fils.... vente à Paris, le 17 décembre 1764. In-12.

Catalogue des estampes et tableaux du cabinet de feu M. l'abbé Favier, prêtre à Lille (*Lille*). 1765. In-8°.

Catalogue de tableaux, estampes, desseins, bronzes.... provenant du cabinet de M. L'Argillière, peintre ordinaire du roi, vente le 14 janvier. *Paris, Mérigot*, 1765. In-8°.

Catalogue de desseins, tableaux et estampes, après le décès de M. Deshays, peintre du roy. Par Pierre Remy. Vente le 26 mars. *Paris, imp. Prault*, 1765. In-12.

Catalogue d'une belle collection de tableaux, estampes et desseins, provenant de la vente du prince de Rubempré, faite à Bruxelles. Vente à Paris en juin. *Paris, Prault*, 1765. In-8°.

Catalogue des tableaux, desseins et estampes, qui seront vendus le jeudi 12 septembre 1765..., après le décès de M. Carlo Vanloo, chevalier de St-Michel, premier peintre du roi..., par F. Basan. *Paris, P. de Lormel*, 1765. In-8°.

Catalogue des livres de la bibliothèque de feu Monsieur l'abbé Favier, prêtre à Lille, dont la vente commencera le jeudi 19 septembre 1765. *Lille, Jacquez*, 1765. In-8°.

Catalogus van een ongemeen en overheerlyk Kabinet van prent-konst..., den Heer Isaak Walraven. Vente le 18 novembre 1765. *Amsterdam, Johannes Smit*, In-8°. Suivi de : Catalogue d'une très-grande et riche collection d'estampes ... et d'une belle collection de desseins et de tableaux... par feu St-Jacques de Hooghe. Vente le 14 juin 1773. *Anvers, Bincken*. In-8°.

Catalogue d'un rare et précieux cabinet d'estampes..., recueillies avec beaucoup de choix par feu Monsieur Isaac Walraven. Vente à Amsterdam le lundi 18 novembre. *Amsterdam, Pierre Yver*, (1765). In-8°, fig.

Catalogue d'une belle collection de desseins et estampes de choix..., par F. Basan... Vente à Paris le 10 décembre 1765. *Paris, de Lormel*, 1765. In-8°.

Supplément au catalogue de desseins et estampes des plus grands maîtres donné par F. Basan... Vente à Paris le 17 février 1766. In-8°.

Catalogue raisonné des tableaux, estampes, coquilles et autres curiosités après le décès de feu M. Dezalier d'Argenville... par Pierre Remy... Vente à Paris le 3 mars 1766. *Paris, Didot*, 1766. In-12, fig.

Catalogue de tableaux, de différens bons maîtres des trois Ecoles, de figures de bronze..., après le décès de M. le marquis de Villette, père. Par Pierre Remy. Vente le 8 avril. *Paris, Didot*, 1766. In-12.

Second et dernier supplément aux catalogues des ventes faites en décembre et février dernier des desseins et estampes de choix..., par F. Basan, graveur... Vente à Paris le 22 avril 1766. In-8°.

Catalogue des tableaux originaux de différens maîtres, miniatures, desseins et estampes sous verre de feue Madame la marquise de Pompadour, vente le 28 avril. *Paris, imp. Hérissant*, 1766. In-12.

Catalogue raisonné des curiosités qui composaient le cabinet de feu Madame Dubois-Jourdain. Par Pierre Remy. Vente le 12 mai. *Paris, Didot*, 1766. In-12.

Catalogue d'une collection considérable de belles estampes, et de plusieurs volumes de desseins, provenans du cabinet de M. Quarré de Quintin, procureur-général honoraire du Parlement de Bourgogne. Vente le 14 juillet. Par F. Basan. *Paris, de Lormel*, 1766. In-8°.

Catalogue systématique d'une superbe et nombreuse collection de coquillages, en partie très-rares et parfaitement beaux, de coraux, madrépores..., le tout rassemblé, par le feu sieur Michel Oudaan. Vente à Rotterdam, le 18 novembre 1766. (*Rotterdam*), *Bosch*. In-8°.

Catalogue raisonné de tableaux de différens bons maîtres des trois écoles, de figures, bustes et autres ouvrages de bronze et de marbre..., qui composent le cabinet de feu M. Aved, peintre du roi et de son académie. Par Pierre Remy. Vente le 24 novembre. *Paris, Didot*, 1766. In-12.

Catalogue de desseins et estampes de choix, en feuilles, des maîtres anciens et modernes des trois Ecoles, livres d'estampes et autres montées sous verre, et suite de coquillages du cabinet de M.

Chavray, avocat. Vente le 9 décembre. *Paris, Joullain fils*, 1766. In-12.

Catalogue raisonné des différens effets curieux qui composent le cabinet de feu M. Bailly, ancien garde du corps des marchands apoticaires-épiciers..., par les sieurs Helle et Glomy, Vente le 15 décembre. *Paris, Huart*, 1766. In-12, fig.

Catalogue de tableaux des trois écoles, de terre cuite, desseins et estampes qui composoient le cabinet de M. D***. Vente, 29 décembre. *Paris, P. Remy*, 1766. In-12.

Descrizione completa di tutto ciò che ritrovasi nelle gallerie di pittura e scultura di sua altezza Giuseppe Wenceslao del S. R. I. Principe regnante della casa di Lichtenstein... *Vienna*, 1767. In-4°, port.

Catalogue de desseins et estampes des meilleurs maîtres des trois écoles... par F. Basan... Vente le 7 janvier. *Paris, de Lormel*, 1767. In-8°.

Catalogue d'une collection de desseins et estampes des meilleurs maîtres des trois Ecoles d'Italie, de Flandres et de France, et de quelques tableaux. Pour servir de continuation à celui de feu M. Bailly. Par les sieurs Helle et Glomy. Vente le 26 janvier. *Paris, Huart*, 1767. In-12.

Catalogue des tableaux, desseins et estampes des maîtres anciens et modernes... Vente le 30 février. Par Pierre Peronet. *Paris, Musier*, 1767. In-12.

Catalogue de tableaux de Dietricy, et autres maîtres..., par F. Basan. Vente le 17 mars. *Paris, Basan*, 1767. In-8°.

Catalogue raisonné des tableaux, desseins, estampes et autres effets curieux, après le décès de M. de Julienne, écuyer..., par Pierre Remy. Vente le 30 mars. *Paris, Vente*, 1767. In-12, fig.

Catalogue de tableaux et desseins, et d'un choix d'estampes des trois écoles, (du baron de Thun), par Joullain fils. Vente le 2 mars. *Paris, Prault*, 1768. In-12.

Catalogue de tableaux, dessins et estampes de choix de différents maîtres [de Huquier fils], par F. Basan... Vente à Paris le 21 mars. *Paris*, 1768. In-8°.

Catalogue de tableaux, peintures à gouache, bas-reliefs de marbre et de bronze..., qui composent le cabinet de M. de Merval, par P. Remy. Vente le 9 mai. *Paris, Didot*, 1768. In-12.

Catalogue d'une grande quantité de planches gravées, par ou d'après différens grands-maîtres..., (du fonds de Mariette), par Fr. Basan. Vente le 17 août. *Paris, imp. Prault*, 1768. In-8°.

Catalogue raisonné des tableaux, groupes et figures de bronze qui composent le ... net de feu Monsieur Gaignat, ancien ... rétaire du roi... Par Pierre Remy. ... ente en décembre. *Paris, Vente,* 1768. In-12, fig.

Catalogue de dessins et estampes d'après les plus grands maitres..., par F. Basan. Vente le 9 décembre. *Paris,* 1768. In-8°.

A descriptive catalogue of a collection of pictures, selected from the Roman, Florentine, Lombard, Venetian, Neapolitan, Flemish, French and Spanish Schools.. collected, by Robert Strange. *London,* 1769. In-12.

Catalogue raisonné des estampes, tableaux, bronzes, porcelaines et autres curiosités qui composent le cabinet de M*** (Roussel), par les sieurs Glomy et Buldet. Vente le 13 mars, *Paris, Saillant et Nyon,* 1769. In-12.

Catalogue de tableaux, dessins, estampes et planches gravées..., par F. Basan... Vente le 2 mai. *Paris, imp. Prault,* 1769. In-8°.

Catalogue de tableaux originaux des trois écoles, bronzes, estampes..., et autres effets du cabinet de M. Prousteau, capitaine des gardes de la Ville. Par P. Remy. Vente le 5 juin. *Paris, Vente,* 1769. In-12.

Catalogue de dessins et estampes des plus grands maitres des écoles italienne, flamande et française. (M. Pasquier)... par F. Basan. Vente le 28 (2) septembre. *Paris, imp. Prault,* 1769. In-8°.

Catalogue de tableaux et superbe ancienne porcelaine de Saxe..., par Fr. Basan. Vente à Paris le 17 novembre 1769. In-8°.

Catalogue d'estampes des plus grands maitres italiens, flamands et français, du cabinet de feu M. Louis de Surugue, père, graveur du roi..., par F. Basan, graveur. Vente le 20 novembre. *Paris, imp. Pierres,* 1769. In-8°.

Vente de tableaux, bronzes, marbres et autres curiosités du cabinet de M***, par F. Basan. Vente à Paris le 7 décembre 1769. In-8°.

Catalogue du cabinet d'histoire naturelle de M..., par J. B. Glomy. Vente le 11 décembre. *Paris, Huart,* 1769. In-12.

Catalogue raisonné des tableaux, bronzes, terres cuites, figures et bustes de plâtre, dessins..., qui composent le cabinet de feu M. Cayeux, sculpteur, ancien officier de l'Académie de St-Luc. Par Pierre Remy. Vente le 11 décembre. *Paris, Vente,* 1769. In-12.

A catalogue of all the valuable and capital collection of prints, books of prints, and drawings. of that eminent collector Francis Grose, esq... Vente en février. *London,* 1770. In-8°.

Catalogue de tableaux, dessins, estampes en feuilles et en livres..., par P. Remy, Vente à Paris le 15 février. *Paris, imp. Lambert,* 1770. In-12.

Catalogue raisonné des tableaux de différentes écoles, des figures et bustes de marbre... des meubles précieux par Boule et Philippe Caffieri.... et d'autres objets qui composent le cabinet de M. de la Live de Jully, ancien introducteur des Ambassadeurs... Par Pierre Remy. Vente le 5 mars 1770. *Paris, Vente,* 1769. In-12.

Catalogue d'une collection d'estampes de choix des plus célèbres graveurs, du cabinet de M*** (Bailly), par F. Basan. Vente à Paris le 13 mars 1770. In-8°.

Catalogue raisonné du cabinet des objets curieux de feu M. de Bourlamaque, ancien capitaine de cavalerie..., par Pierre Remy. Vente le 27 mars. *Paris, Vente,* 1770. In-12.

Catalogue d'une collection d'estampes de choix d'après les grands peintres... du cabinet de M***, par F. Basan. Vente à Paris le 27 mars 1770. In-8°.

Catalogue raisonné de tableaux de différens bons maîtres des trois écoles..., après le décès de M. Fortier..., par Pierre Remy. Cette vente se fera le lundi 2 avril 1770. *Paris.* In-12.

Catalogue raisonné d'un cabinet curieux en différens genres qui méritent l'attention des amateurs, (partie du cabinet de M. Blondel d'Azincourt)... Par Pierre Remy. Vente le 18 avril. *Paris, Musier,* 1770. In-12.

Catalogue des livres et estampes de feu M. V***. Vente le 8 mai. *Paris, Mérigot,* 1770. In-8°.

Catalogue raisonné des tableaux, figures et groupes de bronze... après le décès de M. Beringhen, premier écuyer du roi, par P. R. Vente le 2 juillet. *Paris, Musier,* 1770. In-12.

Catalogue d'une collection choisie de tableaux, desseins, estampes reliées et en feuilles et autres objets de curiosité, par F. C. Joullain fils, (de M. Verne). Vente à Paris le 18 juin 1770. In-12.

Catalogue des tableaux, gouaches..., du cabinet de M*** (Huquier père). *Paris, imp. Prault,* 1771. In-12.

Catalogue de tableaux, dessins et estampes des plus grands maîtres..., par F. Basan, graveur. Vente le 14 janvier 1771.

Paris, imp. Prault. In-8°. A la suite : Catalogue des desseins et estampes de tous les grands maîtres. Vente le 15 février. *Paris, imp. Claude Herissant* (1771). In-8°. Catalogue des estampes, dessins et planches gravées, trouvées au décès de M. Fabre, marchand d'estampes..., par F. Basan. Vente le 2 mai 1771.—Indice des estampes de Monsieur le Président Hénault. Vente le 11 juin 1771. Catalogue des tableaux du cabinet de Madame *** dont la vente se fera le lundi 5 août 1771. Catalogue des sujets de thèses formant le fonds général de feu M. Cars, graveur du roi, acquis par Babuty, libraire, 1771. Catalogue des dessins de feu Pierre Le Brun, peintre de l'Académie de Saint-Luc. Vente le 18 nov. 1771. Vente d'une collection de dessins et estampes..., rassemblés par M. Le Brun fils, peintre. Vente le 23 décembre 1771.

Notice de quelques tableaux, pastels, guazzes, miniatures, bronzes, marbres, terres cuites..., par F. C. Joullain fils. Vente le 13 février. *Paris, imp. Prault,* 1771. In-12.

Catalogue raisonné des tableaux, desseins, estampes, bronzes, terres cuites..., et autres curiosités qui composent le cabinet de feu M. Boucher, premier peintre du roi. Vente le 18 février. *Paris, Musier,* 1771. In-12.

Catalogue des tableaux du cabinet de feu M. le comte de la Guiche, lieutenant général des armées du roi... Par Pierre Remy, peintre. Vente le 6 mars 1771. *Paris,* 1770. In-12.

Catalogue des tableaux, bronzes et bustes de marbre, du cabinet de feu M. Péan de Saint-Gilles, contrôleur ordinaire des guerres. Vente à Paris, 19 mars 1771. In-8°.

Catalogue du précieux cabinet de tableaux, desseins, estampes et de statues.... recueilli... par Monsieur Gerret Braamkamp. Vente à Amsterdam le 31 juillet 1771. *Amsterdam, J. Smit.* In-8°.

Catalogue de planches gravées, desseins, estampes et tableaux, après le décès de M. Michel Audran, entrepreneur des tapisseries pour le Roi, à la manufacture royale des Gobelins. Vente en décembre. *Paris, imp. Butard,* 1771. In-12.

Catalogue de tableaux à huile, à gouazze et en émail, estampes, terres-cuites... après le décès de M*** (Mercier). Vente à Paris le 16 décembre. *Paris, imp. Prault,* 1771. In-12.

Catalogue des livres, tableaux, estampes, dessins, bronzes, terre cuite, provenans du cabinet de feu M. de Livry, premier commis de Mgr. le duc de la Vrillière. Vente à Versailles le 13 janvier 1772. *Paris, Saugrain.* n-8°.

Catalogue des planches gravées, tableaux, desseins, estampes encadrées et en feuilles, et autres objets de curiosité, de feu M. Benoist Audran, graveur. Par F. C. Joullain fils. (Vente le 30 mars). *Paris, imp. Prault,* 1772. In-12.

Catalogue des tableaux qui composent le cabinet de Monseigneur le duc de Choiseul, par J. F. Boileau, peintre de S. A. S. Monseigneur le Duc d'Orléans. Vente le 6 avril. *Paris, imp. Prault,* 1772. In-8°.

Vente des tableaux, estampes et planches gravées, après le décès de M. de Surugue, membre de l'Académie royale de peinture et sculpture, et ancien Contrôleur des Rentes... le 21 mai. *Paris, imp. Prault,* 1772. In-8°.

Catalogue d'une petite collection de tableaux de différens maîtres... Vente le 15 juin. *Paris, imp. Prault,* 1772. In-12.

Catalogue ou indication des desseins, estampes et tableaux de bons maîtres. Vente à Paris le 30 juin. (du cabinet de M. Remy). *Paris, Musier,* 1772. In-12.

Catalogue de tableaux à l'huile, à gouasse et au pastel..., objets curieux et livres de feu M. Huquier, graveur, par F. C. Joullain fils. Vente le 9 novembre. *Paris, imp. Prault,* 1772. In-8°.

Catalogue de tableaux originaux de l'école de Flandre et de quelques maîtres français et étrangers... Vente le 19 novembre. *Paris, imp. Michel Lambert,* 1772. In-12.

Notice des principaux tableaux originaux des trois écoles, dont la plupart proviennent du cabinet de feu M. de Jaback. Vente le 27 novembre 1772. *Paris, imp. Al. le Prieur.* In-8°.

Catalogue des tableaux du cabinet de feu M. Louis-Michel Vanloo, écuyer, chevalier de l'ordre du Roy, premier peintre du roi d'Espagne..., par Fr. Basan. Vente en fin novembre. *Paris,* 1772. In-8°. Exemplaire annoté par Mariette.

Catalogue des tableaux du cabinet de feu M. Louis-Michel Vanloo, écuyer, chevalier de l'ordre du Roi... par Fr. Basan. Vente à Paris le 14 décembre 1772. In-8°.

Catalogue d'une très belle collection de tableaux de différens grands maîtres des trois écoles, rassemblés par un artiste (M. Lebrun) dont la vente se fera le lundi 11 janvier 1773. In-8°. Exemplaire annoté par P. J. Mariette.

Catalogue des sculptures, peintures et gravures de l'attelier et cabinet de feu M. Vassé, sculpteur du Roi, et dessinateur de son académie des inscriptions, par Fr. Basan. Vente le 20 janvier. *Paris,* 1773. In-8°.

Catalogue du cabinet d'histoire naturelle de Mlle C*** (Clairon). Vente en février. *Paris, imp. Michel Lambert,* 1773. In-12.

Catalogue des estampes, vases de poterie étrusques, figures, bas-reliefs et bustes de bronze, de marbre et de terre cuite, ouvrages en marqueterie du célèbre Boule père... du cabinet de feu M. Crozat, baron de Thiers, brigadier des armées du roi... (Vente en février 1773), par P. Remy. *Paris, Musier,* 1772. In-12.

Catalogue du cabinet d'un artiste (Aubry), composé de tableaux, desseins, estampes ... par Fr. Basan. Vente le 9 février. *Paris,* 1773. In-8°.

Catalogue de dessins et estampes... tirés du cabinet de MM***, par Fr. Basan. Vente le 26 février. *Paris, imp. Prault,* 1773. In-8°.

Catalogue des ouvrages de l'art du cabinet de Mlle *** (Clairon), tels que armes et habillemens étrangers..., tableaux de grands maîtres et estampes. Vente en mars. *Paris, imp. M. Lambert,* 1773. In-12.

Catalogue de desseins, estampes, livres d'estampes etc., du cabinet de M. de***, par Joullain fils. *Paris,* 1773. In-12.

Catalogue de tableaux de maîtres très renommés des différentes écoles d'Italie, des Pays-Bas et de France ; figures de bronze et de marbre. Par P. Remy. Vente le 1er avril. *Paris,* 1773. In-12.

Catalogue de desseins choisis et de bonnes estampes de différents maîtres des trois écoles du cabinet de M. Tournier... par F. C. Joullain fils... *Paris,* 1773. In-12.

Catalogue d'une riche collection de coquilles, madrépores, minéraux.... tableaux, desseins et estampes montés ... provenans de la succession de feu M. Jacqmin, jouailler du Roi et de la Couronne. Vente le 26 avril. *Paris, imp. Prault,* 1773. In-12.

Catalogue d'une riche collection de tableaux, de peintures à gouazze et au pastel, de desseins précieux..., du cabinet de M*** (Lempereur). Vente le 24 mai. *Paris, imp. Prault père,* 1773. In-8°.

Catalogue de tableaux originaux de différents maîtres des écoles des Pays-Bas, dont la vente se fera dans une salle du grand couvent des révérends pères Augustins le lundi 19 et mardi 20 juillet 1773. *Paris, P. Remy,* 1773. In-12.

Catalogue de tableaux, dont plusieurs originaux de maîtres très distingués des trois écoles, d'estampes..., après le décès de Messieurs *** (Slodtz). Vente le 22 septembre. *Paris,* 1773. In-12.

Catalogue des tableaux originaux des trois écoles du cabinet de M. A***. Vente à Paris le 9 décembre 1773. In-8°.

Catalogue des tableaux originaux de bons maîtres des écoles d'Italie, des Pays-Bas et de France, qui composent le cabinet d'un artiste. Vente le 13 décembre. *Paris, Musier,* 1773. In-12.

Catalogue des tableaux, figures de bronze de marbre et de terre cuite par le Quesnoy et autres maîtres ; des porcelaines et autres effets curieux du cabinet de M*** (Vassal). Par P. Remy. Vente le 17 janvier 1774. *Paris,* 1773. In-12.

Catalogue d'un choix précieux de dessins et estampes des plus grands maîtres, rassemblés avec soin par un amateur étranger. Vente le 3 février. *Paris, imp. Prault,* 1774. In-8°.

Catalogue d'une collection de tableaux hollandois, flamands, italiens et françois. Vente le 17 février 1774. *Paris.* In-8°.

Catalogue de tableaux originaux des trois écoles, peintures à gouache, terres cuites et plâtre, desseins et estampes en feuilles et montées sous verre du cabinet de M. Pelt, écuyer et de celui de M. De***. Vente le 21 février. *Paris, Remy,* 1774. In-12.

Catalogue d'une collection de tableaux hollandois, flamands, italiens et français. Vente à Paris le 27 février 1774. In-8°.

Catalogue des estampes, desseins, tableaux, coquilles, échantillons d'agathes, jaspes, cailloux, marbres et autres curiosités, qui composent le cabinet de feu M. Brochant, écuyer... Par J. B. Glomy. Vente le 7 mars. *Paris, imp. Delatour,* 1774. In-12, fig.

Catalogue des curiosités du cabinet de M. Gosse. Vente le 11 avril. *Paris,* 1774 In-12.

Catalogue des tableaux originaux des plus grands maîtres des trois écoles d'Italie, de Flandres et de France. Du cabinet de M. C. D***. (Caulet-d'Hauteville). Vente le 25 avril. *Paris, imp. Prault,* 1774. In-8°.

Catalogue des tableaux originaux de différents bons maîtres des Pays-Bas, qui composent le cabinet de M***, par Pierre Remy. Vente le 5 mai. *Paris, Musier,* 1774. In-12.

Catalogue d'une collection d'estampes de choix, provenans du cabinet de M. B***, (le chevalier de Damery)... Par F.-C. Joullain fils. Vente le 12 juillet. *Paris,* 1774. In-12.

Catalogue d'un précieux cabinet de tableaux, des plus célèbres maîtres hollandais... délaissé par feu Monsieur

Van de Velde. Vente le 7 septembre 1774. *Amsterdam, chez Pierre Yver.* In-12.

Catalogue d'une belle collection de tableaux de maîtres très renommés des différentes écoles, (du sieur Lebrun) Vente le 22 septembre. *Paris, P. Remy,* 1774. In-12.

Catalogue de tableaux originaux des bons maîtres des trois écoles, figures et bustes de marbre et de bronze..., qui composent le cabinet de M. L. C. de D. (le comte de Dubarry). Vente le 21 novembre. *Paris,* 1774. In-12.

Notice de quelques estampes capitales, faisant partie d'une nombreuse collection recueillie par feu M. le marquis de Mailly, chef du nom et des armes de la maison de Mailly, maréchal des camps et armées du roi. Vente le 5 décembre. *Paris,* 1774. In-12.

Catalogue des livres de M. Mariette, contrôleur général de la Grande Chancellerie de France, honoraire amateur de l'Académie royale de peinture et sculpture et de l'Académie de Florence. *Paris, Pissot,* 1775. In-8°.

Catalogue d'une belle collection de tableaux, desseins, estampes, livres d'estampes et livres, du Cabinet de M*** (Souchay de Lyon), par F. C. Joullain, fils. Vente le 4 janvier 1775. *Paris,* 1774. In-12.

Catalogue de tableaux de bons maîtres; tels que Philippe Wouwermans, Ruysdael, Vandenveld, Teniers... Vente le 30 janvier. *Paris, Musier,* 1775. In-12.

Catalogue d'estampes des plus grands maîtres italiens, flamands et français, de divers recueils d'estampes.... dépendants de la succession de M. Mariette, contrôleur-général de la Grande-Chancellerie de France...., par F. Basan, graveur. Vente le 1er février. *Paris,* 1775. In-8°.

Supplément au Catalogue des estampes de la succession de feu M. Mariette, dont la vente a commencé le premier février dernier, et laquelle continuera en mai prochain, après la vente de la Bibliothèque, qui finira le treize. (*Paris,* 1775). In-8°.

Catalogue d'une belle collection d'estampes montées et en feuilles, provenans du cabinet de M. L***. Vente le 27 mars. *Paris,* 1775. In-12.

Catalogue d'une belle collection de dessins et estampes des plus grands maîtres des trois écoles. — Provenant d'un célèbre cabinet étranger. Vente le 24 avril. *Paris, chez Bazan,* 1775. In-12.

Catalogue d'une belle collection de dessins et estampes provenant du cabinet de feu M. Collet de Langloischere. Vente le 24 avril. *Paris,* 1775. In-12.

Catalogue du cabinet d'histoire naturelle de feu M. Ogier, Conseiller d'Etat, cidevant ambassadeur en Danemarck, par Pierre Remy. Vente le 7 juin. *Paris,* 1775. In-12.

Catalogue d'une belle collection de tableaux de différents maîtres des trois écoles.... provenant de la succession de M. Caulet d'Hauteville... Vente le 28 août. *Paris, Joullain,* 1775. In-8°.

Catalogue d'une belle collection de tableaux, sculptures, desseins.... provenant du cabinet de M*** (Caffieri). Vente le 10 octobre. *Paris,* 1775. In-12.

Catalogue d'une belle collection de tableaux, sculptures, desseins.... provenants de la succession de M. de *** (Lempereur). Vente le 19 octobre. *Paris,* 1775. In-12.

Catalogue de desseins de maîtres très renommés.... après le décès de M. le Marquis de Gourvenet, par Pierre Remy. Vente le 6 novembre. *Paris,* 1775. In-12.

Catalogue raisonné des différens objets de curiosités dans les sciences et arts, qui composoient le Cabinet de feu M. Mariette, contrôleur général de la grande Chancellerie de France, honoraire amateur de l'Académie Royale de Peinture, et de celle de Florence. Par F. Basan, graveur. Vente le 15 novembre. *Paris,* 1775. In-8°, front., fig.

Notice de quelques tableaux à l'huile, à gouache, en miniature et en émail.... dont la vente se fera le jeudi 23 novembre 1775.... *Paris, Joullain,* 1775. In-12.

Catalogue des tableaux, des desseins, et des livres qui traitent de l'art du dessein, de la galerie du feu comte Algarotti, à Venise (1776). Pet. in-4°.

Notice d'une collection d'estampes, provenant d'un amateur de Provence. (Vente le 2 janvier 1776). *Paris,* 1775. In-8°.

Notice de tableaux de différentes écoles, desseins et estampes en feuilles.... Vente le 22 janvier. *Paris,* 1776. In-12.

Catalogue de tableaux de différens maîtres, desseins encadrés, figures en bronze.... (de Melle Testard, danseuse de l'Opéra). Vente le 22 avril. *Paris, Joullain,* 1776. In-12.

Catalogue de tableaux, bronzes, marbres, terre cuite, desseins, estampes,.... du Cabinet de Madame**, par Pierre Remy. Vente le 12 février. *Paris,* 1776. In-12.

Catalogue d'une collection de desseins et estampes, provenant en partie du Cabinet de feu M. Lainé, de Versailles. — Par J.-B. Glomy. Vente le 27 février. *Paris, impr. Delatour*, 1776. In-12.

Catalogue de tableaux, miniatures, peintures à gouache, bronzes, ... après le décès de M. Villeminot, avocat en Parlement, par Pierre Remy. Vente le 4 mars. *Paris*, 1776. In-12.

Notice de tableaux originaux de bons maîtres, marbres, terres cuites, porcelaines, gouaches.... Vente le 11 mars 1776. *Paris*. In-12.

Notice d'une collection d'estampes montées sous verre et en feuilles, provenant du Cabinet de M. D***. Vente le 16 mars 1776. *Paris*. In-8°.

Catalogue des tableaux, marbres, porcelaines, bronzes, etc. du Cabinet de M***. Vente le 18 mars. *Paris*, 1776. In-8°.

Catalogue de desseins et estampes ...... provenant des Cabinets de Messieurs B*** et N*** (Bellanger et Nau), par Buldet. Vente le 18 mars. *Paris*, 1776. In-12.

Catalogue de tableaux, sculptures, desseins et estampes (de M. Girault, de Versailles). Vente le 20 mars. *Paris*, 1776. In-8°.

Catalogue de tableaux des trois écoles, desseins, estampes ... du Cabinet de MM*** (Sorbet, chirurgien des mousquetaires gris).... par Pierre Remy... Vente le 1er avril. *Paris*, 1776. In-12.

Desseins et estampes en feuilles et en volumes, dont la vente se fera jeudi 11 avril 1776..... *(Paris)*. In-8°.

Catalogue de tableaux, sculptures, desseins, estampes, livres, et autres objets curieux du Cabinet de M*** (Jombert père), par F.-C. Joullain. Vente le 15 avril. *Paris*, 1776. In-12.

Catalogue d'une belle collection de tableaux, la plupart du premier mérite et presque tous d'un bon choix ; dessins montés ..... Vente le 22 avril. *Paris, impr. Gueffier*, 1776. In-8°.

Catalogue d'une belle collection de dessins italiens, flamands, hollandois et françois, ainsi que plusieurs tableaux, estampes, volumes d'antiquités et autres : le tout rassemblé avec soins et dépenses, par M. Neyman, amateur à Amsterdam. Par Fr. Basan. Vente en juin. *Paris, impr. Grault*, 1776. In-8°, front., fig.

Catalogue de tableaux, sculptures en bronze, terre, plâtre et yvoire, dessins ... provenans du Cabinet de feu M. Saly, Chevalier de l'ordre du Roi, de l'Académie royale de peinture et de sculpture .... Par F.-C. Joullain, fils. Vente le 14 juin. *Paris*, 1776. In-8°.

Catalogue d'une belle collection de tableaux originaux des bons maîtres des trois écoles, figures, bustes de marbre et de bronze..... qui composent le cabinet de feu M. le Duc de S. Aignan... par J.-P.-B. Lebrun. Vente le 17 juin. *Paris*, 1776. In-8°. Exemplaire avec nombreux croquis en marge, à la pierre noire, par Gabriel de Saint-Aubin, d'après les objets mis en vente.

Catalogue d'effets précieux, en pendules, girandoles, marbres, bronzes .... Vente le 28 août. *Paris, imp. Clousier*, 1776. In-8°.

Catalogue de tableaux, sculpture, dessins, estampes, et autres objets de curiosité, provenans du Cabinet de M*** (Cournelle) Vente le 14 octobre. *Paris*, 1776. In-8°.

Notice des principales estampes provenant du Cabinet de feu M. Freron, membre de plusieurs Académies du royaume. Vente le 7 novembre. *Paris*, 1776. In-8°.

Catalogue de gouaches, dessins, estampes, provenant du Cabinet de M*** artiste. Vente le 12 novembre. *Paris*, 1776. In-8°.

Catalogue d'une magnifique collection de tableaux, des plus grands maîtres des trois écoles, de mignatures, de sculptures en bronze et marbre.... provenans de la succession d'un célèbre amateur (le marquis de Brunoy), par F.-C. Joullain fils. Vente le 2 décembre. *Paris*, 1776. In-8°.

Catalogue de tableaux précieux, miniatures et gouaches ; figures, bustes et vases de marbre et de bronze ; armoires, commodes et effets précieux du célèbre Boule ; un magnifique lustre de crystal de roche ..... qui composent le cabinet de feu M. Blondel de Gagny, trésorier-général de la Caisse des amortissements, par Pierre Remy. Vente le 10 décembre. *Paris*, 1776. In-12.

Notice de quelques tableaux, dessins, estampes et autres objets de curiosité. Vente le 30 janvier. *Paris*, 1777. In-8°.

Catalogue de tableaux italiens, françois, hollandois et autres... (appartenant à Madame du Barry et autres). Vente le 17 février. *Paris, imp. Gueffier*, 1777. In-8°.

Catalogue des tableaux et desseins précieux des maîtres célèbres des trois écoles, figures de marbre... et autres objets du Cabinet de feu M. Randon de Boisset, receveur général des finances. Par Pierre Remy. Vente le 27 février. *Paris*, 1777, in-12. Précédé du : Catalogue des livres du Cabinet de feu M. Randon de Boisset. *Paris, de Bure*, 1777. In-12.

Catalogue d'une riche collection de tableaux des maîtres les plus célèbres des trois écoles, dessins.... bronzes, marbres... qui composoient le cabinet de feu Son Altesse Sérénissime Mgr le prince de Conti, prince du sang et grand prieur de France. Vente le 8 avril. *Paris, Muzier et Pierre Remy*, 1777. In-12.

Catalogue du Cabinet de M. D*** (Delorme) amateur. Vente le 5 mai. Par F. Basan. *Paris*, 1777. In-8°.

Catalogue des diverses curiosités provenant du Cabinet de feu M. de la Tour Daigues, officier aux gardes françaises... par F. Basan. Vente le 15 mai. *Paris*, 1777. In-8°.

Catalogue d'une belle collection de tableaux, pour la plus grande partie, de maîtres flamands, qui composaient le cabinet d'un amateur étranger (M. de Reus). Vente le 23 mai. *Paris*, 1777. In-8°.

Catalogue d'une collection de dessins, dont la plupart sont de M. Palmieri, membre de l'Académie de Parme. Il s'en trouve aussi de fort intéressans de MM. Le Prince et Moreau l'aîné. Vente le 27 mai. *Paris*, 1777. In-8°.

Catalogue de tableaux, dessins et estampes encadrés.... provenans du cabinet de feu M. Joliot de Crébillon, censeur royal.... Vente le 3 juin. *Paris*, 1777. In-8°.

Notice des meubles, bronzes, marbres, terres cuites, porcelaines.... Tableaux et autres objets de prix et curieux.... Vente le 9 juin. *Paris*, 1777. In-12.

Catalogue de tableaux, dessins, estampes, bronzes et autres objets de curiosité, provenans de la succession de feu M. Coypel, écuyer. Vente le 11 juin. *Paris*, 1777. In-8°.

Catalogue de tableaux, desseins et estampes qui composoient le Cabinet de M***. Vente le 8 juillet. *Paris*, 1777. In-8°.

Catalogue d'une belle collection de tableaux, de sculptures en marbre... de dessins précieux... provenans du cabinet de M*** (Rohan-Chabot). Vente le 21 juillet. *Paris*, 1777. In-8°.

Catalogue des marbres, bronzes, agates, porcelaines anciennes.. Tableaux composant le magasin de Julliot... Vente le 20 novembre. *Paris*, 1777. In-12.

Catalogue de tableaux, dessins, estampes encadrées... provenans du Cabinet de M*** (Josse, éventailliste). Vente le 21 novembre. *Paris*, 1777. In-8°.

Notice de quelques tableaux, dessins, estampes encadrées... provenans du Cabinet de M. Contant, architecte du roi... Vente le 27 novembre. *Paris*, 1777. In-8°.

Catalogue de tableaux, dessins, estampes bronzes... Vente le 15 décembre. *Paris*, 1777. In-8°.

Notice d'articles principaux appartenans à une collection intéressante d'estampes encadrées et en feuilles... (de M. Debrières, banquier en cour de Rome). Vente le 15 décembre. *Paris*, 1777. In-8°.

Notice de quelques tableaux, dessins, estampes encadrées... provenant du cabinet de feu M. Trudaine, conseiller d'Etat. Par F.-C. Joullain fils. Vente le 20 décembre. *Paris*, 1777. In-8°.

Catalogue de tableaux, figures de bronze, vases de marbre rares, pendules... composant le cabinet de feu M. le comte Du Luc, lieutenant-général des armées du roi, gouverneur de la citadelle de Marseille. Par C.-F. Julliot et F.-C. Joullain fils. Vente le 22 décembre. *Paris*, 1777. In-8°.

Notice d'estampes presque toutes avant la lettre ou avant les remarques qui caractérisent les premières épreuves... Vente le 23 décembre. *Paris*, 1777. In-8°.

Vente d'un choix curieux de tableaux et dessins montés sous verre, marbres, terres cuites,... et autres objets (de M. Varanchan). Vente le 29 décembre. *Paris*, 1777. In-8°.

Catalogue des estampes du propre fond de Chretien de Mechel. *Basle*. 1778. In-8°. — Supplément. *Basle*, 1791. In-8°.

Catalogue de tableaux la plupart d'un mérite distingué composant le cabinet de M. R*** (Roettiers)... Vente le 13 janvier. *Paris*, 1778. In-8°.

Catalogue de tableaux des trois écoles, dessins, terres cuites, bronzes, marbres ... (de M. Le Brun)... Vente le 19 janvier. *Paris*, 1778. In-8°.

Catalogue de quelques tableaux et dessins, et d'une belle collection d'estampes... provenant du cabinet de feu M. Le Sueur. Vente le 26 janvier. *Paris*. 1778. In-8°.

Vente d'estampes recueillies avec soins et dépenses par un amateur (M. Servat). Vente le 3 février. *Paris*, 1778. In-8°.

Vente considérable d'une belle collection de tableaux des plus grands maîtres italiens, flamands, hollandois et françois ... d'un grand nombre de dessins choisis ... (de Nogaret et autres amateurs). Vente le 23 février. *Paris*, 1778. In-8°.

Notice de tableaux de bons maistres appartenans à un amateur qui nous les a envoyés de Flandres... Vente le 5 mars. *Paris*, 1778. In-12.

Catalogue de desseins, estampes, tableaux, figures et bustes de bronze et de marbre, ... qui composent le Cabinet de feu M. Charles-Michel-Ange Challe, chevalier de Saint-Michel, professeur de l'Académie royale de peinture et de sculpture... par Pierre Remy. Vente le 9 mars. *Paris*, 1778. In-12.

Catalogue d'une belle collection de tableaux, dessins, estampes, sculptures ... provenant du Cabinet de feu M. Bourlat de Montredon. Par F.-C. Joullain, fils. Vente le 16 mars. *Paris*, 1778. In-8°.

Catalogue de tableaux, dessins, estampes, sculptures en bronze, yvoire, marbre... provenant de la succession de feu Madame la marquise de Langeac. Vente le 2 avril. *Paris*, 1778. In-8°.

Catalogue de tableaux originaux des grands maîtres des trois écoles qui ornoient un des palais de feu Son Altesse Monseigneur Christient, duc des Deux-Ponts, par Pierre Remy... Vente le 6 avril. *Paris*, 1778. In-12.

Addition au catalogue des tableaux de feu Monseigneur le Duc des Deux-Ponts. 6 avril 1778. In-12.

Catalogue de tableaux des écoles hollandoise, flamande et françoise, dessins de Fragonard, Robert et autres ; bronzes, porcelaines ; provenans du Cabinet de M. Gros, peintre, par J.-B.-P. Le Brun. peintre. Vente le 13 avril. *Paris*, 1778, In-8°.

Vente considérable d'une belle collection de dessins et estampes des plus grands maîtres, venant en partie de l'étranger ...(de M. Desmarets). Vente le 24 avril. *Paris*, 1778. In-8°.

Catalogue de quelques tableaux de bons maîtres, et d'un choix de pierres précieuses et bijoux, provenant du cabinet de M*** (Leblanc, fils du joaillier). Vente le 14 mai. *Paris*, 1778. In-8°.

Catalogue de tableaux... recueillis par feu M. Georges-Guillaume Bögner à Francfort-sur-le-Mein... Vente après la foire de septembre. *Francfort-sur-le-Mein*, 1778. In-12.

Catalogue de tableaux originaux de grands maîtres, figures en bronze, vases de marbre... (du cabinet de M. Silvestre). Vente le 16 novembre. *Paris*, 1778. In-8°. Exemplaire avec croquis en marge, à la pierre noire, de Gabriel de Saint-Aubin, d'après les œuvres mises en vente.

Catalogue de tableaux, dessins originaux des trois écoles... provenans du cabinet d'un ancien officier... Vente le 23 novembre. *Paris*, 1778. In-8°.

Catalogue de tableaux de différentes écoles, gouasses, dessins, estampes.... (de Mrs Dulac et La Chaise)... Vente le 30 novembre. *Paris*, 1778. In-8°.

Catalogue de tableaux originaux de Jacques Bassan, Gaspre Dughet, Philippe Wouwermans, Lenain... après le décès de Madame veuve de M. de la Haye, fermier général. Par Pierre Remy. Vente le 1er décembre. *Paris*, Ve *Musier*, 1778. In-12.

Catalogue d'une belle collection de tableaux originaux des trois écoles, pastels, émail... par J.B.P. Lebrun... Vente le 10 décembre. *Paris*, 1778. In-8°.

Catalogue d'une belle collection de pierres, gravures antiques... Tableaux originaux et autres curiosités, composant le cabinet et le magasin du sieur Prevot, marchand joaillier-bijoutier... Vente le 10 décembre. *Paris*, 1778. In-8°.

Notice des principaux articles de tableaux, sculptures, estampes... provenans de la succession de feu M. Le Mairat, lieutenant-colonel d'infanterie... Vente le 21 décembre. *Paris*, 1778. In-8°.

Catalogue d'une collection de dessins choisis des maîtres célèbres des écoles italienne, flamande et françoise..... et d'un recueil d'estampes de feu M. d'Argeuville... Par Pierre Remy. Vente le 19 janvier. *Paris*, Ve *Musier*, 1779. In-12.

Catalogue d'une très-belle collection de tableaux, sculptures en marbre... provenans de la succession de feu M. l'abbé Terray, ministre d'Etat et secrétaire, commandant des ordres de Sa Majesté. — Par Joullain fils. Vente le 20 janvier. *Paris*, 1778. In-8°.

Catalogue d'une belle collection de tableaux originaux de grands maîtres.... qui composoient le Cabinet de M** (Trouart, contrôleur-général des bâtiments du roi). — Vente le 22 février. *Paris*, 1779. In-8°.

Vente de tableaux, dessins et estampes de différents maîtres, le 1er mars. *Paris*, 1779. In-8°.

Catalogue des tableaux des trois écoles, pastels, gouaches.... et autres objets qui composent le Cabinet de M. de P*** (Peters). — Par les sieurs Remy et Basan. Vente le 9 mars. *Paris*, 1779. In-12.

Catalogue d'une collection précieuse de tableaux et dessins des meilleurs maîtres des trois écoles.... et autres objets précieux... (du prince de Conti), par N. F. Boileau, peintre de LL. AA. SS. Nosseigneurs les duc d'Orléans et prince de Conti. — Vente le 15 mars. *Paris*, 1779. In-8°.

Catalogue d'une riche collection de dessins et estampes des trois écoles.... pastels et miniatures de Rosalba.... qui composent le Cabinet de M*** (Vassal de Saint-Hubert), par Pierre Remy. Vente le 29 mars. *Paris*, 1779. In-12.

Catalogue d'une précieuse collection de tableaux, médailles,.... la plus grande partie venant de l'étranger (du marquis de Calvières, d'Avignon). Vente le 5 mai. *Paris*, 1779. In-8°.

Catalogue de quelques tableaux, dessins, et d'une nombreuse et belle collection d'estampes... provenans de la succession de M. Joullain, graveur et marchand, par D. C. Buldet. Vente le 17 mai. *Paris*, 1779. In-8°.

Catalogue de tableaux originaux de bons maîtres des différentes écoles, peintures à gouache et au pastel.... Vente le 30 juin. *Paris*, 1779. In-8°.

Catalogue de tableaux originaux de Paul Bril, Breughel de Velours, David Téniers..., après le décès de M. le comte de Watteville, par P. Remy et P. Delaunay. Vente le 12 juillet. *Paris*, 1779. In-12.

Notice des principaux articles d'estampes en feuilles et en recueils provenant du fond de commerce du feu sieur Joullain, graveur et marchand..., par D. C. Buldet.... Vente le 27 septembre. *Paris*, 1779. In-8°.

Vente d'une superbe collection de tableaux, dessins, estampes.... et autres objets de curiosité d'amateurs et d'artistes (M. de Ghendt) le 15 novembre. *Paris*, 1779. In-8°.

Catalogue d'une riche collection de tableaux des peintres les plus célèbres des différentes écoles...., et autres objets de curiosité qui composent le cabinet de M*** (l'abbé de Gévigney), par A. G. Paillet. Vente le 1er décembre. *Paris*, 1779. In-8°.

Catalogue raisonné d'antiquités égyptiennes, étrusques, grecques, romaines, gauloises et gothiques...., composant le Cabinet de feu M. Picard. Par J. B. Glomy. Vente le 17 janvier 1780. *Paris*, 1779. In-8°.

Catalogue d'une belle collection de tableaux originaux de grands maîtres des trois écoles provenans du Cabinet de M*** (Renouard). Vente le 10 février. *Paris*, 1780. In-8°

Catalogue de tableaux originaux des écoles françoise et hollandoise ... provenans du Cabinet de M*** (le marquis de Changran). Vente le 21 février. *Paris*, 1780. In-8°.

Vente de vases de porphyre, bas-reliefs de bronze, lustre important de crystal de roche.... provenants du fonds de commerce du sieur Julliot ... Vente le 4 mars. *Paris*, 1780. In-8°.

Catalogue raisonné des tableaux, dessins, estampes.... qui composoient le Cabinet de feu M. Poullain, receveur général des domaines du roi. ... par J. B. P. Le Brun. Vente le 15 mars. *Paris*, 1780. In-8°.

Catalogue d'une belle collection de tableaux originaux des meilleurs maîtres françois et hollandois, figures en bronze.... et divers objets curieux qui composent le Cabinet de M*** (Leroy de Sonneville, fermier général). Vente le 5 avril. *Paris*, 1780. In-8°.

Catalogue de tableaux de différents bons maîtres flamands et hollandois et de quelques feuilles peintes à la Chine... (de Reus). Vente le 21 avril. *Paris*, 1780. In-8°.

Catalogue de tableaux des trois écoles par les plus grands maîtres anciens et modernes .... Vente le 23 mai. *Paris*, 1780. In-8°.

Catalogue d'une belle collection de tableaux des écoles flamande, hollandoise et françoise, et de dessins choisis..... provenans du Cabinet de M*** (Nogaret). Vente le 2 juin. *Paris*, 1780. In-8°.

Catalogue de tableaux, dessins, estampes ..... fait après le décès de feu Pierre-Etienne Moitte, graveur du roi..... Vente le 14 novembre. *Paris*, 1780. In-8°.

Catalogue de tableaux, pastels, gouaches, aquarelles ..... et objets de curiosité qui composent le Cabinet de feu M. Soufflot, architecte ordinaire du roi. — Par J.-B. P. Le Brun. Vente le 20 novembre. *Paris*, 1780. In-8°.

Catalogue de tableaux des écoles flamande et françoise; pastels, gouaches.... qui composent le Cabinet de feu M. Prault, imprimeur du roi. — Par J. B. P. Le Brun. Vente le 27 novembre. *Paris*, 1780. In-8°.

Catalogue d'une belle collection de tableaux des trois écoles; dessins, estampes.... Par J.-B. P. Le Brun. Vente le 11 décembre. *Paris*, 1780. In-8°.

Catalogue d'une jolie collection de coquilles, jaspes, agathes,... de quelques tableaux, dessins, estampes de différens maîtres. Vente le 22 janvier. *Paris*, 1781. In-8°.

Notice des principaux articles de tableaux, dessins, estampes, sculptures.... provenans de la succession de feu M. de Lauge, ancien payeur des rentes. Vente le 22 janvier. *Paris*, 1781. In-8°.

Notice des principaux articles de tableaux, sculptures, dessins.... provenans de la succession de feu M. Vauchelet, architecte. Vente le 5 février. *Paris*, 1781. In-8º.

Notice de quelques tableaux, dessins, et meubles précieux, provenant du Cabinet de M***. Vente le 7 février. *Paris*, 1781. In-8º.

Catalogue d'une belle collection de tableaux des trois écoles, bronzes, marbres..... qui composent le Cabinet de M. l'abbé Leblanc, historiographe des bâtimens du roi. — Par J.-B. P. Le Brun. *Paris*, 1781. In-8º.

Catalogue des tableaux précieux... qui composoient le Cabinet de M. le duc de La Vallière... Vente le 21 février. *Paris*, 1781. In-8º.

Catalogue des tableaux, pastels, gouaches, dessins, estampes.... qui composoient le Cabinet de M. Thomas de Pange, chevalier, marquis de Pange ... Vente le 5 mars. — Par N. F. J. Boileau. *Paris*, 1781. In-8º.

Catalogus von alten und neuen zum Theil seltessen Kuperstichen... Vente le 7 mars. *Vienne*, 1781. In-8º (Catalogue des estampes du prince de Paar).

Catalogue d'une collection de tableaux, dessins, et d'estampes choisies qui se vendront.... à Berlin le 26 mars et jours suiv. 1781. *Berlin*, In-12.

Notice des tableaux, dessins et estampes dont la vente.... chez M. de Menneville, brigadier des Armées du Roi... Vente le 2 avril, par J. Folliot. *Paris*, 1781. In-8º.

Catalogue de tableaux peints par des maîtres très renommés des trois écoles, par Pierre Remy.. Vente le 3 avril. *Paris*, 1781. In-12.

Catalogue d'une belle collection de tableaux des trois écoles, dessins, estampes, bronzes, marbres, porcelaines anciennes .... venant en partie des pays étrangers (Baron de Vanbaal) par J.-B.-P. Lebrun.... Vente le 9 avril. *Paris*, 1781. In-8º.

Catalogue des tableaux et dessins précieux qui composent le cabinet de M. de Sireul. Vente le 3 décembre. *Paris*, 1781. In-8º.

Catalogue raisonné des marbres, jaspes, agates, porcelaines... formant le cabinet de Madame la Duchesse de Mazarin, par J.-B.-P. Le Brun... Vente le 10 décembre. *Paris*, 1781. In-8º.

Catalogue de tableaux des trois écoles, dessins, estampes... et autres objets du cabinet de M. D*** (Chapuzeau), par

J.-B.-P. Le Brun... Vente le 20 décembre. *Paris*, 1781. In-8º.

Notice des principaux articles de tableaux, dessins et estampes de différens maîtres des trois écoles ; provnans du cabinet de M*** (Thoré et autres). Vente le 7 janvier. *Paris*, 1782. In-8º.

Catalogue de tableaux des trois écoles, gouaches, miniatures.... provenant du cabinet de M***... par Le Brun... Vente le 15 janvier. *Paris*, 1782. In-8º.

Catalogue d'une jolie collection de tableaux, la plupart des maîtres des écoles flamande et hollandaise (de M. Paillet) .... Vente le 30 janvier. *Paris*, 1782. In-8º.

Catalogue d'une jolie collection de tableaux, des trois écoles, dessins de grands maîtres.... qui composent le Cabinet d'un amateur étranger. Par P. Remy. Vente le 7 février 1782. *Paris*, 1781. In-12.

Catalogue des différens objets de curiosités dans les sciences et arts ; qui composoient le Cabinet de feu M. le marquis de Menars, Commandeur des ordres du roi.... Par F. Basan et F.-Ch. Joullain. Vente fin février 1782. *Paris*, 1781. In-8º, fig.

Catalogue d'une très belle collection de tableaux des écoles d'Italie, de Hollande et de France.... par J.-B.-P. Lebrun .... Vente le 12 mars. *Paris*, 1782. In-8º.

Catalogue d'une belle collection de tableaux des écoles d'Italie, de Flandre, de Hollande et de France.... provenant du cabinet de M*** (Nogaret), par J.-B.-P. Le Brun.. Vente le 18 mars. *Paris*, 1782. In-8º.

Catalogue de tableaux, dont le plus grand nombre des bons maîtres des trois écoles... dessins et estampes... après le décès de Madame Lancret et de M**. Par P. Remy. Vente le 5 avril. *Paris*, 1782. In-12.

Notice de différens objets de curiosité ; meubles précieux, tableaux, estampes, ... appartenans à Melle Delaguerre. Vente le 10 avril. *Paris*, 1782. In-8º.

Catalogue de quelques tableaux et dessins, d'une belle collection d'estampes...... provenant de la succession de feu M. Claude Drevet, graveur du roi. Vente le 15 avril. *Paris*, 1782. In-8º.

Catalogue raisonné de tableaux, marbres, bronzes, porcelaines anciennes de première qualité.... (du cabinet de M. de Sainte-Foy). Par J.-B.-P. Le Brun, peintre. Vente le 22 avril. *Paris*, 1782. In-8º.

Catalogue d'une collection de tableaux, dessins, gouaches.... par J.-A. Le Brun... Vente le 29 avril. *Paris*, 1782. In-8°.

Vente après le décès de M. Jean-Jacques Flipart, graveur du Roi, consistant en planches gravées.... Vente le 21 novembre. *Paris*, 1782. In-8°.

Catalogue d'une belle collection de dessins des trois écoles, tableaux, gouaches... par Le Brun.... Vente le 25 novembre. *Paris*, 1782. In-8°.

Catalogue d'une belle Collection de Tableaux des écoles d'Italie, de Flandre, de Hollande et de France ... Vente le 3 décembre. *Paris*, 1782. In-8°.

Notice de tableaux, sculptures, meubles précieux.... provenans de la succession de feu M. Mouchard, receveur-général des finances. — Vente le 6 décembre. *Paris*, 1782. In-8°.

Catalogue des vases, colonnes, tables de marbres rares, figures de bronze, porcelaines de choix, laques, meubles précieux.... qui composent le Cabinet de feu M. le duc d'Aumont. Par P.F. Julliot fils, et A.J. Paillet. Vente le 12 décembre. *Paris*, 1782. In-8°, fig.

Catalogue des tableaux, dessins, marbres, bronzes .... du Cabinet de M*** (Blondel-Dazincourt) fils de M. Blondel de Gagny. Vente le 10 février. *Paris*, imp. *Prault*, 1783. In-8°.

Catalogue raisonné d'une très belle collection de Tableaux des écoles d'Italie, de Flandres, de Hollande et de France.... provenans du Cabinet de M*** (Lebœuf). Par J.B. P. Le Brun... Vente le 8 avril. *Paris*, 1782. In-8°.

Supplément au catalogue et feuille de distribution de tableaux des écoles d'Italie, de Flandres, de Hollande et de France..... Par J. B. P. Le Brun, peintre, Vente le 8 avril. *Paris*, 1783. In-8°.

Catalogue de tableaux, dessins et estampes ... après le décès de M. Vassal de Saint-Hubert, ancien fermier-général ... et du Cabinet de M***. Par Pierre Remy. Vente le 24 avril. *Paris*, 1783. In-12.

Catalogue d'une collection de dessins des trois écoles, gouaches, miniatures estampes et autres curiosités provenant du Cabinet de M***... par M. Le Brun, le jeune... Vente le 19 novembre. *Paris*, 1783. In-8°.

Catalogue de quelques tableaux et dessins, et d'une nombreuse collection d'estampes.... provenans du Cabinet de M*** (l'abbé d'Haine). Vente le 28 novembre. *Paris*, 1783. In-8°.

Catalogue des tableaux et autres objets de curiosité provenant du Cabinet de feu M. Tonnellier. Vente le 28 novembre. *Paris*, 1783. In-8°.

Catalogue de tableaux, sculptures, dessins, estampes encadrées.... d'un précieux fonds de planches gravées .... le tout provenant de la succession de feu M. Le Bas, premier graveur du Cabinet du roi.... Vente en décembre. *Paris*, *Clousier*, 1783. In-8°, fig.

Catalogue de tableaux, sculptures, dessins par F. Boucher; porcelaines.... provenant du Cabinet de feu M. de Sénac, lecteur de la chambre et du cabinet du roi. Vente le 3 décembre. *Paris*, 1783. In-8°.

Catalogue de tableaux, dessins, miniatures, estampes ..... du Cabinet de M***. Vente le 9 décembre. Par J. A. Paillet. *Paris*, 1783. In-8°.

Notice de divers tableaux, bronzes, dessins et estampes du Cabinet de M***. Vente le 15 décembre. *Paris*, 1783. In-8°.

Catalogue raisonné des tableaux et desseins qui composaient la Galerie du comte Suderini à Rome. Par A. J. Paillet... Vente le 18 décembre. *Paris*, 1783. In-8°.

Notice de quelques tableaux, sculptures .... provenans du Cabinet de feu M***. Vente le 13 janvier. *Paris*, 1784. In-8°.

Notice de quelques tableaux, dessins.... et de plusieurs planches gravées... le tout provenant de la succession de feu M. Macret, graveur. Vente le 13 janvier. *Paris*, 1784. In-8°.

Catalogue des tableaux, bronzes, vases et colonnes de phorphyre.... qui composent le Cabinet de M. de Montribloud. Par A. J. Paillet et P. F. Julliot, fils. Vente le 9 février. *Paris*, 1784. In-8°.

Catalogue de tableaux des trois écoles, gouaches, dessins et autres objets du Cabinet de M***, par Le Brun, le jeune.... Vente le 17 février. *Paris*, 1784. In-8°.

Catalogue des tableaux qui composent le Cabinet de M. le Comte de Merle, par A. J. Paillet.— Celui des vases, figures de marbre...., par Ph. F. Julliot fils. Vente le 1er mars. *Paris*, 1784. In-8°.

Catalogue de tableaux des trois écoles, gouaches, dessins, miniatures et autres curiosités du Cabinet de M***, par Le Brun, jeune... Vente le 23 mars. *Paris*, 1784. In-8°.

Catalogue d'une belle collection de marbres, tels que statues, bustes, vases...., le tout provenant de M. Feuillet, sculpteur, par J. B. P. Le Brun, peintre. Vente le 6 avril. *Paris*, 1784. In-8°.

Catalogue d'une belle collection de tableaux des écoles de Flandre, de Hollande et de France ; gouaches, dessins, par J. B. P. Le Brun, peintre. Vente le 14 avril. *Paris*, 1784. In-8°.

Catalogue de tableaux des trois écoles, pastels, dessins.... qui composent le cabinet de feu M. Le Roy de Senneville, par A. J. Paillet. Vente le 26 avril. *Paris*, 1784. In-8°.

Notice des tableaux, dessins... et autres objets curieux qui composent le cabinet de feu M. Stainville. Vente le 21 (24) mai. *Paris*, 1784. In-12.

Catalogue de la collection des bagues, bijoux, tableaux, antiques et autres effets, provenant de la succession de M. P***, écuyer, ancien contrôleur ordinaire des guerres. Vente le 25 mai. *Paris*, 1784. In-12.

Notice d'objets rares et précieux provenant de la succession de Madame la duchesse de Mazarin. Vente le 27 juillet. *Paris, imp. Prault*, 1784. In-8°.

Notice des principaux objets curieux du Cabinet de feu M. Jombert, libraire du roi. Vente le 20 septembre. *Paris*, 1784. In-8°.

Catalogue de tableaux originaux des grands maîtres des trois écoles, dessins montés et en feuilles, après le décès de M***... Vente le 15 (11) novembre. *Paris*, 1784. In-8°.

Catalogue raisonné d'une très-belle collection de tableaux des écoles d'Italie, de Flandre et de Hollande, qui composoient le cabinet de M. le comte de Vaudreuil, grand-fauconnier de France, par J. B. P. Le Brun, peintre. Vente le 24 novembre. *Paris*, 1784. In-8°.

Catalogue de dessins, gouaches, estampes encadrées...., appartenant à M***, par Ph. F. Julliot fils... Vente le 29 novembre. *Paris*, 1784. In-8°.

Catalogue des tableaux, dessins, etc., etc., qui composent le Cabinet de M. W. (Wille, graveur)..., par Fr. Basan. Vente le 6 décembre. *Paris*, 1784. In-8°.

Catalogue des figures, bustes de bronze, vases de marbre, porcelaines...... composant le magasin de Légere, par Ph. F. Julliot, fils. Vente le 15 décembre. *Paris*, 1784. In-8°.

Note sur les tableaux de bons maîtres des écoles d'Italie, des Pays-Bas et de France, du Cabinet de M***. *Paris, chez Pierre Remy*, 1785. In-12.

Catalogue d'une belle collection de tableaux de différens maîtres des trois écoles, sculptures,.... provenans du cabinet du sieur Dupille de St-Severin,

ci-devant trésorier des troupes de la maison du roi. Vente en février. *Paris*, 1785. In-8°.

Catalogue d'une belle collection de tableaux, dessins, estampes, des écoles d'Italie, de Flandre, de Hollande et de France, miniatures, émaux par Petitot, ... et autres objets de curiosité tenant du Cabinet de M. le baron de*** (Saint-Julien). Vente le 14 février. *Paris*, 1785. In-8°.

Catalogue d'une belle collection de tableaux, esquisses à l'huile, dessins et estampes, des écoles d'Italie, d'Allemagne, de Hollande, de Flandre et de France... et autres objets de curiosité provenans du Cabinet de M. Nourri, Conseiller au Grand Conseil, par J. Folliot et F. Delalande. Vente le 24 février. *Paris*, 1785. In-8°.

Catalogue de tableaux de bons maîtres, des écoles d'Italie, des Pays-Bas et de France, du Cabinet de M. le P**. Vente le 2 mars. *Paris*, 1785. In-12.

Notice de tableaux des trois écoles, provenant du pays étranger, gouaches, dessins et autres objets du Cabinet de M***, par Lebrun, jeune..... Vente le 7 mars. *Paris*, 1875. In-8°.

Notice de tableaux de bons maîtres des trois écoles, quelques morceaux à la gouache... du Cabinet de M***... Vente le 10 mars. *Paris*, 1785. In-8°.

Catalogue d'une nombreuse collection de tableaux par différents maîtres... provenant du cabinet de M. de ***... Vente le 30 mars. *Paris*, 1785. In-8°.

Catalogue de tableaux originaux, dessins, miniatures, bronzes, porcelaines, pierres gravées.... du Cabinet de M***... Vente le 5 avril. *Paris*, 1785. In-8°.

Note sur les tableaux de bons maîtres des écoles d'Italie, des Pays-Bas et de France, du Cabinet de M***... Vente le 18 avril. *Paris*, 1785. In-12.

Catalogue de tableaux et estampes.... provenans du Cabinet de M***. Vente le 18 avril. *Paris*, 1785. In-8°.

Catalogue de tableaux, gouaches, pastels, dessins et estampes encadrées et en feuilles.... provenant en partie de l'étranger, par J. Folliot et F. Delalande .... Vente le 18 avril. *Paris*, 1785. In-8°.

Catalogue de tableaux et estampes encadrées et en feuilles de différents maîtres provenant du Cabinet de M***... Vente le 18 avril. *Paris*, 1785. In-8°.

Catalogue de tableaux des écoles d'Italie .... provenans du Cabinet de M. de P*** (Pille), par J.-B.-P. Le Brun.... Vente le 2 mai. *Paris*, 1785. In-8°.

Notice des estampes du Cabinet de M. de Pille, dont la vente suivra immédiatement celle des tableaux et autres objets de curiosité de son Cabinet. *Paris*, 1785. In-8°.

Catalogue d'une collection de tableaux de feu son excellence M. le comte d'Elz.. .. Vente le 17 mai. *Mayence*, 1785. In-8°.

Catalogue de tableaux italiens, flamands hollandois et françois, dessins, ... provenant du Cabinet de M. Godefroy... Par J.-B.P. Lebrun, peintre. Vente le 25 avril(15 novembre) 1785. (*Paris*). In-8°.

Catalogue d'une belle collection de dessins italiens, flamands, hollandois et françois, dont la plus grande partie nous a été envoyée de l'étranger et autres provenans du Cabinet de M***... Vente le 21 novembre. *Paris*, 1785. In-8°.

Catalogue des tableaux des trois écoles, miniatures, bronzes, marbres, et autres objets précieux, du Cabinet de feu M. le marquis de Veri. Par A.-J. Paillet. Vente le 12 décembre. *Paris*, 1785. In-8°.

Catalogue d'une collection de tableaux flamands, hollandois et français la plupart provenant du Cabinet de M*** par M. Le Brun.... Vente le 28 décembre. *Paris*, 1785. In-8°.

Catalogue des dessins montés et en feuilles, qui composoient le Cabinet de feu M. Debesse, architecte. Par A.-J. Paillet, peintre. Vente le 12 janvier 1786. *Paris*, 1785. In-8°.

Catalogue de tableaux des écoles d'Italie, de Flandres, et de France. Dessins, estampes..... et différens autres objets rares et précieux formant le Cabinet de feu son Excellence M. le bailli de Breteuil. Par M. Le Brun, garde des tableaux de Mgr. le comte d'Artois. Vente le 16 janvier 1786. *Paris*, 1785. In-8°.

Catalogue de tableaux des trois écoles, dessins sous verre... le tout du Cabinet de M. de S. M. (Saint-Maurice). Par A.-J. Paillet, peintre, et Alphonzo Milliotti, antiquaire. Vente le 1er février 1786. *Paris*, 1785. In-8°.

Catalogue de tableaux, dessins, estampes .... des écoles d'Italie, d'Allemagne, de Hollande, de Flandre et de France... provenans du Cabinet de feu M. Baudoin. Par J. Folliot, F. Delalande et Ph. Julliot fils. Vente le 11 mars. *Paris*, 1786. In-8°.

Catalogue d'une collection précieuse de tableaux des écoles d'Italie... venant de l'étranger (Berthgelen), par J.-A. Paillet... Vente le 27 mars. *Paris*, 1786. In-8°.

Catalogue des tableaux des trois écoles, quelques morceaux à gouaches et dessins de bons maîtres.. du Cabinet de M. B*** (Masso et Benoît). Vente le 10 avril. *Paris*, 1786. In-8°.

Catalogue des tableaux des trois écoles... qui composaient le Cabinet de feu M. Bergeret... par Folliot, Delalande et Julliot fils. Vente le 24 avril. *Paris*, 1786. In-8°.

Catalogue des tableaux des écoles d'Italie, de Flandres, de Hollande et de France, gouaches.... par M. Le Brun... Vente le 24 avril. *Paris*, 1786. In-8°.

Catalogue de tableaux, dessins... pastels, émail du célèbre Petitot.... planches gravées par Rembrandt, M. Watelet et autres, le tout provenant du cabinet de feu M. Watelet, conseiller du roi, receveur-général des finances d'Orléans .... Par A.-J. Paillet. Vente le 12 juin. *Paris*, 1786. In-8°, fig.

Catalogue de tableaux précieux des trois écoles, pastels, miniatures, émaux.... le tout provenant du Cabinet de M. le chevalier de C*** (Clesne). Par A.-J. Paillet, peintre. Vente le 4 décembre. *Paris*, 1786. In-8°.

Catalogue de tableaux des trois écoles.... du Cabinet de feu M. d'Ennery, écuyer, par Remi et Miliotti... Vente le 11 décembre. *Paris*, 1786. In-8°.

Catalogue des estampes anciennes et modernes, du plus beau choix et dans la plus parfaite conservation, par F. Basan, provenant du Cabinet de M. W. (Wille). Vente le 11 décembre. *Paris*, 1786. In-8°.

Catalogue d'un beau choix d'estampes, encadrées, en feuilles et en recueil, provenant du Cabinet de M. de V***. *Paris*, 1787. In-8°.

Catalogue de tableaux, miniatures, dessins .... du Cabinet de M. P.... *Paris*, 1787. In-8°.

Descrizione del Museo d'Antiquaria et del Gabinetto d'istoria naturale del signor principe di Biscari fatta dal Sig. abate Domenico Sestini.... *Livorno*, 1787. In-8°, port.

Catalogue de tableaux capitaux et d'objets rares et curieux... le tout provenant des Cabinets de M. le Chevalier Lambert et de M. du... (Porail), par J,-B. Le Brun... Vente à Paris en 1787. In-8°.

Catalogue raisonné de tableaux originaux

des meilleurs maîtres avec une collection séparée de précieux morceaux depuis l'année 1220 jusques en 1712... par le Chevalier Menabuoni jadis Menabuoi. *Florence*, 1787. In-12.

Catalogue d'une collection de tableaux, dessins, gouaches, marbres, bronzes et autres curiosités; provenans en partie du Cabinet d'un artiste. Vente le 22 janvier. *Paris*, 1787. In-8°.

A catalogue of that superb... Cabinet of drawings of John Barnard, esq. Vente le 16 février 1787. *Londres*. In-4°. Dans le même volume : Catalogue des ventes Gainsborough, 1789 ; de Calonne, 1795 ; Joshua Reynolds, 1795 ; Orléans, 1798 ; John Strange, 1800.

Catalogue d'une collection de tableaux originaux des trois écoles, qui composoient le Cabinet de M. de P*** (Polonceau), par A.-J. Paillet. Vente le 26 février. *Paris*, 1787. In-8°.

Catalogue d'une collection précieuse de tableaux des trois écoles et autres effets curieux du Cabinet de M. M*** (Le marquis de Chamgrand), par A.-J. Paillet.... *Paris*, 1787. In-8°.

Catalogue d'une belle collection de dessins des trois écoles. Vente le 2 avril. *Paris*, 1787. In-8°.

Catalogue de tableaux, marbres, bronzes, porcelaines, lustres... après le décès de M. Beaujon, par P. Remy et C.-F. Julliot... Vente le 25 avril. *Paris*, 1787. In-12.

Catalogue des tableaux des écoles d'Italie, de Flandres et de France. Dessins précieux... estampes.. médailles antiques et modernes, formant le Cabinet de feu M. Collet, chevalier de l'ordre de Saint-Michel... Par J.-B.-P. Le Brun. Vente le 14 mai. *Paris*, 1787. In-8°.

Catalogue d'une très belle, riche et nombreuse collection d'estampes... rassemblées... par feu M. Jossen van Steenberghen, écuier. Vente à Gand le 16 juillet. *Gand*, V⁰ *Somers*, 1787. In-8°.

Catalogue de tableaux, pastels, dessins... et autres effets précieux, après le décès de M. de Boullongne, conseiller d'état. Vente le 19 novembre, par MM. Georges et Bizet. *Paris*, 1787. In-8°.

Notice d'un beau choix de dessins originaux des meilleurs maîtres françois dont la plus grande partie provient de la collection de M. de Julienne. Estampes ... après le décès de M. de Montullé, conseiller d'état... Vente le 19 novembre. *Paris*, 1787. In-8°.

Catalogue de tableaux des peintres célèbres des trois écoles, de dessins et d'estampes

... et autres objets ; provenant du cabinet de feu Mᵐᵉ la présidente de Bandeville. Par Pierre Remy. Vente le 3 décembre. *Paris*, 1787. In-12.

Notice d'une collection d'estampes de différens maîtres... parmi lesquelles se trouve un Œuvre du sieur Wille... provenant du Cabinet de M***. Vente le 25 janvier. *Paris*, 1788. In-8°.

Catalogue d'une collection choisie de tableaux originaux et dessins précieux des trois écoles, groupes et figures de terre cuite, bustes en marbre... du Cabinet de M. Ch***. Par A.-J. Paillet, peintre. Vente le 28 janvier. *Paris*, 1788. In-8°.

Catalogue d'une très belle collection de tableaux, d'Italie, de Flandres, de Hollande et de France, dessins... terres cuites, figures de marbre et de bronze ... provenans du Cabinet de M*** (de Calonne). Par M. Le Brun. Vente le 21 avril. *Paris*, 1788. In-8°.

Catalogue de tableaux des trois écoles. Dessins, gouaches... et autres objets curieux appartenans à M. de Wailly, architecte du roi... Vente le 24 novembre. *Paris*, 1788. In-8°.

Catalogue d'une très belle collection de tableaux, d'Italie, de Flandres, de Hollande et de France, de terres cuites, figures de bronze... formant le Cabinet de M. le marquis de M*** (Montesquiou). Par M. Le Brun. Vente le 9 décembre. *Paris*, 1788. In-8°.

Catalogue des tableaux, gouaches, dessins, figures et bustes de marbre...composant le Cabinet de M. Dubois, marchand jouaillier à Paris. Par A.-J. Paillet, peintre. Vente le 18 décembre. *Paris*, 1788. In-8°.

Catalogue d'une collection précieuse de tableaux capitaux et dessins choisis de divers grands maîtres des trois écoles venant de l'étranger, par A.-J. Paillet ... *Paris*, 1789. In-8°.

Catalogue de tableaux précieux des trois écoles, dessins, estampes ... provenant des cabinets de Monsieur Coclers et de Monsieur D***. Par M. Lebrun. Vente le 9 février. *Paris*, 1789. In-8°.

Catalogue de tableaux des trois écoles, estampes... figures de bronze...formant le Cabinet de M. le baron d'Holback... Vente le 16 mars. Par M. Le Brun. *Paris*, 1789. In-8°.

Catalogue raisonné de l'excellente et nombreuse collection d'estampes et de desseins qui composaient le cabinet de feu M. James Hazard, gentilhomme anglais. Vente à Bruxelles, le 15 avril 1789. *Bruxelles, chez Jos. Ermens,* In-8°.

Catalogue d'une très-belle et très-nombreuse collection d'estampes, tableaux et desseins, délaissés par feu M. François-Jacques Van Hustenbout. Vente à Anvers le 15 juin 1789. *Anvers, Hub. Bincken.* In-8º.

Catalogo di quadri esistenti in casa il signor Dⁿ Giovanni Dʳ Vianelli, canonico della cattedrale di Chioggia. In *Venezia*, 1790. Gd in-4º.

Catalogue d'une très belle collection de tableaux d'Italie, de Flandres, de Hollande et de France. Dessins, estampes... provenant du Cabinet de feu M. Marin. Par MM. Lebrun, jeune, et Saubert. Vente le 22 mars. *Paris,* 1790. In-8º.

Notice des tableaux, dessins et estampes, outremer, boîtes à couleur et ustensiles relatifs à la peinture. Après le décès de M. Vernet, peintre du roi et de son Académie royale de Peinture et de Sculpture. Vente le 20 avril. *Paris,* 1790. In-8º.

A catalogue of the pictures and prints the property of the late Mrs. Hogarth, decd. Vente à Londres, le 24 avril 1790. *Londres.* In-8º.

Catalogue des tableaux des écoles d'Italie, française, flamande et hollandaise, la plus grande partie provenant de l'étranger. Vente le 29 avril. *Paris,* 1790. In-8º.

Notice des différens objets de curiosité de feu M. Cochin, écuyer, chevalier de l'ordre du roi, graveur et dessinateur de S. M. en son Académie de Peinture et Sculpture. Vente le 21 juin. *Paris,* 1790. In-8º.

Catalogue de tableaux d'Italie, de Flandre et de France, d'une collection d'estampes .... formant le Cabinet de M***. Vente le 13 décembre. *Paris,* 1790. In-8º.

Catalogue d'objets rares et curieux, du plus beau choix, de tableaux des écoles d'Italie, de Flandres, de Hollande, d'Allemagne et de France..., provenant du Cabinet de M. Le Brun. Vente le 11 avril. *Paris,* 1791. In-8º.

Catalogue de tableaux des trois écoles, gouaches, dessins et estampes, composant le Cabinet de M. Le Sueur, peintre, par A. J. Paillet. Vente le 22 novembre. *Paris,* 1791. In-8º.

Catalogue de tableaux des trois écoles, dessins et estampes.... et autres objets curieux, composant le Cabinet de M. de Castelmore. Par A. J. Paillet. Vente le 20 décembre. *Paris,* 1791. In-8º.

A catalogue of historical prints, various subjects..., engraved by the most celebrated artists published by John and Josiah Boydell. *London,* 1792. In-8º.

Catalogue de tableaux des écoles de Flandre, de Hollande et de France.... par M. Le Brun après le décès de M. Pope.... Vente le 30 janvier. *Paris,* 1792. In-8º.

Catalogue de tous les objets curieux rassemblés par feu M. de Nanteuil.... Vente le 1ᵉʳ mars. *Paris,* 1792 In-8º.

Catalogue d'objets précieux en différens genres, après le décès de Mirabeau, l'aîné...., par A. J. Paillet. Vente le 12 mars. *Paris,* 1792. In-8º.

Vente d'un fonds de planches gravées d'après différents maîtres, par Drevet... après le décès du sieur Le Campion, marchand d'Estampes.... Vente le 22 mai. *Paris,* 1792. In-8º.

Catalogue des tableaux formant le Cabinet de M. de Lareynière, composé en partie des plus grands maîtres de l'école française : on y distingue, par-dessus tout, les chefs-d'œuvre de l'immortel Lemoyne, les seuls, pour ainsi dire, qui soient connus. Par J. P. P. Lebrun, peintre. Vente en novembre. *Paris,* 1792. In-8º.

Catalogue raisonné du Cabinet d'Estampes de feu Monsieur Brandes, secrétaire intime de la chancellerie royale d'Hanovre... rédigé et publié par M. Huber. *Leipsic, Rost,* 2 vol. 1793 et 1794. In-8º.

The Orleans gallery, now exibiting, at the great rooms, late the royal academy. April 1793. *(Londres), Smeeton.* In-12.

Catalogue de dessins, italiens, françois, flamands, hollandois, gouaches, estampes.... provenant du Cabinet de feu M. de Joubert, trésorier des états de Languedoc. Vente le 21 janvier. *Paris,* 1793. In-8º.

Notice de quelques tableaux et dessins, estampes en feuilles...., après le décès de feu M. Baader, peintre allemand. Vente le 14 février. *Paris,* 1793. In-8º.

Catalogue des tableaux précieux des écoles d'Italie, de Flandres, de Hollande et de France.... le tout provenant du Cabinet de feu M. Choiseul-Praslin, par A. J. Paillet, peintre.... Vente le 18 février 1793. *Paris,* 1792. In-8º.

The Orleans gallery now exhibiting at the great rooms, late the royal Academy... April 1793. *(Londres).* In-4º.

Catalogue des objets précieux trouvés après le décès du citoyen Vincent Donjeux, ancien négociant de tableaux et de curiosités..., par les citoyens Lebrun et Paillet, peintres. Vente le 29 avril. *Paris,* 1793. In-8º.

Catalogue d'une collection très précieuse de tableaux des écoles flamande, hollandoise et allemande.... composant le

Cabinet du citoyen Destouches, par A. J. Lebrun, jeune et Ph. Fr. Julliot, négociant. Vente le 21 mars. *Paris*, 1794. In-8°.

Catalogue de quelques estampes encadrées, autres en feuilles et en volumes, anciennes et modernes.... du Cabinet du citoyen ***, par F. Regnault-Delalande. Vente le 26 floréal de l'an 2e de la République Française (15 mai 1794). *Paris*, In-8°.

Catalogue de tableaux des écoles d'Italie, de Flandre et de France, dessins et estampes... et autres effets curieux qui composoient le Cabinet du citoyen Le Lorrain... Vente le 6 octobre. *Paris*, 1794. In-8°.

Catalogue raisonné des desseins originaux des plus grands maîtres anciens et modernes, qui faisoient partie du Cabinet de feu le prince Charles de Ligne... par Adam Bartsch... Vente le 4 novembre. *Vienne, Blumauer*, 1794. In-8°.

A catalogue of all that noble and superlatively capital assemblage of valuable pictures, drawings, miniatures and prints, the property of the right hon. Charles Alexander de Calonne, late prime minister of France... Vente le 23 mars. *Londres*, 1795. In-4°.

Catalogue de tableaux précieux, dessins, gouaches et miniatures... par A.-J. Paillet. Vente le 23 thermidor. *Paris*, an III. In-12.

Catalogue d'objets précieux du cabinet de feu le Cen Duclos-Dufresnoy, par F.-L. Regnault. Vente le 1er fructidor, an 3eme de la République Française (mardi, 18 août). *Paris*, 1795. In-12.

Catalogue de quelques tableaux.... statues et figures de petites proportions, et bustes en bronze, en marbre et en terre cuite, par le Cen Houdon... fusils et pistolets masquinés et autres objets du Cabinet du Cen Houdon, sculpteur. Par F.-L. Regnault. Vente le 16 vendémiaire (8 octobre 1795). *Paris*, an IV. In-8°.

Catalogue de planches gravées par Demachy, Drevet, Edelinck... estampes montées et en feuilles, après le décès du Cen Rapilly. Par F.-L. Regnault. Vente le 13 floréal. *Paris*, an VI. In-8°.

Catalogue d'une superbe collection d'estampes, desseins, médailles... délaissés par le citoyen Libert de Beaumont. Vente le 8 vendémiaire. *Lille, imp. Jacquez*, an VII. In-8°.

Description du Cabinet de M. Paul de Praun à Nuremberg, par Christophe-Théophile de Murr. *Nuremberg, Schneider*, 1797. In-8°. portr., fig.

Catalogue de la rare et nombreuse

collection d'estampes et de desseins qui composent le Cabinet de feu M. Pierre Wouters... par N.-J. T'Sas. *Bruxelles*, l'an V (1797). In-8°.

Catalogue raisonné d'un choix. très-précieux d'estampes... du Cabinet du Cen A. (Arnaud)... par F.-L. Regnault. Vente à l'amiable à M. Bourduge, le 3 février 1798 (15 pluviôse, an VI). *Paris*. In-8°.

Catalogue de tableaux, la plupart de peintres de l'école française... dessins et estampes... figures et bustes en marbre blanc par le Lorrain, Caffieri.... après le décès du Cen Beauvarlet, graveur. Par F.-L. Regnault. Vente le 23 ventôse (13 mars 1798). *Paris*, an VI. In-8°.

Catalogue des diamans, pierres de couleurs, pierres précieuses et boîtes, composant la superbe collection du citoyen Daugny. Vente semaine de Pâques 1798, dernière décade de germinal, an VI. *Paris*. In-8°.

Catalogue raisonné d'un choix précieux de dessins, et d'une nombreuse et riche collection d'estampes... qui composoient le cabinet de feu Pierre-François Basan, père. Par L.-F. Regnault, peintre et graveur. Vente le 1er octobre 1798. *Paris*, an VI. In-8°. Portr., fig.

A catalogue of the Orleans' italian pictures, which will be exhibited for sale by private contract... at Mr Bryan's Gallery... Vente le 26 décembre. *Londres*, 1798. In-8°.

A catalogue of the Orleans' italian pictures ... at the Lyceum in the Strand. Vente le 26 décembre. *Londres*, 1798. In-8°.

A catalogue of drawings, prints, books of prints, and books, balonging to the late Daniel Daulby, esq... Vente à Liverpool le 12 août. *Liverpool, J.-M. Creery*, 1799. Gd in-8°.

A catalogue of a genuine and extensive collection of english portraits... by an eminent collector (sir William Musgrave). Vente le 3 février. *Londres*, 1800. Gd in-8°.

Catalogue de tableaux du Cabinet de feu François Tronchin des Delices, conseiller d'état de la République de Genève. Vente le 2 germinal. *Paris*. An IX. In-8°. A la suite : A catalogue of the celebrated assemblage of capital pictures, brought from Paris, principally from Mr Robit's famous collection. *London*, 1801. In-8°

A descriptive catalogue of Hogarh's works... *London*, 1801. In-8°.

Catalogue d'une riche collection de tableaux dessins, gouaches... le tout rassemblé ... par feu Claude Tolozan, ledit catalogue rédigé par A. Paillet et H. Delaroche. Vente le 4 ventôse an IX (3 février 1801). *Paris*. In-12.

Notice d'estampes encadrées et en feuilles .... du Cabinet du citoyen*** par F.-L. Regnault. Vente le 4 floréal (25 avril 1801). *Paris*, an IX. In-8°.

Catalogue d'une riche collection de tableaux des plus grands maîtres des trois écoles ; terres cuites.... le tout provenant du célèbre Cabinet du citoyen Robit. Ledit catalogue rédigé par A. Paillet et H. Delaroche. Vente le 11 mai 1801. *Paris*. In-12.

Catalogue raisonné d'une précieuse collection d'estampes du Cabinet de feu Charles de Valois. Par Franç. Léand. Regnault. Vente le 23 frimaire an X (14 décembre 1801). *Paris*, an IX. In-8°.

Catalogue raisonné du Cabinet d'estampes de feu Monsieur Winckler, banquier et membre du Sénat à Leipzig, contenant une collection des pièces anciennes et modernes..... depuis l'origine de l'art de graver..... par Michel Huber. Vente en 1802. *Leipzig*, 1802. 3 vol. in-8°.

Catalogue de tableaux... quelques figures et bustes, en marbre et en bronze....par A. Paillet et H. Delaroche. Vente le 13 messidor an X. (19 juillet 1802). *Paris*. In-12.

Catalogue d'une nombreuse collection d'estampes et de dessins de grands maîtres, après le décès de Mme Alibert .... par Franç. Léand. Regnault. Vente le 5 floréal an XI (25 avril 1803). *Paris*, an XI. In-8°.

Catalogue des tableaux, marbres, bronzes, vases précieux..... composant le Cabinet de M. Dutartre, ancien trésorier des bâtiments. — Par Alexandre Paillet. Vente le 28 ventôse an XII (19 mars 1804). *Paris*. In-12.

Catalogue d'une collection précieuse de dessins, avec une suite nombreuse d'esquisses à l'huile, coloriées et en grisaille..... (Debuscher), par A. Paillet et H. Delaroche. Vente le 9 messidor an XII (28 juin 1804). *Paris*. In-12.

Catalogue raisonné du Cabinet de feu M. Charles Léoffroy de Saint-Yves, par F. L. Regnault, peintre et graveur. *Paris*, an XIII (1805). In-8°.

Catalogue raisonné d'une collection très précieuse d'estampes anciennes et modernes, des plus célèbres artistes d'Italie, d'Allemagne, de Flandre, de Hollande, de France et d'Angleterre.... composant le cabinet d'un amateur. *Paris*, *imp. Ballard*, 1806. In-8°.

Catalogue raisonné des estampes du

Cabinet de feu M. le duc d'Ursel.... par P. M. Bénard. *Paris*, juin 1806. In-8°.

Catalogue d'objets rares et curieux, provenant du Cabinet et fond de marchandises de M. Lebrun ; par cessation de commerce..... Par J. B. P. Lebrun. Vente le 29 septembre. *Paris*, an 1806. In-8°.

Catalogue d'une rare et précieuse collection de tableaux ... terres cuites, groupes ... composant la curiosité particulière de feu Pierre Grand-Pré. Par J^as Langlier et A. Paillet. Vente le 16 février. *Paris*, 1807. In-12.

Catalogue d'une précieuse collection d'estampes.... gouaches et dessins, qui composoient le Cabinet de feu M. Detienne. Par F. L. Regnault. Vente le 29 avril. *Paris*, 1807. In-8°.

Notice de quelques tableaux, dessins et estampes..... après le décès de Mme Moitte, peintre ... Par F. L. Regnault. Vente le 20 août. *Paris*, 1807. In-8°.

Catalogue raisonné of the pictures belonging to the most honourable the marquis of Stafford, in the gallery of Cleveland house. By John Britton, f.s.a. *London*, 1808. In-8°, fig.

Choix d'estampes, des premiers maîtres de différentes écoles (Davila). *S. l. n. d.* (1808). In-12.

Catalogue d'estampes ... gouaches et dessins, provenant des Cabinets de M. P..... graveur, et de M. D... Par F. L. Regnault. Vente le 23 février. *Paris*, 1808. In-8°.

Catalogue du Cabinet de feu M. Augustin de Saint-Aubin, graveur de la bibliothèque impériale, et membre de l'ancienne Académie royale de peinture et de sculpture. Par F. L. Regnault Delalande, peintre et graveur. Vente le 4 avril. *Paris*, 1808. In-8°.

Catalogue de planches gravées, impressions d'icelles.... dessins de maîtres modernes, et autres objets qui composoient le fonds de commerce de M. Demarteau. Par L. F. Regnault. Vente le 5 septembre. *Paris*, 1808. In-8°.

Catalogue des tableaux, dessins, gravures provenant du Cabinet du célèbre Bouchardon.... après le décès de M. Girard, son neveu et son légataire. Vente le 13 septembre. *Paris*, 1808. In-8°.

Catalogue d'une réunion précieuse de tableaux, par les plus grands maîtres des écoles d'Italie, de France, de Hollande et de Flandre. Par A. Paillet et H. Delaroche. Vente le 14 décembre. *Paris*, 1808. In-12.

Catalogo delle stampe de' più gran maestri che compongono la presente collezione. *Lucca, Presso Giuseppe Rocchi e comp,* 1809. Pet. in-4°.

Catalogue du Cabinet de feu M. Belle, peintre, membre de l'ancienne Académie royale de peinture et de sculpture,.... par F.L. Regnault Delalande, peintre et graveur. Vente le 18 janvier. *Paris,* 1809. In-8°.

Catalogue des tableaux, dessins, gouaches, estampes.... le tout composant le cabinet et les études de feu Hubert Robert, artiste de l'Académie de France. Par Alex. Paillet. Vente le 5 avril. *Paris,* 1809. In-12.

Notice succincte de tableaux, dessins et estampes.... après le décès de M. Choffard, dessinateur et graveur. Par F. L. Regnault de Lalande. Vente le 11 septembre. *Paris,* 1809. In-8°.

Catalogue des objets rares et précieux, du plus beau choix, ... provenant du cabinet de feu M. le baron P.N. Van Hoorn van Vlooswyck, membre de l'Académie royale des antiquités de Cassel... Par M. Lebrun, peintre. Vente le 22 novembre. *Paris,* 1809. In-8°.

Catalogue raisonné d'objets d'arts du cabinet de feu M. de Silvestre, ci-devant chevalier de l'ordre de Saint-Michel et maître à dessiner des enfants de France. Par F. L. Regnault-Delalande. *Paris,* 1810. In-8°.

Catalogus van eene fraaije Verzameling shilderijen, als mede een iutmuntende collectie teekeningen, eigen geëtste en gegraveerde prenten ..... den Wel edelen heer Daniel de Jongh az. Vente le 12 mars 1810. *Rotterdam.* In-8°.

Vente et ordre de la rare et précieuse collection de M. Lebrun. Vente le 20 mars. *Paris,* 1810. In-12.

Catalogue de tableaux, dessins.... statues en bronze... après le décès de M. Moitte, statuaire de l'ancienne Académie royale de peinture et de sculpture .... par F. L. Regnault de Lalande. Vente le 7 juin. *Paris,* 1810. In-8°.

Catalogue de planches gravées, impressions d'icelles... livres à figures et collection de dessins, qui composaient un fonds de commerce considérable.... Par F. L. Regnault de Lalande. Vente le 13 juin. *Paris,* 1810. In-8°.

Notice de quelques tableaux, gouaches, dessins, estampes .... et fonds de planches gravées, après cessation de commerce, de M. Delaunay, graveur. Par F. L. Regnault de Lalande. Vente le 12 novembre. *Paris,* 1810. In-8°.

Notice de tableaux, gouaches, dessins.... marbres, scajola de Rome. .... après le décès de M. François Piranesi. Par F. L. Regnault-Delande. Vente le 17 décembre, *Paris,* 1810, In-8°.

Catalogue d'une collection nombreuse de tableaux et d'esquisses, dessins et estampes de maîtres d'Italie, des Pays-Bas et de France... après le décès de M. Pierre Lélu, peintre d'histoire. Par F. L. Regnault-Delalande. Vente le 23 avril. *Paris,* 1811. In-8°.

Notice de tableaux, dessins... après le décès de M. De Marcenay de Guy, peintre et graveur... Par F. L. Regnault-Delalande. Vente le 26 juin. *Paris,* 1811. In-8°.

Catalogue de tableaux des écoles d'Italie, des Pays-Bas et de France ; dessins, estampes ..... qui composaient la collection de M. Kymli, peintre du Cabinet de la cour palatine de Bavière. Par F. L. Regnault-Delalande. Vente le 22 février. *Paris, imp. Leblanc,* 1813. In-8°.

Catalogue d'estampes anciennes et modernes.... tableaux, dessins, et autres objets ; après le décès de M. François-Robert Ingouf, dessinateur et graveur .... par F. L. Regnault-Delalande. Vente le 8 mars. *Paris, imp. Leblanc,* 1813. In-8°.

Catalogue d'une riche et belle collection d'estampes .... délaissées par feu Monsieur J. F. de Vinck de Wesel. Vente le 4 mai. *Anvers,* 1813. In-8°.

Catalogue des tableaux, dessins, gouaches, estampes, marbres .... Composant le Cabinet de feu M. Godefroy, ancien contrôleur-général de la marine. Par H. Delaroche. Vente le 14 décembre. *Paris, imp. Crapelet,* 1813. In-8°.

Notice des tableaux, dessins, estampes.... après le décès de M. J.-B. Tilliard, graveur, par L.-F. Regnault-Delalande. Vente le 30 décembre. *Paris, imp. Leblanc,* 1813. In-8°.

A catalogue of the distinguished collection of valuable original pictures,.... the property of A. Delahante, esq. returning to Paris.. Vente à *Londres,* le 2 juin 1814. In-4°.

Notice de quelques tableaux, gouaches, dessins,.... planches gravées... après le décès de M. Robert Delaunay, graveur. Par F.-L. Regnault-Delalande. Vente le 2 novembre. *Paris,* 1814. In-8°.

Notice de tableaux et esquisses... après le décès de M. Lagrenée l'aîné, peintre du roi....., par F.-L. Regnault-Delalande. Vente le 12 novembre. *Paris, imp. Leblanc,* 1814. In-8°.

Vente d'une charmante collection de tableaux anciens et modernes, des écoles flamande et française ; composant le cabinet de M. Dufresne, peintre. Vente le 20 décembre. *Paris*, 1814. In-12.

Catalogue de tableaux authentiques des maîtres..... et choisis dans plusieurs collections célèbres, par M. Didot. Vente le 28 mars. *Paris, imp. Leblanc*, 1814. In-8°, fig.

Catalogue de tableaux, gouaches, dessins ..... après le décès de M. Houel, peintre et graveur, membre de la ci-devant Académie royale de peinture et de sculpture..., par F.-L. Regnault-Delalande. Vente le 31 mars. Paris, *imp. Leblanc*, 1814. In-8°.

Catalogue d'une collection de tableaux capitaux... de dessins, terres cuites, ivoires, marbres, bronzes, antiquités et riches meubles du célèbre Boule, provenant du Cabinet de feu J.-B.-P. Lebrun .... rédigé par feu Al. Paillet... Vente le 26 mai. *Paris*, 1814. In-8°.

Catalogue raisonné de gouaches et de dessins, du Cabinet de M. Bruun-Neergaard, gentilhomme de la chambre du roi de Danemarck. Par F.-L. Regnault-Delalande... Vente le 29 août 1814. *Paris, imp. Leblanc*. In-8°.

Catalogue des tableaux, gouaches, dessins, estampes..... composant la collection de feu M. A.-L.-C.-H.-T. de l'Espinasse de Langeac, comte d'Arlet, ancien capitaine de cavalerie..... Vente le 4 janvier 1815. *Paris*, 1814. In-8°.

Catalogue de planches gravées, impressions de planches, cuivres blancs.... après cessation de commerce de M. Tresca, graveur. Par F.-L. Regnault-Delalande. Vente le 21 février. *Paris, imp. Leblanc*, 1815. In-8°.

Catalogue d'une collection précieuse de tableaux. Vente le 29 janvier 1816. *Paris, Valade, imprimeur du Roi et de Madame*. In-8°.

Notice d'une collection de tableaux de différens maîtres des écoles flamande et française, provenant du Cabinet de M. Riou. Vente le 5 février. *Paris, imp. Nouzou*, 1816. In-8°.

Catalogue d'estampes anciennes et modernes, œuvres, recueils, livres sur les arts.... qui composaient le cabinet et le fonds de feu M. Le Gouaz, ancien graveur de l'académie royale des Sciences. Par F.-L. Regnault-Delalande. Vente le 18 mars. *Paris, imp. Leblanc*, 1816. In-8°.

Catalogue d'une collection de jolis tableaux des peintres anciens et modernes, différens objets de curiosité, provenant

du Cabinet de M***. Vente le 27 mars. *Paris, imp. Dubray*, 1816. In-8°.

A catalogue of the extensive and choice collection of prints formed by the late Robert Morse, esq...... by Mr Thomas Dodd.— Vente le 15 mai 1816. *Londres*, Grand in-8°.

Catalogue de tableaux, dessins et estampes.... après le décès de M. Peyron, peintre, membre de l'ancienne académie royale de peinture et de sculpture. — Précédé d'une notice sur cet artiste par F.-L. Regnault-Delalande. Vente le 10 juin. *Paris, imp Leblanc*, 1816. In-8°.

Catalogue des tableaux des trois écoles, composant le cabinet et fonds de commerce de feu M. Constantin ; rédigé par A. Pérignon. Vente le 18 novembre. *Paris*, 1816. In-8°.

Catalogue d'une belle collection de tableaux des écoles hollandaise et flamande, pierres gravées... rapportés des voyages d'Italie et de Hollande, par J.-A.-L.-B***. Vente le 18 décembre. *Paris*, 1816. In-8°.

Catalogue d'une collection précieuse, et de plus beau choix, de tableaux des trois écoles, dessins et aquarelles, bronzes.... composant le Cabinet de M. L***, par A. Pérignon et A. Coquille. Vente le 14 avril. *Paris, imp. Leblanc*, 1817. In-8°.

Catalogue raisonné de la rare et précieuse collection d'estampes, et de quelques tableaux, bronzes, porcelaines et meubles, du Cabinet de feu M. Logette, négociant. Par F.-L. Regnault-Delalande. Vente le 6 mai. *Paris, imp. Leblanc*, 1817. In-8°.

Notice de quelques tableaux de maîtres des écoles d'Italie, des Pays-Bas et de France, miniatures, dessins, et bas-reliefs en marbre ; après le décès de Mme Thérèse Manajoli, épouse de M. César Vanloo, peintre..... Par F.-L. Regnault-Delalande. Vente le 17 novembre. *Paris, imp. Leblanc*, 1817. In-8°.

Catalogue raisonné des estampes du Cabinet de M. le comte Rigal. Par F.-L. Regnault-Delalande... Vente en décembre. *Paris*, 1817. In-8°.

Catalogue des tableaux anciens et modernes, dessins et estampes.... vieux laques, porcelaines de Sèvres, émaux et curiosités de tous genres ; provenant du Cabinet de M. Lavallée, chevalier de la Légion d'honneur et ancien Secrétaire-général du Musée ; par Charles Paillet. Vente le 9 mars. *Paris*, 1818. In-8°.

Catalogue d'un beau choix d'estampes anciennes et modernes.... recueils sur la peinture, l'antiquité, etc. du Cabinet de M. Ch. S..... (Scitivaux). Par F.-L.

Regnault-Delalande. Vente le 11 mai. *Paris, imp. Leblanc*, 1819. In-8°.

Catalogue d'une collection nombreuse d'estampes anciennes et modernes.... tableaux et dessins provenant du Cabinet de M. le comte V... P... (Vincent l'otocki). Par F.-L. Regnault-Delalande. Vente le 9 février. *Paris*, 1820. In-8°.

Catalogue of the first part of the superb collection of prints and drawings, formed by the late Benjamin West, esq. P. R. A..... Vente le 9 juin. *Londres*, 1820. In-4°.

Notice de tableaux, gouaches, dessins, estampes.... après le décès de M. Balzac, architecte. Par F.-L. Regnault-Delalande. Vente le 26 juillet. *Paris*, 1820. In-8°.

Catalogue de tableaux, gouaches.... porcelaine de la Chine, du Japon, de Saxe, de Sèvres et autres articles de haute curiosité, composant le Cabinet de feu M. Quintin Craufurd. Vente le 20 novembre. *Paris*, 1820. In-8°.

Catalogue de la précieuse collection d'estampes recueillies par M. E. D** (Durand) rédigé par M. Bénard, marchand d'estampes de la bibliothèque du Roi. Vente le 19 mars. *Paris*, 1821. In-8°.

Catalogue de tableaux, dessins, anciens et modernes.... et objets de curiosité, dont une grande partie provient du Cabinet de feu M. de Boissieu, de Lyon. Vente le 2 avril. *Paris*, 1821. In-8°.

Catalogue raisonné des estampes qui composaient le Cabinet de M. Rossi, de Marseille. Par F.-L. Regnault-Delalande. Vente le 6 avril. *Paris, imp. Leblanc*, 1822. In-8°.

Catalogue d'estampes anciennes et modernes.... planches gravées... quelques tableaux et dessins, meuble plaqué en ébène et orné de peinture; après le décès de M. J. Massard père, graveur du roi... Par F.-L. Regnault-Delalande. Vente le 29 mai. *Paris, imp. Leblanc*, 1822. In-8°.

Catalogue d'un choix précieux d'estampes de célèbres graveurs anciens et modernes .... planches gravées et dessins; après le décès de M. le Ch^{er} Bervic, graveur, membre de l'ancienne académie royale de peinture et sculpture.... précédé d'une notice historique sur feu M. Bervic: par F.-L. Regnault-Delalande. Vente le 9 juillet. *Paris, imp. Leblanc*, 1822. In-8°.

Catalogue d'un bon choix d'estampes avant et avec la lettre, par les plus célèbres graveurs modernes.... dessins, livres d'estampes et autres objets, dont la plus grande partie proviennent du

Cabinet et des planches de fonds de MM. Volpato et Morghen. Vente le 6 novembre. *Paris*, 1822. In-8°.

Cabinet de J. Grünling. Vente le 23 février. *Vienne*, 1823. In-8°.

Notice de tableaux, dessins.... marbres, bronzes, terre-cuite, médailles anciennes et modernes.... et livres, composant le cabinet et la bibliothèque de feu M. Peyre... ancien architecte du Roi et de l'Académie d'architecture... Vente le 14 avril. *Paris*, 1823. In-8°.

Notice de tableaux, dessins, gouaches et pastels, exécutés par feu M. P.-P. Prud'hon, peintre d'histoire, membre de l'institut de France... Vente le 13 mai. *Paris*, 1823. In-8°.

Notice d'estampes... planches gravées... après le décès de M. J.-L. Anselin, graveur du roi. Par F.-L. Regnault-Delalande. Vente le 13 juin. *Paris, imp. Leblanc*, 1823. In-8°.

Catalogue d'estampes anciennes et modernes, nombre de vignettes, d'après des dessins de MM. Desenne, Devéria, Hor. Vernet et autres.... planches gravées ... après le décès de M. Jac.-P. Guiot, graveur et marchand d'estampes. Par F.-L. Regnault-Delalande. Vente le 1er juillet. *Paris, imp. Leblanc*, 1823. In-8°.

Catalogue raisonné d'une très précieuse collection d'estampes.... du Cabinet du comte de Corneillan, chambellan de sa majesté le roi de Prusse. (1re partie vendue à la collection royale de Berlin, la 2me au roi de Bavière). *Berlin, imp. L. Quien*, 1824. In-8°.

Catalogue de tableaux, dessins, estampes, recueils.... qui composaient le Cabinet de feu M. Gounod, peintre...... Par F.-L. Regnault-Delalande. Vente le 23 février. *Paris, imp. Leblanc*, 1824. In-8°.

A catalogue of the higly valuable collection of prints, the property of the late sir Mark Masterman Sykes... Vente le 29 mars. *Londres*, 1824. In-4°, portr.

Catalogue de tableaux, dessins, estampes, livres à figures..... composant le Cabinet et le mobilier pittoresque de feu M. Swebach, peintre.... Vente le 5 avril. *Paris*, 1824. In-8°.

Catalogue des tableaux composant le Cabinet de feu M. Hüe (Jean-François) peintre du Roi et de l'Académie. Vente le 6 mai. *Paris*, 1824. In-8°.

Catalogue d'estampes et planches gravées, dessins et tableau provenant du Cabinet et du fonds de feu Maurice Blot, graveur, après le décès de Mme Ve Blot. Vente le 24 mai. *Paris*, 1824. In-8°.

Collection des pièces de Marc-Antoine, précédée d'un avis de Jos. Grünling. Vente à Leipzig en novembre 1824. *Vienne*, 1824. In-12.

Catalogue d'une précieuse collection de tableaux, choisis dans toutes les écoles anciennes et modernes, par M. Didot. Vente le 6 avril. *Paris. impr. Leblanc*, 1825. In-8°.

A catalogue of the genuine and select stock of valuable engraved copper plates, the property of Mr. Charles Turner.... Vente le 16 juin. *Londres*, 1825. In-4°.

Description des objets d'arts qui composent le Cabinet de feu M. le baron V. Denon.... Monuments antiques, historiques, modernes; ouvrages orientaux, etc., par L.-J.-J. Dubois. *Paris, imp. Tilliard*, 1826. In-8°.

Description des objets d'arts qui composent le Cabinet de feu M. le baron V. Denon. .....Estampes et ouvrages à figures, par Duchesne aîné. *Paris, imp. Tilliard*, 1826. In-8°.

Description des objets d'arts qui composent le Cabinet de feu M. le baron V. Denon .... Tableaux, dessins et miniatures. *Paris, imp. Tilliard*, 1826. In-8°.

Catalogues d'estampes anciennes et modernes, ainsi que de quelques dessins du Cabinet de M*** (Robert-Dumesnil), par Duchesne aîné. Vente le 30 janvier. *Paris*, 1826. In-8°.

Catalogue d'une belle collection de tableaux et dessins anciens et modernes... provenant du Cabinet de M. Du... d. (du Sommerard). Par Schroth. Vente le 3 avril. *Paris*, 1826. In-8°.

Notice de tableaux, dessins, estampes... médailles anciennes et modernes..... (de Girodet). Vente le 3 avril. *Paris*, 1826. In-8°.

Catalogue des planches gravées au burin, au pointillé ; impressions, estampes.... et une belle collection de tableaux, gouaches, et dessins de différentes écoles, provenant du fonds de feu Louis-Marie Sicardi, ancien peintre de la famille royale sous Louis XVI. Par Charles Potrelle. Vente le 1er mai. *Paris*, 1826. In-8°.

Notice des tableaux exécutés par C.-P. Landon, peintre de feu S.-A.-R. le duc de Berry.... Vente le 18 novembre. *Paris*, 1826. In-8°.

Catalogue raisonné des estampes du Cabinet de feu M. le baron d'Aretin, conseiller d'état.. par François Brulliot. — Tome 1er, contenant l'école allemande et celle des Pays-Bas. Vente en 1827. *Munich, imp. Joseph Rösl*, 1827. In-8°.

Catalogue des estampes, vignettes et livres du Cabinet de feu M. Alex.-Jos. Desenne dessinateur ; par Duchesne aîné. Vente le 17 avril. *Paris, Merlin*, 1827. In-8°.

A catalogue of the whole of the remaining finished and anfinished works, of thad distinguished artist, Henry Fuseli, esq. M. A. deceased ...Vente le 28 mai. *Londres*, 1827. In-4°.

Rare italian prints. — Catalogue of an extensive and interesting collection of marquis Santini, of Florence and Lucca .... by Mr Sotheby. Vente le 25 février. *Londres*, 1828. Gd in-8°.

Catalogue détaillé de la précieuse collection d'estampes, recueils... de feu M. Jean-Pierre Cerroni, secrétaire du gouvernement de la Silésie, à Brunn. Vente en mars 1828. *Vienne*, 1827. In-8°.

Notice des objets d'art, qui seront vendus après le décès de M. J.-A. Houdon, statuaire ... Vente le 15 décembre. *Paris*, 1828. In-8°.

Notice de tableaux anciens et modernes, bronzes, ivoires ... après décès de M. Pajou, peintre... fils du célèbre sculpteur. Vente le 12 janvier 1829. *Paris, imp. Selligue* (1828). In-12.

A catalogue raisonné of the unequalled collection of historical pictures, and other admired compositions ... the late Benjamin West, esq. Vente à *Londres*, le 22 mai 1829. In-8°.

Catalogue d'un choix précieux de tableaux des écoles romaine, florentine, vénitienne, flamande, espagnole et française, collection de vases grecs, bustes et figures antiques, émaux de Limoges, fayences de Bernard Palissy, etc. formant le Cabinet de M. Lethières, chevalier de l'ordre royal de la Légion d'honneur, ex-directeur de l'Académie de France à Rome ... Vente le 24 novembre. *Paris*, 1829. In-12.

Catalogo di quadri appartenenti a Giuseppe Vallardi, dallo stesso descritti e illustrati con brevi annotazioni. *Milano, tipi di Felice Rusconi*, 1830. In-8°.

Catalogue de tableaux, esquisses, dessins et croquis de M. le baron Regnault, peintre d'histoire ... par Ch. Paillet. Vente le 1er mars. *Paris*, 1830. In-12.

Nocice de tableaux de l'école française moderne, ayant fait partie de la galerie de Madame, duchesse de Berry. Vente le 8 décembre. *Paris*, 1830. In-12.

A catalogue of the entire and valuable collection of prints, of William Young Ottley, esq.--by M'Sotheby and son. Vente en juin 1831. *(Londres)*. Gd in-8°.

Catalogue de tableaux, dessins, estampes,

livres, curiosités chinoises et autres ...
provenant du Cabinet de feu M. E.-F.
Imbard. Par Duchesne aîné. Vente le
28 novembre. *Paris*, 1831. In-12.

Catalogue de tableaux, dessins, estampes,
du Cabinet de feu M. Ponce, graveur.
Par Duchesne aîné. Vente le 12 décembre.
Paris, 1831. In-12.

Vente de planches gravées, impressions,
estampes ... provenant du fonds et du
Cabinet de feu M. J.-J. Avril, graveur
d'histoire. Vente le 15 décembre. *Paris*,
1831. In-12.

Catalogue d'une magnifique collection de
dessins et aquarelles, des écoles française
et anglaise, formant le Cabinet de
Monsieur le prince d'Esl*** (d'Essling).
Vente le 4 mars. *Paris*, 1833. In-12.

Catalogue raisonné des estampes du
Cabinet de feu Madame la comtesse
d'Einsiedel de Reibersdorf. Par J.-G.-A.
Frenzel. 1er volume contenant : les écoles
italienne, flamande et hollandoise.
Vente le 25 mars. *Dresde*, *imp.*
Meinhold, 1833. In-8°.

Catalogue raisonné des estampes du
Cabinet de feu Madame la comtesse
d'Einsiedel de Reibersdorf. Par J.-G.-A.
Frenzel. 2me volume contenant : les
écoles allemande, française et anglaise.
Vente le 20 janvier 1834. *Dresde*, *imp.*
Meinhold, 1833. In-8°.

Catalogue de dessins, anciens et originaux
de toutes les écoles, provenant du
Cabinet de feu M. le marquis de Lagoy.
Vente le 17 avril. *Paris*, 1834. In-8°.

Catalogue d'une belle collection de
tableaux, esquisses, grisailles ... ainsi
que des livres et autres objets délaissés
par M. J. Odevaere, en son vivant
peintre de S. M. le roi des Pays-Bas...
Vente le 26 juin 1834. *Bruxelles*, *imp.*
Ve *Jorez*. In-8°.

Notice de tableaux de diverses écoles,
provenant de la succession de M. Didot
de Saint-Marc. Vente le 20 mai. *Paris*,
1835. In-12.

Catalogue des estampes de Rembrandt,
de Ferdinand Bol, de Jean Livens, de
Jean-Georges van Vliet, de Rodermont,
et de leurs imitateurs ; colligées par
M. A.-P.-F. Robert-Dumesnil. *Paris*,
*imp. de M*me *Huzard*, 1835. In-8°.

Notice de planches gravées sur cuivre, par
J.-P. Defrey, et des estampes composant
son cabinet. Vente le 10 novembre.
Paris, 1835. In-8°.

Catalogue des tableaux, dessins, aquarelles, gouaches... provenant du
château de Rosny. Vente le 22 février.
Paris. 1836. In-8°.

Catalogue du fonds de planches gravées
de l'ouvrage ayant pour titre : Galerie
du Palais-Royal ... quelques tableaux,
grand nombre de dessins originaux...
provenant du fonds et du cabinet de feu
M. J. Couché. Vente le 24 mai. *Paris*,
1836. In-8°.

Description de la collection des tableaux
qui ornent le palais de S. A. R. Mgr le
prince d'Orange, à Bruxelles, par C.-J.
Nieuwenhuys. *Bruxelles*, 1837. Gd
in-8°.

Catalogue d'objets d'art et de curiosité de
la Renaissance... composant le cabinet
de M. de Monville. Vente le 7 mars.
Paris, 1837. In-8°.

The Ottley collection of prints.—Catalogue
of the valuable and extensive collection
of engravings, the property of the late,
William Young Ottley, esq. F. A. S...
by Mr Leigh Sotheby. Vente le 17 mai.
London, 1837. Gd in-8°.

Catalogue of the valuable collection of
books of prints and works... the property of the late William Young
Ottley, esq. F.-A.-S. — by Mr Leigh
Sotheby. Vente le 21 juillet. *London*,
1837. Gd in-8°.

Catalogue abrégé d'une belle collection de
dessins anciens, de tableaux de l'école
lombardo-vénitienne... dépendant de la
succession de M. Ruthiel, statuaire.
Vente le 27 novembre. *Paris*. Iu-8°.

Catalogue d'un choix de jolis tableaux
provenant des Cabinets de MM. J.-Fr.
et Al. Hue, peintres. Vente le 5 janvier
1838. *Paris*, 1837. In-8°.

Catalogue d'une nombreuse collection
d'estampes et de dessins, du Cabinet de
feu M. Lainé, de Lausanne. — Rédigé
par G. Delande. Vente le 15 avril.
Paris, 1839. In-8°.

Catalogue de la riche collection d'estampes
du premier siècle de l'art, en Italie et
en Allemagne, des jeux de cartes à
tarots et du précieux cabinet de nielles
en planches originales de feu M. le
comte Cicognara... rédigé par Alexandre Barretti. Vente à Vienne en
Autriche le 4 novembre. *Vienne*, 1839.
In-8°.

Catalogue de dessins anciens et modernes,
estampes, lithographies... du Cabinet
de M. Poterlet... Vente le 7 décembre.
Paris, 1840. In-8°.

Catalogue of the works of sir David
Wilkie, R. A., deceased... Vente le
25 avril. *Londres*, 1842. In-8°.

Catalogue raisonné de la rare et précieuse
collection d'estampes, réunie par les
soins de M. F. Debois, rédigé par
P. Defer. *Paris*, *imp. Vinchon*, 1843.
In-8°.

Catalogue de tableaux anciens des écoles espagnole, italienne, flamande, hollandaise et allemande; statues... composant la galerie de M. Aguado marquis de Las Marismas. Vente le 20 mars. *Paris, imp. Maulde et Renou,* 1843. Gd in-8°.

Catalogue d'estampes anciennes et modernes, recueils... composant le cabinet et la bibliothèque de M. Alexandre Tardieu, graveur d'histoire... Vente le 11 novembre. *Paris,* 1844. In-8°.

Alliance des arts. — Catalogue de dessins anciens, principalement de l'école flamande, provenant des collections de feu M. Delbecq, de Gand ; rédigé par Thoré. Vente le 20 janvier. *Paris,* 1845. In-8°. — Suivent le catalogue des estampes anciennes de la même collection. Vente le 18 février, fig. et celui des estampes de l'école italienne.

Catalogue d'une collection très importante de planches gravées en tous genres, par les maîtres et artistes les plus célèbres, du XVᵉ au XIXᵉ siècle, formant la 1ʳᵉ partie du fonds de commerce d'éditeur d'estampes de Mᵐᵉ Vᵉᵉ Auguste Jean. Vente le 2 février. *Paris, imp. Maulde et Renou,* 1846. In-8°.

Alliance des arts. — Catalogue d'ornements dessinés et gravés par les maîtres des XVᵉ, XVIᵉ, XVIIᵉ et XVIIIᵉ siècles, en Allemagne, en Hollande, en Italie et en France, provenant du Cabinet de M. Reynard, dessinateur et graveur. Vente le 9 février. *Paris,* 1846. In-8°.

Catalogue raisonné de la précieuse collection d'estampes... formant le cabinet de M. Ch. Van Hulthem. Vente le 8 juin. *Gand,* 1846. In-8°. Suit : le Catalogue de la magnifique et précieuse collection de livres, manuscrits, dessins et estampes formant le cabinet de M. R. Brisart, rentier. Vente le 10 décembre. *Gand,* 1849. In-8°.

Description des objets d'art qui composent la collection Debruge Dumesnil, précédée d'une introduction historique par Jules Labarte. *Paris, V. Didron,* 1847. Gd in-8°.

Catalogue du célèbre cabinet de dessins, laissés par feu Son excellence Monsieur Jean Gisbert baron Verstolk de Soelen, ministre d'état. Vente le 22 mars. *Amsterdam,* 1847. Pet. in-8°.

Catalogue de belles planches gravées... par suite de liquidation et de décès (de Pierre Baquoy)... Vente le 3 décembre. *Paris,* 1849. In-8°.

Notice d'une vente de tableaux, miniatures, aquarelles.... après le décès de Mᵐᵉ de Mirbel, peintre de miniatures. Vente le 22 décembre. *Paris, imp. Maulde et Renou,* 1849. In-8°.

Catalogue raisonné d'une collection de livres, pièces et documents, manuscrits et autographes relatifs aux arts.... réunie par M. Jules Goddé peintre. Vente le 9 décembre. *Paris, L. Potier,* 1850. In-8°.

Catalogue of the pictures at Althorp House, in the county of Northampton, with occasional notices, biographical or historical. *London,* 1851. In-8°.

Catalog der otto'schen Kupferstich - sammlung oder der von weiland herrn Ernst Peter Otto..... Vente le 20 septembre. *Leipzig, J.-B. Hirschfeld,* 1851. In-8°.

Catalogue. — Collection de tableaux, dessins anciens, de grands maîtres, des écoles d'Italie, d'Allemagne, des Pays-Bas et de France, d'estampes anciennes..... qui composaient le cabinet de M. le baron de Silvestre, Membre de l'Institut. Vente le 4 décembre. *Paris, imp. Maulde et Renou,* 1851. In-12.

Catalogue illustré de la collection des dessins et croquis originaux exécutés à l'aquarelle, à la sépia, à la plume et au crayon par J.-J. Grandville... Vente le 4 mars 1853. *Paris, typ. Plon frères.* In-4°, fig.

Catalogue d'objets d'art et de curiosité... tableaux et dessins anciens..... et d'une importante réunion de dessins, terres cuites et modèles de M. Feuchère. Vente le 8 mars. *Paris,* 1853. In-8°.

Catalogue d'une très belle et nombreuse collection de portraits néerlandais... de catalogues de ventes d'art avec les prix.... Vente le 5 septembre. *Amsterdam, Frédérik Muller,* 1853. In-8°.

Ordre des vacations de la rare et précieuse collection d'estampes anciennes et modernes du Cabinet de M. Th.... (Thorelle). Vente le 5 décembre. *Paris,* 1853. In-8°.

Catalogue of the higly important and very valuable collection of pictures, by ancient and modern masters, and other choice works of art, of that higly-esteemed judge of art Samuel Woodburn, esq. Vente le 23 mai. *Londres,* 1854. In-8°.

Catalogue of the extensive and celebrated collection of engravings, formed by the prince de Paar, of Vienna. Vente le 13 juillet. *Londres,* 1854. In-8°.

Catalogue de la curieuse et intéressante collection composant le Cabinet de feu M. le baron Charles de Vèze. Vente le 5 mars. *Paris, Maulde et Renou,* 1855. In-8°, portr.

Catalogue de la bibliothèque de feu

M. le baron Charles de Vèze, composée de livres rares et curieux sur la théologie, sur les Beaux-Arts..... Vente le 14 mars. *Paris*, 1855. In-8°.

Catalogue de la riche collection d'estampes et de dessins composant le Cabinet de M. F. Van Den Zande... rédigé par F. Guichardot. Vente le 30 avril. *Paris*, 1855. Gd in-8°.

Catalogue d'estampes anciennes à l'eauforte et au burin par divers peintres et graveurs aux XVIe, XVIIe et XVIIIe siècles..... du Cabinet de M. R. D. (Robert-Dumesnil). Vente le 26 novembre. *Paris*, 1855. In-8°.

Catalogue de la collection d'estampes anciennes provenant du Cabinet de M. H. de L. (His de Lasalle). Vente le 21 avril. *Paris*, 1856. In-8°.

Catalogue of the very celebrated collection of works of art, the property of Samuel Rogers, esq. deceased..... Vente le 28 avril. *Londres*, 1856. Gd in-8°.

Verzeichniss der doubletten der Kupferstichsammlung Sr. Majestät des höchstseligen Königs Friedrich August II von Sachsen... Vente le 17 novembre à Leipzig. *Dresde, Julius Blochmann*, 1856. In-8°.

Catalogue of the Soulages collection ; being a descriptive inventory of a collection.... in the possession of M. Jules Soulages of Toulouse by J.-C. Robinson, F. S. A. December. *London, Chapman and Hall*, 1856. Gd In-8°.

Catalogue de dessins et tableaux modernes, objets d'art... dépendant de la succession de M. le Comte Thibaudeau. Vente le 9 mars. *Paris, Clayes*, 1857. In-8°. Suivi du : Catalogue des tableaux anciens de la même succession. Vente le 13 mars. *Paris, Clayes*, 1857. Gd in-8°.

Catalogue of the choice and valuable collection of engravings, the property of the rev. H. Wellesley, D. D. Vente le 29 juin. *Londres*, 1858. In-8°.

Catalogue des objets d'art et de haute curiosité composant la célèbre collection du prince Soltikoff. Vente le 8 avril. *Paris*, 1861. In-8°, fig.

Catalogue de lithographies, œuvres de Bonington, Charlet, Decamps, Delacroix, Devéria, Gericault, Ingres, Prud'hon. Horace Vernet.... et livres à figures. Vente le 22 avril. *Paris*, 1861. In-8°.

Catalogue de la belle collection d'estampes et de dessins... et de quelques tableaux et objets d'art provenant du Cabinet de M. Van Os, ancien peintre de fleurs. Vente le 2 décembre. *Paris, Renou et Maulde, imp.*, 1861. In-8°.

Tableaux, dessins et aquarelles, estampes anciennes, objets d'art et curiosités, composant le Cabinet de M. J. (Jolivard). Vente le 20 décembre. *Paris*, 1861. In-8°.

Catalogue de la magnifique collection d'estampes anciennes et modernes des diverses écoles, provenant du Cabinet de M. le Comte Arch*** (Archinto) de Milan. Vente le 17 mars. *Paris*, 1862. In-8°.

Catalogue de la collection d'estampes anciennes composant le Cabinet de M. L.-M. (Maulaz). Vente le 21 mars. *Paris, Renou et Maulde, imp.*, 1862. In-8°.

Catalogue des tableaux anciens et modernes, aquarelles et dessins... composant le Cabinet de feu le colonel De La Combe... Vente le 2 février. *Paris*, 1863. Gd in-8°.

Catalogue de la bibliothèque de M. le chevalier B***. 2me partie, Beaux-Arts, archéologie, bibliographie. Vente le 9 février. *Paris, A. Franck*, 1863. In-8°.

Catalog der Kunstsammlung des freiherrn Carl Rolas du Rosey. Erste abtheilung : Antiquitäten, kunstgegenstände, curiositäten und oelgemälde. Vente à Dresde le 8 avril 1863. *Leipzig, Rud. Weigel*, In-8°.

Catalogue des tabatières, objets d'art et de curiosité, bijoux et miniatures composant la précieuse collection de feu M. Soret. Vente le 4 mai. *Paris, Renou et Maulde, imp.*, 1863. In-8°.

Die kupferstiche, handzeichnungen und kunstbibliothek, nachgelassen durch weiland freiherrn Carl. Rolas du Rosey. Vente le 13 juin. *Leipzig, Rud. Weigel*, 1864. In-8°.

Notice d'un portrait de Charles VIII, roi de France, peint par Raphael (à l'âge de 12 ans) et de quatre autres tableaux par Salvator Rosa, Canaletti, Titien et Sebastien del piombo. Vente le 23 juin. *Paris*, 1864. In-4°, portr.

Catalogue of the entire and very choice collection of engravings, the property of Julian Marshall, esq... by messrs. Sotheby, Wilkinson and Hodge. Vente le 30 juin. *Londres*, 1864. Gd in-8°.

Die kupferstiche, handzeichnungen und kunstbibliotek nachgelassen durch weiland freiherrn Carl Rolas du Rosey. Vente le 5 septembre. *Leipzig, Rud. Weigel*, 1864. In-8°.

A catalogue of choice engravings and etchings from the earliest period to the present time..... On sale by Holloway and son. *London*, 1865. 2 vol. Gd in-8°.

Catalogue des objets d'art et de haute curiosité, antiques, du moyen âge et de la Renaissance, qui composent les collections de feu M. le comte de Pourtalès-Gorgier. Vente le 6 février 1865. *Paris, imp. de Pillet fils aîné*, Gd in-8°, fig. Suivi du catalogue des médailles. Vente le 1er mars, et de celui des tableaux et dessins de la même collection. Vente le 27 mars.

Catalogue de l'intéressante collection d'estampes et de dessins composant le Cabinet de feu M. le chevalier J. Camberlyn, de Bruxelles. Vente le 24 avril 1865 et le 20 novembre suivant. *Paris, imp. Guyot et Scribe.* Gd in-8°.

Catalogue des tableaux anciens et modernes, objets d'art et de curiosité, composant les collections de feu M. le duc de Morny. Vente le 31 mai. *Paris*, 1865. Pet. in-4°.

Catalogue de dessins anciens et de quelques modernes, estampes anciennes, lithographies, provenant de la collection de feu M. Desperet. Vente le 7 juin. *Paris*, 1865. In-8°.

Catalogue of the memorable cabinet of drawings by the old masters, and collection of engravings, formed ... by the late rev. Dr. Wellesley .... by messrs. Sotheby, Wilkinson and Hodge. Vente le 25 juin. *Londres*, 1866. Gd in-8°.

Ordre de la vente des vingt-trois tableaux des écoles flamande et hollandaise provenant de la galerie de San Donato. Vente le 18 avril. *Paris*, 1868. In-4°, fig.

Objets d'art et de haute curiosité composant la précieuse collection de feu M. Germeau. Vente le 4 mai. *Paris*, 1868. Gd in-8°, fig.

Catalogue of the collection of etchings and engravings, formed by the late C.J. Palmer, esq ..... by messrs. Sotheby, Wilkinson and Hodge. Vente le 18 mai. *Londres*, 1868. Gd in-8°.

Catalogue des tableaux composant la Galerie Delessert. Vente le 15 mars. *Paris*, 1869. Gd in-8°, fig.

Catalogue de dessins anciens... terres cuites par Clodion, Puget et Bouchardon .... composant la collection de M. Jules Boilly. Vente le 19 mars *Paris*, 1869. Gd in-8°, fig.

Catalogue de la collection magnifique et d'un choix exquis d'estampes et d'eaux-fortes anciennes et modernes, composant le Cabinet de M. A. Alferoff, à Bonn. Par Joseph Maillinger. Vente le 10 mai. *Munich, typ. Hübschmann*, 1869. Gd in-8°.

Collections de San Donato. Première vente. Tableaux de l'école moderne.

Vente le 21 février. *Paris*, 1870. Gd in-8°.

Collections de San Donato. Deuxième vente. Tableaux de l'école française du dix-huitième siècle, et marbres. Vente le 26 février. *Paris*, 1870. Gd in-8°.

Collections de San Donato. Troisième vente. Tableaux anciens des écoles espagnole, flamande, italienne et allemande et marbres. Vente le 3 mars. *Paris*, 1870. Gd in-8°.

Collections de San Donato. Quatrième vente. Aquarelles, dessins, pastels et miniatures, dessins, croquis et études par Raffet, voyages en Crimée et en Espagne. Vente le 8 mars. *Paris*, 1870. Gd in-8°.

Collections de San Donato. Vente en mars et avril 1870. Meubles, armes, objets d'art. (*Paris*.) Gd in-8°, phot.

Cabinet Santarelli de Florence. Estampes, ornements, livres à figures. Vente le 27 novembre. *Leipzig*, 1871. In-8°, 2 cahiers.

Catalogue d'une belle collection d'estampes anciennes et modernes ... composant la collection de feu M. F. Soleil. Vente le 15 janvier. *Paris*, 1872. In-8°.

Catalogue d'une superbe et nombreuse collection d'estampes anciennes et modernes.... Rédigé par M. Jos. Linnig. Vente le 22 avril. *Bruxelles*. 1872. In-8°.

Collection Hodshon, délaissée par feu Madame la baronne Roëll, née Hodson. Catalogue des tableaux anciens .... Vente le 25 avril. *Amsterdam*, 1872. Gd in-8°, fig.

Catalogue de premières productions de l'art d'imprimer, en possession de M. L.-O. Weigel à Leipzig.... Orné de 12 planches. Vente le 27 mai. *Leipzig, T.-O. Weigel*, 1872. In-8°.

Catalog der Kostbaren und altberühmten Kupferstich-Sammlung des Marchese Jacopo Durazzo in Genua.... Vente le 19 novembre 1872, et le 20 mai 1873. *Stuttgart*, 1872 et 1873. In-4°, fig.

Catalog der Kostbaren und alberühmten Kupferstich-Sammlung des Marchese Jacopo Durazzo in Genua. Vente le 20m ai. *Stuttgart*, 1873. In-8°. .

Catalogue raisonné d'estampes de l'école hollandaise et flamande.... de livres sur les Beaux-Arts, formant la collection de feu M. de Ridder... rédigé par M. Philippe van der Kellen. Vente à Rotterdam le 9 avril. *Rotterdam, Utrecht*, 1874. In-8°.

Catalogue d'estampes anciennes et dessins composant la magnifique collection de feu M. Emile Galichon.... Vente le 10 mai. *Paris*, 1875. Grand in-8°.

Catalogue de l'argenterie ancienne appartenant à M. le baron J. P. (Jérome Pichon).... Vente le 12 juin. *Paris*, 1878. In-8°.

Catalogue de tableaux, études, esquisses, aquarelles, dessins, par I. Pils, peintre d'histoire.... Vente le lundi 20 mars. *Paris* (1879). Grand in-8°, portr.

Catalogue des anciennes porcelaines de la Chine et du Japon... composant la collection de M. Barbet de Jouy.... Vente le 24 mars. *Paris*, 1879. In-8°.

Catalogue de la vente qui aura lieu par suite du décès de M. Riesener... les jeudi 10 et vendredi 11 avril. *Paris*, 1879. Grand in-8°.

Catalogue de dessins anciens composant le Cabinet de M. B. Suermondt, d'Aix-la-Chapelle. Vente le 5 mai. *Francfort-sur-le-Mein*, 1879. In-8°.

Catalogue de la seconde et dernière partie de la collection d'estampes anciennes composant le Cabinet de M. W.-P.-K... Vente à Francfort-sur-le-Mein le 5 mai.

Francfort-sur-le-Mein, 1879. Grand in-8°.

Catalog der Sammlung von handzeichnungen des vestorbenen freiherrn Carl Marschall. V. Bieberstein.... Vente le 5 mai. *Francfort-sur-le-Mein*. 1879. In-8°.

Catalogue de la collection de dessins anciens, initiales, manuscrits, ouvrages sur les Beaux-Arts, dictionnaires... composant le Cabinet de feu M. le professeur Dr F. Heimsooth, de l'université de Bonn. Vente à Francfort-sur-le-Mein le 5 mai. *Francfort-sur-le-Mein*, 1879. Grand in-8°.

Catalog ausgewählter von herrn Wilhem Eduard Drugulin.... Vente le 1er décembre. *Leipzig*, 1879. In-8°, fig.

Catalogue des livres principalement sur les beaux-arts et la bibliographie composant la bibliothèque de feu M. J.-F. Mahérault... Vente le 9 décembre. *Paris*, 1879. In-8°.

Catalogue de gravures, portraits, planches topographiques et historiques, dessins, tableaux et livres, délaissés par M. W. G.-F. van Romondt et M. C.-J. Rijnbout. Vente le 16 décembre. *Utrecht, J.-L. Beijers*, 1879. In-8°.

La série des inventaires et catalogues s'arrête à 1880. Elle se continue dans le fonds particulier, non compris dans le présent catalogue, attribué par Madame Ve Duplessis à la Sorbonne (Faculté des Lettres, Histoire de l'Art) et qui porte le titre de *Bibliothèque G. Duplessis.*

LISTES DE VENTES.
RÉIMPRESSIONS DE CATALOGUES.

Ludovicus Henricus Lomenius. Briennæ comes, regi a consiliis actis et epistolis, de Pinacotheca sua ad Constantinum Hugenium, Zulichemii, Zeelhemi, etc. Toparcham, Auriaci principis ad Regem oratorem. ƆIC. IƆC. LXII. *Lutetiæ Parisiorum*, 1854. In-8°. Réimpression.

Catalogus of naamlist van schilderyen, met derzelver prizen uytgegeven door Gerard Hoet. *Gravenhæge, Pieter Gerard van Baalen*, 1752, 1770. 3 vol. in-8°.

Catalogue de tableaux vendus à Bruxelles, depuis l'année 1773, avec les noms de

maîtres mis en ordre alphabétique... (par Alexandre). *Bruxelles* (1803). In-8°.

Le trésor de la Curiosité, tiré des catalogues de vente de tableaux, dessins, estampes, livres... Par M. Charles Blanc, ancien directeur des Beaux-Arts. *Paris, V° J. Renouard*, 1857. 2 vol. Gd in-8°.

Catalogue général des ventes publiques de tableaux et estampes depuis 1737 jusqu'à nos jours... Par M. P. Defer. *Paris, Aubry*, 1863-1868, 12 fascicules in-8°.

Catalogue des vases, colonnes, tables de marbres rares.... qui composent le Cabinet de feu M. le duc d'Aumont. Par P. F. Julliot fils et A. J. Paillet. Vente le 12 décembre 1782. Réimpression dans « Le Cabinet du duc d'Aumont et les amateurs de son temps » par le baron Ch. Davillier. *Paris, Aug. Aubry*, 1870. Gd. in-8°, fig.

Le catalogue de Brienne (1662) annoté par Edmond Bonnaffé. *Paris, A. Aubry*, 1873. In-12.

Naamlijst van Nederlandsche Kunst-Catalogi, veelal met derzelver prijzen en namen, van af 1731-1861, welke de verzameling uitmkaen van D' A. Van Der Willigen. *Haarlem, de Erven Loosjes*, 1873. In-8°.

Les ventes de tableaux, dessins et objets d'art au XIX° siècle (1800-1895). Essai de bibliographie par Louis Soullié, avec une Introduction de M. Georges Duplessis. *Paris, L. Soullié*, 1896. In-8°.

JOURNAUX D'ART.

Le Magasin pittoresque.... Table alphabétique des matières. 1833-1852. In-4°.

Le Cabinet de l'Amateur et de l'Antiquaire. Revue des tableaux et des estampes anciennes, des objets d'art, d'antiquité et de curiosité. *Paris*, 1842-1846. 4 vol. in-8°, fig.

Notices et extraits des manuscrits concernant l'histoire ou la littérature de la France qui sont conservés dans les Bibliothèques ou Archives de Suède, Danemark et Norvège. Par M. A. Geffroy ... *Paris, imp. Impériale*, 1855. In-8°.

Revue des Beaux-Arts... Directeur : MM. Félix Pigeory et Léon Boulanger. Tome X°. *Paris*, 1859. In-4°.

Journal des Beaux-Arts et de la littérature .... Publié sous la direction de M. Ad. Siret... *Bruxelles*, 1859-1862. 4 vol. Gd in-4°.

The fine Arts Quarterly Review. *London, Chapman and Hall*. mai 1863. Gd in-8°.

Revue universelle des Arts publiée par Paul Lacroix. *Paris et Bruxelles*, 1855-1866. 23 vol. in-8°.

La Correspondance littéraire.—Critique... Beaux-Arts. Erudition. *Paris, Durand*, novembre 1856 à octobre 1858. 2 vol. in-4°.

Album du Journal des Beaux-Arts. 1871. *Bruxelles, Paris et Leipzick*, 1871. In-fol., fig.

Ministère de l'Instruction publique et des Beaux-Arts. Réunion des sociétés savantes des départements à la Sorbonne du 4 au 7 avril 1877. Section des Beaux-Arts. *Paris, imp. Plon*, 1877. In-8°.

Revue des arts décoratifs. *Paris, imp. Quantin*. 1880-1890. 13 vol. Gd in-8°, fig., phot.

TABLE

————

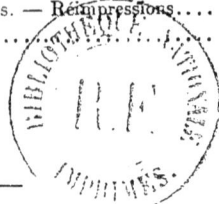